오직 스터디 카페 멤버에게만
주어지는 특별 혜택!

# 이기적 스터디 카페

이기적 스터디 카페

 합격을 위한 기적 같은 선물
**또기적 합격자료집**

 혼자 공부하기 외롭다면?
**온라인 스터디 참여**

 모든 궁금증 바로 해결!
**전문가와 1:1 질문답변**

 1년 내내 진행되는
**이기적 365 이벤트**

 도서 증정 & 상품까지!
**우수 서평단 도전**

 간편하게 한눈에
**시험 일정 확인**

# 이기적 365 EVENT

합격까지 모든 순간 이기적과 함께!

**QR코드를 찍어 이벤트에 참여하고 푸짐한 선물 받아가세요!**

### 1. 기출문제 복원하기

이기적 책으로 공부하고 시험을 봤다면 7일 내로 문제를 제보해 주세요!

### 2. 합격 후기 작성하기

당신만의 특별한 합격 스토리와 노하우를 전해 주세요!

### 3. 온라인 서점 리뷰 남기기

온라인 서점에서 책을 구매하고 평점과 리뷰를 남겨 주세요!

### 4. 정오표 이벤트 참여하기

더 완벽한 이기적이 될 수 있게 수험서의 오류를 제보해 주세요!

※ 이벤트별 혜택은 변경될 수 있으므로 자세한 내용은 해당 QR을 참고해 주세요.

## 기적의 적중률, 여러분의 참여로 완성됩니다
# 기출 복원 EVENT

**영진닷컴 쇼핑몰 30,000원**

기출 복원하기 ▶

**전원 지급**

**N Pay**
네이버페이 포인트 쿠폰
최대 **20,000원**

1. 이기적 수험서로 공부하고 시험에 응시했다면 누구나 참여 가능
2. 응시일로부터 7일 이내 복원 문제만 인정(수험표 첨부 필수!)
3. 중복, 누락, 허위 문제는 당첨 대상에서 제외

※ 이벤트별 혜택은 변경될 수 있으므로 자세한 내용은 해당 QR을 참고해 주세요.

# 손이 기억할 때까지 함께하는 선생님
# 컴활 실기 전문 유튜버 커미조아가현샘

## 커미조아가현샘 채널에서는!

- 컴퓨터활용능력 실기는 이기적&커미조아가현샘과 초단기 정복
- 기본은 물론, 응용·심화부터 기출풀이까지 학습
- 20년 노하우를 담아 급수별·과목별로 알려 주는 시험 팁

◀ 선생님 채널 바로가기

커미조아가현샘

# 합격을 위해 모두 드려요.
# 이기적 합격 솔루션!

이기적이 여러분을 위해 준비했어요

**저자가 직접 알려주는, 무료 동영상 강의**

도서와 연계된 동영상 강의 제공!
책으로만 이해하기 어려웠던 내용을 영상으로 쉽게 공부하세요.

**무엇이든 물어보세요, 1:1 질문답변**

1:1 질문답변부터 다양한 이벤트까지~
이기적 스터디 카페에 접속해서 시험에 관련된 정보들을 받아 가세요.

**마지막까지 이기적과 함께, 함수공략집 PDF**

헷갈리는 함수, 시험장에서 다시 마주칠 수 있습니다.
마지막 점검은 '함수공략집'으로 깔끔하게 끝내세요.

**우리 집, 내 책상 앞이 시험장으로, 컴활 자동 채점 서비스**

연습도 실전처럼 하고 싶으시죠?
사이트에 접속해서 파일을 업로드하면 언제 어디서든 실력을 점검할 수 있어요.

※ 〈2026 한 권으로 끝장내는 이기적 X 커미조아가현샘 컴퓨터활용능력 1급 실기〉를 구매하고 인증한 회원에게만 드리는 자료입니다.

◀ 모든 혜택 한 번에 보기

정오표 바로가기 ▶

# 가입, 설치할 필요 없이 빠르고 간편하게
# 컴활 자동 채점 서비스

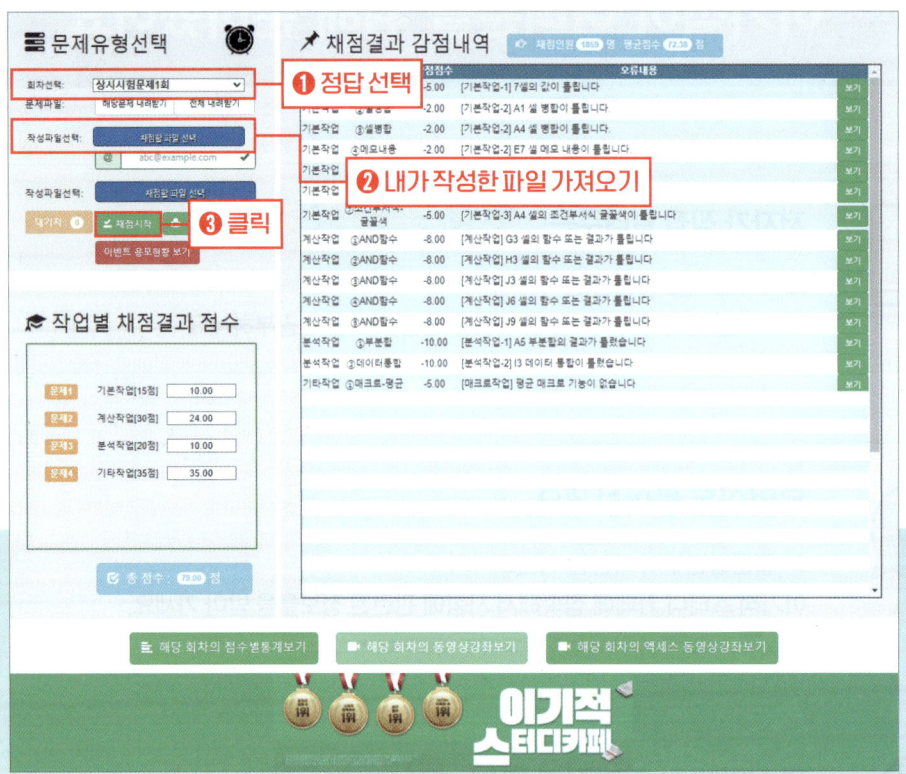

## 이용방법

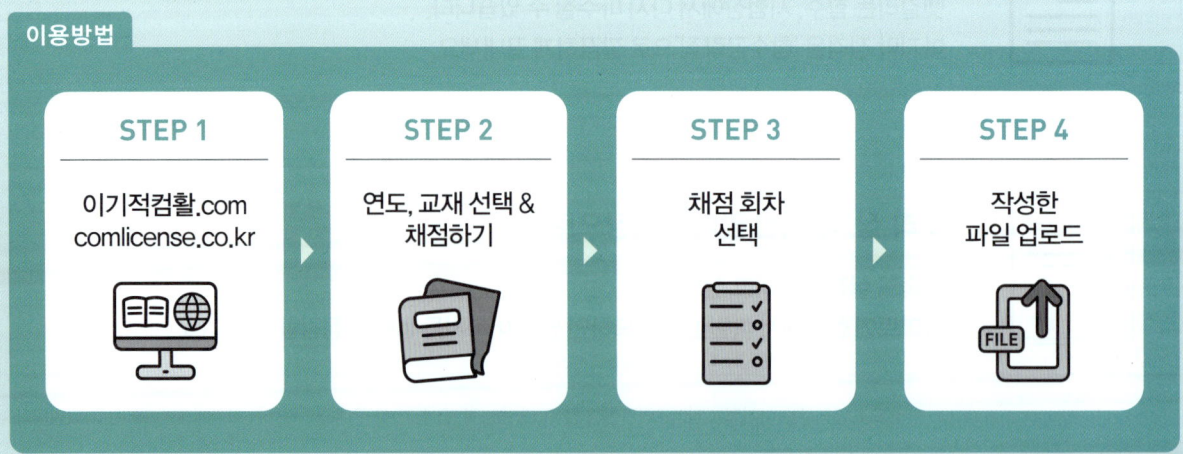

**STEP 1** 이기적컴활.com / comlicense.co.kr

**STEP 2** 연도, 교재 선택 & 채점하기

**STEP 3** 채점 회차 선택

**STEP 4** 작성한 파일 업로드

※ 인터넷이 연결되어 있지 않을 시 사용할 수 없으며 개인 인터넷 속도, 접속자 수에 따라 채점 속도가 다를 수 있습니다.
※ 운영체제, MS Office 정품 여부에 상관없이 채점이 가능합니다.
※ 부가 서비스로 제공되는 부분이며, 업체 등의 변경으로 제공이 중단될 수 있습니다.

# 이렇게 기막힌 적중률

## 한 권으로 끝장내는
## 컴퓨터활용능력 1급 실기

---

"이" 한 권으로 합격의 "기적"을 경험하세요!

# 차례

▶ **합격 강의**
동영상 강의가 제공되는 부분을 표시했습니다.
도서 상단 우측의 QR 코드를 인식하여 시청하세요.

▶ 본 도서에서 제공하는 동영상은 1판 1쇄 기준 2년간 유효합니다. 단, 출제기준안에 따라 내용은 변경될 수 있습니다.

## PART 01 스프레드시트 시험 유형 따라하기 ▶

| | |
|---|---:|
| SECTION 01 [기본작업] 고급필터 | 26 |
| SECTION 02 [기본작업] 조건부서식 | 32 |
| SECTION 03 [기본작업] 페이지 레이아웃 | 41 |
| SECTION 04 [계산작업] 계산작업 | 52 |
| SECTION 05 [분석작업] 피벗 테이블 | 85 |
| SECTION 06 [분석작업] 사용자 지정 필터 | 106 |
| SECTION 07 [분석작업] 텍스트 나누기 | 109 |
| SECTION 08 [분석작업] 중복된 항목 제거 | 115 |
| SECTION 09 [분석작업] 데이터 정렬 | 118 |
| SECTION 10 [분석작업] 부분합 | 124 |
| SECTION 11 [분석작업] 목표값 찾기 | 128 |
| SECTION 12 [분석작업] 데이터 표 | 130 |
| SECTION 13 [분석작업] 시나리오 | 134 |
| SECTION 14 [분석작업] 데이터 통합 | 140 |
| SECTION 15 [분석작업] 유효성 검사 | 145 |
| SECTION 16 [기타작업] 차트 | 150 |
| SECTION 17 [기타작업] 매크로 | 163 |
| SECTION 18 [기타작업] 프로시저 | 168 |

## PART 02 스프레드시트 기출 유형 따라하기 ▶

| | |
|---|---:|
| 기출 유형 따라하기 | 174 |

## PART 03 스프레드시트 기출 유형 문제 ▶

| | |
|---|---:|
| 기출 유형 문제 01회 | 214 |
| 기출 유형 문제 02회 | 236 |
| 기출 유형 문제 03회 | 259 |
| 기출 유형 문제 04회 | 281 |
| 기출 유형 문제 05회 | 303 |

## PART 04 데이터베이스 시험 유형 따라하기

SECTION 01 DB 구축 — 328
SECTION 02 입력 및 수정 기능 구현 — 349
SECTION 03 조회 및 출력 기능 구현 — 361
SECTION 04 처리 기능 구현 — 370

## PART 05 데이터베이스 기출 유형 따라하기

기출 유형 따라하기 — 384

## PART 06 데이터베이스 기출 유형 문제

기출 유형 문제 01회 — 438
기출 유형 문제 02회 — 458
기출 유형 문제 03회 — 478
기출 유형 문제 04회 — 501
기출 유형 문제 05회 — 524

## 부록 BONUS 또기적 합격자료집

- 실전감각 미리보기, 시험장 스케치
- 한 장으로 합격예감, 스터디 플래너
- 책 한 권이 한 장 속에, 기적의 TIP 한눈에 보기
- 1급 함수 완벽 해부, 함수 공략집
- 시작부터 실무까지, 합격 습관 체크리스트
- 빠른 작업 빠른 합격, 스프레드시트 · 데이터베이스 단축키 모음

※ 참여 방법 : '이기적 스터디 카페' 검색 → https://cafe.naver.com/yjbooks 접속 → '구매 인증 PDF 증정' 게시판 → 구매 인증 → 메일로 자료 받기

# 이 책의 구성

### STEP 1 시험 유형 따라하기

전문가가 핵심만 추려낸
완벽 이론

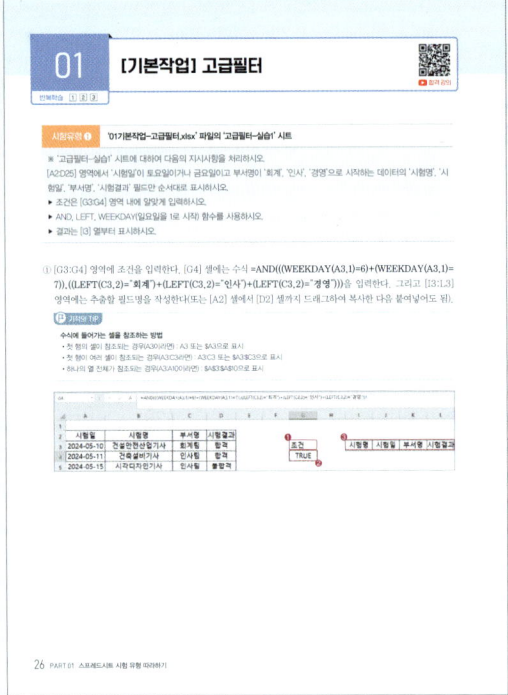

- 자주 나오는, 꼭 나오는 출제유형 확인
- 다양한 팁으로 학습 능률 향상
- QR 코드로 동영상 강의 바로 시청

### STEP 2 기출 유형 따라하기

출제 경향을 파악할 수 있는
기출 유형 따라하기

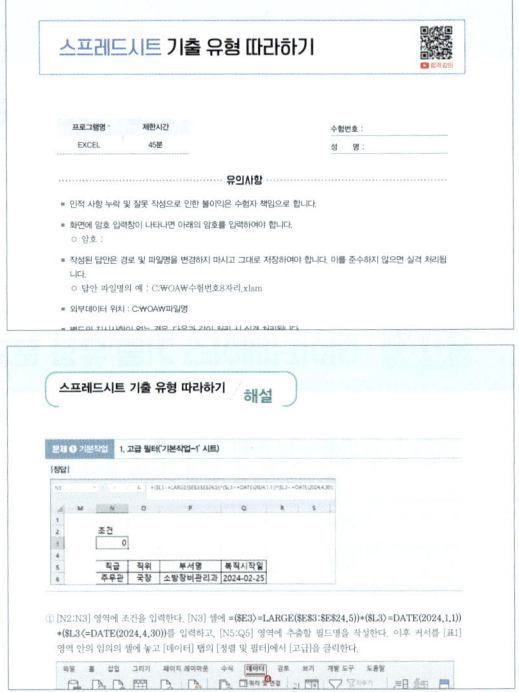

- 전문가가 엄선한 대표 기출문제로 기출 유형 확인
- 방대한 기출문제의 기조 파악
- QR 코드로 풀이 강의 바로 시청

## STEP 3 기출 유형 문제

전문가의 손으로 해설한
기출 유형 문제 5회분

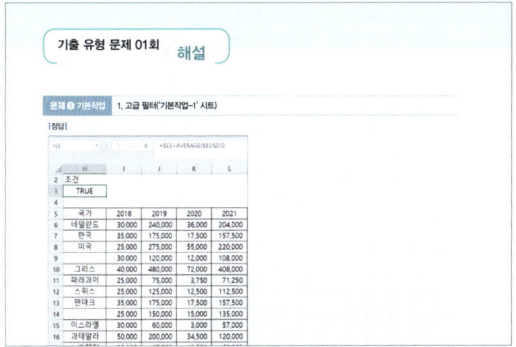

- 학습한 이론의 적용 및 약점 보완 가능
- 꼼꼼한 해설로 3중(독학, 도서, 강의) 학습 가능
- 동영상 강의와 다양한 팁으로 학습 능률 향상

## BONUS 또기적 합격자료집

도서 구매자 특별 제공
핵심요약집 포켓북

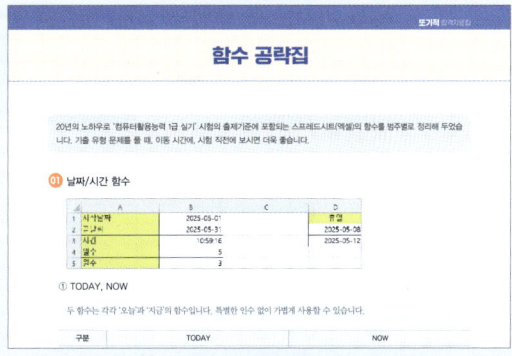

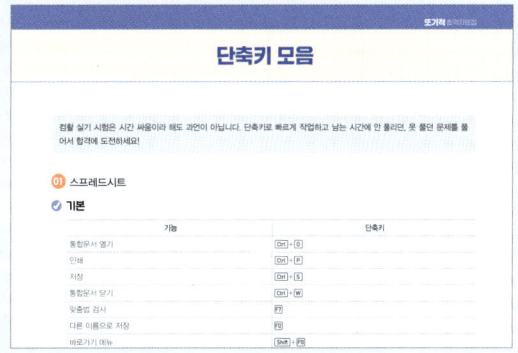

- 시험장 스케치
- 스터디 플래너
- [합격4종 패키지] 기적의 TIP 한눈에 보기, 함수 공략집, 합격 습관 체크리스트, 단축키 모음

# 자동 채점 서비스

## 웹 용

① 인터넷 검색 창에 comlicense.co.kr 또는 이기적컴활.com을 입력하여 사이트에 접속합니다.

② '년도선택: 2026', '교재선택: 이기적 X 커미조아가현샘 컴퓨터활용능력1급'을 선택한 후 [교재 선택 완료]를 클릭합니다.

③ '회차선택'에서 정답 파일을 선택, '작성파일선택'에서 [찾아보기]를 클릭하여 수험자가 작성한 파일을 가져온 후, [채점시작]을 버튼을 클릭합니다.

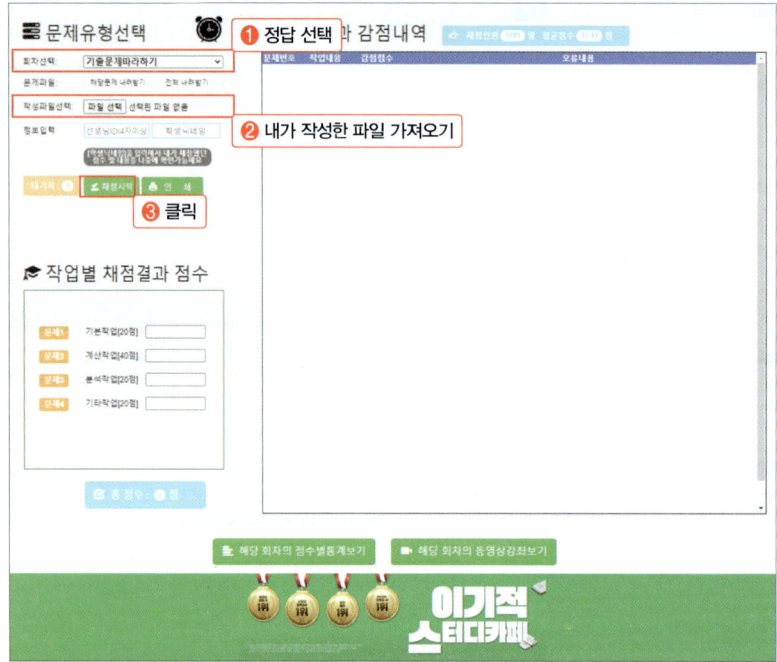

※ 엑셀, 액세스 전부 채점 가능합니다.

⚠ 웹 사이트 채점 프로그램 주의사항
- 채점 프로그램은 참고용으로 사용해 주세요. 일부 결과가 정확하지 않을 수 있습니다. 이럴 땐 정답 파일을 열어 비교해 보시기 바랍니다.
- 인터넷이 연결되어 있지 않은 컴퓨터는 웹 사이트 채점을 이용할 수 없습니다.
- 개인 인터넷 속도, 수험생의 접속자 수에 따라 채점 속도가 다를 수 있습니다.
- 웹 채점 서비스는 부가 서비스로 제공되는 부분이며, 업체 등의 변경으로 웹 채점 프로그램 제공이 중단될 수 있습니다.
- 본 도서에서 제공하는 웹 채점 서비스는 1판 1쇄 기준 2년간 유효합니다.

# 실습 파일 사용 방법

## 01 다운로드 방법

① 이기적 영진닷컴 홈페이지(license.youngjin.com)에 접속하세요.

② [자료실] – [컴퓨터활용능력] 게시판으로 들어가세요.

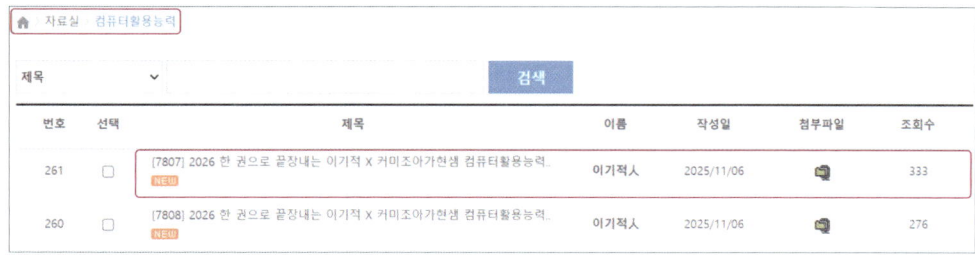

③ '[7807] 2026 한 권으로 끝장내는 이기적 X 커미조아가현샘 컴퓨터활용능력 1급 실기' 게시글을 클릭하여 첨부파일을 다운로드하세요.

## 02 사용 방법

① 다운로드받은 '7807' 압축 파일에서 마우스 오른쪽 버튼을 눌러 '7807'에 압축풀기를 눌러 압축을 풀어 주세요.

② 압축이 완전히 풀린 후에 '7807' 폴더를 더블클릭하세요.

③ 압축이 제대로 풀렸는지 확인하세요. 아래의 그림대로 파일이 들어 있어야 합니다. 그림의 파일과 다르다면 압축 프로그램이 제대로 설치되어 있는지 확인해 주세요.

# 시험의 모든 것

## 시험 알아보기

### ● 시행처 및 관련부처
- 시행처 : 대한상공회의소(license.korcham.net)
- 관련부처 : 고용노동부

### ● 자격 개요
사무자동화의 필수 프로그램인 스프레드시트(Spread Sheet), 데이터베이스(Database)의 활용 능력을 평가하는 국가기술자격 시험

### ● 응시 자격
제한 없음
※ 실기시험은 필기시험 합격 후 2년 이내에 실시하는 시험에 응시할 수 있습니다.

### ● 시험 방식
- 시험시간
  - 1급 : 90분(과목별 45분)
  - 2급 : 40분
- 시험방식 : 컴퓨터 작업형

### ● 실기 시험 공식 버전
- Windows 10, MS Office LTSC Professional Plus 2021 (2급은 MS Office LTSC Standard 2021도 사용 가능)
※ 사용자의 프로그램의 버전에 따라(업데이트 버전 포함) 공식 버전과 일부 명칭 및 메뉴가 다를 수 있습니다.

**제품 정보**

**Office**

자세한 라이선스 정보 표시

**제품 인증됨**
Microsoft Office LTSC Professional Plus 2021
이 제품에는 다음이 포함되어 있습니다.

제품 키 변경

## 접수 · 응시 · 합격 발표

### ● 원서접수
- 개설일로부터 시험일 4일 전까지
- 시행처 홈페이지 license.korcham.net에서 접수
- 시험 시간 조회 후 원하는 날짜/시간에 접수(21년부터 상시검정만 시행)

### ● 응시료
25,000원(인터넷 접수 시 수수료 별도)

### ● 합격 기준
100점 만점에 70점 이상(1급은 두 과목 모두 70점 이상)

### ● 합격 발표
- 대한상공회의소 홈페이지
- 상시검정 시험일 다음날 오전 10:00 이후 발표

### ● 자격증 발급
- 휴대할 수 있는 카드 형태의 자격증 발급(신청자)
- 취득(합격)확인서가 필요한 경우 취득(합격)확인서 발급
- 인터넷(license.korcham.net)을 통해 자격증 발급 신청 가능
- 자격증 신청 기간은 따로 없으며 신청 후 10~15일 후 수령 가능

### ● 자격 특전
- 공무원 채용 가산점
  - 소방공무원(사무관리직) : 컴퓨터활용능력1급(3%), 컴퓨터활용능력2급(1%)
  - 경찰공무원 : 컴퓨터활용능력1, 2급(2점)
  - 해양경찰공무원 : 컴퓨터활용능력1, 2급(1점)
- 학점은행제 학점인정 : 1급 14학점, 2급 6학점
- 100여개 공공기관 · 공기업 등 채용 · 승진 우대

# 출제 기준 속 함수

## 스프레드시트

|  |  |
|---|---|
| 날짜/시간 | ★★★★★ : TODAY, YEAR, MONTH, DAY　　★★★★☆ : DATE, NETWORKDAYS |
| 논리 | ★★★★★ : IF　　★★★☆☆ : NOT, IFS<br>★★★★☆ : AND, OR, IFERROR |
| 데이터베이스 | ★★★★★ : DSUM　　★★★☆☆ : DMAX, DMIN<br>★★★★☆ : DAVERAGE, DCOUNT　　★★☆☆☆ : DGET |
| 문자열 | ★★★★★ : LEFT, RIGHT, MID, LEN, TEXT<br>★★★★☆ : FIND, SEARCH, TRIM, SUBSTITUTE<br>★★★☆☆ : UPPER, LOWER, VALUE, CONCAT<br>★★☆☆☆ : PROPER, EXACT, REPLACE |
| 수학/삼각 | ★★★★★ : ROUND, ROUNDDOWN, ROUNDUP, SUM, SUMIF, SUMIFS<br>★★★★☆ : MOD, INT, TRUNC, SUMPRODUCT<br>★★★☆☆ : ABS, QUOTIENT, POWER, RAND, RANDBETWEEN<br>★★☆☆☆ : PRODUCT, SQRT, SIGN |
| 재무 | ★★★★☆ : PMT, PV, FV　　★★☆☆☆ : SLN, SYD<br>★★★☆☆ : NPV |
| 찾기/참조 | ★★★★★ : VLOOKUP, INDEX, MATCH<br>★★★★☆ : OFFSET, INDIRECT, XLOOKUP, XMATCH<br>★★★☆☆ : CHOOSE, ROW, COLUMN, TRANSPOSE<br>★★☆☆☆ : HLOOKUP, LOOKUP, AREAS<br>★☆☆☆☆ : ADDRESS, ROWS, COLUMNS |
| 통계 | ★★★★★ : COUNT, COUNTA, COUNTIF, COUNTIFS<br>★★★★☆ : AVERAGE, AVERAGEIF, MAX, MIN, LARGE, SMALL, RANK.EQ<br>★★★☆☆ : AVERAGEIFS, MEDIAN, MODE.SNGL, STDEV.S, VAR.S<br>★★☆☆☆ : FREQUENCY, COUNTBLANK, AVERAGEA, MAXA, MINA<br>★☆☆☆☆ : GEOMEAN, HARMEAN, PERCENTILE.INC |
| 정보 | ★★★★☆ : ISERROR, ISBLANK, ISTEXT<br>★★★☆☆ : ISNUMBER, ISODD, ISEVEN, ISERR<br>★★☆☆☆ : ISLOGICAL, ISNONTEXT, TYPE<br>★☆☆☆☆ : CELL |

## 데이터베이스

|  |  |
|---|---|
| 날짜/시간 | ★★★★★ : now, date, time, year, month, day<br>★★★★☆ : weekday, hour, minute, second<br>★★★☆☆ : dateadd, datediff, datepart, datevalue, dateserial, timeserial, timevalue |
| 수학/재무 | 수학　　　　　　　　　　　　　　　　　　　　재무<br>★★★★☆ : rnd, round, abs, int　　　　★★★★☆ : pmt, fv, pv, rate<br>★★★☆☆ : mod　　　　　　　　　　　　★★★☆☆ : npv, nper, ipmt, ppmt, irr, mirr |
| 집계 | 도메인 집계　　　　　　　　　　　　　　　　SQL 집계<br>★★★★★ : davg, dsum, dcount　　　　★★★★★ : avg, sum, count<br>★★★★☆ : dmin, dmax, dlookup　　　　★★★★☆ : min, max |
| 논리 | ★★★★☆ : And, Or, Not　　★★★☆☆ : Like, is |
| 문자열 | ★★★★★ : left, mid, right, trim, ltrim, rtrim, instr, len, replace<br>★★★★☆ : strcomp, lcase, ucase<br>★★★☆☆ : string, space, strConv, strReverse, lenB |
| 자료 | 자료 형식 변환　　　　　　　　　　　　　　자료 형식 평가<br>★★★★☆ : cdate, cint, clng, cstr, cbool　★★★★☆ : isdate, isnull, isnumeric<br>★★★☆☆ : val, str　　　　　　　　　　　★★☆☆☆ : iserror, isobject |
| 기타 | 선택　　　　　　　　　　　메시지　　　　　　　　　　　　기타<br>★★★★★ : iif, choose　　★★★☆☆ : inputbox, msgbox　　★★☆☆☆ : RGB, timer<br>★★★★☆ : switch |

## 책 속의 출제기준

### 스프레드시트 실무(2024.1.1.~2026.12.31.)

| 주요항목 | 세부항목 | 세세항목 | 쪽수 |
|---|---|---|---|
| 응용 프로그램 준비 | 통합 문서 관리하기 | 새로운 시트 삽입하기 | – |
| | | 시트 복사·이동하기, 이름 바꾸기, 그룹 설정하기 | 139(시트 이름 변경) |
| | | 시트 보호 설정하기 | 223 |
| | | 통합 문서 보호하기 | – |
| | | 통합 문서 공유하기, 통합 문서 병합하기 | – |
| 데이터 입력 | 데이터 입력하기 | 데이터 입력하기 | – |
| | | 일러스트레이션 개체 삽입하기 | 206 |
| | | 기타 정보(이름, 메모·노트, 윗주 등) 입력하기 | – |
| | 서식 설정하기 | 기본 서식 지정하기 | – |
| | | 사용자 지정 서식 지정하기 | – |
| | | 조건부 서식 적용하기 | 032 |
| | | 서식파일과 스타일 사용하기 | 032 |
| 데이터 계산 | 기본 계산식 사용하기 | 기본 계산식 사용하기 | 053 |
| | | 시트 및 통합 문서 간 수식 사용하기 | – |
| | | 오류메시지 처리하기 | – |
| | 고급 계산식 사용하기 | 계산식에 함수 사용하기 | 054 |
| | | 사용자 정의 함수 정의하여 사용하기 | 059(입력), 084(수정) |
| | | 수식에 배열 사용하기 | 054 |
| 데이터 관리 | 기본 데이터 관리하기 | 워크시트 관리하기 | – |
| | | 기본 데이터 도구 사용하기 | 026(고급필터), 109(텍스트 나누기), 106(사용자 지정 필터), 118(데이터 정렬), 124(부분합) |
| | | 데이터 유효성 검사 설정하기 | 145 |
| | 외부 데이터 관리하기 | 외부 데이터 불러오기 및 사용하기 | 085 |
| | | 필요한 데이터 추출하기 및 이용하기 | 085 |
| | 데이터 분석하기 | 데이터 분석 도구 사용하기 | 085(피벗테이블), 140(데이터 통합) |
| | | 가상 분석 도구 이용하기 | 128(목표값 찾기), 130(데이터표), 134(시나리오) |
| | | 집합 적용하기 | 227 |
| 차트 활용 | 차트 작성하기 | 차트 종류 선택하기 | – |
| | | 차트 구성 요소 변경하기 | 152(제목·일반), 154(레이블) |
| | | 차트 크기 조정하기, 차트 배치하기 | – |
| | 차트 편집하기 | 차트에 데이터 반영하기 | 158(추가·편집), 322(제거) |
| | | 차트 종류 변경하기 | 151 |
| | | 차트 서식 변경하기 | 153(축), 155(글꼴), 156(색상표), 157(채우기 색) |
| | | 차트 서식 파일 저장하기 및 활용하기 | – |
| 출력 작업 | 페이지 레이아웃 설정하기 | 페이지 레이아웃 설정하기 및 변경하기 | 042(인쇄영역·맞춤), 044(머리글/바닥글), 047(용지 방향·배율), |
| | | 화면 보기 | 046(인쇄 미리 보기), 050, 051 |
| | 인쇄 작업하기 | 프린터 속성 설정하기 | – |
| | | 인쇄 옵션 설정하기 | 045 |
| 매크로 활용 | 매크로 작성하기 | 매크로 작성하기 | 163(기록), 164(수정) |
| | | 컨트롤과 연계하여 매크로 실행하기 | – |
| | 매크로 편집하기 | 모듈 작성하고 편집하기 | 169 |
| | | 프로시저 생성하기 및 실행하기 | 168 |

## 데이터베이스 실무(2024.1.1.~2026.12.31.)

| 주요항목 | 세부항목 | 세세항목 | 쪽수 |
|---|---|---|---|
| 테이블 활용 | 테이블 작성하기 | 테이블 생성하기 | - |
| | | 데이터 형식 및 속성 설정하기 | 342 |
| | | 데이터 및 레코드 관리하기 | 346 |
| | 제약요건 설정하기 | 제약 요건 설정하기 | 332(입력 마스크), 333(유효성 검사 규칙) |
| | | 테이블 간의 관계 설정하기 | 338 |
| | 데이터 입력하기 | 데이터 입력 및 변경하기 | 342 |
| | | 레코드 단위로 데이터 편집하기 | - |
| | | 외부 데이터 불러오기 및 사용하기 | 333 |
| | | 외부로 데이터 내보내기 | - |
| 쿼리 활용 | 선택 쿼리 사용하기 | 단순 선택 쿼리 작성하기 | 345 |
| | | 선택 쿼리 이용하기 | 345 |
| | | 매개 변수 이용하기 | 372, 430 |
| | 실행 쿼리 사용하기 | 테이블 만들기 쿼리 작성 및 실행하기 | 370 |
| | | 추가/삭제 쿼리 작성 및 실행하기 | 456 |
| | | 업데이트 쿼리 작성 및 실행하기 | 422 |
| | | 크로스탭 쿼리 작성 및 실행하기 | 375 |
| | SQL 명령문 사용하기 | 개체 생성/삭제 명령어 사용하기 | - |
| | | 정보 레코드 집합 반환 명령어 사용하기 | - |
| 폼 활용 | 기본 폼 작성하기 | 기본 폼 작성하기 | - |
| | | 폼 속성 설정하기 | 350 |
| | | 연산자와 함수로 정보 표시하기 | 351 |
| | | 조건부 서식 설정하기 | 352 |
| | 컨트롤 사용하기 | 컨트롤 생성하기 | 358 |
| | | 컨트롤 속성 변경하기 | 358 |
| 보고서 활용 | 기본 보고서 작성하기 | 기본 보고서 작성하기 | 362 |
| | | 보고서의 속성 설정하기 | 367(머리글), 364(배경색) |
| | | 연산자와 함수로 원하는 정보 표시하기 | 365 |
| | | 조건부서식 설정하기 | - |
| | | 그룹화 보고서 및 요약 보고서 작성하기 | - |
| | 컨트롤 사용하기 | 컨트롤 생성하기 | 356 |
| | | 컨트롤 속성 변경하기 | 351, 352(잠금) |
| 모듈 활용 | 매크로 함수 사용하기 | 매크로 함수로 매크로 만들기 | 359 |
| | | 매크로 편집 작업하기 | 359 |
| | | 컨트롤과 연계하여 매크로 실행하기 | 360 |
| | 이벤트 프로시저 사용하기 | 이벤트 프로시저 생성하기 | 365 |
| | | 이벤트 프로시저 수정/삭제하기 | 369 |
| | | 컨트롤과 연계하여 이벤트 프로시저 실행하기 | 369 |

# 시험 출제 경향

## 스프레드시트

 ### 기본작업 (총 3문항, 15점)

| 문항 | 출제내용 | 배점 | 학습 포인트 |
|---|---|---|---|
| [문제1]<br>기본작업-1 | 고급 필터 | 5점 | • 함수 조건<br>• AND/OR<br>• 특정 필드 추출 등 |
| [문제1]<br>기본작업-2 | 조건부서식 | 5점 | • 수식 조건 작성<br>• 혼합참조 활용 |
| [문제1]<br>기본작업-3 | 페이지 레이아웃 | 5점 | • 인쇄영역 설정<br>• 머리말/꼬리말<br>• 페이지 가운데 인쇄 |
| | 시트 보호 | | • 셀 잠금<br>• 시트/통합문서 보호<br>• 페이지 미리 보기 |

**가현샘의 TIP**
- 지시사항과 똑같이 작성합니다.
- 조건 범위, 필터 위치를 정확히 확인 후 작성해야 합니다.
- 첫 셀은 열고정, 전체 범위는 절대참조 등 상황에 맞게 참조를 정확히 지정해야 합니다.

 ### 계산작업 (총 5문항, 30점)

| 문항 | 출제내용 | 배점 | 학습 포인트 |
|---|---|---|---|
| [문제2] ❶ | 배열 수식 | 30점 | • 2문항<br>• TRANSPOSE, FREQUENCY, SUMPRODUCT 등 |
| [문제2] ❷ | 일반 함수 | | • 2문항<br>• VLOOKUP, IF, COUNTIF, TEXT 등 |
| [문제2] ❸ | 사용자 정의 함수 | | • 1문항<br>• VBA Function Module 기반 문제 |

**가현샘의 TIP**
- 모든 문제를 풀이한 다음에 가장 나중에 풀이합니다.
- 주어진 함수 내에서만 풀어야 합니다.
- 자주 출제되는 배열 수식, 찾기/참조 함수, 사용자 정의 함수는 반드시 익혀야 합니다.

## 03 분석작업 (총 2문항, 20점)

| 문항 | 출제내용 | 배점 | 학습 포인트 |
|---|---|---|---|
| [문제3]<br>분석작업-1 | 피벗 테이블 | 10점 | • 외부데이터 가져오기<br>• 필드 추가<br>• 그룹설정 |
| [문제3]<br>분석작업-2 | 데이터 도구 | 10점 | • 데이터 통합, 변화 분석, 자동 필터<br>• 목표값 찾기 · 데이터 표 : 목표값, 변수에 따른 값 변화 분석<br>• 데이터 유효성 검사 : 입력 제한, 메시지 표시<br>• 중복 데이터 제거 · 부분합 : 조건부서식 포함 가능 |

### 가현샘의 TIP
- 분석작업은 부분점수가 없으므로 실수하지 않게 완벽히 익히고 시험을 봐야 합니다.
- 피벗테이블은 지문과 그림을 동시에 만족해야 정답으로 처리됩니다.
- 기타 분석작업은 문제 순서대로 풀이합니다.

## 04 기타작업 (총 3문항, 35점)

| 문항 | 출제내용 | 배점 | 학습 포인트 |
|---|---|---|---|
| [문제4]<br>기타작업-1 | 차트 수정 | 10점 | • 5문항<br>• 축 제목, 범례, 데이터 레이블, 추세선 등 |
| [문제4]<br>기타작업-2 | 매크로 | 10점 | • 2문항<br>• 매크로 기록 & 도형/버튼 연결 |
| [문제4]<br>기타작업-3 | 프로시저 작성 | 15점 | • 3문항<br>• UserForm.show, 초기화, 조회, 종료 기능 등 |

### 가현샘의 TIP
- 차트 작업은 지문에 있는 것만 풀이합니다.
- 매크로 버튼은 정확한 위치에 그려 넣어서 불필요한 감점을 방지합니다.
- 프로시저에서 기본적으로 알아야 할 메소드는 꼭 이해하고 시험장에 가세요.

## 데이터베이스

 **DB구축** (총 3문항, 20점)

| 문항 | 출제내용 | 배점 | 학습 포인트 |
|---|---|---|---|
| [문제1] ❶ | 테이블 완성 | 15점 | • 입력 마스크<br>• 유효성 검사<br>• 기본값/기본키 |
| [문제1] ❷ | 관계 설정 | 5점 | • 참조 무결성<br>• 연결 필드 설정 |
| [문제1] ❸ | 조회 속성 설정 | 5점 | • 행 원본<br>• 열 개수<br>• 목록 값 제한 등 |

**가현쌤의 TIP**
- 지문대로만 작성하면 됩니다.
- 실수로 데이터 삭제나 속성 변경을 하지 않도록 주의하세요.
- 출제되는 유형이 일정합니다. 연습만이 살길입니다.

 **입력 및 수정 기능 구현** (총 3문항, 30점)

| 문항 | 출제내용 | 배점 | 학습 포인트 |
|---|---|---|---|
| [문제2] ❶ | 폼 완성 | 9점 | 컨트롤 생성, 글꼴, 탭 순서 등 |
| [문제2] ❷ | • 조건부서식<br>• 이벤트 프로시저 | 6점 | • LEFT, ISNULL 등<br>• DoCmd, RecordsetClone 등 |
| [문제2] ❸ | • 콤보 상자 설정 | 5점 | • 바운드 열, 행 원본, 열 너비 등 |

**가현쌤의 TIP**
- 폼 구조를 파악하면 문제 접근하기가 쉬워요.
- 어려운 함수는 풀지 말고 다른 문제를 먼저 풀고 시간이 남으면 풀어 보세요.
- 매크로, 이벤트 프로시저에서 간단한 기능은 꼭 익히고 가세요.

## 03 조회 및 출력 기능 구현 (총 2문항, 20점)

| 문항 | 출제내용 | 배점 | 학습 포인트 |
|---|---|---|---|
| [문제3] ❶ | 보고서 완성 | 15점 | • 그룹화<br>• 정렬<br>• 누적합계<br>• 중복 숨기기 |
| [문제3] ❷ | 이벤트 프로시저 및 매크로 작성 | 5점 | • OpenForm<br>• Export<br>• Filter 등 |

**가현샘의 TIP**
- 그룹화, 정렬, 누적합계는 꼭 손으로 직접 만들어 보며 익히세요.
- 비교적 단순한 기능이 출제되므로 문제 유형을 꼭 파악하세요.
- 반복적인 문제 풀이만으로도 충분히 다 맞을 수 있습니다.

## 04 처리 기능 구현 (총 5문항, 35점)

| 문항 | 출제내용 | 배점 | 학습 포인트 |
|---|---|---|---|
| [문제4] ❶ | 쿼리 작성 | 35점<br>(각 7점) | • 조건부 쿼리, 매개변수 쿼리<br>• 집계쿼리<br>• 추가/삭제/업데이트 쿼리<br>• 크로스탭 쿼리 등 |
| [문제4] ❷ | | | |
| [문제4] ❸ | | | |
| [문제4] ❹ | | | |
| [문제4] ❺ | | | |

**가현샘의 TIP**
- 지문과 결과 그림이 완벽이 일치해야 정답으로 인정하기 때문에 지문대로 풀고 정답 그림과 맞춰 보세요.
- 자주 출제되는 함수 구조는 미리 익히고 가야 합니다.
- 어려운 유형을 만나면 그 문제는 잊고 풀 수 있는 유형을 먼저 푸세요.

# Q&A

## 작업 방법

**Q** 스프레드시트 작업 시, 매크로가 실행되지 않을 때, 어떻게 해야 하죠?

**A** ① 폴더나 바탕화면에서 파일을 마우스 오른쪽 버튼을 눌러서 [속성] 창을 열고, [일반] 탭의 [보안]에서 '차단 해제'에 체크한 다음, [확인] 버튼을 눌러서 저장합니다.
② 아이콘을 더블클릭하여 엑셀 파일을 엽니다. [파일]-[옵션]의 [보안센터]에서 [보안센터 설정]을 클릭하여 창을 엽니다. '매크로 설정'에서 'VBA 매크로 사용(권장 안 함, 위험한 코드가 시행될 수 있음)'에 체크합니다.
③ 설정을 모두 마쳤으면 [확인]을 클릭하고 엑셀 창을 닫았다가 다시 엽니다.

**Q** 프로시저 버튼이 클릭이 안 될 때, 어떻게 해야 하죠?

**A** ① 아이콘을 더블클릭하여 엑셀 파일을 엽니다. [파일]-[옵션]의 [보안센터]에서 [보안센터 설정]을 클릭하여 창을 엽니다. 'ActiveX 설정'에서 '제한 사항 및 확인 메시지 없이 모든 컨트롤 사용(위험성 있는 컨트롤이 실행될 수 있으므로 권장하지 않음)'을 선택합니다.
② 설정을 모두 마쳤으면 [확인]을 클릭하고 엑셀 창을 닫았다가 다시 엽니다.

**Q** 피벗 테이블에서 데이터를 불러오는 과정에서 파일이 안 보입니다. 어떻게 해야 하죠?

**A** ① 확장자별로 불러오는 방법이 다릅니다. 지시사항을 확인한 다음 정확한 방법으로 불러와야 합니다.
② 정확한 방법으로 불러왔는데도 안 보인다면 경로를 확인해야 합니다. C:\OA 폴더인지 확인해 주세요.

**Q** 함수를 작성하거나 작업창 내부의 요소를 선택할 때, 설명이나 이름을 보고 싶으면 어떻게 해야 하죠?

**A** ① [파일]-[옵션]의 [고급]-[표시]에 있는 '함수 화면 설명 표시'에 체크합니다.
② 이어서 [일반]-[사용자 인터페이스 옵션]에 있는 '실시간 미리 보기 사용'에 체크한 다음 화면 설명 스타일을 '화면 설명에 기능 설명 표시'를 선택하세요.
③ 설정을 모두 마쳤으면 [확인]을 클릭하고 엑셀 창을 닫았다가 다시 엽니다.

**Q** 데이터베이스 작업 시, 매크로가 실행되지 않을 때, 어떻게 해야 하죠?

**A** ① 폴더나 바탕화면에서 파일을 마우스 오른쪽 버튼을 눌러서 [속성] 창을 열고, [일반] 탭의 [보안]에서 '차단 해제'에 체크한 다음, [확인] 버튼을 눌러서 저장합니다.
② 아이콘을 더블클릭하여 액세스 파일을 엽니다. [파일]-[옵션]의 [보안센터]에서 [보안센터 설정]을 클릭하여 창을 엽니다. '매크로 설정'에서 '모든 매크로 포함(위험성 있는 코드가 실행될 수 있으므로 권장하지 않음)'에 체크합니다.
③ 설정을 모두 마쳤으면 [확인]을 클릭하고 액세스 창을 닫았다가 다시 엽니다.

**Q** 매크로를 실행하면 오류가 나타납니다. 어떻게 해야 하죠?

**A** ① [만들기]-[매크로 및 코드]에서 [Visual Basic]을 클릭합니다.
② [도구]-[참조]에서 Microsoft Office 16.0 Object Library에 체크합니다(버전에 따라 14.0, 15.0이 될 수도 있음).

**Q** 폼의 버튼을 눌렀는데 아무런 반응이 없을 때, 어떻게 해야 하죠?

**A** 버튼의 이벤트 속성이 비어 있거나 매크로 연결에 오류가 있어서 발생한 문제입니다. '디자인 보기' 모드에서 해당 버튼을 선택하고, '속성 시트'를 열어서 '클릭 시' 속성을 확인한 다음, 내용을 수정하거나 매크로 또는 VBA를 지정하면 됩니다.

**Q** 책에 보이는 대로 코드나 수식을 입력했는데, 폼이나 보고서를 실행했을 때 책에 있는 대로 표현되지 않으면, 어떻게 해야 하죠?

**A** ① 컨트롤 원본에 입력하는 경우 =으로 시작해야 하고, 연산자 입력을 잘못하지는 않았는지를 확인해 보아야 합니다. 필드 표시는 대괄호([])안에 넣어서 표시해야 합니다.
② 이벤트 프로시저에 입력하는 경우 띄어쓰기를 해야 하는데 띄어쓰기를 하지 않았는지(또는 띄어쓰기를 하지 않아야 하는데 했는지)도 확인해 보아야 합니다.
③ 매크로 입력에서 함수가 사용되는 경우 =으로 시작해야 합니다.
④ 보고서의 인쇄 미리 보기 상태는 컴퓨터의 설정과도 연결되므로 화면과 문제의 삽화가 다를 수도 있습니다.

## 응시 및 시험

**Q** 필기와 실기는 서로 다른 지역에서 응시할 수 있나요?

**A** 그렇습니다. 필기시험 합격 지역과 관계없이, 실기시험은 접수한 지역의 시험장에서 응시할 수 있습니다.

**Q** 필기시험에 합격했는데 실기시험에 떨어졌습니다. 실기는 몇 번까지 응시할 수 있나요?

**A** 필기시험 합격 후 2년간 필기 면제가 유지되며, 이 기간에 실기시험은 횟수 제한 없이 계속 응시할 수 있습니다. 면제 기간이 지났는지 확인하려면 대한상공회의소 검정사업단 홈페이지에서 이름과 주민등록번호를 입력해 조회할 수 있습니다.

**Q** 상시검정이란 무엇인가요?

**A** 상시검정은 상공회의소가 운영하는 상시 시험장에서 수시로 접수하고 응시할 수 있도록 운영되는 시험 제도입니다. 인터넷 접수만 가능하며, 접수 당시 개설된 시험장 및 시험일시 중 원하는 것을 선택해 응시할 수 있습니다.

**Q** 실기시험에 응시한 상태에서, 합격자 발표 전에 다시 상시검정에 응시할 수 있나요?

**A** 그렇습니다. 다만, 이미 합격한 경우 그 이후에 본 시험은 무효로 처리됩니다.

**Q** 시험이 많이 어려워서 합격률이 많이 낮다고 하던데, 최근 5년간의 합격률은 어떻게 되나요?

**A** 도표에서 보실 수 있듯이 합격률이 20%를 밑돌고 있습니다.

| 연도 | 접수자(명) | 응시자(명) | 합격(명) | 합격률 (%) |
|---|---|---|---|---|
| 2020 | 321,723 | 258,126 | 52,396 | 20.3 |
| 2021 | 484,926 | 392,740 | 59,072 | 15.0 |
| 2022 | 302,723 | 247,352 | 40,927 | 16.5 |
| 2023 | 229,544 | 192,383 | 29,873 | 15.5 |
| 2024 | 200,296 | 170,188 | 11,713 | 6.9 |
| * | 1,539,212(총계) | 1,260,789(총계) | 193,981(총계) | 14.84(평균) |

※ 출처 : 2025 국가기술자격통계연보(한국산업인력공단, 2025)

## 점수 확인 및 성적 조회

**Q** 시험 점수 및 채점 결과는 어떻게 확인하나요?

**A** 합격 여부는 합격자 발표일에 공개됩니다. 세부 점수나 채점 내용이 알고 싶으면 대한상공회의소에 직접 문의해야 합니다.

**Q** 실기 점수는 어디서 확인할 수 있나요?

**A** 대한상공회의소 홈페이지 '마이페이지 > 시험결과'에서 확인할 수 있습니다. 단, 합격자 발표일로부터 60일까지만 조회할 수 있으며, 이후에는 상공회의소에 직접 문의해야 합니다.

## 저자의 말

# 20년 노하우로 완성한, 합격까지 가장 빠른 길을
# 여러분과 함께 걸어가고 싶습니다.

"커미조아가현샘을 왜 이제 만났을까요?" 매주 합격 후기에서 빠짐없이 들려오는 말입니다.

저는 지난 20여 년간 컴퓨터활용능력 자격증을 온라인과 오프라인에서 강의하며, 수많은 수험생의 눈높이에서 함께 고민해 왔습니다. 현재는 유튜브 채널 '커미조아가현샘'을 통해 소통하며, 더 빠르고 더 쉽게 자격증을 취득할 수 있는 실질적인 방법을 전하고 있습니다. 이제 이렇게 책으로 제 노하우를 나눌 기회가 생겨 무척 기쁩니다. 이 자리를 빌려 교재 출판을 제안해 주신 영진닷컴에 깊이 감사드립니다.

본 교재는 오랜 강의 경험과 수험생들의 생생한 피드백을 토대로, 시험에 가장 알맞은 학습 구조를 담아냈습니다. 단순한 기능 풀이와 암기에 그치지 않고, 개념을 이해하며 실전 문제를 함께 고민하고 풀어 가는 과정에 초점을 맞췄습니다. 무엇보다 '실전 문제의 흐름을 파악하고, 보다 쉽고 효율적으로 해결하는 방법'을 익히는 데 중점을 두었습니다. 독자 여러분은 책을 따라가며 문제 유형별로 다양한 풀이 전략과 실전 감각을 자연스럽게 익히게 될 것입니다.

먼저, 이론부에서는 실제 출제 유형에 맞춰 기초 개념과 기능 설명으로 탄탄한 기본기를 다질 수 있도록 했습니다. 이어지는 기출 유형 문제는 출제 빈도가 높고 실제 시험과 매우 유사한 형태로 선별하였으며, 실제 시험지와 거의 동일한 양식·구조·조건을 반영했습니다. 해설 또한 최신 출제기준을 충실히 따름으로써, 학습자가 시험장에서 문제를 접할 때 익숙함과 자신감을 느낄 수 있도록 구성했습니다.

또한 다년간의 강의 경험과 함께, 수강생들이 자주 실수하거나 놓치는 포인트를 꼼꼼히 담았습니다. 이를 통해 합격의 걸림돌이 될 수 있는 실수를 최소화하도록 했습니다. 무엇보다도 본 교재는 단순히 '문제를 풀어 보는 것'이 아니라 '시험을 몸에 익히는 것'에 목적을 두고 있습니다. 반복 학습을 통해 실전 감각을 완성하고, 시험장에서 당당히 문제를 마주할 수 있는 자신감을 길러 주는 것이 본 교재의 가장 큰 가치입니다.

본 교재가 여러분의 합격을 앞당기는 든든한 길잡이가 되기를 바랍니다.
여러분의 노력과 이 책이 만나 반드시 좋은 결실을 거두리라 믿습니다.
진심으로 합격을 기원합니다.

저자 커미조아가현샘 박가현

# PART 01

# 스프레드시트 시험 유형 따라하기

## CONTENTS

01 [기본작업] 고급필터
02 [기본작업] 조건부서식
03 [기본작업] 페이지 레이아웃
04 [계산작업] 계산작업
05 [분석작업] 피벗 테이블
06 [분석작업] 사용자 지정 필터
07 [분석작업] 텍스트 나누기
08 [분석작업] 중복된 항목 제거
09 [분석작업] 데이터 정렬
10 [분석작업] 부분합
11 [분석작업] 목표값 찾기
12 [분석작업] 데이터 표
13 [분석작업] 시나리오
14 [분석작업] 데이터 통합
15 [분석작업] 유효성 검사
16 [기타작업] 차트
17 [기타작업] 매크로
18 [기타작업] 프로시저

### 예제 파일 위치

[26컴활1급(커미조아)] → [스프레드시트] → [PART 01] 폴더

# 01 [기본작업] 고급필터

반복학습 ① ② ③

**시험유형 ❶** '01기본작업-고급필터.xlsx' 파일의 '고급필터-실습1' 시트

※ '고급필터-실습1' 시트에 대하여 다음의 지시사항을 처리하시오.

[A2:D25] 영역에서 '시험일'이 토요일이거나 금요일이고 부서명이 '회계', '인사', '경영'으로 시작하는 데이터의 '시험명', '시험일', '부서명', '시험결과' 필드만 순서대로 표시하시오.
- ▶ 조건은 [G3:G4] 영역 내에 알맞게 입력하시오.
- ▶ AND, LEFT, WEEKDAY(일요일을 1로 시작) 함수를 사용하시오.
- ▶ 결과는 [I3] 열부터 표시하시오.

① [G3:G4] 영역에 조건을 입력한다. [G4] 셀에는 수식 =AND(((WEEKDAY(A3,1)=6)+(WEEKDAY(A3,1)=7)),((LEFT(C3,2)="회계")+(LEFT(C3,2)="인사")+(LEFT(C3,2)="경영")))을 입력한다.

### 🔑 기적의 TIP

**수식에 들어가는 셀을 참조하는 방법**
- 첫 행의 셀이 참조되는 경우(A3이라면) : A3 또는 $A3으로 표시
- 첫 행이 여러 셀이 참조되는 경우(A3:C3라면) : A3:C3 또는 $A3:$C3으로 표시
- 하나의 열 전체가 참조되는 경우(A3:A10이라면) : $A$3:$A$10으로 표시

② 데이터 영역에 마우스 포인터를 두고 [데이터] 탭의 [정렬 및 필터]에서 [고급]을 클릭한다.

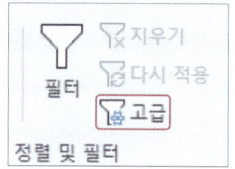

> 🅑 **기적의 TIP**
> - 조건에 수식을 입력하는 경우엔 조건 시작 셀의 필드명을 기준표의 필드명과 다르게 입력해야 한다. 일반적으로 '조건'으로 입력을 하거나 빈 셀로 하면 된다.
> - 고급필터 결과 값의 필드는 미리 기준표의 필드 이름을 복사해서 붙여넣거나 메뉴를 이용해서 필터할 수 있다. 단, 미리 필드 이름을 넣는 경우 기준표와 동일하게 작성해야 한다.
> - 수식을 작성하면 결과값은 TRUE 또는 FALSE의 결과값을 갖게 된다. 이때 고급필터 결과는 TRUE로 계산된 영역만 가져오게 된다.
> - 수식은 주어진 함수로만 작성한다.
> - 이 문제의 포인트는 OR 함수 없이 OR 조건식을 작성하는 것이므로, 아래와 같이 OR 함수 대신 '+' 연산자를 사용한다.
> =AND(((조건식)+(조건식))+((조건식)+(조건식)+(조건식)))

③ [고급 필터] 대화상자에서 결과 옵션은 '다른 장소에 복사'를 선택한다. '목록 범위'에는 $A$2:$D$25를 입력하고, '조건 범위'에는 $G$3:$G$4를 입력한다. 이어서 '복사 위치'는 $I$3:$L$3으로 지정한 후 [확인]을 클릭한다.

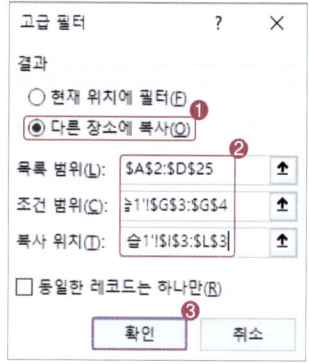

④ 글자 크기에 맞춰 열 너비를 조정하기 위해 I열부터 L열의 열 머리글 영역을 드래그하여 블록으로 설정한 다음, 열 경계선을 더블클릭한다. 또는 [홈] 탭 - [셀]의 [서식]에서 [열 너비 자동 맞춤]을 클릭한다.

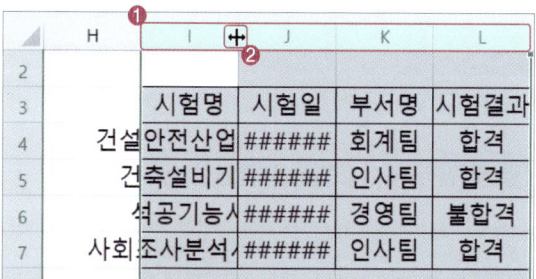

풀이결과

| | H | I | J | K | L |
|---|---|---|---|---|---|
| 2 | | | | | |
| 3 | | 시험명 | 시험일 | 부서명 | 시험결과 |
| 4 | | 건설안전산업기사 | 2024-05-10 | 회계팀 | 합격 |
| 5 | | 건축설비기사 | 2024-05-11 | 인사팀 | 합격 |
| 6 | | 석공기능사 | 2024-06-14 | 경영팀 | 불합격 |
| 7 | | 사회조사분석사1급 | 2024-06-15 | 인사팀 | 합격 |

### 시험유형 ❷ '01기본작업-고급필터.xlsx' 파일의 '고급필터-실습2' 시트

※ '고급필터-실습2' 시트에 대하여 다음의 지시사항을 처리하시오.
[B2:N25] 영역에서 '학교명'에서 "외고"를 포함하고, '재외내국민'에서 "국민"을 포함하는 데이터의 '순번', '학교명', '재외내국민', '이름' 필드만 순서대로 표시하시오.
▶ 조건은 [B27:B28] 영역 내에 알맞게 입력하시오.
▶ AND, IFERROR, SEARCH 함수를 사용하시오.
▶ 결과는 [B30] 셀부터 표시하시오.

① [B27:B28] 영역에 조건을 입력한다. [B28] 셀에는 수식 =AND(IFERROR(SEARCH("외고",F3)>0, FALSE),IFERROR(SEARCH("국민",G3)>0,FALSE))을 입력한다. 그리고 [B30:E30] 영역에는 추출할 필드명을 작성한다(또는 [B2] 셀, [F2] 셀, [G2] 셀, [D2] 셀을 각각 순서대로 복사한 다음 붙여넣어도 됨).

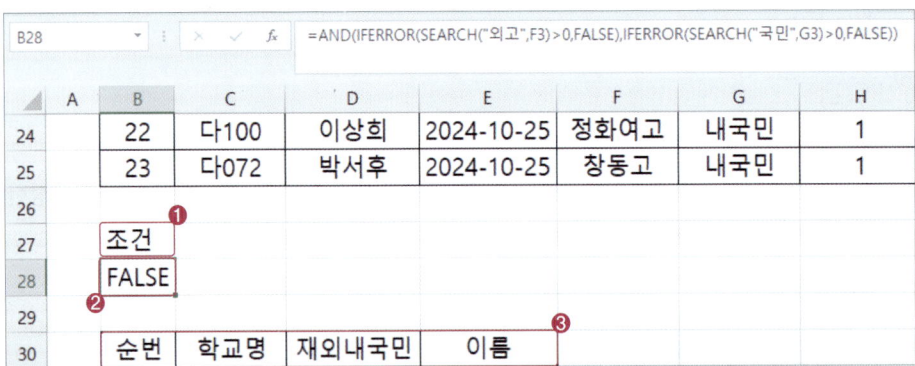

② 데이터 영역에 마우스 포인터를 두고 [데이터] 탭의 [정렬 및 필터]에서 [고급]을 클릭한다.

> **기적의 TIP**
> • 수식을 작성하면 결과값은 TRUE 또는 FALSE로 나타난다. 따라서 IFERROR 함수의 결과값이 TRUE 또는 FALSE가 될 수 있도록 수식을 작성해야 한다.
>   예) IFERROR(TRUE,FALSE)
> • IFERROR의 결과가 TRUE가 될 수 있도록 조건식의 형식을 작성해야 한다.
>   예) SEARCH("외고",F3)>0

③ [고급 필터] 대화상자에서 결과 옵션은 '다른 장소에 복사'를 선택한다. '목록 범위'에는 $B$2:$N$25를 입력하고, '조건 범위'에는 $B$27:$B$28을 입력한다. 이어서 '복사 위치'에는 $B$30:$E$30을 지정한 후 [확인]을 클릭한다.

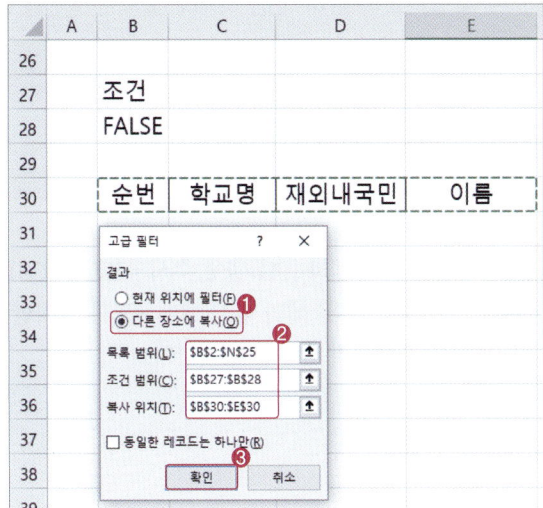

| 시험유형 ❸ | '01기본작업-고급필터.xlsx' 파일의 '고급필터-실습3' 시트 |

※ '고급필터-실습3' 시트에 대하여 다음의 지시사항을 처리하시오.
[B2:G18] 영역에서 '주문일자'가 2012년 이후이면서 '예금종류'가 "도"로 끝나고 '구분'이 "현금"이거나 "할부"인 행만을 표시하시오.
▶ 조건은 [I2:K4] 영역 내에 알맞게 입력하시오.
▶ YEAR 함수를 사용하시오.
▶ 결과는 [B21] 셀부터 표시하시오.

① [I2:K4] 영역에 조건을 입력한다. 먼저 [I2] 셀에 조건을 입력하고 [I3] 셀과 [I4] 셀에 수식 **=YEAR(C3)>=2012**를 동일하게 입력한다. 다음으로 [J2] 셀에 **예금종류**를 입력하고, [J3] 셀과 [J4] 셀에 **\*도**를 입력한다. 마지막으로 [K2] 셀에 **구분**을 입력한다. [K3] 셀과 [K4] 셀에 각각 **현금**과 **할부**를 입력한다.

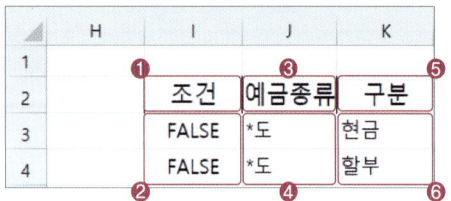

② 데이터 영역에 마우스 포인터를 두고 [데이터] 탭의 [정렬 및 필터]에서 [고급]을 클릭한다.

> 🅕 기적의 TIP
> • 문제에서 YEAR 함수만 제시되었으므로 수식에 사용하는 함수는 YEAR 함수만 활용할 수 있다.
> • [I3] 셀과 [I4] 셀에는 동일한 수식을 입력한다. 단, 자동 채우기로 복사할 경우 행 번호가 자동으로 증가하므로, 반드시 행 번호를 [C3] 셀로 고정해야 한다.
> • 조건으로 입력할 수 있는 범위는 [I2:K4] 영역이므로, 나머지 조건은 수식이 아닌 일반 조건식으로 작성해야 한다.

③ [고급 필터] 대화상자에서 결과 옵션은 '다른 장소에 복사'를 선택한다. '목록 범위'에는 $B$2:$G$18을 입력하고, '조건 범위'에는 $I$2:$K$4를 입력한다. 이어서 '복사 위치'를 $B$21으로 지정한 후 [확인]을 클릭한다.

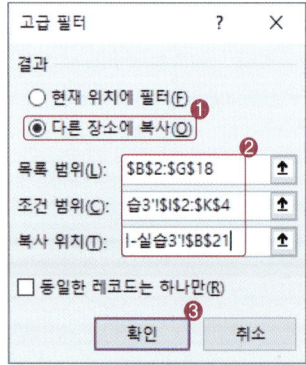

| | A | B | C | D | E | F | G |
|---|---|---|---|---|---|---|---|
| 20 | | | | | | | |
| 21 | | 이름 | 주문일자 | 증권사 | 예금종류 | 구분 | 거래대금 |
| 22 | | 삼성바이오로직스 | 2015-04-04 | KB증권 | 매도 | 현금 | 9,000,000 |
| 23 | | 삼성화재우 | 2012-01-01 | 한국투자증권 | 매도 | 할부 | 9,000,000 |
| 24 | | 고려아연 | 2024-08-09 | 키움증권 | 매도 | 할부 | 10,000,000 |
| 25 | | SK텔레콤 | 2022-06-07 | 한국투자증권 | 매도 | 현금 | 10,000,000 |

### 🅱 기적의 TIP

**고급필터의 수정**

1. 필터의 결과가 잘못 나온 경우 고급필터 결과 데이터의 필드를 제외한 나머지 영역을 드래그하여 블록 설정한다.
2. 마우스 오른쪽 버튼을 눌러 [삭제]([Ctrl]+[-])를 클릭하여 열 전체를 제외한 나머지 메뉴 중 아무거나 선택하여 데이터를 삭제한다.
3. 수식을 수정한 후 다시 고급필터 과정을 반복한다.

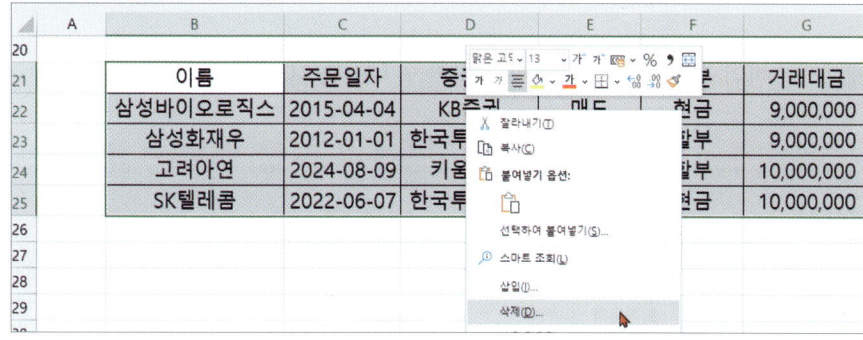
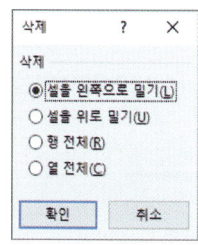

# 02 [기본작업] 조건부서식

반복학습 1 2 3

### 시험유형 ❶ '02기본작업-조건부서식.xlsx' 파일의 '조건부서식-실습1' 시트

※ '조건부서식-실습1' 시트에 대하여 다음의 지시사항을 처리하시오.

[A3:E16] 영역에 대하여 '종류'에서 "공채"가 포함된 행 전체에 대해서 글꼴 색 '표준 색-파랑', 채우기 색 '표준 색-노랑'으로 적용하는 조건부서식을 작성하시오.

▶ 단, 규칙 유형은 '수식을 사용하여 서식을 지정할 셀 결정'을 사용하고, 한 개의 규칙으로만 작성하시오.
▶ ISNUMBER, RIGHT 함수를 사용하시오.

① [A3:E16] 영역을 드래그하여 범위 지정한 후 [홈] 탭 – [스타일]의 [조건부서식]에서 [새 규칙]을 클릭한다.

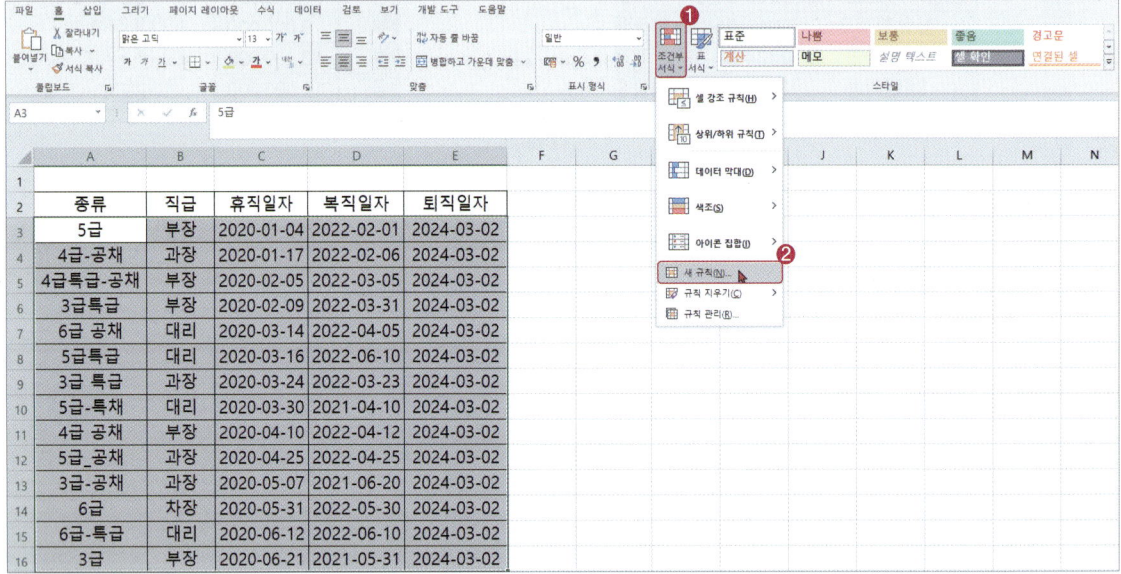

② [새 서식 규칙] 대화상자에서 '규칙 유형 선택'에서 ▶ **수식을 사용하여 서식을 지정할 셀 결정**을 선택하고, =(RIGHT($A3,2)="공채")*(ISNUMBER($A3)=FALSE)를 입력한 후 [서식]을 클릭한다.

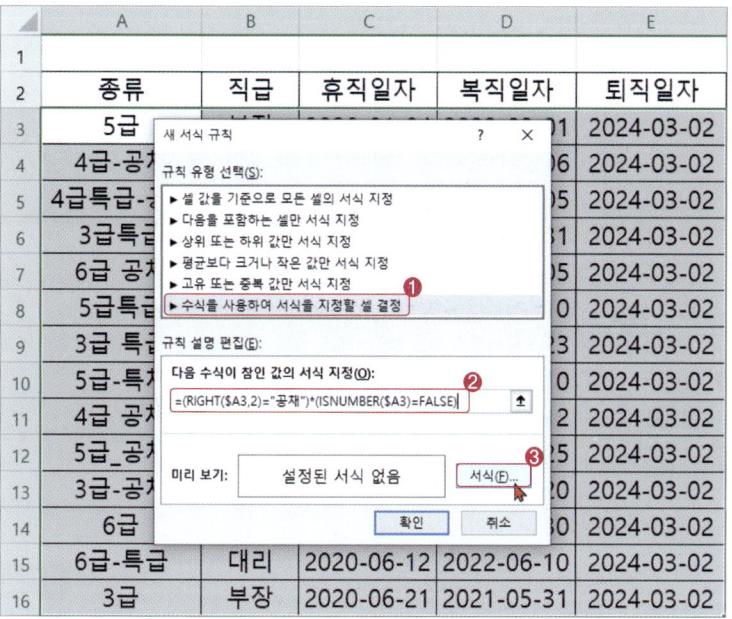

③ [셀 서식] 대화상자의 [글꼴] 탭에서 '색'은 **표준 색-파랑**을 선택하고, [채우기] 탭에서 '색'은 **표준 색-노랑**을 선택한 후 [확인]을 클릭한다.

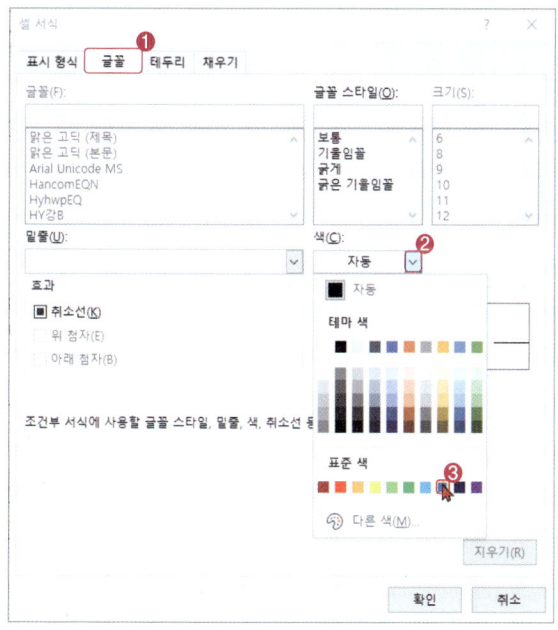 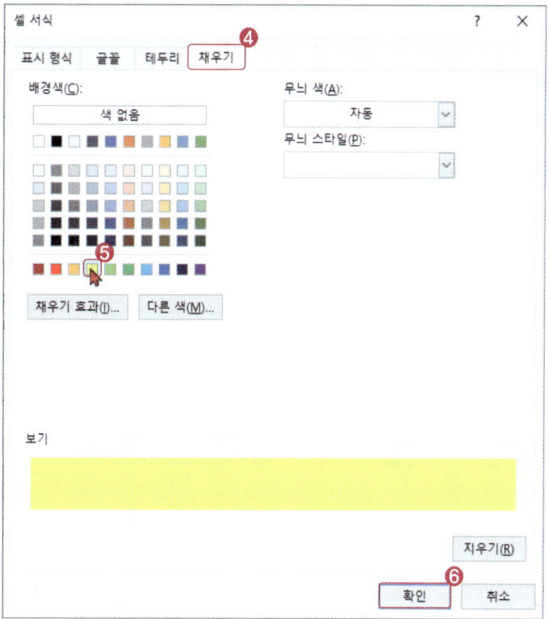

④ [새 서식 규칙] 대화상자에서 미리 보기를 확인한 후 다시 [확인]을 클릭한다.

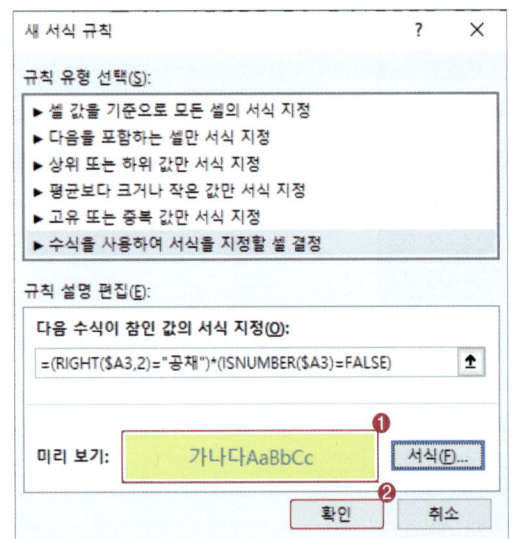

> 🔑 **기적의 TIP**
>
> - 서식을 지정할 범위를 선택할 때는 첫 행을 제외하고 지정한다. 이때 범위는 왼쪽 위에서 오른쪽 아래 방향으로 대각선 형태로 선택한다.
> - 주어진 함수를 활용하여 TRUE인 값에 대해 서식이 지정되도록 수식을 작성한다.
> - 수식을 작성할 때는 첫 행의 셀을 선택한 후, F4를 사용하여 반드시 열 고정 형태($A3)로 변경한다.
> - '공채'를 찾기 위해서는 RIGHT 함수를 사용한다. 이는 입력된 데이터에서 '공채'가 문자열의 마지막에 위치한 점을 활용한 것이다.
> - 공채가 포함된 행이 TRUE 값을 갖게 하려면 ISNUMBER 함수의 결과값이 FALSE가 나와야 한다.
> - ISNUMBER 함수는 숫자인 경우 TRUE인 결과값이 나오기 때문에 문자인 공채의 값이 TRUE가 되기 위해 '=ISNUMBER()=FALSE'의 식을 작성한다.

**풀이결과**

| | A | B | C | D | E |
|---|---|---|---|---|---|
| 1 | | | | | |
| 2 | 종류 | 직급 | 휴직일자 | 복직일자 | 퇴직일자 |
| 3 | 5급 | 부장 | 2020-01-04 | 2022-02-01 | 2024-03-02 |
| 4 | 4급-공채 | 과장 | 2020-01-17 | 2022-02-06 | 2024-03-02 |
| 5 | 4급특급-공채 | 부장 | 2020-02-05 | 2022-03-05 | 2024-03-02 |
| 6 | 3급특급 | 부장 | 2020-02-09 | 2022-03-31 | 2024-03-02 |
| 7 | 6급 공채 | 대리 | 2020-03-14 | 2022-04-05 | 2024-03-02 |
| 8 | 5급특급 | 대리 | 2020-03-16 | 2022-06-10 | 2024-03-02 |
| 9 | 3급 특급 | 과장 | 2020-03-24 | 2022-03-23 | 2024-03-02 |
| 10 | 5급-특채 | 대리 | 2020-03-30 | 2021-04-10 | 2024-03-02 |
| 11 | 4급 공채 | 부장 | 2020-04-10 | 2022-04-12 | 2024-03-02 |
| 12 | 5급_공채 | 과장 | 2020-04-25 | 2022-04-25 | 2024-03-02 |
| 13 | 3급-공채 | 과장 | 2020-05-07 | 2021-06-20 | 2024-03-02 |
| 14 | 6급 | 차장 | 2020-05-31 | 2022-05-30 | 2024-03-02 |
| 15 | 6급-특급 | 대리 | 2020-06-12 | 2022-06-10 | 2024-03-02 |
| 16 | 3급 | 부장 | 2020-06-21 | 2021-05-31 | 2024-03-02 |

| 시험유형 ❷ | '02기본작업-조건부서식.xlsx' 파일의 '조건부서식-실습2' 시트 |

※ '조건부서식-실습2' 시트에 대하여 다음의 지시사항을 처리하시오.
[A3:G22] 영역에 대하여 '금액'의 최대값이나 최소값에 해당하는 행 전체에 대해서 채우기 색 '표준 색-노랑'으로 적용하는 조건부서식을 적용하시오.
▶ 단, 규칙 유형은 '수식을 사용하여 서식을 지정할 셀 결정'을 사용하고, 한 개의 규칙으로만 작성하시오.
▶ MAX, MIN 함수를 사용하시오.

① 임의의 빈 셀(풀이에서는 [H3])에 수식 =($G3=MAX($G$3:$G$22))+($G3=MIN($G$3:$G$22))을 입력한다.
② 수식을 복사한다(셀에 표시된 결과값이 아닌 수식을 Ctrl + C 를 이용해 복사).

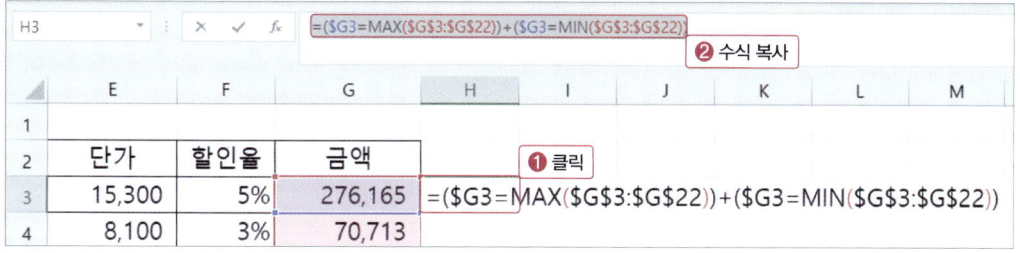

③ [A3:G22] 영역을 범위 지정한 후 [홈] 탭 – [스타일]의 [조건부서식]에서 [새 규칙]을 클릭한다.
④ [새 서식 규칙] 대화상자의 '규칙 유형 선택'에서 ▶ **수식을 사용하여 서식을 지정할 셀 결정**을 선택하고, 복사한 수식을 붙여넣기( Ctrl + V )를 한 후 [서식]을 클릭한다.

⑤ [셀 서식] 대화상자의 [채우기] 탭에서 채우기 색을 '표준 색-노랑'으로 선택한 후 [확인]을 클릭한다.

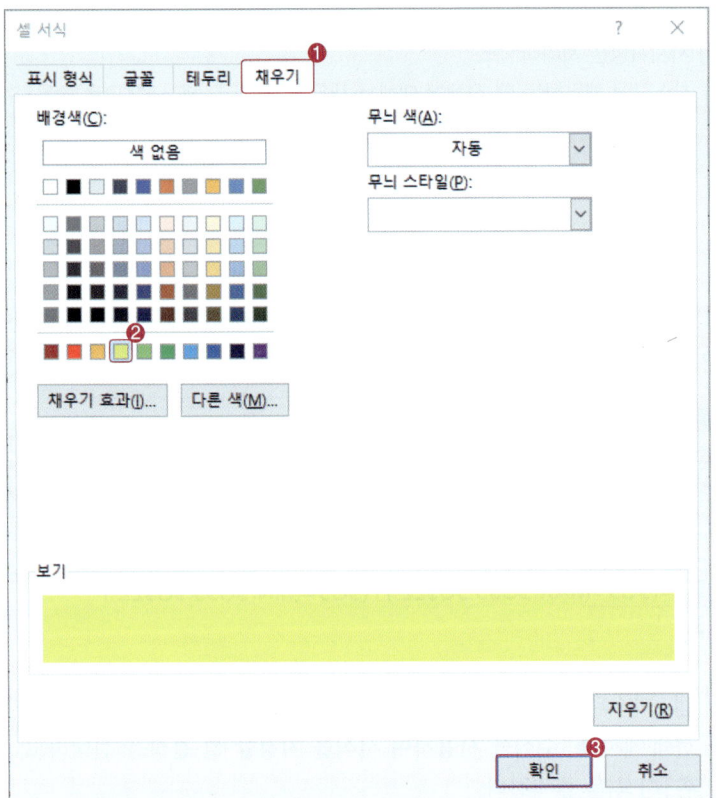

⑥ [새 서식 규칙] 대화상자에서 미리 보기를 확인한 후 다시 [확인]을 클릭한다.

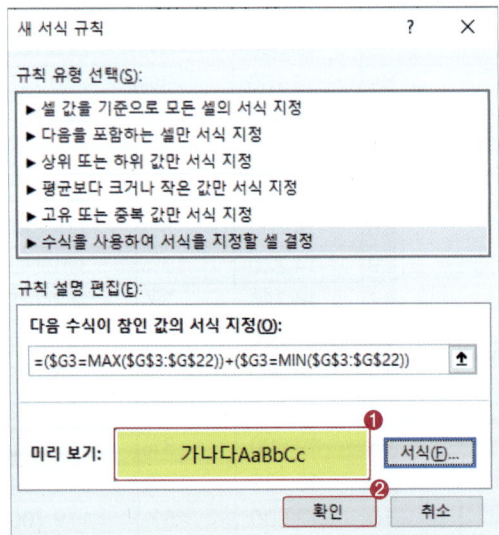

⑦ 수식을 입력했던 [H3] 셀에 커서를 놓고 키보드의 Delete 를 눌러 삭제한다.

> **기적의 TIP**
> - 조건부서식 대화상자의 '다음 수식이 참인 값의 서식 지정'에 수식을 입력할 때는 함수 도우미가 실행되지 않으므로 오타가 발생하기 쉽다. 따라서 임의의 빈 셀에 먼저 수식을 작성한 후 복사하여 붙여넣으면 오타 없이 정확히 입력할 수 있다.
> - 이 유형에는 '또는' 조건이 있지만 주어진 함수에 OR 함수가 없으므로 연산자 '+'로 대체하여 입력한다. 이때 결과값은 TRUE인 경우 1로, FALSE인 경우 0으로 표시된다.
> - 수식을 작성할 때는 첫 행의 셀을 선택한 후 F4를 사용하여 열 고정 형태($A3)로 변경한다.
> - 열방향(아래방향)의 셀 전체가 인수로 사용되는 경우는 절대참조($A$3:$A$22)로 변경한다.
> - MAX나 MIN 함수를 사용하는 경우에는 (기준셀=MAX) 또는 (기준셀=MIN) 형식으로 수식을 작성한다.
> - 두 개의 조건식은 각각 괄호 안에 넣은 후, '+' 연산자로 연결한다.
> - 조건부서식을 작성한 후에는 수식을 입력했던 셀의 값을 Delete 를 눌러 삭제한다.

**풀이결과**

| | A | B | C | D | E | F | G |
|---|---|---|---|---|---|---|---|
| 1 | | | | | | | |
| 2 | 회원코드 | 구입일자 | 도서명 | 수량 | 단가 | 할인율 | 금액 |
| 3 | 26 | 2024-05-22 | 마흔에 읽는 쇼펜하우어 | 19 | 15,300 | 5% | 276,165 |
| 4 | 30 | 2024-05-23 | 인간 실격 | 9 | 8,100 | 3% | 70,713 |
| 5 | 3 | 2024-06-02 | 빛이 이끄는 곳으로 | 25 | 16,920 | 10% | 380,700 |
| 6 | 17 | 2024-06-02 | 면도날 | 30 | 11,700 | 10% | 315,900 |
| 7 | 41 | 2024-06-07 | 영원한 천국 | 20 | 17,820 | 7% | 331,452 |
| 8 | 15 | 2024-06-16 | 이중 하나는 거짓말 | 16 | 14,400 | 5% | 218,880 |
| 9 | 39 | 2024-06-19 | 파친코1 | 29 | 14,220 | 10% | 371,142 |
| 10 | 1 | 2024-06-20 | 파친코2 | 12 | 14,220 | 5% | 162,108 |
| 11 | 28 | 2024-06-25 | 도둑맞은 집중력 | 22 | 16,920 | 10% | 335,016 |
| 12 | 4 | 2024-07-10 | 불편한 편의점 | 15 | 9,900 | 7% | 138,105 |
| 13 | 5 | 2024-07-12 | 백설공주에게 죽음을 | 8 | 16,020 | 5% | 121,752 |
| 14 | 10 | 2024-07-21 | 급류 | 15 | 12,600 | 3% | 183,330 |
| 15 | 13 | 2024-08-05 | 푸른 들판을 걷다 | 23 | 15,120 | 10% | 312,984 |
| 16 | 27 | 2024-08-20 | 세상의 마지막 기차역 | 10 | 12,600 | 5% | 119,700 |
| 17 | 18 | 2024-09-05 | 참을 수 없는 존재의 가벼움 | 7 | 15,300 | 3% | 103,887 |
| 18 | 24 | 2024-09-20 | 데미안 | 10 | 7,200 | 5% | 68,400 |
| 19 | 2 | 2024-10-01 | 리틀 라이프 | 5 | 13,320 | 3% | 64,602 |
| 20 | 35 | 2024-10-19 | 세이노의 가르침 | 15 | 6,480 | 5% | 92,340 |
| 21 | 12 | 2024-12-01 | 구의 증명 | 21 | 10,800 | 10% | 204,120 |
| 22 | 14 | 2024-12-21 | 흐르는 강물처럼 | 10 | 15,300 | 5% | 145,350 |

**시험유형 ❸**  '02기본작업-조건부서식.xlsx' 파일의 '조건부서식-실습3' 시트

※ '조건부서식-실습3' 시트에 대하여 다음의 지시사항을 처리하시오.
[D3:G37] 영역 중 빈칸인 셀 전체를 채우기 색 '자홍'으로 적용하는 조건부서식을 적용하시오.
▶ 단, 규칙 유형은 '수식을 사용하여 서식을 지정할 셀 결정'을 사용하고, 한 개의 규칙으로만 작성하시오.
▶ ISBLANK 함수를 사용하시오.

① [D3:G37] 영역을 범위 지정한 후 [홈] 탭 – [스타일]의 [조건부서식]에서 [새 규칙]을 클릭한다.
② [새 서식 규칙] 대화상자의 '규칙 유형 선택'에서 ▶ **수식을 사용하여 서식을 지정할 셀 결정**을 선택하고, =ISBLANK(D3)를 입력한 후 [서식]을 클릭한다.

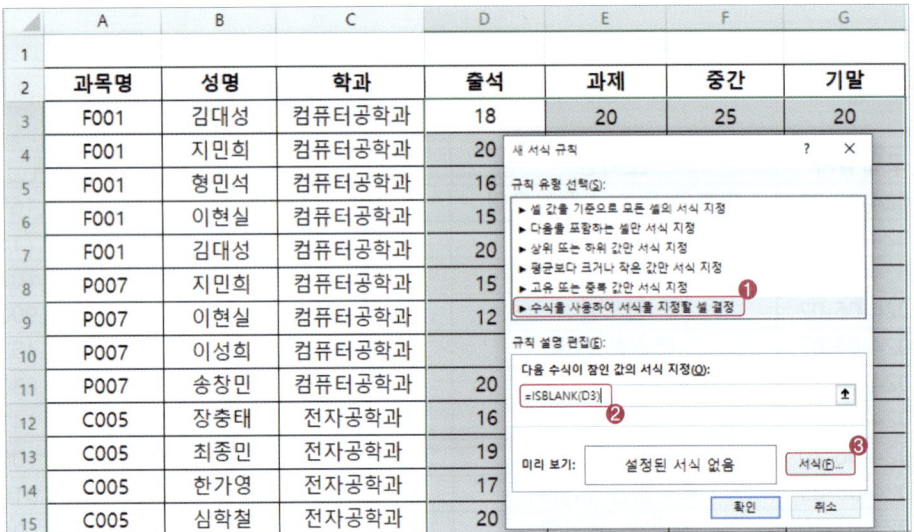

③ [셀 서식] 대화상자의 [채우기] 탭에서 [다른 색]을 클릭한다. [사용자 지정] 탭의 [육각]에 #FF00FF를 입력한 후 [확인]을 클릭한다.

**🅕 기적의 TIP**

**색상표에 없는 색 지정하기**
자홍색처럼 표준 색(색상표)에 없는 색은 직접 색상코드를 입력해서 지정해야 한다.
1. [채우기] 탭의 하단 메뉴 [다른 색]을 클릭한 후 색 대화상자의 [사용자 지정]을 클릭한다.
2-1. RGB 수치를 '빨강' 255, '녹색' 0, '파랑' 255로 직접 지정하거나
2-2. [육각]에서 색 코드 '#FF00FF'를 직접 입력하면 된다.

④ [새 서식 규칙] 대화상자에서 미리 보기를 확인한 후 다시 [확인]을 클릭한다.

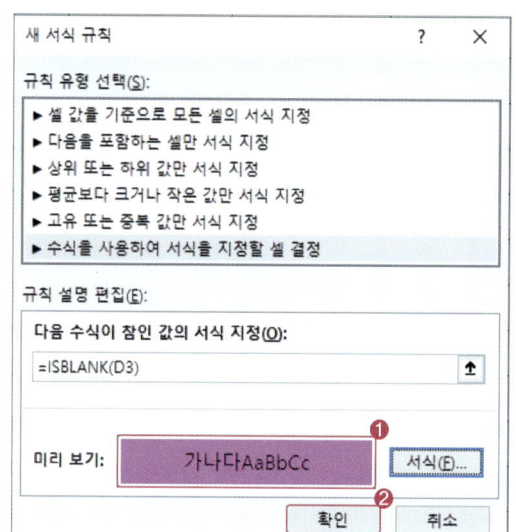

### 기적의 TIP

**빈 셀인 셀 전체에 서식 지정하기**

빈 셀인 셀 전체에 서식을 지정하려면 수식 입력 시 셀 주소를 상대참조로 지정해야 한다.
- D3(상대참조)인 경우 : 조건에 맞는 셀에 서식 적용
- $D3(열 혼합참조)인 경우 : 조건에 맞는 행 전체에 서식 적용
- D$3(행 혼합참조)인 경우 : 조건에 맞는 열 전체에 서식 적용
- $D$3(절대참조)인 경우 : 조건에 맞는 D3셀만 서식 적용

풀이결과

| | A | B | C | D | E | F | G |
|---|---|---|---|---|---|---|---|
| 1 | | | | | | | |
| 2 | 과목명 | 성명 | 학과 | 출석 | 과제 | 중간 | 기말 |
| 3 | F001 | 김대성 | 컴퓨터공학과 | 18 | 20 | 25 | 20 |
| 4 | F001 | 지민희 | 컴퓨터공학과 | 20 | 20 | 22 | 18 |
| 5 | F001 | 형민석 | 컴퓨터공학과 | 16 | | 17 | 25 |
| 6 | F001 | 이현실 | 컴퓨터공학과 | 15 | 15 | 13 | 26 |
| 7 | F001 | 김대성 | 컴퓨터공학과 | 20 | 13 | 24 | 26 |
| 8 | P007 | 지민희 | 컴퓨터공학과 | 15 | 20 | 26 | |
| 9 | P007 | 이현실 | 컴퓨터공학과 | 12 | 15 | 20 | 22 |
| 10 | P007 | 이성희 | 컴퓨터공학과 | | 17 | 18 | 13 |
| 11 | P007 | 송창민 | 컴퓨터공학과 | 20 | 16 | | 18 |
| 12 | C005 | 장충태 | 전자공학과 | 16 | 14 | 10 | 12 |
| 13 | C005 | 최종민 | 전자공학과 | 19 | 17 | 20 | 20 |
| 14 | C005 | 한가영 | 전자공학과 | 17 | 16 | 28 | 17 |
| 15 | C005 | 심학철 | 전자공학과 | 20 | 18 | 30 | 28 |
| 16 | S006 | 한가영 | 전자공학과 | 20 | 20 | 28 | 30 |
| 17 | S006 | 진명훈 | 전자공학과 | 18 | 13 | 24 | 8 |
| 18 | S006 | 조인희 | 전자공학과 | 20 | | 24 | 12 |

**기적의 TIP**

**조건부서식의 수정 및 삭제**

1. 조건부서식 결과가 잘못 나온 경우, 수정하려면 해당 범위를 지정한 후 [홈] 탭 – [스타일]의 [조건부서식]에서 [규칙 관리]를 클릭한다.

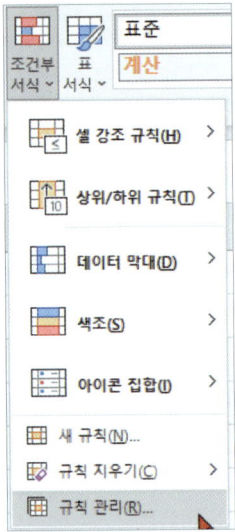

2. [조건부서식 규칙 관리자] 대화상자에서 설정된 규칙을 클릭한 후 [규칙 편집]을 눌러서 수정한다.

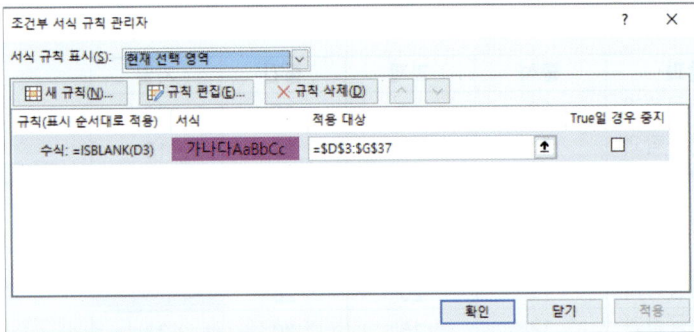

3. 규칙을 삭제하려면 [규칙 삭제]를 클릭한다.
4. [닫기] 버튼을 클릭하여 대화상자를 닫는다.

# 03 [기본작업] 페이지 레이아웃

반복학습 1 2 3

▶ 합격 강의

> **시험유형 ①** '03기본작업-페이지레이아웃.xlsx' 파일의 '페이지레이아웃-실습1' 시트

※ '페이지레이아웃-실습1' 시트에서 다음과 같이 페이지 레이아웃을 설정하시오.
▶ [A55:G74] 영역을 인쇄 영역으로 추가하고, 인쇄될 내용이 페이지의 가로와 세로의 가운데에 인쇄되도록 페이지 가운데 맞춤을 설정하시오.
▶ 매 페이지 상단 왼쪽 구역에는 오늘 날짜, 오른쪽 구역에는 페이지 번호가 [표시 예]와 같이 표시되도록 머리글을 설정하시오. 단, 첫 페이지의 번호가 10이 되게 설정하시오.
 – [표시 예 : 현재 페이지 번호 10 → 10page]
▶ 너비는 열이 추가되더라도 한 페이지에 인쇄되도록 설정하시오.
▶ 전체 페이지 수는 2페이지로 제한하며, 페이지마다 1행과 2행이 반복 인쇄되도록 설정하시오.
▶ 메모는 표시된 위치에서 인쇄되도록 설정하시오.

① [A55:G74] 영역을 범위 지정한 후, [페이지 레이아웃] 탭 – [페이지 설정]의 [인쇄 영역]에서 [인쇄 영역에 추가]를 클릭한다.

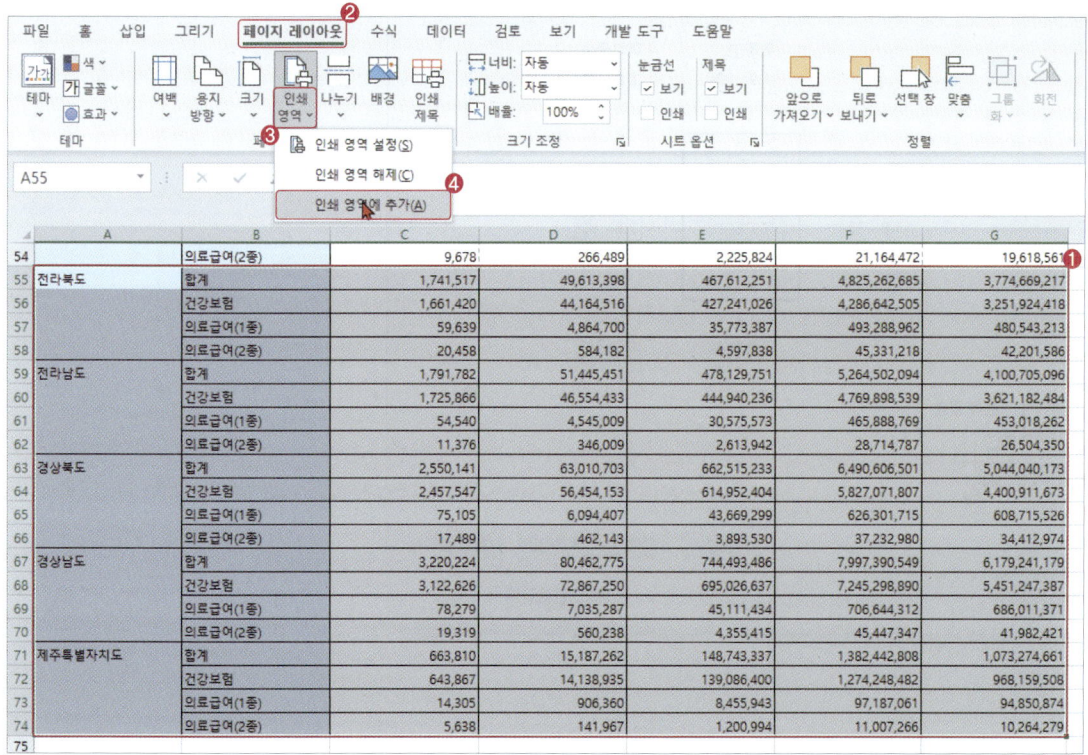

> **기적의 TIP**
>
> 1. [페이지 레이아웃] 탭에서 [페이지 설정] 그룹의 옵션(🔽) 버튼을 클릭하면 [페이지 설정] 대화상자가 실행된다.
> 2. [시트] 탭의 '인쇄 영역'에 [A1:G74]를 직접 입력하여 지정한다.
> 3. 기존에 설정된 영역이 있다면, 그 오른쪽에 쉼표(,)를 입력한 뒤 A55:G74를 추가로 입력한다.
> 4. 이 경우 영역이 연결되므로 데이터 범위는 자동으로 [A1:G74]로 변경된다.

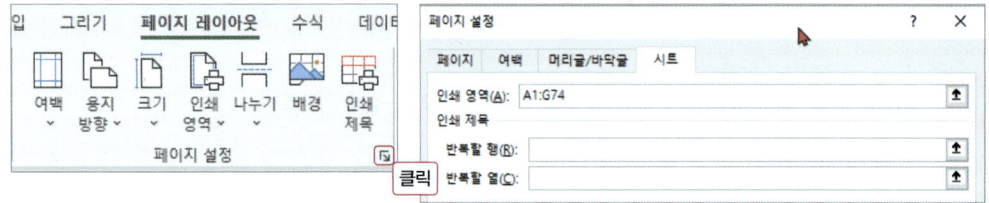

> **기적의 TIP**
>
> **인쇄 영역의 지정**
> - 인쇄 영역을 지정하지 않으면(빈칸으로 두면) 자동으로 입력된 데이터 범위가 인쇄 영역으로 설정된다.
> - 떨어진 인쇄 영역을 쉼표(,)로 구분하여 지정하면 페이지가 강제로 나누어져 인쇄된다.
> - 인쇄 영역을 지정했을 때 그 범위가 자동 설정된 페이지 크기보다 커지면 페이지가 자동으로 나누어진다.

② 페이지 가로·세로 가운데에 인쇄하기 위해 [페이지 설정] 대화상자의 [여백] 탭을 클릭하고 '페이지 가운데 맞춤'의 **가로**와 **세로**에 체크한다.

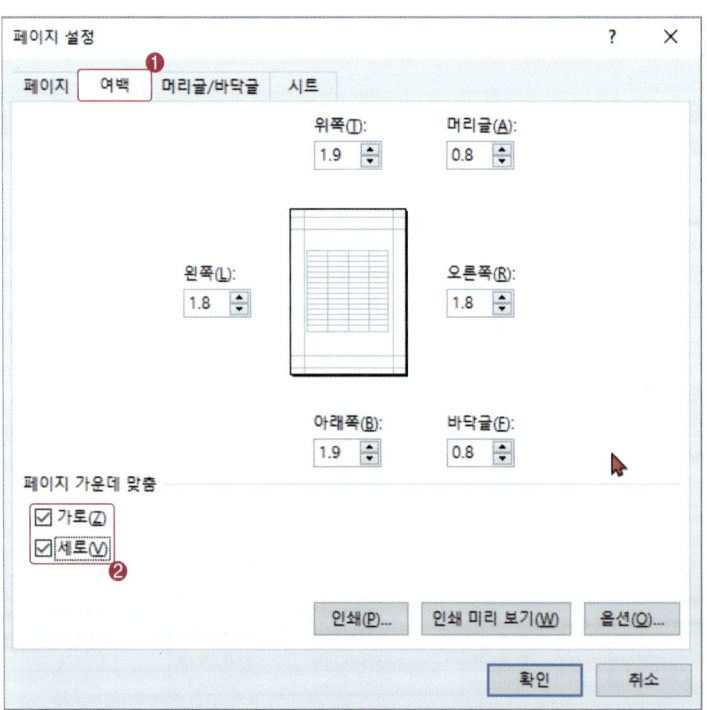

③ 매 페이지 상단 구역에 날짜와 페이지 번호를 삽입하기 위해 [페이지 설정] 대화상자의 [머리글/바닥글] 탭을 클릭한 후, [머리글 편집]을 클릭한다. [머리글] 대화상자의 '왼쪽 구역'에는 **날짜**, '오른쪽 구역'에는 **페이지 번호**를 클릭하여 삽입한 다음 이어서 **page**를 입력한다.

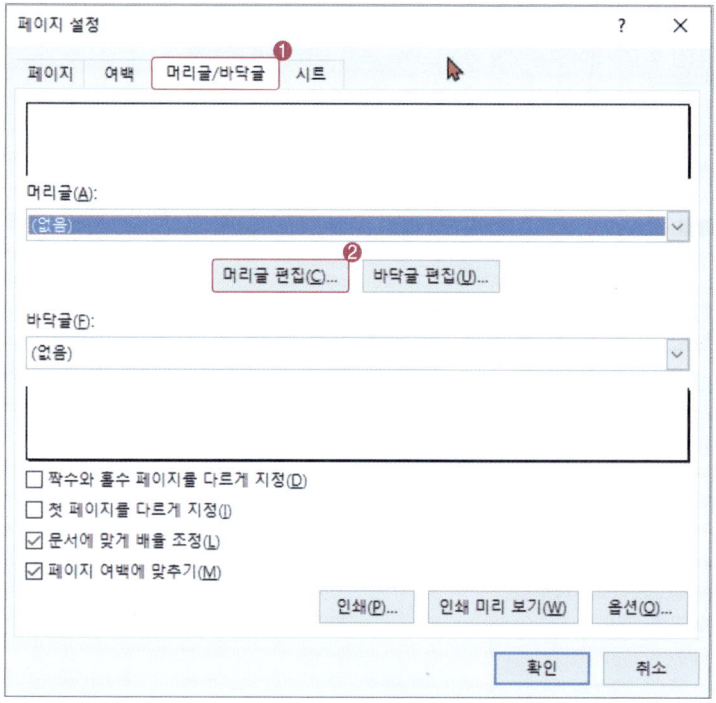

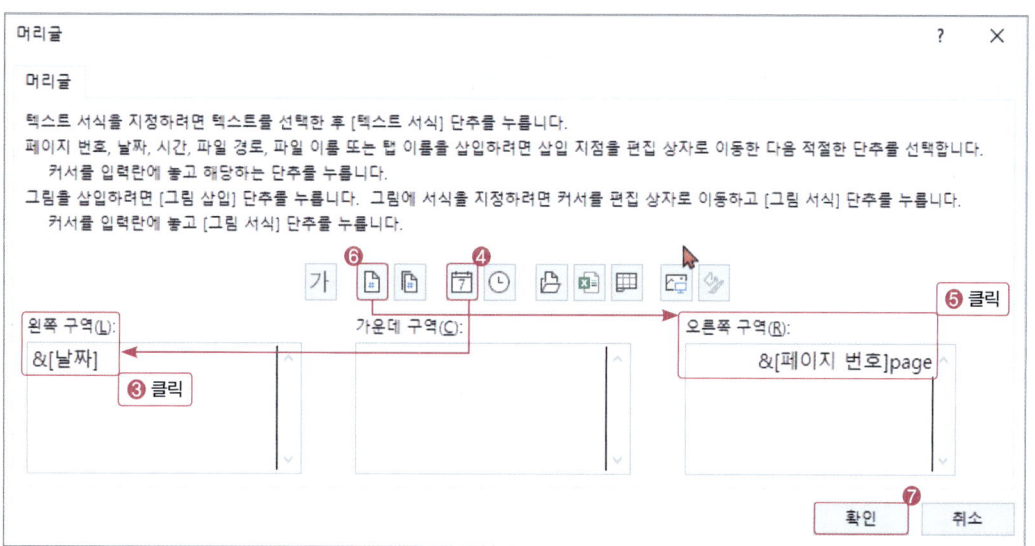

 기적의 TIP

**머리글 및 바닥글의 편집 옵션**

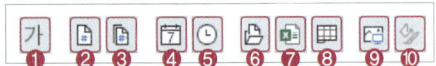

① 텍스트 서식 : 글꼴을 변경할 부분을 블록 설정한 후 클릭하여 글꼴 모양, 글꼴 스타일, 크기, 밑줄, 색 등을 지정

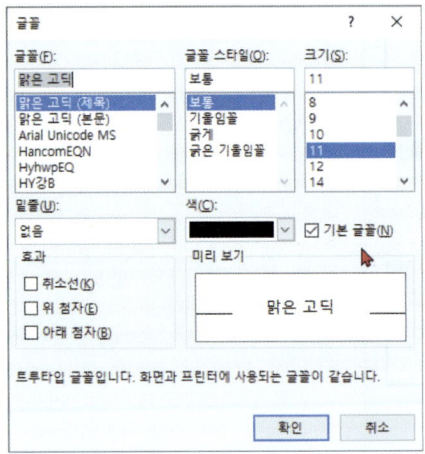

② 현재 페이지 번호(&[페이지 번호])  ③ 전체 페이지 번호(&[전체 페이지 수])  ④ 오늘 날짜(&[날짜])
⑤ 현재 시간(&[시간])  ⑥ 경로(&[경로]&[파일])  ⑦ 파일이름(&[파일])
⑧ 시트이름(&[탭])  ⑨ 그림 삽입  ⑩ 그림 편집
※ &를 입력하려면 &&로 입력해야 한다.

④ 첫 페이지 번호를 10으로 설정하기 위해 [페이지 설정] 대화상자의 [페이지] 탭에서 '시작 페이지 번호'에 10을 입력한다. 이렇게 설정하면 실제 1페이지가 10페이지로 표시된다.

⑤ 열이 추가되더라도 한 페이지에 인쇄되도록 너비를 조정하고, 전체를 최대 2페이지로 제한하기 위해 [배율]의 '자동 맞춤'을 선택한다. 이때 너비는 1, 높이는 2로 지정한다.

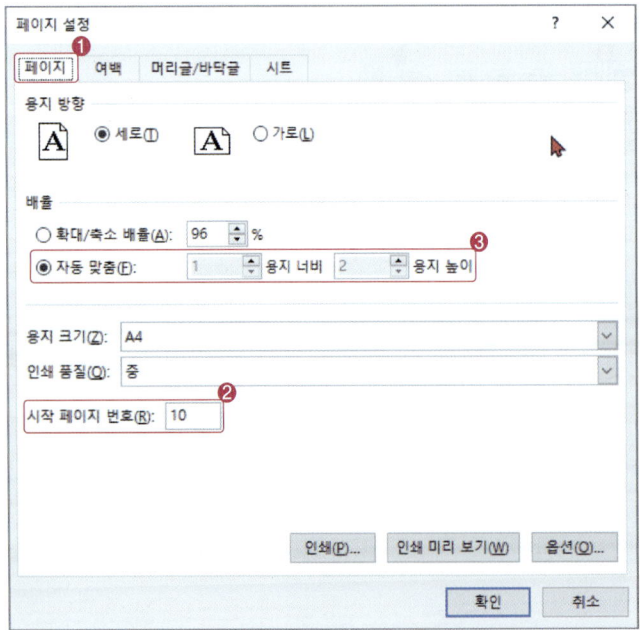

⑥ 페이지마다 1행과 2행이 반복 인쇄될 수 있도록 [시트] 탭을 클릭한 후 인쇄 제목의 '반복할 행'의 영역에 **$1:$2**를 넣는다.

⑦ 메모를 시트에 표시된 대로 인쇄하기 위해 인쇄의 '메모' 목록에서 **시트에 표시된 대로**를 선택한 후 [확인]을 클릭한다.

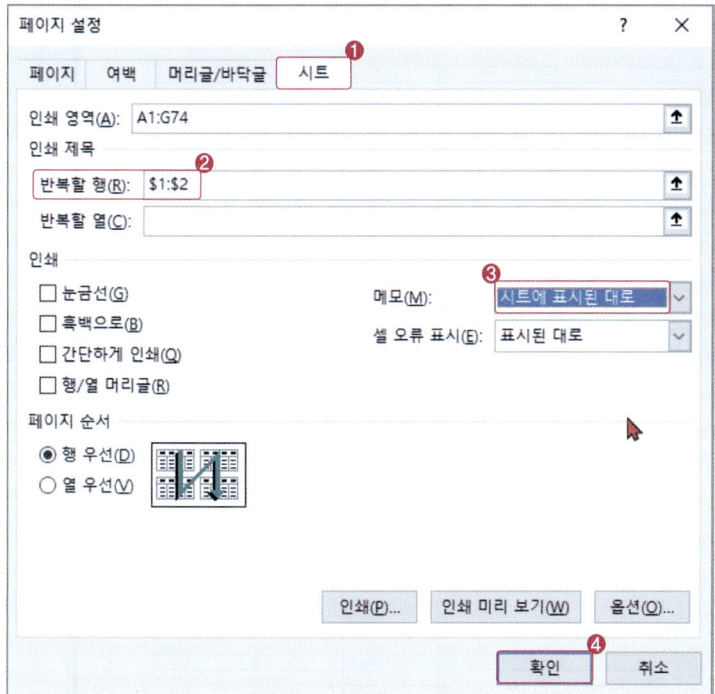

### 기적의 TIP

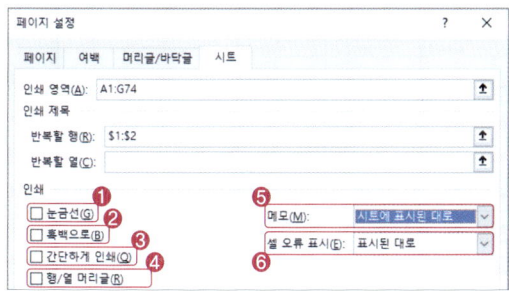

**시트의 인쇄 옵션**
① 눈금선 : 체크하면 인쇄 시 데이터 영역에 눈금선이 나타남
② 흑백으로 : 흑백으로 인쇄됨
③ 간단하게 인쇄 : 차트, 개체, 이미지 등은 인쇄하지 않음
④ 행/열 머리글 : {A,B,C}와 {1:2:3}의 행과 열 머리글 영역도 인쇄에 포함함
⑤ 메모 : 시트에 표시된 대로 또는 시트 끝에 메모를 인쇄함(기본값은 없음)
⑥ 셀 오류 표시 : 셀에 표시된 오류를 그대로 인쇄 또는 여러가지 형태로 나타낼 수 있음

**인쇄 미리 보기**
[페이지 설정]의 하단 메뉴 [인쇄 미리 보기]를 클릭하면 인쇄 미리 보기를 확인할 수 있다.

**시험유형 ❷**  '03기본작업-페이지레이아웃.xlsx' 파일의 '페이지레이아웃-실습2' 시트

※ '페이지레이아웃-실습2' 시트에서 다음과 같이 페이지 레이아웃을 설정하시오.
▶ 확대/축소 배율은 '120%', 페이지 방향은 '가로' 방향으로 설정하시오.
▶ 매 페이지 하단 오른쪽 구역에는 [표시 예]와 같이 표시되도록 바닥글을 설정하시오. 또한 바닥글의 글꼴 크기는 '12 포인트', 글꼴 스타일은 '기울임꼴', 글꼴 색은 '표준 색-파랑'으로 지정하시오.
  – [표시 예 : 컴활합격]
▶ 시트에 삽입된 그림과 도형은 인쇄되지 않도록 페이지 설정을 설정하시오.
▶ 페이지 여백은 위쪽 '5', 머리글 '3'으로 지정하시오.
▶ [A1:C14] 영역은 1페이지, [D1:G14] 영역은 2페이지, [H1:K14] 영역은 3페이지, [L1:O14] 영역은 4페이지로 페이지 나누기를 설정하시오.

---

① [페이지 레이아웃] 탭의 [페이지 설정] 그룹에서 옵션(🔳) 버튼을 클릭하여 [페이지 설정] 대화상자를 실행한다. [페이지] 탭에서 배율의 '확대/축소 배율'을 120%로 지정하고, '용지 방향'은 **가로**를 선택한다.

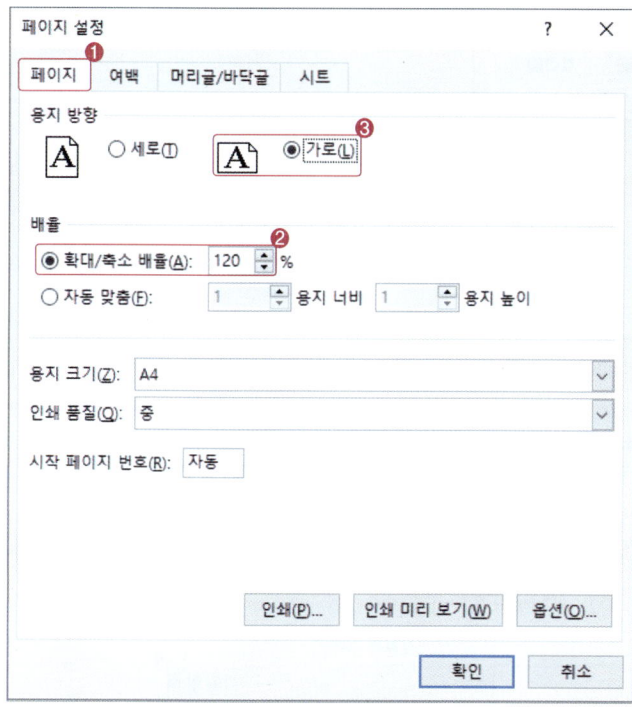

② 바닥글을 지정하기 위해 [머리글/바닥글] 탭을 클릭한 후, [바닥글 편집]을 클릭한다.

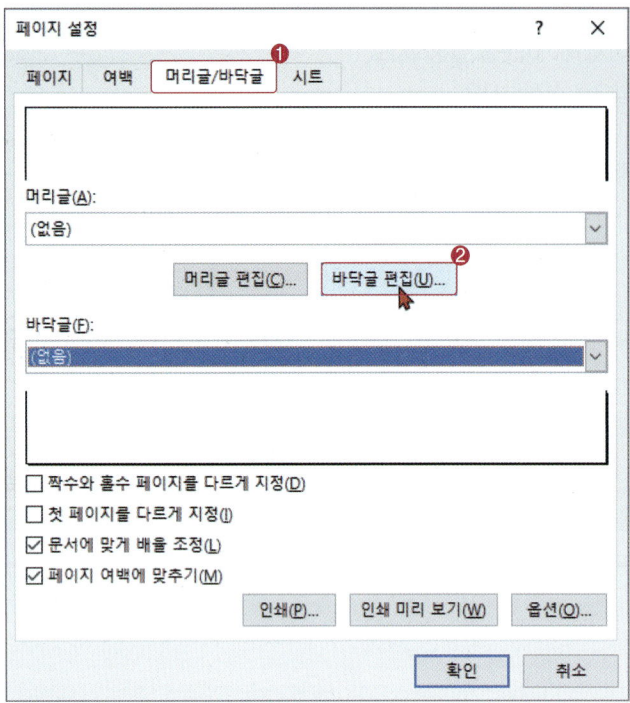

② [바닥글] 대화상자의 오른쪽 하단을 클릭한 후 **컴활합격**을 입력하고 블록을 설정한다. 상단 메뉴에서 '텍스트 서식'을 클릭하고 [글꼴] 대화상자에서 '글꼴 스타일'은 **기울임꼴**, '크기'는 12, '색'은 **표준 색-파랑**으로 설정한 후 [확인]을 클릭한다.

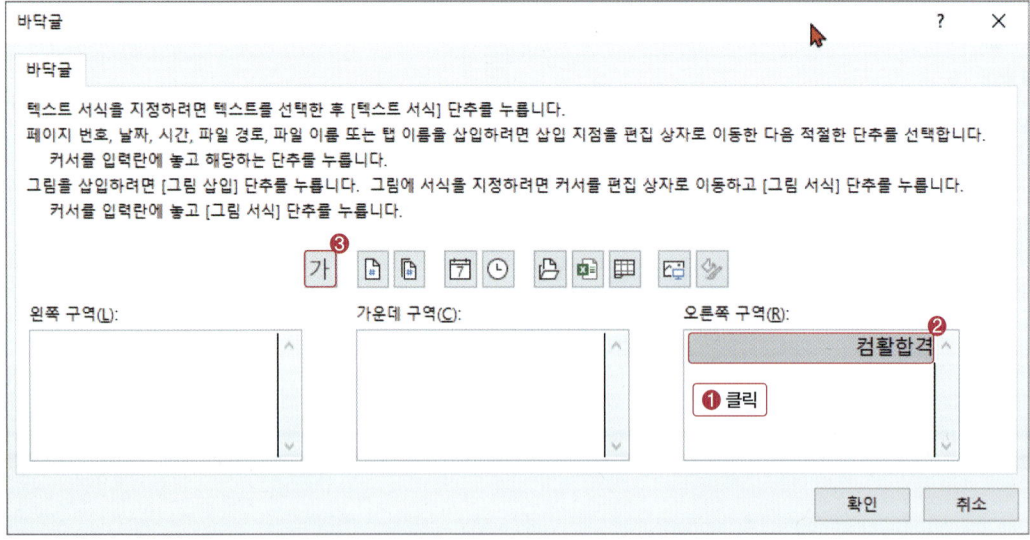

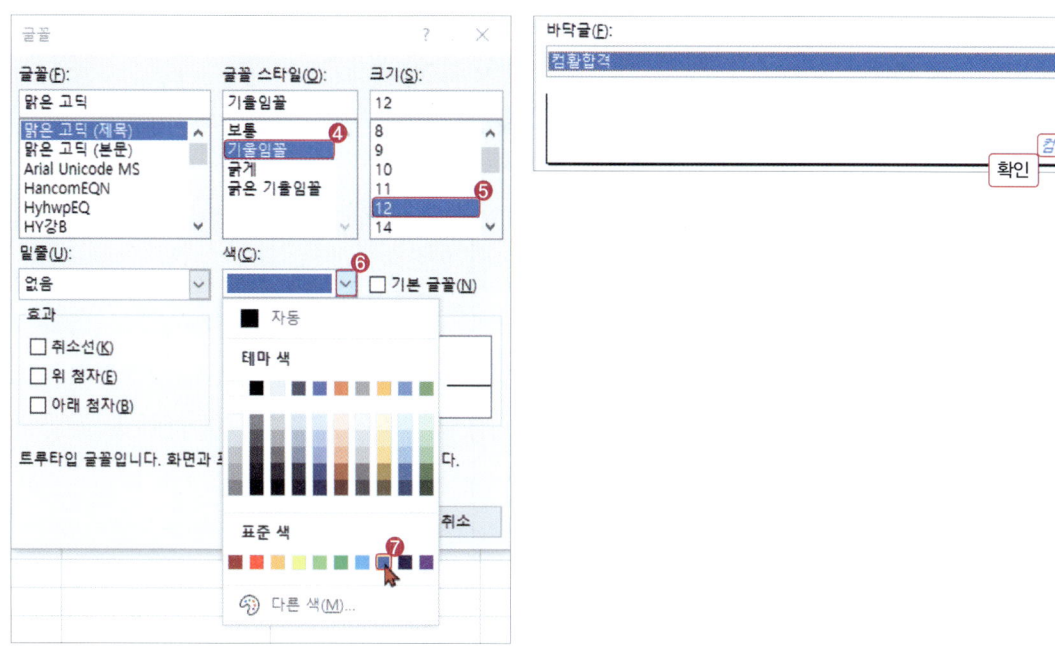

③ 시트에 삽입된 그림과 도형은 인쇄되지 않도록 설정하기 위해 [시트] 탭을 클릭한 후 **간단하게 인쇄**에 체크한다.

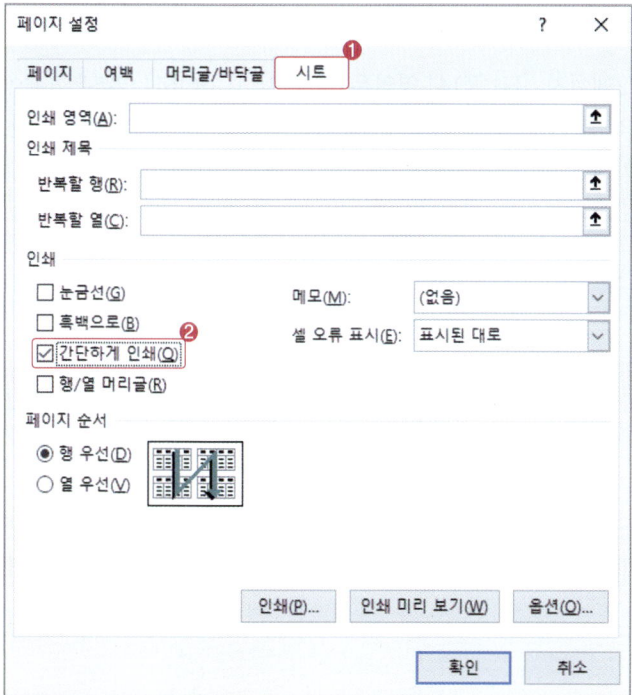

④ 페이지 여백을 설정하기 위해 [여백] 탭을 클릭한 후 '위쪽'은 5, '머리글'은 3으로 나머지는 기본값으로 설정하고 [확인]을 클릭한다.

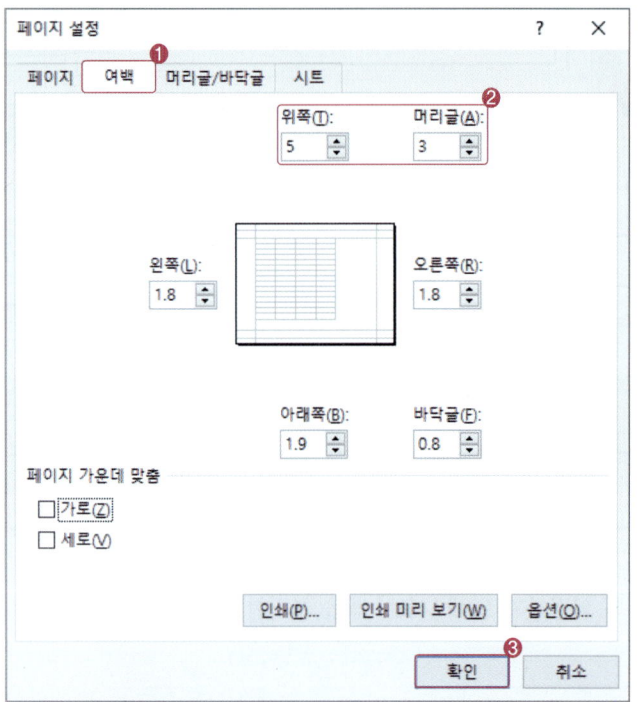

⑤ [A1:C14] 영역은 1페이지, [D1:G14] 영역은 2페이지, [H1:K14] 영역은 3페이지, [L1:O14] 영역은 4페이지로 페이지 나누기를 설정하기 위해 [보기] 탭의 [통합 문서 보기]에서 [페이지 나누기 미리 보기]를 클릭한 후 자동으로 설정된 페이지 경계선을 끌어서 페이지를 나눈다.

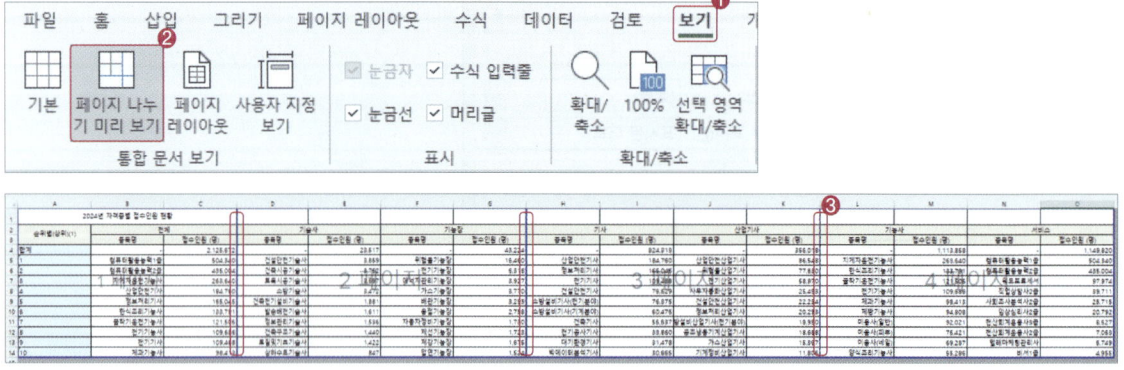

> **기적의 TIP**
>
> 페이지 나누기를 처음으로 되돌리려면 [페이지 나누기 미리보기] 상태에서 셀의 마우스 오른쪽 버튼을 눌러 [페이지 나누기 모두 원래대로]를 클릭한다.

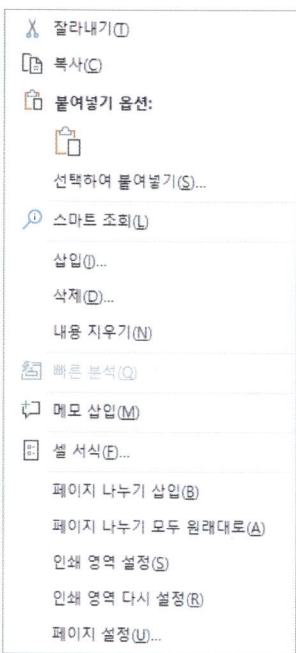

⑥ [보기] 탭의 [통합 문서 보기]에서 [기본]을 클릭하여 기본 보기 상태로 둔다.

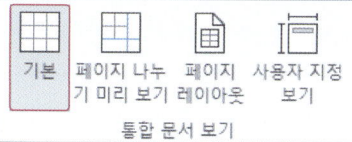

> **기적의 TIP**
>
> **통합 문서 보기의 유형**
> - 기본 : 일반적인 엑셀 편집 모드
> - 페이지 나누기 미리 보기 : 화면으로 보면서 구역을 나누어 페이지 나눌 수 있음(점선, 실선으로 표시)
> - 페이지 레이아웃 : 머리글, 바닥글, 본문 영역이 화면에 표시되고 머리글, 바닥글을 편집할 수 있음

# 04 [계산작업] 계산작업

반복학습 1 2 3

### 시험유형 ❶   '04계산작업.xlsm' 파일의 '계산작업-실습1' 시트

1. [표1]의 '시수'와 '시장'을 이용하여 시장별 총 판매액의 최대값을 [L4:O4] 영역에 표시하시오.
   - ▶ 총 판매액 = 판매액 × 시수
   - ▶ 판매액은 시수가 10 이상인 경우는 30000, 그 외는 28000으로 계산하시오.
   - ▶ 총 판매액의 최대값이 600,000 이상인 경우에는 총 판매액 앞에 "△" 기호를 나타내시오.
     [표시 예 : 600,000 → △600,000]
   - ▶ CONCAT, IF, TEXT, LARGE 함수를 사용한 배열 수식을 작성하시오.

2. [표1]의 '담당자'와 '날짜'를 이용하여 [표2]의 [L9:Q12] 영역에 담당자별 요일별 건수를 표시하시오.
   - ▶ SUM, WEEKDAY, CHOOSE 함수를 사용한 배열 수식을 작성하시오.

3. [표1]의 '특판'과 '금액'과 '날짜'를 이용하여 [표4]의 [L17:N20] 영역에 표시하시오.
   - ▶ 특판별, 날짜의 월별 금액의 최대값과 최소값을 계산하시오.
   - ▶ [표시 예 : 최소값이 300000이고 최대값이 500000 → 300000 - 500000]
   - ▶ LARGE, SMALL, IF, MONTH 함수와 & 연산자를 사용한 배열 수식을 작성하시오.

4. [표1]의 [B3:G26] 영역을 참조하여 [표5]의 값[M26]을 찾아 표시하시오.
   - ▶ 조건 영역은 [표5]에서 알맞은 영역을 찾아서 지정하시오(담당자별 가장 늦은 날짜인 조건).
   - ▶ 담당자[K26]은 선택할 수 있는 유효성 검사의 목록 값이 지정되어 있다.
   - ▶ [표시 예 : 김자현, 2024-09-25일 때, 조건에 맞는 값이 중앙시장 → 김자현 - 중앙시장]
   - ▶ DGET, DMAX 함수와 & 연산자를 사용하시오.

5. 사용자 정의 함수 'fn기간'을 작성하여 [표1]의 [H4:H26] 영역에 표시하시오.
   - ▶ fn기간은 날짜를 인수로 받아 기간을 계산하는 함수이다.
   - ▶ 날짜가 1이상 10 이하이면 "초순", 11이상 20 이하이면 "중순", 21 이상 30 이하는 "하순"으로 표시하시오.
   - ▶ [표시 예 : 2월의 초기 → 2월 초순]
   - ▶ If, Month, Day 함수를 사용하시오.

```
Public Function fn기간(날짜)

End Function
```

> **기적의 TIP**
>
> **수식 입력의 기본 설정**
> - '수식 자동 완성 사용' 기능 활성화
>   - 경로 : [파일] 탭 – [옵션] – [수식] – [수식 작업] – '수식 자동 완성 사용' 체크
>   - 기능 : 수식 입력시 입력한 알파벳으로 시작하는 함수 이름이 자동으로 나타남
> - '함수 화면 설명 표시' 기능 활성화
>   - 경로 : [파일] 탭 – [옵션] – [고급] – [표시] – '함수 화면 설명 표시' 체크
>   - 기능 : 함수를 입력할 때 함수 이름 아래 도우미가 나타남

## 01 [L4:O4] 영역에 수식 작성

① [L4] 셀에 커서를 두고 =IF를 입력하면 함수 목록이 나타난다. 목록에서 IF를 더블클릭하거나 [Tab]를 누르면 함수 입력 상태가 된다. 이 상태에서 시수의 첫 행인 [B4] 셀을 클릭한 후, [Ctrl]+[Shift]+[↓]를 눌러 시수 범위 [$B$4:$B$26]을 지정한다. 이어서 [F4]를 눌러 절대참조로 변경한다. 마지막으로 IF 함수의 수식을 =IF($B$4:$B$26>=10,30000,28000) 형태로 완성한다. 이 수식의 결과는 시수에 따른 판매액이다.

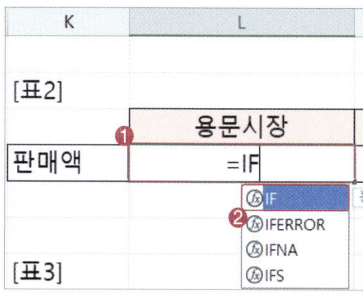
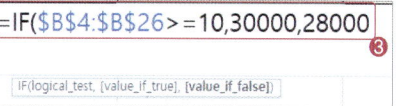

> **기적의 TIP**
>
> **IF(조건문, 참값, 거짓값)**
> 조건문을 TRUE 또는 FALSE로 판정하여, TRUE인 경우 참값을, FALSE인 경우 거짓값을 반환한다.

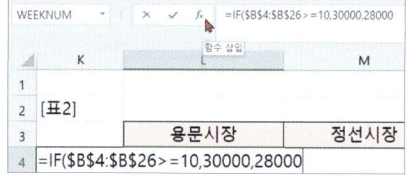
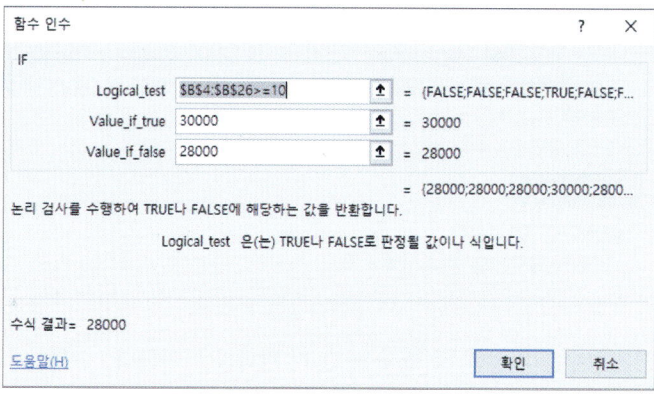

> **기적의 TIP**
>
> **함수 도우미와 함수 마법사의 실행**
> - 함수를 입력할 때는 아래쪽에 함수 도우미가 나타난다.
> - 함수를 작성하기 어렵다면 함수 마법사를 활용할 수 있다. 함수 이름만 입력한 상태에서 [Ctrl]+[A]를 누르거나, 수식입력줄의 [fx]을 클릭하면 함수 마법사가 실행된다.

② 앞에서 작성한 수식(IF($B$4:$B$26)=10,30000,28000))에 시수($B$4:$B$26)를 곱한 총판매액(IF($B$4:$B$26)=10,30000,28000)*$B$4:$B$26)의 최대값을 LARGE 함수로 구한 후, 결과값의 서식을 TEXT 함수로 지정한다.

**|중간 수식|**
=LARGE(($D$4:$D$26=L3)*IF($B$4:$B$26)=10,30000,28000)*$B$4:$B$26,1)
※ 해당 식은 IF문의 조건식, 참값, 거짓값에 모두 사용되므로 복사해서 사용한다.

**|중간 수식|**
=TEXT(LARGE(($D$4:$D$26=L3)*IF($B$4:$B$26)=10,30000,28000)*$B$4:$B$26,1),"#,##0")

💬 **함수 설명**

**LARGE(조건식*범위, K)**
- [L3] 셀이 배열 수식의 조건이 되므로 '시장 범위 = 시장'의 형식으로 조건을 작성한다.
- 시수의 최대값을 구하기 위해 시수 범위를 지정한다.
- K 인수는 몇 번째로 큰 값을 구할지 정하는 값이며, 최대값은 가장 큰 수이므로 1을 입력한다.

**TEXT(값, "서식")**
- 최대값에 천 단위 구분 기호를 넣기 위해 TEXT(값, "#,##0")으로 작성한다.

③ 최대값이 600,000 이상인 경우, CONCAT 함수를 작성해 서식이 지정된 총판매액의 최대값 앞에 △를 쉼표로 구분해 넣고, 아니면 총판매액의 최대값만 표시하도록 IF 함수를 작성한다.

| 기간 | [표2] | 용문시장 | 정선시장 | 경동시장 |
|---|---|---|---|---|
| =CONCAT("△ ",TEXT(LARGE(($D$4:$D$26=L3)*IF($B$4:$B$26>=10,30000,28000)*$B$4:$B$26,1),"#,##0")) | | | | |

**|최종 수식|**
=IF(LARGE(($D$4:$D$26=L$3)*(IF($B$4:$B$26)=10,30000,28000)*$B$4:$B$26),1))=600000,CONCAT("△",TEXT(LARGE(($D$4:$D$26=L$3)*(IF($B$4:$B$26)=10,30000,28000)*$B$4:$B$26),1),"#,##0"),TEXT(LARGE(($D$4:$D$26=L$3)*(IF($B$4:$B$26)=10,30000,28000)*$B$4:$B$26),1),"#,##0"))

💬 **함수 설명**

**CONCAT("값1", "값2")**
인수들을 입력한 순서대로 연결한다.

④ IF 함수를 완성한 뒤 Enter 를 눌러 결과를 확인한다. 수식이 입력된 셀을 [O4] 셀까지 드래그하여 복사한다.

| 특판 | 기간 | [표2] | 용문시장 | 정선시장 | 경동시장 | 중앙시장 |
|---|---|---|---|---|---|---|
| | =IF(LARGE(($D$4:$D$26=L3)*IF($B$4:$B$26>=10,30000,28000)*$B$4:$B$26,1)>=600000,CONCAT("△ ",TEXT(LARGE(($D$4:$D$26=L3)*IF($B$4:$B$26>=10,30000,28000)*$B$4:$B$26,1),"#,##0")),LARGE(($D$4:$D$26=L3)*IF($B$4:$B$26>=10,30000,28000)*$B$4:$B$26,1)) | | | | | |

📌 **기적의 TIP**

Office LTSC Professional 2021 버전에서는 배열 수식을 입력할 때, Enter 만 눌러도 되고, Ctrl + Shift + Enter 를 눌러도 동일한 결과가 나온다. 두 방식 모두 정답으로 인정된다.

[표2]

| | 용문시장 | 정선시장 | 경동시장 | 중앙시장 |
|---|---|---|---|---|
| 판매액 | △ 630,000 | 510000 | △ 600,000 | 540000 |

## 02 [L9:Q12] 영역에 수식 작성

① 담당자와 날짜의 요일이 조건식이 되는 배열 수식을 작성한다. '날짜의 요일=요일' 형식으로 비교하기 위해 **WEEKDAY 함수**와 **CHOOSE 함수**를 사용한다. 답을 표기하는 표는 월요일부터 시작하므로 옵션 2를 사용해 요일에 해당하는 숫자로 바꾼다.

**| 초기 수식 |**

=WEEKDAY($E$4:$E$26,2)

💬 **함수 설명**

[표3]

| 담당자 | 월 | 화 |
|---|---|---|
| 김자현 | =WEEKDAY($E$4:$E$26,2) | |
| 도민서 | | |
| 전현민 | | |
| 주설이 | | |

WEEKDAY(날짜범위, 1)
일요일을 1로 시작하는 형식(일~토)
WEEKDAY(날짜범위, 2)
월요일을 1로 시작하는 형식(월~일)

② WEEKDAY 함수의 결과를 문자로 변환하기 위해 **CHOOSE 함수**를 사용한다.

**| 중간 수식 |**

=CHOOSE(WEEKDAY($E$4:$E$26,2),"월","화","수","목","금","토","일")

[표3]

| 담당자 | 월 | 화 | 수 | 목 |
|---|---|---|---|---|
| 김자현 | =CHOOSE(WEEKDAY($E$4:$E$26,2),"월","화","수","목","금","토","일") | | | |
| 도민서 | | | | |
| 전현민 | | | | |
| 주설이 | | | | |

💬 **함수 설명**

**WEEKDAY(날짜, 옵션)**
날짜를 요일 번호로 변환한다.

**CHOOSE(인덱스번호, 값1, 값2, …)**
- 인덱스 번호에 해당하는 값을 반환한다.
- 인덱스 번호가 5라면 다섯 번째 인수까지는 입력해야 오류가 나타나지 않는다.

③ **SUM 함수**와 **IF 함수**를 사용하여 '담당자가 김자현이면서 요일이 월요일인 경우' 조건식을 넣고 Enter 를 눌러 완성한다. 두 개의 조건식은 **(조건)\*(조건)**의 형식으로 입력한다. 참조되는 [L8] 셀의 수식을 복사하는 경우에는 L열에서 Q열(오른쪽)으로만 변경되어야 하므로 행을 고정(L**$3**)한다. [K9] 셀의 수식을 복사하는 경우에는 9행에서 12행(아래쪽)으로만 변경되어야 하므로 열을 고정(**$K**9)한다. 이렇게 설정한 후 [Q12] 셀까지 드래그하여 수식을 복사한다.

| | K | L | M | N | O | P | Q |
|---|---|---|---|---|---|---|---|
| 7 | [표3] | | | | | | |
| 8 | 담당자 | 월 | 화 | 수 | 목 | 금 | 토 |
| 9 | 김자현 | =SUM(IF((CHOOSE(WEEKDAY($E$4:$E$26,2),"월","화","수","목","금","토","일")=L$8)*($C$4:$C$26=$K9),1)) | | | | | |
| 10 | 도민서 | | | | | | |
| 11 | 전현민 | | | | | | |
| 12 | 주설이 | | | | | | |

**│최종 수식│**
=SUM(IF((CHOOSE(WEEKDAY($E$4:$E$26,2),"월","화","수","목","금","토","일")=L$8)*($C$4:$C$26=$K9),1))

💬 **함수 설명**

**개수를 구할 때**
- SUM(조건식*1)
- SUM((조건식)*(조건식))

**합계를 구할 때**
- SUM(조건식*합을구할범위)
- SUM((조건식)*(조건식)*합을구할범위)

**│풀이결과│**

| | K | L | M | N | O | P | Q |
|---|---|---|---|---|---|---|---|
| 7 | [표3] | | | | | | |
| 8 | 담당자 | 월 | 화 | 수 | 목 | 금 | 토 |
| 9 | 김자현 | 1 | 1 | 2 | 1 | 0 | 0 |
| 10 | 도민서 | 2 | 0 | 1 | 2 | 0 | 1 |
| 11 | 전현민 | 0 | 1 | 1 | 2 | 0 | 0 |
| 12 | 주설이 | 0 | 1 | 3 | 0 | 0 | 0 |
| 13 | | | | | | | |

## 03 [L17:N20] 영역에 수식 작성

① 특판과 날짜의 월이 조건식이 되는 배열 수식이다. 조건으로 지정할 값은 월 단위이므로 [표1]의 날짜 범위 [E4:E26]를 월 단위로 변환해야 한다. 이를 위해 **MONTH 함수** 안에 날짜를 넣어 '월' 값으로 바꿔 준다.

**│초기 수식│**
=MONTH($E$4:$E$26)

💡 **기적의 TIP**
- 조건과 비교 값은 반드시 동일한 형식이어야 한다. 따라서 조건을 입력할 때 숫자와 문자가 혼합된 경우 반드시 셀을 클릭해 형식을 확인해야 한다.
- 이 유형은 7월로 입력이 되어 있지만 형식을 확인하면 숫자 형식이다.

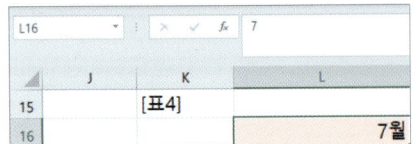

② 식 LARGE(IF((특판=은행)*(날짜의월=7), 금액범위),1)을 작성하여 최대값을 구한다. 이때 조건으로 사용하는 [L16] 셀은 오른쪽으로만 변경되어야 하므로 행을 고정(L$16)한다. [K17] 셀은 아래쪽으로만 변경되어야 하므로 열을 고정($K17)한다. 동일한 식이 SMALL 함수에도 사용되므로 이어서 활용하기 위해 식을 복사한다.

**|중간 수식|**

=LARGE(IF(($G$4:$G$26=$K17)*(MONTH($E$4:$E$26)=L$16),$F$4:$F$26),1)

| | I | J | K | L | M | N |
|---|---|---|---|---|---|---|
| 14 | | | | | | |
| 15 | | | [표4] | | | |
| 16 | | | | 7월 | 8월 | 9월 |
| 17 | =LARGE(IF(($G$4:$G$26=$K17)*(MONTH($E$4:$E$26)=L$16),$F$4:$F$26),1) | | | | | |
| 18 | | | | | | |
| 19 | | | 도라지 | | | |
| 20 | | | 감자 | | | |

**🗨 함수 설명**

**LARGE**
- IF가 없는 경우 : LARGE((조건식)*(조건식)*범위,K)
- IF가 있는 경우 : LARGE(IF((조건식)*(조건식),범위),K)

③ **최대값-최소값** 형식으로 연결되므로 & 연산자를 사용하여 연결한다. 이때 SMALL 함수와 LARGE 함수의 인수는 동일하므로, LARGE 함수식을 그대로 복사한 후 함수 이름(LARGE)을 SMALL로 변경한다.

| | G | H | I | J | K | L | M | N | O |
|---|---|---|---|---|---|---|---|---|---|
| 15 | 은행 | | | | [표4] | | | | |
| 16 | 도라지 | | | | | 7월 | 8월 | 9월 | |
| 17 | =LARGE(IF(($G$4:$G$26=$K17)*(MONTH($E$4:$E$26)=L$16),$F$4:$F$26),1)&" - "&SMALL(IF(($G$4:$G$26=$K17)*(MONTH($E$4: | | | | | | | | |
| 18 | $E$26)=L$16),$F$4:$F$26),1) | | | | | | | | |

④ Enter 를 눌러 수식을 완성한 후 [N20] 셀까지 드래그하여 복사한다.

**|최종 수식|**

=LARGE(IF(($G$4:$G$26=$K17)*(MONTH($E$4:$E$26)=L$16),$F$4:$F$26),1)&" - "&SMALL(IF(($G$4:$G$26=$K17)*(MONTH($E$4:$E$26)=L$16),$F$4:$F$26),1)

**풀이결과**

| | J | K | L | M | N |
|---|---|---|---|---|---|
| 15 | | [표4] | | | |
| 16 | | | 7월 | 8월 | 9월 |
| 17 | | 은행 | 1600000 - 1600000 | 3500000 - 2400000 | 3800000 - 1200000 |
| 18 | | 더덕 | 2200000 - 1500000 | 2000000 - 1759000 | 4680000 - 2500000 |
| 19 | | 도라지 | 2500000 - 2300000 | 3421600 - 3200000 | 3750000 - 1150000 |
| 20 | | 감자 | 2700000 - 1500000 | 1050000 - 1000000 | 3000000 - 1100000 |

## 04 [L26], [M26] 영역에 수식 작성

① 데이터베이스 함수는 조건을 먼저 입력한 후 식을 작성해야 한다. 이 문제에서 조건은 담당자별 가장 최근 날짜이므로, 최근 날짜를 구하기 위해 [L26] 셀에 커서를 두고 수식을 입력한다(또한 =DMAX(B3:G26,4, K25:K26)으로 입력 가능).

| 수식 |
|---|
| =DMAX(B3:G26,E3,K25:K26) |

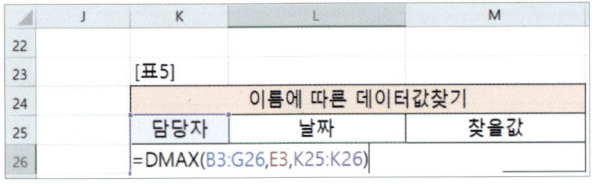
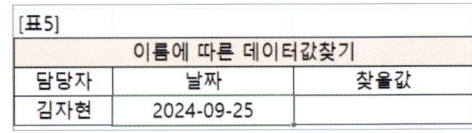

**함수 설명**

**데이터베이스 함수**
- D함수(전체범위, 값을 구할 필드, 조건범위)
  - 전체범위는 필드를 포함한 전체 범위를 의미한다.
  - 값을 구할 필드는 실제 결과값을 표시할 필드명이나 열 번호를 넣는다.
  - 조건범위는 필드명을 포함한 조건식을 함께 넣는다.
- DMAX(전체범위, 최대값을 구할 필드, 조건범위) : 최대값을 구함
- DGET(전체범위, 추출할 필드, 조건범위) : 결과값은 반드시 하나여야 함

② 담당자별 가장 최근 날짜에 해당하는 시장을 찾기 위해 [M26] 셀에 수식을 입력한다. 조건 범위는 담당자가 '김자현'이면서 날짜 필드가 '2024-09-25'를 포함하는 범위로 지정한 후 Enter 키를 누른다(=DGET(B3: G26,3,K25:L26)으로 입력 가능). 이어서 입력된 수식 앞에 K26&" - "&를 입력하여 식을 완성한다.

| 수식 |
|---|
| =K26&" - "&DGET(B3:G26,D3,L25:L26) |

| | J | K | L | M |
|---|---|---|---|---|
| 23 | | [표5] | | |
| 24 | | | 이름에 따른 데이터값찾기 | |
| 25 | | 담당자 | 날짜 | 찾을값 |
| 26 | | 김자현 | =K26&" - "&DGET(B3:G26,D3,L25:L26) | |

**풀이결과**

| | K | L | M |
|---|---|---|---|
| 23 | [표5] | | |
| 24 | 이름에 따른 데이터값찾기 | | |
| 25 | 담당자 | 날짜 | 찾을값 |
| 26 | 김자현 | 2024-09-25 | 김자현 - 중앙시장 |

## 05 [H4:H26] 영역에 수식 작성

① 사용자 정의 함수 IF문을 작성하기 위해 [개발 도구]의 [코드]에서 Visual Basic을 클릭한다. 이어서 [삽입]의 [모듈]을 클릭하고, 다시 [삽입]의 [프로시저]를 클릭한다.

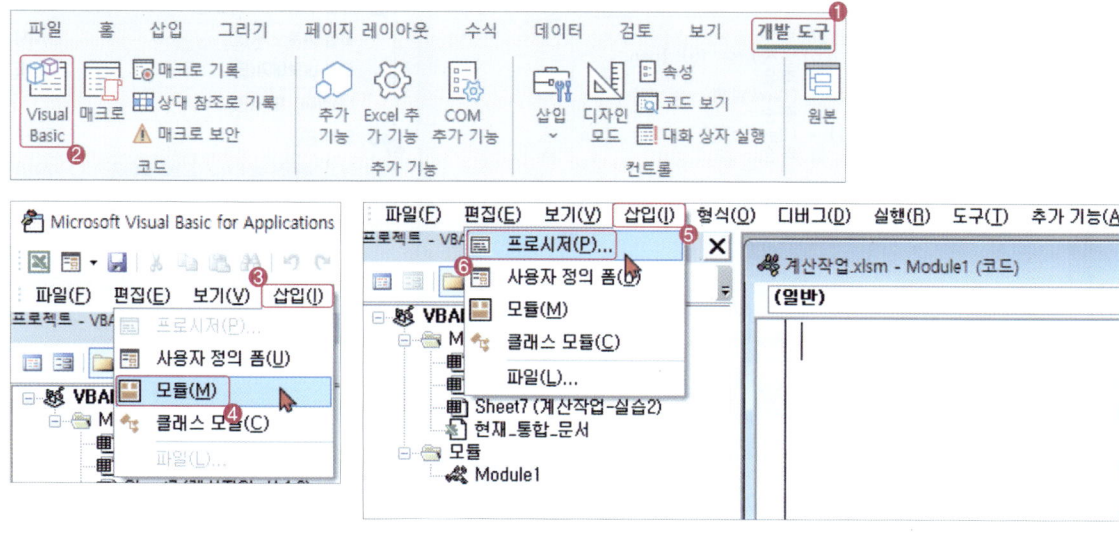

### 기적의 TIP

- 모듈을 만들면 왼쪽 탐색기에 Module1이라는 모듈이 생성되고, 오른쪽 작업 창에는 모듈 입력 창이 열린다.
- 이 과정을 생략하면 사용자 정의 함수가 정상적으로 생성되지 않으므로 반드시 거쳐야 한다.

② [프로시저 추가] 대화상자의 '이름'에 **fn기간**을 입력하고, '형식'은 Function으로 변경한 후 [확인]을 클릭한다.

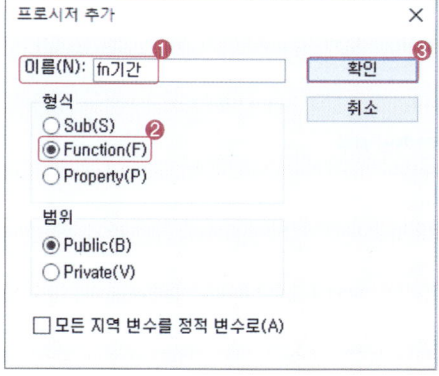

③ 생성된 모듈 입력 창에 식을 작성한 후, [파일]의 [닫고 Microsoft Excel로 돌아가기]를 클릭하여 [Visual Basic Editor]를 닫는다.

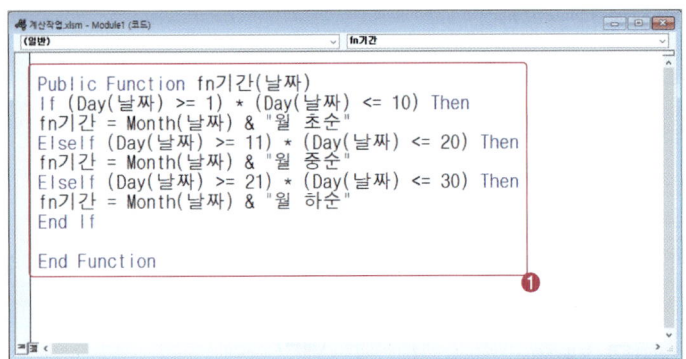
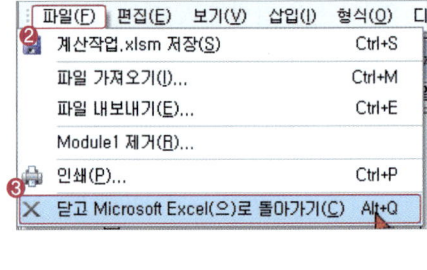

|코드|

Public Function fn기간(날짜)
If (Day(날짜) >= 1) * (Day(날짜) <= 10) Then
fn기간 = Month(날짜) & "월 초순"
ElseIf (Day(날짜) >= 11) * (Day(날짜) <= 20) Then
fn기간 = Month(날짜) & "월 중순"
ElseIf (Day(날짜) >= 21) * (Day(날짜) <= 31) Then
fn기간 = Month(날짜) & "월 하순"
End If
End Function

💬 함수 설명

- 주어진 함수는 IF, MONTH, DAY 함수이므로 조건식을 연결할 때 AND 대신 '*'로 작성한다.
- 또는 (DAY(날짜)>=1)*(DAY(날짜)<=10) 조건식은 DAY(날짜)<=10의 형식으로도 작성할 수 있다.

💬 코드 설명

**조건이 하나인 경우**

If 조건식 Then
　　fn함수이름 = "값"
Else
　　fn함수이름 = "값"
End If

**조건이 여러 개인 경우**

If 조건식 Then
　　fn함수이름 = "값"
ElseIf 조건식 Then
　　fn함수이름 = "값"
Else
　　fn함수이름 = "값"
End If

④ [H4] 셀에 커서를 두고 수식입력줄의 '함수 마법사(fx)'를 클릭한다. [함수 마법사] 대화상자의 '범주 선택' 목록에서 '사용자 정의'를 선택하고, '함수 선택' 목록에서 추가한 함수 **fn기간**을 선택한 후 [확인]을 클릭한다.

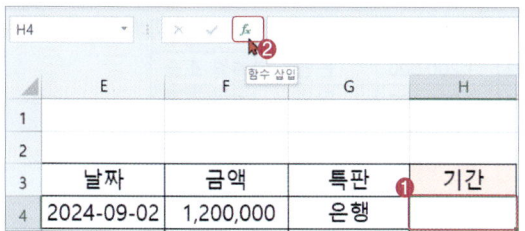

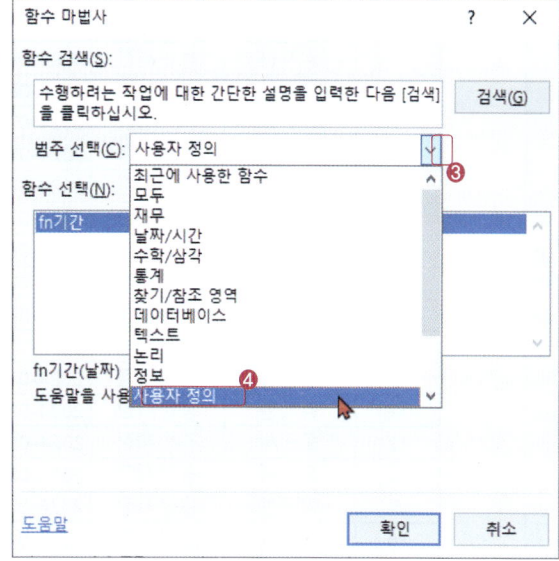

⑤ 생성된 함수 마법사의 날짜 입력 칸에 [표1]의 **[E4] 셀**을 클릭한다. 결과를 확인하고 [확인]을 클릭한 후, 수식을 아래로 드래그하여 복사한다.

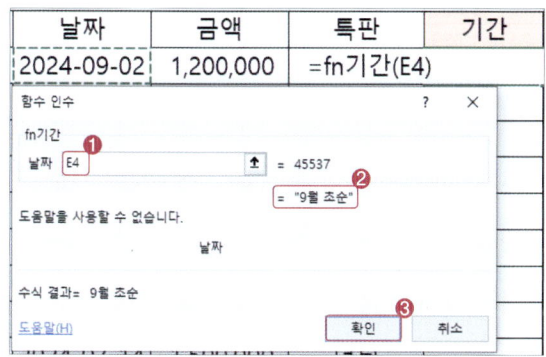

| | A | B | C | D | E | F | G | H |
|---|---|---|---|---|---|---|---|---|
| 2 | | [표1] | 오일장 판매현황 | | | | | |
| 3 | | 시수 | 담당자 | 시장 | 날짜 | 금액 | 특판 | 기간 |
| 4 | | 1 | 김자현 | 용문시장 | 2024-09-02 | 1,200,000 | 은행 | 9월 초순 |
| 5 | | 7 | 도민서 | 정선시장 | 2024-08-04 | 2,000,000 | 더덕 | 8월 초순 |
| 6 | | 3 | 전현민 | 정선시장 | 2024-07-24 | 1,500,000 | 감자 | 7월 하순 |
| 7 | | 14 | 주설이 | 경동시장 | 2024-09-11 | 3,750,000 | 도라지 | 9월 중순 |
| 8 | | 5 | 전현민 | 정선시장 | 2024-07-09 | 2,200,000 | 더덕 | 7월 초순 |
| 9 | | 6 | 김자현 | 경동시장 | 2024-07-03 | 2,500,000 | 도라지 | 7월 초순 |
| 10 | | 7 | 도민서 | 중앙시장 | 2024-08-05 | 1,000,000 | 감자 | 8월 초순 |
| 11 | | 5 | 주설이 | 중앙시장 | 2024-09-15 | 3,000,000 | 감자 | 9월 중순 |
| 12 | | 9 | 김자현 | 정선시장 | 2024-07-14 | 1,500,000 | 더덕 | 7월 중순 |
| 13 | | 10 | 전현민 | 경동시장 | 2024-07-11 | 2,300,000 | 도라지 | 7월 중순 |
| 14 | | 2 | 전현민 | 중앙시장 | 2024-08-29 | 1,050,000 | 감자 | 8월 하순 |
| 15 | | 12 | 김자현 | 용문시장 | 2024-08-27 | 2,400,000 | 은행 | 8월 하순 |
| 16 | | 13 | 도민서 | 경동시장 | 2024-09-18 | 1,150,000 | 도라지 | 9월 중순 |
| 17 | | 14 | 도민서 | 용문시장 | 2024-08-12 | 3,500,000 | 은행 | 8월 중순 |
| 18 | | 5 | 김자현 | 용문시장 | 2024-07-07 | 1,600,000 | 은행 | 7월 초순 |
| 19 | | 16 | 도민서 | 중앙시장 | 2024-07-25 | 2,700,000 | 감자 | 7월 하순 |
| 20 | | 11 | 주설이 | 경동시장 | 2024-08-21 | 3,200,000 | 도라지 | 8월 하순 |
| 21 | | 18 | 김자현 | 중앙시장 | 2024-09-25 | 1,100,000 | 감자 | 9월 하순 |
| 22 | | 9 | 도민서 | 정선시장 | 2024-09-19 | 2,500,000 | 더덕 | 9월 중순 |
| 23 | | 20 | 김자현 | 경동시장 | 2024-08-01 | 3,421,600 | 도라지 | 8월 초순 |
| 24 | | 21 | 주설이 | 용문시장 | 2024-09-17 | 3,800,000 | 은행 | 9월 중순 |
| 25 | | 12 | 도민서 | 정선시장 | 2024-08-24 | 1,759,000 | 더덕 | 8월 하순 |
| 26 | | 17 | 주설이 | 정선시장 | 2024-09-04 | 4,680,000 | 더덕 | 9월 초순 |

### 시험유형 ❷ '04계산작업.xlsm' 파일의 '계산작업-실습2' 시트

1. [표1]의 '가입일', '기준일', '구매금액'을 이용하여 '등급'을 [D4:D15] 영역에 표시하시오.
   ▶ 기준일-가입일이 200일 이상이거나 구매금액이 6,000,000 이상이면 "VIP", 기준일-가입일이 100일 이상이거나 구매금액이 4,000,000 이상이면 "정회원" 그 외는 "일반회원"으로 표시하시오.
   ▶ DAYS, IF, OR 함수를 사용하시오.

2. [표1]의 '반', '등급', '비율', '가산점'과 [표3]과 [표4]를 이용하여 [표1]의 [G4:G15] 영역에 가산점을 표시하시오.
   ▶ 가산점은 반과 등급에 따른 점수를 합해서 계산하시오.
   ▶ VLOOKUP, HLOOKUP, MATCH 함수를 사용하시오.

3. [표1]의 '이름', '등급', '구매금액'을 이용하여 "정회원"인 회원 중 최대 구매한 이름을 [표2] [M3:N3] 영역에 표시하시오.
   ▶ INDEX, MATCH, MAX 함수를 사용하는 배열 수식을 작성하시오.

4. [표1]의 '나이', '구매금액'을 이용해서 나이별 분포도를 [표5]의 [R3:R7] 영역에 표시하시오.
   ▶ 구매금액이 1000000 이상인 나이에 한해서 계산하시오.
   ▶ 분포도는 ◆로 표시하시오.
   ▶ FREQEUNCY, REPT, IF 함수를 사용하는 배열 수식을 작성하시오.

5. 사용자 정의 함수 'fn적립금'을 작성하여 [표1]의 [I4:I15] 영역에 표시하시오.
   ▶ fn적립금은 '구매금액'과 '비율'을 인수로 받아 '적립금'을 계산하는 함수이다.
   ▶ 비율이 8%이상이면 fn적립금은 구매금액 * 5%로 계산하고, 5% 이상이면 구매금액*3%로, 나머지는 구매금액*2%로 계산하시오.
   ▶ Select Case 문을 사용하시오.

   ```
   Public Function fn적립금(구매금액, 비율)

   End Function
   ```

---

### 01 [D4:D15] 영역에 수식 작성

① [D4] 셀에 커서를 두고 아래의 수식을 입력한다.

| | D | E | F | G | H | I |
|---|---|---|---|---|---|---|
| 1 | | | | | | |
| 2 | | | | | 기준일 | 2024-01-01 |
| 3 | 등급 | 가입일 | 비율 | 가산점 | 구매금액 | 적립금 |
| 4 | =DAYS($I$2, E4) | 2023-08-27 | 1.20% | | 350,000 | |
| 5 | | 2023-10-21 | 1.80% | | 150,000 | |

**| 초기 수식 |**
=DAYS($I$2,E4)

 **함수 설명**

**DAYS(시작날짜, 끝날짜)**
- 끝날짜 − 시작날짜로 계산한다.
- 문제에서 두 날짜 차이 +1을 요구하는 경우에는 DAYS( )+1 형식으로 작성한다.
- 이 문제에서 기준일은 수식이 복사되더라도 항상 [I2] 셀을 참조해야 하므로 절대참조 형식으로 지정한다.

② 두 개의 조건식을 OR 함수 안에 OR(두 날짜 차이)=200, 구매금액>=6000000)과 같이 작성하여 인수로 구분한다. 이때 참조되는 셀은 데이터 영역의 첫 번째 행의 값을 사용한다.

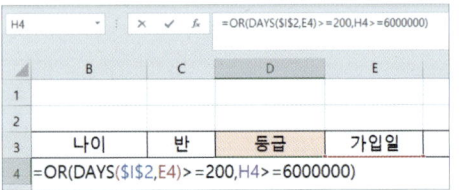

**중간 수식**

=OR(DAYS($I$2,E4)>=200,H4>=6000000)

③ 위의 조건을 만족하면 결과값이 'VIP'가 되도록 IF 함수 안에 식을 입력한다.

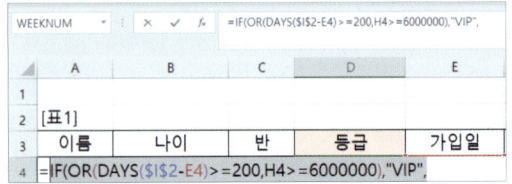

**중간 수식**

=IF(OR(DAYS($I$2-E4)>=200,H4>=6000000),"VIP",

④ IF 문이 반복되므로, 앞에 입력한 수식에 이어서 ,를 작성하고 IF부터 드래그하여 Ctrl+C로 복사한다. 이어서 쉼표 뒤에 Ctrl+V로 붙여넣은 후, 두 번째 조건인 OR(두 날짜 차이)=100, 구매금액>=4000000)에 맞게 수정한 다음 이어서 **"정회원", "일반회원"))**를 입력하고, Enter를 눌러 수식을 완성하고, 셀 오른쪽 하단의 + 모양 핸들을 더블클릭하거나 [D15] 셀까지 드래그하여 수식을 복사한다.

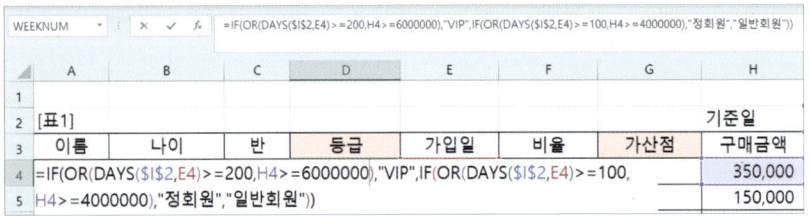

**최종 수식**

=IF(OR(DAYS($I$2,E4)>=200,H4>=6000000),"VIP",IF(OR(DAYS($I$2,E4)>=100,H4>=4000000),"정회원","일반회원"))

 **함수 설명**

**IF(조건문, 참값, 거짓값)**
- 중첩되는 경우 IF(조건문, 참값, IF(조건문, 참값, 거짓값)) 형식으로 작성한다.
- IF문 작성 시 괄호는 열었던 수만큼 닫아야 한다.

**OR(조건문, 조건문)**
조건 중 하나라도 TRUE이면 TRUE가 된다.

풀이결과

> **기적의 TIP**
>
> 등급이 수식에 의해 결정되므로 1번 문제를 잘못 풀면 2번의 정답도 달라질 수 있으니 주의해야 한다.

## 02 [G4:G15] 영역에 수식 작성

① 번별 가산점을 찾기 위해 [G4] 셀에 커서를 두고 수식을 =VLOOKUP(C4,$K$10:$N$12, 까지 입력한다.

> **초기 수식**
>
> =VLOOKUP(C4,$K$10:$N$12,

> **함수 설명**
>
> - [표3]은 행과 열 기준이 있으므로 VLOOKUP과 HLOOKUP 모두 사용할 수 있다.
> - [표4]는 행 기준만 있으므로 HLOOKUP만 가능하다.
> - 따라서 [표3]의 가산점은 VLOOKUP으로, [표4]의 가산점은 HLOOKUP으로 구한다.

② 열 번호는 비율에 따라 달라지므로 이어서 **MATCH 함수**를 작성해 몇 번째 값인지 추출한다. 이때, VLOOKUUP 함수의 마무리 부분에 **+1**을 하는 이유는 MATCH 함수가 1(근삿값) 옵션으로 설정되어 있기 때문이다. +1을 해야 VLOOKUP의 열 번호에 맞게 조정된다.

> **중간 수식**
>
> =VLOOKUP(C4,$K$10:$N$12,MATCH(F4,$L$8:$N$8,1)

③ 등급에 따른 가산점을 구하기 위해 **HLOOKUP 함수**를 추가한다. **+HLOOKUP(D4,$L$15:$N$16,2,0)**을 이어서 작성한 후 Enter를 누른다. [G15] 셀까지 드래그하여 수식을 복사한다.

| | C | D | E | F | G | H | I | J | K | L | M | N |
|---|---|---|---|---|---|---|---|---|---|---|---|---|
| 3 | 반 | 등급 | 가입일 | 비율 | 가산점 | 구매금액 | 적립금 | | | 최대구매한 회원이름 | | |
| 4 | 중급 | =VLOOKUP(C4,$K$10:$N$12,MATCH(F4,$L$8:$N$8,1)+1,0)+HLOOKUP(D4,$L$15:$N$16,2,0) | | | | | | | | | | |
| 5 | 초급 | | | | | | | | | | | |
| 6 | 고급 | VIP | 2023-05-14 | 8.00% | | 4,500,000 | | | | | | |
| 7 | 고급 | VIP | 2023-09-07 | 3.00% | | 6,000,000 | | | [표3] | 가산점 | | |
| 8 | 중급 | 정회원 | 2023-08-14 | 2.20% | | 650,000 | | | | 1%이상 | 4%이상 | 8%이상 |
| 9 | 초급 | VIP | 2023-01-22 | 4.50% | | 1,250,000 | | | | 4%미만 | 8%미만 | |
| 10 | 고급 | 정회원 | 2023-07-31 | 6.00% | | 200,000 | | | 초급 | 1 | 2 | 3 |
| 11 | 초급 | 정회원 | 2023-11-07 | 5.40% | | 4,500,000 | | | 중급 | 3 | 4 | 5 |
| 12 | 중급 | 일반회원 | 2023-12-20 | 7.00% | | 750,000 | | | 고급 | 5 | 6 | 10 |
| 13 | 고급 | 정회원 | 2023-07-20 | 6.20% | | 1,250,000 | | | | | | |
| 14 | 초급 | VIP | 2023-06-06 | 1.80% | | 3,500,000 | | | [표4] | 일반회원 | 정회원 | VIP |
| 15 | 중급 | 일반회원 | 2023-10-07 | 2.90% | | 1,800,000 | | | 가산점 | 1 | 2 | 5 |
| 16 | | | | | | | | | | | | |

**최종 수식**

=VLOOKUP(C4,$K$10:$N$12,MATCH(F4,$L$8:$N$8,1)+1,0)+HLOOKUP(D4,$L$15:$N$16,2,0)

### 💬 함수 설명

**VLOOKUP(찾을 값, 참조범위, 열번호, 옵션)**
- 참조범위의 첫 열에는 반드시 찾을 값이 있어야 한다.
- 열 번호는 추출할 열을 숫자로 지정하며, 첫 번째 열번호는 1이다.
- 옵션은 정확히 일치할 경우 0 또는 FALSE, 오름차순일 경우 생략하거나 TRUE로 지정한다.

**MATCH(찾을 값, 참조범위, MATCH TYPE)**
- 참조범위와 찾을 값의 형식은 동일해야 한다.
- 오름차순 범위일 경우 1, 내림차순일 경우 -1, 정확히 일치할 경우 0을 입력한다.

**HLOOKUP(찾을 값, 참조범위, 행번호, 옵션)**
- 참조범위의 첫 행에는 반드시 찾을 값이 있어야 한다.
- 행 번호는 추출할 행을 숫자로 지정하며, 첫 번째 행 번호는 1이다.

**풀이결과**

| | C | D | E | F | G |
|---|---|---|---|---|---|
| 3 | 반 | 등급 | 가입일 | 비율 | 가산점 |
| 4 | 중급 | 정회원 | 2023-08-27 | 1.20% | 5 |
| 5 | 초급 | 일반회원 | 2023-10-21 | 1.80% | 2 |
| 6 | 고급 | VIP | 2023-05-14 | 8.00% | 15 |
| 7 | 고급 | VIP | 2023-09-07 | 3.00% | 10 |
| 8 | 중급 | 정회원 | 2023-08-14 | 2.20% | 5 |
| 9 | 초급 | VIP | 2023-01-22 | 4.50% | 7 |
| 10 | 고급 | 정회원 | 2023-07-31 | 6.00% | 8 |
| 11 | 초급 | 정회원 | 2023-11-07 | 5.40% | 4 |
| 12 | 중급 | 일반회원 | 2023-12-20 | 7.00% | 5 |
| 13 | 고급 | 정회원 | 2023-07-20 | 6.20% | 8 |
| 14 | 초급 | VIP | 2023-06-06 | 1.80% | 6 |
| 15 | 중급 | 일반회원 | 2023-10-07 | 2.90% | 4 |

## 03 [M3:N3] 영역에 수식 작성

① 배열 수식으로 작성하면 정회원 등급의 구매금액 중 최대값을 구할 수 있으므로, [M3] 셀에 커서를 두고 아래의 수식을 입력한다. 결과값은 4,500,000이다.

**| 초기 수식 |**

=MAX((D4:D15="정회원")*H4:H15)

② MAX 값이 구매금액 열에서 몇 번째에 해당하는지 찾기 위해 **MATCH 함수**를 사용한다. 이때 참조 범위는 MAX 수식에서 MAX를 제외한 나머지 부분을 넣어야 한다. 그림에서 블록으로 설정된 부분을 복사한 후 수식 끝에 붙여넣으면 참조 범위가 된다.

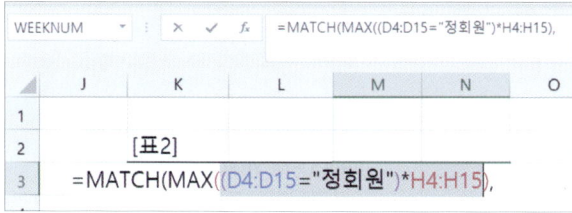

③ 찾는 값이 참조 범위 안에 정확히 존재하므로 MATCH 함수의 마지막 인수(MATCH TYPE)에는 0을 입력하여 0으로 설정한다. 결과값은 최대값이 위치한 8이 표시된다.

**| 중간 수식 |**

=MATCH(MAX((D4:D15="정회원")*H4:H15),(D4:D15="정회원")*H4:H15,0)

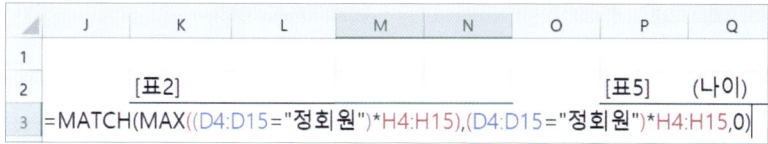

④ 이름 범위에서 여덟 번째 값을 표시하기 위해 INDEX 함수에 이름 영역[A4:A15]을 입력한다. 이어서 다음 수식을 작성하여 값을 구한다.

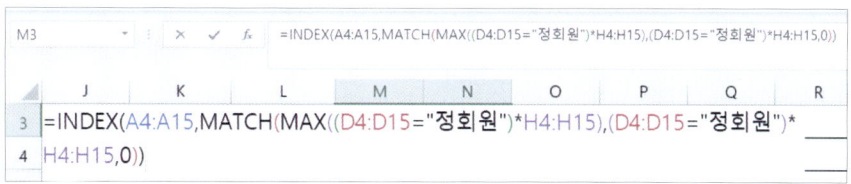

**| 최종 수식 |**

=INDEX(A4:A15,MATCH(MAX((D4:D15="정회원")*H4:H15),(D4:D15="정회원")*H4:H15,0))

### 함수 설명

**INDEX(배열, 행번호, 열번호)**
- 배열은 값을 추출할 범위를 지정한다.
- 하나의 열만 지정하면 열 번호는 생략할 수 있다.

| | K | L | M | N |
|---|---|---|---|---|
| 1 | | | | |
| 2 | [표2] | | | |
| 3 | 최대구매한 회원이름 | | 권유민 | |

## 04 [R3:R7] 영역에 수식 작성

① FREQUENCY 함수를 사용하기 전, 결과가 표시될 [R3:R7] 영역을 블록으로 선택한다.

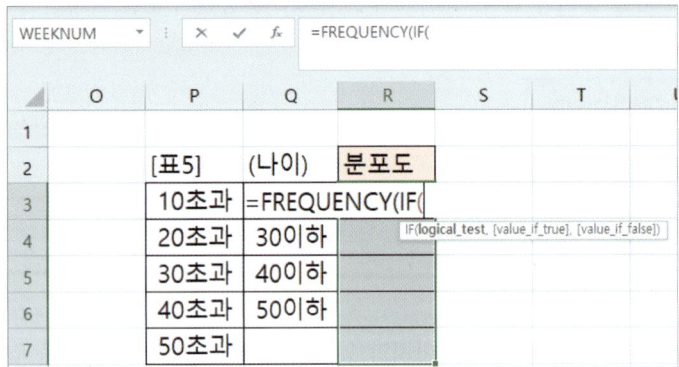

**함수 설명**

FREQUENCY(데이터범위, 참조범위)
- 데이터범위 : 분포도를 구하려는 실제 데이터
- 참조범위 : 기준 분포도 범위이며, 첫 셀은 "~이하"로 인식된다.

② 구매금액이 1,000,000 이상인 경우의 나이를 IF문으로 작성하고, 참조 범위를 입력한다.

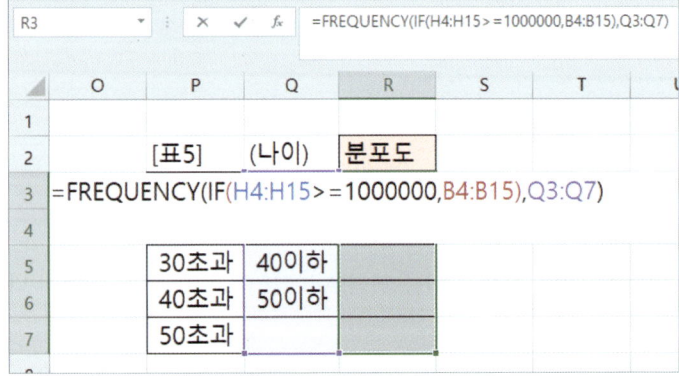

**초기 수식**

=FREQUENCY(IF(($H$4:$H$15)>=1000000),$B$4:$B$15),$Q$3:$Q$7)

③ 구간별 인원수를 ★로 시각화하기 위해 REPT 함수를 사용한다.

| | P | Q | R |
|---|---|---|---|
| 2 | [표5] | (나이) | 분포도 |
| 3 | 10초과 | 20이하 | ★ |
| 4 | 20초과 | 30이하 | ★★ |
| 5 | 30초과 | 40이하 | ★ |
| 6 | 40초과 | 50이하 | ★ |
| 7 | 50초과 | | ★★ |

**중간 수식**

=REPT("★",FREQUENCY(IF(($H$4:$H$15)>=1000000),$B$4:$B$15),$Q$3:$Q$7))

④ 배열 수식이므로 Ctrl + Shift + Enter 를 눌러 완성한다. 완성한 수식을 보면 수식 앞뒤에 { }가 자동으로 붙어 있다.

| 최종 수식 |

{=REPT("★",FREQUENCY(IF(($H$4:$H$15)>=1000000),$B$4:$B$15),$Q$3:$Q$7))}

풀이결과

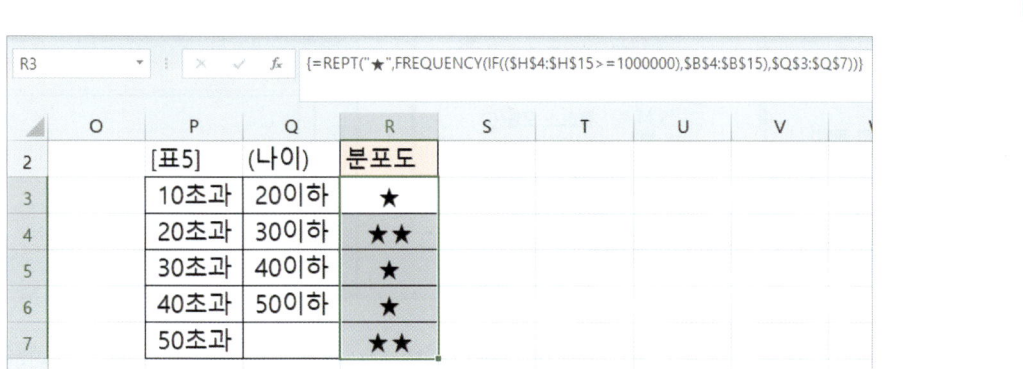

## 05 [I4:I15] 영역에 SELECT문 작성

① 사용자 정의 함수를 작성하기 위해 [개발 도구]의 [코드]의 Visual Basic을 클릭한다.
② Select 문을 작성하기 전에 [도구] – [옵션]의 [편집기]에서 '변수 선언 요구'는 해제하고, '구성원 자동 목록' 은 체크한다.

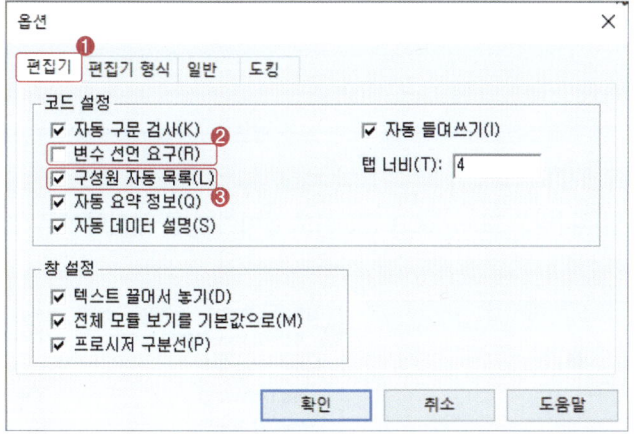

> 🅿 기적의 TIP
>
> • '변수 선언 요구'가 체크되어 있으면 코드 상단에 Option Explicit 구문이 추가된다. 이 상태에서 변수 를 선언하지 않고 함수를 작성하면 오류가 발생한다.
> • '구성원 자동 목록'이 체크된 상태에서는 코드를 입 력할 때 코드 목록이 자동으로 표시된다.

③ [삽입]의 [모듈]을 클릭하고, 다시 [삽입]의 [프로시저]를 클릭한다.

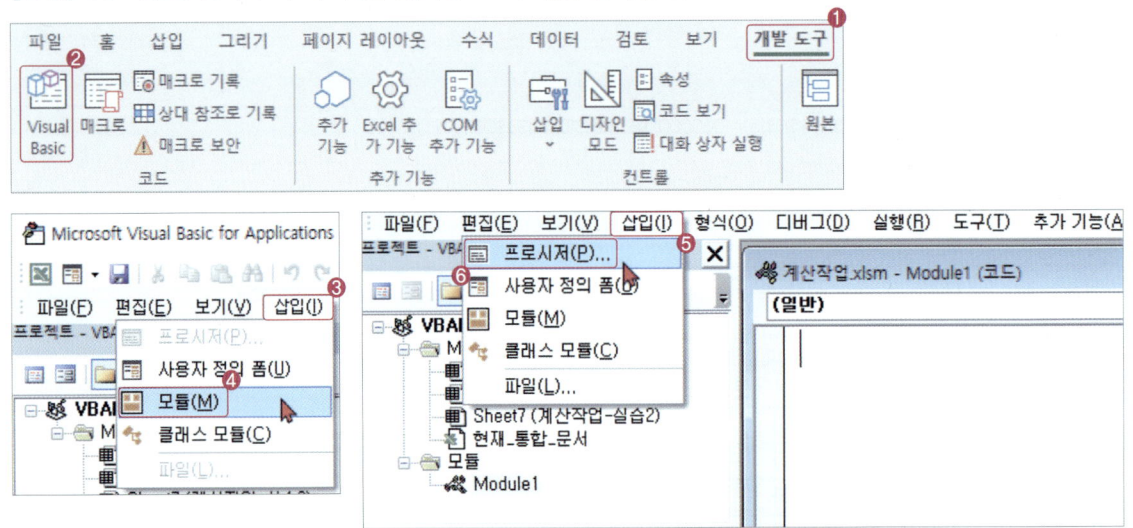

④ [프로시저 추가] 대화상자의 이름에 **fn적립금**을 입력하고, 형식은 Function으로 변경한 후 [확인]을 클릭한다.

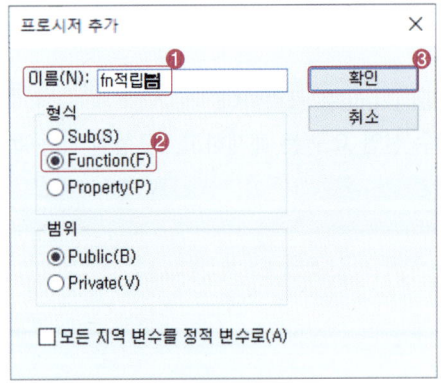

⑤ 생성된 모듈 입력 창에 코드를 작성한 후, [파일]의 [닫고 Microsoft Excel로 돌아가기]를 클릭하여 [Visual Basic Editor]를 닫는다.

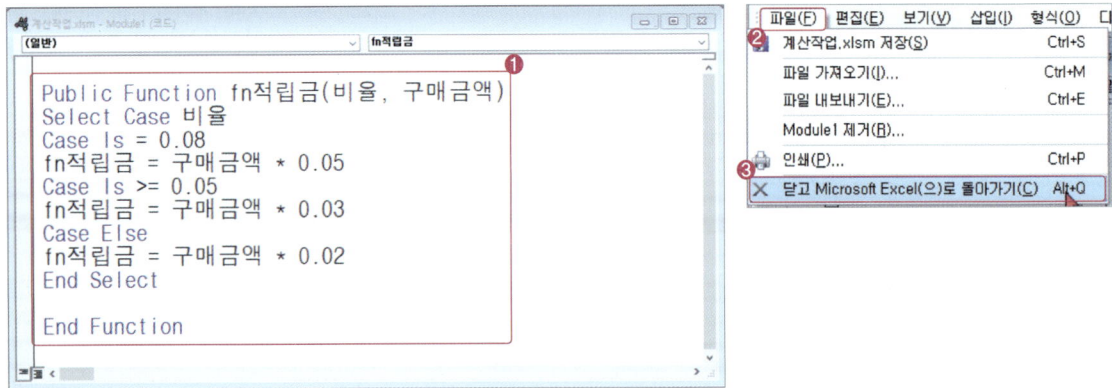

| 코드 |

```
Public Function fn적립금(비율, 구매금액)
Select Case 비율
Case Is >= 0.08
fn적립금 = 구매금액 * 0.05
Case Is >= 0.05
fn적립금 = 구매금액 * 0.03
Case Else
fn적립금 = 구매금액 * 0.02
End Select
End Function
```

### 코드 설명

**Select문(Case is로 입력 : 값이 1인 경우)**

| | (Case로 입력) |
|---|---|
| Select Case 변수 | |
|   Case Is = 1 | Case 1 |
|     fn함수이름 = "값" | |
|   Case Is >= 값 | (>=1 and <=3) |
|     fn함수이름 = "값" | Case 1 to 3 |
|   Case Else | (1 or 3) |
|     fn함수이름 = "값" | Case 1, 3 |
| End Select | |

⑥ [I4] 셀에 커서를 두고 **=fn적립금**을 입력한다. '비율(F4)'과 '구매금액(H4)'을 차례대로 쉼표로 구분해 넣은 후 **Enter**를 눌러 수식을 완성한다.

| | F | G | H | I | J |
|---|---|---|---|---|---|
| 1 | | | | | |
| 2 | | | 기준일 | 2024-01-01 | |
| 3 | 비율 | 가산점 | 구매금액 | 적립금 | |
| 4 | 1.20% | 5 | 350,000 | =fn적립금(F4,H4) | |
| 5 | 1.80% | 2 | 150,000 | | |

⑦ 결과가 표시되면 수식을 아래로 복사한다.

| 비율 | 가산점 | 구매금액 | 적립금 |
|---|---|---|---|
| | | 기준일 | 2024-01-01 |
| 1.20% | 5 | 350,000 | 7,000 |
| 1.80% | 2 | 150,000 | |
| 8.00% | 15 | 4,500,000 | |
| 3.00% | 10 | 6,000,000 | |
| 2.20% | 5 | 650,000 | |
| 4.50% | 7 | 1,250,000 | |
| 6.00% | 8 | 200,000 | |
| 5.40% | 4 | 4,500,000 | |
| 7.00% | 5 | 750,000 | |
| 6.20% | 8 | 1,250,000 | |
| 1.80% | 6 | 3,500,000 | |
| 2.90% | 4 | 1,800,000 | |

수식: =fn적립금(F4,H4)

**풀이결과**

| 구매금액 | 적립금 |
|---|---|
| 기준일 | 2024-01-01 |
| 350,000 | 7,000 |
| 150,000 | 3,000 |
| 4,500,000 | 225,000 |
| 6,000,000 | 120,000 |
| 650,000 | 13,000 |
| 1,250,000 | 25,000 |
| 200,000 | 6,000 |
| 4,500,000 | 135,000 |
| 750,000 | 22,500 |
| 1,250,000 | 37,500 |
| 3,500,000 | 70,000 |
| 1,800,000 | 36,000 |

### 시험유형 ❸ '04계산작업.xlsm' 파일의 '계산작업-실습3' 시트

1. [표1]의 '부서명', '시작일', '종료일', '점수'를 이용하여 이용일수의 '순위'를 [I4:I16] 영역에 표시하시오.
    ▶ 이용일수 = 종료일 - 시작일(큰 값이 1위)
    ▶ 순위가 동일한 경우 점수가 큰 값이 높은 순위를 갖는다.
    ▶ [표시 예 : '부서명'이 "마취과"이고 순위가 1위 → 마취과-순위1]
    ▶ SUM, IF 함수를 사용하는 배열 수식을 작성하시오.

2. [표1]의 '입사일'을 이용하여 '업무기간'을 [K4:K16] 영역에 표시하시오.
    ▶ 퇴직일은 2023-12-31로 계산하시오.
    ▶ 입사일과 퇴직일의 일수의 차이를 30일로 나눈 값의 몫을 개월수로 지정하고 나머지는 일수로 표시한다(단, 개월수가 0이면 일수만 표시).
    ▶ [표시 예 : 개월수가 12이고 일수가 10 → 12개월 10일, 개월수가 12이고 일수가 0 → 12개월]
    ▶ IF, QUOTIENT, MOD, DAYS, SUBSTITUTE 함수와 & 연산자를 사용하시오.

3. [표1]의 '입사일'을 이용하여 '입사코드'를 [B4:B16] 영역에 표시하시오.
    ▶ 입사일의 년도가 2021이면 "MA", 2022이면 "MB", 2023이면 "MC"로 표시하시오.
    ▶ [표시 예 : "2021.04.06." → MA0406]
    ▶ SWITCH, VALUE, LEFT, RIGHT, SUBSTITUTE 함수와 & 연산자를 사용하시오.

4. [표1]의 '성별', '점수', '입사일'을 이용해서 입사일별 남자 평균과 여자 평균의 차이를 [표5]의 [O4:Q4] 영역에 표시하시오.
    ▶ '남자 평균-여자 평균'의 값이 양수이면 숫자 앞에 ★을, 음수이면 숫자 앞에 ☆을, 0이면 0으로 표시하시오.
    ▶ [표시 예 : 차이가 51.25 → ★51, -18.24 → ☆18, 0 → 0]
    ▶ AVERAGE, IF, LEFT, TEXT 함수를 사용하는 배열 수식을 작성하시오.

5. 사용자 정의 함수 'fn비교'를 작성하여 [표1]의 [L4:L16] 영역에 표시하시오.
    ▶ fn비교는 점수를 인수로 받아 비교표를 계산하는 함수이다.
    ▶ 점수를 10으로 나눈 만큼 ■으로 나타내고, 그 값이 6 이상인 경우는 빈칸으로 표시하시오.
    ▶ For Next, If 문을 사용하시오.

    ```
    Public Function fn비교(점수)

    End Function
    ```

## 01 [I4:I16] 영역에 수식 작성

① [I4] 셀에 커서를 두고 수식을 입력한다. '종료일 − 시작일'의 값이 가장 큰 것이 1위가 되도록 '범위 > 셀' 형식의 조건식을 작성한다.

| | F | G | H | I | J |
|---|---|---|---|---|---|
| 3 | 시작일 | 종료일 | 점수 | 순위 | 입사일 |
| 4 | 2024-06-28 | 2024-07-10 | =SUM(IF($G$4:$G$16-$F$4:$F$16>G4-F4,1)) | | 6 |
| 5 | 2023-07-22 | 2023-07-26 | | | 6 |
| 6 | 2024-01-01 | 2024-02-01 | 100 | | 2022.05.09 |
| 7 | 2024-06-12 | 2024-07-05 | 95 | | 2021.03.01 |
| 8 | 2024-06-07 | 2024-06-12 | 85 | | 2022.08.01 |
| 9 | 2023-11-01 | 2023-11-07 | 32 | | 2021.07.01 |
| 10 | 2023-07-22 | 2023-07-30 | 50 | | 2023.06.06 |
| 11 | 2023-12-04 | 2023-12-22 | 65 | | 2023.12.07 |
| 12 | 2024-11-01 | 2024-11-10 | 45 | | 2021.05.04 |
| 13 | 2024-08-24 | 2024-08-27 | 95 | | 2021.04.08 |
| 14 | 2023-12-31 | 2024-02-01 | 50 | | 2023.04.23 |
| 15 | 2024-02-04 | 2024-02-13 | 65 | | 2023.06.02 |
| 16 | 2024-02-12 | 2024-04-02 | 75 | | 2022.05.12 |

**| 초기 수식 |**
=SUM(IF($G$4:$G$16−$F$4:$F$16〉G4−F4,1))

> **기적의 TIP**
> 조건식을 범위 기준으로 입력하면 수식 작성이 쉬워진다(큰 값이 1위, 범위가 큰 값인 조건).

② 위 수식으로 입력하면 가장 큰 값의 순위가 0이 된다. 따라서 순위가 1위로 표시되도록 1을 더한다.

| 순위 |
|---|
| 5 |
| 11 |
| 2 |
| 3 |
| 10 |
| 9 |
| 8 |
| 4 |
| 6 |
| 12 |
| 1 |
| 6 |
| 0 |

수식: =SUM(IF($G$4:$G$16-$F$4:$F$16>G4-F4,1))+1

**| 중간 수식 |**
=SUM(IF($G$4:$G$16−$F$4:$F$16〉G4−F4,1))+1

③ 순위가 동일할 때 점수가 큰 경우 더 높은 순위를 갖도록, 아래와 같이 앞의 수식에 +를 이어서 작성한다. 수식을 완성한 후 수식 앞에 [D4]셀과 "-"를 & 연산자를 이용해 연결하고 수식 끝에는 **"순위"**를 & 연산자를 이용해 연결한다. Enter 를 눌러 식을 완성하고, 아래 방향으로 복사한다.

| 최종 수식 |
=D4&"-"&SUM(IF(($G$4:$G$16-$F$4:$F$16)G4-F4),1))+1+SUM(IF(($G$4:$G$16-$F$4:$F$16=G4-F4)*($H$4:$H$16)H4),1))&"순위"

| 순위 |
| --- |
| 마취과-6순위 |
| 흉부외과-12순위 |
| 임상병리과-3순위 |
| 치과-4순위 |
| 피부과-11순위 |
| 내부빈과-10순위 |
| 이빈인후과-9순위 |
| 가정의학과-5순위 |
| 일반외과-7순위 |
| 혈액종양내과-13순위 |
| 신경과-2순위 |
| 정형외과-7순위 |
| 소아과-1순위 |

## 02 [K4:K16] 영역에 수식 작성

① 문자 형식인 입사일과 날짜 형식인 퇴직일의 차이를 구하려면 SUBSTITUTE **함수**를 사용하여 입사일을 날짜 형식으로 변환해야 한다. **마침표(.)를 '-'로 바꿔서** (=SUBSTITUTE(입사일,".","-")) 날짜 형식으로 변경한다.

| 초기 수식 |
=SUBSTITUTE(J4,".","-")

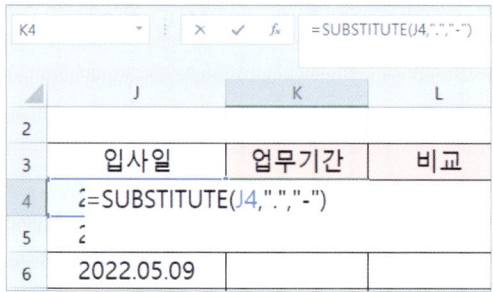

**함수 설명**

SUBSTITUTE(문자, Old_text, New_text, Instance_num)

- Old_text : 바꿀 문자
- New_text : 바뀔 문자
- Instance_num : 몇 번째 Old_text를 바꿀 것인지 지정

② 날짜 형식으로 변환된 입사일과 퇴직일의 차이는 DAYS **함수**를 사용한다. DAYS(**퇴직일, 입사일**) 형식으로 작성하며, 퇴직일은 함수 안에 직접 입력해야 하므로 큰따옴표 안에 넣어야 한다(2023년 12월 31일 → "2023–12–31").

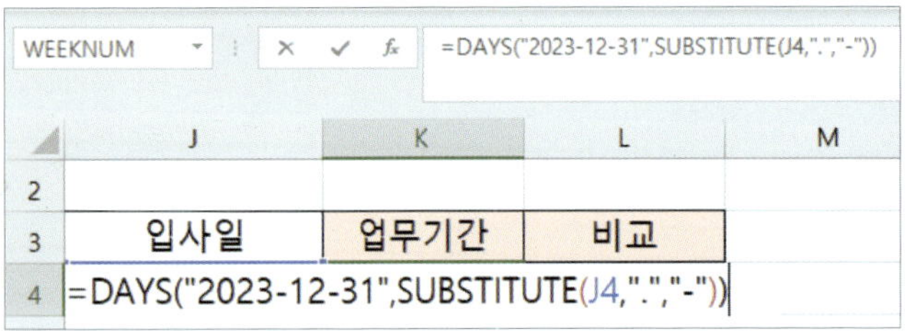


**|중간 수식|**

=DAYS("2023–12–31",SUBSTITUTE(J4,".","–"))

③ 두 날짜 차이의 개월 수를 구하기 위해 QUOTIENT **함수**를 사용한다. =QUOTIENT(**일수**,30)은 일수를 30으로 나눈 몫의 정수값을 반환한다.

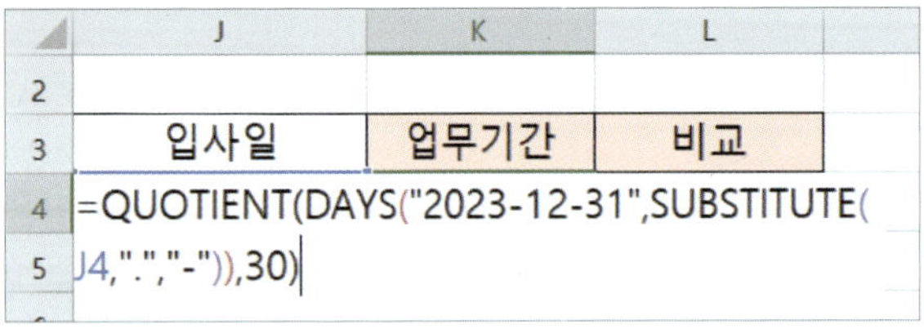


**|중간 수식|**

=QUOTIENT(DAYS("2023–12–31",SUBSTITUTE(J4,".","–")),30)

④ 두 날짜 차이의 일수를 구하기 위해 MOD **함수**를 사용한다. QUOTIENT 함수 대신 MOD **함수**를 적용하면 나머지가 구해져 일수를 계산할 수 있다.

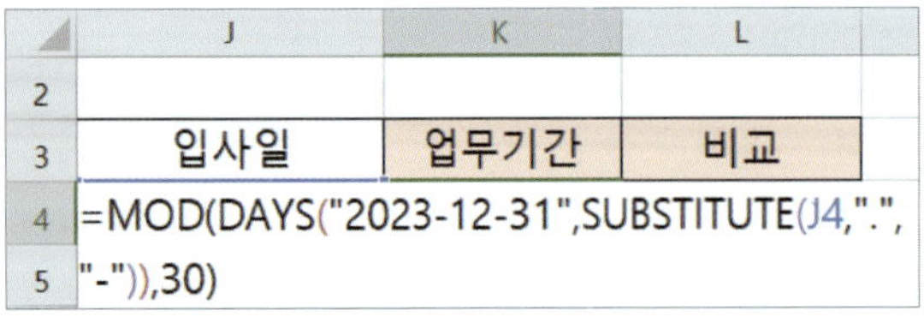


**|중간 수식|**

=MOD(DAYS("2023–12–31",SUBSTITUTE(J4,".","–")),30)

**함수 설명**

- QUOTIENT(피제수, 제수) : 나눈 몫의 정수값
- MOD(피제수, 제수) : 나눈 나머지값

⑤ 개월과 일을 & 연산자로 연결하여 QUOTIENT( )&"개월 "&MOD( )&"일" 형식으로 나타낸다.

| | I | J | K | L | M | N |
|---|---|---|---|---|---|---|
| 2 | | | | | | |
| 3 | 순위 | 입사일 | 업무기간 | 비교 | | |
| 4 | =QUOTIENT(DAYS("2023-12-31",SUBSTITUTE(J4,".","-")),30)&"개월 "&MOD(DAYS("2023-12-31",SUBSTITUTE(J4,".","-")),30)&"일" | | | | | |

**| 중간 수식 |**

=QUOTIENT(DAYS("2023-12-31",SUBSTITUTE(J4,".","-")),30)&"개월"&MOD(DAYS("2023-12-31",SUBSTITUTE(J4,".","-")),30)&"일"

⑥ 개월 값이 0인 경우에는 일만 표시하고, 그렇지 않은 경우에는 개월과 일을 함께 표시한다. 이를 위해 IF(개월=0,"",개월)&일 형식으로 수식을 작성한 후 Enter 를 누른다. 이후 수식을 아래 방향으로 복사한다.

| | I | J | K | L | M | N |
|---|---|---|---|---|---|---|
| 1 | | | | | | |
| 2 | | | | | | |
| 3 | 순위 | 입사일 | 업무기간 | 비교 | | |
| 4 | =IF(QUOTIENT(DAYS("2023-12-31",SUBSTITUTE(J4,".","-")),30)=0,"",QUOTIENT(DAYS("2024-12-1",SUBSTITUTE(J4,".","-")),30)&"개월 ")&MOD(DAYS("2023-12-31",SUBSTITUTE(J4,".","-")),30)&"일" | | | | | |

**| 최종 수식 |**

=IF(QUOTIENT(DAYS("2023-12-31",SUBSTITUTE(J4,".","-")),30)=0,"",QUOTIENT(DAYS("2024-12-1",SUBSTITUTE(J4,".","-")),30)&"개월 ")&MOD(DAYS("2023-12-31",SUBSTITUTE(J4,".","-")),30)&"일"

**풀이결과**

| 업무기간 |
|---|
| 44개월 9일 |
| 42개월 8일 |
| 31개월 1일 |
| 45개월 15일 |
| 28개월 7일 |
| 41개월 13일 |
| 18개월 28일 |
| 24일 |
| 43개월 11일 |
| 44개월 7일 |
| 19개월 12일 |
| 18개월 2일 |
| 31개월 28일 |

## 03 [B4:B16] 영역에 수식 작성

① 문자 형식의 입사일에서 앞 네 자리는 연도, 뒤 네 자리는 월일이다. 연도를 추출하기 위해 **LEFT 함수**를 사용한다.

| | B | C | D | E | F | G | H | I | J |
|---|---|---|---|---|---|---|---|---|---|
| 1 | | | | | | | | | |
| 2 | [표1] | | | | | | | | |
| 3 | 입사코드 | 성명 | 부서명 | 성별 | 시작일 | 종료일 | 점수 | 순위 | 입사일 |
| 4 | =LEFT(J4, | 정국 | 마취과 | 남 | 2024-06-28 | 2024-07-10 | 70 | 마취과-6순위 | 2021.04.06 |
| 5 | 4) | 제니 | 홍부외과 | 여 | 2023-07-22 | 2023-07-26 | 30 | 홍부외과-12순위 | 2021.06.06 |

**|초기 수식1|**
=LEFT(J4,4)

② 뒤 네 자리를 추출하려면 마침표(.)를 제거해야 하므로 **SUBSTITUTE 함수**를 사용한다. 이 식은 뒤에서 & 연산자로 연결하기 위해 복사해 둔다.

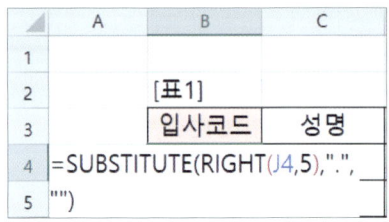

> 💬 **함수 설명**
>
> SUBSTITUTE(문자, Old_text, New_text, instance_num)
> - Old_text : 바꿔야 할 문자
> - New_text : 바뀔 문자
> - Instance_num : 몇 번째의 Old_text를 바꿀 것인지를 숫자로 지정

**|초기 수식2|**
=SUBSTITUTE(RIGHT(J4,5),".","")

③ 연도 값이 2021이면 "MA", 2022면 "MB", 2023이면 "MC", 2024면 "MD"를 반환하기 위해 **SWITCH 함수**를 사용한다. **LEFT 함수**로 추출한 연도는 문자이므로 **VALUE 함수**로 숫자로 변환한다. SWITCH 함수 안에 각각의 조건식을 입력한다.

| WEEKNUM | ▼ | : | × | ✓ | fx | =SWITCH(VALUE(LEFT(J4,4)),2021,"MA",2022,"MB",2023,"MC") |
|---|---|---|---|---|---|---|

| | A | B | C | D | E | F |
|---|---|---|---|---|---|---|
| 2 | | [표1] | | | | |
| 3 | | 입사코드 | 성명 | 부서명 | 성별 | 시작일 |
| 4 | | =SWITCH(VALUE(LEFT(J4,4)), | | 마취과 | 남 | 2024- |
| 5 | | 2021,"MA",2022,"MB",2023, | | 홍부외과 | 여 | 2023- |
| 6 | | "MC") | | 임상병리과 | 여 | 2024- |

> 📘 **기적의 TIP**
>
> SWITCH(값, 값1, 결과1, 값2, 결과2)
> 동일한 값을 찾아 결과를 반환한다.

**|초기 수식3|**
=VALUE(LEFT(J4,4))

**|중간 수식|**
=SWITCH(VALUE(LEFT(J4,4)),2021,"MA",2022,"MB",2023,"MC",2024,"MD")

④ 앞에서 작성한 식과 복사해 둔 식을 & 연산자로 연결한 뒤 Enter 를 눌러 수식을 완성한다. 이후 수식을 아래 방향으로 복사한다.

| | A | B | C | D | E | F | G |
|---|---|---|---|---|---|---|---|
| 2 | | [표1] | | | | | |
| 3 | | 입사코드 | 성명 | 부서명 | 성별 | 시작일 | 종료일 |
| 4 | | =SWITCH(VALUE(LEFT(J4,4)), 2021,"MA",2022,"MB",2023, "MC")&SUBSTITUTE(RIGHT( J4,5),".","") | | 마취과 | 남 | 2024-06-28 | 2024-07-10 |
| 5 | | | | 흉부외과 | 여 | 2023-07-22 | 2023-07-26 |
| 6 | | | | 임상병리과 | 여 | 2024-01-01 | 2024-02-01 |
| 7 | | | | 치과 | 남 | 2024-06-12 | 2024-07-05 |

**│최종 수식│**
=SWITCH(VALUE(LEFT(J4,4)),2021,"MA",2022,"MB",2023,"MC",2024,"MD")&SUBSTITUTE(RIGHT(J4,5),".","")

**풀이결과**

| 입사코드 |
|---|
| MA0406 |
| MA0606 |
| MB0509 |
| MA0301 |
| MB0801 |
| MA0701 |
| MC0606 |
| MC1207 |
| MA0504 |
| MA0408 |
| MC0423 |
| MC0602 |
| MB0512 |

## 04 [O4:Q4] 영역에 수식 작성

① 남자의 입사 연도별 점수 평균을 구하기 위해 AVERAGE 함수, IF 함수를 사용하여 아래의 수식을 작성한다.

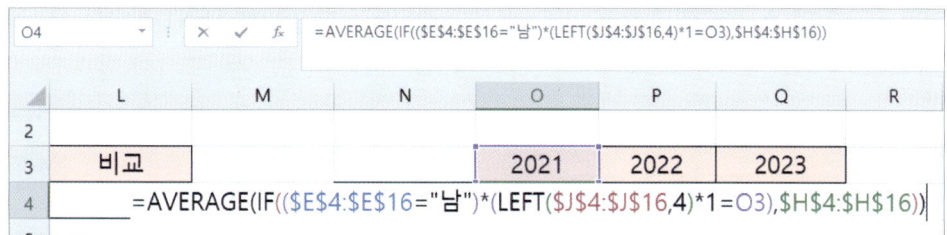

**│초기 수식│**
=AVERAGE(IF(($E$4:$E$16="남")*(LEFT($J$4:$J$16,4)*1=O3),$H$4:$H$16))

 **함수 설명**

=AVERAGE(IF((성별 범위="남")*(입사일에서 왼쪽 네 자리=입사년도),점수 범위)
- LEFT 함수로 입사일의 왼쪽부터 네 글자를 구한 후 [O3] 셀의 숫자 2021을 대입하려면 형식을 같게 해야 한다.
- LEFT의 결과값은 문자 형식이지만 대입할 2021은 숫자이므로 LEFT(입사일,4)*1=2021로 식을 작성해서 형식을 같게 한다.

📑 **기적의 TIP**

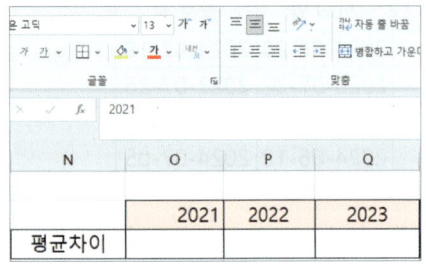

- 오른쪽 맞춤이면 숫자, 왼쪽 맞춤이면 문자로 구분할 수 있다.
- 셀이 가운데 맞춤이면 정렬을 해제하고 난 다음 정렬 상태를 보고 판단한다.

② 앞의 식에 이어서 뺄셈 부호를 입력한 다음, 성별이 '여'인 평균을 구하기 위해 앞의 수식을 복사하여 붙여넣은 뒤, "남"을 "여"로 변경한다. 이렇게 하면 남과 여의 차이(남-여)를 구하는 수식을 작성할 수 있다.

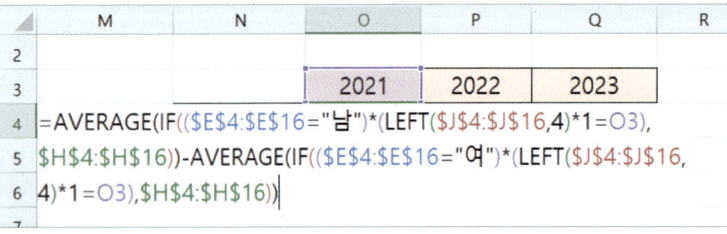

📑 **기적의 TIP**

AVERAGE 함수는 IF 함수와 함께 사용할 수 있다.
- AVERAGE(IF(조건식, 범위))
- AVERAGE(IF((조건식)*(조건식), 범위))

|중간 수식|

=AVERAGE(IF(($E$4:$E$16="남")*(LEFT($J$4:$J$16,4)*1=O3),$H$4:$H$16))-AVERAGE(IF(($E$4:$E$16="여")*(LEFT($J$4:$J$16,4)*1=O3),$H$4:$H$16))

③ 결과값은 양수, 음수, 0으로 나타난다.

| N | O | P | Q |
|---|---|---|---|
|  | 2021 | 2022 | 2023 |
| 평균차이 | 51 | -17.5 | 0 |

④ 결과값이 양수이면 숫자 앞에 ★, 음수이면 ☆, 0이면 0으로 표시되도록 하기 위해 **TEXT 함수**를 사용하여 수식을 작성한다. Enter 를 눌러 완성한 후, 수식을 오른쪽으로 복사한다.

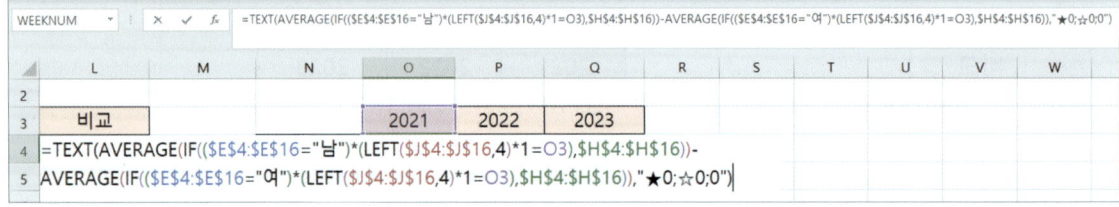

**|최종 수식|**

=TEXT(AVERAGE(IF(($E$4:$E$16="남")*(LEFT($J$4:$J$16,4)*1=O3),$H$4:$H$16))-AVERAGE(IF(($E$4:$E$16="여")*(LEFT($J$4:$J$16,4)*1=O3),$H$4:$H$16)),"★0;☆0;0")

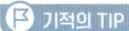 기적의 TIP

TEXT(값, "서식")
- 천 단위 구분 표시 #,##0
- 정수 0
- 천 단위 절사 표시 0,
- 소수점 첫째 자리 0.0
- 양수;음수;0

 풀이결과

| | N | O | P | Q |
|---|---|---|---|---|
| 2 | | | | |
| 3 | | 2021 | 2022 | 2023 |
| 4 | 평균차이 | ★51 | ☆18 | 0 |

## 05 [L4:L16] FOR NEXT문

① 사용자 정의 함수를 작성하기 위해 [개발 도구] 탭의 [코드] 메뉴에서 Visual Basic을 클릭하여 Visual Basic Editor를 실행한다.

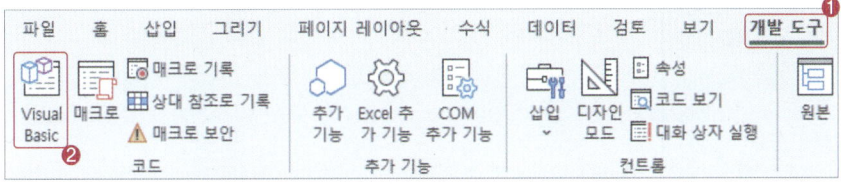

② For문은 변수 a를 사용해야 하므로 [도구] 메뉴에서 [옵션]을 실행한 후, [편집기] 탭의 '변수 선언 요구'가 체크되어 있으면 해제한다(기본값은 해제 상태).

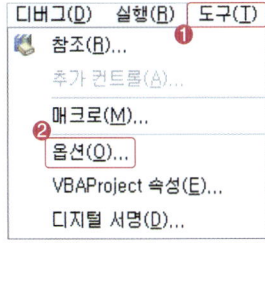
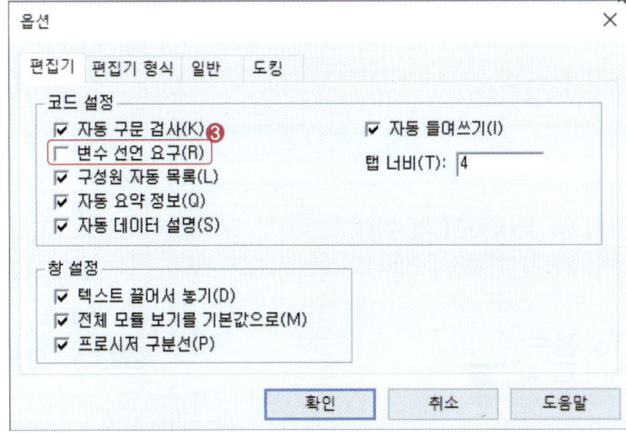

③ [삽입] 메뉴에서 [모듈], [삽입] 메뉴에서 [프로시저]를 차례로 클릭한다.

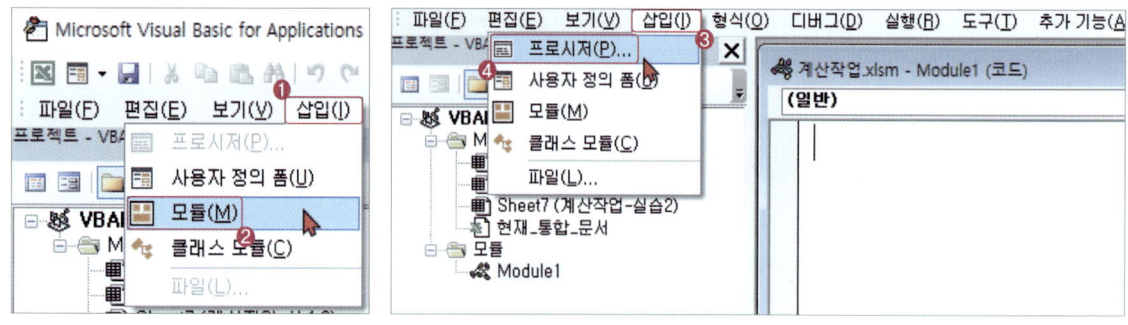

> **기적의 TIP**
> - 모듈을 만들면 왼쪽 탐색기에 Module1이 생성되고, 오른쪽 작업 창에 모듈 입력창이 열린다.
> - 이 과정을 생략하면 사용자 정의 함수가 정상적으로 생성되지 않으므로 반드시 거쳐야 한다.
> - 실습파일에서는 세개의 모듈이 만들어졌으므로 Module1, Module2, Module3이 생성이 되어 있고 각각의 모듈에 각각의 코드가 작성이 된다.

④ [프로시저 추가] 대화상자의 이름에 **fn비교**를 입력하고, 형식은 Function으로 변경한 후 [확인]을 클릭한다.

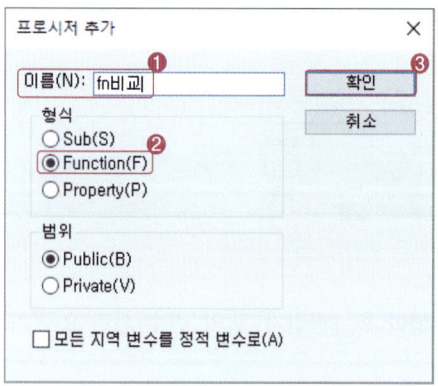

⑤ 생성된 모듈 입력 창에 식을 작성한 후, [파일] 메뉴에서 [닫고 Microsoft Excel로 돌아가기]를 클릭하여 [Visual Basic Editor]를 닫는다.

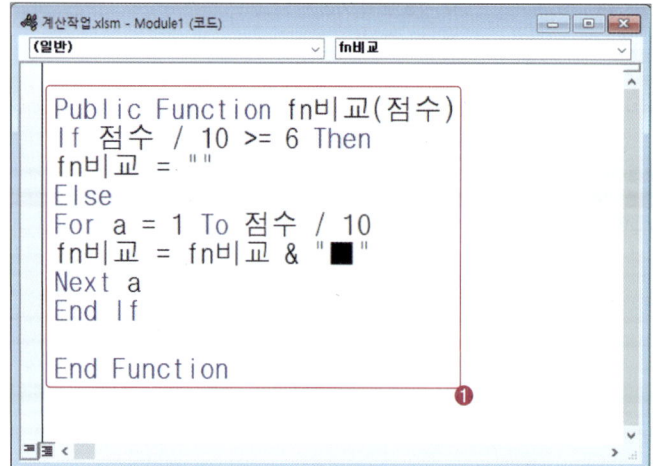
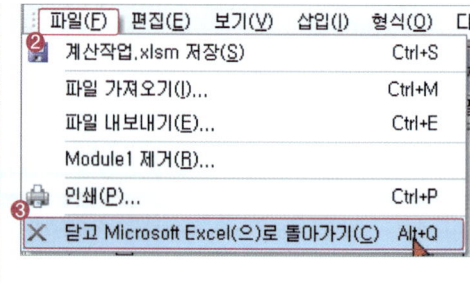

|코드|

```
Public Function fn비교(점수)
If 점수 / 10 >= 6 Then
fn비교 = ""
Else
For a = 1 To 점수 / 10
fn비교 = fn비교 & "■"
Next a
End If

End Function
```

### 코드 설명

**For Next문(반복문)**
- For a=1 to 3 : a값이 1부터 3까지 1씩 증가
- fn함수=fn함수 & "＊" : 반복할 때마다 결과값에 ＊ 입력
- Next a For문 종료

※ a : 임의의 변수
※ For a=1 to 점수/10 : a의 값을 점수/10만큼 반복함

⑥ [L4] 셀에 커서를 두고 수식입력줄의 함수 마법사(fx)를 클릭한다. [범주 선택]에서 [사용자 정의]를 고른 후, '함수 선택' 목록에서 추가한 함수 **fn비교**를 선택하고 [확인]을 클릭한다.

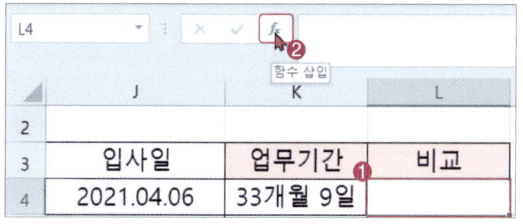
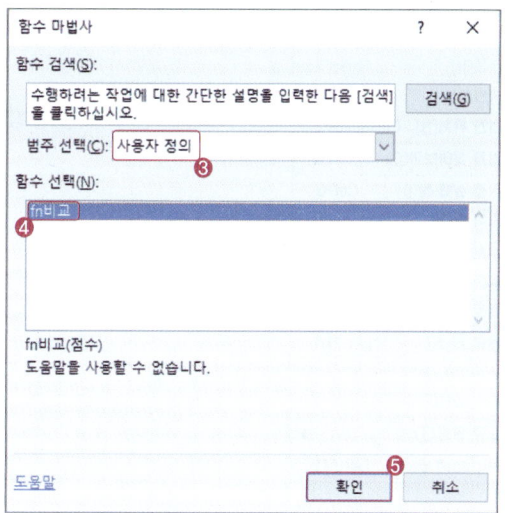

⑦ 생성된 함수 마법사의 날짜 입력 칸에 [표1]의 [H4] 셀을 지정한다. 결과를 확인하고 [확인]을 클릭한 후 수식을 아래 방향으로 복사한다.

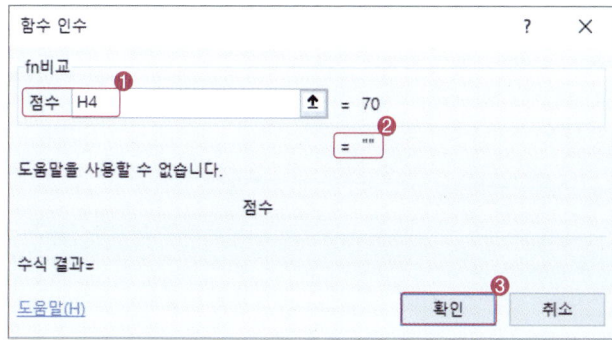

풀이결과

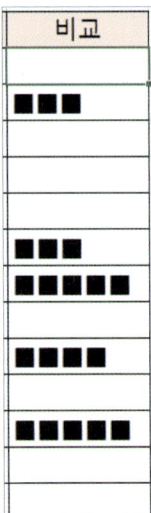

### 기적의 TIP

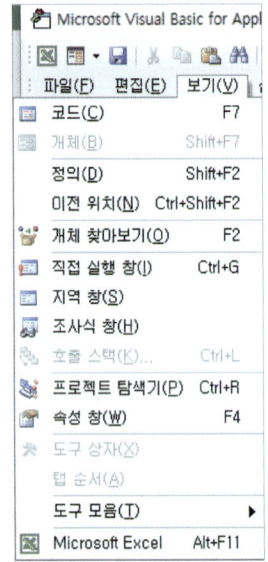

**사용자 정의 함수를 수정하려면?**
- [Visual Basic Editor]를 열면 이미 실행되어 있거나, 왼쪽 탐색기의 Module1(매크로를 먼저 실행했다면 번호가 다를 수 있음)을 더블클릭하여 코드를 수정한다.
- 수정한 후 엑셀로 돌아와 첫 행의 값만 바꾸면, 수식이 복사된 모든 셀에 변경된 수식이 적용된다.

**메뉴가 사라졌다면?**
- [프로젝트 탐색기]와 [속성 창]을 클릭하면 Editor에 다시 표시된다.

# 05 [분석작업] 피벗 테이블

반복학습 1 2 3

### 시험유형 ❶ '05분석작업-피벗테이블.xlsx' 파일의 '피벗테이블-실습1' 시트

※ '피벗테이블-실습1' 시트에서 다음의 지시사항에 따라 피벗 테이블 보고서를 작성하시오.

▶ 외부 데이터 가져오기 기능을 이용하여 〈진료내역.accdb〉의 〈커미조아병원〉 테이블에서 '환자코드', '성별', '진료일', '진료과목', '진료비', '진료단가' 열을 이용하시오.
▶ '환자코드'가 "A", "B", "D"로 시작하는 데이터만 가져오시오.
▶ 피벗 테이블 보고서의 레이아웃과 위치는 〈그림〉을 참조하여 설정하고, 보고서 레이아웃을 개요 형식으로 표시하시오.
▶ '진료일' 필드는 〈그림〉과 같이 그룹화를 설정하시오.
▶ '진료일' 필드 기준으로 '합계:진료비'를 상위 3개 필터를 하고 '진료과목'은 〈그림〉과 동일하게 표시하시오.
▶ '진료비'에서 '진료단가'를 나누는 '진료경비' 필드를 추가하시오.
▶ '값 필드 설정'의 셀 서식에서 '숫자' 범주를 이용하여 '진료비' 필드는 '천 단위 구분 기호'를 표시하고, '진료경비' 필드는 소수점 첫째 자리까지 표시되도록 표시 형식을 지정하시오.
▶ 계산 결과에 표시되는 오류값은 "진료없음"으로 표시하시오.

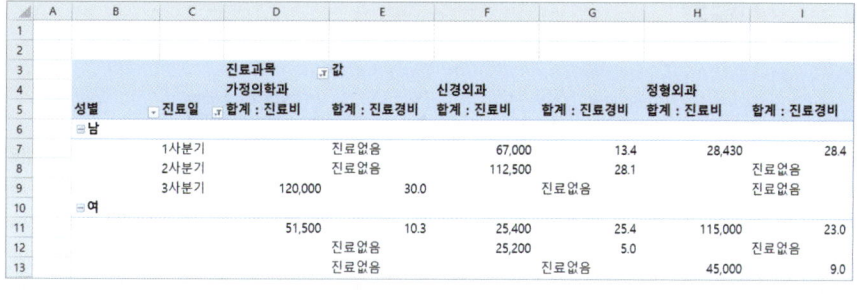

① 진료내역.accdb 파일을 불러오기 위해 [데이터] 탭 - [데이터 가져오기 및 변환]의 [데이터 가져오기] - [기타 원본에서]에서 [Microsoft Query에서]를 클릭한다.

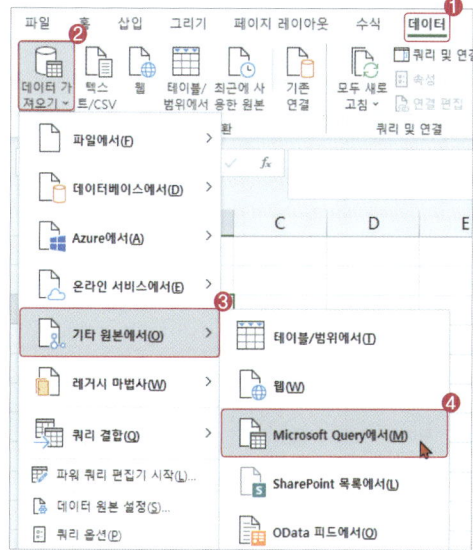

② [데이터 원본 선택] 대화상자에서 **MS Access Database\***를 클릭하고 [확인]을 클릭한다. [데이터베이스 선택] 대화상자에서 '디렉터리'의 **C:\OA**를 더블클릭하여 [OA] 폴더를 선택한 후, '데이터베이스 이름'의 **진료내역.accdb**를 선택하고 [확인]을 클릭한다.

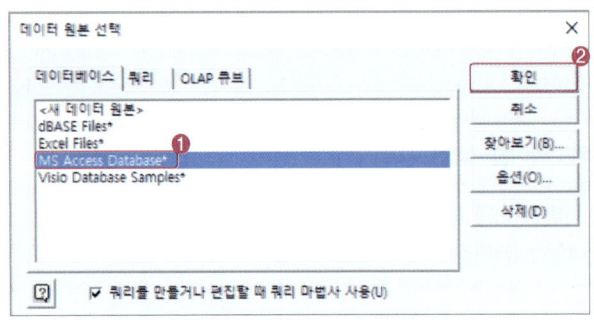 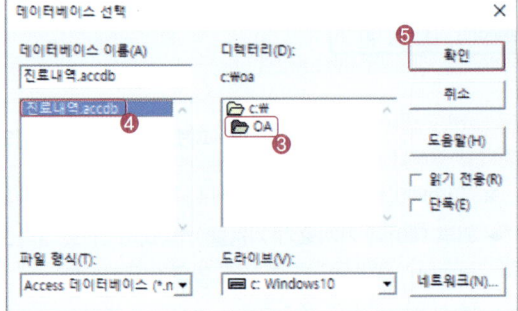

③ [쿼리 마법사 – 열 선택] 단계에서 '사용할 수 있는 테이블과 열'의 가져올 필드를 더블클릭하여 '쿼리에서 포함된 열'로 보내고 [다음]을 클릭한다.

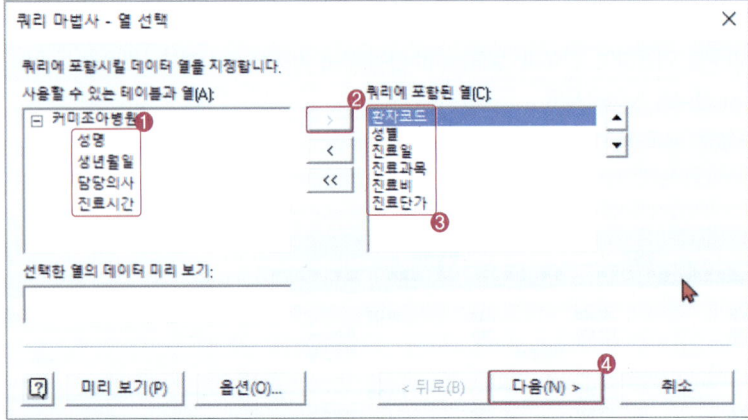

> **기적의 TIP**
>
> 가져올 필드를 선택한 후 오른쪽 이동 버튼( > )을 클릭하여 '쿼리에서 포함된 열'로 보내도 된다.

④ [쿼리 마법사 – 데이터 필터] 단계에서 '필터할 열'의 '환자코드'를 클릭한다. '포함할 행에 대한 조건'에서 **시작 값**을 선택하고 오른쪽 항목에 A를 입력한 다음 **또는**으로 변경한 후, 같은 방법으로 B와 D를 추가하고 [다음]을 클릭한다.

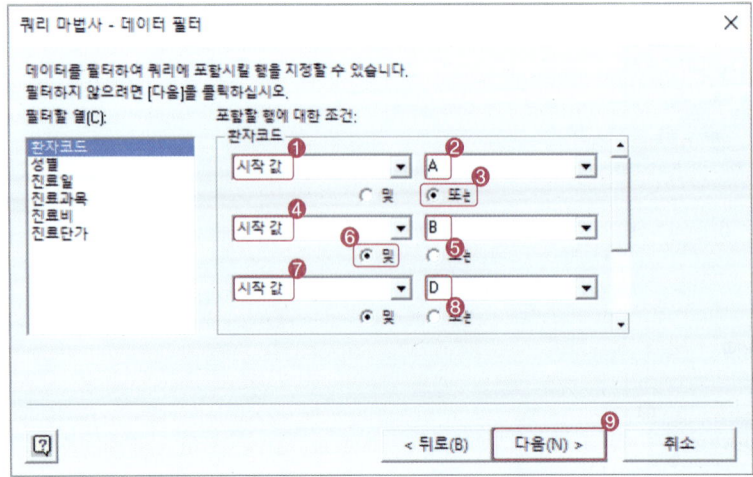

⑤ [쿼리 마법사 – 정렬 순서] 단계에서 [다음] 클릭한다. [쿼리 마법사 – 마침] 단계에서 **Microsoft Qeury에서 데이터 보기 또는 쿼리 편집**을 선택한 후 [마침]을 클릭한다.

⑥ 실행된 [Microsoft Query] 창의 조건 필드는 모두 OR 조건식이 되어야 하므로 아래와 같이 수정한다.

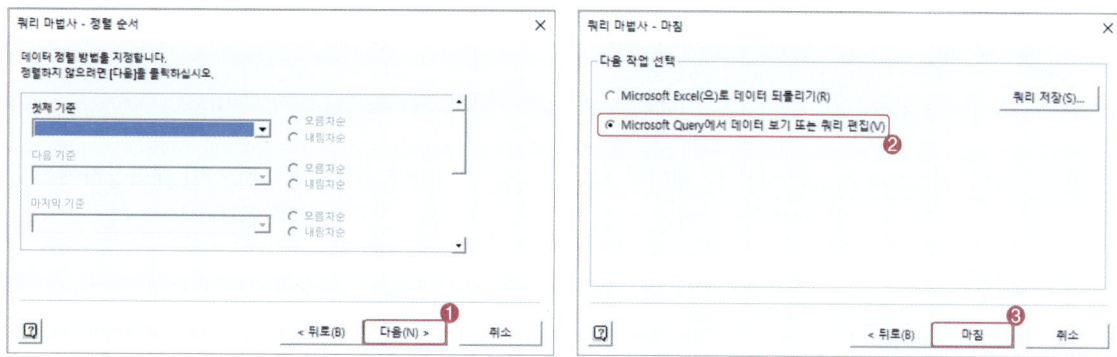

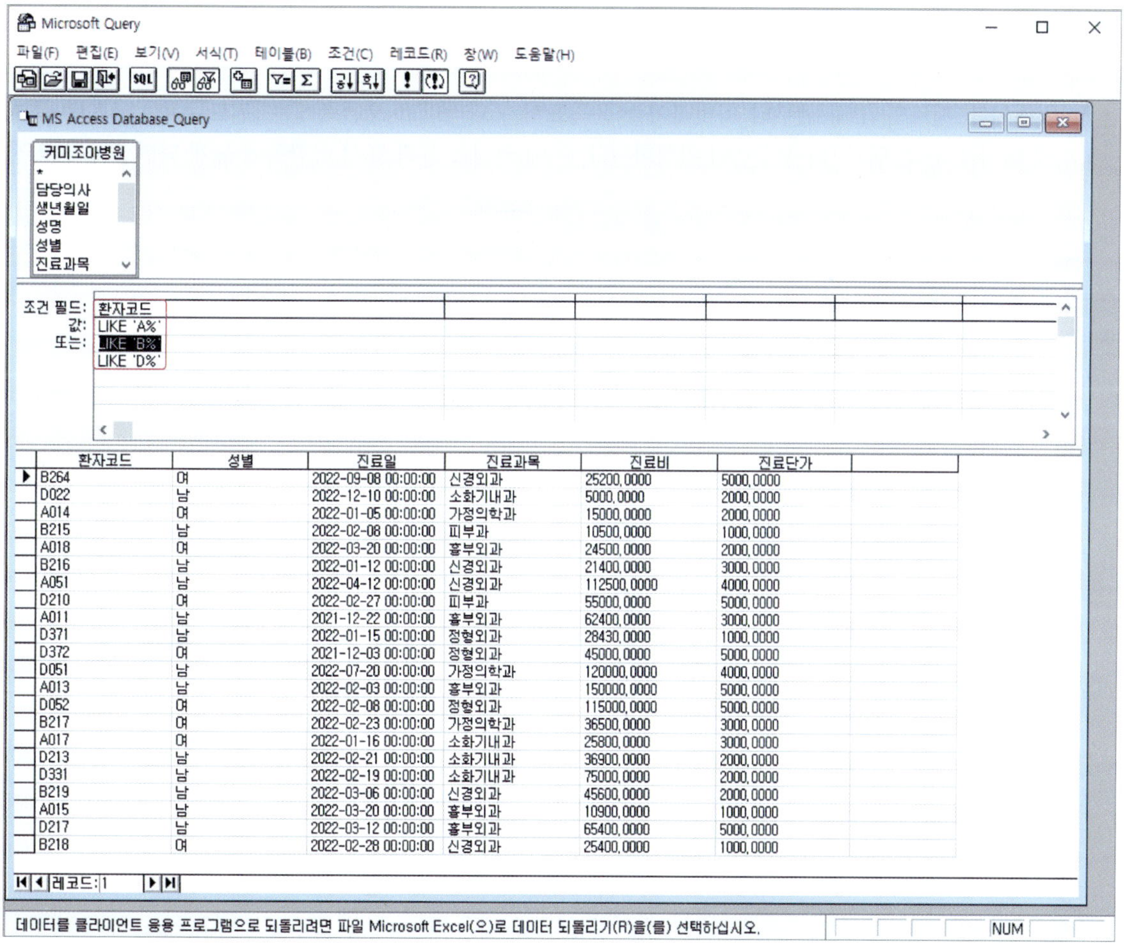

> **기적의 TIP**
>
> - 조건식은 고급 필터와 동일하게 작성한다.
>   - 같은 필드 값이 AND 조건식인 경우, 조건1 AND 조건2 형태로 입력하거나 동일한 필드를 입력한 뒤 값 영역을 같은 줄에 입력한다.
>   - 필드 값이 OR 조건식인 경우는 줄을 달리하여 입력한다.
> - 특정 글자로 시작하는 경우는 LIKE 'O%' 형식으로 작성한다.

⑦ [파일] 탭의 [Microsoft Excel(으)로 데이터 되돌리기]를 클릭한다. [데이터 가져오기] 대화상자에서 '피벗 테이블 보고서'와 '기존 워크시트'를 선택한 후 셀 영역에서 =$B3을 클릭하고 [확인]을 클릭한다.

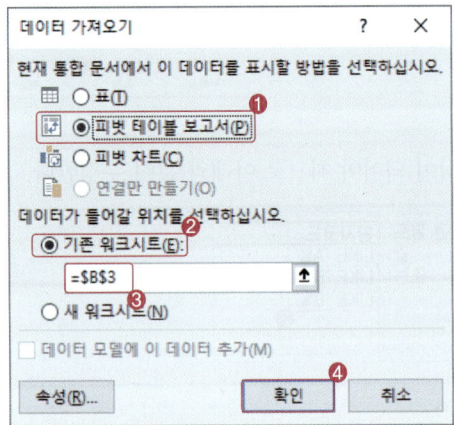

⑧ '피벗테이블' 시트의 [B3] 셀부터 피벗테이블 윤곽표시가 나타나고 오른쪽에는 [필드 목록], 상단 메뉴에는 [피벗 테이블 분석] 탭과 [디자인]탭이 활성화된다. 이때 커서를 윤곽 표시 바깥쪽에 놓게 되면 모두 사라진다.

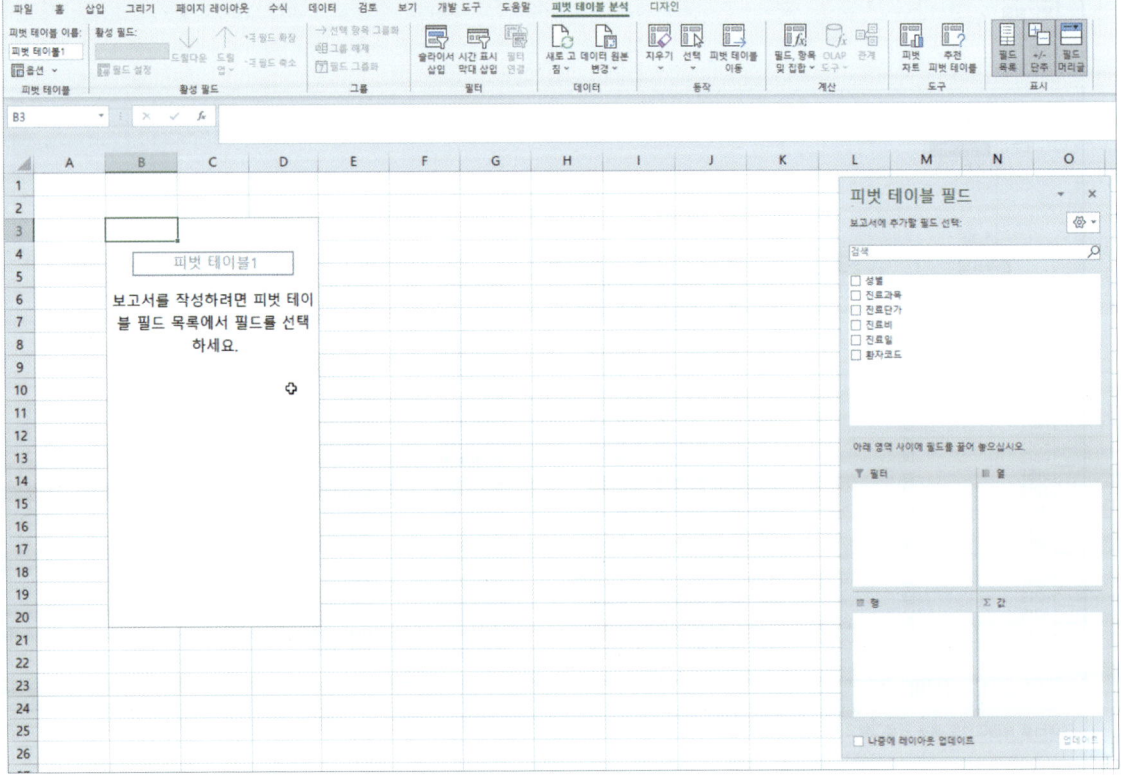

⑨ [필드 목록]에 그림과 동일하게 '성별'과 '진료일'은 '행'으로 '진료과목'은 '열'로, '진료비'는 값 영역으로 드래그해서 놓는다.

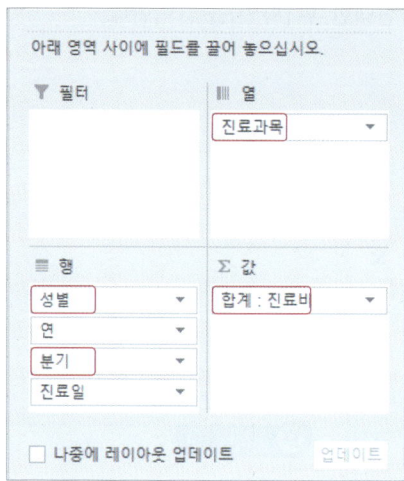

⑩ [디자인] 탭 – [레이아웃]의 [보고서 레이아웃]에서 [개요 형식으로 표시]를 선택한다.

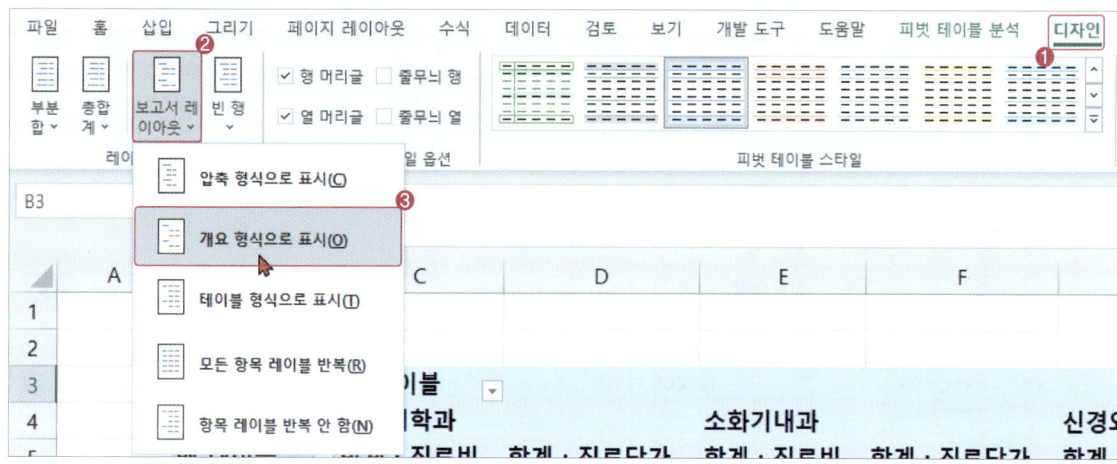

⑪ '진료일' 필드를 그룹화하기 위해 진료일 값 영역의 아무 셀을 클릭하고, [피벗 테이블 분석] 탭의 [그룹]에서 [선택 항목 그룹화]를 선택한다. 또는 진료일 값 영역 위에서 마우스 오른쪽 버튼을 눌러 [그룹]을 클릭한 후 [그룹화] 대화상자의 '단위'에서 '월'과 '연'은 선택 해제하고, **분기**만 선택한 후 [확인]을 클릭한다.

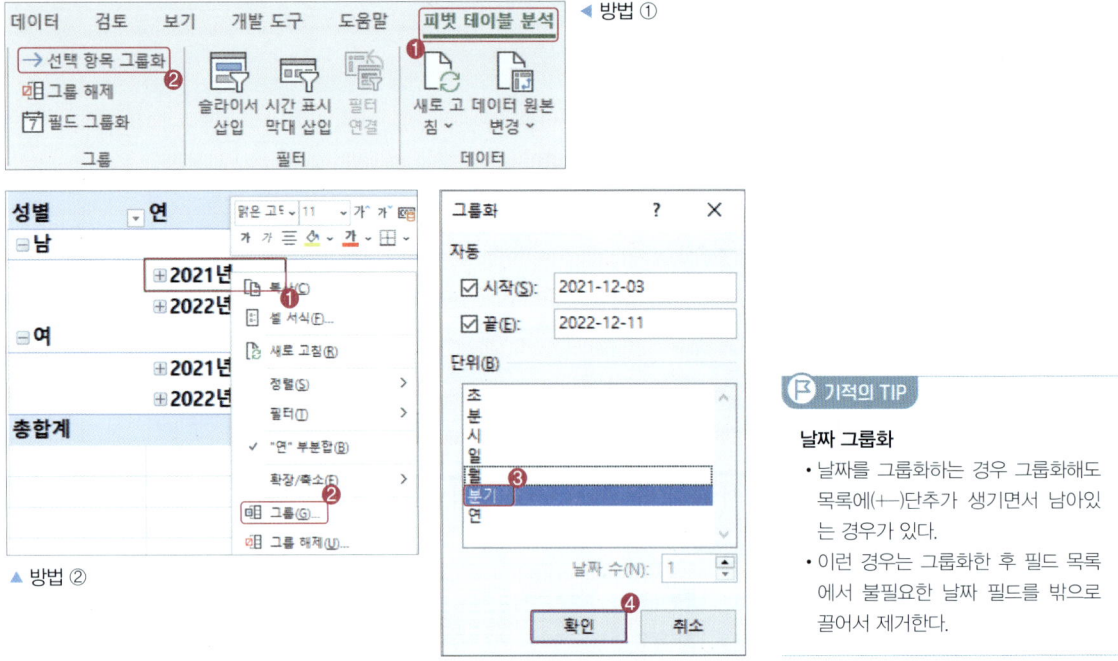

B 기적의 TIP

**날짜 그룹화**
- 날짜를 그룹화하는 경우 그룹화해도 목록에(+―)단추가 생기면서 남아있는 경우가 있다.
- 이런 경우는 그룹화한 후 필드 목록에서 불필요한 날짜 필드를 밖으로 끌어서 제거한다.

⑫ '진료일' 필드 목록 버튼을 클릭한다. [값 필터]의 [상위 10]을 클릭한 후 **상위**, **3**, **항목**, **합계 : 진료비**를 차례대로 선택하고 [확인]을 클릭한다.

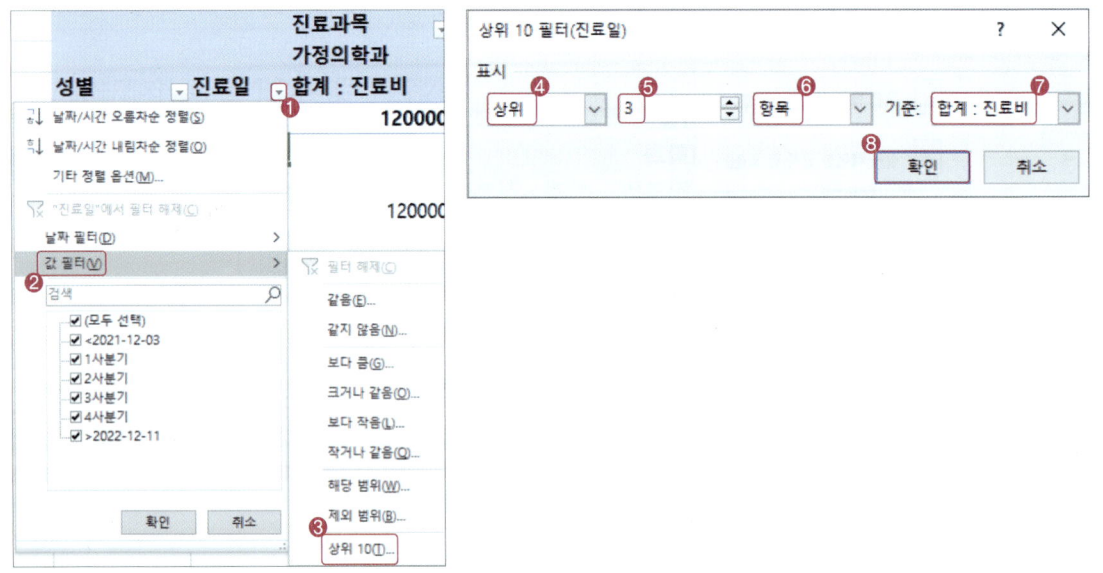

⑬ '진료과목' 필드 목록 버튼을 클릭한 후 '모두 선택'을 눌러 선택을 해제하고, 그림에 표시된 **가정의학과, 신경외과, 정형외과**만 체크한다.

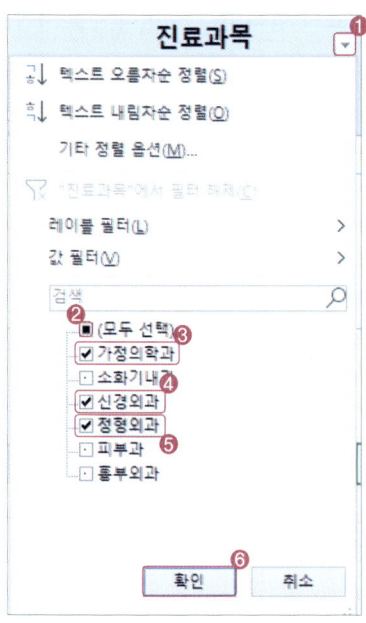

⑭ '진료경비' 계산 필드를 추가하기 위해 [피벗 테이블 분석] 탭 – [계산]의 [필드, 항목 및 집합]에서 [계산 필드] 선택한 후 [계산 필드 삽입] 대화 상자의 '이름'에 **진료경비**를 입력한다. '수식'에 **=진료비/진료단가**를 넣은 후 [추가]를 클릭하여 계산 필드를 추가한 후 [확인]을 클릭한다.

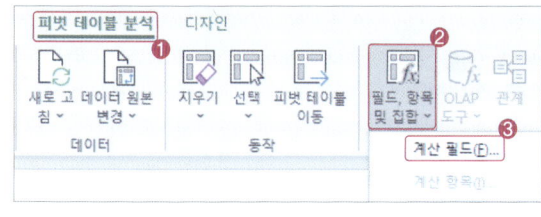
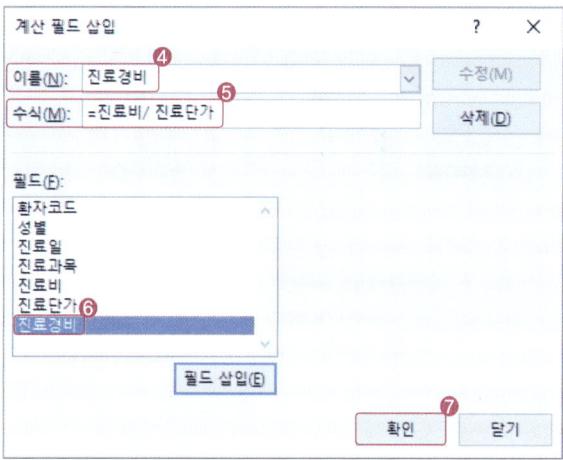

> 🅱 기적의 TIP
>
> • 계산 필드를 잘못 삽입한 경우, 위 목록에서 잘못 추가된 계산 필드 이름을 선택한 후 [삭제]를 클릭한다.
> • 계산 필드 이름에 '합계 :'가 없는 경우, 필드 이름을 임의의 이름으로 지정한 후 셀 영역에서 필드 이름을 수정한다.

⑮ '합계: 진료비'의 셀 서식을 변경하기 위해 값 영역 위에서 마우스 오른쪽 버튼을 눌러 [필드 표시 형식]을 클릭한다. [셀 서식] 대화상자의 '숫자' 범주에서 **1000단위 구분 기호 사용**에 체크한 후 [확인]을 클릭한다. 같은 방법으로 '진료경비' 값 영역에서도 마우스 오른쪽 버튼을 눌러 [필드 표시 형식]을 클릭한다. [셀 서식] 대화상자의 '숫자' 범주에서 '소수 자릿수'를 1로 변경한 후 [확인]을 클릭한다.

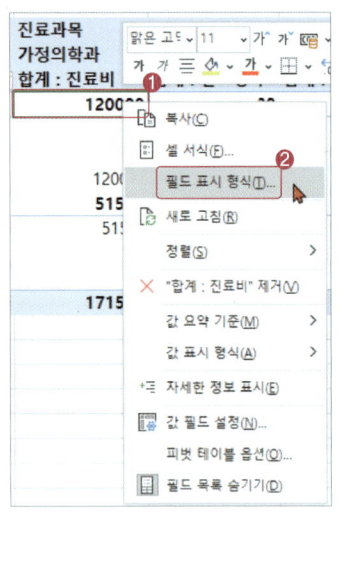
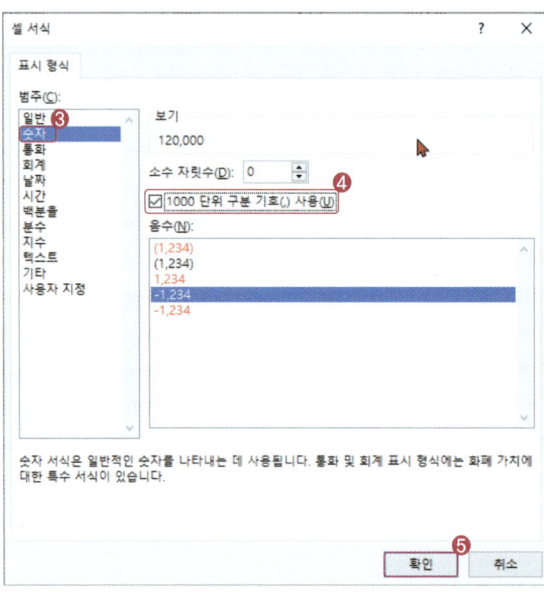

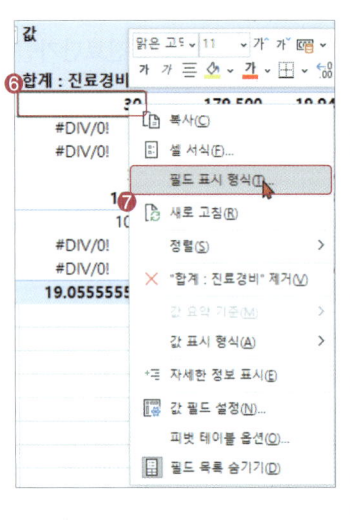
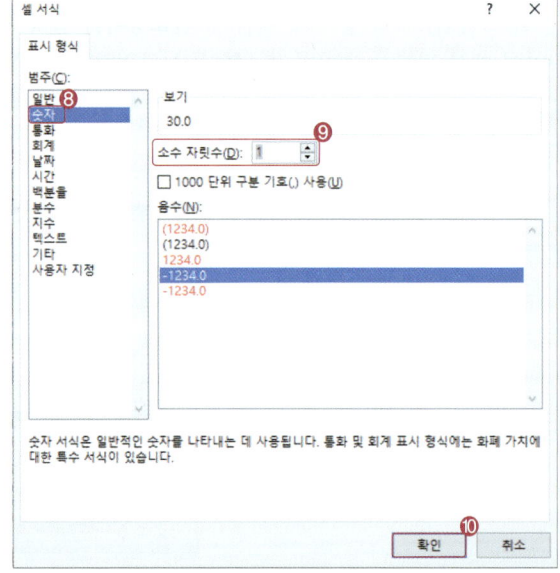

⑯ 오류 표시 #DIV/0! 대신 **진료없음**으로 표시하기 위해 [피벗 테이블 분석] 탭의 [피벗 테이블]에서 [옵션]을 클릭한다. 또는 마우스 오른쪽 버튼을 눌러 [피벗 테이블 옵션]을 클릭한 후 '오류 값 표시'에 체크하고 **진료없음**을 입력한 후 [확인]을 클릭해도 동일한 결과를 얻을 수 있다.

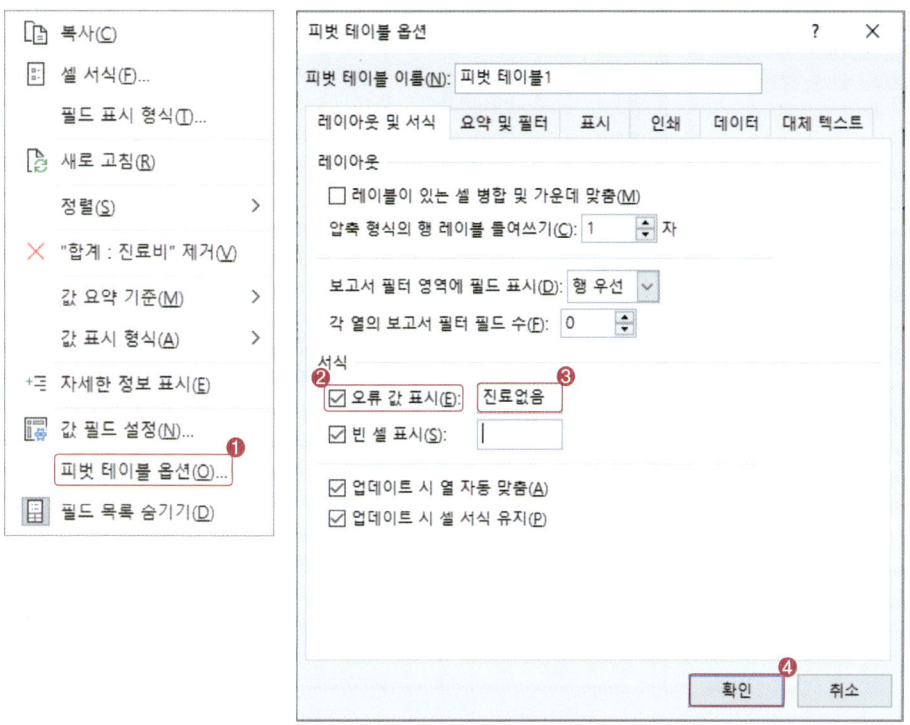

### 🅕 기적의 TIP

**자주 출제되는 옵션**
1. [레이아웃 및 서식] : 레이블이 있는 셀 병합 및 가운데 맞춤, 빈 셀 표시
2. [요약 및 필터] : 총합계
3. [표시] : 확장/축소 단추 표시

⑰ 그 외 그림과 맞춰 주기 위해서 [디자인] 탭 – [레이아웃]의 [총합계]에서 [행 및 열의 총합계 해제]를 클릭한 후, 다시 [디자인] 탭 – [레이아웃]의 [부분합]에서 [부분합 표시 안 함]을 클릭한다.

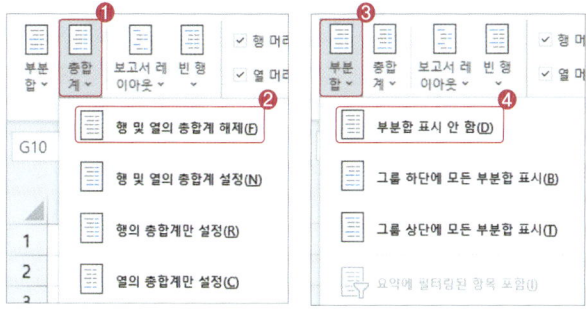

⑱ '여'의 진료일을 숨기기 위해 해당 영역을 드래그하여 블록 설정한다. 마우스 오른쪽 버튼을 눌러 [셀 서식]을 클릭한 후 '사용자 지정'의 형식란에 ;;;을 입력하고 [확인] 버튼을 클릭한다.

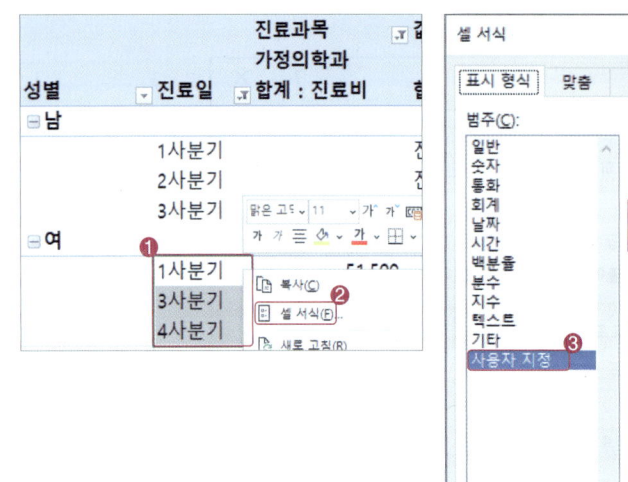
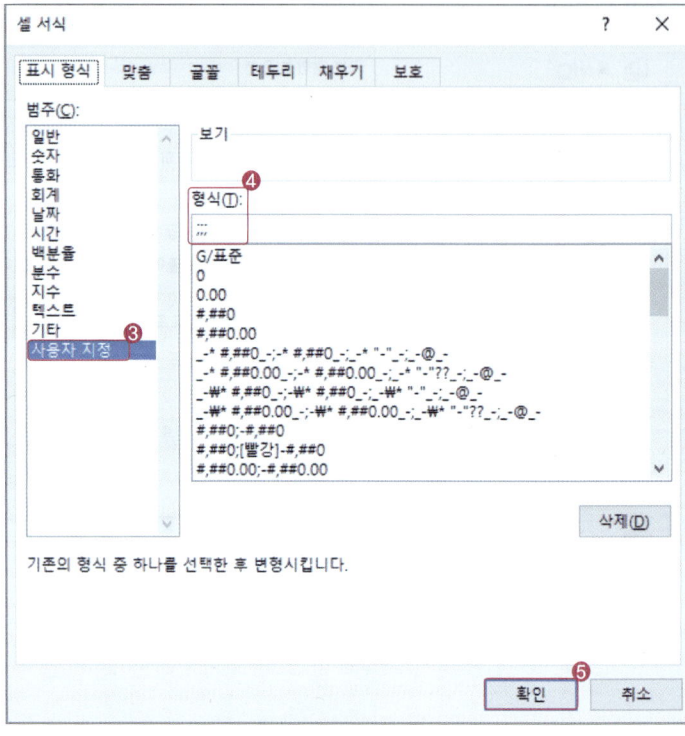

> 🔑 기적의 TIP
>
> "1사분기"는 문자 형식이므로 사용자 지정 형식에서 양수;음수;0;문자 순으로 작성을 할 때 마지막에 해당되므로 ;;;을 입력해서 문자를 표시하지 않는다.

풀이결과

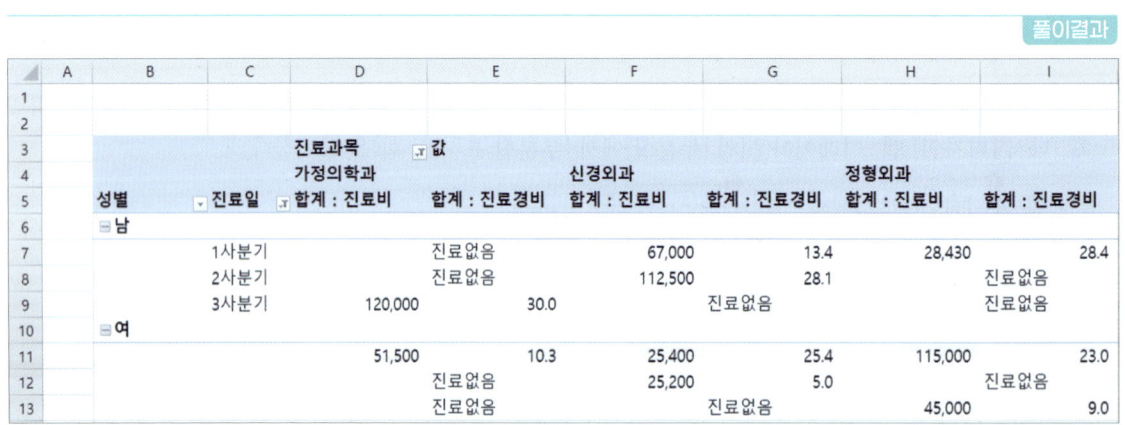

## 시험유형 ❷    '05분석작업-피벗테이블.xlsx' 파일의 '피벗테이블-실습2' 시트

※ '피벗테이블-실습2' 시트에서 다음의 지시사항에 따라 피벗 테이블 보고서를 작성하시오.
▶ 외부 데이터 원본으로 〈여행일자.txt〉의 데이터를 사용하시오.
  – '생년월일', '기본운임비', '좌석구분', '목적지' 열만 가져와 데이터 모델에 이 데이터를 추가하시오.
▶ 원본 데이터의 구분 기호는 '탭'과 '/'로 분리되어 있으며, 내 데이터에 머리글을 표시하시오.
▶ 피벗 테이블 보고서의 레이아웃과 위치는 〈그림〉을 참조하여 설정하고, 보고서 레이아웃을 개요 형식으로 표시하시오.
▶ '생년월일'은 월 단위로 그룹화하시오.
▶ '기본운임비/총 기본운임비'를 계산한 후 사용자 지정 이름을 '운임비율'로 변경하시오.
▶ '기본운임비' 필드의 표시 형식을 셀 서식에서 회계 범주를 이용해서 〈그림〉과 같이 지정하고 '운임비율'은 셀 서식에서 백분율 형식의 소수점 첫째 자리까지 표시되도록 표시 형식을 지정하시오.
▶ 나머지 사항은 〈그림〉과 동일하게 작성하시오.

| | A | B | C | D | E | F | G |
|---|---|---|---|---|---|---|---|
| 1 | | | | | | | |
| 2 | | | | | | | |
| 3 | | 좌석구분 | 값 | | | | |
| 4 | | 비즈니스석 | | 할인석 | | 일반석 | |
| 5 | 생년월일 | 합계: 기본운임비 | 운임비율 | 합계: 기본운임비 | 운임비율 | 합계: 기본운임비 | 운임비율 |
| 6 | 01월 | | 0.0% | | 0.0% | 378,000 | 7.9% |
| 7 | 02월 | 287,000 | 11.1% | | 0.0% | 598,000 | 12.5% |
| 8 | 03월 | 159,000 | 6.1% | 315,000 | 10.7% | | 0.0% |
| 9 | 04월 | | 0.0% | 290,000 | 9.8% | | 0.0% |
| 10 | 05월 | 243,000 | 9.4% | 650,000 | 22.0% | 2,244,000 | 47.0% |
| 11 | 06월 | | 0.0% | 395,000 | 13.4% | 123,500 | 2.6% |
| 12 | 07월 | 712,000 | 27.4% | | 0.0% | 251,000 | 5.3% |
| 13 | 08월 | 162,000 | 6.2% | | 0.0% | | 0.0% |
| 14 | 09월 | | 0.0% | | 0.0% | 720,000 | 15.1% |
| 15 | 10월 | | 0.0% | 174,000 | 5.9% | | 0.0% |
| 16 | 11월 | 711,000 | 27.4% | 1,132,000 | 38.3% | 463,000 | 9.7% |
| 17 | 12월 | 322,000 | 12.4% | | 0.0% | | 0.0% |

① [삽입] 탭의 [표]에서 [피벗테이블]을 클릭하면 나타나는 [피벗 테이블 만들기] 대화상자에서 '외부 데이터 원본 사용'의 [연결 선택]을 클릭한다.

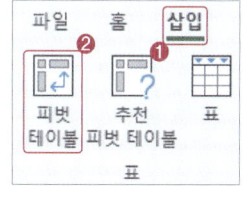
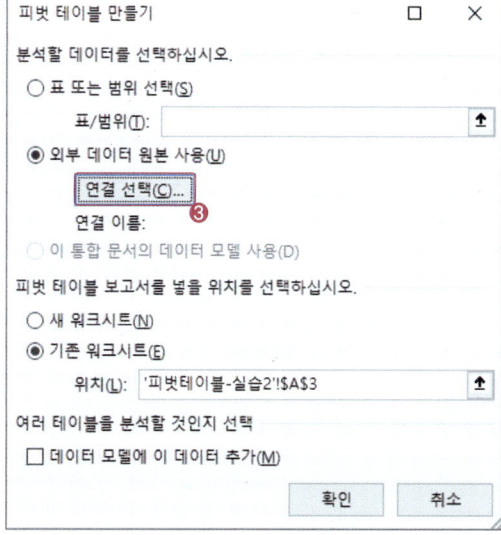

② [기존 연결] 대화상자의 하단 메뉴에서 [더 찾아보기]를 클릭한 후, [데이터 원본 선택] 대화상자의 지정 경로를 통해 **여행일자**.txt 파일을 선택하고 [열기]를 클릭한다.

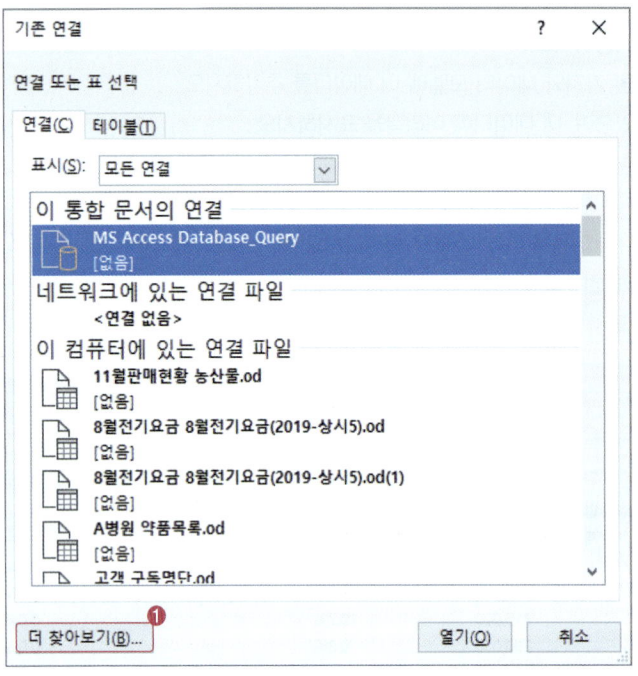

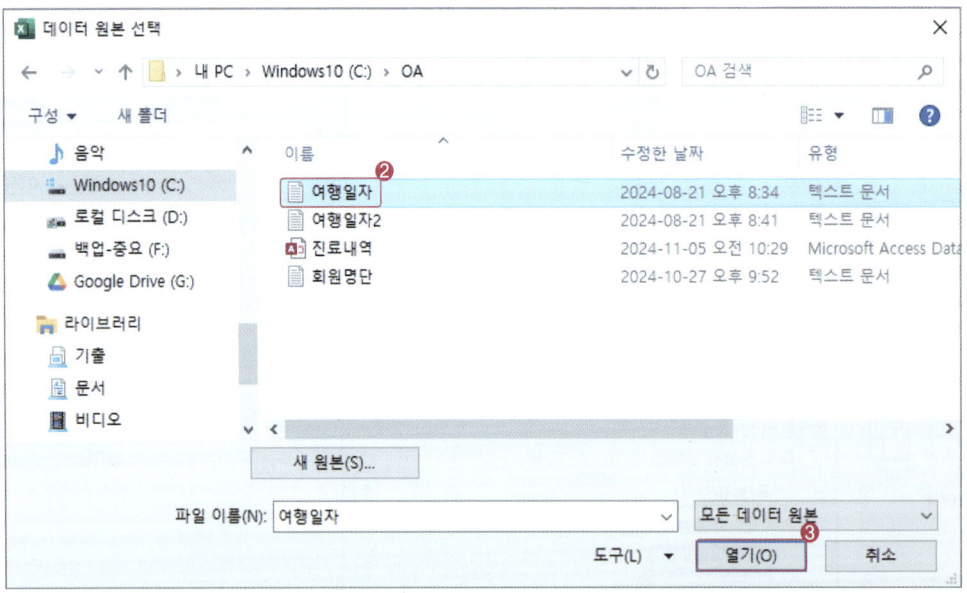

③ [텍스트 마법사 – 3단계 중 1단계]에는 '탭'과 '/'로 분리되어 있는 텍스트파일을 불러오기 위해 **구분 기호로 분리됨**을 선택한다. **내 데이터에 머리글 표시**에 체크한 후 [다음]을 클릭한다.

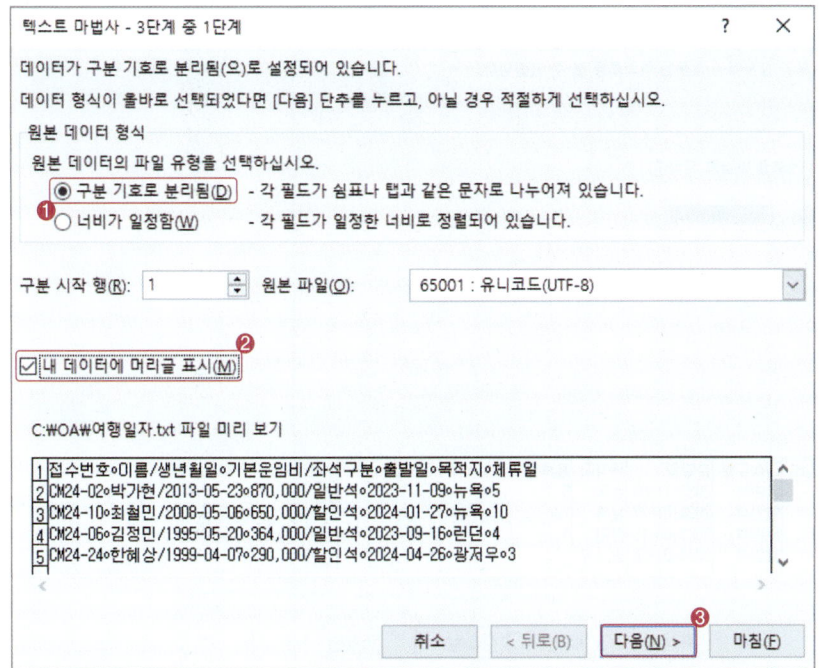

> 🅑 **기적의 TIP**
>
> - 구분 기호로 분리됨 : 탭, 쉼표, 세미콜론 등으로 구분되는 경우 선택
> - 너비가 일정함 : 글자 크기가 일정하게 구분되는 경우 선택
> - 내 데이터에 머리글 표시 : 열이름을 같이 사용해야 하는 경우 선택(선택하지 않으면 필드 이름 대신 '열이름1, 열이름2'라는 대체된 이름으로 불러와지므로 반드시 체크해야 함)
> - 원본 파일 : 글자 코드를 선택함(65001 : 유니코드(UTF-8) 또는 949-한국어)

④ 파일이 '탭'과 '/'로 구분되므로 [텍스트 마법사 – 3단계 중 2단계]에서 **탭**에 체크하고 기타에 **/**를 입력한 후 [다음]을 클릭한다.

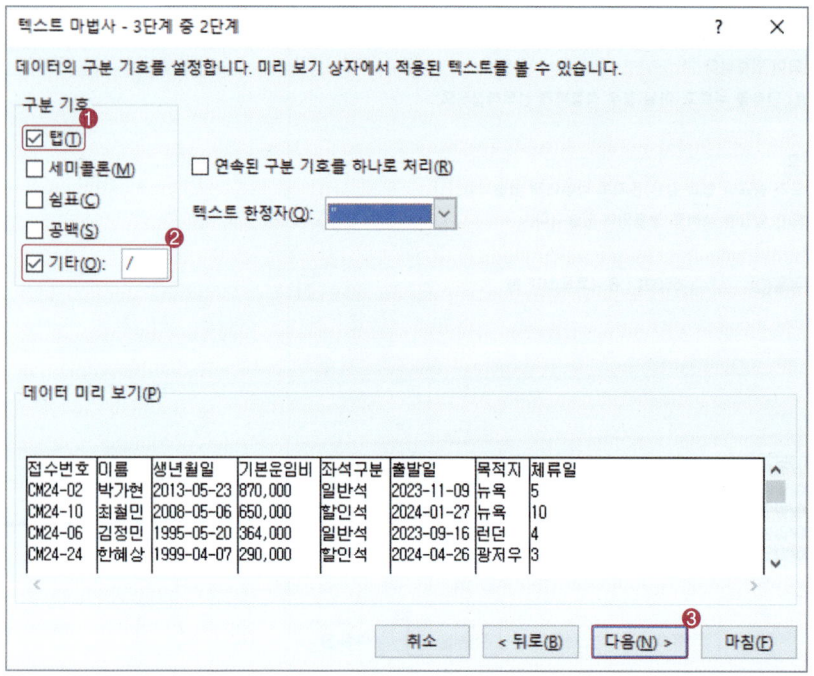

⑤ [텍스트 마법사 – 3단계 중 3단계]에서 사용해야 할 '접수번호' 열을 클릭하고 **열 가져오지 않음(건너뜀)**을 클릭한다. 같은 방식으로 '이름', '출발일', '체류일' 열을 가져오지 않도록 하고, [마침]을 클릭한다.

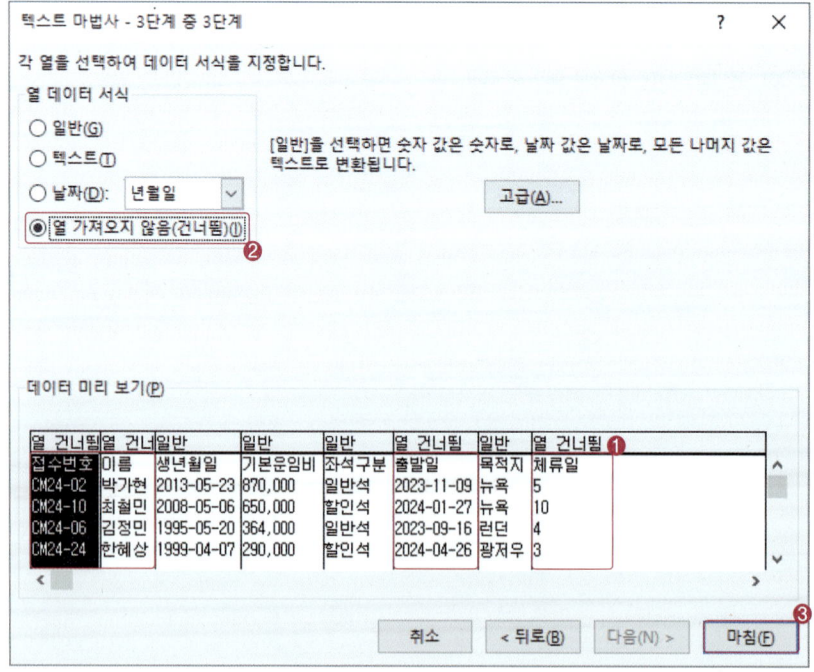

⑥ [피벗 테이블 만들기] 대화상자에서 '기존 워크시트'의 위치에 '피벗테이블-실습2' 시트의 [A3] 셀을 클릭하고 **데이터 모델에 이 데이터 추가**를 체크한 후 [확인]을 클릭한다.

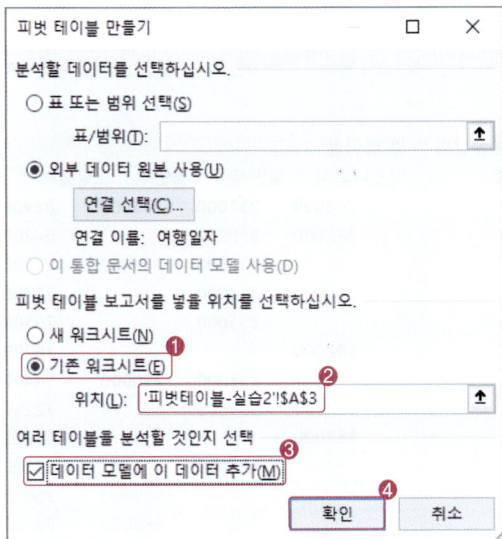

> 🅑 기적의 TIP
>
> **데이터 모델에 이 데이터 추가**
> - 기능
>   - 여러 테이블 간 관계를 설정하고 분석할 수 있도록 데이터를 Power Pivot 모델로 추가하는 기능이다.
>   - [삽입]의 [피벗테이블]을 이용해 TXT(또는 CSV) 파일을 불러올 때 이 메뉴를 체크하지 않으면 피벗테이블을 완성할 수 없다.
> - 체크했을 때 사용 불가능한 기능
>   - 계산 필드의 생성
>   - 날짜를 제외한 문자와 숫자의 그룹화
> - CSV(TXT) 파일에서 계산 필드와 그룹화해야 하는 경우
>   - [데이터]의 [파일에서]에서 [텍스트/CSV] 메뉴를 이용해 불러와야 한다.

⑦ '피벗테이블–실습2' 시트의 [$A3] 셀부터 피벗테이블 윤곽 표시가 나타나며, [필드 목록]의 아래 영역에 그림과 동일한 레이아웃으로 끌어서 놓는다. '생년월일'은 행, '좌석구분'은 열, '기본운임비'는 값 영역으로 드래그하여 놓는다.

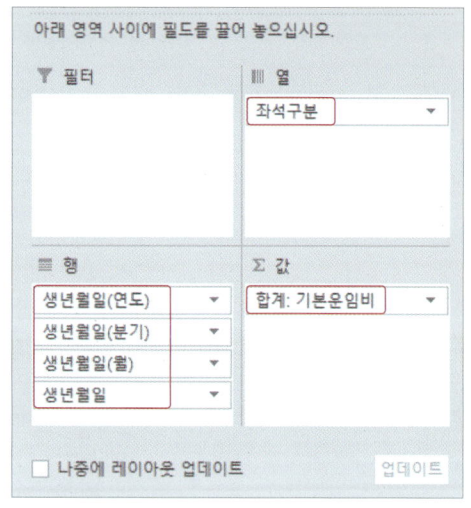

| | A | B | C | D | E |
|---|---|---|---|---|---|
| 1 | | | | | |
| 2 | | | | | |
| 3 | 합계: 기본운임비 | 열 레이블 | | | |
| 4 | 행 레이블 | 비즈니스석 | 일반석 | 할인석 | 총합계 |
| 5 | ⊞1985 | 243000 | 251000 | 395000 | 889000 |
| 6 | ⊞1987 | 322000 | 320000 | | 642000 |
| 7 | ⊞1989 | | 1036000 | 179000 | 1215000 |
| 8 | ⊞1995 | | 364000 | | 364000 |
| 9 | ⊞1997 | | 255000 | | 255000 |
| 10 | ⊞1998 | 162000 | | | 162000 |
| 11 | ⊞1999 | | 254000 | 290000 | 544000 |
| 12 | ⊞2000 | 159000 | 563500 | | 722500 |
| 13 | ⊞2003 | 382000 | | | 382000 |
| 14 | ⊞2006 | | 123000 | | 123000 |
| 15 | ⊞2007 | | | 700000 | 700000 |
| 16 | ⊞2008 | | | 960000 | 960000 |
| 17 | ⊞2009 | | 143000 | | 143000 |
| 18 | ⊞2010 | 287000 | 152000 | 432000 | 871000 |
| 19 | ⊞2013 | 329000 | 870000 | | 1199000 |
| 20 | ⊞2014 | 712000 | 446000 | | 1158000 |
| 21 | 총합계 | 2596000 | 4777500 | 2956000 | 10329500 |

**기적의 TIP**

날짜 필드를 끌어 놓으면 여러 개의 필드로 분리가 되는 현상은 자연스러운 현상이다. 문제에 맞춰 그룹화하면서 필요 없는 필드를 밖으로 끌면 제거된다.

⑧ [디자인] 탭 – [레이아웃]의 [보고서 레이아웃]에서 [개요 형식으로 표시]를 클릭한다.

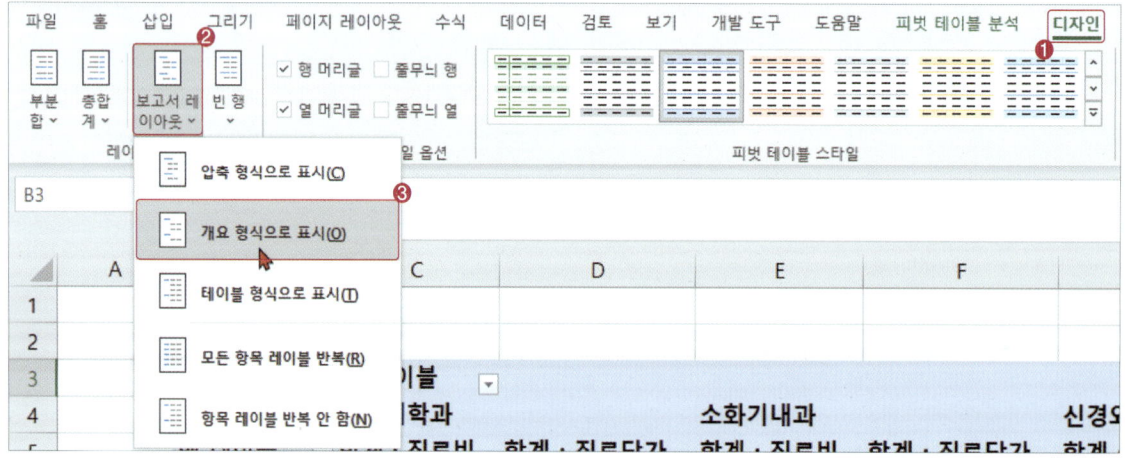

⑨ '생년월일' 필드를 그룹화하기 위해 '생년월일' 값 영역의 아무 셀을 클릭하고, [피벗 테이블 분석] 탭의 [그룹]에서 [선택 항목 그룹화]를 선택한다. 또는 '생년월일' 값 영역 위에서 마우스 오른쪽 버튼을 눌러 [그룹]을 클릭한 후 '단위'에서 '일', '연', '분기'는 선택 해제하고 **월**만 선택한 후 [확인]을 클릭한다.

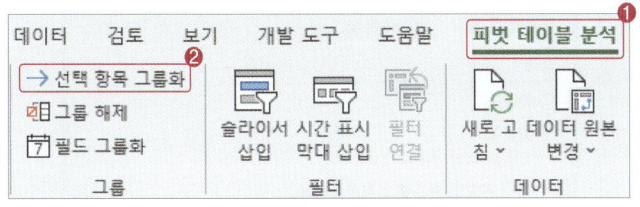
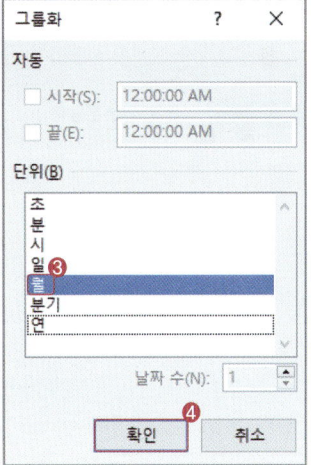

⑩ 행 머리글 이름이 결과 이미지와 다르기 때문에 직접 셀에서 수정하거나 [필드 목록]의 행 구역의 '생년월일(월)'을 클릭하면 나타나는 메뉴에서 [필드 설정]을 클릭한 후 이름을 수정한다.

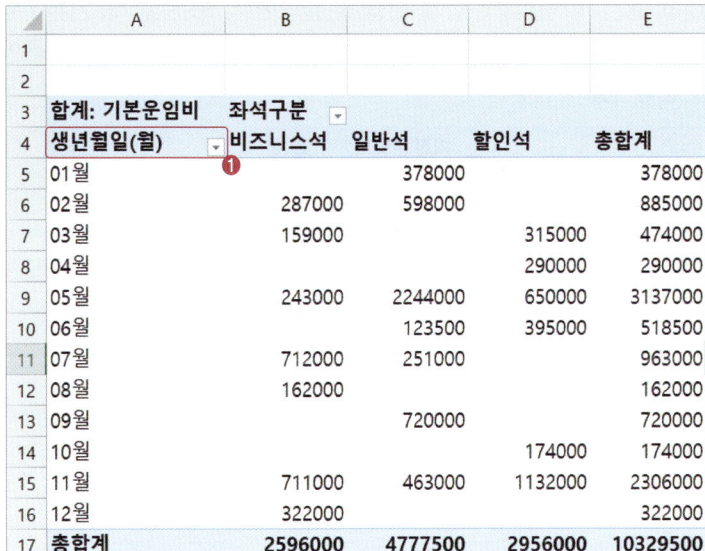

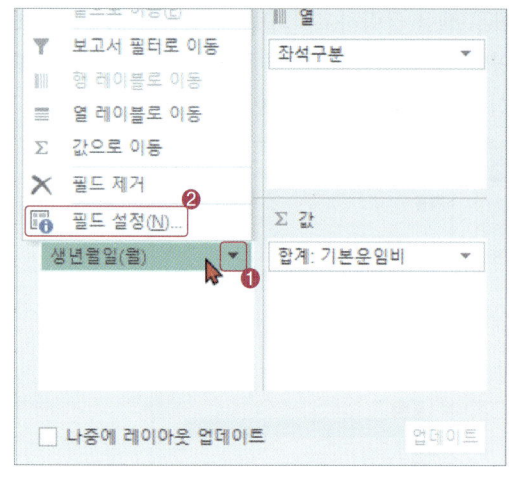
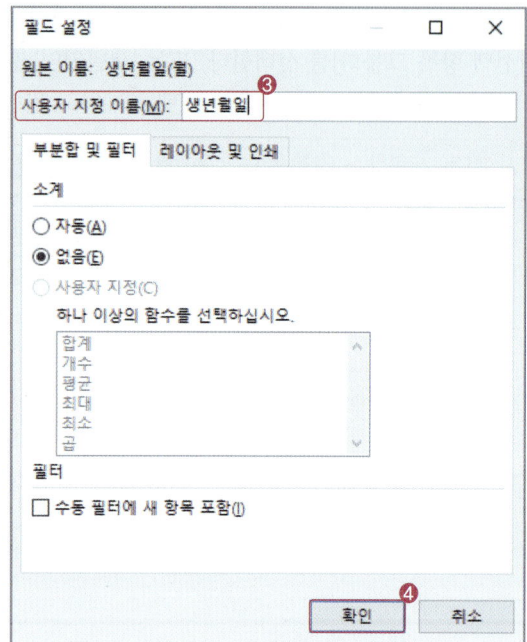

⑪ [값] 영역에 '기본운임비'를 드래그해서 놓으면 '합계: 기본운임비2'가 만들어진다. '합계: 기본운임비2' 값 영역 위에서 마우스 오른쪽 버튼을 눌러 [값 표시 형식]의 [열 합계 비율]을 클릭한다. 또는 '합계: 기본운임비2'의 값 영역 위에서 마우스 오른쪽 버튼을 눌러 [값 필드 설정]을 클릭한 후 [값 표시 형식]의 하위 목록에서 [열 합계 비율]을 클릭하고 필드 이름을 **운임비율**로 변경한다.

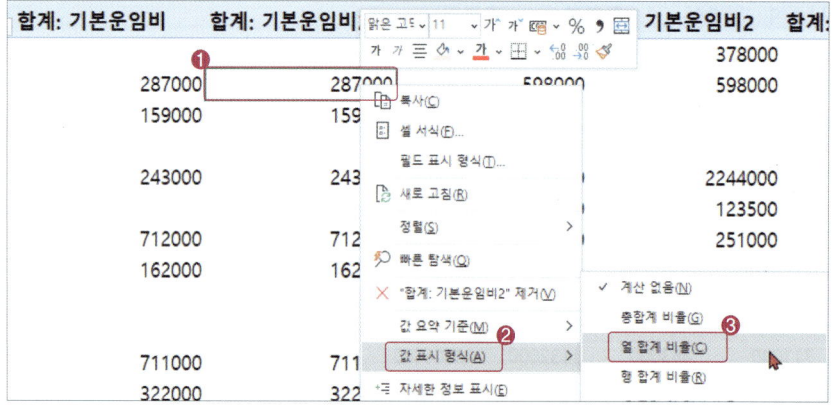

### 🅱 기적의 TIP

**값 필드 설정**
- 선택된 필드 이름, 계산 함수, 표시 형식을 필드 단위로 변경할 수 있다.
- 값 요약 기준의 함수는 기본값이 합계이고, 개수, 평균, 최대, 최소 등이 있다.
- 값 표시 형식에서는 총합계 비율, 행 합계 비율, 열 합계 비율, [기준값]에 대한 비율 등이 있다.
- 표시 형식은 셀 하나만 선택한 후 설정해도 선택된 필드의 모든 값의 서식이 일괄적으로 변경된다.

⑫ '합계: 기본운임비'의 셀 서식을 회계표시(통화기호) 없는 회계스타일로 설정하기 위해 '합계:기본운임비'의 값 영역을 모두 블록 설정한다(떨어져 있는 영역이므로 Ctrl 을 이용하여 선택). [셀 서식] 단축키인 Ctrl + 1 을 눌러 [셀 서식] 대화상자에서 [표시형식] 탭의 범주는 **회계**, 기호는 **없음**을 선택한 후 [확인]을 클릭한다.

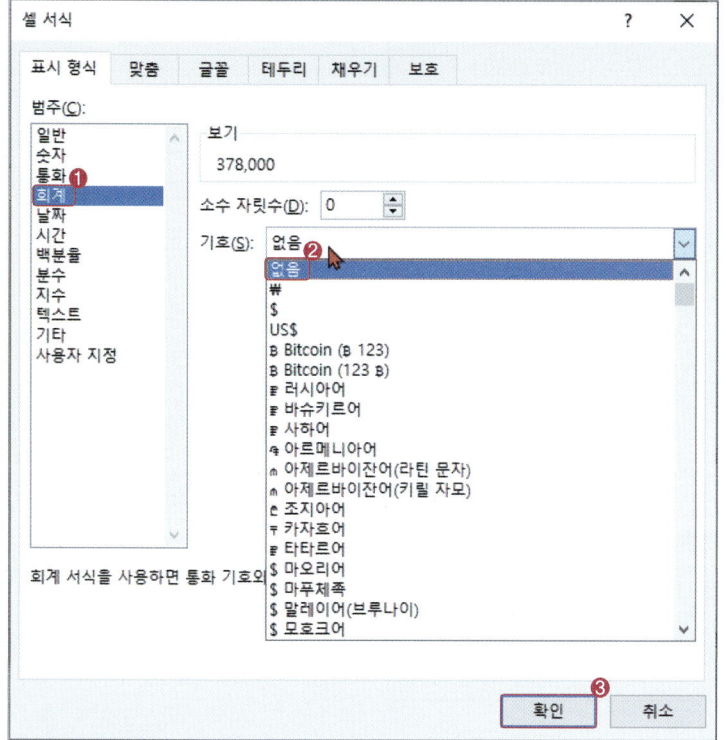

 기적의 TIP

또는 블록 설정 상태에서 마우스 오른쪽 버튼을 눌러 미니 도구모음의 글꼴에서 '쉼표 스타일'을 클릭한다.

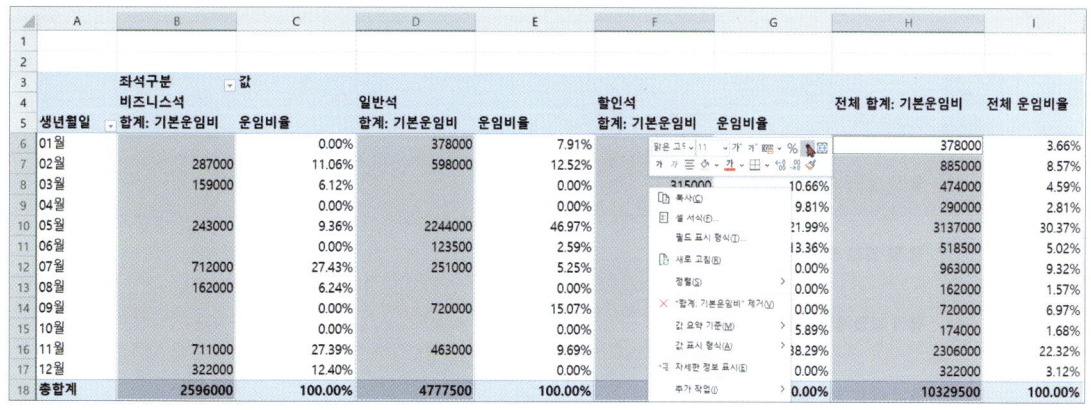

⑬ 같은 방법으로 '운임비율' 데이터 영역을 드래그하여 블록 설정한 후 Ctrl + 1 을 눌러, [셀 서식] 대화상자에서 [표시형식] 탭의 범주에서 '백분율'을 선택하고 소수 자릿수를 1로 변경한 후 [확인]을 클릭한다.

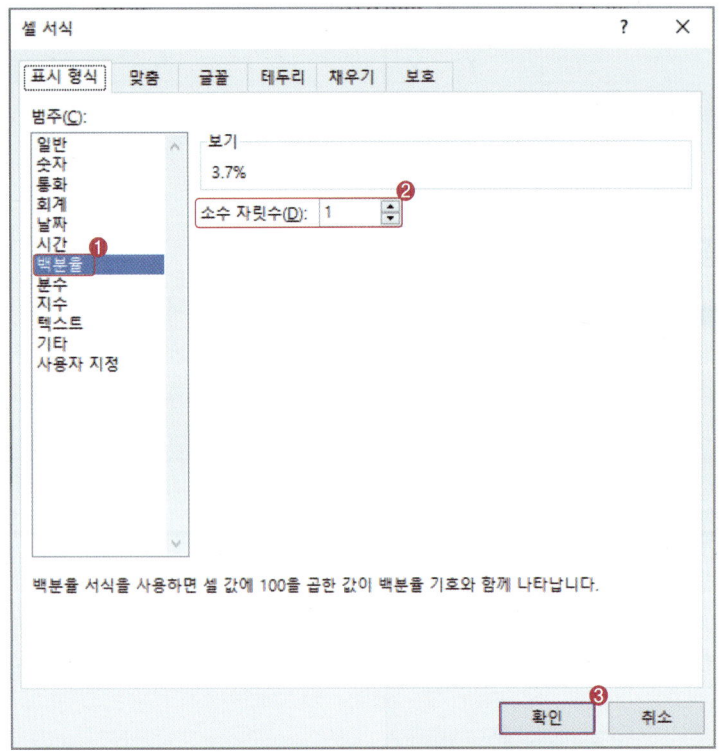

⑭ 결과 이미지와 똑같이 맞추기 위해 [디자인] 탭 - [레이아웃]의 [총합계]에서 [행 및 열의 총합계 해제]를 클릭한다.

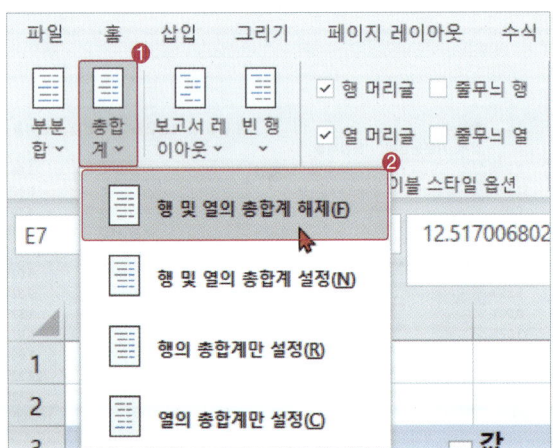

⑮ [좌석구분]의 데이터의 순서가 일정하지 않지만 필드 목록에는 정렬 표시가 없으므로 수동으로 드래그하여 정렬을 맞춘다. '일반석' 열 머리글을 선택한 후 마우스 커서 모양이 이동표시로 바뀔 때 '할인석'의 오른쪽으로 드래그하여 순서를 변경한다.

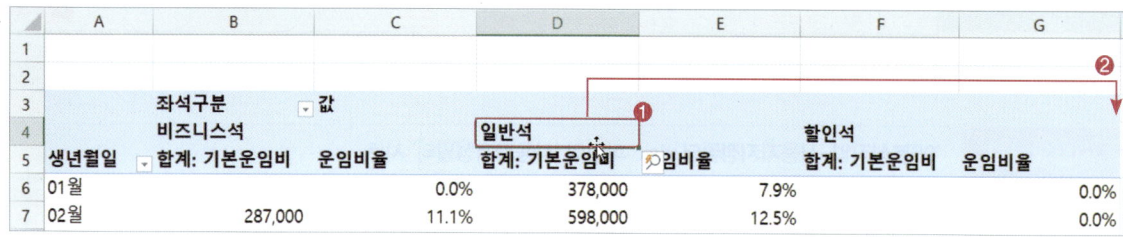

# 06 [분석작업] 사용자 지정 필터

반복학습 1 2 3

**시험유형 ❶** '06분석작업-사용자지정필터.xlsx' 파일의 '사용자지정필터' 시트

※ '사용자지정필터' 시트에서 다음의 지시사항에 따라 처리하시오.
▶ '편의점 라면 현황' 표에서 '입고량'이 200 이상, 300 미만이면서 '제품명'이 "라면"으로 끝나는 데이터를 사용자 지정 필터를 사용하여 검색하시오.
▶ 사용자 지정 필터의 결과는 [A3:H30] 영역의 데이터를 이용하여 추출하시오.

① 마우스 포인터를 표 범위 안에 놓고 (또는 전체 블록 설정을 한 후), [데이터] 탭의 [정렬 및 필터]에서 [필터]를 클릭한다. 표의 필드 부분에 항목마다 필터 표시가 나타난다.

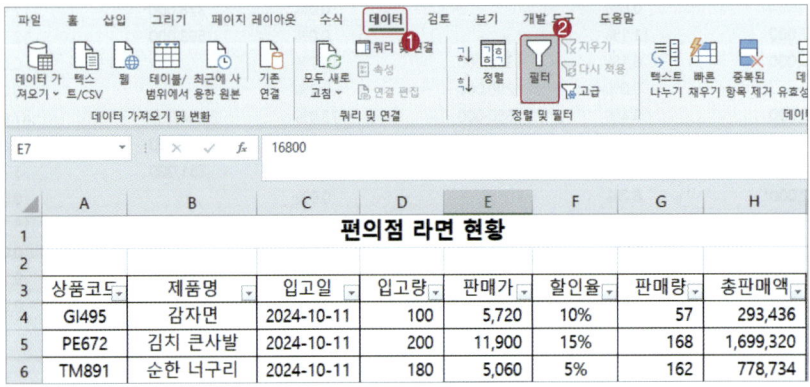

② '입고량'의 목록 버튼을 클릭하여 [숫자 필터]의 [사용자 지정 필터]를 클릭한다. [사용자 지정 자동 필터] 대화상자에서 '찾을 조건'을 ≥, **200**, **그리고**로 설정한 후, 아래 목록에서 <, **300**으로 지정한 뒤 [확인]을 클릭한다. 그러면 입고량이 조건에 따라 필터되며, 필드 목록 표시가 필터 표시(☰)로 변경된다.

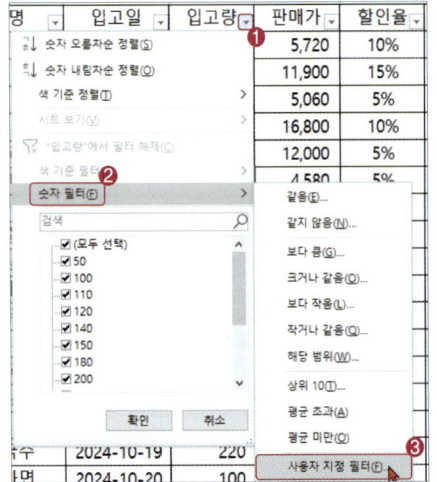

### 기적의 TIP

**필터**
- 색 기준 필터 : 셀에 채우기 또는 글꼴색이 지정된 경우 필터
- 숫자 필터 : 데이터 형식이 숫자인 경우 활성화
- 텍스트 필터 : 데이터 형식이 문자인 경우 활성화
- 날짜 필터 : 데이터 형식이 날짜인 경우 활성화

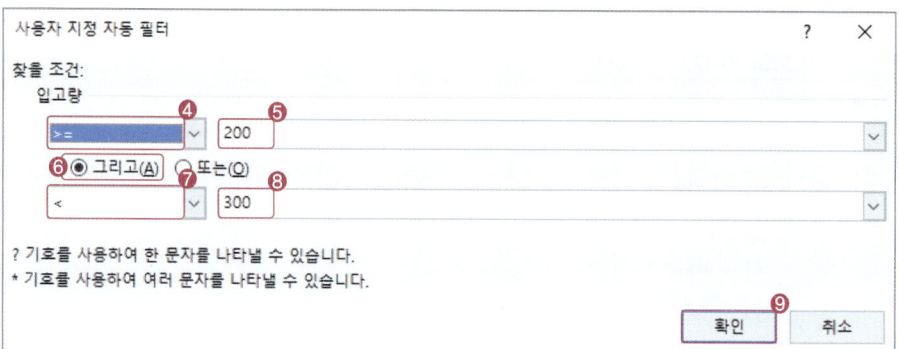

### 기적의 TIP

**찾을 조건**
- 그리고 : 이어지는 조건이 And 조건으로 필터되는 경우로, 모든 조건식을 만족하는 데이터가 필터됨
- 또는 : 이어지는 조건이 Or 조건으로 필터되는 경우로, 하나의 조건식이라도 만족하면 필터됨

| | A | B | C | D | E | F | G | H |
|---|---|---|---|---|---|---|---|---|
| 1 | | | | 편의점 라면 현황 | | | | |
| 2 | | | | | | | | |
| 3 | 상품코드 | 제품명 | 입고일 | 입고량 | 판매가 | 할인율 | 판매량 | 총판매액 |
| 5 | PE672 | 김치 큰사발 | 2024-10-11 | 200 | 11,900 | 15% | 168 | 1,699,320 |
| 10 | TM234 | 신라면 | 2024-10-13 | 250 | 4,400 | 15% | 245 | 916,300 |
| 12 | TM511 | 짜왕 | 2024-10-14 | 200 | 5,500 | 5% | 133 | 694,925 |
| 14 | TM394 | 튀김우동 | 2024-10-16 | 250 | 5,390 | 15% | 299 | 1,369,869 |
| 15 | CB685 | 김치라면 | 2024-10-17 | 200 | 19,680 | 5% | 172 | 3,215,712 |
| 18 | SU816 | 쇠고기면 | 2024-10-18 | 250 | 3,080 | 10% | 216 | 598,752 |
| 19 | SO124 | 손칼국수 | 2024-10-19 | 220 | 5,030 | 15% | 240 | 1,026,120 |
| 23 | YM310 | 열무비빔면 | 2024-10-20 | 220 | 2,880 | 11% | 210 | 538,272 |
| 24 | YG710 | 육개장 | 2024-10-21 | 260 | 4,070 | 10% | 310 | 1,135,530 |
| 28 | RR300 | 깻잎라면 | 2024-10-23 | 220 | 1,320 | 15% | 130 | 145,860 |
| 29 | JQ130 | 진짬뽕 | 2024-10-23 | 280 | 3,800 | 20% | 210 | 638,400 |

③ 두번째 필터할 '제품명' 필드의 목록 버튼을 클릭하여 [텍스트 필터]에서 [끝 문자]를 클릭한다. [사용자 지정 필터] 대화상자에서 '찾을 조건'의 왼쪽 목록이 **끝 문자**임을 확인하고, **라면**을 입력한 후 [확인]을 클릭한다. '입고량'과 '제품명'을 동시에 만족하는 조건에 따라 필터되며 필드 목록 표시가 필터 표시로 변경된다.

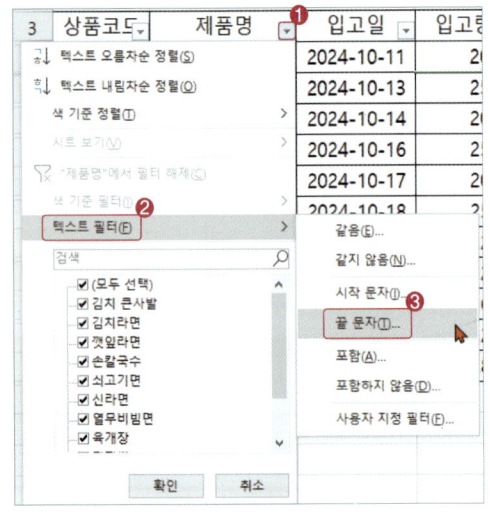

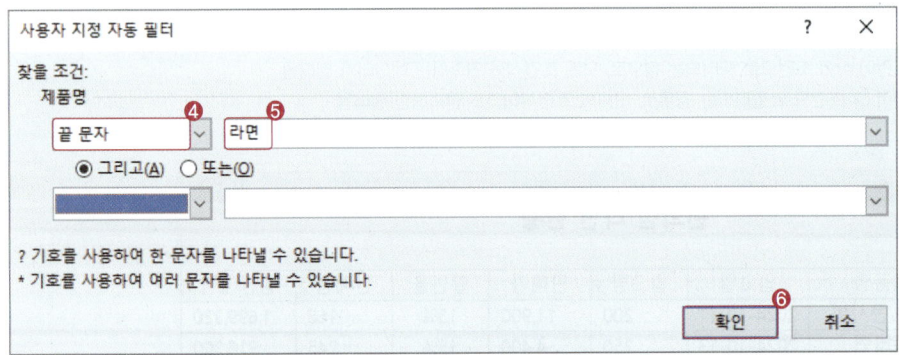

풀이결과

| | A | B | C | D | E | F | G | H |
|---|---|---|---|---|---|---|---|---|
| 1 | 편의점 라면 현황 | | | | | | | |
| 2 | | | | | | | | |
| 3 | 상품코드 | 제품명 | 입고일 | 입고량 | 판매가 | 할인율 | 판매량 | 총판매액 |
| 10 | TM234 | 신라면 | 2024-10-13 | 250 | 4,400 | 15% | 245 | 916,300 |
| 15 | CB685 | 김치라면 | 2024-10-17 | 200 | 19,680 | 5% | 172 | 3,215,712 |
| 28 | RR300 | 깻잎라면 | 2024-10-23 | 220 | 1,320 | 15% | 130 | 145,860 |

# 07 [분석작업] 텍스트 나누기

반복학습 1 2 3

| 시험유형 ❶ | '07분석작업-텍스트나누기.xlsx' 파일의 '텍스트나누기-실습1' 시트 |

※ '텍스트나누기-실습1' 시트에서 다음의 지시사항에 따라 처리하시오.
▶ [A1:A20] 영역의 데이터를 텍스트 나누기를 실행하여 [A1:D20] 영역에 나타내시오.
▶ 데이터는 쉼표(,)로 구분되어 있다.
▶ '주문일자' 열은 제외하시오.

① 텍스트를 나눌 범위[A1:A20]를 드래그하여 블록 설정한 후 [데이터] 탭의 [정렬 및 필터]에서 [텍스트 나누기]를 클릭한다.

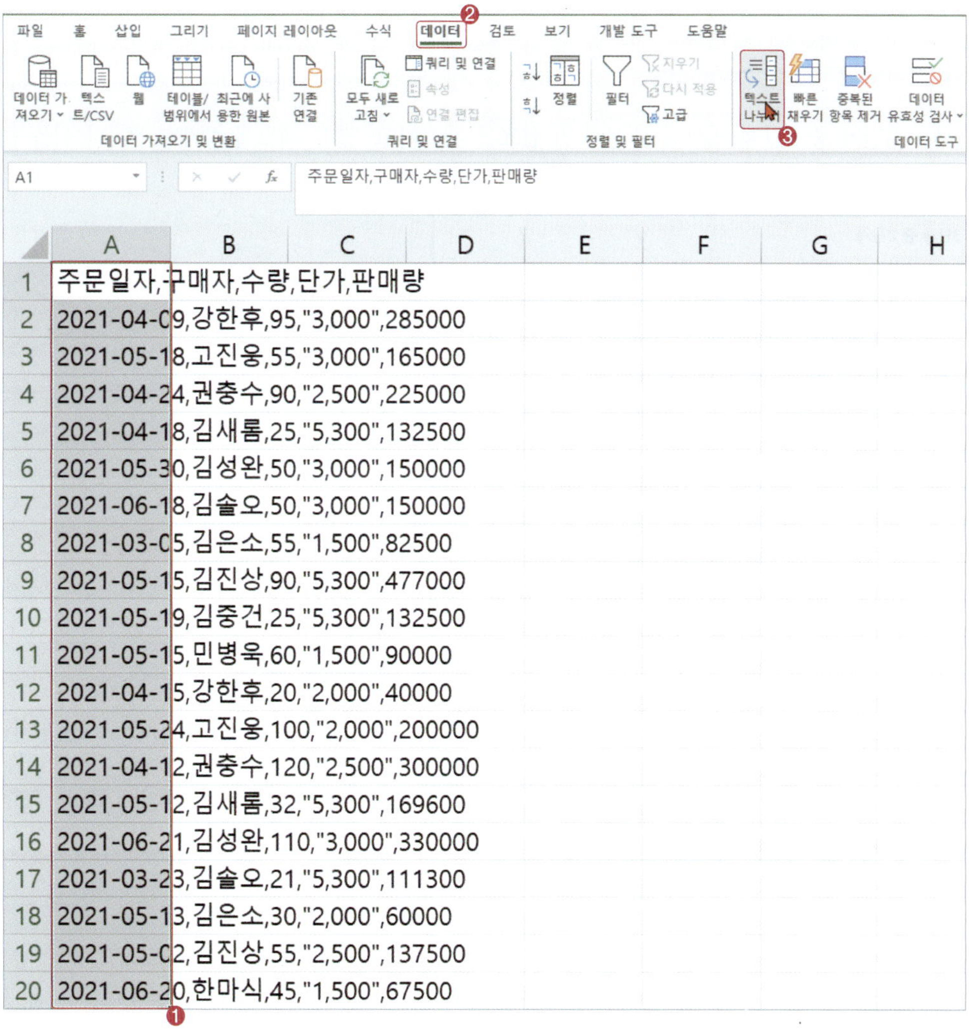

② [텍스트 마법사 – 3단계 중 1단계]에서 **구분 기호로 분리됨**을 선택하고 [다음]을 클릭한다.

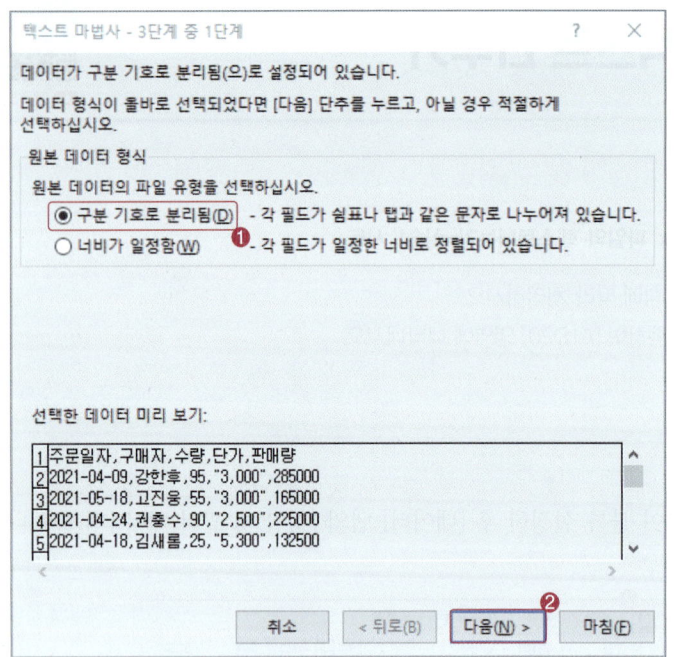

🔑 **기적의 TIP**

**원본 데이터 형식**
- 구분 기호로 분리됨 : 쉼표, 탭과 같은 문자로 나누어져 있음
- 너비가 일정함 : 일정한 너비로 정렬되어 있음

③ [텍스트 마법사 – 3단계 중 2단계]에서 구분 기호의 **쉼표**를 체크하고 '**탭**'은 체크를 해제한 후 [다음]을 클릭한다.

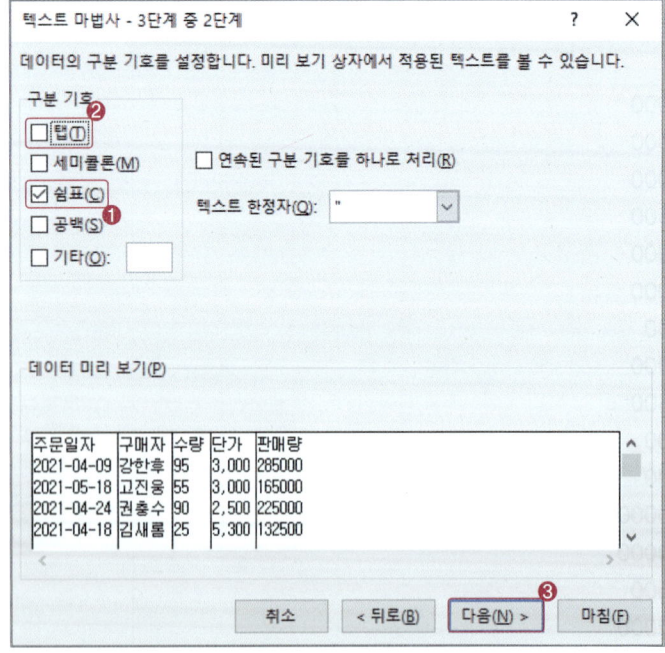

🔑 **기적의 TIP**

**구분 기호**
- 탭, 세미콜론, 쉼표, 빈칸에 해당 : 체크를 하고 불필요한 체크는 해제
- 기타 : 네 가지 구분 기호 외의 문자로 구분하는 경우 직접 입력

④ [텍스트 마법사 – 3단계 중 3단계]에서 **주문일자** 필드를 선택하고, 열 데이터 서식의 **열 가져오지 않음**을 선택한 후 [마침]을 클릭한다.

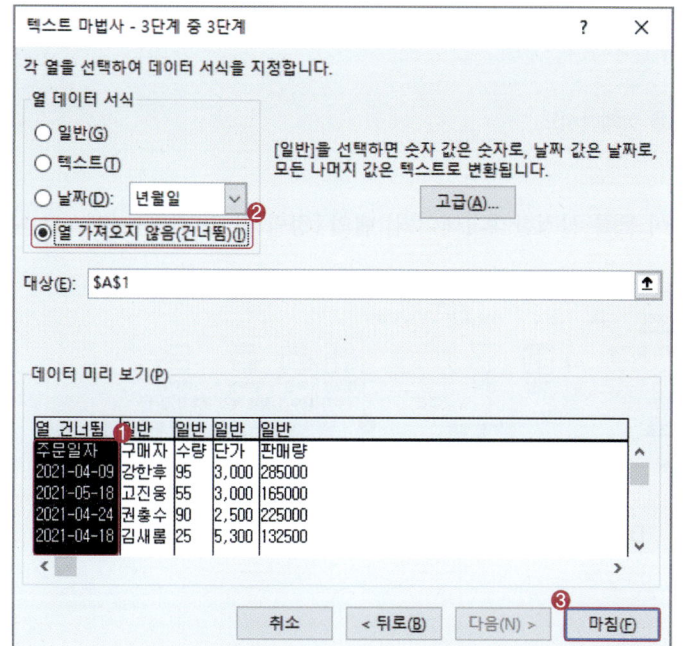

> 🔑 **기적의 TIP**
>
> 열 데이터 서식
> - 일반 : 기존 서식을 유지
> - 텍스트 : 서식을 텍스트로 변경
> - 날짜 : 서식을 날짜로 변경
> - 열 가져오지 않음(건너뜀) : 선택하면 선택된 필드는 결과값에 표시되지 않음
> - 대상 : 텍스트 나누기를 시작할 위치 지정

풀이결과

| | A | B | C | D |
|---|---|---|---|---|
| 1 | 구매자 | 수량 | 단가 | 판매량 |
| 2 | 강한후 | 95 | 3,000 | 285000 |
| 3 | 고진웅 | 55 | 3,000 | 165000 |
| 4 | 권충수 | 90 | 2,500 | 225000 |
| 5 | 김새롬 | 25 | 5,300 | 132500 |
| 6 | 김성완 | 50 | 3,000 | 150000 |
| 7 | 김술오 | 50 | 3,000 | 150000 |
| 8 | 김은소 | 55 | 1,500 | 82500 |
| 9 | 김진상 | 90 | 5,300 | 477000 |
| 10 | 김중건 | 25 | 5,300 | 132500 |
| 11 | 민병욱 | 60 | 1,500 | 90000 |
| 12 | 강한후 | 20 | 2,000 | 40000 |
| 13 | 고진웅 | 100 | 2,000 | 200000 |
| 14 | 권충수 | 120 | 2,500 | 300000 |
| 15 | 김새롬 | 32 | 5,300 | 169600 |
| 16 | 김성완 | 110 | 3,000 | 330000 |
| 17 | 김술오 | 21 | 5,300 | 111300 |
| 18 | 김은소 | 30 | 2,000 | 60000 |
| 19 | 김진상 | 55 | 2,500 | 137500 |
| 20 | 한마식 | 45 | 1,500 | 67500 |

## 시험유형 ❷ '07분석작업-텍스트나누기.xlsx' 파일의 '텍스트나누기-실습2' 시트

※ '텍스트나누기-실습2' 시트에서 다음의 지시사항에 따라 처리하시오.
▶ [A2:A16] 영역의 데이터를 텍스트 나누기를 실행하여 나타내시오.
▶ 대상은 [D2] 셀로 지정하시오.
▶ 그림을 보고 결과값과 동일하게 텍스트 나누기를 실행하시오.

① 텍스트를 나눌 범위[A2:A16]를 드래그하여 블록 설정한 후 [데이터] 탭의 [정렬 및 필터]에서 [텍스트 나누기]를 클릭한다.

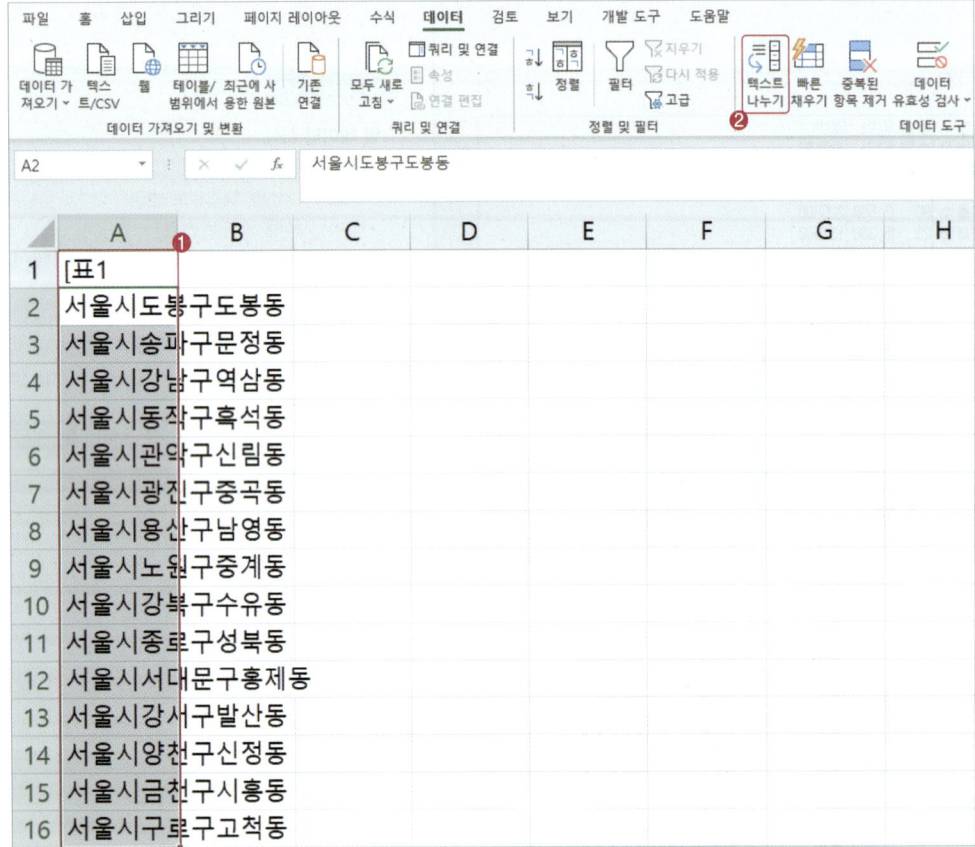

② [텍스트 마법사 −3단계 중 1단계]에서 원본 데이터 형식의 **너비가 일정함**을 선택한 후 [다음]을 클릭한다.

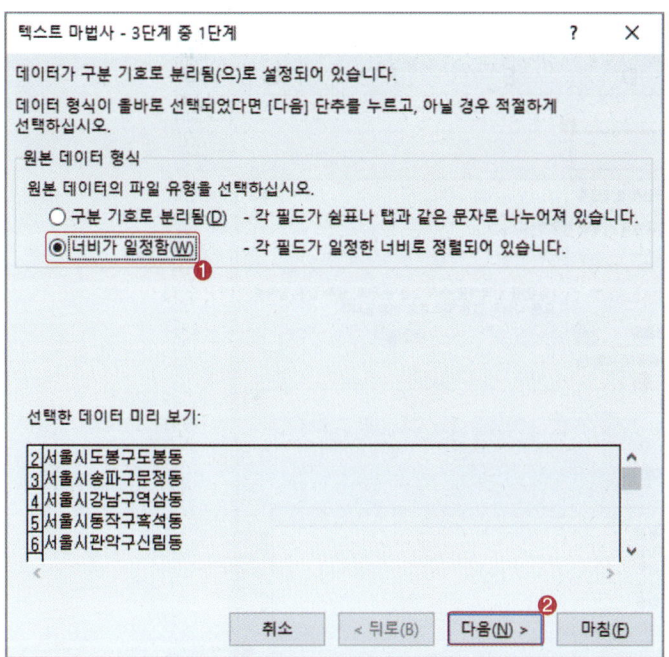

③ [텍스트 마법사 – 3단계 중 2단계]에서 '데이터 미리 보기' 구간에서 나누어져야 할 열 위치에서 마우스로 클릭한 후 구분선을 만든다.

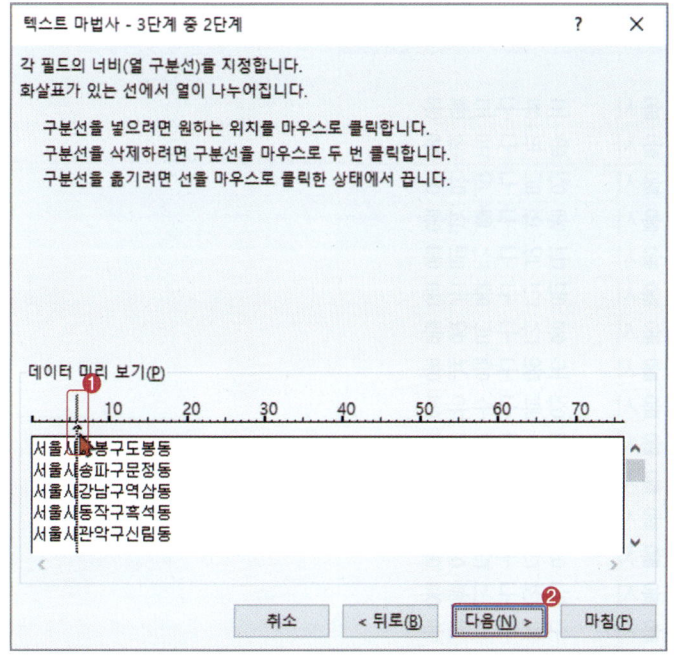

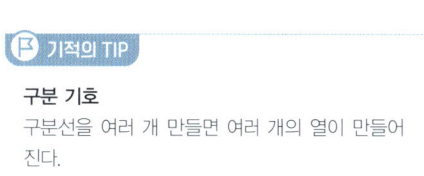

**구분 기호**
구분선을 여러 개 만들면 여러 개의 열이 만들어진다.

④ [텍스트 마법사 – 3단계 중 3단계]에서 대상에 커서를 놓고 [D2] 셀을 클릭한 결과값 =$D$2을 확인 후 [마침]을 클릭한다.

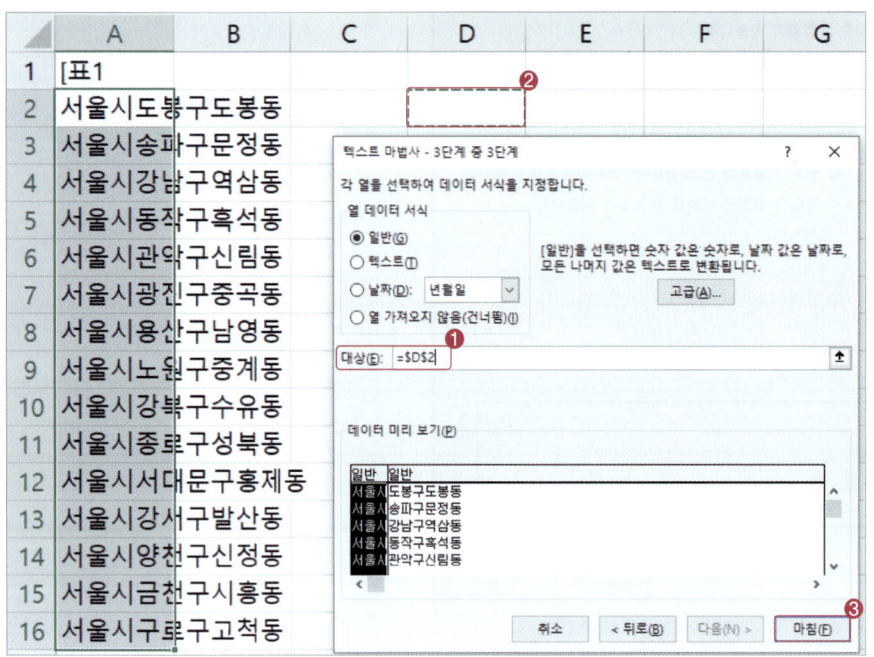

# 08 [분석작업] 중복된 항목 제거

반복학습 1 2 3

> **시험유형 ❶** '08분석작업-중복된항목제거.xlsx' 파일의 '중복된항목제거' 시트

※ '중복된항목제거' 시트에서 다음의 지시사항에 따라 처리하시오.
▶ 데이터 도구를 이용하여 [표1]에서 '성명', '생년월일' 열을 기준으로 중복된 값이 입력된 셀을 포함하는 행을 삭제하시오.

① 중복된 데이터를 제거할 데이터 범위[A3:H17]를 드래그하여 블록 설정한 후 [데이터] 탭의 [데이터 도구]에서 [중복된 항목 제거]를 클릭한다.

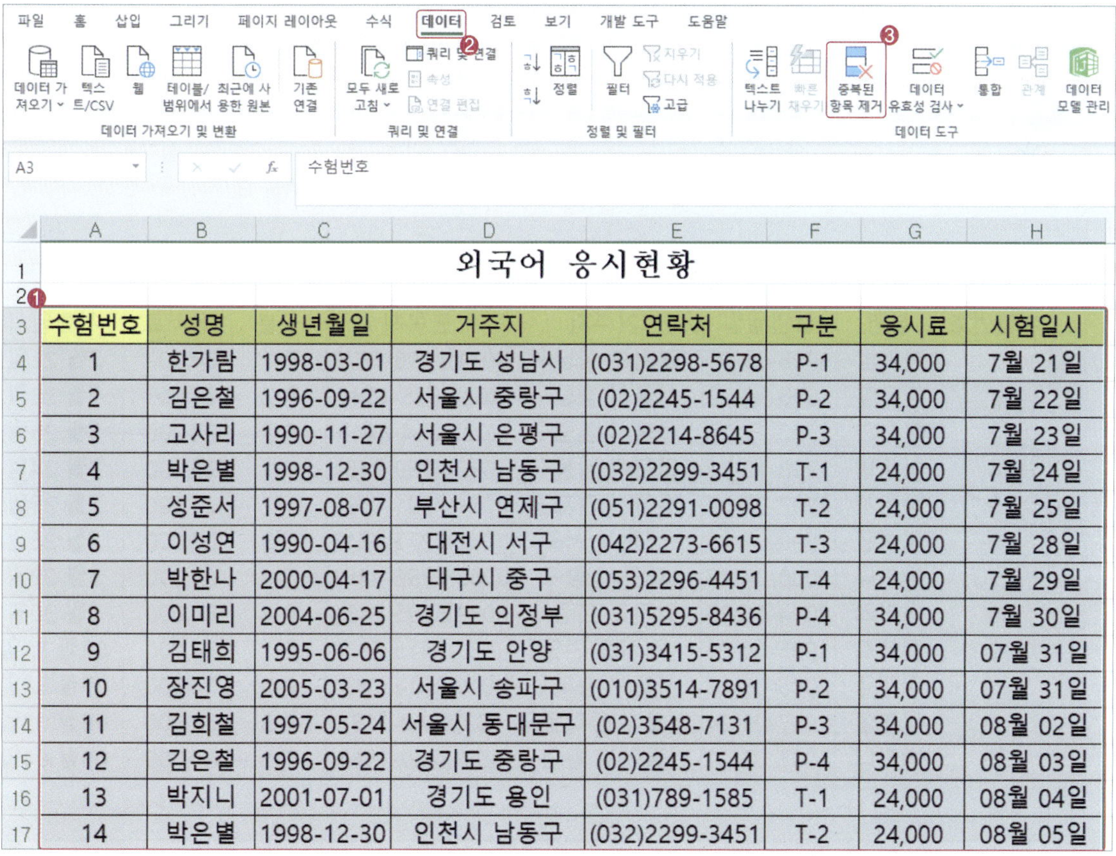

[분석작업] 중복된 항목 제거 115

② [중복 값 제거] 대화상자에서 [모두 선택 취소]를 눌러 선택을 해제하고, '성명', '생년월일' 항목만 체크한 후 [확인]을 클릭한다.

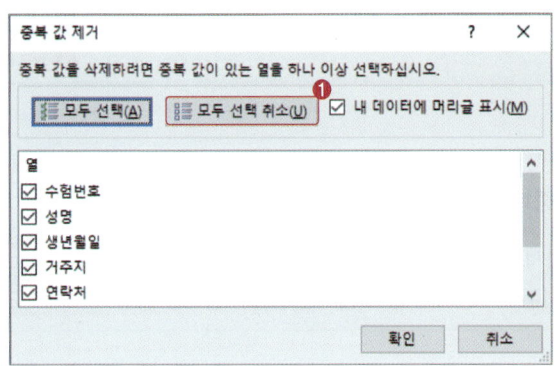 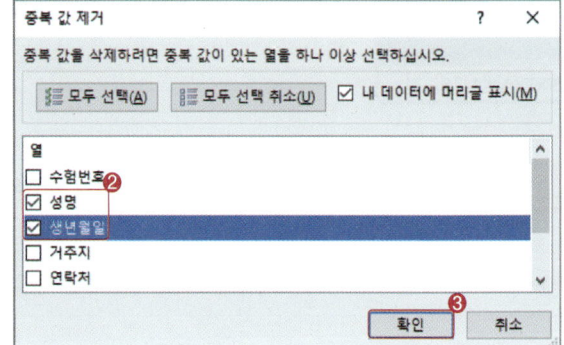

③ "2개의 중복된 값이 검색되어 제거했습니다. 12개의 고유한 값은 그대로 유지됩니다."라는 메시지가 뜨며 [확인]을 누르면 중복된 데이터가 제거된다. 이때 제거된 영역까지 블록으로 표시된다.

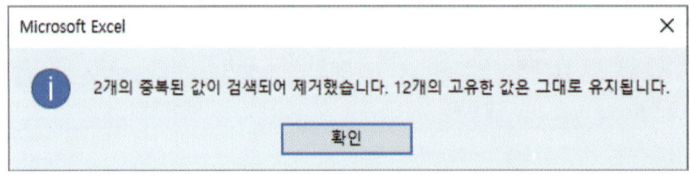

| | A | B | C | D | E | F | G | H |
|---|---|---|---|---|---|---|---|---|
| 1 | | | | 외국어 응시현황 | | | | |
| 2 | | | | | | | | |
| 3 | 수험번호 | 성명 | 생년월일 | 거주지 | 연락처 | 구분 | 응시료 | 시험일시 |
| 4 | 1 | 한가람 | 1998-03-01 | 경기도 성남시 | (031)2298-5678 | P-1 | 34,000 | 7월 21일 |
| 5 | 2 | 김은철 | 1996-09-22 | 서울시 중랑구 | (02)2245-1544 | P-2 | 34,000 | 7월 22일 |
| 6 | 3 | 고사리 | 1990-11-27 | 서울시 은평구 | (02)2214-8645 | P-3 | 34,000 | 7월 23일 |
| 7 | 4 | 박은별 | 1998-12-30 | 인천시 남동구 | (032)2299-3451 | T-1 | 24,000 | 7월 24일 |
| 8 | 5 | 성준서 | 1997-08-07 | 부산시 연제구 | (051)2291-0098 | T-2 | 24,000 | 7월 25일 |
| 9 | 6 | 이성연 | 1990-04-16 | 대전시 서구 | (042)2273-6615 | T-3 | 24,000 | 7월 28일 |
| 10 | 7 | 박한나 | 2000-04-17 | 대구시 중구 | (053)2296-4451 | T-4 | 24,000 | 7월 29일 |
| 11 | 8 | 이미리 | 2004-06-25 | 경기도 의정부 | (031)5295-8436 | P-4 | 34,000 | 7월 30일 |
| 12 | 9 | 김태희 | 1995-06-06 | 경기도 안양 | (031)3415-5312 | P-1 | 34,000 | 07월 31일 |
| 13 | 10 | 장진영 | 2005-03-23 | 서울시 송파구 | (010)3514-7891 | P-2 | 34,000 | 07월 31일 |
| 14 | 11 | 김희철 | 1997-05-24 | 서울시 동대문구 | (02)3548-7131 | P-3 | 34,000 | 08월 02일 |
| 15 | 13 | 박지니 | 2001-07-01 | 경기도 용인 | (031)789-1585 | T-1 | 24,000 | 08월 04일 |
| 16 | | | | | | | | |
| 17 | | | | | | | | |

## 외국어 응시현황

| 수험번호 | 성명 | 생년월일 | 거주지 | 연락처 | 구분 | 응시료 | 시험일시 |
|---|---|---|---|---|---|---|---|
| 1 | 한가람 | 1998-03-01 | 경기도 성남시 | (031)2298-5678 | P-1 | 34,000 | 7월 21일 |
| 2 | 김은철 | 1996-09-22 | 서울시 중랑구 | (02)2245-1544 | P-2 | 34,000 | 7월 22일 |
| 3 | 고사리 | 1990-11-27 | 서울시 은평구 | (02)2214-8645 | P-3 | 34,000 | 7월 23일 |
| 4 | 박은별 | 1998-12-30 | 인천시 남동구 | (032)2299-3451 | T-1 | 24,000 | 7월 24일 |
| 5 | 성준서 | 1997-08-07 | 부산시 연제구 | (051)2291-0098 | T-2 | 24,000 | 7월 25일 |
| 6 | 이성연 | 1990-04-16 | 대전시 서구 | (042)2273-6615 | T-3 | 24,000 | 7월 28일 |
| 7 | 박한나 | 2000-04-17 | 대구시 중구 | (053)2296-4451 | T-4 | 24,000 | 7월 29일 |
| 8 | 이미리 | 2004-06-25 | 경기도 의정부 | (031)5295-8436 | P-4 | 34,000 | 7월 30일 |
| 9 | 김태희 | 1995-06-06 | 경기도 안양 | (031)3415-5312 | P-1 | 34,000 | 07월 31일 |
| 10 | 장진영 | 2005-03-23 | 서울시 송파구 | (010)3514-7891 | P-2 | 34,000 | 07월 31일 |
| 11 | 김희철 | 1997-05-24 | 서울시 동대문구 | (02)3548-7131 | P-3 | 34,000 | 08월 02일 |
| 13 | 박지니 | 2001-07-01 | 경기도 용인 | (031)789-1585 | T-1 | 24,000 | 08월 04일 |

# 09 [분석작업] 데이터 정렬

반복학습 1 2 3

> 시험유형 ❶  '09분석작업-데이터정렬.xlsx' 파일의 '데이터정렬-실습1' 시트

※ '데이터정렬-실습1' 시트에서 다음의 지시사항에 따라 처리하시오.

▶ [정렬] 기능을 이용하여 [A3:F16]의 '포지션'을 '공격수-수비수-미드필더-골기퍼' 순으로 정렬하고, '포지션'이 동일하면 '가입년도'를 셀 색[160,220,245]를 아래에 표시한 후 '가입년도'의 색이 같은 색이면 '나이'의 아이콘에서 초록원을 위로 표시하시오.

① [A3:F16] 영역을 드래그하여 블록 설정한 후, [데이터] 탭의 [정렬 및 필터]에서 [정렬]을 클릭한다.

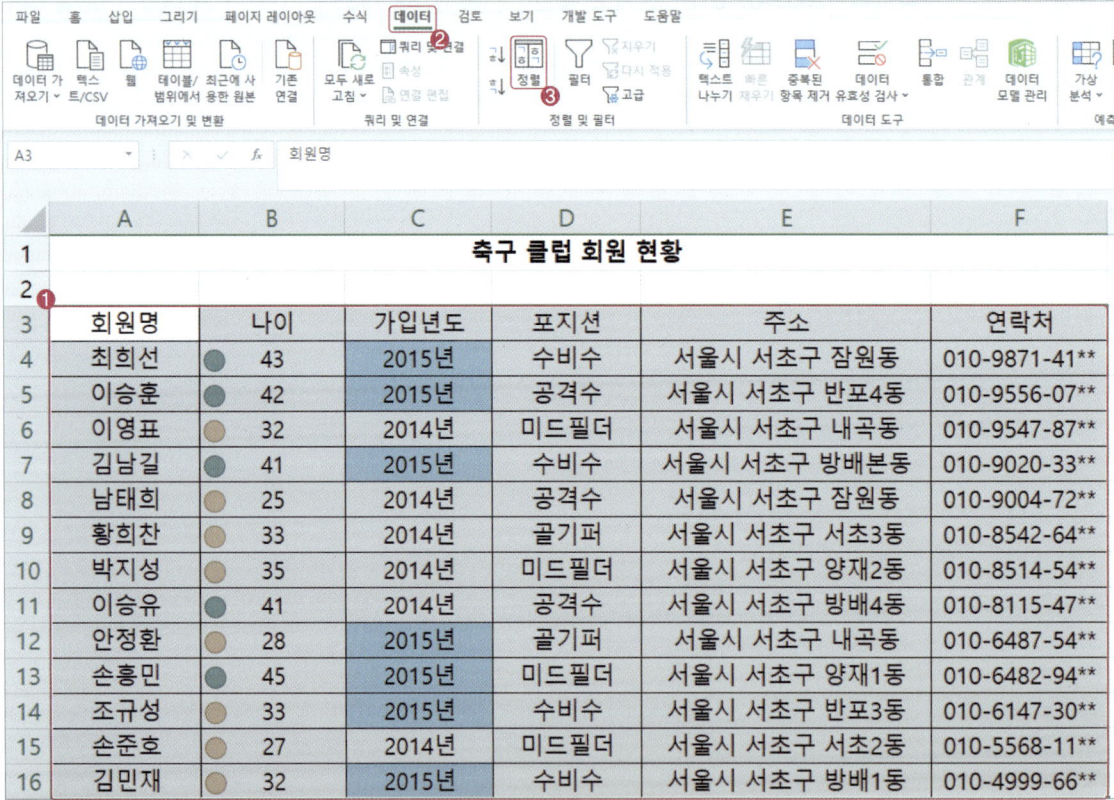

> 기적의 TIP

**영역 지정**
- 표 안에 커서를 두고 Ctrl + A 를 누른다.
- 마우스로 표 전체를 드래그한다.
- 첫 셀 클릭 → Ctrl + Shift + → → Ctrl + Shift + ↓ 순으로 조작한다.
- 표 안에 커서를 두고 데이터 정렬을 한다.

② [정렬]에서 '정렬 기준' 목록에서 **'포지션', '셀 값', '사용자 지정 목록'**을 선택한다.

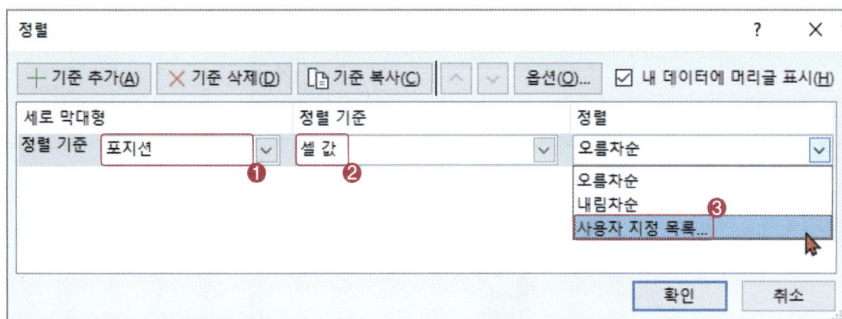

③ [사용자 지정 목록] 대화상자의 '목록 항목'에 **공격수**Enter, **수비수**Enter, **미드필더**Enter, **골기퍼** 순으로 입력한 후 [추가]를 클릭하면 왼쪽 사용자 지정 목록의 제일 아래쪽에 추가된다. 추가된 항목을 선택한 후 [확인]을 클릭하면 정렬 첫 번째 항복에 표시된다.

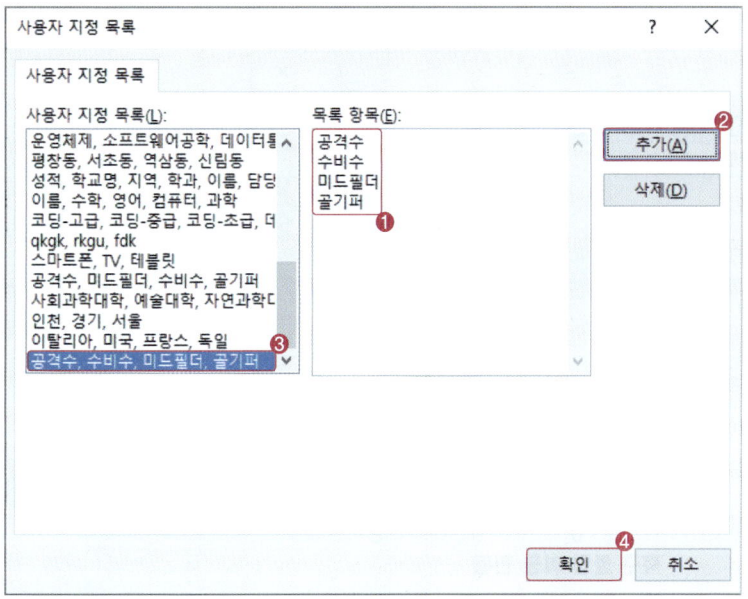

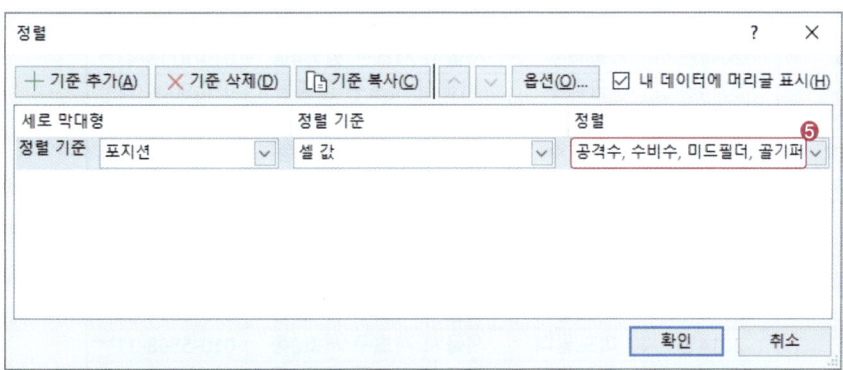

④ 두 번째 기준으로 정렬하기 위해 [기준 추가]를 클릭한 후 **가입년도, 셀 색, 색 항목, 아래쪽에 표시**를 선택한다.

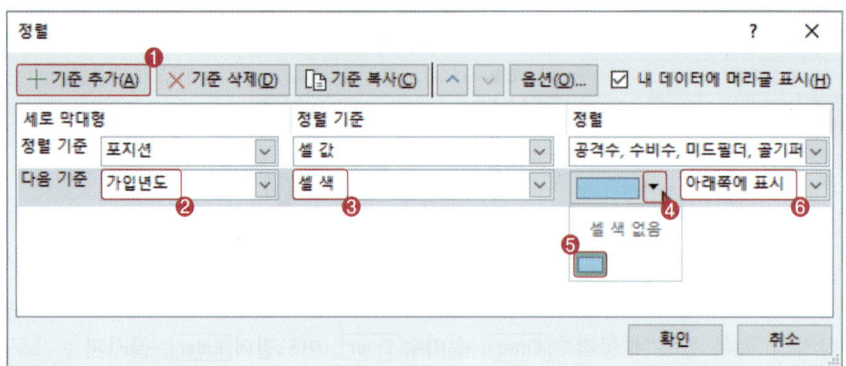

⑤ 세 번째 기준을 설정하기 위해 [기준 추가]를 클릭한 후 **나이, 조건부서식 아이콘, 초록색 원, 위에 표시**를 설정한 후 [확인]을 클릭하면 기준별로 정렬된다.

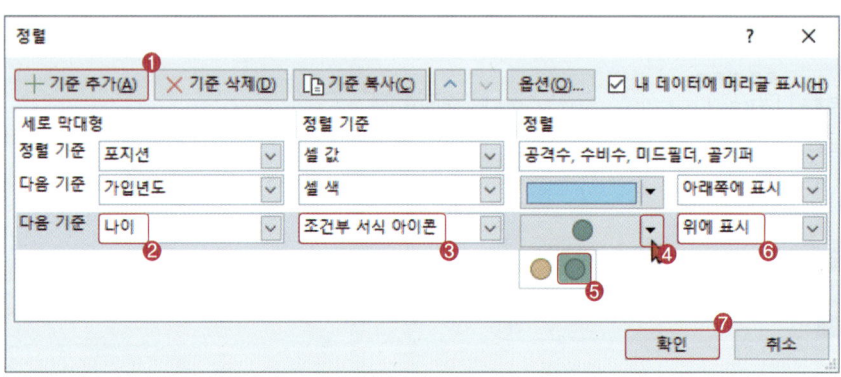

풀이결과

| | A | B | C | D | E | F |
|---|---|---|---|---|---|---|
| 1 | | | 축구 클럽 회원 현황 | | | |
| 2 | | | | | | |
| 3 | 회원명 | 나이 | 가입년도 | 포지션 | 주소 | 연락처 |
| 4 | 이승유 | ● 41 | 2014년 | 공격수 | 서울시 서초구 방배4동 | 010-8115-47** |
| 5 | 남태희 | ● 25 | 2014년 | 공격수 | 서울시 서초구 잠원동 | 010-9004-72** |
| 6 | 이승훈 | ● 42 | 2015년 | 공격수 | 서울시 서초구 반포4동 | 010-9556-07** |
| 7 | 최희선 | ● 43 | 2015년 | 수비수 | 서울시 서초구 잠원동 | 010-9871-41** |
| 8 | 김남길 | ● 41 | 2015년 | 수비수 | 서울시 서초구 방배본동 | 010-9020-33** |
| 9 | 조규성 | ● 33 | 2015년 | 수비수 | 서울시 서초구 반포3동 | 010-6147-30** |
| 10 | 김민재 | ● 32 | 2015년 | 수비수 | 서울시 서초구 방배1동 | 010-4999-66** |
| 11 | 이영표 | ● 32 | 2014년 | 미드필더 | 서울시 서초구 내곡동 | 010-9547-87** |
| 12 | 박지성 | ● 35 | 2014년 | 미드필더 | 서울시 서초구 양재2동 | 010-8514-54** |
| 13 | 손준호 | ● 27 | 2014년 | 미드필더 | 서울시 서초구 서초2동 | 010-5568-11** |
| 14 | 손흥민 | ● 45 | 2015년 | 미드필더 | 서울시 서초구 양재1동 | 010-6482-94** |
| 15 | 황희찬 | ● 33 | 2014년 | 골기퍼 | 서울시 서초구 서초3동 | 010-8542-64** |
| 16 | 안정환 | ● 28 | 2015년 | 골기퍼 | 서울시 서초구 내곡동 | 010-6487-54** |

> **기적의 TIP**
>
> 데이터 정렬
> - 정렬 옵션
>   - 대/소문자 구분 : 정렬 시 대문자와 소문자에 따라서 우선순위가 부여
>   - 방향 : 데이터 정렬은 위쪽에서 아래쪽, 필드이름 정렬은 왼쪽에서 오른쪽
> - 내 데이터에 머리글 표시
>   - 체크 시 : 정렬 기준에 필드이름이 표시
>   - 체크 해제 시 : 열 A, 열 B 등으로 표시

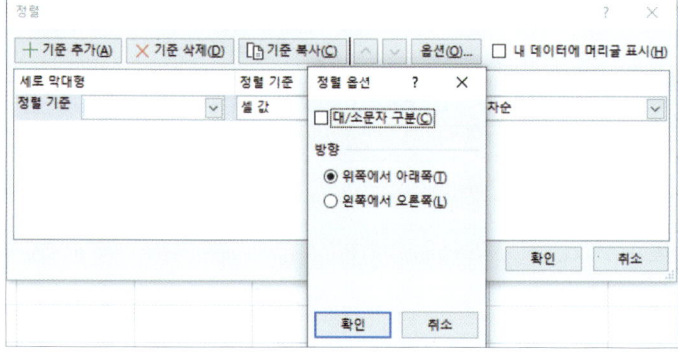

---

**시험유형 ②**   '09분석작업-데이터정렬.xlsx' 파일의 '데이터정렬-실습2' 시트

※ '데이터정렬-실습2' 시트에서 다음의 지시사항에 따라 처리하시오.
▶ [정렬] 기능을 이용하여 [A3:F13]의 B열, C열, D열, E열의 필드명을 '성적-학교명-지역-학과' 순으로 정렬하고, '이름' 기준으로 내림차순 정렬하시오.

---

① [B3:E13] 영역을 드래그하여 블록 설정한 후, [데이터] 탭의 [정렬 및 필터]에서 [정렬]을 클릭한다. [정렬] 대화상자에서 필드 목록을 정렬하기 위해 [옵션]을 클릭한다. [정렬 옵션] 대화상자의 방향을 **왼쪽에서 오른쪽**을 선택한 후 [확인]을 클릭한다.

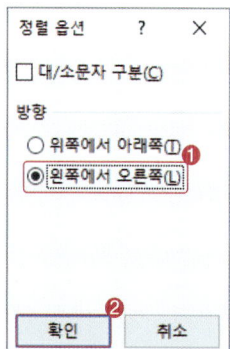

② [정렬] 대화상자에서 정렬 기준 목록에서 **행3, 셀 값, 사용자 지정 목록**을 선택한다.

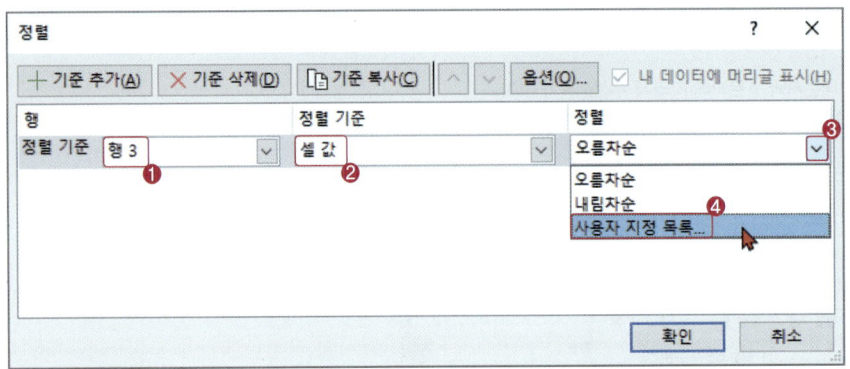

> 🅑 기적의 TIP
>
> 행 3을 선택하는 이유
> 정렬할 학교명, 학과, 성적, 지역 등이 위치한 행 번호가 3행이다.

③ [사용자 지정 목록] 대화상자의 '목록 항목'에 **성적** Enter **학교명** Enter **지역** Enter **학과** 순으로 입력한 후 [추가]를 클릭하고 추가된 항목을 선택한 후 [확인]을 클릭한다. 정렬 기준 설정이 끝났으므로 다시 [확인]을 클릭한다. 블록 설정한 B열:E열의 제목 필드의 순서가 '성적-학교명-지역-학과'의 순으로 변경된다.

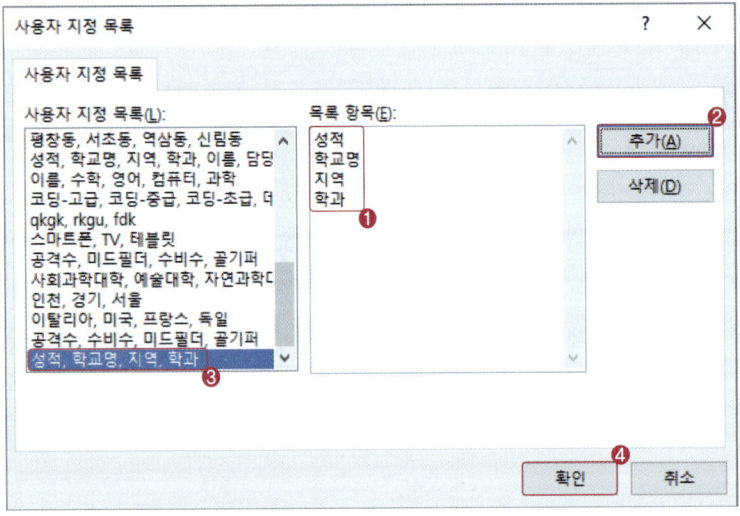

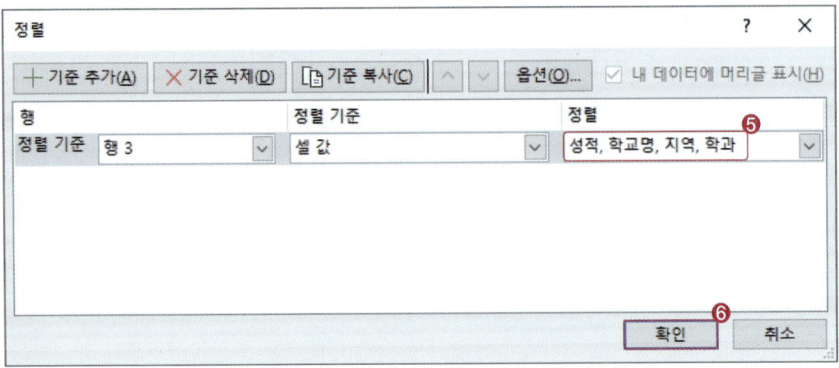

④ '이름' 필드 기준으로 내림차순 정렬하기 위해 표 전체[A3:F13]를 드래그하여 블록 설정한 후, [데이터] 탭의 [정렬 및 필터]에서 [정렬]을 클릭한 후 [옵션]을 클릭한다. [정렬 옵션] 대화상자에서 **위쪽에서 아래쪽**을 선택한 후 [확인]을 클릭한 다음 [정렬] 대화상자에서 '정렬 기준'을 **이름, 셀 값, 내림차순**을 선택하고, '내 데이터에 머리글 표시'를 체크한 후 [확인]을 클릭한다.

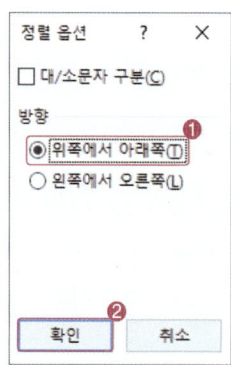
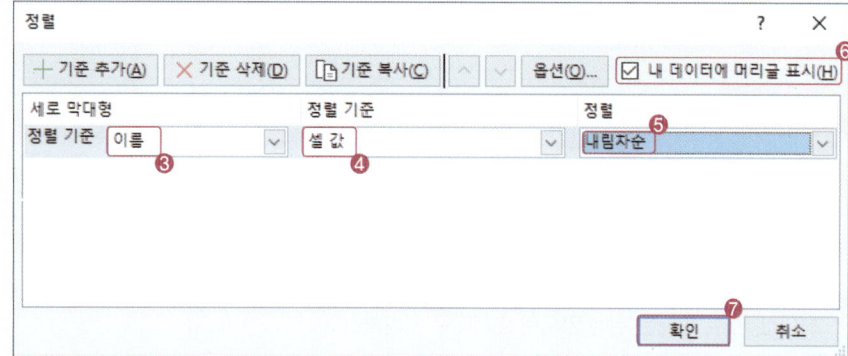

| | A | B | C | D | E | F |
|---|---|---|---|---|---|---|
| 1 | [A학원 성적표] | | | | | |
| 2 | | | | | | |
| 3 | 이름 | 성적 | 학교명 | 지역 | 학과 | 담당선생님 |
| 4 | 홍상현 | A | 서울대 | 서울 | 정보통신과 | 이찬혁 |
| 5 | 허아라 | B | 성균관대 | 경기도 | 나노공학과 | 박재정 |
| 6 | 최철민 | D | 한국대 | 부산 | 전기과 | 아이유 |
| 7 | 전찬희 | A | 명지대 | 경기도 | 토목과 | 헤이즈 |
| 8 | 이희경 | A | 연세대 | 강원도 | 건축과 | 로이킴 |
| 9 | 서상혁 | A | 중앙대 | 울산 | 디지털콘텐츠학 | 잔나비 |
| 10 | 박혜리 | D | 국민대 | 서울 | 금속공학과 | 존박 |
| 11 | 문성진 | B | 고려대 | 대구 | 정형외과 | 이영지 |
| 12 | 김진석 | B | 홍익대 | 대전 | 자동차과 | 권지용 |
| 13 | 김선주 | C | 경희대 | 경기도 | 게임콘텐츠과 | 황가람 |

# 10 [분석작업] 부분합

반복학습 1 2 3

### 시험유형 ❶ '10분석작업-부분합.xlsx' 파일의 '부분합' 시트

※ '부분합' 시트에서 다음의 지시사항에 따라 처리하시오.

▶ [부분합] 기능을 이용하여 '고용형태'별 경비성과' 표에서 '고용형태'별 '달성률'의 최대값을 계산한 후 '지역팀'별 '목표'의 개수를 계산하고 '목표'의 평균을 계산하시오.
　- 고용형태를 기준으로 오름차순으로 정렬하고, 고용형태가 동일한 경우 지역팀을 기준으로 오름차순 정렬하시오.
　- 최대값, 개수, 평균은 위에 명시된 순서대로 처리하시오.

① [부분합]을 하기 전에 정렬을 하기 위해 [A2:I12] 영역을 드래그하여 블록 설정한 후 [데이터] 탭의 [정렬 및 필터]에서 [정렬]을 클릭한다.

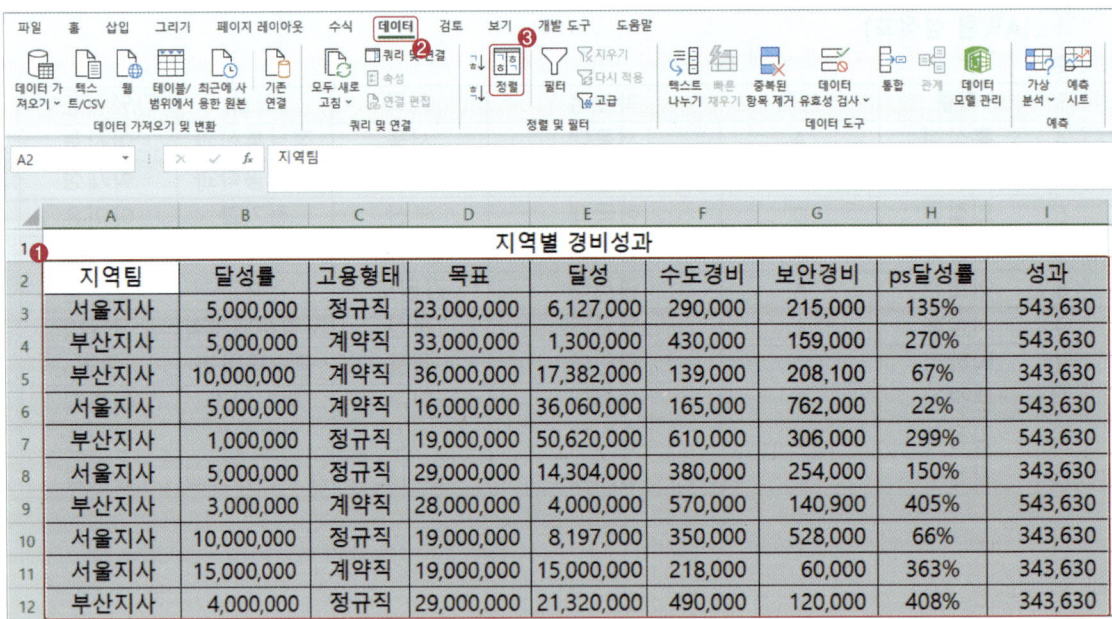

② [정렬] 대화상자에서 첫 번째 '정렬 기준'은 **고용형태, 셀 값, 오름차순**으로 하고 두 번째 '다음 기준'은 **지역팀, 셀 값, 오름차순**으로 설정한 후 [확인]을 클릭한다.

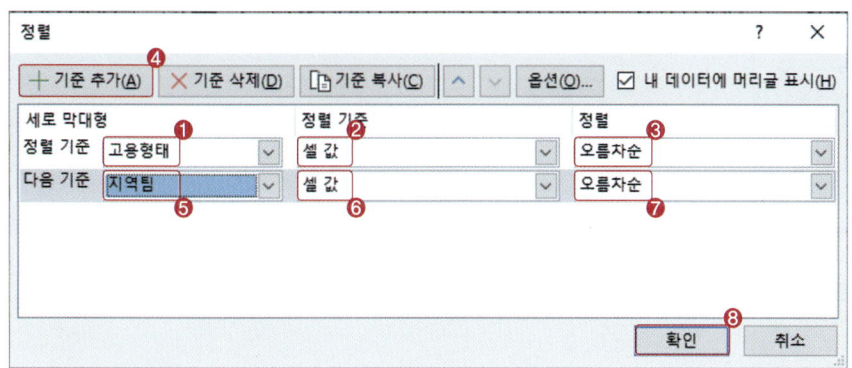

③ 이미 설정된 블록은 해제하지 않은 상태에서 [데이터] 탭의 [개요]에서 [부분합]을 클릭한다.

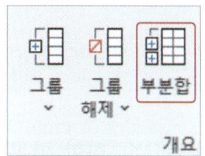

④ '고용형태'별 '달성률'의 최대값을 구하기 위해 [부분합] 대화상자에서 '그룹화할 항목'은 **고용형태**, '사용할 함수'는 **최대**, '부분합 계산 항목'은 **달성률**을 선택한 후 [확인]을 클릭한다.

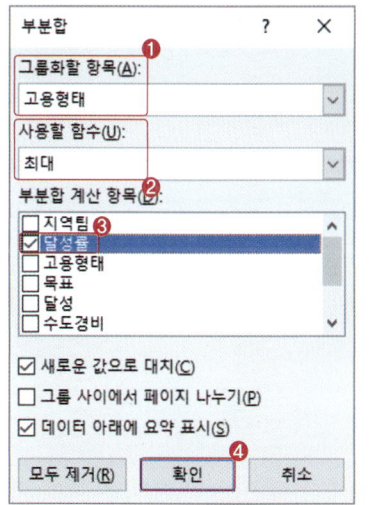

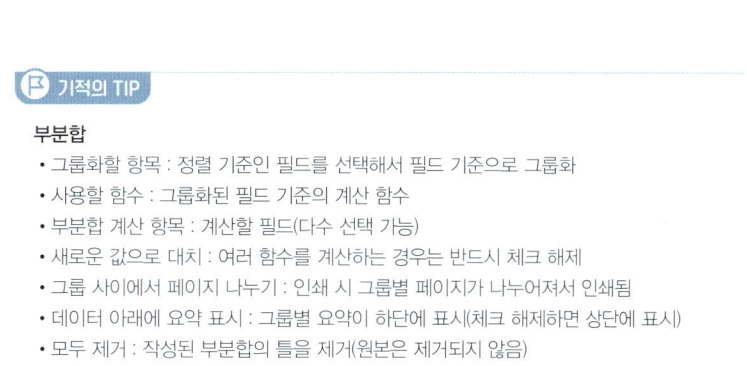

🅕 기적의 TIP

**부분합**
• 그룹화할 항목 : 정렬 기준인 필드를 선택해서 필드 기준으로 그룹화
• 사용할 함수 : 그룹화된 필드 기준의 계산 함수
• 부분합 계산 항목 : 계산할 필드(다수 선택 가능)
• 새로운 값으로 대치 : 여러 함수를 계산하는 경우는 반드시 체크 해제
• 그룹 사이에서 페이지 나누기 : 인쇄 시 그룹별 페이지가 나누어져서 인쇄됨
• 데이터 아래에 요약 표시 : 그룹별 요약이 하단에 표시(체크 해제하면 상단에 표시)
• 모두 제거 : 작성된 부분합의 틀을 제거(원본은 제거되지 않음)

⑤ 부분합이 설정된 상태에서(블록을 해제하지 않음) 다시 [데이터] 탭의 [개요]에서 [부분합]을 클릭한다. '지역팀'별 '목표'의 개수를 구하기 위해 [부분합] 대화상자에서 '그룹화할 항목'은 **지역팀**, '사용할 함수'는 **개수**, '부분합 계산 항목'은 **목표**를 선택하고, '새로운 값으로 대치'를 체크 해제한 후 [확인]을 클릭한다.

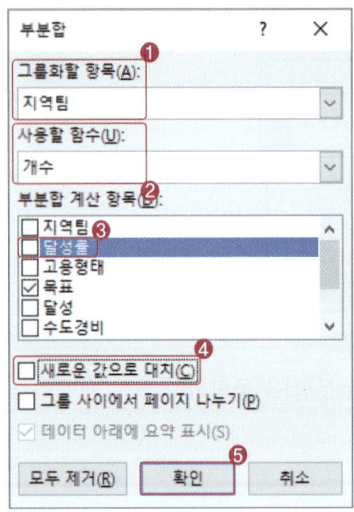

⑥ 다시 [부분합]을 클릭한 후, '지역팀'별 '목표'의 평균을 구하기 위해 [부분합] 대화상자에서 '그룹화할 항목'은 **지역팀**, '사용할 함수'는 **평균**, '부분합 계산 항목'은 **목표**를 선택하고, '새로운 값으로 대치'를 체크 해제한 후 [확인]을 클릭한다.

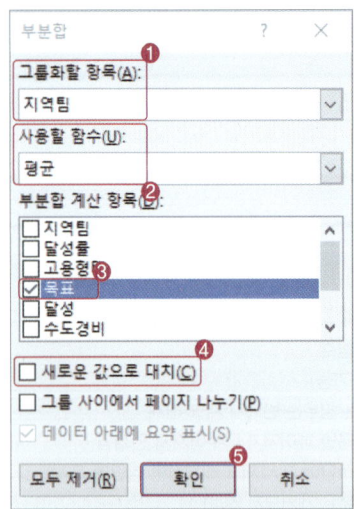

⑦ A열과 C열의 너비를 적당히 늘린다.

> 🅱 기적의 TIP
>
> **부분합**
> - 부분합을 작성하면 왼쪽에 개요보기가 생성된다.
> - 함수별로 그룹화가 되고 확장축소 버튼으로 결과값을 확장/축소할 수 있다.
> - 결과 그림은 1,2,3,4,5 단위까지 나타나있고 가장 큰 번호는 모든 데이터를 확장하고 가장 작은 번호는 모든 데이터를 축소한다.
> - 개요보기를 제거하려면 [데이터] 탭 – [개요]의 [그룹 해제]에서 [개요 지우기]를 클릭한다.

| | A | B | C | D | E | F | G | H | I |
|---|---|---|---|---|---|---|---|---|---|
| 1 | | | | 지역별 경비성과 | | | | | |
| 2 | 지역팀 | 달성률 | 고용형태 | 목표 | 달성 | 수도경비 | 보안경비 | ps달성률 | 성과 |
| 3 | 부산지사 | 5,000,000 | 계약직 | 33,000,000 | 1,300,000 | 430,000 | 159,000 | 270% | 543,630 |
| 4 | 부산지사 | 10,000,000 | 계약직 | 36,000,000 | 17,382,000 | 139,000 | 208,100 | 67% | 343,630 |
| 5 | 부산지사 | 3,000,000 | 계약직 | 28,000,000 | 4,000,000 | 570,000 | 140,900 | 405% | 543,630 |
| 6 | 부산지사 평균 | | | 32,333,333 | | | | | |
| 7 | 부산지사 개수 | | | 3 | | | | | |
| 8 | 서울지사 | 5,000,000 | 계약직 | 16,000,000 | 36,060,000 | 165,000 | 762,000 | 22% | 543,630 |
| 9 | 서울지사 | 15,000,000 | 계약직 | 19,000,000 | 15,000,000 | 218,000 | 60,000 | 363% | 343,630 |
| 10 | 서울지사 평균 | | | 17,500,000 | | | | | |
| 11 | 서울지사 개수 | | | 2 | | | | | |
| 12 | | 15,000,000 | 계약직 최대 | | | | | | |
| 13 | 부산지사 | 1,000,000 | 정규직 | 19,000,000 | 50,620,000 | 610,000 | 306,000 | 299% | 543,630 |
| 14 | 부산지사 | 4,000,000 | 정규직 | 29,000,000 | 21,320,000 | 490,000 | 120,000 | 408% | 343,630 |
| 15 | 부산지사 평균 | | | 24,000,000 | | | | | |
| 16 | 부산지사 개수 | | | 2 | | | | | |
| 17 | 서울지사 | 5,000,000 | 정규직 | 23,000,000 | 6,127,000 | 290,000 | 215,000 | 135% | 543,630 |
| 18 | 서울지사 | 5,000,000 | 정규직 | 29,000,000 | 14,304,000 | 380,000 | 254,000 | 150% | 343,630 |
| 19 | 서울지사 | 10,000,000 | 정규직 | 19,000,000 | 8,197,000 | 350,000 | 528,000 | 66% | 343,630 |
| 20 | 서울지사 평균 | | | 23,666,667 | | | | | |
| 21 | 서울지사 개수 | | | 3 | | | | | |
| 22 | | 10,000,000 | 정규직 최대 | | | | | | |
| 23 | 전체 평균 | | | 25,100,000 | | | | | |
| 24 | 전체 개수 | | | 10 | | | | | |
| 25 | | 15,000,000 | 전체 최대값 | | | | | | |

# 11 [분석작업] 목표값 찾기

반복학습 1 2 3

### 시험유형 ❶ '11분석작업-목표값찾기.xlsx' 파일의 '목표값찾기' 시트

※ '목표값찾기' 시트에서 다음의 지시사항에 따라 처리하시오.
▶ [목표값찾기] 기능을 이용하여 학점[C11]이 4가 되려면 기말[C9] 점수가 얼마가 되어야 하는지 계산하시오.

① [C11] 셀에 커서를 두고 [데이터] 탭 – [예측]의 [가상 분석]에서 [목표값 찾기]를 클릭한다.

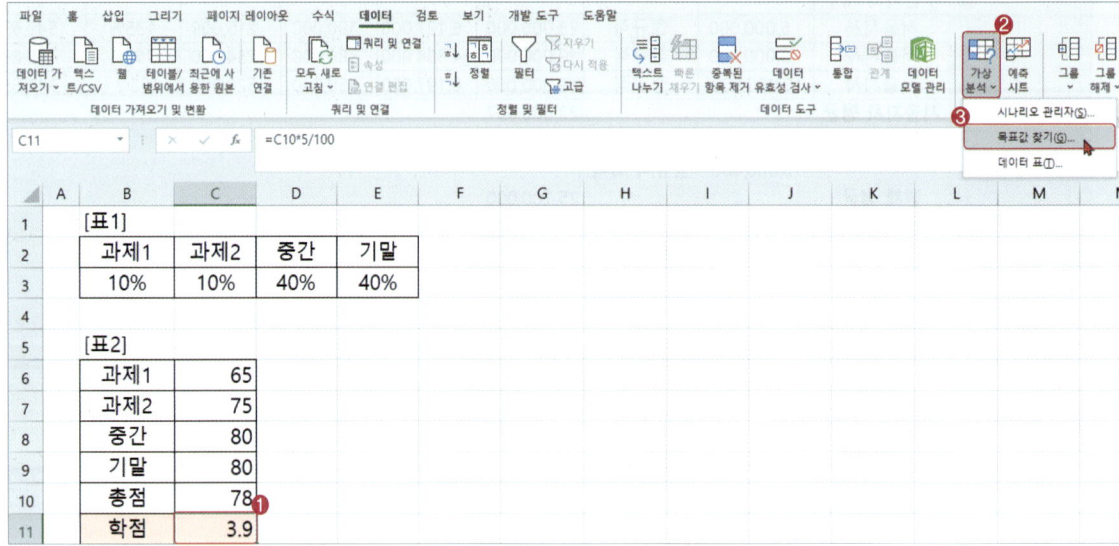

② [목표값 찾기] 대화 상자에서 '수식 셀'은 [C11] 셀을 선택하고, '찾는 값'에 4를 직접 입력한 다음, '값을 바꿀 셀'은 [$C$9] 셀을 선택한 후 [확인]을 클릭한다.

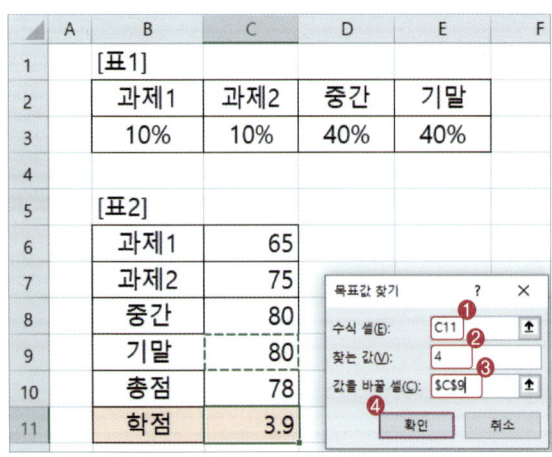

> **기적의 TIP**
>
> **목표값 찾기**
> • 수식 셀 : 수식이 입력되어 있는 셀(셀 선택)
> • 찾는 값 : 수식이 입력되어 있는 셀이 변경되어야 할 값(직접 입력)
> • 값을 바꿀 셀 : 찾는 값이 되기 위해 변경될 셀(수식에 포함)

③ [목표값 찾기 상태]를 보고 '목표값'과 '현재값'이 맞게 되었는지 확인한 후 [확인]을 클릭하면 [C11] 셀의 값이 4로 변경된다.

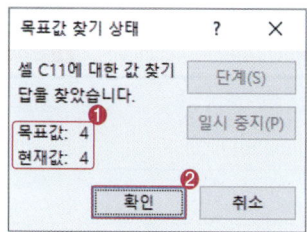

풀이결과

| | A | B | C |
|---|---|---|---|
| 5 | | [표2] | |
| 6 | | 과제1 | 65 |
| 7 | | 과제2 | 75 |
| 8 | | 중간 | 80 |
| 9 | | 기말 | 85 |
| 10 | | 총점 | 80 |
| 11 | | 학점 | 4 |

# 12 [분석작업] 데이터 표

반복학습 1 2 3

### 시험유형 ❶ '12분석작업-데이터표.xlsx' 파일의 '데이터표-실습1' 시트

※ '데이터표-실습1' 시트에서 다음의 지시사항에 따라 처리하시오.

▶ [표1]의 'PV'는 '연이율', '기간', '할부금'을 이용하여 계산한 것이다. [데이터 표] 기능을 이용하여 [표2]의 [G4:J7] 영역에 '연이율'과 '기간'에 따른 'PV'를 계산하시오.

① '데이터 표' 기능을 사용하기 전에 [표2]의 [F3] 셀에 수식을 직접 입력하거나 복사하기 위해 [F3] 셀을 클릭한 후 =C6을 입력하고 Enter를 눌러 [C6] 셀에 입력된 수식을 연결한다. 수식 결과값이 표시된다.

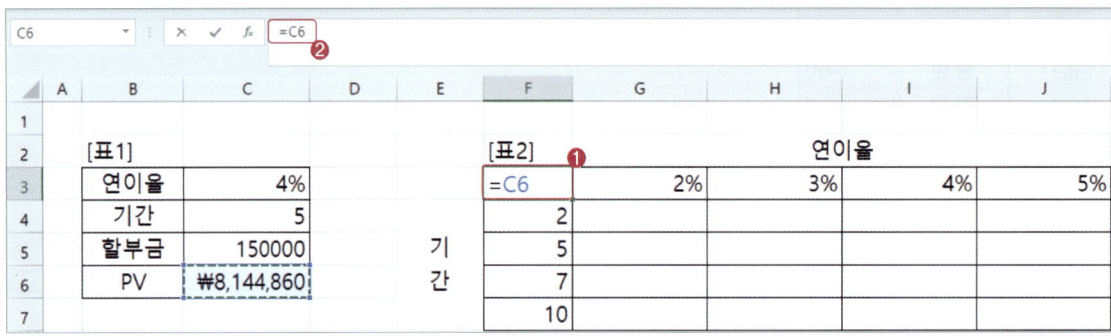

② 수식과 변경될 값 영역이 포함된 [F3:J7]을 영역 설정한 후 [데이터] 탭 – [예측]의 [가상 분석]에서 [데이터 표]를 클릭한다.

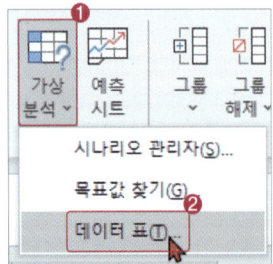

③ [데이터 테이블] 대화상자의 '행 입력 셀'(가로 변경 셀)에는 **연이율 [C3] 셀**을, '열 입력 셀'(세로 변경 셀)은 **기간[C4] 셀**을 클릭하여 지정한 후 [확인]을 클릭한다.

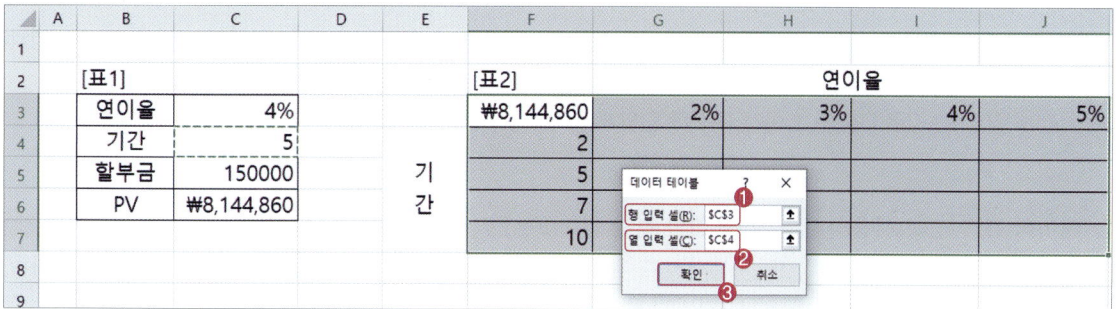

> **기적의 TIP**
>
> **데이터 표**
> - 행 입력 셀
>   - 결과값이 표시될 표의 행 방향(가로 방향)의 원본 데이터가 있는 셀이다.
>   - 참조범위가 열 방향에만 입력된 경우 행 입력 셀은 비워 둔다.
> - 열 입력 셀
>   - 결과값이 표시될 표의 열 방향(세로 방향)의 원본 데이터가 있는 셀이다.
>   - 참조범위가 행 방향에만 입력된 경우 열 입력 셀은 비워 둔다.

**풀이결과**

| | A | B | C | D | E | F | G | H | I | J |
|---|---|---|---|---|---|---|---|---|---|---|
| 1 | | | | | | | | | | |
| 2 | | [표1] | | | | [표2] | | 연이율 | | |
| 3 | | 연이율 | 4% | | | ₩8,144,860 | 2% | 3% | 4% | 5% |
| 4 | | 기간 | 5 | | | 2 | 3,526,071 | 3,489,897 | 3,454,238 | 3,419,085 |
| 5 | | 할부금 | 150000 | | 기 | 5 | 8,557,853 | 8,347,854 | 8,144,860 | 7,948,606 |
| 6 | | PV | ₩8,144,860 | | 간 | 7 | 11,748,640 | 11,352,198 | 10,973,892 | 10,612,775 |
| 7 | | | | | | 10 | 16,301,964 | 15,534,263 | 14,815,526 | 14,142,203 |

**시험유형 ❷** '분석작업–데이터표.xlsx' 파일의 '데이터표–실습2' 시트

※ '데이터표–실습2' 시트에서 다음의 지시사항에 따라 처리하시오.
▶ [표1]의 'PV'는 '연이율', '기간', '할부금'을 이용하여 계산한 것이다. [데이터 표] 기능을 이용하여 [표2]의 [G4:G7] 영역에 '연이율'과 '기간'에 따른 'PV'를 계산하시오.
▶ 기간에 들어가는 값은 1, 5, 10, 15이다. [표2]에 알맞게 입력한 후 PV를 계산하시오.

① '데이터 표' 기능을 사용하기 전에 [표2]의 기간 범위[F4:F7]에 차례대로 **1, 5, 10, 15**를 미리 입력한다.
[G3] 셀에 수식을 직접 입력 또는 복사하기 위해 [G3] 셀을 클릭한 후 **=C6**을 입력하고 Enter 를 눌러 [C6] 셀에 입력된 수식을 연결한다. 수식 결과값이 표시된다.

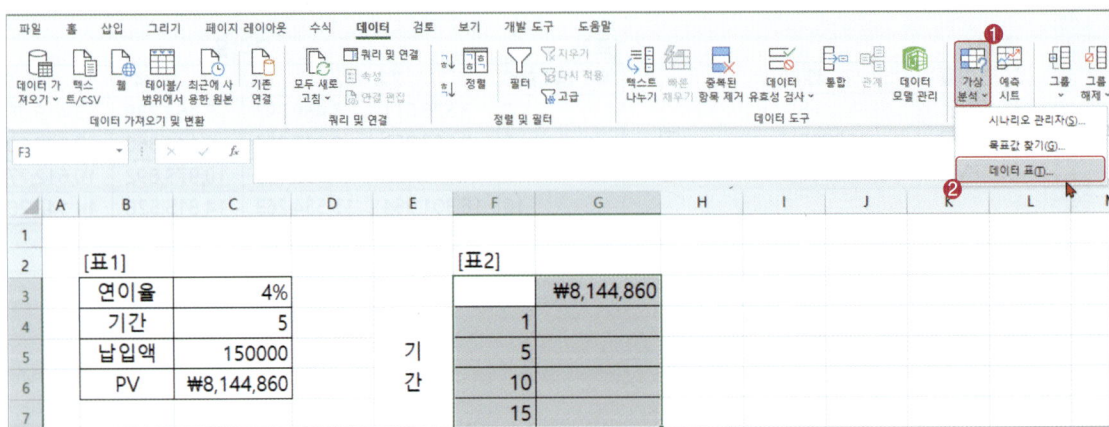

② 수식과 변경될 값 영역이 포함된 [F3:G7]을 드래그하여 영역 설정한 후, [데이터] 탭 – [예측]의 [가상 분석]에서 [데이터 표]를 클릭한다.

③ [데이터 테이블] 대화상자의 '행 입력 셀'(가로 변경셀)은 비워 놓고, '열 입력 셀'(세로 변경 셀)은 **기간[C4] 셀**을 클릭한 후 [확인]을 클릭한다.

| | A | B | C | D | E | F | G | H |
|---|---|---|---|---|---|---|---|---|
| 1 | | | | | | | | |
| 2 | | [표1] | | | | [표2] | | |
| 3 | | 연이율 | 4% | | | | ₩8,144,860 | |
| 4 | | 기간 | 5 | | | 1 | | |
| 5 | | 할부금 | 150000 | | 기 | 5 | | |
| 6 | | PV | ₩8,144,860 | | 간 | 10 | | |
| 7 | | | | | | 15 | | |
| 8 | | | | | | | | |

데이터 테이블 대화상자:
- 행 입력 셀(R): ❶
- 열 입력 셀(C): $C$4 ❷
- [확인] ❸ / [취소]

### 🎯 기적의 TIP

**수식 입력 위치**
- 데이터 표 결과 영역 왼쪽 상단(G3)에 반드시 원본 수식(C6)을 연결해야 한다.
- 수식을 직접 쓰지 않고 값만 입력하면 표가 계산되지 않는다.

**데이터 표 계산 오류**
- 데이터 표는 배열 수식 형태라서 결과 영역[G4:G7]을 개별적으로 수정할 수 없다.
- 잘못 입력했을 경우, 전체 결과 범위를 지우고 다시 실행해야 한다.

**풀이결과**

| | A | B | C | D | E | F | G |
|---|---|---|---|---|---|---|---|
| 1 | | | | | | | |
| 2 | | [표1] | | | | [표2] | |
| 3 | | 연이율 | 4% | | | | ₩8,144,860 |
| 4 | | 기간 | 5 | | | 1 | 1,761,599 |
| 5 | | 할부금 | 150000 | | 기 | 5 | 8,144,860 |
| 6 | | PV | ₩8,144,860 | | 간 | 10 | 14,815,526 |
| 7 | | | | | | 15 | 20,278,822 |

# 13 [분석작업] 시나리오

반복학습 1 2 3

▶ 합격 강의

### 시험유형 ❶  '13분석작업-시나리오.xlsx' 파일의 '시나리오' 시트

※ '시나리오' 시트에서 다음의 지시사항에 따라 처리하시오.
▶ [표1]에서 연이율[C3]과 기간[C4]이 다음과 같이 변동하는 경우 현재가[C6], 미래가[C7]의 변동 시나리오를 작성하시오.
▶ 셀 이름 정의 : [C3] 셀은 '연이율', [C4] 셀은 '기간', [C6] 셀은 '현재가치', [C7] 셀은 '미래가치'로 정의하시오.
▶ 시나리오1 : 시나리오 이름은 '이율기간증가', 연이율은 '4.5%', 기간은 '10'으로 설정하시오.
▶ 시나리오2 : 시나리오 이름은 '이율기간감소', 연이율은 '3%', 기간은 '3'으로 설정하시오.
▶ 위 시나리오에 의한 '시나리오 요약 보고서'는 '시나리오' 시트 바로 앞에 위치시키시오.
⚠ 시나리오 요약 보고서 작성 시 정답과 일치하여야 하며, 오차로 인한 부분점수는 인정하지 않음

---

① 시나리오를 작성하기 전에, 먼저 시나리오가 적용될 셀의 이름을 지정한다. [C3:C4] 영역의 이름이 [B3:B4]인 규칙이 있기 때문에 [B3:C4]를 영역을 드래그하여 선택한 후 [수식] 탭의 [정의된 이름]에서 [선택 영역에서 만들기]를 클릭한다.

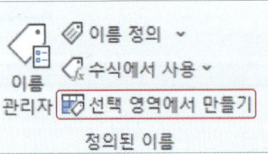

② [선택 영역에서 이름 만들기] 대화상자에서 **왼쪽 열**을 체크한 후 [확인]을 클릭하면, [C3] 셀의 이름은 **연이율**, [C4]의 이름은 **기간**으로 정의된다. 수식입력줄의 [이름 상자]를 클릭하면 정의된 이름 목록이 표시된다.

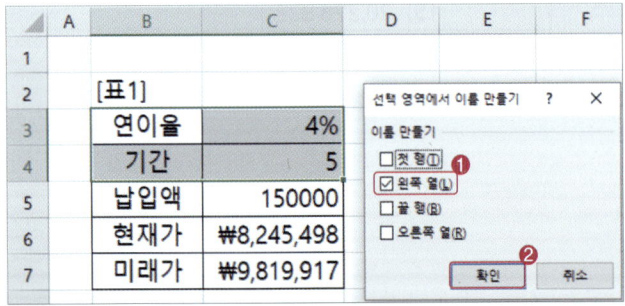

③ [C6] 셀을 선택한 후 [이름 상자]에 **현재가치**를 입력하고 Enter 를 눌러 이름을 완성한다. 같은 방법으로 [C7] 셀의 이름도 **미래가치**로 정의한다.

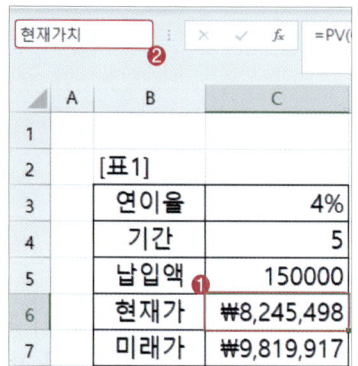 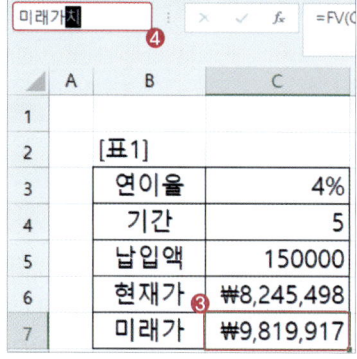

> 📄 **기적의 TIP**
>
> ②의 방법으로 하지 않는 이유는 왼쪽 열의 이름과 지정할 이름이 다르기 때문이다. 이러한 경우에는 직접 입력해야 한다.

📄 **기적의 TIP**

**이름 정의**

- 이름 정의의 방식
  - 정의할 셀(또는 범위)를 선택한 후 [이름 상자]에 직접 입력한 후 Enter 를 누른다.
  - 이름과 값을 연속으로 블록 설정한 후 [선택 영역에서 만들기]를 클릭한다.
  - [이름 관리자]의 [새로 만들기]를 클릭한다.

- 정의된 이름의 수정 방식
  - 정의된 이름은 [이름 관리자] 창에서 [편집]을 클릭하여 수정할 수 있다.
  - [이름 편집] 창에서는 이름, 설명, 참조대상을 수정할 수 있다.

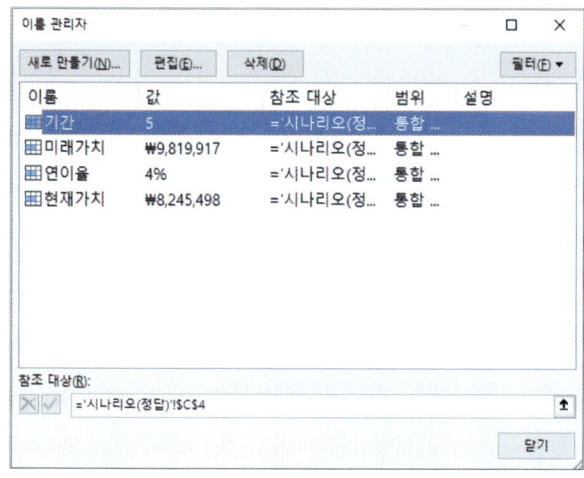 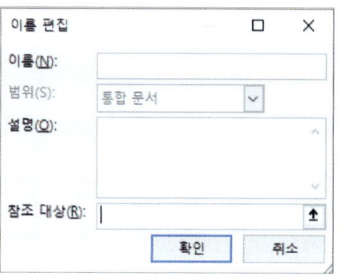

[분석작업] 시나리오

④ 변경될 셀 범위 [C3:C4]를 드래그하여 블록 설정한 후 [데이터] 탭 – [예측]의 [가상 분석]에서 [시나리오 관리자]를 클릭한다.

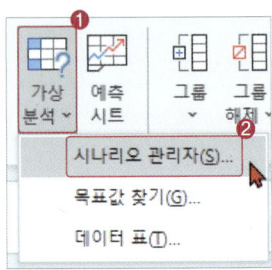

⑤ [시나리오 관리자] 대화상자에서 새로운 시나리오를 작성하기 위해 [추가]를 클릭한다. [시나리오 추가] 대화상자의 '시나리오 이름'에 **이율기간증가**를 입력하고, '변경 셀'은 C3:C4로 지정한 후 [확인]을 클릭한다. 이때 '설명'과 '보호' 항목은 문제에서 제시하지 않았다면 기본값으로 한다. [시나리오 값] 대화상자에서 '연이율'은 **4.5%**(또는 **0.045**), '기간'은 **10**으로 입력한 후 [추가]를 클릭한다.

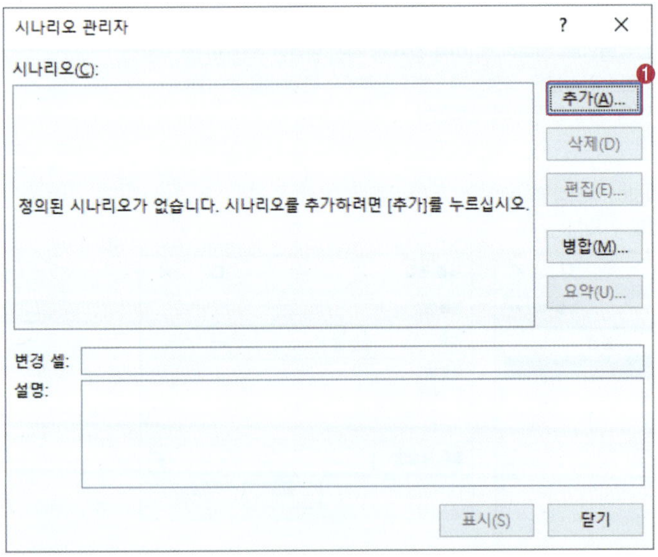

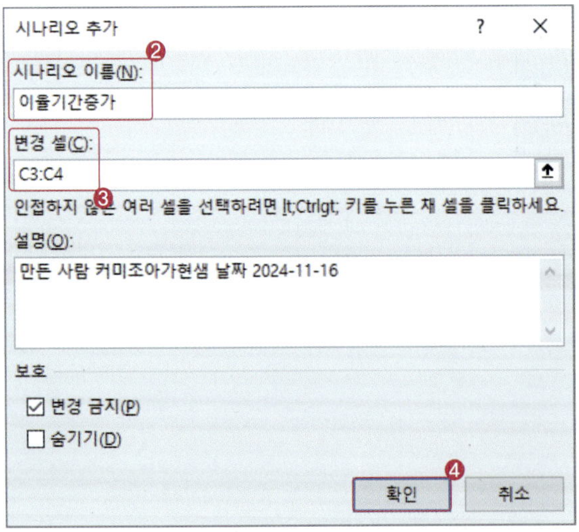

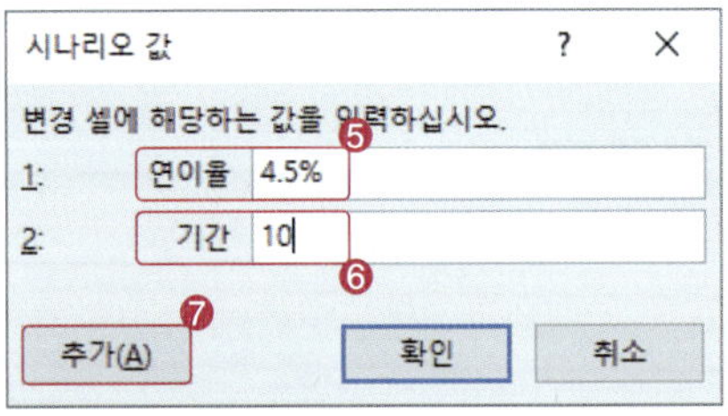

⑥ 두 번째 시나리오를 추가하기 위해 [시나리오 추가] 대화상자의 '시나리오 이름'에 **이율기간감소**를 입력한다. '변경 셀'에는 C3:C4를 입력한 후 [확인]을 클릭한다. [시나리오 값] 대화상자에서 '연이율'은 3%(또는 0.03), '기간'은 3으로 입력한 후 [확인]을 클릭한다.

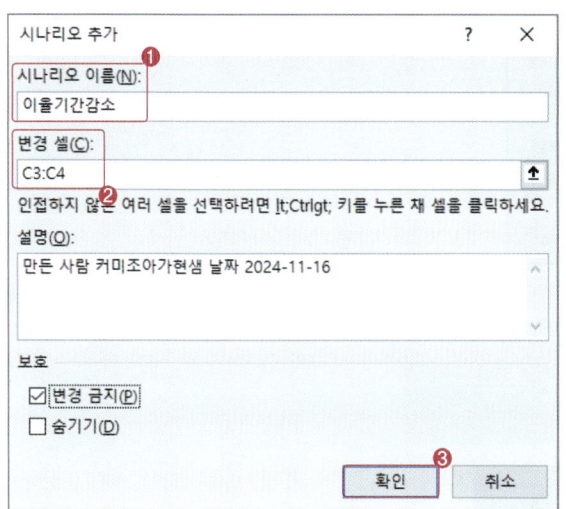
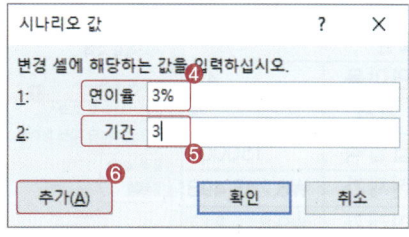

⑦ [시나리오 관리자] 대화상자에 추가한 '이율기간증가'와 '이율기간감소' 시나리오 목록이 표시된다.

> 🔑 **기적의 TIP**
>
> **특정 시나리오를 셀 값에 표시**
> - [시나리오2]의 결과값이 표시되게 하려면 '이율기간감소' 시나리오를 선택한 후 [표시]를 클릭한다. 이때 시나리오 시트의 [C3]과 [C4] 셀의 값이 3%, 3으로 변경된다.
> - 단, 이 작업은 시나리오 보고서를 작성한 다음에 해야 한다. 만약 실수로 표시를 눌렀다면 실행 취소를 해서 기본값으로 나타낸다.

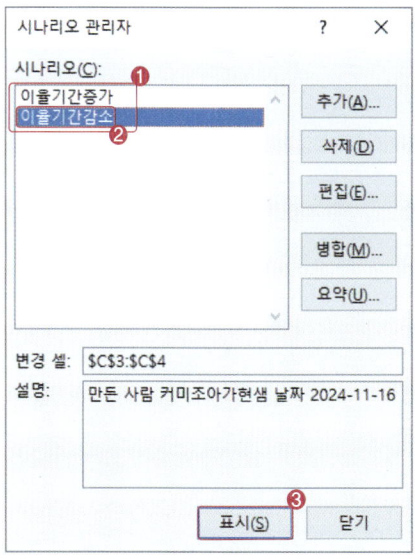

⑧ [시나리오 관리자] 대화상자의 [요약]을 클릭한다. [시나리오 요약]에서 '보고서 종류'는 **시나리오 요약**으로, '결과 셀'은 [C6:C7] 영역으로 지정한 후 [확인]을 클릭하여 보고서를 완성한다.

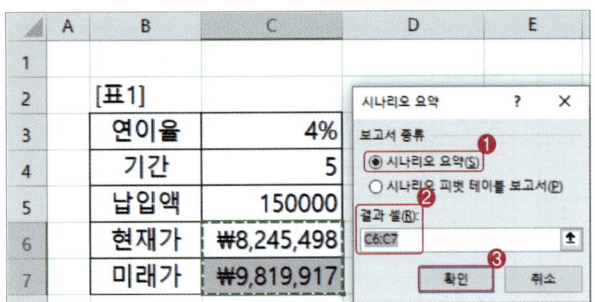

⑨ 시나리오 보고서를 작성하던 '시나리오' 시트의 왼쪽에 결과값이 표시된 '시나리오 요약' 시트가 삽입된다.

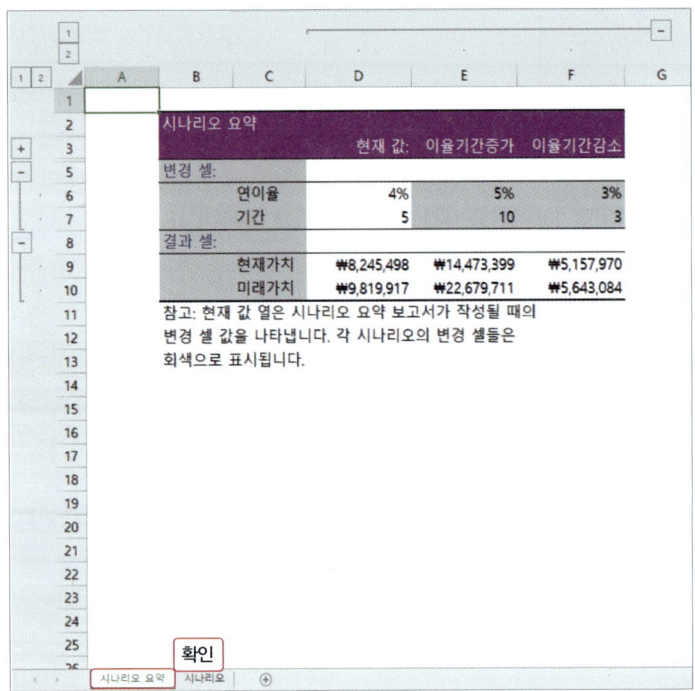

## 기적의 TIP

**시나리오 관리자**
- 추가 : 새로운 시나리오를 추가
- 삭제 : 생성된 시나리오를 삭제
- 편집 : 생성된 시나리오를 편집(시나리오 이름 단계부터 시작)
- 병합 : 다른 워크시트에서 만들어진 시나리오를 병합
- 요약 : 시나리오 마법사 생성

**시나리오 추가**
- 시나리오 이름 : 이름으로 사용할 수 있는 문자 사용, 31자까지 가능
- 변경 셀 : 수식에 포함되는 셀, 변경될 값을 입력할 셀
- 설명 : 주석, 기본값으로 둠(비어 있는 경우는 영역 설정 후 삭제)
- 보호 : 시트 보호 시 시나리오에 대한 보호 설정, 기본값으로 둠

**시나리오의 수정**
- 시나리오 수정은 [시나리오 관리자]의 편집을 클릭해 수정한다.
- 시나리오를 수정하려면 결과값이 표시된 '시나리오 요약' 시트를 삭제 후 수정한다.
- 새로 생성된 시트의 이름을 변경해야 하는 경우(지시사항에 있는 경우)는 시트 이름 위에서 마우스 오른 클릭 메뉴에서 이름 바꾸기를 선택한 후 새 이름을 입력하거나 시트 이름을 더블클릭한 후 이름을 입력한다.

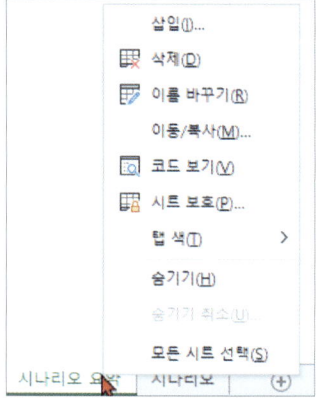

**시나리오 값**
- 변경 셀에 해당하는 값을 입력한다.
- 백분율인 경우 4.5% 또는 0.045로 입력한다.

# 14 [분석작업] 데이터 통합

반복학습 1 2 3

**시험유형 ❶** '14분석작업–통합.xlsx' 파일의 '통합–실습1' 시트

※ '통합–실습1' 시트에서 다음의 지시사항에 따라 처리하시오.
▶ [통합] 기능을 이용하여 [표1], [표2], [표3]에 대해 단과대학별 모집정원, 평균, 영어의 평균을 [표4]의 [G13:J22] 영역에 계산하시오.
▶ 계산된 영역 [H14:J22] 영역의 표시 형식을 셀 서식의 숫자 범주로 설정하시오.

① [표4]의 [G13:J13] 영역을 드래그하여 블록 설정한 후 [데이터] 탭의 [데이터 도구]에서 [통합]을 클릭한다.

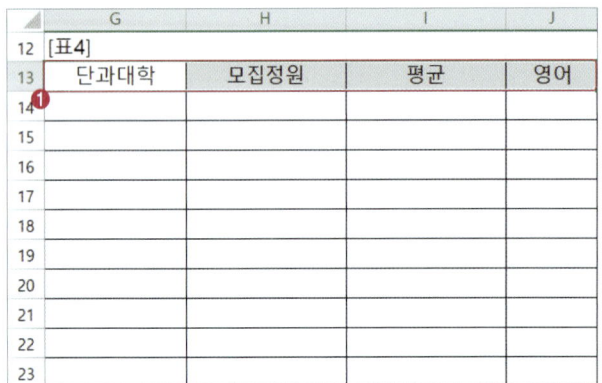

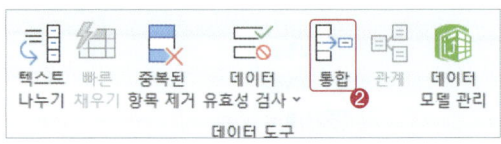

② [통합] 대화상자에서 함수는 **평균**으로 지정한다. 참조 영역에 [표1][B3:E10]을 드래그하여 블록 설정한 후, [추가]를 클릭하여 모든 참조 영역에 추가한다. 나머지 [표2][B13:E20], [표3][G4:J10] 영역도 같은 방법으로 추가한 후, 사용할 레이블의 **첫 행**과 **왼쪽 열**에 체크하고 [확인]을 클릭한다.

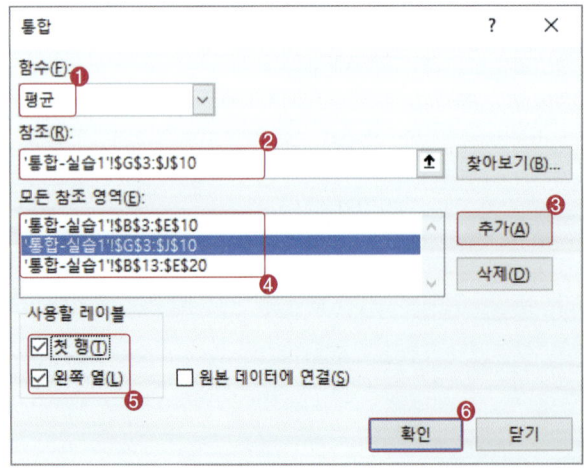

### 🅱 기적의 TIP

**통합**
• 함수 : 계산할 함수
• 참조 : 참조될 영역을 마우스로 끈 다음 [추가] 클릭
• 사용할 레이블 : 통합할 때 기준이 되는 행과 열필드
• 원본 데이터 연결 : 여러 시트 통합할 때 원본의 값이 변경되면 통합 결과값도 같이 변경

③ 평균이 계산된 [H14:J22] 영역을 드래그하여 블록 설정한다. Ctrl+1을 눌러 [셀 서식] 대화상자를 띄우고 [표시 형식] 탭의 **숫자**를 클릭한 후 [확인]을 클릭한다.

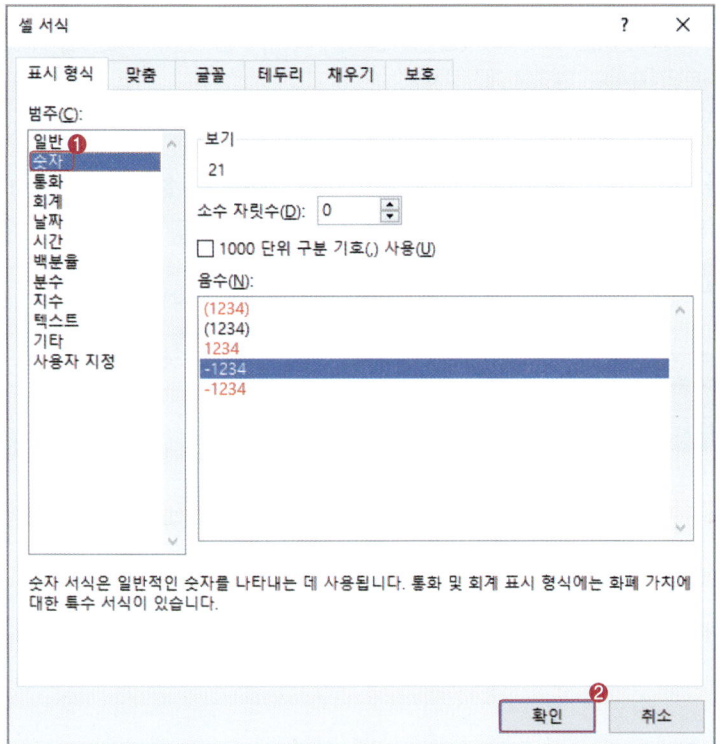

풀이결과

| F | G | H | I | J |
|---|---|---|---|---|
|  |  |  |  |  |
|  | [표4] |  |  |  |
|  | 단과대학 | 모집정원 | 평균 | 영어 |
|  | 자연과학대학 | 21 | 93 | 92 |
|  | 공과대학 | 20 | 77 | 96 |
|  | 사회과학대학 | 21 | 83 | 69 |
|  | 사범대학 | 19 | 83 | 96 |
|  | 인문대학 | 23 | 64 | 83 |
|  | 예술대학 | 20 | 77 | 77 |
|  | 가정대학 | 38 | 78 | 90 |
|  | 상경대학 | 30 | 88 | 80 |
|  | 영양대학 | 20 | 85 | 95 |

**시험유형 ❷**  '14분석작업–통합.xlsx' 파일의 '통합–실습2' 시트

※ '통합–실습2' 시트에서 다음의 지시사항에 따라 처리하시오.
▶ 데이터 도구 [통합] 기능을 이용하여 1월 시트 [표1], 2월 시트 [표2], 3월 시트 [표3]의 "아시아"와 "리카"로 끝나는 지역별 '1월', '2월', '3월'의 평균을 '통합–실습2' 시트의 [표4]의 영역에 계산하시오.

① [B4] 셀에 **아시아**, [B5] 셀에 **＊리카**를 입력한다. [표4][B3:E5] 영역을 드래그하여 블록 설정한 후, [데이터] 탭의 [데이터 도구]에서 [통합]을 클릭한다.

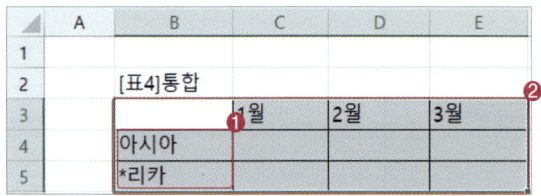 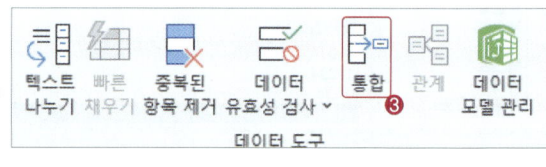

> **기적의 TIP**
>
> **특정 필드 기준 통합**
> 특정 필드만 통합하려는 경우에는 왼쪽 열(조건 영역)을 활용한다.
> • 커미로 시작 : 커미＊
> • 커미로 끝남 : ＊커미
> • 커미가 포함 : ＊커미＊

② [통합] 대화상자에서 함수는 **평균**으로 지정한다. 참조 영역에 [표1][B3:E10]을 블록 설정한 후 [추가]를 클릭하여 모든 참조 영역에 추가한다. 나머지 [표2][B13:E20], [표3][G4:J10] 영역도 같은 방법으로 추가한 후, 사용할 레이블의 **첫 행**과 **왼쪽 열**에 체크하고 [확인]을 클릭한다(원본 데이터에 연결은 체크하지 않음).

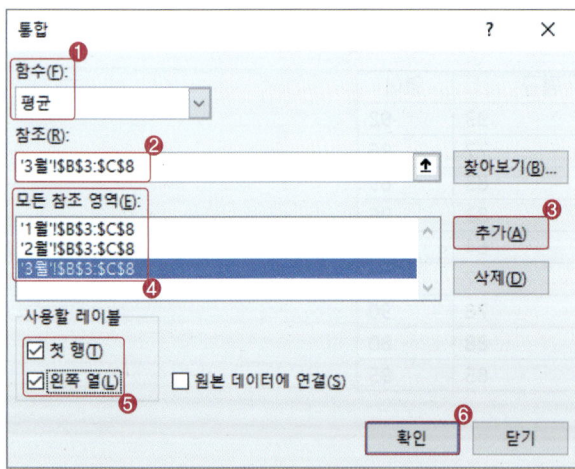

풀이결과

| | A | B | C | D | E |
|---|---|---|---|---|---|
| 1 | | | | | |
| 2 | | [표4]통합 | | | |
| 3 | | | 1월 | 2월 | 3월 |
| 4 | | 아시아 | 603986 | 603986 | 681680 |
| 5 | | *리카 | 321454.5 | 341010.5 | 341910 |

---

**시험유형 ❸**  '14분석작업-통합.xlsx' 파일의 '통합-실습3' 시트

※ '통합-실습3' 시트에서 다음의 지시사항에 따라 처리하시오.

▶ 데이터 도구 [통합] 기능을 이용하여 [표1][B4:E10], [표2][H4:K10], [표3][B14:E20], [표4][H14:K20] 영역에 대해 산이름별 월별 평균을 [O4] 셀부터 계산하시오.

---

① [O4] 셀에 커서를 놓고, [데이터] 탭의 [데이터 도구]에서 [통합]을 클릭한다.

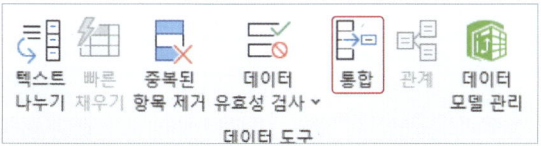

### 기적의 TIP

**특정 조건 없이 통합(빈 셀에서 전체 집계)**
- 절차
  - 통합 결과를 출력할 셀 한 칸만 클릭한다(블록을 설정하지 않음).
  - [데이터]의 [통합]에서 참조할 범위를 지정한다.
  - 첫 행과 왼쪽 열에 체크하고 참조 범위의 필드명을 기준으로 매칭하여 합산·평균·개수 등 집계를 수행한다.
- 시험 포인트
  - 블록을 잘못 설정하면 결과가 덮어쓰기되거나 오류가 발생한다.
  - "첫 행/왼쪽 열"을 체크하지 않으면 단순 위치 기준으로 합쳐져 잘못된 결과가 나온다.

**특정 조건에 따른 통합(조건 기반 집계)**
- 절차
  - 통합을 실행할 위치에 조건 열(왼쪽 열)을 미리 입력한다.
  - 참조 범위를 전체 블록으로 잡고 [통합]을 실행한다.
  - 함수를 선택(합계, 평균 등)하고 첫 행/왼쪽 열에 체크한다.
  - 조건 열에 입력된 값만 결과로 반환된다.
- 시험 포인트
  - 조건은 완전 일치해야 하며, 와일드카드는 직접 지원되지 않는다.
  - 블록을 설정하여 조건 열까지 포함하지 않으면 결과가 반환되지 않는다.

② [통합] 대화상자에서 함수는 **평균**으로 지정한다. 참조 영역에 [표1][B4:E10]을 블록 설정한 후 [추가]를 클릭하여 모든 참조 영역에 추가한다. 나머지 [표2][H4:K10], [표3][B14:E20], [표4][H14:K20]을 같은 방법으로 추가한 후 사용할 레이블의 '첫 행'과 '왼쪽 열'에 체크하고 [확인]을 클릭한다(원본 데이터에 연결은 체크하지 않음).

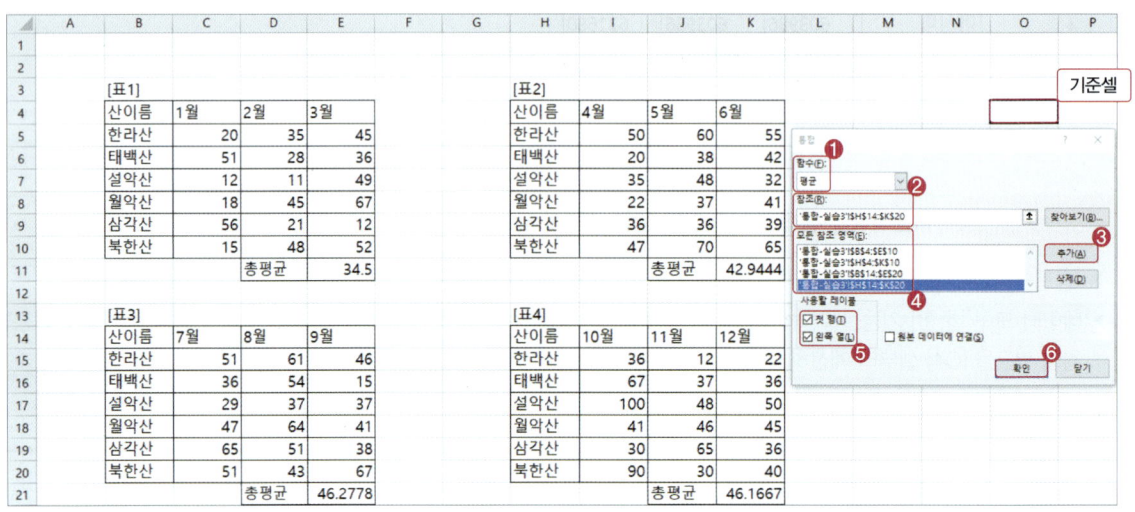

풀이결과

| | | 1월 | 2월 | 3월 | 4월 | 5월 | 6월 | 7월 | 8월 | 9월 | 10월 | 11월 | 12월 |
|---|---|---|---|---|---|---|---|---|---|---|---|---|---|
| | 한라산 | 20 | 35 | 45 | 50 | 60 | 55 | 51 | 61 | 46 | 36 | 12 | 22 |
| | 태백산 | 51 | 28 | 36 | 20 | 38 | 42 | 36 | 54 | 15 | 67 | 37 | 36 |
| | 설악산 | 12 | 11 | 49 | 35 | 48 | 32 | 29 | 37 | 37 | 100 | 48 | 50 |
| | 월악산 | 18 | 45 | 67 | 22 | 37 | 41 | 47 | 64 | 41 | 41 | 46 | 45 |
| | 삼각산 | 56 | 21 | 12 | 36 | 36 | 39 | 65 | 51 | 38 | 30 | 65 | 36 |
| | 북한산 | 15 | 48 | 52 | 47 | 70 | 65 | 51 | 43 | 67 | 90 | 30 | 40 |

# 15 [분석작업] 유효성 검사

반복학습 1 2 3

합격 강의

### 시험유형 ❶ '15분석작업-유효성검사.xlsx' 파일의 '유효성검사-실습1' 시트

※ '유효성검사-실습1' 시트에서 다음의 지시사항에 따라 처리하시오.
▶ [C4:D11] 영역에는 '1차'와 '2차'의 합계가 100%로 입력되도록 제한 대상을 설정하시오.
▶ [C4:C11] 영역의 셀을 클릭한 후 아래와 같은 설명 메시지를 표시하고, 유효하지 않은 데이터를 입력한 경우 오류 메시지가 표시되지 않도록 설정하시오.
 - 메모 제목 : 두수의 합
 - 설명 메시지 : 1차와 2차의 합은 100%를 넘지 않게 입력해주세요.
▶ SUM 함수를 사용하시오.

① [C4:D11] 영역을 드래그하여 블록 설정한 후, [데이터] 탭의 [데이터 도구]에서 [데이터 유효성 검사]를 클릭한다.

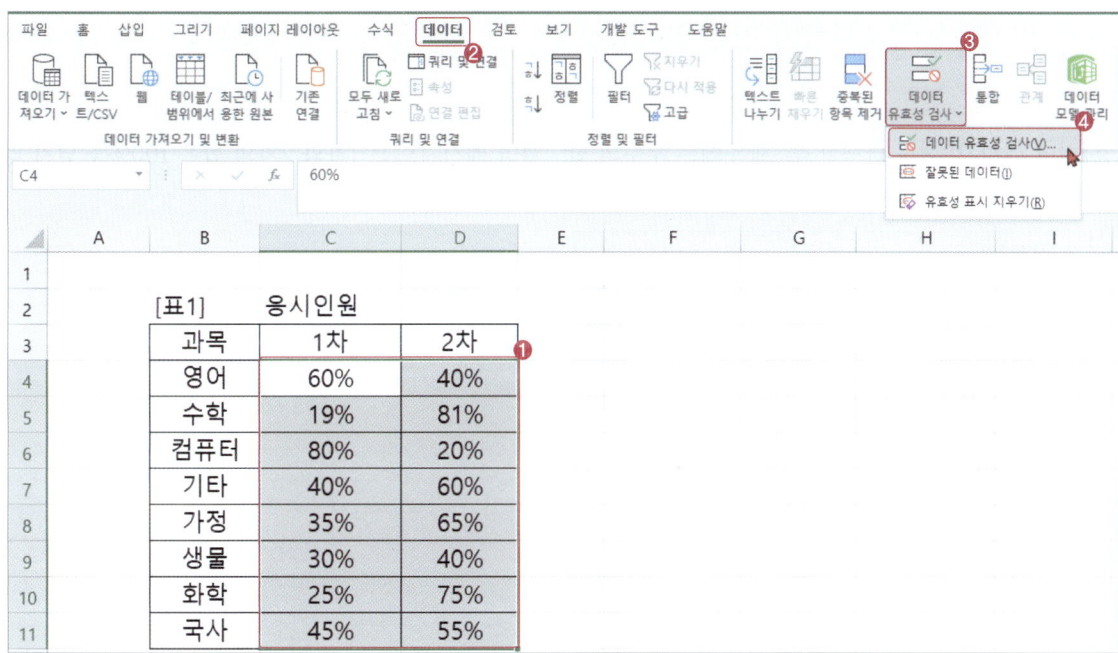

② [데이터 유효성] 대화상자의 [설정] 탭에서 유효성 조건의 '제한 대상'은 **사용자 지정**으로 설정하고, '수식'에는 =$C4+$D4=100%를 입력한다.

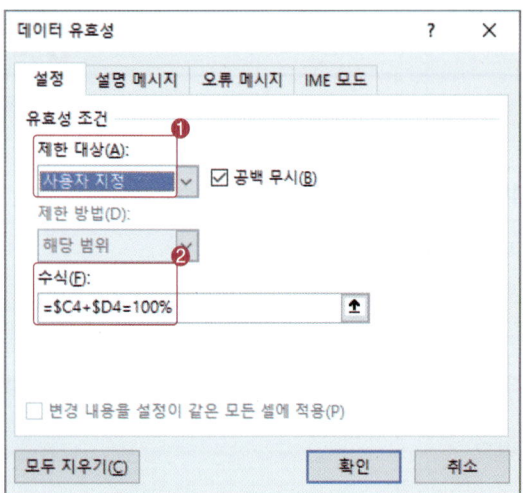

#### 🔑 기적의 TIP

**데이터 유효성 검사 시 셀 참조**
수식 입력 시 셀 참조 방식을 어떻게 쓰느냐에 따라 결과가 달라진다.
• 상대참조(열행) : 특정 열만 선택하고, 행별로 조건을 적용하는 경우 사용
• 혼합참조($열행, 열$행) : 여러 열을 동시에 선택하고, 행마다 조건을 적용할 경우 사용
• 절대참조($열$행) : 특정 열의 값이 전체 범위의 일정 값 또는 기준과 비교될 경우 사용

③ [설명 메시지] 탭을 클릭한 후 '제목'에는 **두수의 합**, '설명 메시지'에는 **1차와 2차의 합은 100%를 넘지 않게 입력해주세요.**를 입력한다.

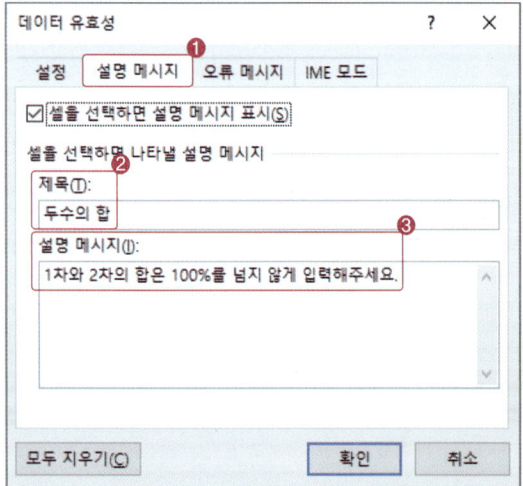

④ [오류 메시지] 탭을 클릭한 후 '유효하지 않은 데이터를 입력하면 오류 메시지 표시'를 체크 해제하고 [확인]을 클릭한다.

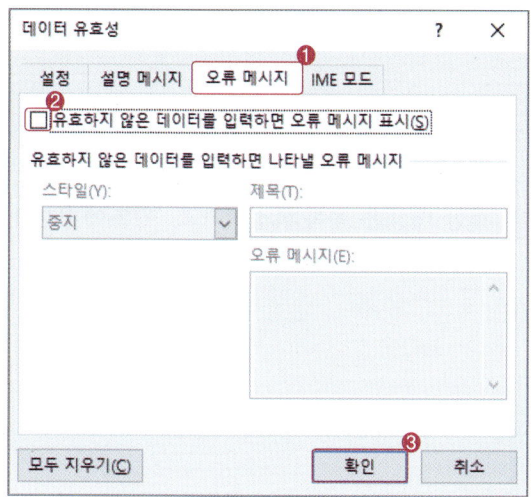

| | A | B | C | D |
|---|---|---|---|---|
| 1 | | | | |
| 2 | | [표1] | 응시인원 | |
| 3 | | 과목 | 1차 | 2차 |
| 4 | | 영어 | 60% | 40% |
| 5 | | 수학 | 19% | 81% |
| 6 | | 컴퓨터 | 80% | 20% |
| 7 | | 기타 | 40% | 60% |
| 8 | | 가정 | 35% | 65% |
| 9 | | 생물 | 30% | 40% |
| 10 | | 화학 | 25% | 75% |
| 11 | | 국사 | 45% | 55% |

시험유형 ❷   '15분석작업-유효성검사.xlsx' 파일의 '유효성검사-실습2' 시트

※ '유효성검사-실습2' 시트에서 다음의 지시사항에 따라 처리하시오.
▶ [E4:E18] 영역에는 데이터 유효성 검사 도구를 이용하여 [H4:H6] 영역의 목록만 입력되도록 제한 대상을 설정하시오.
▶ [E4:E18] 영역의 셀을 클릭한 경우, 아래와 같은 설명 메시지를 표시하고, 유효하지 않은 데이터를 입력한 경우 〈그림〉과 같은 오류 메시지가 표시되도록 설정하시오.
  – 메모 제목 : 진료구분입력
  – 설명 메시지 : 데이터 목록 범위를 넣으세요.
▶ 목록에 입력 시 한글로 입력될 수 있게 설정하시오.

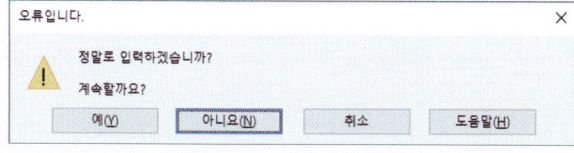

① [E4:E18] 영역을 드래그하여 블록 설정한 후, [데이터] 탭의 [데이터 도구]에서 [데이터 유효성 검사]를 클릭한다.

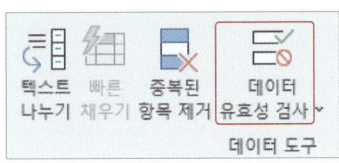

② [데이터유효성] 대화상자의 [설정] 탭에서 유효성 조건의 '제한 대상'은 **목록**을 선택하고, '원본'에 **[H4:H6]** 영역을 드래그해서 넣는다.

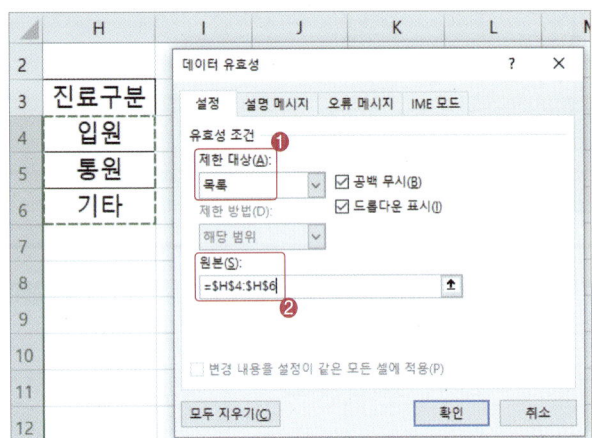

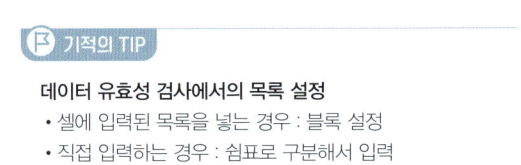

🅑 기적의 TIP

**데이터 유효성 검사에서의 목록 설정**
- 셀에 입력된 목록을 넣는 경우 : 블록 설정
- 직접 입력하는 경우 : 쉼표로 구분해서 입력

③ [설명 메시지] 탭을 클릭한 후 '제목'에는 **진료구분입력**을 입력하고, '설명 메시지'에는 **데이터 목록 Enter 범위를 Enter 넣으세요.**를 입력한다.

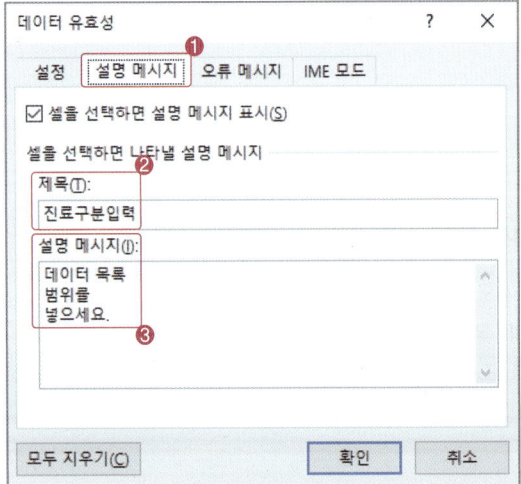

④ [오류 메시지] 탭을 클릭한 후 '스타일'은 **경고**를 선택한다. '제목'에는 **오류입니다.**를 입력하고 '오류 메시지'에는 **정말로 입력하겠습니까?**를 입력한다.

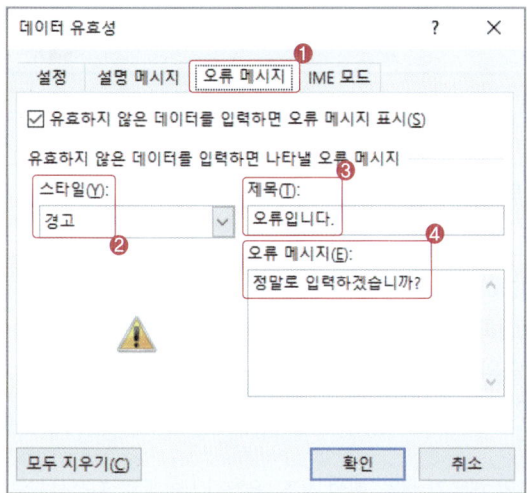

⑤ [IME 모드] 탭을 클릭한 후 '모드'에서 **한글**을 선택한 후 [확인]을 클릭한다.

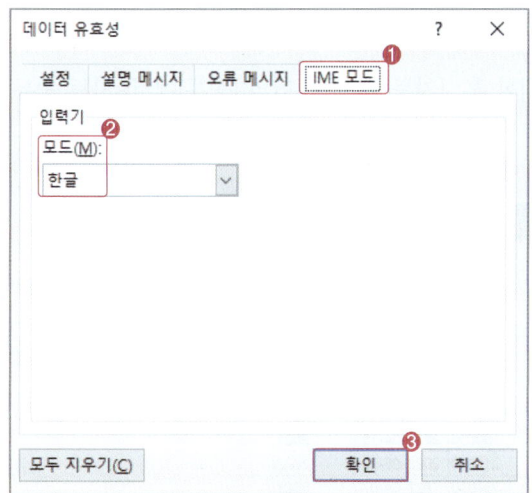

> 🔑 **기적의 TIP**
>
> **잘못 지정한 경우**
> [모두 지우기]를 클릭하면 설정한 유효성 검사 규칙이 삭제된다. 처음부터 다시 설정한다.

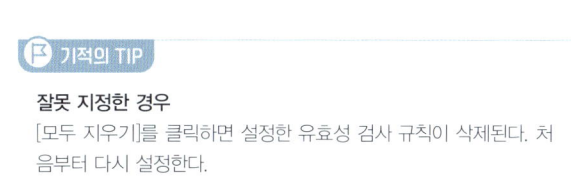

# 16 [기타작업] 차트

**반복학습** 1 2 3

> **시험유형 ❶**  '16기타작업-차트.xlsx' 파일의 '차트-실습1' 시트
>
> ※ '차트-실습1' 시트에서 다음의 지시사항에 따라 차트를 수정하시오.
> ① '판매수량' 계열의 차트 종류를 '표식이 있는 꺾은선형'으로 변경하고 보조축으로 지정하시오.
> ② 차트 제목을 〈그림〉과 같이 설정하고 범례 위치를 〈그림〉과 동일하게 변경하시오.
> ③ 가로(항목) 축의 이름을 〈그림〉과 같이 변경하고 기본 세로(값)축의 표시형식도 〈그림〉과 동일하게 변경하시오.
> ④ '판매수량' 계열에 레이블을 추가하고 레이블 내용은 '셀 값'으로 지정한 다음, 글꼴 크기는 '12', 글꼴 스타일은 '굵게'로 지정하고, 표식 모양은 '원형'으로, 크기는 '20'으로 지정하시오.
> ⑤ 색 변경을 이용해서 '다양한 색상표3'으로 지정하고 차트 영역의 채우기 색을 '회색 강조3 80% 더 밝게'로 지정하시오.
> ⚠ 차트는 반드시 문제에서 제공한 차트를 사용하여야 하며, 신규로 작성 시 0점 처리됨
> ⚠ 〈그림〉은 157쪽의 풀이 결과를 참조할 것

① 계열의 차트 종류를 변경하기 위해 **판매가 계열**을 선택한 후, [차트 디자인] 탭의 [종류]에서 [차트 종류 변경]을 클릭한다.

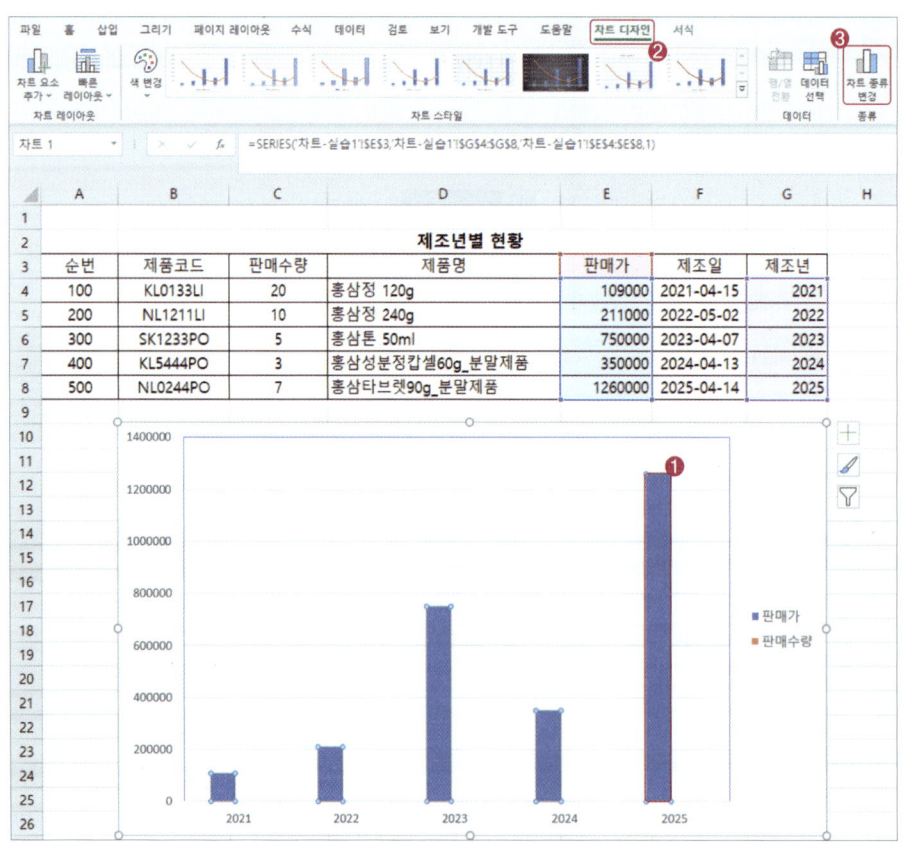

② [차트 종류 변경] 대화상자에의 오른쪽 하단 메뉴에서 '판매수량' 계열의 차트 종류를 **표식이 있는 꺾은선형**을 선택하고, '보조 축'에 체크한 후 [확인]을 클릭한다.

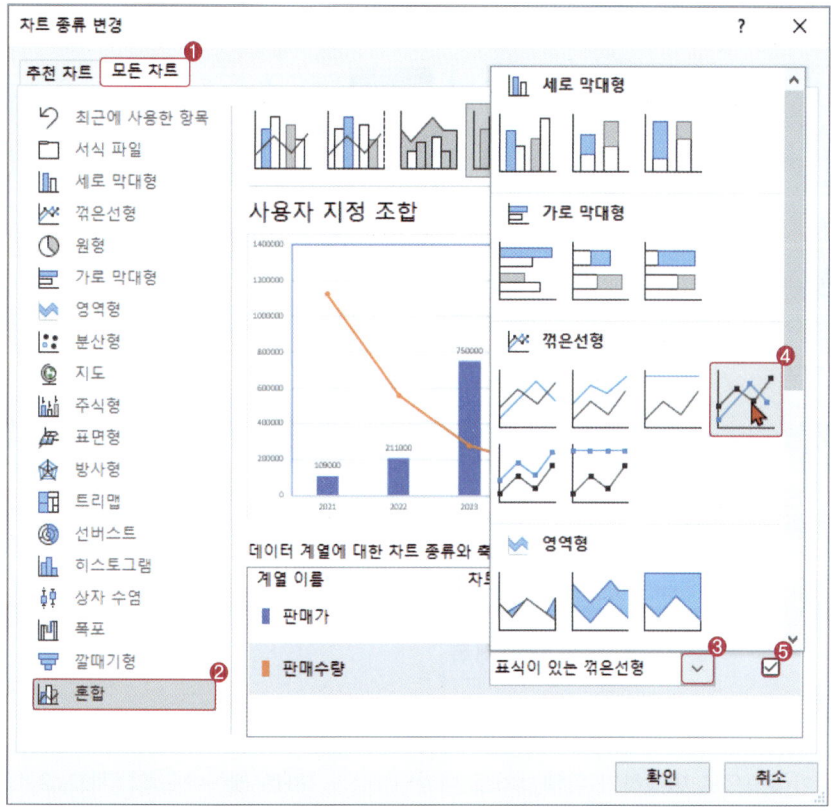

### 기적의 TIP

**차트 종류 변경**

- 전체 차트의 종류를 하는 변경하는 경우 : 차트를 선택한 후 [차트 디자인] 탭의 [차트 종류 변경]을 클릭한 다음, 왼쪽 항목에서 지정한 차트를 선택한 후 오른쪽 목록에서 특정 차트를 선택함
- 계열 차트의 종류를 하는 변경하는 경우 : 계열 중 하나를 선택한 후 [차트 디자인] 탭의 [차트 종류 변경]을 클릭한 다음, 오른쪽 하단에서 종류를 변경하려는 계열의 차트 종류 목록을 변경함

③ '차트 제목'을 입력하기 위해 [차트 디자인] 탭 – [차트 레이아웃]의 [차트 요소 추가] – [차트 제목]에서 [차트 위]를 클릭하면 '차트 영역' 상단 부분에 차트 제목이 활성화된다. '차트 제목'이 선택된 상태에서 수식입력줄에 그림과 동일하게 **제조년별 현황**을 입력한다.

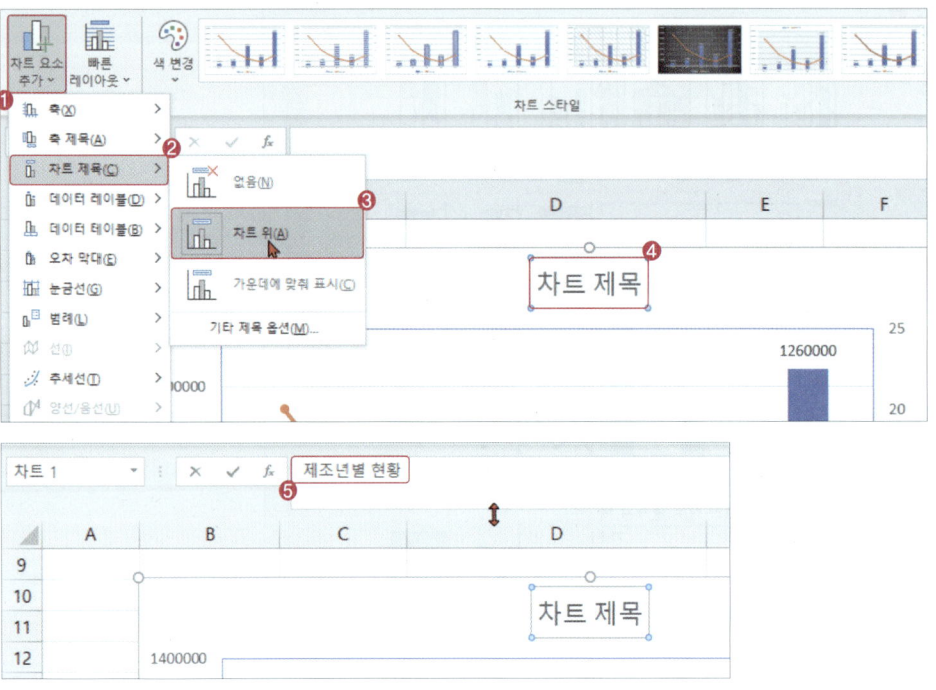

④ '범례'를 그림과 같은 위치 아래쪽으로 변경하기 위해, [차트 디자인] 탭 – [차트 레이아웃]의 [차트 요소 추가] – [범례]에서 [아래쪽]을 클릭한다.

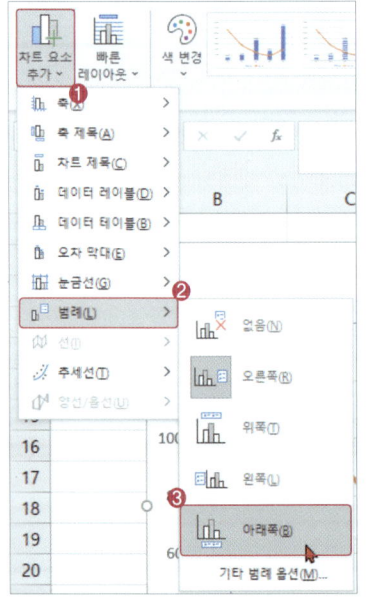

> 🅑 **기적의 TIP**
>
> **차트 요소 추가**
> - 축, 축 제목, 차트 제목, 데이터 레이블, 데이터 테이블, 오차 막대, 눈금선, 범례, 선, 추세선, 양선/음선 등을 차트 영역에 추가할 수 있다.
> - [차트 디자인]의 [차트 레이아웃]에서 [차트 요소 추가] 또는 차트 영역의 오른쪽 상단에 있는 [차트 요소] 버튼을 클릭하여 추가한다.
> - 차트 영역 내의 항목을 더블클릭하거나(또는 마우스 오른쪽 메뉴에서 [서식]을 선택), 나타나는 서식 대화상자에서 항목별 설정을 할 수 있다.

⑤ '가로(항목) 축'의 이름이 그림에서는 2025, 2024, 2023, 2022, 2021 순으로 되어 있고 작성 중인 차트는 반대 순서로 되어 있다. 문제 그림과 동일하게 변경하기 위해 가로(항목) 축을 더블클릭하여 [축 서식]에서 [축 옵션]의 '축 위치'를 **항목 거꾸로**로 설정한다. 끝으로 '세로 축 교차'를 **최대 항목**으로 설정한다.

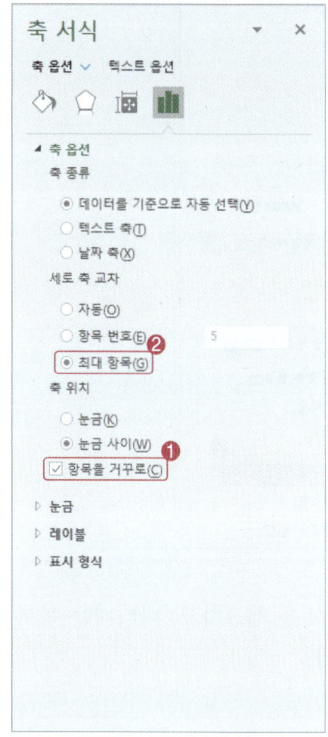

> 🅑 **기적의 TIP**
>
> **가로(항목) 축 서식**
> - 축 종류 : 데이터를 기준으로 자동 선택되며, 항목의 형식에 따라 자동 지정
> - 세로 축 교차
>   - 자동 : 가로 항목에 교차되는 세로축 위치를 자동으로 지정
>   - 항목 번호 : 첫 번째 항목부터 1로 지정하며, 입력된 항목 번호에 세로축이 교차됨
>   - 최대 항목 : 항목 번호가 가장 큰 번호에 세로축이 교차됨
> - 축 위치
>   - 기본값은 눈금 사이 항목과 항목 사이에 위치한다.
>   - '항목을 거꾸로' 옵션을 선택하면 항목 순서가 반대로 바뀐다.

⑥ '기본 세로(값) 축'을 클릭한다. [축 서식]에서 [표시 형식]의 '서식 코드'에 **#,##0,"천원"**을 입력한 후 [추가]를 클릭한다.

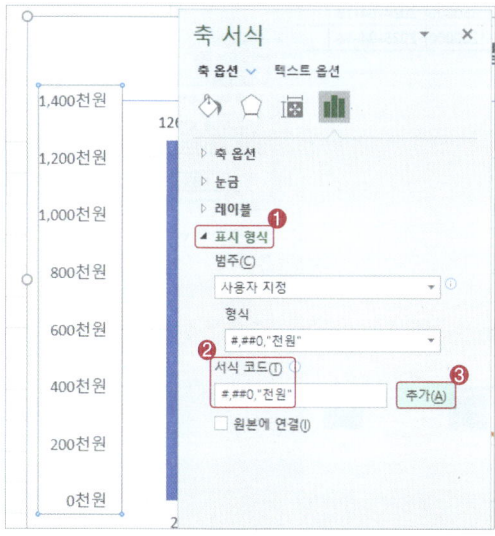

> 🅑 **기적의 TIP**
>
> **표시 형식**
> - 범주 : 기본으로 추가되어 있는 형식이며, 셀 서식과 동일
> - 서식 코드 : 직접 입력 후 [추가]를 클릭하면 차트에 반영
>   - 천 단위 구분 표시 : #,##0
>   - 천 단위 절사 표시 : 0,
>   - 천 단위 구분 표시, 절사 포함 : #,##0,

⑦ '판매수량' 계열을 선택한 후 마우스 오른쪽 버튼을 눌러 [데이터 레이블 추가]를 선택한다.

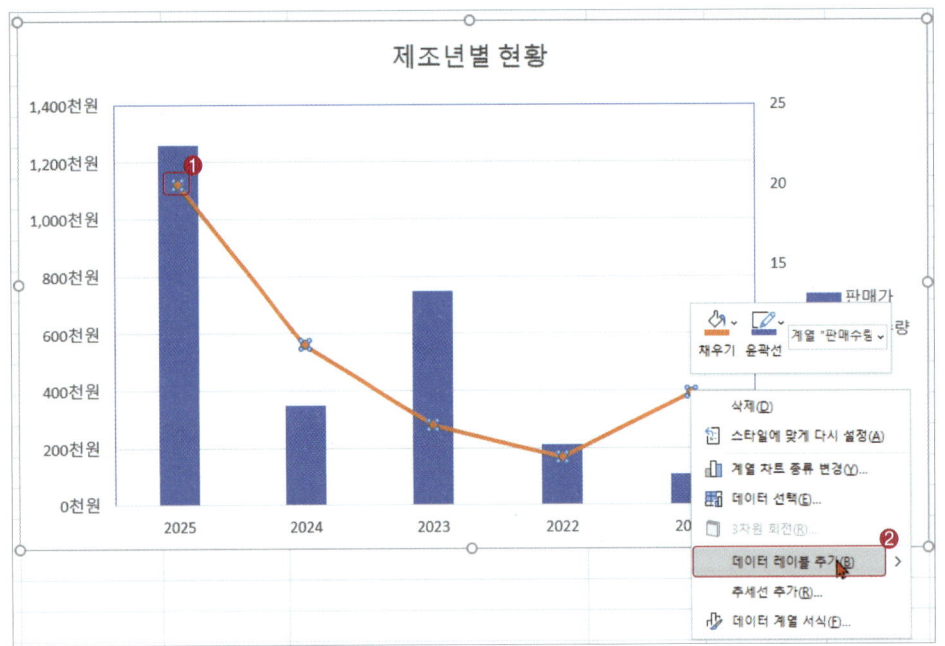

⑧ 추가된 레이블을 클릭한다. [데이터 레이블 서식]에서 [레이블 서식]의 '셀 값'을 체크하고, 나타나는 목록 상자에 원본 데이터의 '판매수량' 범위 [C4:C8] 영역을 넣고 [확인]을 클릭한다.

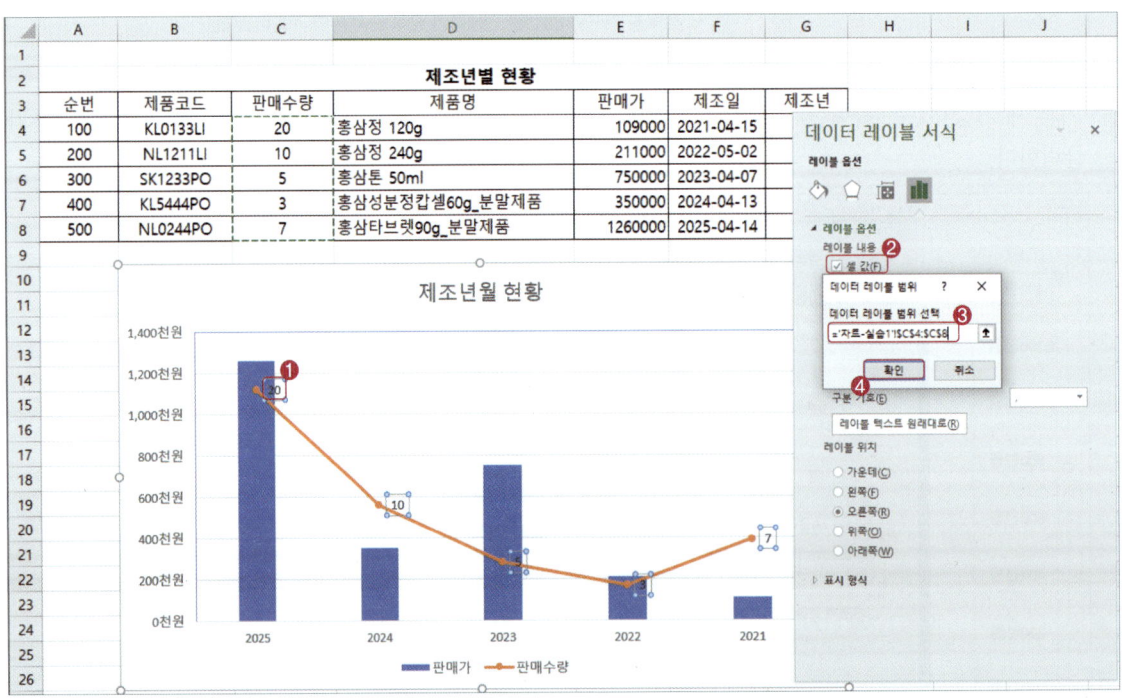

⑨ 다시 [데이터 레이블 서식]에서 [레이블 옵션]의 '값'은 체크 해제하고, '레이블 위치'를 **가운데**로 선택한다.

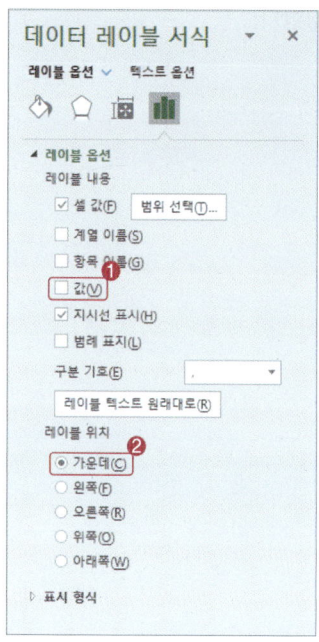

⑩ 값 레이블을 선택한 후, [홈] 탭의 [글꼴]에서 크기는 **12**, 스타일은 **굵게**로 선택한다(글꼴 모양은 기본값 그대로 둠).

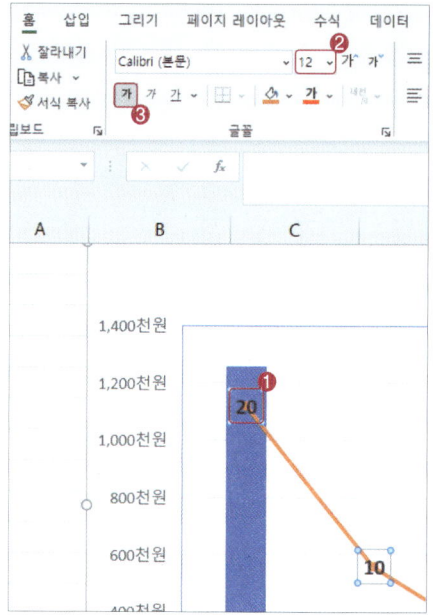

⑪ '판매수량'의 계열을 클릭하여 데이터 계열 서식창을 연다. [데이터 계열 서식]에서 [채우기 및 선]의 [표식]에서 [표식 옵션]의 '기본 제공'을 선택한 후 '형식'을 **원형**, '크기'를 20으로 설정한다.

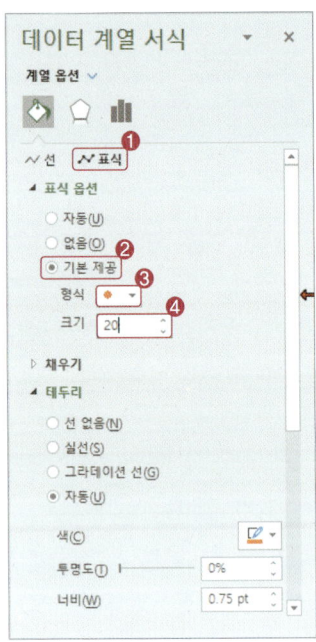

⑫ [차트 디자인] 탭의 [색 변경]에서 **다양한 색상표 3**을 선택하여 차트의 색상을 변경한다.

⑬ 차트 선택 후, 마우스 오른쪽 버튼을 눌러 [채우기]의 [테마색] 중 **회색, 강조3, 80% 더 밝게**를 클릭한다.

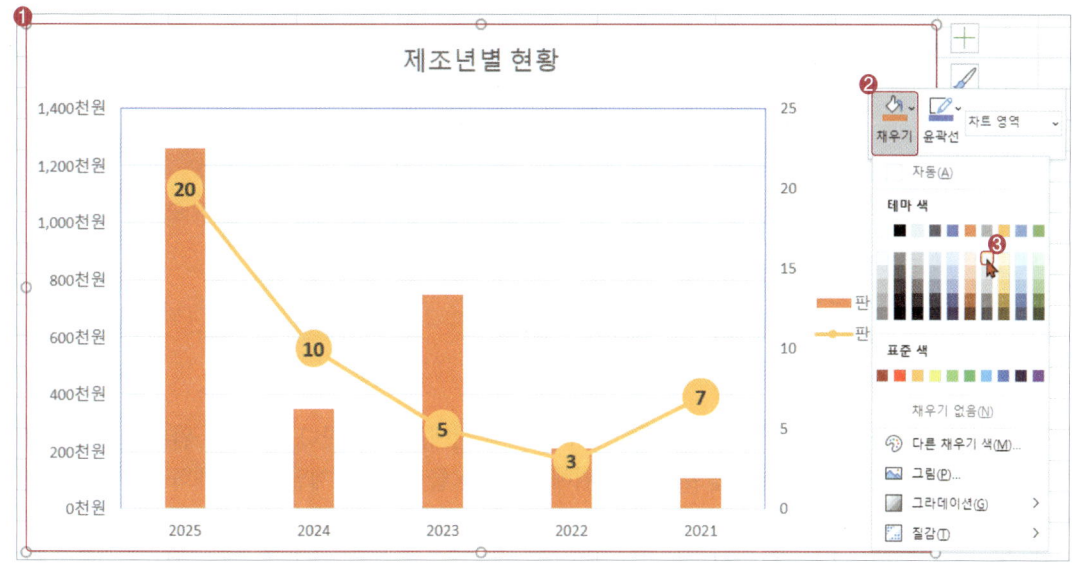

> 📌 **기적의 TIP**
>
> **채우기 색**
> - 항목을 선택한 후 오른쪽 메뉴의 채우기를 클릭한다.
> - 항목을 선택한 후 [서식] 탭 – [차트 옵션]의 [채우기 및 선]에서 [채우기]를 클릭한다.
> - 항목을 선택한 후 [서식] 탭의 [도형 스타일]에서 [도형 채우기]를 클릭한다.

풀이결과

## 시험유형 ❷  '16기타작업-차트.xlsx' 파일의 '차트-실습2' 시트

※ '차트-실습2' 시트에서 다음의 지시사항에 따라 차트를 수정하시오.
① [B7:E7] 영역을 추가한 후 계열 이름을 〈그림〉과 같이 설정하시오.
② 차트 제목을 [A1] 셀과 연동되도록 설정하고 글꼴색을 '검정, 텍스트1'로 설정하시오.
③ 가로(항목) 축에서 수학 항목을 "수학 가형"/"수학 나형"으로 나타내시오.
④ 주 눈금선을 〈그림〉과 같이 표시하고 세로(값) 축의 최대, 최소, 단위(기본)을 〈그림〉과 같이 설정하시오.
⑤ 차트 영역의 도형 스타일을 '반투명 – 검정 어둡게1, 윤곽선 없음'으로 설정하시오.
⚠ 차트는 반드시 문제에서 제공한 차트를 사용하여야 하며, 신규로 작성 시 0점 처리됨
⚠ 〈그림〉은 162쪽의 풀이 결과를 참조할 것

① '차트'를 클릭한 후, [차트 디자인] 탭의 [데이터]에서 [데이터 선택]을 클릭한다. [데이터 원본 선택] 대화상자에서 '범례 항목 계열'에 새로운 계열을 추가하기 위해 [추가]를 클릭한다. [계열 편집] 대화상자에서 '계열 이름'에 **C반**을 입력하고, '계열 값'을 [B7:E7]으로 지정한 후 [확인]을 클릭한다.

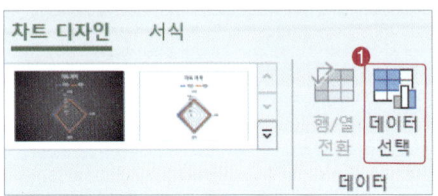

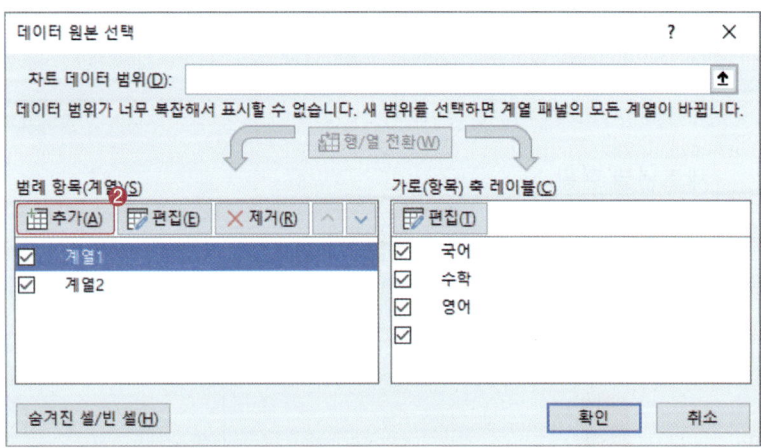

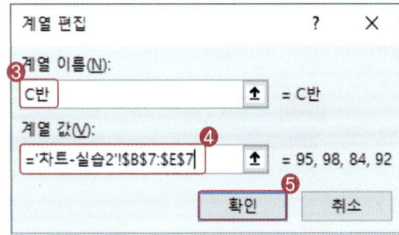

② 다시 [데이터 원본 선택] 대화상자에서 '계열1'을 클릭하고 [편집]을 클릭한 후 '계열 이름'을 **A반**으로 입력한다. 같은 방법으로 '계열2'를 선택한 후 '계열 이름'을 **B반**으로 입력하고, [확인]을 클릭한다. [데이터 원본 선택] 대화상자에서도 [확인]을 클릭한다.

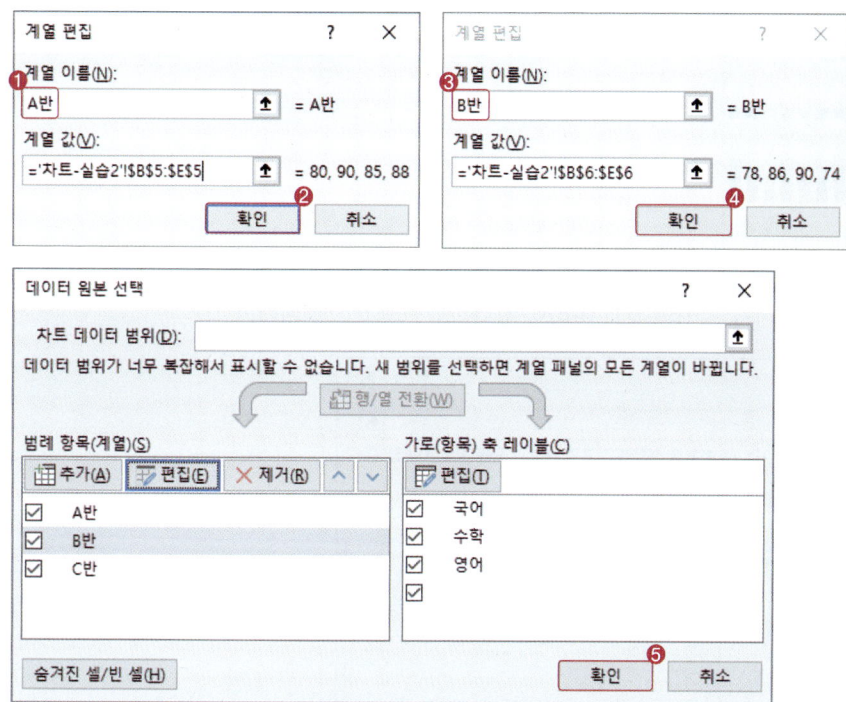

③ 차트 제목을 클릭한 후, 수식입력줄에 =를 입력 후 [A1] 셀을 클릭하고 Enter 를 눌러 완성한다.

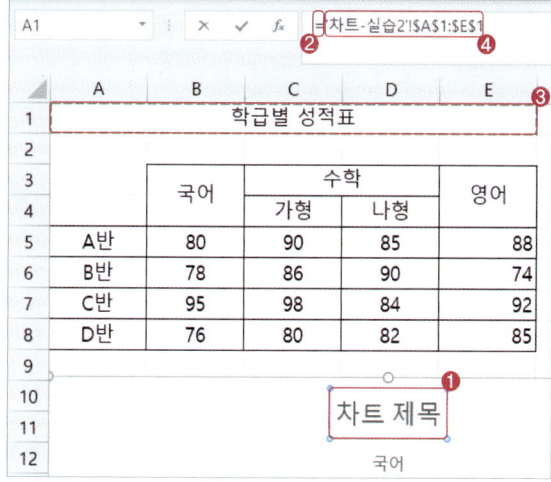

④ '차트 제목'을 선택한 후, [홈] 탭의 [글꼴]에서 글꼴색 목록 중 **테마 색–검정, 텍스트1**을 클릭한다. 이때 나머지 설정은 기본값으로 한다.

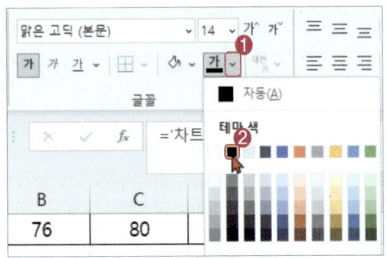

⑤ 차트 영역에서 마우스 오른쪽 버튼을 눌러 [데이터 선택]을 클릭한다. [데이터 원본 선택] 대화상자의 '가로(항목) 축 레이블'의 [편집]을 클릭한 후 **[B3:E4]** 범위를 설정하고 [확인]을 클릭한다.

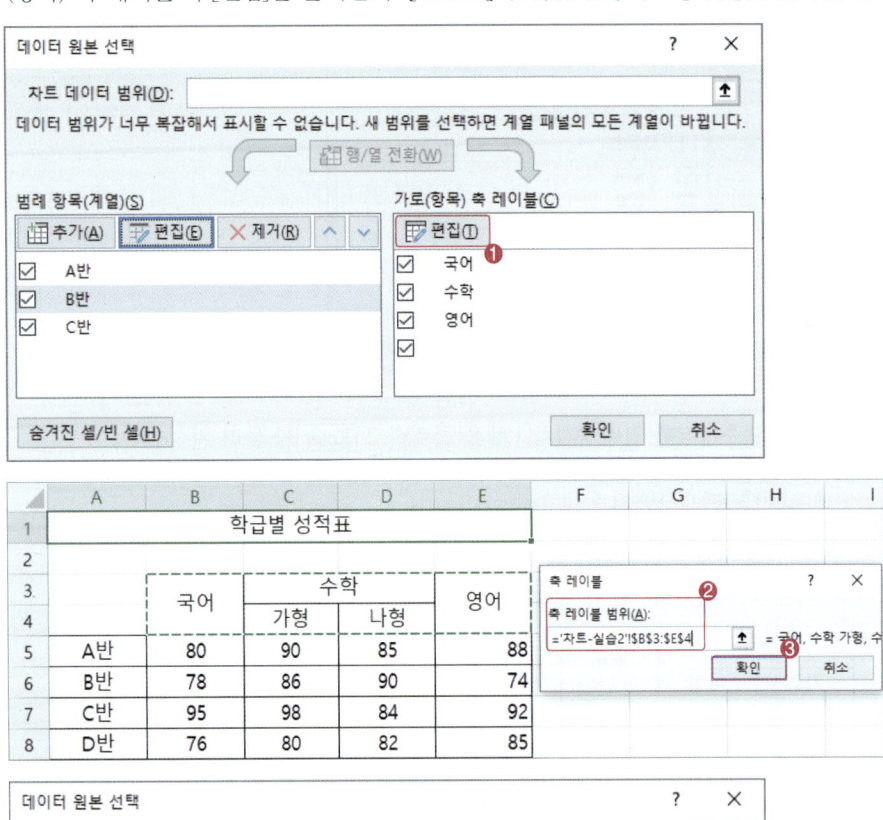

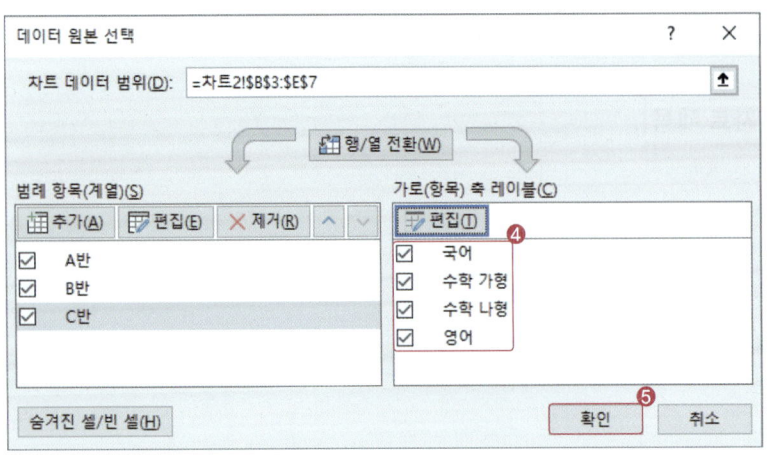

⑥ 기본(주) 눈금선을 클릭한 후, 키보드의 Delete 를 눌러 삭제한다(마우스 오른쪽 버튼을 눌러서 나타나는 메뉴의 [삭제]를 눌러도 동일함).

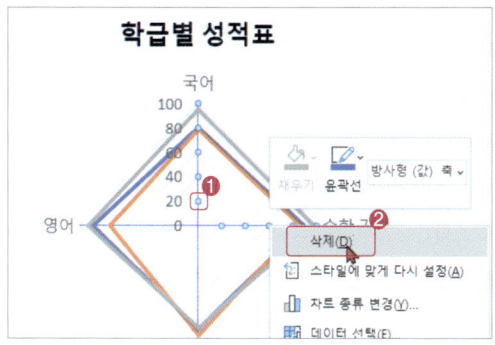

⑦ 기본 세로 축을 더블클릭한 후, [축 서식]에서 [축 옵션]의 '최소값'은 20, '최대값'은 100, '기본'은 20으로 입력한다(이미 값이 그림과 동일하다고 하더라도 반드시 다시 입력함).

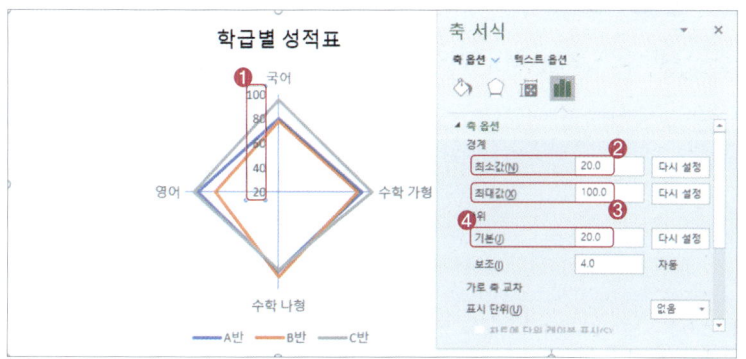

🅕 기적의 TIP

**자동/다시 설정**
- 차트 서식에서 수치를 입력하기 전 기본 값은 '자동'이다.
  ※ 자동 : 윈도우즈 해상도나 화면 설정에 따라서 자동으로 변경
- 지시사항에서 특정 수치를 넣어야 한다면 반드시 수치를 입력한 후 상태를 '다시 설정'으로 만들어 준다.

⑧ 차트를 선택한 후, [서식] 탭의 [도형 스타일]의 '자세히' 버튼을 클릭한다. 목록에서 **반투명 - 검정, 어둡게 1, 윤곽선 없음**을 클릭한다.

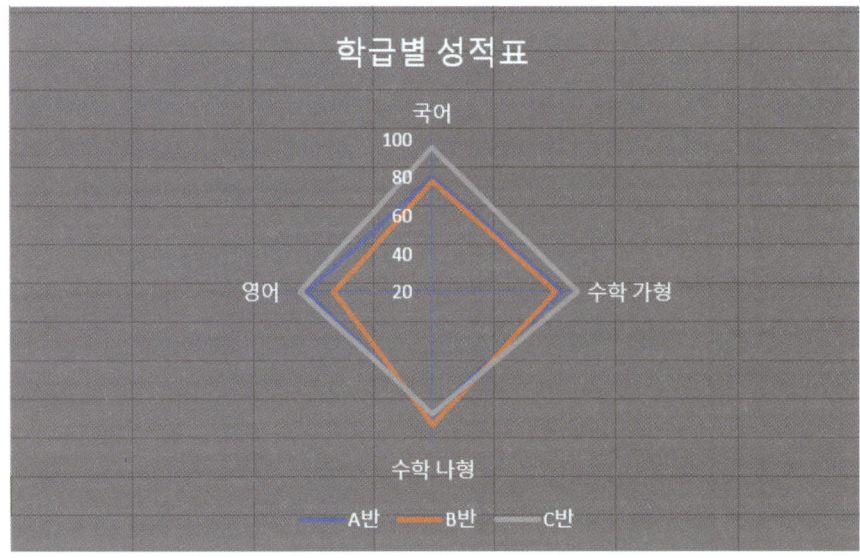

# 17 [기타작업] 매크로

반복학습 1 2 3

### 시험유형 ❶ '17기타작업-매크로.xlsm' 파일의 '매크로' 시트

※ '매크로' 시트에서 다음과 같은 기능을 수행하는 매크로를 현재 통합문서에 작성하시오.

① [G3:G25] 영역에 대하여 사용자 지정 표시 형식을 설정하는 '서식적용' 매크로를 생성하시오.
- ▶ 셀 값의 모든 숫자에 '천 단위 구분 기호'를 적용하시오.
- ▶ 셀 값이 10,000 이상인 경우 숫자 앞에 파란색으로 "▼", 1,000 이상 10,000 미만이면 해당 값을 녹청색으로, 1,000 미만이면 빨간색으로 "▲"를 표시하고, 텍스트는 빈칸으로 표시하시오.
  - [표시 예 : 15000 → ▼15,000 3000 → 3,000 0 → ▲면제 → ]
- ▶ [개발 도구]-[삽입]-[양식 컨트롤]의 '단추'를 동일 시트의 [I2:J3] 영역에 생성한 후 텍스트를 '서식적용'으로 입력하고, 단추를 클릭하면 '서식적용' 매크로가 실행되도록 설정하시오.

② [F3:F25] 영역에 대하여 조건부서식을 적용하는 '그래프적용' 매크로를 생성하시오.
- ▶ 규칙 유형은 '셀 값을 기준으로 모든 셀의 서식 지정'으로 선택하고, 서식 스타일 '아이콘 집합', 아이콘 스타일은 '4색 원'으로 설정하시오.
- ▶ 백분위수 80 이상은 '빨간색 원', 백분위수 50 이상은 '분홍색 원', 백분위수 30 이상은 '회색 원', 나머지는 '검은색 원'으로 설정하시오.
- ▶ [개발 도구]-[삽입]-[양식 컨트롤]의 '단추'를 동일 시트의 [I5:J6] 영역에 생성한 후 텍스트를 '그래프적용'으로 입력하고, 단추를 클릭하면 '그래프적용' 매크로가 실행되도록 설정하시오.

---

① 커서의 위치는 매크로가 적용되는 범위 외의 영역에 두고, [개발 도구] 탭의 [코드]에서 [매크로 기록]을 클릭한다.

② [매크로 기록] 대화상자에서 '매크로 이름'을 **서식적용**으로 입력한 후 [확인]을 클릭한다.

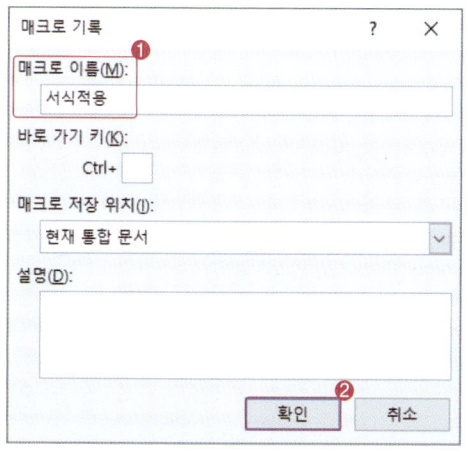

> 🎯 **기적의 TIP**
>
> **매크로 기록**
> - 이름 : 매크로를 설정할 이름 입력
> - 바로 가기 키 : 매크로를 실행할 때 설정하는 바로 가기 키(문제에 지시사항이 없으므로 비워 둠)
> - 매크로 저장 위치 : 현재 통합 문서가 기본값이므로 그대로 둠
> - 설명 : 기본값 그대로 둠

③ 영역에 서식을 지정하기 위해 [G3:G25]를 마우스로 드래그해서 블록 설정한 후 Ctrl + 1 을 누른다. [셀 서식] 대화상자에서 [표시 형식] 탭의 '사용자 지정'을 클릭한다. '형식'에 [>=10000][파랑]"▼"#,##0;[>=1000][녹청]#,##0;[빨강]"▲";를 입력하고 [확인]을 클릭한다.

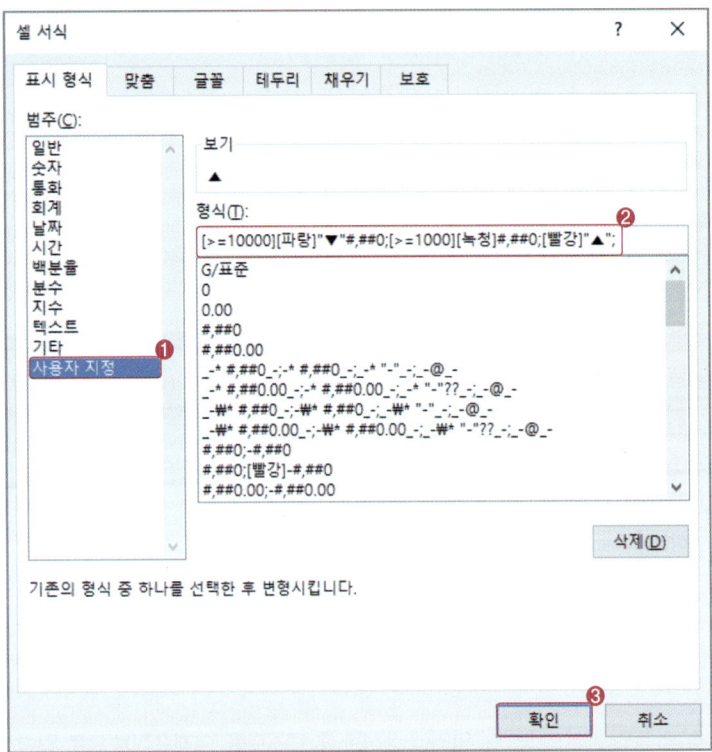

④ 블록을 해제한 후, [개발 도구] 탭의 [코드]에서 [기록 중지]를 클릭하여 매크로 기록을 중지한다.

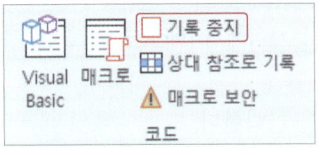

📒 기적의 TIP

**기록을 수정하려면**
1. 빈셀에 커서를 두고 [매크로 기록]을 누른다.
2. 동일한 매크로 이름을 입력 후 [확인]을 클릭한다.
3. 기존의 매크로를 바꾸겠냐는 대화상자가 뜨면 [예]를 클릭한다.

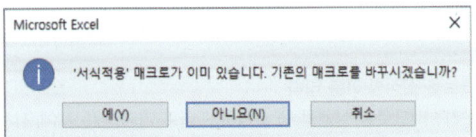

⑤ [개발 도구] 탭 – [컨트롤]의 [삽입]에서 **단추(양식 컨트롤)**을 클릭한다.

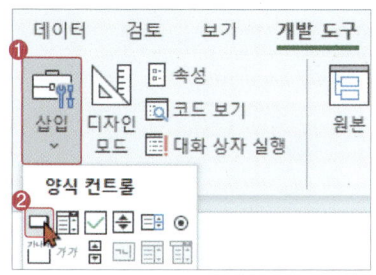

⑥ 마우스 포인터가 '+'로 바뀌면 [I2:J3] 영역에 Alt를 누른 상태에서 드래그한다. [매크로 지정] 대화상자의 '매크로 이름'은 목록에 있는 '서식적용'을 클릭한 후 [확인]을 클릭한다.

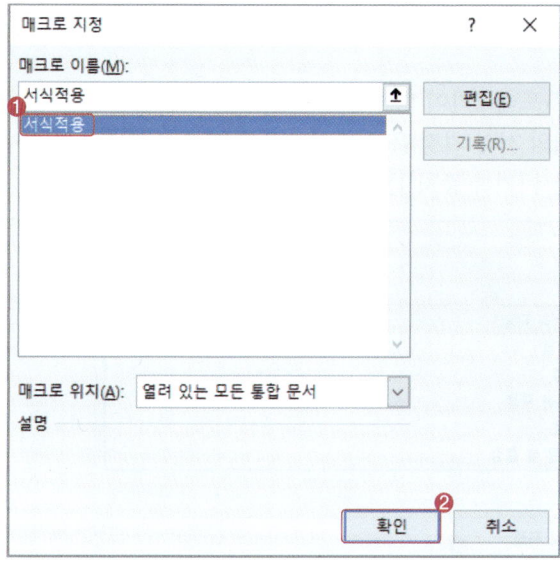

⑦ 매크로 단추를 Alt를 누른 상태에서 정확히 [I2:J3]에 일치하게 드래그해서 그린 후, 단추 안의 문자를 지우고 **서식적용**을 입력한다.

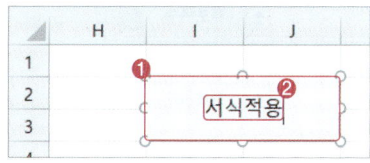

⑧ 두 번째 매크로를 작성하기 위해 커서의 위치를 매크로가 적용되는 범위 외의 영역에 두고, [개발 도구] 탭의 [코드]에서 [매크로 기록]을 클릭한다.

⑨ [매크로 기록] 대화상자에서 '매크로 이름'에 **그래프적용**을 입력한 후 [확인]을 클릭한다.

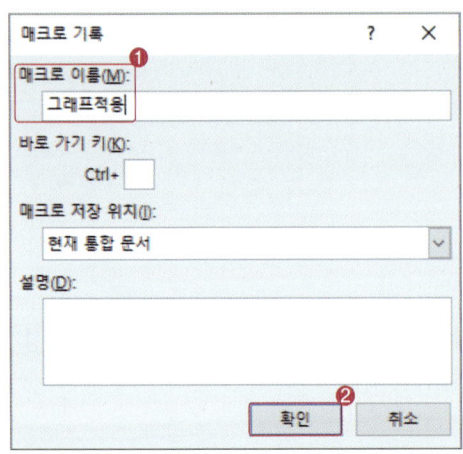

⑩ 영역에 서식을 지정하기 위해 [F3:F25]를 마우스로 드래그하여 영역 설정한다. [홈] 탭 – [스타일]의 [조건부서식] – [새 규칙]에서 [셀 값을 기준으로 모든 셀의 서식 지정]을 선택한다. [새 서식 규칙] 대화상자에서 그림과 같이 설정한 후, [개발 도구] 탭의 [매크로]에서 [기록 중지]를 클릭한다.

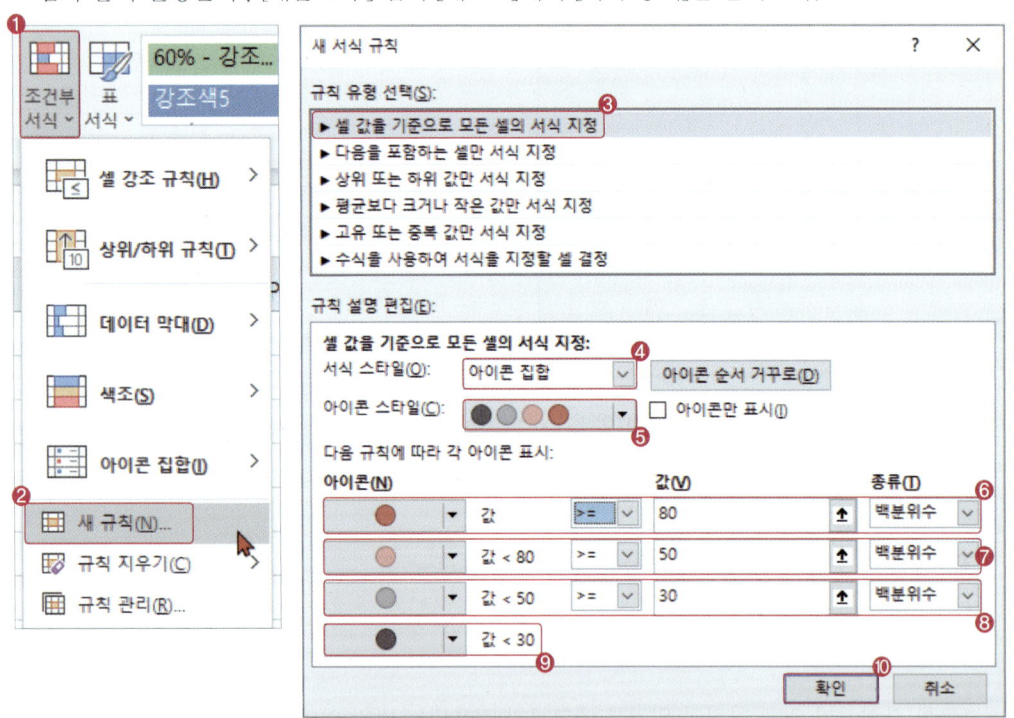

⑪ [개발 도구] 탭 – [컨트롤]의 [삽입]에서 [단추(양식 컨트롤)]을 클릭한다.
⑫ 마우스 포인터가 '+'로 바뀌면 [I5:J6] 영역에 드래그한다.

⑬ [매크로 지정] 대화상자에서 '그래프적용'을 선택하고 [확인]을 클릭한다.

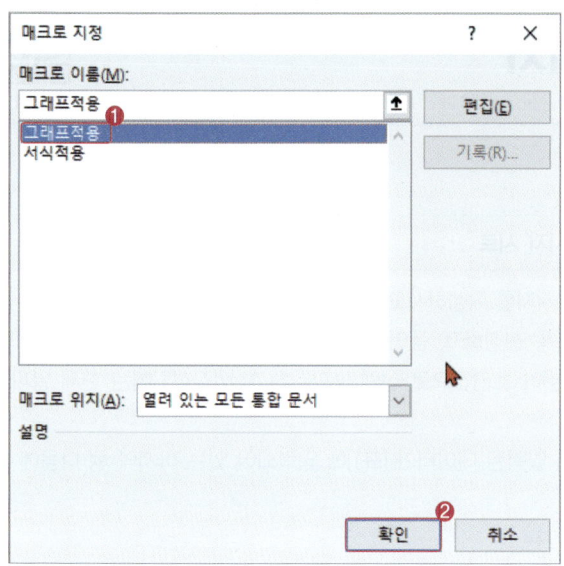

⑭ 매크로 단추를 Alt 를 누른 상태에서 정확히 [I5:J6]에 일치하게 드래그해서 그린 후, 단추 안의 문자를 지우고 **그래프적용**을 입력한다.

| | A | B | C | D | E | F | G | H | I | J |
|---|---|---|---|---|---|---|---|---|---|---|
| 1 | [표1] | | | | | | | | | |
| 2 | 성명 | 관계 | 결제방법 | 사용내역 | 사업자명 | 금액 | 부가세 | | 서식적용 | |
| 3 | 김은희 | 자 | 직불카드 | 일반의료비 | 정준정형외과 | 12300 | ▲ | | | |
| 4 | 김민정 | 자 | 일반카드 | 교육비 | 한빛영어 | 250000 | | | | |
| 5 | 김민정 | 자 | 일반카드 | 교육비 | 고은피아노 | 160000 | ▲ | | 그래프적용 | |
| 6 | 김은희 | 자 | 직불카드 | 일반의료비 | 으뜸약국 | 4500 | ▲ | | | |
| 7 | 하혜경 | 모 | 직불카드 | 식비 | 내마을슈퍼 | 123000 | 4,059 | | | |
| 8 | 한소희 | 처 | 직불카드 | 일반의료비 | 으뜸약국 | 53200 | 1,756 | | | |
| 9 | 김석진 | 본인 | 법인카드 | 비품 | 가나다문구 | 56000 | 1,848 | | | |
| 10 | 한소희 | 처 | 일반카드 | 식비 | 우리슈퍼 | 99100 | 3,270 | | | |
| 11 | 김희철 | 부 | 직불카드 | 일반의료비 | 우리들내과 | 7800 | ▲ | | | |
| 12 | 하혜경 | 모 | 현금영수증 | 일반의료비 | 우리들내과 | 15000 | ▲ | | | |
| 13 | 김수봉 | 자 | 일반카드 | 보험료 | 하나생명 | 52500 | ▲ | | | |
| 14 | 김희철 | 부 | 일반카드 | 일반의료비 | 우리들내과 | 132000 | 4,356 | | | |
| 15 | 김민정 | 자 | 현금영수증 | 교육비 | 한빛영어 | 250000 | | | | |
| 16 | 하혜경 | 모 | 직불카드 | 일반의료비 | 으뜸약국 | 12500 | ▲ | | | |
| 17 | 김석진 | 본인 | 현금영수증 | 보험료 | 하나생명 | 123900 | ▲ | | | |
| 18 | 김민정 | 자 | 현금영수증 | 교육비 | 고은피아노 | 160000 | ▲ | | | |
| 19 | 김수봉 | 자 | 일반카드 | 보험료 | 하나생명 | 81000 | 2,673 | | | |
| 20 | 하혜경 | 모 | 직불카드 | 일반의료비 | 으뜸약국 | 5700 | ▲ | | | |
| 21 | 김희철 | 부 | 직불카드 | 일반의료비 | 으뜸약국 | 11000 | ▲ | | | |
| 22 | 김석진 | 본인 | 법인카드 | 회식 | 산산한우 | 625000 | ▼20,625 | | | |
| 23 | 하혜경 | 모 | 직불카드 | 일반의료비 | 우리들내과 | 13900 | | | | |
| 24 | 하혜경 | 모 | 현금영수증 | 일반의료비 | 으뜸약국 | 6200 | ▲ | | | |
| 25 | 한소희 | 처 | 직불카드 | 교육비 | 댄스학원 | 150000 | 4,950 | | | |

# 18 [기타작업] 프로시저

반복학습 1 2 3

> **시험유형 ①**   '18기타작업-프로시저.xlsm' 파일의 '프로시저' 시트

※ '프로시저' 시트에서 다음과 같은 작업을 수행하도록 프로시저를 작성하시오.

① '학점관리' 단추를 클릭하면 〈학점관리표〉 폼이 나타나도록 설정하고, 폼이 초기화(Initialize)되면 코드(cmb자격증코드) 목록에는 [J4:K5] 영역의 값이 표시되고, 성별은 남(opt남)이 초기값으로 선택되도록 하고, txt작성일에는 현재 날짜가 〈그림〉과 같이 표시되도록 하고 비활성화하시오.

② '학점관리표' 폼의 '등록(cmd등록)' 단추를 클릭하면 폼에 입력된 데이터가 [표1]에 입력되어 있는 마지막 행 다음에 연속하여 추가되도록 프로시저를 작성하시오.
  ▶ 번호는 입력한 순서대로 표시하시오(첫 번째 입력한 번호는 1).
  ▶ 자격증은 cmb자격증코드의 자격증코드의 끝자리가 1이면 "컴활1급", 2면 "컴활2급"으로 입력하시오(RIGHT 함수를 이용할 것).
  ▶ 성별은 opt남이 선택되면 '남' opt여가 선택되면 '여'로 표시하시오.
  ▶ 결과는 필기는 60점 이상이고 실기는 70점 이상이면 "합격", 아니면 "불합격"으로 입력하시오(IF문, AND문을 이용할 것).
  ▶ 등록 후 작성일을 제외한 모든 텍스트 상자는 초기화하시오.
  ▶ 입력되는 데이터는 워크시트에 입력된 기존 데이터와 같은 형식의 데이터로 입력하시오.

③ 종료(cmd종료) 단추를 클릭하면 〈그림〉과 같은 메시지 박스를 표시한 후 폼을 종료하는 프로시저를 작성하시오.

⚠ 〈그림〉은 171쪽의 풀이 결과를 참조할 것

---

① [개발 도구] 탭의 [컨트롤]에서 [디자인 모드]를 클릭하여 〈학점관리〉 버튼을 편집상태로 만든다.

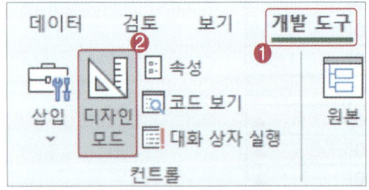

② [학점관리] 버튼을 더블클릭하고, Visual Basic 편집창이 열리면 '학점관리_Click( )' 아래 **학점관리표.show**를 입력한다. F5를 눌러서 실행해 본다(단계별로 반드시 확인해야 오류를 줄일 수 있음).

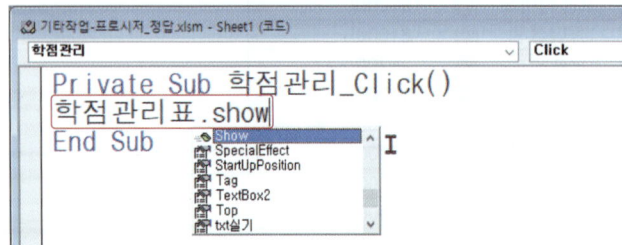

> **기적의 TIP**
>
> **메소드 입력**
> 1. 개체이름을 입력 후 마침표(.)를 누르면 관련 메소드 목록이 나타난다. 이때 표시할 메소드의 첫 알파벳을 입력해서 선택할 수 있다.
> 2. 초기화 메소드
>    - 폼이름.Show : 폼나타내기
>    - 컨트롤이름.Rowsource="범위" : 행원본
>    - 컨트롤이름.Additem "항목" : 항목추가

③ [프로젝트-VBAProject] 탐색기에서 '폼'을 확장시키고, [학점관리표] 폼을 클릭한 후 마우스 오른쪽 버튼을 눌러 [코드 보기]를 클릭하면 코드창이 실행된다.

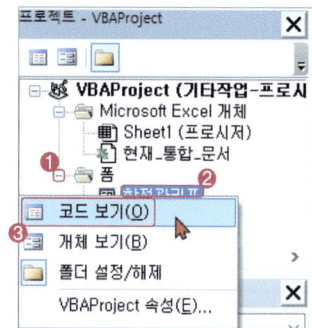

④ 목록은 UserForm, 이벤트는 Initialize로 설정한 후 아래의 코드를 입력한다.

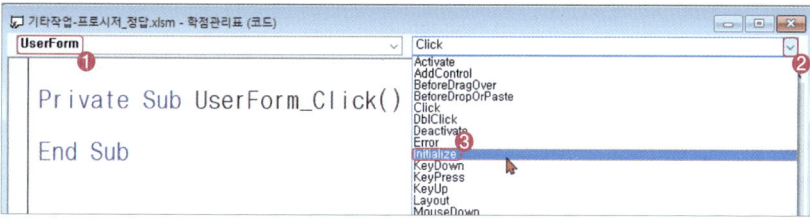

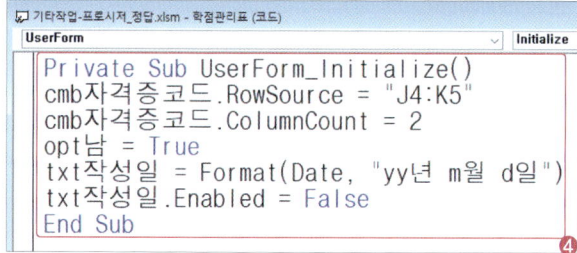

> **코드 설명**
>
> **'폼 초기화' 코드**
> - cmb자격증코드 콤보상자의 행 원본(RowSource)을 시트의 [J4:K5] 범위로 설정하여 콤보상자에서 선택할 수 있는 항목을 [J4:K5] 영역에서 불러온다.
> - 콤보상자의 열 개수를 2로 설정하여 각 항목이 두 열의 값을 갖게 한다.
> - 옵션 버튼 중 opt남을 기본 선택되게 한다.
> - txt작성일 텍스트박스에 오늘 날짜가 "24년 10월 18일"처럼 yy년 m월 d일 형식으로 표시된다.
> - txt작성일 텍스트박스를 비활성화한다.
> - 사용자가 직접 수정할 수 없고, 자동으로 표시된다.

⑤ [프로젝트-VBAProject] 탐색기에서 [학점관리표] 폼을 더블클릭하여 [개체 보기] 창을 연다. [cmd등록] 버튼을 더블클릭한 후, 'Click모드'에 아래와 같이 입력한다.

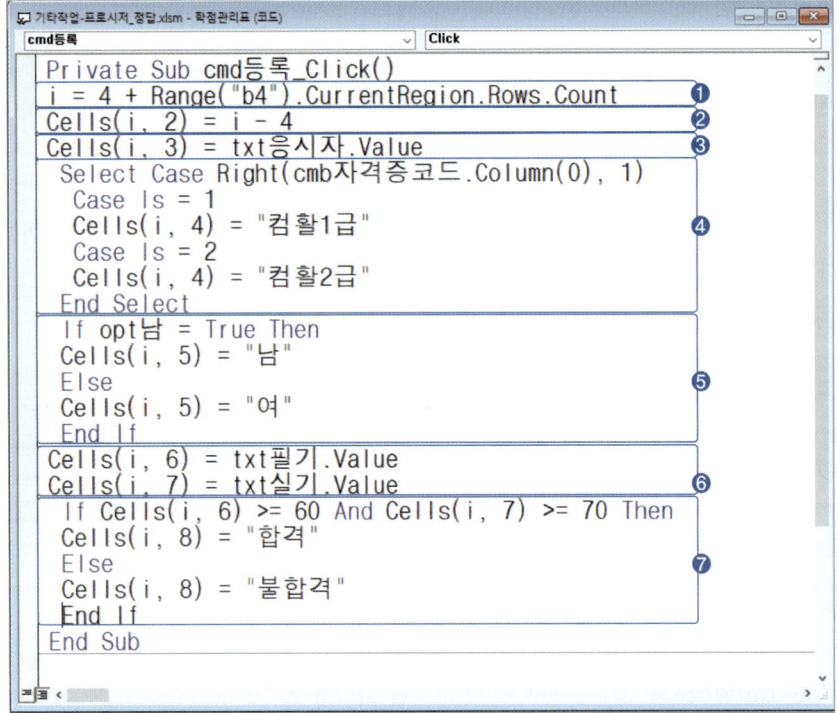

### 코드 설명

**'cmd등록을 클릭' 코드**

구문①
- i는 실제 데이터가 입력될 행 번호이다.
- Range("B4").CurrentRegion.Rows.Count는 B4셀을 포함한 영역의 전체 행 수를 의미한다.
- 따라서 i = (입력행) = B4셀과 연결된 영역의 행 수 + B4셀의 행 번호가 된다.

구문②
- Cells(i, 2)는 i행 B열을 의미한다(예 Cells(5,2) = B5).
- 번호는 '입력되는 행 번호 - 4'로 계산된다(예, 번호가 1인 경우 실제 행 번호는 5이므로 5-4=1이 됨).

구문③
- txt응시자에 입력한 값을 i행 C열에 입력한다.

구문④
- cmb자격증코드.Column(0) : 콤보상자의 첫 번째 열 값
- Right(…, 1) : 그 값의 오른쪽 끝 한 글자를 의미
- 끝 문자가 1이면 "컴활1급", 2이면 "컴활2급"을 i행 D열에 표시한다.

구문⑤
- 옵션 버튼 opt남이 선택된 경우 "남", 아니면 "여"를 i행 E열에 표시한다.

구문⑥
- 텍스트박스 txt필기, txt실기에 입력된 값을 각각 i행 F열, i행 G열에 입력한다.

구문⑦
- 필기 점수가 60 이상이면서, 실기 점수가 70 이상이면 i행 H열에 "합격"으로,
- 그 외는 "불합격"으로 표시한다.

⑥ [프로젝트-VBAProject] 탐색기에서 [학점관리표] 폼을 더블클릭하여 [개체 보기] 창을 연다. [cmd종료] 버튼을 더블클릭한 후, 'Click모드'에 아래와 같이 입력한다. 입력이 끝나면 [파일] 탭의 [닫고 Microsoft Excel(으)로 돌아가기]를 클릭하여 [Visual Editor]를 닫는다.

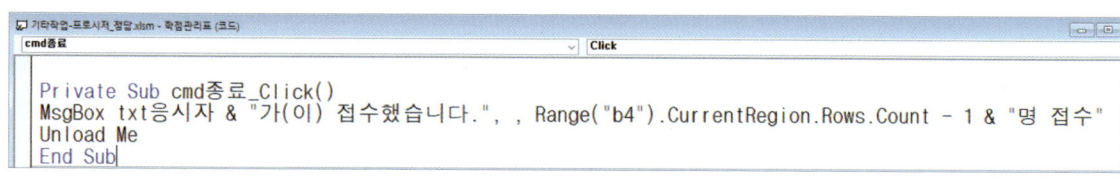

### 코드 설명

**'종료 버튼' 코드**

- MsgBox : 메시지상자 표시
- 내용 부분
  - txt응시자에 입력된 값을 불러와 "가(이) 접수했습니다."라는 문구와 함께 출력한다.
  - 예) 홍길동가(이) 접수했습니다.
- 제목 부분
  - Range("B4").CurrentRegion.Rows.Count는 [B4] 셀을 포함한 영역의 전체 행 수를 반환한다.
  - 실제 데이터 행 수는 이 값에서 1을 뺀 결과로 계산한다.
  - 따라서 "xx명 접수"라는 형태로 접수 인원수가 메시지 상자의 제목에 표시된다.

**풀이결과**

PART
02

# 스프레드시트 기출 유형 따라하기

### 자동 채점 서비스(웹 용)

① comlicense.co.kr 접속
② '도서' 확인 후, [채점하기] 클릭
③ '회차'와 '채점할 파일' 선택
④ [채점시작] 클릭

### 예제 파일 위치

[26컴활1급(커미조아)] → [스프레드시트] → [PART 02] 폴더

# 스프레드시트 기출 유형 따라하기

| 프로그램명 | 제한시간 |
|---|---|
| EXCEL | 45분 |

수험번호 : 

성　명 : 

## 유의사항

- 인적 사항 누락 및 잘못 작성으로 인한 불이익은 수험자 책임으로 합니다.

- 화면에 암호 입력창이 나타나면 아래의 암호를 입력하여야 합니다.
  ○ 암호 :

- 작성된 답안은 경로 및 파일명을 변경하지 마시고 그대로 저장하여야 합니다. 이를 준수하지 않으면 실격 처리됩니다.
  ○ 답안 파일명의 예 : C:\OA\수험번호8자리.xlsm

- 외부데이터 위치 : C:\OA\파일명

- 별도의 지시사항이 없는 경우, 다음과 같이 처리 시 실격 처리됩니다.
  ○ 제시된 시트 및 개체의 순서나 이름을 임의로 변경한 경우
  ○ 제시된 시트 및 개체를 임의로 추가 또는 삭제한 경우
  ○ 외부데이터를 시험 시작 전에 열어본 경우

- 답안은 반드시 문제에서 지시 또는 요구한 셀에 입력하여야 하며 다음과 같이 처리 시 채점 대상에서 제외됩니다.
  ○ 제시된 함수가 있을 경우 제시된 함수만을 사용하여야 하며 그 외 함수사용 시 채점대상에서 제외
  ○ 수험자가 임의로 지시하지 않은 셀의 이동, 수정, 삭제, 변경 등으로 인해 셀의 위치 및 내용이 변경된 경우 해당 작업에 영향을 미치는 관련 문제 모두 채점 대상에서 제외
  ○ 도형 및 차트의 개체가 중첩되어 있거나 동일한 계산결과 시트가 복수로 존재할 경우 해당 개체나 시트는 채점 대상에서 제외

- 수식 작성 시 제시된 문제 파일의 데이터는 변경 가능한(가변적) 데이터임을 감안하여 문제 풀이를 하시오.

- 별도의 지시사항이 없는 경우, 주어진 각 시트 및 개체의 설정값 또는 기본설정값(Default)으로 처리하시오.

- 저장 시간은 별도로 주어지지 않으므로 제한된 시간 내에 저장을 완료하여야 하며, 제한 시간 내에 저장이 되지 않은 경우에는 실격 처리됩니다.

- 출제된 문제의 용어는 MS Office Professional Plus 2021을 기준으로 작성되었습니다.

대한상공회의소

## 문제 ❶ 주어진 시트에서 다음의 과정을 수행하고 저장하시오. | 기본작업(15점)

### 01 '기본작업-1' 시트에서 다음과 같이 고급 필터를 수행하시오. (5점)
- ▶ [A2:L24] 영역에서 상여금이 상위 5위 이내에 해당하면서 복직시작일이 2024.01.01~2024.04.30인 직급, 직위, 부서명, 복직시작일 필드만 순서대로 표시하시오.
- ▶ 조건은 [N2:N3] 영역 내에 알맞게 입력하시오(LARGE, DATE 함수를 사용할 것).
- ▶ 결과는 [N5] 셀부터 표시하시오.

### 02 '기본작업-1' 시트에서 다음과 같이 조건부서식을 설정하시오. (5점)
- ▶ [A3:L24] 영역에서 휴직종료일과 휴직시작일의 차이가 30 이상이고 복직의 8번째 값이 "특채"가 아닌 값에 해당하는 행 전체에 대하여 글꼴색은 '표준 색-파랑', 글꼴 스타일은 '굵은 기울임꼴'로 지정하시오.
- ▶ 단, 규칙 유형은 '▶ 수식을 사용하여 서식을 지정할 셀 결정'으로 지정하고, 한 개의 규칙만을 이용하여 작성하시오.
- ▶ AND, DAYS, MID 함수를 사용하시오.

### 03 '기본작업-2' 시트에서 다음과 같이 페이지 레이아웃을 설정하시오. (5점)
- ▶ [A24:L101] 영역을 기존 인쇄 영역에 추가하고 1행이 페이지마다 인쇄되도록 인쇄 제목을 설정하시오.
- ▶ 인쇄 방향은 가로로 지정하고 홀수쪽 바닥글 오른쪽에는 현재 날짜가, 짝수쪽 바닥글 오른쪽에는 현재 페이지가 표시되게 설정하시오.
  - [표시 예 : 오늘 날짜가 2024-01-01입니다. 현재 페이지는 1페이지입니다.]
- ▶ 구분을 기준으로 값 A[A1:L23]는 1페이지, 값 B[A24:L65]는 2페이지, 값 C[A66:L101]는 3페이지에 인쇄되게 페이지 나누기를 수행하시오.

## 문제 ❷ '계산작업' 시트에서 다음의 과정을 수행하고 저장하시오. | 계산작업(30점)

### 01 [표1]의 직급, 직위와 [표2]의 상여금지급표를 이용하여 상여금을 [D3:D26] 영역에 표시하시오. (6점)
- ▶ 추가상여금이 "*"인 경우는 특별상여금 50을 더하시오.
- ▶ 상여금 = 상여금 + 추가상여금
- ▶ IFERROR, VLOOKUP, MATCH 함수를 사용하시오.

### 02 [표1]의 성적을 이용하여 순위그래프를 [G3:G26] 영역에 표시하시오. (6점)
- ▶ 순위가 6 이하인 경우 "★"은 6-순위, "☆"은 순위-1로 표시하고, 나머지는 빈칸으로 표시하시오.
- ▶ [표시 예 : 순위가 1 → ★★★★★, 순위가 2 → ★★★★☆]
- ▶ RANK.EQ, IF, REPT 함수와 & 연산자를 사용하시오.

**03** 사용자 정의 함수 'fn관리대상'을 작성하여 [표1]의 [H3:H26] 영역에 표시하시오. (6점)

- ▶ 'fn관리대상'은 부서명, 성적을 인수로 받아 값을 반환하는 함수이다.
- ▶ 성적이 80점 미만이면서 '행정'·'지방'·'경찰'이면 "1차", '국토'·'교통'·'도로'면 "2차", '소방'이면 "3차", 그 외 부서거나 80점 이상이면 빈칸으로 표시하시오.
- ▶ IF문, Select Case 문, Left 함수를 사용하시오.

    Public Function fn관리대상(부서명, 성적)

    End Function

**04** [표1]의 직위, 성적을 이용하여 [표3]의 [K14:M18] 영역에 백분위수를 표시하시오. (6점)

- ▶ 백분위수는 소수점 자릿수 영의 자리에서 반올림한 수이다.
- ▶ [표시 예 : 87.1 → 87%]
- ▶ ROUND, IF, PERCENTILE.INC 함수를 사용하는 배열 수식을 작성하시오.

**05** [표1]의 직급, 성적을 이용하여 진출[P14:P18] 영역에 성적의 합계를 표시하시오. (6점)

- ▶ [표시 예 : 593 → 593점]
- ▶ SUM, TEXT 함수를 사용하는 배열 수식을 작성하시오.

---

**문제 ❸** 주어진 시트에서 다음의 과정을 수행하고 저장하시오. | 분석작업(20점)

**01** '분석작업-1' 시트에서 다음의 지시사항에 따라 피벗 테이블 보고서를 작성하시오. (10점)

- ▶ 데이터 가져오기를 이용하여 〈휴직현황.xlsx〉의 데이터의 '직급별현황' 테이블의 '직급', '성별', '휴직명', '직급수당', '성과수당', '휴직사용일', '휴직시작일' 열만 사용하시오.
- ▶ 피벗 테이블 보고서의 레이아웃과 위치는 〈그림〉을 참조하여 설정하고, 보고서 레이아웃을 개요 형식으로 표시하시오.
- ▶ 직급을 그룹화하고 휴직명은 수동으로 정렬하시오.
- ▶ '직급'이 '1급'인 데이터를 별도의 시트에 표시한 후 시트 이름을 '1급휴직수당'으로 지정하고, '분석작업-1' 시트의 왼쪽에 위치시키시오.
- ▶ 행과 열 총합계는 해제하시오.
- ▶ 피벗 테이블 스타일은 〈그림〉과 동일하게 설정하시오.

▶ 나머지 사항은 〈그림〉과 동일하게 작성하시오.

| | A | B | C | D | E | F | G |
|---|---|---|---|---|---|---|---|
| 1 | | | | | | | |
| 2 | 성별 | (모두) | | | | | |
| 3 | | | | | | | |
| 4 | | 휴직명 | 값 | | | | |
| 5 | | 가사 | | 질병 | | 육아 | |
| 6 | 직급명 | 합계 : 직급수당 | 합계 : 성과수당 | 합계 : 직급수당 | 합계 : 성과수당 | 합계 : 직급수당 | 합계 : 성과수당 |
| 7 | 1급 | 4500000 | 3000000 | 3500000 | 1550000 | 1500000 | 1000000 |
| 8 | 2급 | 4800000 | 3800000 | | | | |
| 9 | 3급 | 5000000 | 4000000 | | | | |
| 10 | 4급 | 1600000 | 1500000 | 1600000 | 1500000 | 800000 | 750000 |
| 11 | 5급 | 2800000 | 2600000 | | | 700000 | 650000 |

## ② '분석작업-2' 시트에 대하여 다음의 지시사항을 처리하시오. (10점)

▶ [B5:B11] 영역의 데이터를 텍스트 나누기를 실행하여 [F5:F11] 영역에 나타내시오.
– 데이터는 날짜 형식으로 변환하시오.

| | B | C | D | E | F |
|---|---|---|---|---|---|
| 2 | | | | | |
| 3 | [표1] | | | 기준일자 | 2024-01-01 |
| 4 | 배출일 | | | 폐기항목 | 배출일자 |
| 5 | 24-7-8 | | | 선풍기(대) | 2024-07-08 |
| 6 | 24-7-15 | | | 프린터(잉크젯) | 2024-07-15 |
| 7 | 24-8-1 | | | 침대프레임 | 2024-08-01 |
| 8 | 24-8-5 | | | 전기히터 | 2024-08-05 |
| 9 | 24-8-31 | | | 헌옷 | 2024-08-31 |
| 10 | 24-9-10 | | | 믹서기 | 2024-09-10 |
| 11 | 24-10-10 | | | 이불 | 2024-10-10 |

▶ [F5:F11] 영역에는 데이터 유효성 검사 도구를 이용하여 기준일자보다 10일 이후인 날짜만 입력되도록 제한 대상을 설정하시오.
– [F5:F11] 영역의 셀을 클릭한 경우 〈그림 1〉과 같은 설명 메시지를 표시하고, 유효하지 않은 데이터를 입력한 경우 〈그림 2〉와 같은 오류 메시지가 표시되도록 설정하시오.
• 메모 제목 : 날짜입력
• 설명 메시지 : 기준일자보다 10일 이후 날짜로 입력해주세요.

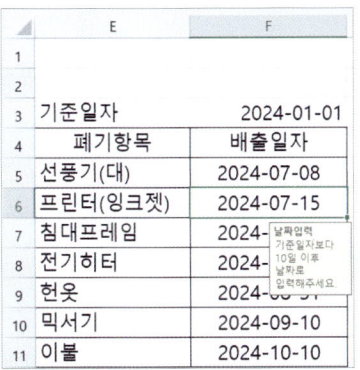

▲ 그림 1

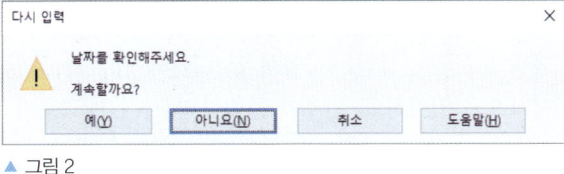

▲ 그림 2

## 문제 ❹ 주어진 시트에서 다음의 과정을 수행하고 저장하시오. | 기타작업(35점)

### 01 '기타작업-1' 시트에서 다음의 지시사항에 따라 차트를 수정하시오. (각 2점)

⚠ 차트는 반드시 문제에서 제공한 차트를 사용하여야 하며, 신규로 작성 시 0점 처리됨

① [G4:G16] 영역을 '대출금액' 계열로 추가한 후 보조축으로 지정하고 범례는 범례 서식을 이용하여 '아래쪽'에 표시하시오.
② 차트 제목은 '차트 위'로 설정하되, [B2] 셀과 연동하고, 텍스트 상자의 텍스트 방향을 '25°'로 설정하시오.
③ 가로(항목) 축의 표시형식은 'mmm dd'로 설정한 후 나머지는 〈그림〉과 동일하게 변경하고, 보조 세로(값) 축의 최대값은 '60000'으로 설정하시오.
④ 대출금액에 하강선을 표시하고 'Mar 01' 요소의 각 계열의 설명선을 〈그림〉과 같이 표시하시오.
⑤ 차트 영역의 테두리 스타일은 '둥근 모서리'로 지정하고 '색 변경' 기능을 이용해서 '다양한 색상표 3'으로 지정하시오.

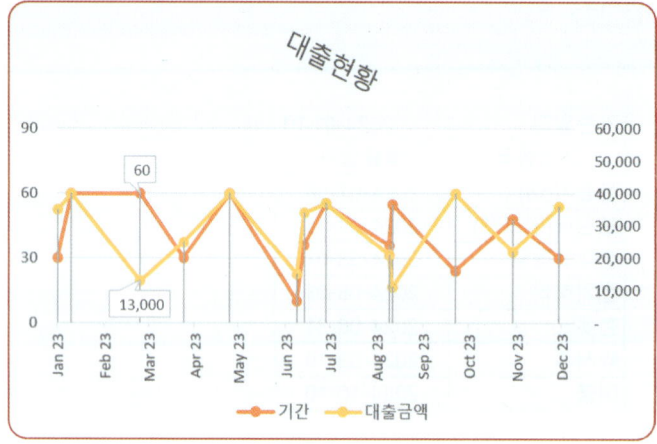

### 02 '기타작업-2' 시트에서 다음과 같은 기능을 수행하는 매크로를 현재 통합문서에 작성하시오. (각 5점)

⚠ 셀 포인터의 위치에 관계 없이 매크로가 실행되어야 정답으로 인정됨

① [J3:J27], [L3:L27] 영역에 대하여 사용자 지정 표시 형식을 설정하는 '서식' 매크로를 생성하시오.
  ▶ 셀 값이 8 이상이면 빨간색으로 '★'을 숫자 앞에 셀 너비만큼 표시하고, 1 이상이면 자홍색으로 '★', 0이면 파란색으로 '■'를 표시하시오.
    - [표시 예 : ★★★ 10   ★ 2   ■]
  ▶ [개발 도구] - [삽입] - [양식 컨트롤]의 '단추'를 동일 시트의 [P2:Q3] 영역에 생성한 후 텍스트를 '서식'으로 입력하고, 단추를 클릭하면 '서식' 매크로가 실행되도록 생성하시오.

② [D3:D27] 영역에 대하여 사용자 지정 표시 형식을 설정하는 '정렬' 매크로를 생성하시오.
- ▶ 셀 값이 0 이상이면 숫자를 왼쪽 정렬하고, 0보다 작으면 음수로 표시하고, 0은 빈칸, 문자는 문자 뒤에 "점"을 붙여 표시하되 오른쪽으로 정렬하시오.
  - [표시 예 : | 10 | -2 | 백점 | ]
- ▶ [삽입] – [도형]– '기본 도형'의 '배지(◯)'를 동일 시트의 [P4:P6] 영역에 생성한 후 텍스트를 '정렬'로 입력하고, 단추를 클릭하면 '정렬' 매크로가 실행되도록 생성하시오.

## 03 '기타작업-3' 시트에서 다음과 같은 기능을 수행하는 프로시저를 작성하시오. (각 5점)

① '강좌예약' 단추를 클릭하면 〈강좌예약〉 폼이 나타나도록 설정하고, 폼이 초기화(Initialize)되면 [K4:L6] 영역의 값이 구분1(cmb구분1)과 구분2(cmb구분2)의 목록에 표시되고, 예약날짜(txt예약날짜)에는 시스템의 현재 날짜가 표시되도록 프로시저를 작성하시오.

② '강좌예약' 폼의 〈예약(cmd강좌예약)〉 단추를 클릭하면 폼에 입력된 데이터가 [표1]에 입력되어 있는 마지막 행 다음에 연속하여 추가되도록 프로시저를 작성하시오.
- ▶ [B2] 셀은 기울임꼴로 표시하시오.
- ▶ 예약번호는 대문자로 표시하시오.
- ▶ 구분1과 구분2는 회원구분열을 표시하시오(list, listindex 함수를 사용할 것).
- ▶ 결제금액을 계산하되, 아래의 조건을 만족하게 하시오.
  - 결제금액 = 구분별 요금*인원수의 합 → 인원수1*요금+인원수2*요금
  - 단, '인원수1+인원수2'의 인원이 10 이상인 경우 10% 할인된 금액으로 계산하시오.
  - 이때 구분1 또는 구분2 둘 중 하나만 선택해도 오류가 생기지 않도록 하시오.
- ▶ 입력되는 데이터는 워크시트에 입력된 기존 데이터와 같은 형식으로 입력하시오.

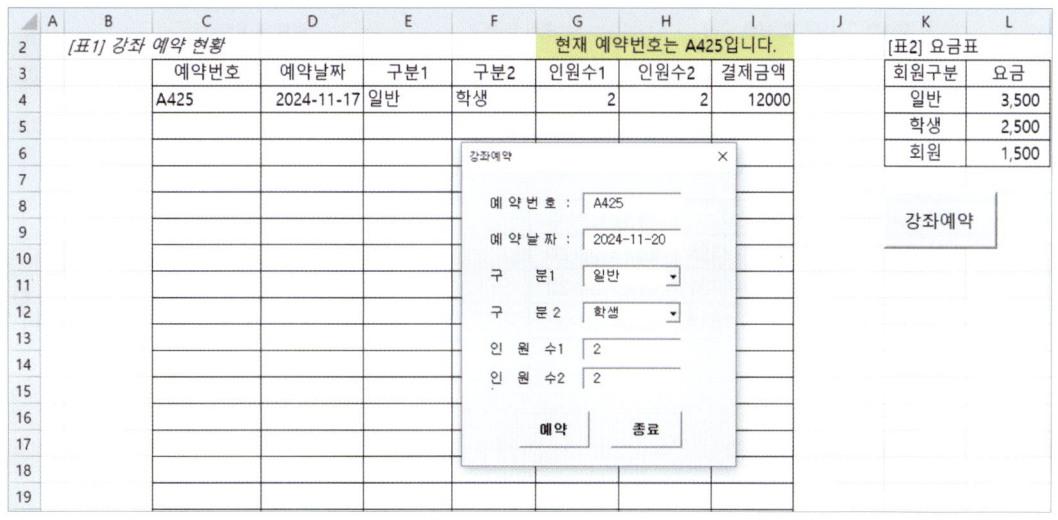

③ 〈종료(cmd종료)〉 단추를 클릭하면 [G2] 셀에 "현재 예약번호는 ~입니다."와 같이 txt예약번호가 입력되게 작성하고 폼을 종료하는 프로시저를 작성하시오.

# 스프레드시트 기출 유형 따라하기  해설

## 문제 ❶ 기본작업    1. 고급 필터('기본작업-1' 시트)

|정답|

① [N2:N3] 영역에 조건을 입력한다. [N3] 셀에 =($E3>=LARGE($E$3:$E$24,5))*($L3>=DATE(2024,1,1))*($L3<=DATE(2024,4,30))를 입력하고, [N5:Q5] 영역에 추출할 필드명을 작성한다. 이후 커서를 [표1] 영역 안의 임의의 셀에 놓고 [데이터] 탭의 [정렬 및 필터]에서 [고급]을 클릭한다.

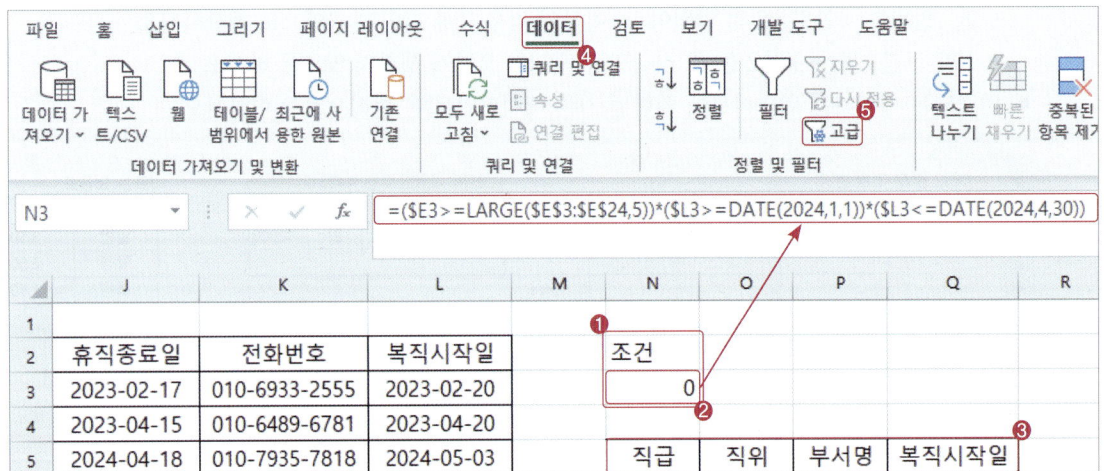

180    PART 02 스프레드시트 기출 유형 따라하기

② [고급 필터] 대화상자에서 '결과'는 **다른 장소에 복사**를 선택한다. '목록 범위'는 $B$2:$L$24, '조건 범위'는 $N$2:$N$3, '복사 위치'는 $N5:$Q5로 지정하고 [확인]을 클릭한다.

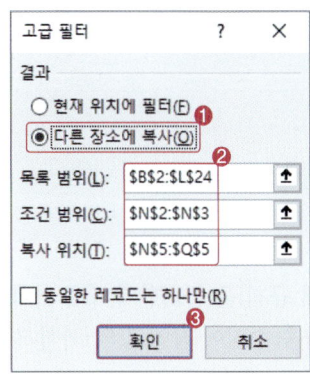

> 🗨 **함수 설명**
>
> - 수식은 반드시 주어진 함수로만 작성해야 하고 And 함수는 없지만 조건식이 And 조건인 경우 (조건식)*(조건식)의 방법으로 대체해서 입력한다.
>   – LARGE(범위, K) : 범위 내에서 K번째로 큰 수
>   – DATE(년, 월, 일) : 년–월–일 의 형태로 날짜로 추출

③ [파일] – [저장하기] 또는 Ctrl + S 또는 빠른 실행의 저장버튼을 눌러서 저장한다.

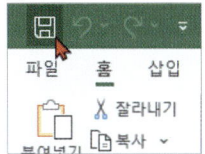

## 문제 ❶ 기본작업  2. 조건부서식('기본작업-1' 시트)

**|정답|**

| | A | B | C | D | E | F | G | H | I | J | K | L |
|---|---|---|---|---|---|---|---|---|---|---|---|---|
| 1 | [표1] | | | | | | | | | | | |
| 2 | 성명 | 직급 | 직위 | 구분 | 상여금 | 부서명 | 복직 | 성적 | 휴직시작일 | 휴직종료일 | 전화번호 | 복직시작일 |
| 3 | 조정현 | 사무관 | 계장 | B | 1,000,000 | 행정지원실 | 1GONGMU공채 | 95 | 2023-02-04 | 2023-02-17 | 010-6933-2555 | 2023-02-20 |
| 4 | 계형산 | 사무관 | 부장 | A | 2,000,000 | 지방자치행정과 | 2GONGMU특채 | 80 | 2023-01-15 | 2023-04-15 | 010-6489-6781 | 2023-04-20 |
| 5 | 양ान석 | 주무관 | 팀장 | C | 1,200,000 | 경찰안전과 | 1GONGMU일반 | 61 | 2024-01-18 | 2024-04-18 | 010-7935-7818 | 2024-05-03 |
| 6 | 최두석 | 책임연구원 | 계장 | C | 1,250,000 | 주민안전과 | 1GONGMU일반 | 76 | 2020-01-31 | 2020-04-30 | 010-2935-6975 | 2020-06-04 |
| 7 | 조문환 | 선임연구원 | 실장 | A | 1,450,000 | 정보화기획실 | 1GONGMU특채 | 35 | 2018-02-05 | 2018-02-20 | 010-5011-7127 | 2019-03-08 |
| 8 | 김부기 | 행정부장 | 국장 | C | 2,500,000 | 행정안전정보과 | 2GONGMU특채 | 85 | 2021-05-01 | 2021-08-10 | 010-5673-3864 | 2021-08-31 |
| 9 | 김경환 | 인사담당관 | 팀장 | B | 2,200,000 | 행정안전정책과 | 2GONGMU공채 | 65 | 2023-12-13 | 2024-05-02 | 010-9933-8507 | 2024-06-07 |
| 10 | 이영민 | 사무관 | 계장 | C | 1,100,000 | 국가안전기술연구소 | 1GONGMU일반 | 75 | 2023-12-01 | 2024-02-10 | 010-9434-3737 | 2024-03-10 |
| 11 | 이미숙 | 주무관 | 실장 | C | 1,050,000 | 국토계획실 | 1GONGMU일반 | 92 | 2023-02-21 | 2023-03-21 | 010-2931-1577 | 2019-05-05 |
| 12 | 이헌한 | 주무관 | 팀장 | A | 1,320,000 | 국토정책실 | 1GONGMU특채 | 87 | 2023-06-01 | 2023-06-15 | 010-7627-7400 | 2023-06-20 |
| 13 | 김계숙 | 주무관 | 부장 | C | 1,500,000 | 교통산업정책과 | 1GONGMU일반 | 55 | 2024-03-01 | 2024-06-01 | 010-3323-3357 | 2024-06-15 |
| 14 | 이상규 | 사무관 | 계장 | B | 950,000 | 교통안전정책과 | 9GONGMU공채 | 66 | 2023-06-07 | 2023-12-10 | 010-8933-8752 | 2024-01-03 |
| 15 | 주동조 | 사무관 | 계장 | B | 1,000,000 | 국토지주공사 | 1GONGMU특채 | 70 | 2023-03-09 | 2023-06-09 | 010-6935-0366 | 2023-07-01 |
| 16 | 염기희 | 사무관 | 실장 | C | 1,150,000 | 도로교통과 | 1GONGMU일반 | 50 | 2023-03-14 | 2023-06-14 | 010-6934-7744 | 2023-08-20 |
| 17 | 활대일 | 주무관 | 팀장 | A | 1,550,000 | 해양경찰청 | 1GONGMU일반 | 60 | 2022-03-05 | 2024-03-04 | 010-1936-1988 | 2024-03-10 |
| 18 | 김은종 | 행정부장 | 부장 | A | 1,950,000 | 항만및물류산업과 | 1GONGMU특채 | 83 | 2024-03-22 | 2024-03-30 | 010-7931-7263 | 2024-04-02 |
| 19 | 조성억 | 사무관 | 실장 | A | 1,150,000 | 토지조사과 | 1GONGMU특채 | 74 | 2023-12-10 | 2024-02-10 | 010-1336-7242 | 2024-03-05 |
| 20 | 홍영진 | 주무관 | 팀장 | C | 1,350,000 | 소방시설안전관리과 | 1GONGMU일반 | 63 | 2018-03-30 | 2018-04-05 | 010-8936-5673 | 2018-04-30 |
| 21 | 고진호 | 책임연구원 | 실장 | B | 1,750,000 | 소방안전정책과 | 1GONGMU공채 | 89 | 2022-09-01 | 2022-12-31 | 010-3936-9211 | 2023-01-05 |
| 22 | 김명순 | 선임연구원 | 실장 | B | 2,700,000 | 소방인력교육과 | 1GONGMU공채 | 32 | 2024-04-09 | 2024-07-09 | 010-7520-5804 | 2024-08-05 |
| 23 | 박진하 | 주무관 | 국장 | C | 2,260,000 | 소방장비관리과 | 2GONGMU일반 | 88 | 2023-04-12 | 2023-07-12 | 010-7671-1233 | 2024-02-25 |
| 24 | 유조남 | 수석연구원 | 국장 | A | 3,550,000 | 소방시설화재감시과 | 3GONGMU특채 | 77 | 2018-04-17 | 2019-07-17 | 010-1936-2533 | 2019-08-05 |

① 임의의 셀에 수식 =AND(DAYS($J3,$I3)>=30,MID($G3,8,2)<>"특채")를 입력한 후 =을 포함한 수식을 잘라내기(Ctrl+X) 한다.

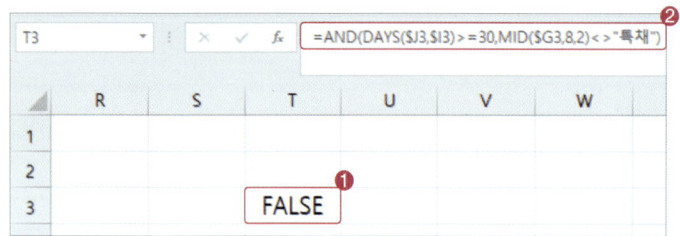

② [A3:L24] 영역을 블록 설정하고, [홈] 탭 – [스타일]의 [조건부서식]에서 [새 규칙]을 클릭한다. [새 서식 규칙] 대화상자에서 ▶**수식을 사용하여 서식을 지정할 셀 결정**을 클릭한다. '다음 수식이 참인 값의 서식 지정'에 복사한 수식을 붙여넣기한다.

③ [서식]을 클릭한 후, 글꼴의 '스타일'은 **굵은 기울임꼴**, '색'은 **표준 색–파랑**을 선택한 후 [확인]을 클릭한다.

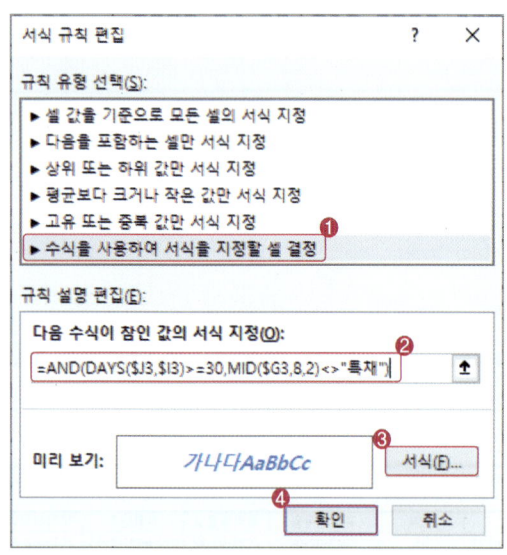

• DAYS(끝 날짜, 시작 날짜) : 끝 날짜 – 시작 날짜로 계산
• MID(문자, 시작위치, 문자수) : 문자의 시작위치에서 문자수만큼 추출

## 문제 ① 기본작업  3. 페이지 레이아웃('기본작업-2' 시트)

|정답|

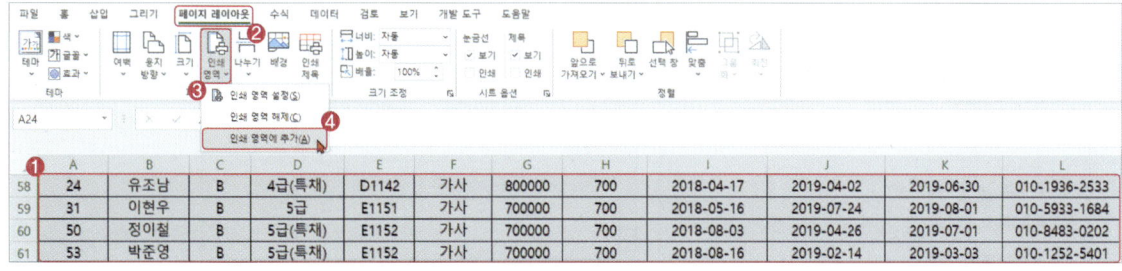

① 추가할 영역[A24:L101]을 블록 설정한 후, [페이지 레이아웃] 탭 − [페이지 설정]의 [인쇄 영역]에서 [인쇄 영역 추가]를 클릭하여 기존 인쇄 영역에 추가된 영역을 추가한다.

② [페이지 레이아웃] 탭에서 [페이지 설정]의 **옵션(⬚)**을 클릭한 후, [페이지 설정] 대화상자의 [시트] 탭에서 '반복할 행'에 **1행**을 추가한다.

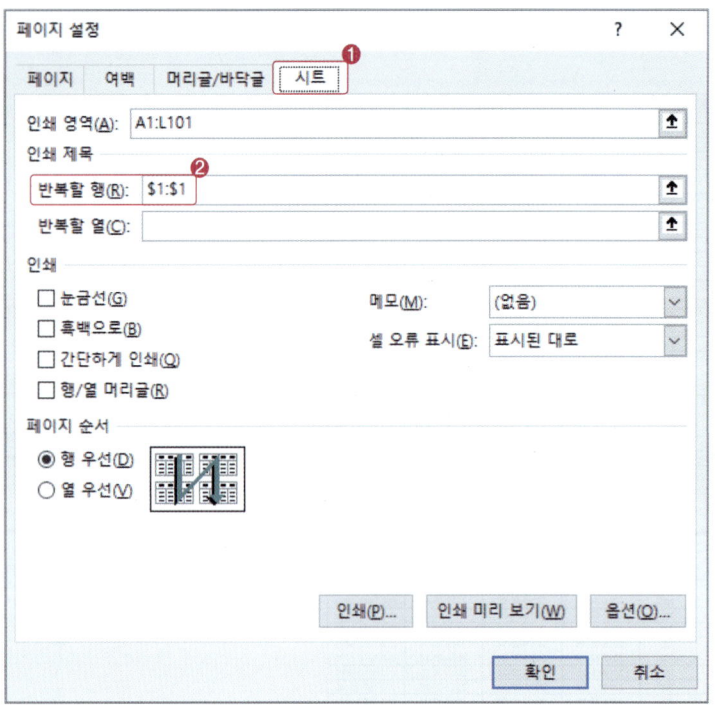

③ [페이지] 탭을 클릭한 후 '용지 방향'의 **가로**를 선택하고, [머리글/바닥글] 탭을 클릭한 후 **짝수와 홀수 페이지를 다르게 지정**에 체크하고, [바닥글 편집]을 클릭한다.

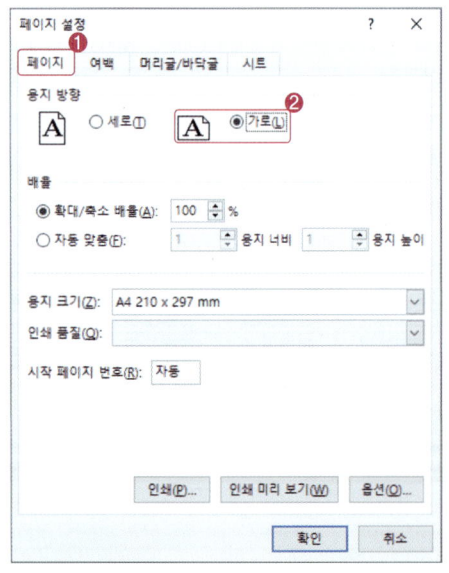 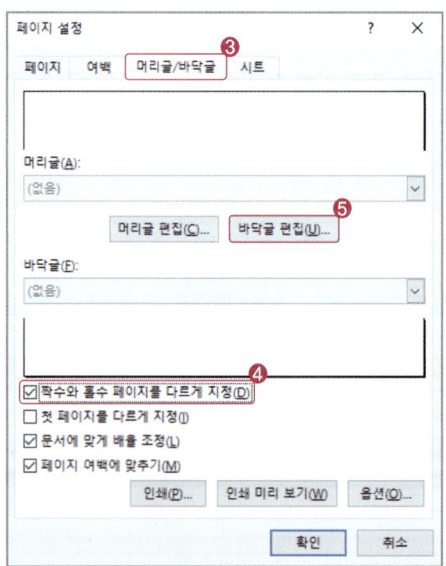

### 🅱 기적의 TIP

**짝수와 홀수 페이지를 다르게 지정**
- 짝수와 홀수 페이지의 머리글/바닥글을 달리 설정한다.
- 주로 펼침면 인쇄나 양면 인쇄에 사용되는 기능이다.

**머리글/바닥글**
- 📄 &[페이지 번호]
- 📅 &[날짜]

④ [바닥글] 대화상자에서 [홀수 페이지 바닥글] 탭의 '오른쪽 구역'에는 **오늘 날짜가 &[날짜]입니다.**를 입력하고, [짝수 페이지 바닥글] 탭의 오른쪽 구역에는 **현재 페이지는 &[페이지 번호]페이지입니다.**를 입력한 후 [확인]을 클릭한다.

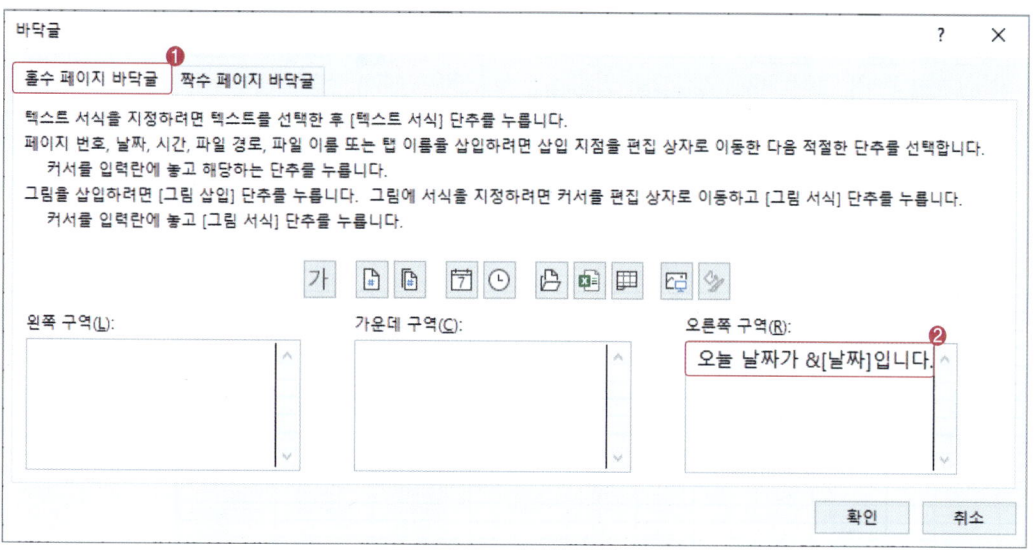

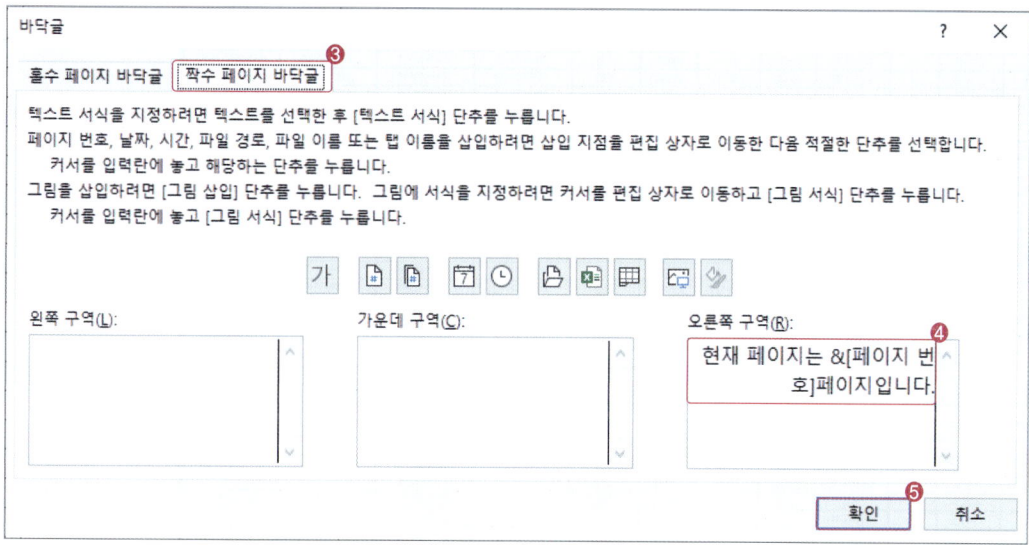

⑤ [보기] 탭의 [페이지 나누기 미리 보기]를 클릭한 후 자동으로 설정된 페이지 나누기 구분선을 **24행**까지 끌어서 페이지를 나눈다. 3페이지 역시 구분선을 **66행**까지 끌어서 페이지를 나눈다. [보기] 탭의 [기본]을 클릭한다.

## 문제 ❷ 계산작업 · '계산작업' 시트

**|정답|**

| | A | B | C | D | E | F | G | H | I | J | K | L | M | N | O | P |
|---|---|---|---|---|---|---|---|---|---|---|---|---|---|---|---|---|
| 1 | | [표1] | | | | | | | | | | | | | | |
| 2 | | 직급 | 직위 | 상여금 | 부서명 | 성적 | 순위그래프 | 관리대상 | | [표2] 상여금지급표 | | | | | (단위: 천원) | |
| 3 | | 사무관 | 계장 | 1000 | 행정지원실 | 95 | ★★★★★ | | | | 계장 | 실장 | 팀장 | 부장 | 국장 | 추가상여금 |
| 4 | | 사무관 | 계장 | 1000 | 지방자치행정과 | 80 | | | | 사무관 | 500 | 600 | 800 | 1000 | 1250 | 500 |
| 5 | | 주무관 | 팀장 | 1650 | 경찰안전과 | 61 | | 1차 | | 주무관 | 650 | 750 | 900 | 1300 | 1450 | 750 |
| 6 | | 주무관 | 부장 | 2050 | 소방행정과 | 82 | | | | 행정부장 | 750 | 850 | 1000 | 1400 | 1600 | 1000 |
| 7 | | 주무관 | 부장 | 2050 | 재난안전정책과 | 30 | | | | 인사담당관 | 850 | 1000 | 1200 | 1550 | 1700 | 1250 |
| 8 | | 책임연구원 | 계장 | 1250 | 주민안전과 | 76 | | | | 선임연구원 | 1000 | 1200 | 1450 | 1750 | 1950 | 1550 |
| 9 | | 선임연구원 | 실장 | 2750 | 정보화기획실 | 35 | | | | 책임연구원 | 1200 | 1500 | 1600 | 1900 | 2100 | * |
| 10 | | 행정부장 | 국장 | 2600 | 행정안전정보과 | 85 | ☆☆☆☆☆ | | | 수석연구원 | 1500 | 1600 | 1800 | 2000 | 2300 | * |
| 11 | | 인사담당관 | 팀장 | 2450 | 행정안전정책과 | 65 | | 1차 | | | | | | | | |
| 12 | | 사무관 | 계장 | 1000 | 국가안전기술연구소 | 75 | | | | [표3] | | | | | | |
| 13 | | 주무관 | 실장 | 1500 | 국토계획실 | 92 | ★★★★☆ | | | 직위 | 85% | 70% | 60% | | [표4] | |
| 14 | | 주무관 | 팀장 | 1650 | 국토정책실 | 87 | ★☆☆☆☆ | | | 국장 | 87% | 86% | 86% | | 직급 | 성적 합계 |
| 15 | | 주무관 | 부장 | 2050 | 교통산업정책과 | 55 | | 2차 | | 계장 | 84% | 81% | 78% | | 사무관 | 593점 |
| 16 | | 사무관 | 계장 | 1000 | 교통안전정책과 | 66 | | 2차 | | 팀장 | 74% | 65% | 64% | | 주무관 | 618점 |
| 17 | | 사무관 | 계장 | 1000 | 국토지주공사 | 70 | | 2차 | | 부장 | 74% | 66% | 60% | | 책임연구원 | 165점 |
| 18 | | 사무관 | 실장 | 1100 | 도로교통과 | 50 | | 2차 | | 실장 | 90% | 82% | 74% | | 행정부장 | 85점 |
| 19 | | 주무관 | 팀장 | 1650 | 해양경찰청 | 60 | | | | | | | | | 수석연구원 | 77점 |
| 20 | | 사무관 | 계장 | 1000 | 항만및물류산업과 | 83 | | | | | | | | | | |
| 21 | | 사무관 | 실장 | 1100 | 토지조사과 | 74 | | | | | | | | | | |
| 22 | | 주무관 | 팀장 | 1650 | 소방시설안전관리과 | 63 | | 3차 | | | | | | | | |
| 23 | | 책임연구원 | 실장 | 1550 | 소방안전정책과 | 89 | ★★★☆☆ | | | | | | | | | |
| 24 | | 선임연구원 | 실장 | 2750 | 소방인력교육과 | 32 | | 3차 | | | | | | | | |
| 25 | | 주무관 | 국장 | 2200 | 소방장비관리과 | 88 | ★★☆☆☆ | | | | | | | | | |
| 26 | | 수석연구원 | 국장 | 2350 | 소방시설화재감시과 | 77 | | 3차 | | | | | | | | |

### 01 상여금[D3:D26]

[D3] 셀에 **=IFERROR(VLOOKUP(B3,$J$4:$O$10,MATCH(C3,$K$3:$O$3,0)+1,0)+VLOOKUP(B3,$J$4:$P$10,7,0),VLOOKUP(B3,$J$4:$O$10,MATCH(C3,$K$3:$O$3,0)+1,0)+50)** 를 입력하고, [D26] 셀까지 수식을 복사한다.

#### 함수 설명

=IFERROR(상여금+추가상여금, 50)
- VLOOKUP 함수로 추가상여금을 찾을 경우 결과값으로 *이 반환될 수 있다.
- 이 상태에서 상여금과 추가상여금을 단순 합산하면 * 때문에 #VALUE! 오류가 발생한다.
- 따라서 * 대신 50으로 대체하여 계산하도록 위와 같이 수식을 작성한다.

### 02 순위그래프[G3:G26]

[G3]셀에 **=IF(RANK.EQ(F3,$F$3:$F$26)<=6,REPT("★",6-RANK.EQ(F3,$F$3:$F$26))&REPT("☆",RANK.EQ(F3,$F$3:$F$26)-1),"")** 를 입력하고, [G26] 셀까지 수식을 복사한다.

#### 함수 설명

- RANK.EQ(성적, 성적 범위)의 값이 6 이하인 경우 ★을 '6-순위'만큼 반복하고 ☆을 '순위-1'만큼 반복한다.
  - =RANK.EQ(셀, 셀 범위) : 내림차순 순위
  - =REPT("문자", 반복할 수) : 문자를 반복할 수만큼 반복
  - =IF(조건식, 참값, 거짓값) : 조건식의 결과가 TRUE면 참값을 FALSE면 거짓값을 반환

## 03 사용자 정의 함수(fn관리대상)[H3:H26]

① [개발 도구] 탭의 [코드]에서 [Visual Basic]을 클릭한다.
② [삽입]의 [프로시저]를 클릭한다. [프로시저 추가] 대화상자에서 '형식'은 Function을 선택하고, '이름'을 fn관리대상으로 입력한 후 [확인]을 클릭한다. Module 창에는 다음과 같이 입력한다.

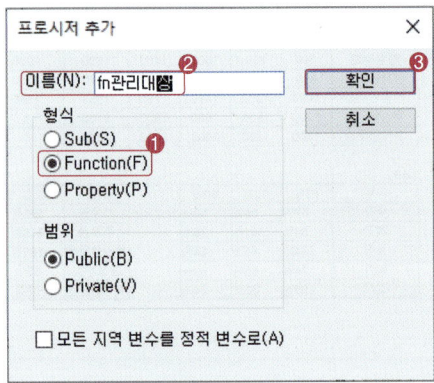

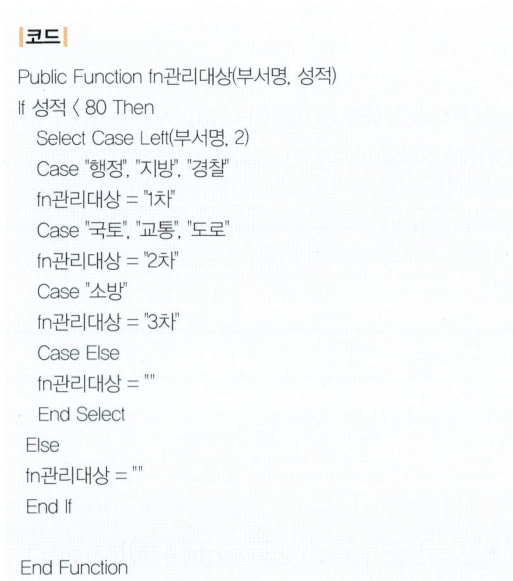

|코드|

```
Public Function fn관리대상(부서명, 성적)
If 성적 < 80 Then
    Select Case Left(부서명, 2)
        Case "행정", "지방", "경찰"
            fn관리대상 = "1차"
        Case "국토", "교통", "도로"
            fn관리대상 = "2차"
        Case "소방"
            fn관리대상 = "3차"
        Case Else
            fn관리대상 = ""
    End Select
Else
    fn관리대상 = ""
End If

End Function
```

💬 코드 설명

- 성적이 80점 미만일 때만 관리 대상으로 판단한다.
  If 성적 < 80 Then
- 부서명의 앞 두 글자로 분류한다.
  Select Case Left(부서명, 2)
- 행정 / 지방 / 경찰로 시작하면 → 1차 관리 대상
  Case "행정", "지방", "경찰"
  fn관리대상 = "1차"
- 국토 / 교통 / 도로로 시작하면 → 2차 관리 대상
  Case "국토", "교통", "도로"
  fn관리대상 = "2차"
- 소방으로 시작하면 → 3차 관리 대상
  Case "소방"
  fn관리대상 = "3차"
- 그 외에는 등급 없이 빈값("") 반환
  Case Else
  fn관리대상 = ""
- 성적이 80 이상이면 무조건 등급 없음("")
  Else
  fn관리대상 = ""

③ [파일] 탭의 [닫고 Microsoft Excel(으)로 돌아가기]를 클릭하여 [Visual Basic Editor] 대화상자를 닫는다.
④ [H3] 셀을 클릭한 후 [함수 삽입]( fx )을 클릭한다.

⑤ [함수 마법사] 대화상자에서 '범주 선택'은 **사용자 정의**, '함수 선택'은 **fn관리대상**으로 선택한 후 [확인]을 클릭한다.

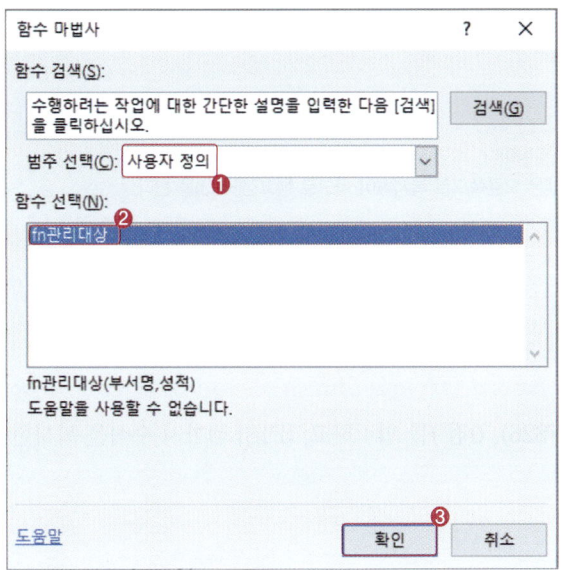

⑥ [함수 인수] 대화상자에서 '부서명'에 E3, '성적'에 F3을 인수로 넣은 후 [확인]을 클릭하고, [H26] 셀까지 수식을 복사한다.

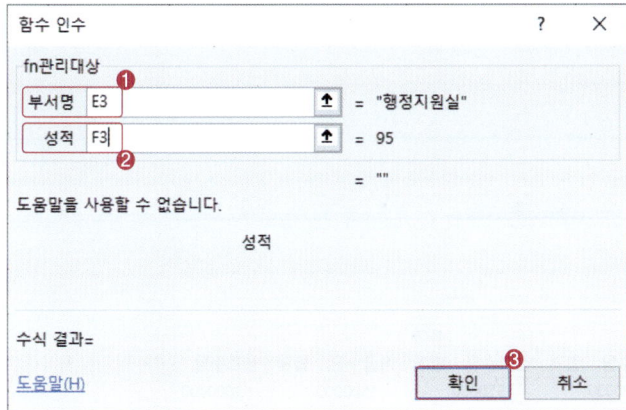

## 04 백분위수[K14:M18]

[K14] 셀에 =ROUND(PERCENTILE.INC(IF(($C$3:$C$26=$J14),$F$3:$F$26),K$13),0)를 입력하고, [M18] 셀까지 수식을 복사한다.

> 💬 함수 설명
>
> **함수의 특성**
> - 수식을 [K14] 셀에 입력한 후 아래 방향과 오른쪽 방향으로 복사하는 유형이다.
> - 이때 참조된 [J14] 셀은 아래로 복사해야 하므로 열고정($J14), [K13] 셀은 오른쪽으로 복사해야 하므로 행고정(K$13)을 한다.
>
> **사용된 함수**
> - PERCENTILE.INC(범위, K) : 범위 안에서 K번째의 백분위수
> - ROUND(숫자, 자릿수) : 자릿수에서 숫자를 반올림한 수

## 05 성적 합계[P14:P18]

[P14] 셀에 =TEXT(SUM(($B$3:$B$26=O14)*$F$3:$F$26),"0점")를 입력하고, [P18] 셀까지 수식을 복사한다.

> 💬 함수 설명
>
> **함수의 입력 순서**
> SUM 함수를 이용해 직급에 따른 성적의 합계를 구한 후 서식을 지정한다.
> 1. =SUM((직급)*성적)
> 2. =Text(값,"서식")

## 문제 ❸ 분석작업   1. 피벗 테이블('분석작업-1' 시트)

|정답|

| | A | B | C | D | E | F | G |
|---|---|---|---|---|---|---|---|
| 1 | | | | | | | |
| 2 | 성별 | (모두) | | | | | |
| 3 | | | | | | | |
| 4 | | 휴직명 | 값 | | | | |
| 5 | | 가사 | | 질병 | | 육아 | |
| 6 | 직급명 | 합계 : 직급수당 | 합계 : 성과수당 | 합계 : 직급수당 | 합계 : 성과수당 | 합계 : 직급수당 | 합계 : 성과수당 |
| 7 | 1급 | 4500000 | 3000000 | 3500000 | 1550000 | 1500000 | 1000000 |
| 8 | 2급 | 4800000 | 3800000 | | | | |
| 9 | 3급 | 5000000 | 4000000 | | | | |
| 10 | 4급 | 1600000 | 1500000 | 1600000 | 1500000 | 800000 | 750000 |
| 11 | 5급 | 2800000 | 2600000 | | | 700000 | 650000 |

① [A4] 셀을 선택한 후, [데이터] 탭 – [데이터 가져오기 및 변환]의 [데이터 가져오기] – [파일에서]에서 [Excel 통합문서에서]를 클릭한다.

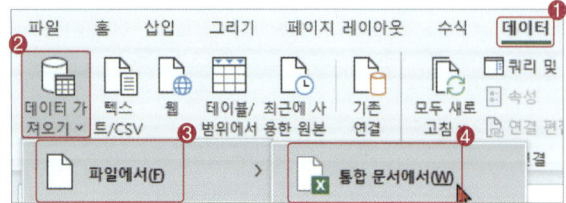

② [데이터 가져오기] 대화상자의 지정된 경로에서 **휴직현황.xlsx**를 선택하고 [가져오기]를 클릭한다.

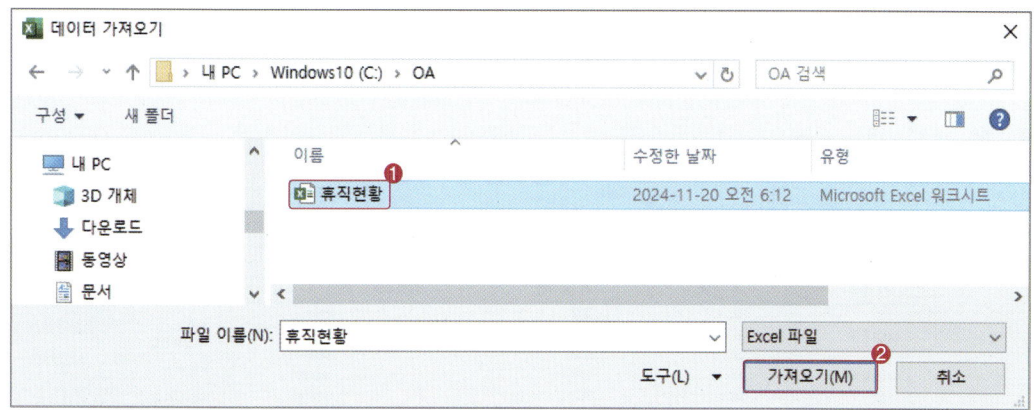

> 🅿️ 기적의 TIP
>
> 지정된 경로(C:\OA)는 시험장 컴퓨터에서의 경로입니다.
> 해당 도서에서 사용한 휴직현황.xlsx 파일의 경로는 다운로드한 [7807]–[26컴활1급(커미조아)]–[스프레드시트]–[PART 02] 폴더에 있습니다.

③ [탐색 창]에서 '직급별현황' 테이블을 클릭한 후 [데이터 변환]을 클릭한다.

④ '직급', '성별', '휴직명', '직급수당', '성과수당', '휴직사용일', '휴직시작일' 항목 외의 항목을 선택한 후, [홈] 탭의 [열 관리]에서 [열 제거]를 클릭하여 항목을 제거하고, [홈] 탭 – [닫기]의 [닫기 및 로드]에서 [닫기 및 다음으로 로드]를 클릭한다.

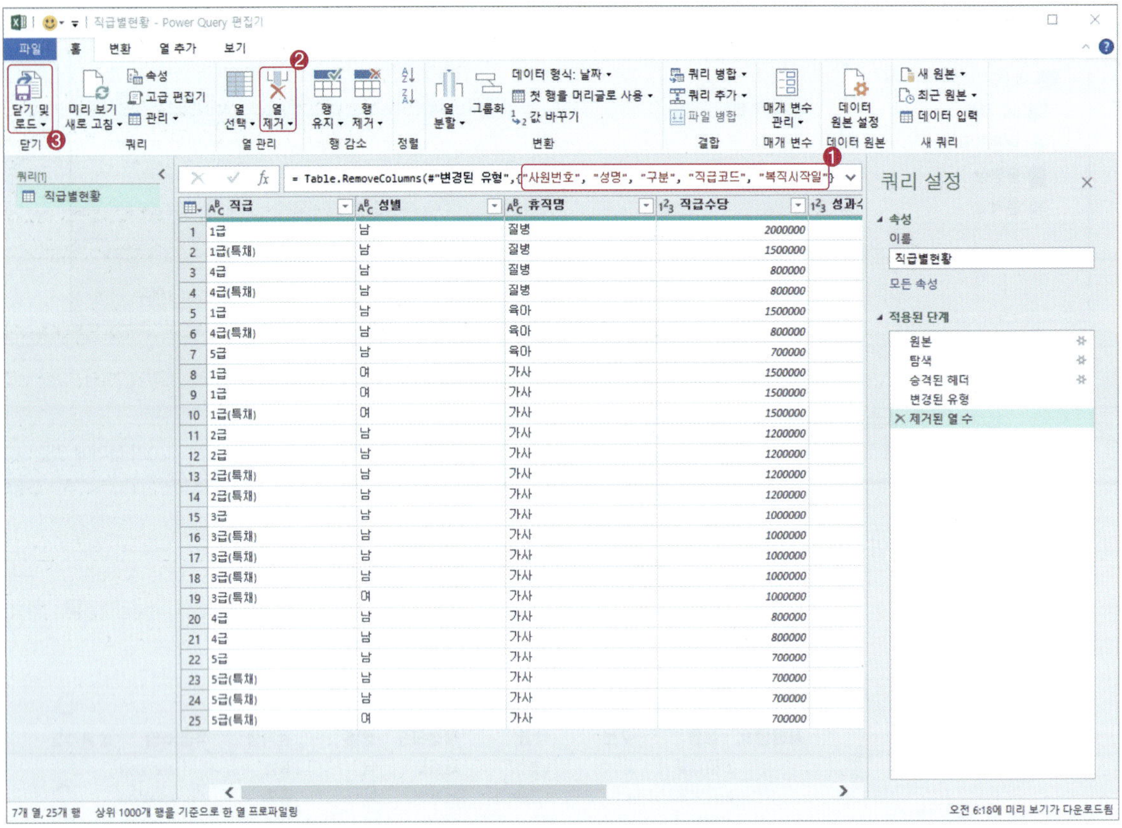

⑤ [데이터 가져오기] 대화상자에서 '피벗 테이블 보고서'를 선택한 후 '기존 워크시트'에 [A4] 셀을 클릭한 후 [확인]을 클릭한다. 이때 '데이터 모델에 이 데이터 추가'는 체크하지 않는다.

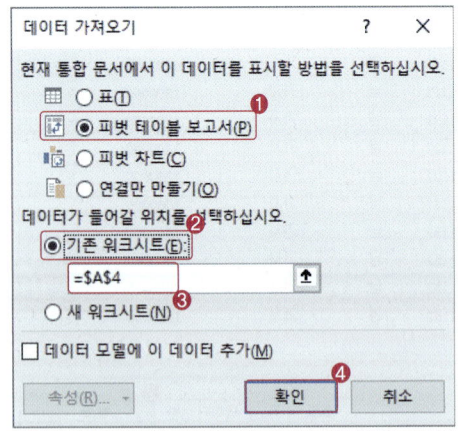

> **기적의 TIP**
>
> **데이터 모델에 이 데이터 추가**
>
> xslx 파일을 불러오는 과정에서 '데이터 모델에 이 데이터 추가'를 체크하게 되면 그룹 설정과 계산 필드 추가를 할 수 없기 때문에 체크하는 실수를 하지 않도록 한다.

⑥ 필드 목록에 아래 그림과 같이 드래그 한다.

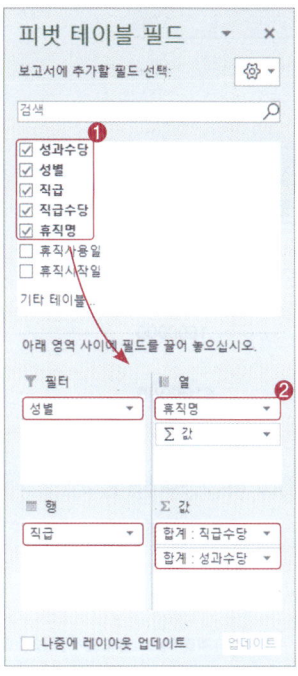

⑦ [디자인] 탭 – [레이아웃]의 [보고서 레이아웃]에서 [개요 형식으로 표시]를 클릭한다.
⑧ 직급 항목을 드래그하여 블록 설정한 후 마우스 오른쪽 버튼을 눌러 [그룹]을 선택하여 직급별로 그룹화하고 그룹의 이름을 각각 **1급**, **2급**, **3급**, **4급**, **5급**으로 수정한다. 직급2[A6] 셀을 클릭한 후 **직급명**으로 변경한다. [피벗 테이블 필드]의 **직급**은 목록 위로 끌어서 제거한다.

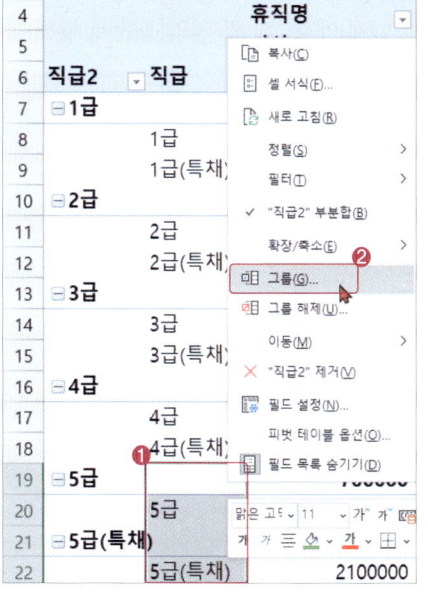 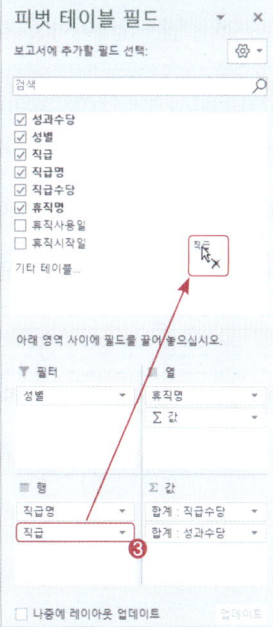

⑨ '질병' 필드 이름을 클릭한 후 '육아' 필드 이름 앞으로 끌어서 수동 정렬한다.

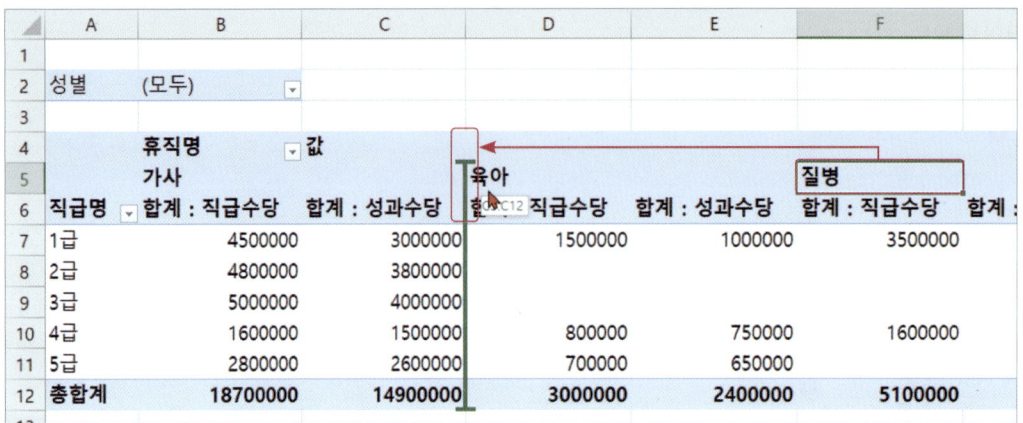

⑩ 직급명이 1급에 해당하는 행총합계 영역(직급수당[H7], 성과수당[I7] 중 한 셀)을 더블클릭한다.

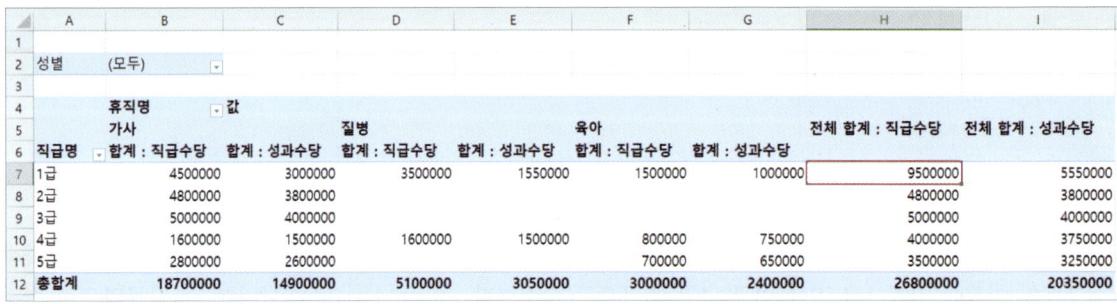

⑪ 분석작업-1 시트 앞에 삽입된 시트명을 더블클릭하여 **1급휴직수당**을 입력한다.
⑫ 다시 '분석작업-1' 시트로 돌아와서 [디자인] 탭 – [레이아웃]의 [총합계]에서 [행 및 열의 총합계 해제]를 클릭한다.
⑬ [디자인] 탭 – [피벗 테이블 스타일]의 [밝게]에서 '없음'을 클릭한다.

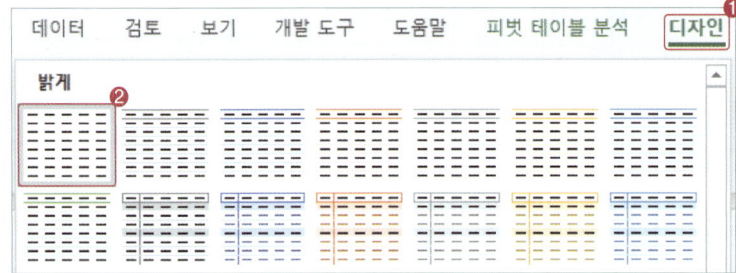

| 문제 ❸ 분석작업 | 2. 텍스트 나누기, 데이터 유효성 검사('분석작업-2' 시트) |

|정답|

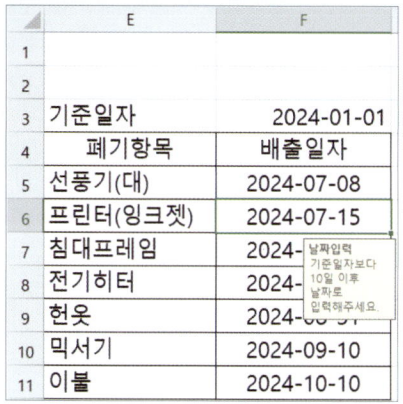
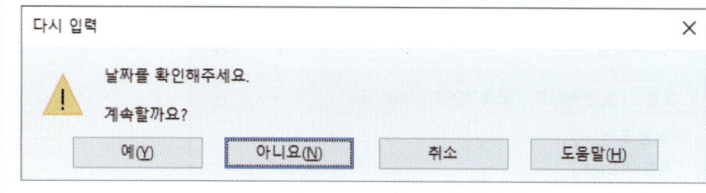

① [B5:B11] 영역을 드래그하여 범위 지정한 후, [데이터] 탭의 [데이터 도구]에서 [텍스트 나누기]를 클릭한다.
② [텍스트 마법사 – 3단계 중 1단계]에서 **구분 기호로 분리됨**을 선택한 후 [다음]을 클릭한다.
③ [텍스트 마법사 – 3단계 중 2단계]에서 구분 기호를 모두 해제한 후 [다음]을 클릭한다.
④ [텍스트 마법사 – 3단계 중 3단계]에서 '날짜'를 선택하고, 대상에 [F5] 셀을 입력한 다음 [마침]을 클릭한다.

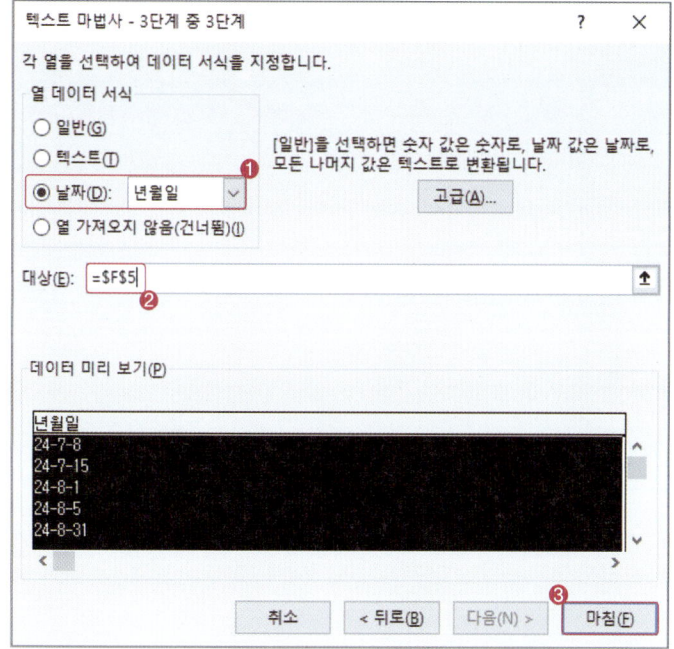

🅱 기적의 TIP
- 다른 위치에 텍스트 나누기 기능을 이용해서 날짜로 변환한다.
- 대상으로 날짜를 표시해야 할 셀을 선택한다.

⑤ [F5:F11] 영역을 범위 지정한 후, [데이터] 탭의 [데이터 도구]에서 [데이터 유효성 검사]를 클릭한다. [데이터 유효성] 대화상자의 [설정] 탭에서 유효성 조건의 '제한 대상'을 **사용자 지정**으로 선택하고, '수식'에 =F4>=$F$3+10을 입력한다.

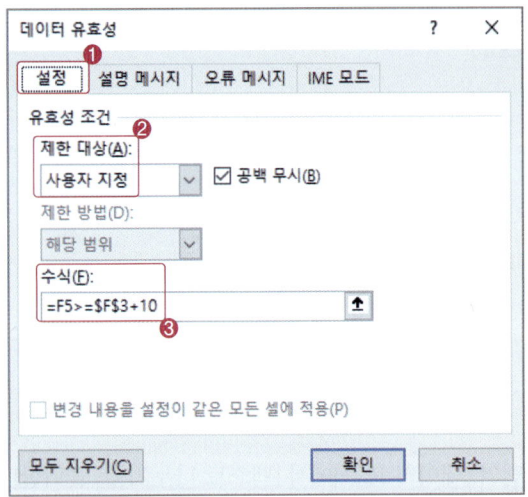

⑥ [설명 메시지] 탭의 '제목'에 **날짜입력**을 입력하고, '설명메시지'에는 **기준일자보다 10일 이후 날짜로 입력해주세요.**를 입력한다.

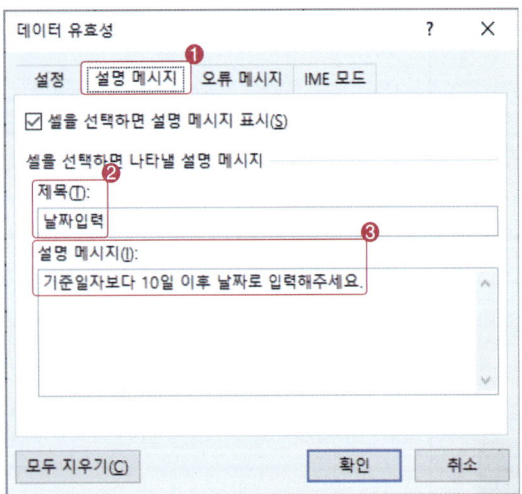

⑦ [오류 메시지] 탭의 '스타일'은 **경고**로 지정한다. '제목'에는 **다시 입력**을 입력하고, '오류 메시지'에는 **날짜를 확인해주세요.**를 입력한 후 [확인]을 클릭한다.

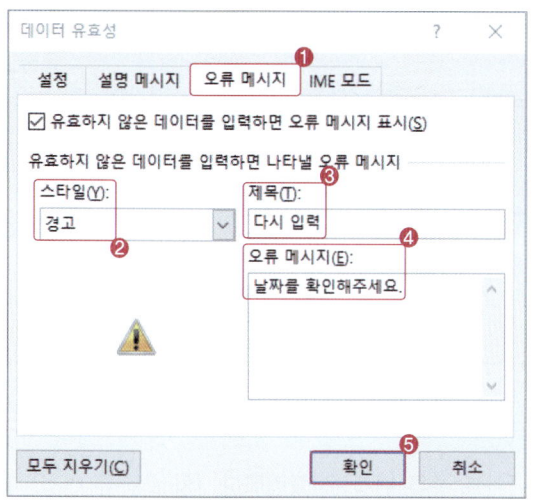

### 문제 ④ 기타작업  1. 차트('기타작업-1' 시트)

|정답|

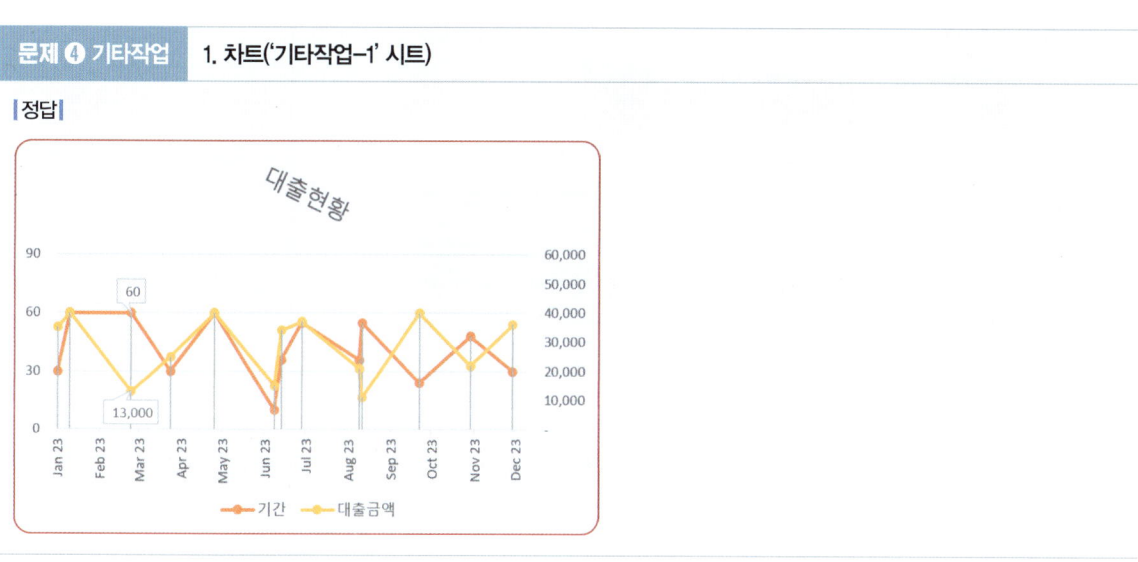

① 차트를 클릭한 후, [차트 디자인] 탭의 [데이터]에서 [데이터 선택]을 클릭한다. [데이터 원본 선택] 대화상자에서 '범례 항목 계열'의 [추가]를 클릭한다.

② [계열 편집] 대화상자의 '계열 이름'에 **대출금액**을 입력하고, '계열 값'에 **[G4:G16]**을 추가한 후 [확인]을 클릭한다. [데이터 원본 선택] 대화상자에서 [확인]을 클릭한다.

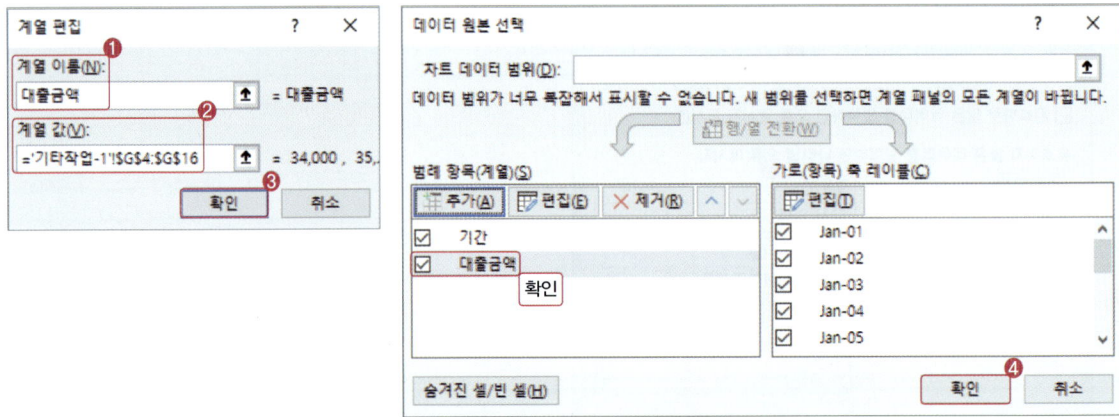

③ '기간' 계열을 클릭한 후, [차트 디자인] 탭의 [종류]에서 [차트 종류 변경]을 클릭한다. [차트 종류 변경] 대화상자의 계열 이름에서 '대출금액'의 보조축에 체크한 후 [확인]을 클릭한다.

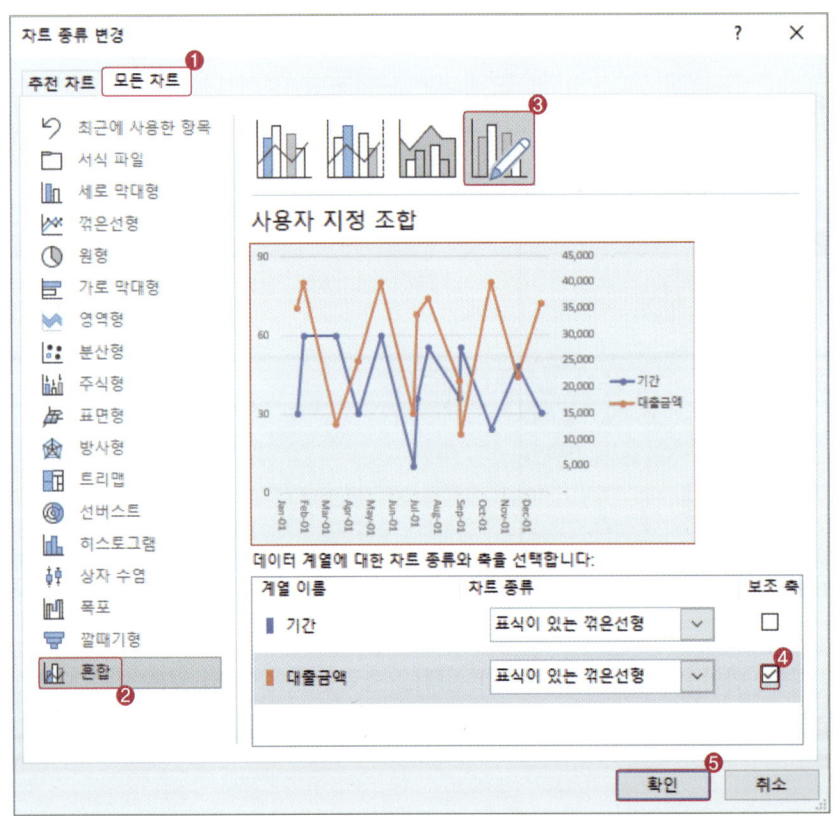

④ [차트 디자인] 탭 – [차트 레이아웃]의 [차트 요소 추가] – [범례]에서 [아래쪽]을 클릭한다.

⑤ [차트 디자인] 탭 – [차트 레이아웃]의 [차트 요소 추가] – [차트 제목]에서 [차트 위]를 클릭한다. '차트 제목'을 선택하고 수식입력줄을 클릭하여 =을 입력하고 [B2] 셀을 클릭한 후 Enter를 누른다.

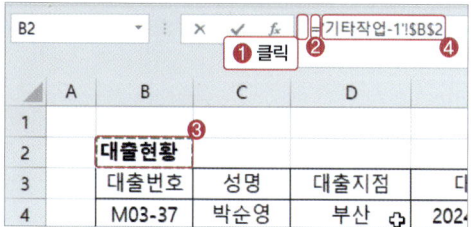

⑥ '차트 제목'을 클릭한 후 마우스 오른쪽 버튼을 눌러 [차트 제목 서식]을 클릭한다. [차트 제목 서식]에서 [크기 및 속성]의 '사용자 지정 각'에 25를 입력한다.

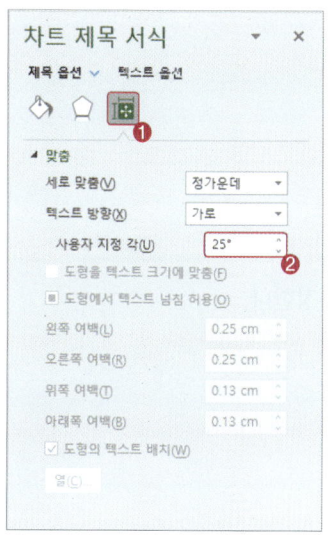

⑦ 차트의 '가로(항목)'축을 클릭한 후, 마우스 오른쪽 버튼을 눌러 [축 서식]에서 [표시 형식]의 '서식 코드'에 mmm dd를 입력한 후 [추가]를 클릭한다.

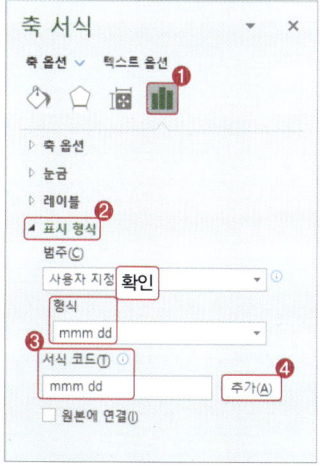

⑧ 계속해서 [축 옵션]에서 [경계]의 '최소값'에 **2024-01-23**을 입력한다.

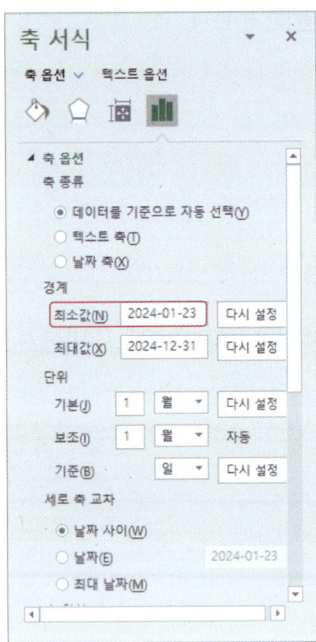

⑨ [크기 및 속성]을 클릭한 후 '텍스트 방향'은 **모든 텍스트 270도 회전**으로 지정한다.

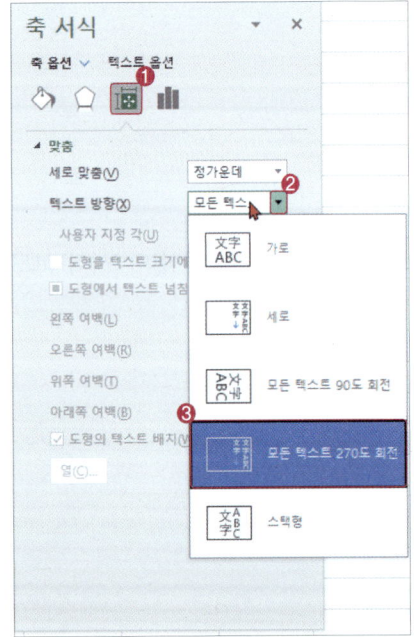

⑩ 차트의 '보조 세로(값)축'을 클릭한 후, 마우스 오른쪽 버튼을 눌러 [축 서식]에서 [축 옵션]의 '최댓값'을 60000으로 입력한다.

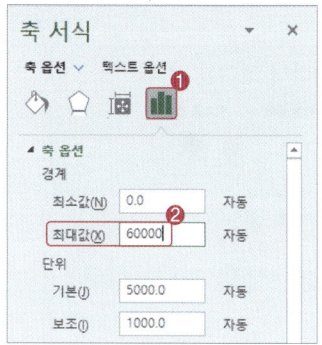

⑪ 차트의 '대출금액' 계열을 클릭한 후, [차트 디자인] 탭 – [차트 레이아웃]의 [차트 요소 추가] – [선]에서 [하강선]을 클릭한다.

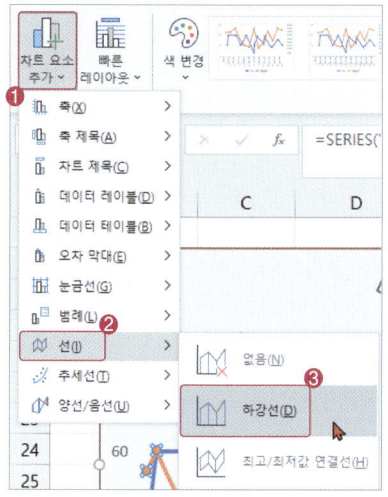

⑫ 'Mar 23 항목'의 '기간' 계열을 클릭한 후 마우스 오른쪽 버튼을 눌러 [데이터 레이블 추가]의 [데이터 설명선 추가]를 클릭한다. 같은 방법으로 'Mar 23 항목'의 '대출금액' 계열에도 데이터 설명선을 추가한다.

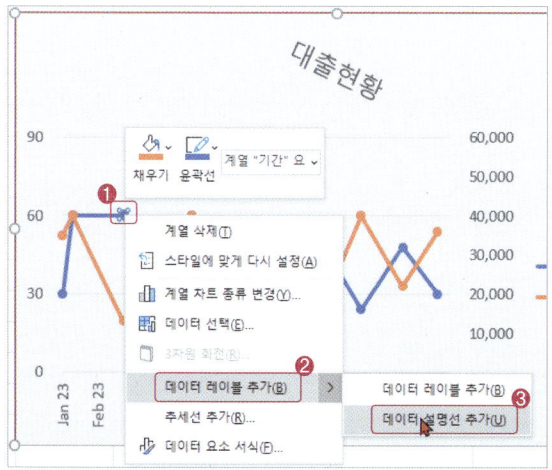

⑬ '기간' 계열의 설명선을 천천히 두 번 클릭한다. [데이터 레이블 서식]에서 [레이블 옵션]의 '레이블 내용'에서 **값**만 체크하고, '레이블 위치'는 **위쪽**을 클릭한다. 같은 방법으로 '대출금액' 계열의 설명선에서 '레이블 내용'을 **값**만 체크하고, '레이블 위치'는 **아래쪽**을 클릭한다.

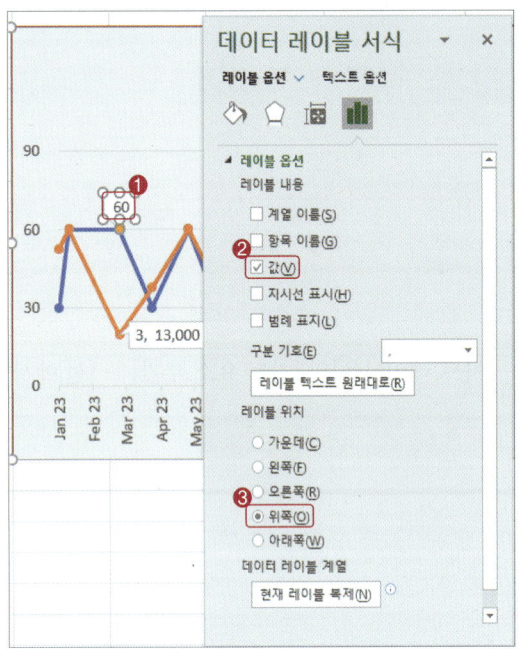 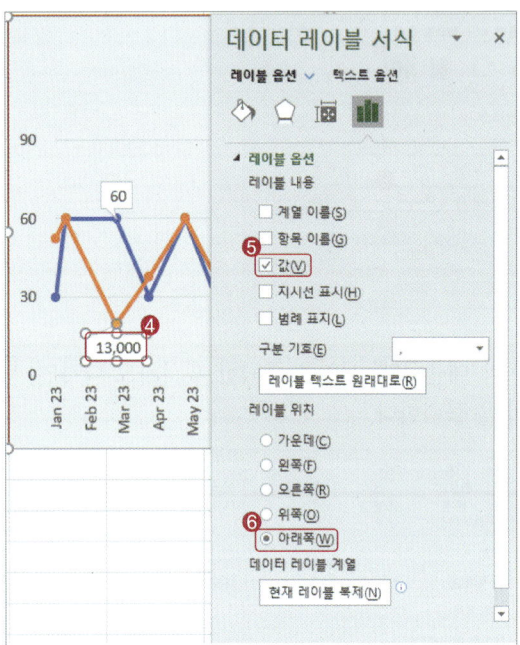

⑭ 차트 영역을 클릭한 후, 마우스 오른쪽 버튼을 눌러 [차트 영역 서식]을 클릭한다. [차트 영역 서식]에서 [채우기 및 선]의 '테두리'를 **둥근 모서리**에 체크한다.

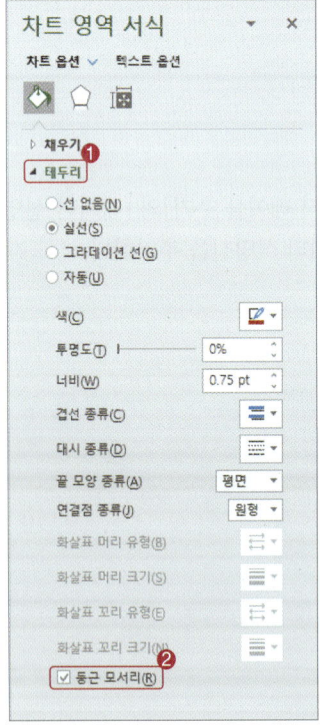

⑮ [차트 디자인] 탭 – [차트 스타일]의 [색 변경] – [색상형]에서 **다양한 색상표 3**을 클릭한다.

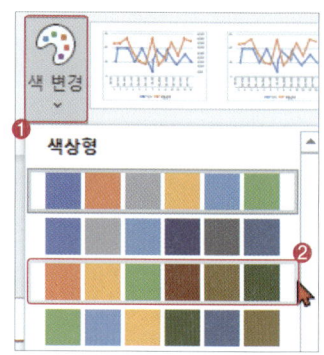

## 문제 ④ 기타작업   2. 매크로('기타작업-2' 시트)

|정답|

| A | B | C | D | E | F | G | H | I | J | K | L | M | N | O | P | Q |
|---|---|---|---|---|---|---|---|---|---|---|---|---|---|---|---|---|
| 1 | [표1] | | | | | | | | | | | | | | | |
| 2 | 지점명 | A | B | C | D | E | F | G | H | I | J | K | L | | 서식 | |
| 3 | 대구 | 5 | 10 | 5 | 5 | 9 | 5 | 5 | ★★ 21 | 4 | ★★★9 | 5 | 4 | | | |
| 4 | 서울 | 32 | | -2 | 2 | 6 | 4 | 1 | 25 | ★5 | 5 | ★7 | 10 | 4 | | 정렬 | |
| 5 | 여의도 | 5 | 2 | 4 | 4 | 7 | 4 | 4 | ★★★8 | 2 | ★★★9 | 5 | 2 | | | |
| 6 | 종로 | 2 | 12 | 2 | 5 | 8 | 5 | 5 | ★★ 10 | 2 | ■ | 10 | 21 | | | |
| 7 | 부산 | 10 | 25 | 5 | 7 | 1 | 5 | 8 | ★7 | 5 | ★7 | 5 | 2 | | | |
| 8 | 과천 | 21 | 5 | | 3 | 5 | 4 | 4 | 22 | ★5 | 5 | ★5 | 2 | 1 | | | |
| 9 | 영등포 | 3 | | 백점 | 5 | 5 | 5 | 5 | 2 | ★1 | 6 | ★1 | 9 | 4 | | | |
| 10 | 대전 | 5 | 3 | 8 | 4 | 8 | 10 | 5 | ★★★8 | 7 | ★4 | 11 | 5 | | | |
| 11 | 안산 | 4 | 5 | 4 | 5 | 7 | 0 | 13 | ★1 | 2 | ■ | 4 | 8 | | | |
| 12 | 신촌 | 8 | | -4 | 25 | 3 | 9 | 8 | 4 | ★★★8 | 4 | ★★ 14 | 15 | 7 | | | |
| 13 | 해운대 | 5 | 2 | 5 | 5 | 23 | 5 | 5 | ★5 | 4 | ★★ 15 | 3 | 5 | | | |
| 14 | 광주 | 5 | 5 | 10 | 7 | 9 | 5 | 8 | ★★★9 | 1 | ★6 | 15 | 10 | | | |
| 15 | 동대구 | 2 | 6 | 4 | 5 | 5 | 10 | 10 | ★5 | 12 | ★2 | 4 | 5 | | | |
| 16 | 잠실 | 5 | | -30 | 1 | 4 | 8 | 5 | 2 | ■ | 5 | ★1 | 20 | 4 | | | |
| 17 | 월미도 | 10 | 6 | 5 | 5 | 7 | 2 | 5 | ★2 | 4 | ★4 | 14 | 5 | | | |
| 18 | 의정부 | 8 | | -5 | 7 | 3 | 12 | 0 | 2 | ★6 | 5 | ★5 | 30 | 3 | | | |
| 19 | 강릉 | 2 | 2 | 20 | 1 | 5 | 12 | 6 | ★★★8 | 2 | ★2 | 6 | 5 | | | |
| 20 | 수원 | 8 | | -10 | 7 | 5 | 5 | 16 | 7 | ★7 | 7 | ★5 | 2 | 2 | | | |
| 21 | 천안 | 5 | 4 | 19 | 7 | 2 | 2 | 5 | ★1 | 5 | ★1 | 25 | 5 | | | |
| 22 | 충주 | 9 | | -5 | 1 | 2 | 2 | 5 | 2 | ★★ 11 | 18 | ■ | 8 | 4 | | | |
| 23 | 원주 | 5 | 0 | | 5 | 7 | 7 | 16 | 6 | ★5 | 5 | ★5 | 15 | 4 | | | |
| 24 | 울산 | 5 | 5 | 8 | 8 | 7 | 2 | 5 | ★5 | 5 | ★★★8 | 19 | 1 | | | |
| 25 | 목포 | 2 | 2 | 4 | 21 | 8 | 1 | 2 | ★1 | 4 | ■ | 20 | 10 | | | |
| 26 | 대부도 | 17 | | 백점 | 1 | 5 | 9 | 36 | 6 | ■ | 25 | ★2 | 5 | 5 | | | |
| 27 | 방배 | 25 | 2 | 5 | 9 | 4 | 52 | 1 | ★★★9 | 5 | ★5 | 2 | 4 | | | |

① '기타작업-2' 시트에서 커서의 위치는 매크로가 적용되는 범위 외의 영역에 두고, [개발 도구] 탭의 [코드]에서 [매크로 기록]을 클릭한다.

② [매크로 기록] 대화상자에서 '매크로 이름'에 **서식**을 입력하고 [확인]을 클릭한다.

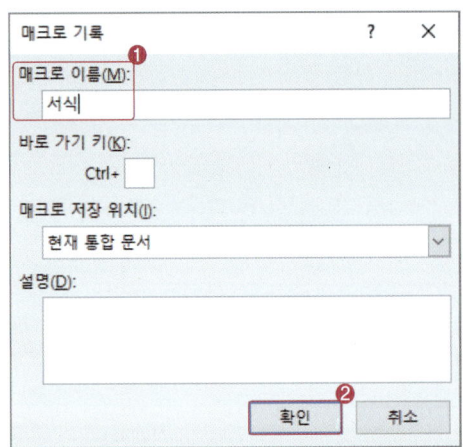

③ [J3:J27] 영역을 드래그한 후, Ctrl 를 누른 채로 [L3:L27] 영역을 드래그하여 범위 지정하고, Ctrl + 1 을 누른다.

> 🅱 기적의 TIP
>
> **매크로 기록 시 주의사항**
> - 매크로의 오류를 방지하기 위해 떨어진 구역은 마우스로만 선택하고 단축키는 사용하지 않는다.
> - 매크로 기록 시, 표 밖의 빈 셀에서 시작하여 절대참조로 기록한다.

④ [셀 서식] 대화상자의 [표시 형식] 탭에서 '사용자 지정'을 클릭한다. '형식'에 **[>=8][빨강]*★0;[>=1][자홍] "★"0;[파랑]"■"** 를 입력하고 [확인]을 클릭한다.

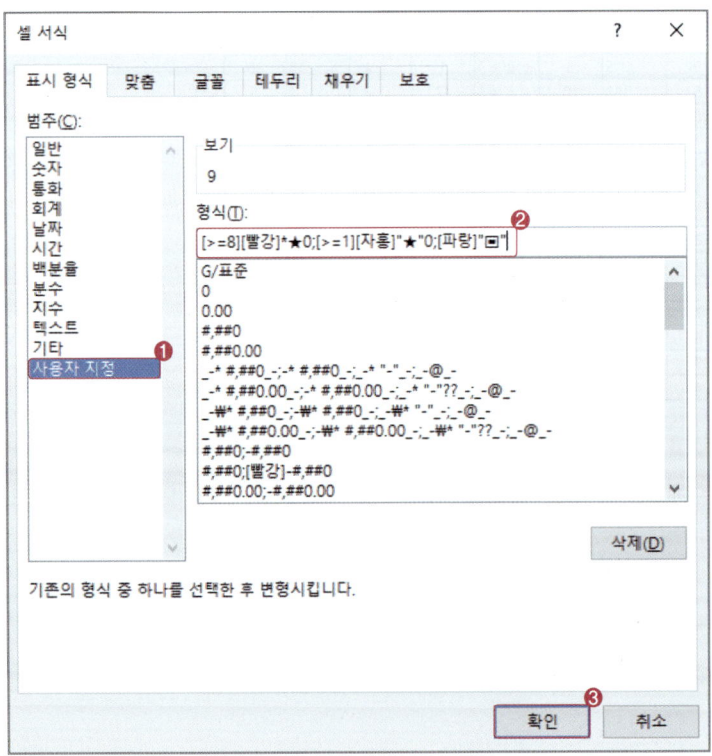

⑤ 임의의 셀을 클릭한 후, 매크로 기록을 종료하기 위해 [개발 도구] 탭의 [코드]에서 [기록 중지]를 클릭한다.
⑥ [개발 도구] 탭 – [컨트롤]의 [삽입]에서 **단추(양식 컨트롤)**을 클릭한다.
⑦ 마우스 포인터가 '+'로 바뀌면 [Alt]를 누른 상태에서 [P2:Q3] 영역으로 드래그하고, [매크로 지정] 대화상자에서 '서식'을 선택한 후 [확인]을 클릭한다.

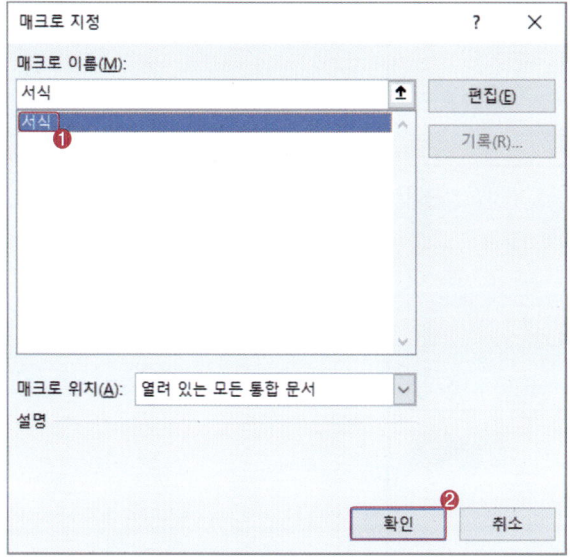

⑧ 단추에 텍스트를 수정하기 위해 텍스트 편집 상태에서 단추에 입력된 '단추 1'을 지우고 **서식**을 입력한다.
⑨ [개발 도구] 탭의 [코드]에서 [매크로 기록]을 클릭한다.
⑩ 두 번째 매크로를 기록하기 위해 커서의 위치는 매크로가 적용되는 범위 외의 영역에 두고, [매크로 기록] 대화상자의 '매크로 이름'에 **정렬**을 입력하고 [확인]을 클릭한다.

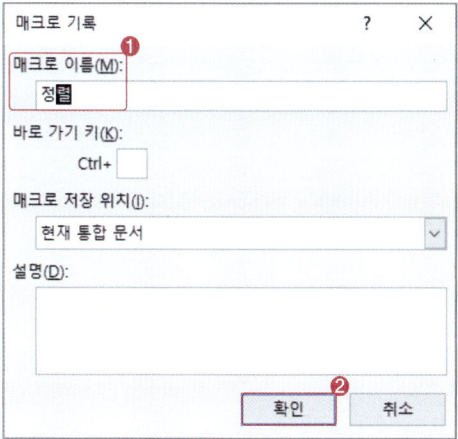

⑪ [D3:D27] 영역을 드래그하여 범위 지정한 후, Ctrl+1을 누른다. [셀 서식] 대화상자의 [표시 형식] 탭에서 '사용자 지정'을 클릭한 다음, '형식'에 **[>=0]0* ;[<0]-0;;* @"점"**를 입력하고 [확인]을 클릭한다.

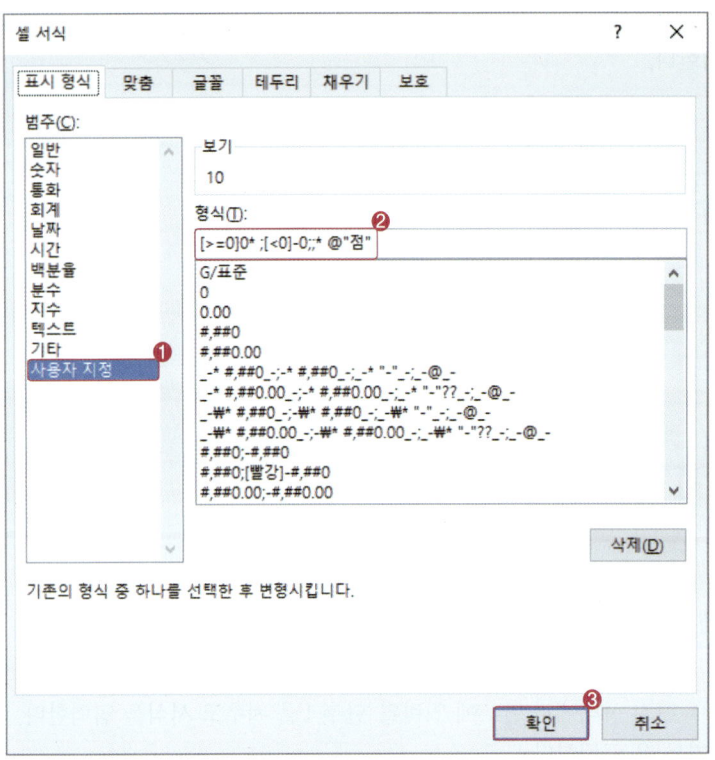

⑫ 임의의 셀을 클릭한 후 매크로 기록을 종료하기 위해 [개발 도구] 탭의 [코드]에서 [기록 중지]를 클릭한다.
⑬ [삽입] 탭 − [일러스트레이션]의 [도형]에서 [기본 도형]의 **배지**를 클릭한 후, Alt를 누른 상태에서 [P4:P6] 영역으로 드래그한다. 도형 위에 **정렬**을 입력한다.

> **기적의 TIP**
> • 도형을 그릴 때 Alt를 누른 채로 정확히 눈금에 맞게 그린다.
> • 도형에 글자를 입력할 때 글자 정렬에 대한 지시사항이 없다면 기본값 그대로 작성한다.

⑭ 도형을 클릭한 후, 마우스 오른쪽 버튼을 눌러 [매크로 지정]을 클릭하고, [매크로 지정] 대화상자에서 매크로 이름으로 '정렬'을 선택한 후 [확인]을 클릭한다.

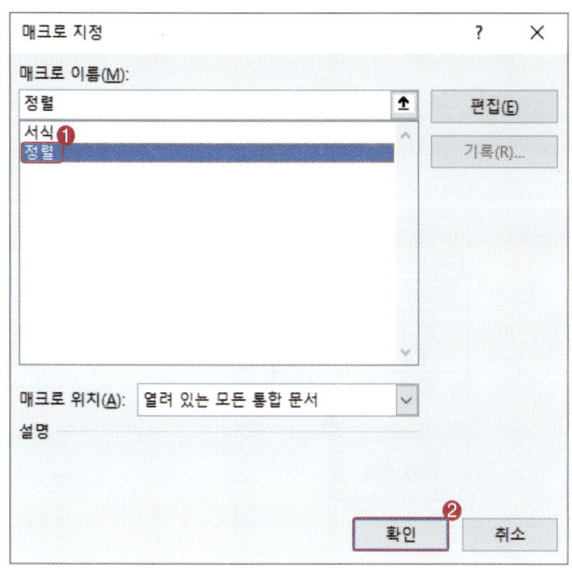

## 문제 ❹ 기타작업   3. 프로시저('기타작업-3' 시트)

|정답|

① [개발 도구] 탭의 [컨트롤]에서 [디자인 모드]를 클릭한 후, 〈강좌예약〉 버튼을 더블클릭하면 'cmd강좌예약_Click' 코드 창이 열린다. 〈강좌예약〉 폼을 실행하기 위해 아래와 같이 입력한다.

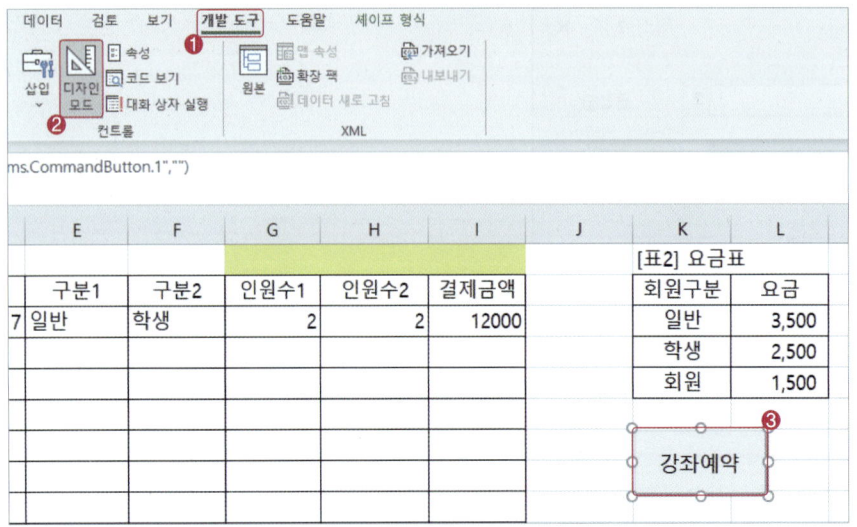

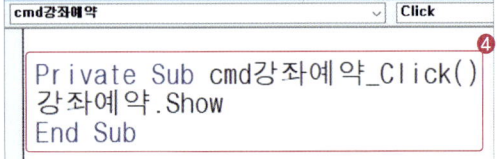

### 🔑 기적의 TIP

**초기 설정**
- VBAProject 상태에서 [보기] 탭의 [프로젝트 탐색기](Ctrl+R)와 [속성 창](F4)을 연다.
- 이후 [도구]의 [옵션] 중 [편집기] 탭 – [코드 설정]에서 구성원 자동 목록을 체크하고, 변수 선언 요구는 해제한다.

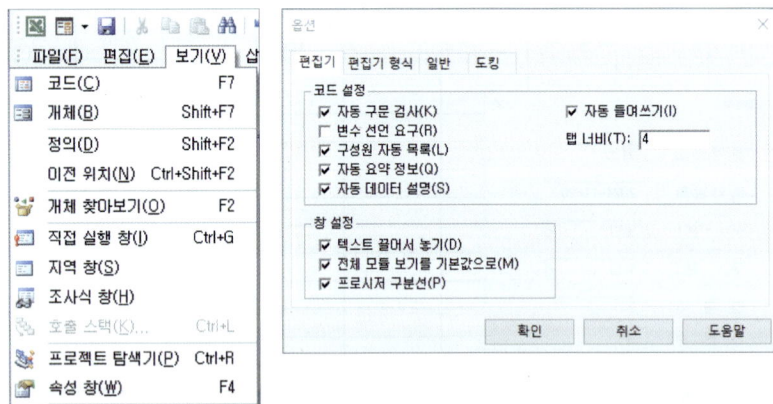

② 폼을 초기화(Initialize)하기 위해 [프로젝트-VBAProject] 탐색기에서 '폼'을 확장하고, 〈강좌예약〉 폼을 마우스 오른쪽 버튼으로 클릭한 후 [코드 보기]를 클릭한다.

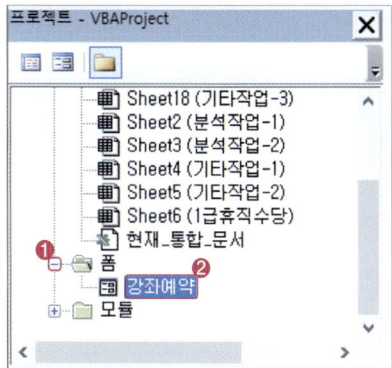

③ 'UserForm_Click()' 상태에서 이벤트 목록에서 Initialize를 클릭한 초기화 상태에서 아래와 같이 코드를 입력한다.

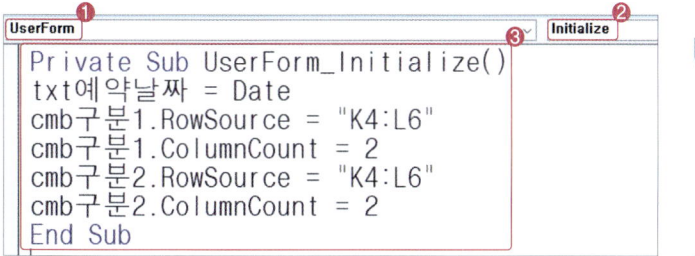

💬 코드 설명

- Date : 오늘 날짜
- 컨트롤.RowSource="셀주소" : 컨트롤의 행 원본에 셀주소를 추가
- 컨트롤.ColumnCount=수치 : 콤보상자의 열 개수 지정

④ 코드 작성기 개체 목록에서 'cmd예약'을 클릭하거나 폼 개체에서 '예약' 버튼을 더블클릭한 후 아래와 같이 코드를 입력한다.

## 💬 코드 설명

**'예약 입력' 코드**

※ 해당 코드는 예약번호·예약날짜 등을 대문자로 변환해 입력하고, 콤보상자의 선택값을 행 인덱스로 참조하면서 테이블에 기록하는 예약 등록 매크로이다.

- 셀주소.Font.Italic = True : 셀 글꼴을 기울임꼴로 설정
- UCase(컨트롤이름) : 컨트롤의 값을 대문자로 변환
- i = 2 + Range("B2").CurrentRegion.Rows.Count
  - i는 행 번호로, B2 셀의 행 번호(2) + B2와 연결된 데이터 영역의 행 수를 의미한다.
- 참조행1 = cmb구분1.ListIndex
  참조행2 = cmb구분2.ListIndex
  - cmb구분1, cmb구분2는 콤보상자에서 선택한 값을 참조한다.
  - ListIndex는 컨트롤의 선택 항목을 0행 0열부터 시작하도록 초기화한다.
    (예 참조 범위가 K4:L6이면 첫 행은 0, 첫 열도 0부터 시작)

```
If cmb구분2.ListIndex = -1 Then
Cells(i, 5) = cmb구분1.List(참조행1, 0)
Cells(i, 7) = txt인원수1.Value
  If Cells(i, 7) >= 10 Then
  Cells(i, 9) = cmb구분1.List(참조행1, 1) * Cells(i, 7) * 0.9
  Else
  Cells(i, 9) = cmb구분1.List(참조행1, 1) * Cells(i, 7)
  End If
```

## 💬 코드 설명

**'구분1의 결제금액 산출' 코드**
- 구분2를 선택하지 않은 경우, 구분1 * 인원수1로 계산한다.
- 인원수가 10명 이상인 경우, 구분1 * 인원수1 * 0.9로 계산한다.

```
ElseIf cmb구분1.ListIndex = -1 Then
Cells(i, 6) = cmb구분2.List(참조행2, 0)
Cells(i, 8) = txt인원수2.Value
  If Cells(i, 8) >= 10 Then
  Cells(i, 9) = cmb구분2.List(참조행2, 1) * Cells(i, 8) * 0.9
  Else
  Cells(i, 9) = cmb구분2.List(참조행2, 1) * Cells(i, 8)
  End If
```

## 💬 코드 설명

**'구분2의 결제 금액 산출' 코드**
- 구분1을 선택하지 않은 경우, 구분2 * 인원수2로 계산한다.
- 인원수2가 10명 이상인 경우, 구분2 * 인원수2 * 0.9로 계산한다.

```
Else
Cells(i, 5) = cmb구분1.List(참조행1, 0)
Cells(i, 6) = cmb구분2.List(참조행2, 0)
Cells(i, 7) = txt인원수1.Value
Cells(i, 8) = txt인원수2.Value
  If Cells(i, 7) + Cells(i, 8) >= 10 Then
  Cells(i, 9) = (cmb구분1.List(참조행1, 1) * Cells(i, 7) + cmb구분2.List(참조행2, 1) * Cells(i, 8)) * 0.9
  Else
  Cells(i, 9) = cmb구분1.List(참조행1, 1) * Cells(i, 7) + cmb구분2.List(참조행2, 1) * Cells(i, 8)
  End If
End If
End Sub
```

💬 **코드 설명**

**'구분1+구분2 결제금액 산출' 코드**

- 구분1과 구분2를 모두 선택한 경우
  - 인원수1 + 인원수2가 10명 이상이면, (구분1*인원수1 + 구분2*인원수2) * 0.9로 계산한다.
  - 인원수1 + 인원수2가 10명 미만이면, 구분1*인원수1 + 구분2*인원수2로 계산한다.

⑤ 코드 작성기 개체 목록에서 'cmd종료'를 클릭하거나 폼 개체에서 '종료' 버튼을 더블클릭한 후 아래와 같이 코드를 입력한다.

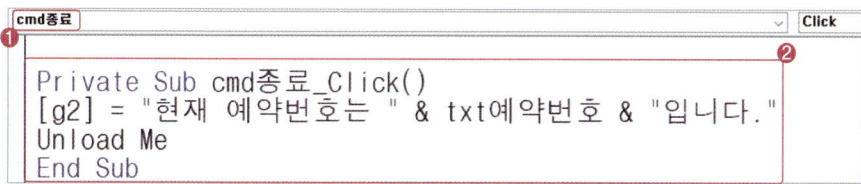

⑥ [파일] 탭의 [닫고 Microsoft Excel(으)로 돌아가기]를 클릭한다.

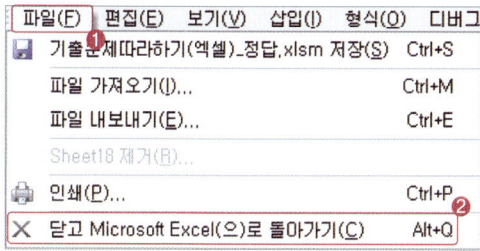

💡 **기적의 TIP**

- 코드가 정상적으로 실행이 되는지 확인하기 위해 임의의 데이터를 입력했다면 삭제한 후 파일을 저장한다.
- 단, 처음부터 입력되어 있었던 데이터는 절대로 수정, 이동, 삭제하면 안 된다.

# PART 03

# 스프레드시트 기출 유형 문제

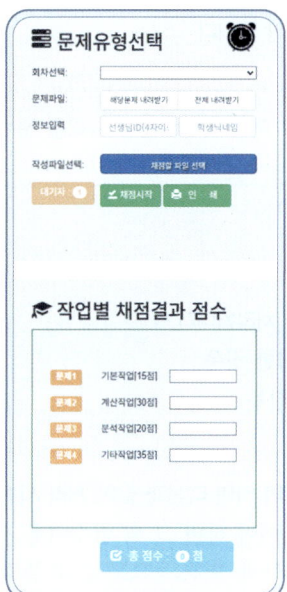

### 자동 채점 서비스(웹 용)

① comlicense.co.kr 접속
② '도서' 확인 후, [채점하기] 클릭
③ '회차'와 '채점할 파일' 선택
④ [채점시작] 클릭

### 예제 파일 위치

[26컴활1급(커미조아)] → [스프레드시트] → [PART 03] 폴더

# 기출 유형 문제 01회

| 프로그램명 | 제한시간 |
|---|---|
| EXCEL | 45분 |

수험번호 :

성    명 :

---

### 유의사항

- 인적 사항 누락 및 잘못 작성으로 인한 불이익은 수험자 책임으로 합니다.

- 화면에 암호 입력창이 나타나면 아래의 암호를 입력하여야 합니다.
    - 암호 :

- 작성된 답안은 경로 및 파일명을 변경하지 마시고 그대로 저장하여야 합니다. 이를 준수하지 않으면 실격 처리됩니다.
    - 답안 파일명의 예 : C:₩OA₩수험번호8자리.xlsm

- 외부데이터 위치 : C:₩OA₩파일명

- 별도의 지시사항이 없는 경우, 다음과 같이 처리 시 실격 처리됩니다.
    - 제시된 시트 및 개체의 순서나 이름을 임의로 변경한 경우
    - 제시된 시트 및 개체를 임의로 추가 또는 삭제한 경우
    - 외부데이터를 시험 시작 전에 열어본 경우

- 답안은 반드시 문제에서 지시 또는 요구한 셀에 입력하여야 하며 다음과 같이 처리 시 채점 대상에서 제외됩니다.
    - 제시된 함수가 있을 경우 제시된 함수만을 사용하여야 하며 그 외 함수사용 시 채점대상에서 제외
    - 수험자가 임의로 지시하지 않은 셀의 이동, 수정, 삭제, 변경 등으로 인해 셀의 위치 및 내용이 변경된 경우 해당 작업에 영향을 미치는 관련 문제 모두 채점 대상에서 제외
    - 도형 및 차트의 개체가 중첩되어 있거나 동일한 계산결과 시트가 복수로 존재할 경우 해당 개체나 시트는 채점 대상에서 제외

- 수식 작성 시 제시된 문제 파일의 데이터는 변경 가능한(가변적) 데이터임을 감안하여 문제 풀이를 하시오.

- 별도의 지시사항이 없는 경우, 주어진 각 시트 및 개체의 설정값 또는 기본설정값(Default)으로 처리하시오.

- 저장 시간은 별도로 주어지지 않으므로 제한된 시간 내에 저장을 완료하여야 하며, 제한 시간 내에 저장이 되지 않은 경우에는 실격 처리됩니다.

- 출제된 문제의 용어는 MS Office Professional Plus 2021을 기준으로 작성되었습니다.

대 한 상 공 회 의 소

## 문제 ❶ 주어진 시트에서 다음의 과정을 수행하고 저장하시오. | 기본작업(15점)

**01** '기본작업-1' 시트에서 다음과 같이 고급 필터를 수행하시오. (5점)

▶ [A2:E25] 영역에서 2021년의 값이 2018, 2019, 2020년의 평균 수출액보다 큰 데이터를 표시하시오.
▶ 조건은 [H2:H3] 영역 내에 알맞게 작성하시오(AVERAGE 함수를 사용할 것).
▶ 결과는 [H5] 셀부터 표시하시오.

**02** '기본작업-1' 시트에서 다음과 같이 조건부서식을 수행하시오. (5점)

▶ [A3:E25] 영역에서 2018 수출액의 값이 상위 5위보다 크거나 같은 값이거나, 국가의 값이 비어 있는 행 전체에 대하여 채우기 색은 '표준 색-연한 녹색', 글꼴 스타일은 '굵게'로 적용하시오.
▶ 단, 규칙 유형은 '▶ 수식을 사용하여 서식을 지정할 셀 결정'을 사용하고, 한 개의 규칙으로만 작성하시오.
▶ OR, LARGE, ISBLANK 함수를 사용하시오.

**03** '기본작업-2' 시트에서 다음과 같이 페이지 레이아웃을 설정하시오. (5점)

▶ [B1:R76] 영역을 인쇄 영역으로 지정하고 2페이지에 인쇄되도록 용지 너비만 설정하시오.
▶ 인쇄 용지가 가로로 인쇄되도록 용지 방향을 설정하고, 페이지 가로 가운데에 인쇄되도록 페이지 가운데 맞춤을 설정하시오.
▶ 행 머리글(1,2,3 등)과 열 머리글(A,B,C 등)이 인쇄되도록 설정하고 흑백으로 인쇄되도록 설정하시오.
▶ 제목 도형은 잠금 설정한 후, 잠긴 셀의 내용과 워크시트를 보호하시오.
▶ 잠긴 셀의 선택, 잠금 해제된 셀의 선택, 정렬은 허용하고 시트 보호 암호는 지정하지 마시오.

## 문제 ❷ '계산작업' 시트에서 다음의 과정을 수행하고 저장하시오. | 계산작업(30점)

**01** [표1]의 질병코드, 처방일자를 이용하여 관리번호를 [B4:B76] 영역에 표시하시오. (6점)
- ▶ 동일 질병코드 내에서 처방일자가 이른 순서(오름차순)대로 1부터 부여하시오.
- ▶ [표시 예 : 질병코드-1]
- ▶ SUM, IF 함수와 & 연산자를 사용하는 배열 수식을 작성하시오.

**02** [표1]의 나이대를 이용하여 [표2]의 연령대별 분포도를 [V5:V8] 영역에 표시하시오. (6점)
- ▶ 연령대는 나이대*5의 값을 십의 자리에서 버림한 수로 계산하시오.
- ▶ 분포도는 연령대별 빈도수에 따라서 ★ 문자를 반복하여 표시하시오.
  - [표시 예 : 빈도수가 3 → ★★★]
- ▶ REPT, ROUNDDOWN, COUNT, IF 함수를 사용하는 배열 수식을 작성하시오.

**03** 사용자 정의 함수 'fn금액'을 작성하여 [표1]의 [S4:S76] 영역에 표시하시오. (6점)
- ▶ fn금액은 시도, 일회투약량, 일일투약량, 총투여일수, 단가를 인수로 삼아 값을 반환하는 함수이다.
- ▶ fn금액 = 일회투약량 × 일일투약량 × 총투여일수 × 단가 × 가변율
- ▶ 시도가 서울이면 가변율 1.3, 제주면 1.1 그 외는 1.2로 표시하시오.
- ▶ Select Case 문, Left 함수를 사용하시오.

    Public Function fn금액(시도, 일회투약량, 일일투약량, 총투여일수, 단가)

    End Function

**04** [표1]의 처방일자와 성별을 이용하여 성별이 '여'이고 처방일자가 가장 빠른 달의 환자수를 [U13] 셀에 표시하시오. (6점)
- ▶ COUNTIFS, MIN, EOMONTH 함수와 & 연산자를 사용하시오.

**05** [표1]의 질병코드와 [표5]를 이용하여 병의 증상별 인원수를 [표4]의 [V18:V21] 영역에 표시하시오. (6점)
- ▶ [표시 예 : 3 → 3명]
- ▶ INDEX, MATCH, LEFT, SUM, IF 함수와 & 연산자를 사용하는 배열 수식을 작성하시오.

## 문제 ❸ 주어진 시트에서 다음의 과정을 수행하고 저장하시오. | 분석작업(20점)

**01** '분석작업-1' 시트에서 다음의 지시사항에 따라 피벗 테이블 보고서를 작성하시오. (10점)

- 외부 데이터 원본 기능을 이용하여 〈질병관리.xlsx〉에서 〈환자별질병관리〉 시트의 '시도', '일수', '성별', '금액', '일회투약량', '일일투여량' 열을 사용하시오.
- 데이터의 '첫 행에 열 머리글 포함'은 체크하시오.
- 피벗 테이블 보고서의 레이아웃과 위치는 〈그림〉을 참조하여 설정하고, 보고서 레이아웃을 개요 형식으로 표시하시오.
- '일일투여량/일회투약량'으로 계산하는 '일일평균' 계산 필드를 추가하시오.
- 레이블이 있는 셀은 '셀 병합하고 가로 가운데 맞춤'하고, 빈 셀은 '0', 오류 값이 있는 셀은 "해당없음"을 표시하시오.
- 일수를 1~90, 91~103, 181~270, 271~360 단위로 그룹화하시오.
- 시도는 수동 정렬하시오.
- 금액은 값 필드 설정의 셀 서식에서 '숫자' 범주의 '1000 단위 구분 기호'를 이용하여 표시하고, 일일평균은 값 필드 설정에서 백분율 범주의 '소수 자릿수'를 1로 설정하여 표시하시오.
- 피벗테이블 스타일은 '연한 노랑, 피벗 테이블 스타일 밝게 26'으로 설정하고 줄무늬 열 옵션을 설정하시오.

| | A | B | C | D | E | F | G |
|---|---|---|---|---|---|---|---|
| 1 | | | | | | | |
| 2 | | | | 성별 ▼ | 값 | | |
| 3 | | | | 남 | | 여 | |
| 4 | | 시도 ▼ | 일수 ▼ | 합계 : 금액 | 합계 : 일일평균 | 합계 : 금액 | 합계 : 일일평균 |
| 5 | | 서울 | | | | | |
| 6 | | | 1사분기 | 0 | 해당없음 | 27,040 | 200.0% |
| 7 | | | 2사분기 | 0 | 해당없음 | 52,000 | 125.0% |
| 8 | | | 3사분기 | 97,630 | 100.0% | 13,650 | 300.0% |
| 9 | | 제주 | | | | | |
| 10 | | | 1사분기 | 181,500 | 133.3% | 0 | 해당없음 |
| 11 | | | 2사분기 | 74,250 | 83.3% | 0 | 해당없음 |
| 12 | | | 3사분기 | 23,760 | 66.7% | 0 | 해당없음 |
| 13 | | | 4사분기 | 0 | 해당없음 | 13,200 | 300.0% |
| 14 | | 경기 | | 202,080 | 105.3% | 585,120 | 69.2% |
| 15 | | 인천 | | 148,680 | 114.3% | 0 | 해당없음 |
| 16 | | 부산 | | 8,640 | 300.0% | 0 | 해당없음 |

**02** '분석작업-2' 시트에 대하여 다음의 지시사항을 처리하시오. (10점)

- [A3:E95] 영역에는 데이터 도구를 이용하여 [표1]에서 데이터 기준일자 항목을 제외하고 나머지 부분에서 중복되는 셀을 포함하는 행을 삭제하시오.
- [A3:E95] 영역에 대해서 '세차유형' 필드의 '문형식세차, 셀프세차, 손세차, 자동식세차'로 데이터를 사용자 지정 정렬하시오.

## 문제 ④ 주어진 시트에서 다음의 과정을 수행하고 저장하시오. | 기타작업(35점)

### 01 '기타작업-1' 시트에서 다음과 같은 기능을 수행하는 매크로를 현재 통합문서에 작성하시오. (각 5점)

⚠ 셀 포인터의 위치에 관계없이 매크로가 실행되어야 정답으로 인정됨

① [O3:O75] 영역에 사용자 지정 표시 형식을 설정하는 '서식적용' 매크로를 생성하시오.
  ▶ '총 투여일수'가 10 미만이면 파란색으로 "10건 이하", 나머지는 빈칸으로 표시하시오.
    – [표시 예 : 9 → 10건 이하]
  ▶ [개발 도구]-[삽입]-[양식 컨트롤]의 '단추'를 동일 시트의 [R2:S3] 영역에 생성한 후 텍스트를 '서식적용'으로 작성하고, 단추를 클릭하면 '서식적용' 매크로가 실행되도록 설정하시오.

② [O3:O75] 영역에 대해서 표시 형식을 '일반'으로 적용하는 '서식해제' 매크로를 생성하시오.
  ▶ [개발 도구]-[삽입]-[양식 컨트롤]의 '단추'를 동일 시트의 [R4:S5] 영역에 생성한 후 텍스트를 '서식해제'로 작성하고, 단추를 클릭하면 '서식해제' 매크로가 실행되도록 설정하시오.

### 02 '기타작업-2' 시트에서 다음의 지시사항에 따라 차트를 수정하시오. (각 2점)

⚠ 차트는 반드시 문제에서 제공한 차트를 사용하여야 하며, 신규로 작성 시 0점 처리됨

① 성별이 '여'인 데이터만 차트에 표시되도록 데이터의 범위를 수정하고, 일일투여량 계열과 일회투약량 계열의 차트 종류를 '세로 막대형 차트'로 변경하고, 계열 순서를 변경하시오. [단, 계열 추가 시 가로(항목)축 레이블의 범위는 〈그림〉과 동일하게 변경]

② 차트 제목을 추가하여 [A1] 셀과 연동하고, 도형 스타일을 '반투명-황금색, 강조 4 윤곽선 없음'으로 설정하시오.

③ 일일투여량의 계열 겹치기는 '20%', 간격 너비는 '100%'로 설정하시오.

④ '일일투여량' 계열에 선형 추세선을 〈그림〉과 같이 추가하시오.

⑤ '총투여일수' 계열의 '2022' 요소에만 데이터 레이블 '셀 값'으로 표시하고, 데이터 레이블을 '270°' 회전시키시오.

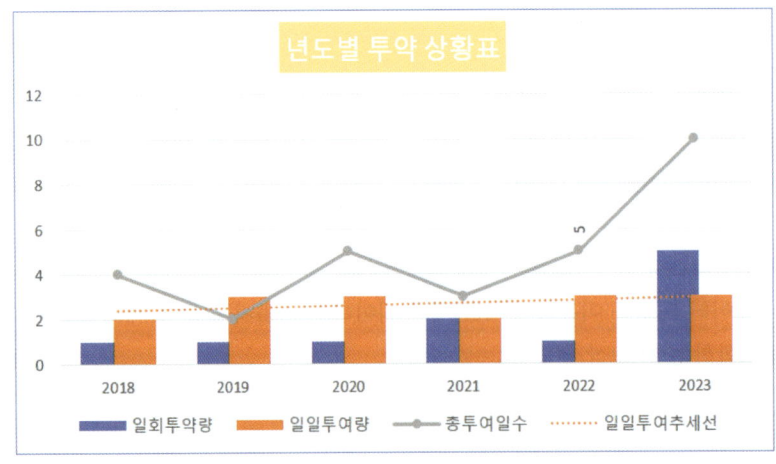

## 03 '기타작업-3'시트에서 다음과 같은 작업을 수행하고 저장하시오. (각 5점)

① 〈음원조회〉 버튼을 클릭하면 '음원순위' 폼이 나타나고, 폼이 초기화(Initialize)되면 'txt곡목' 외의 컨트롤은 비활성화하시오.

② '음원순위' 폼의 'txt곡목'에 곡목을 작성 후 '조회(cmd조회)' 단추를 클릭하면 곡목에 해당하는 '가수'와 '차트순위'가 텍스트 상자에 표시되도록 작성하시오.

▶ 곡목은 [C5:C14] 범위의 데이터를 조회하시오.
▶ For Each문을 작성하시오.
▶ 작성한 곡목이 존재하지 않은 경우 〈그림〉과 같은 메시지 박스를 표시하시오.

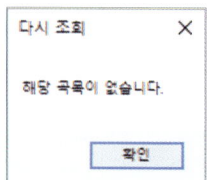

▶ 조회일 레이블을 더블클릭하면 'txt조회일'에 오늘 날짜가 [표시 예]와 같이 표시되도록 설정하시오.
  – [표시 예 : 2024년 11월 23일 → 24년 11월 23일]

③ 종료(cmd종료) 버튼을 클릭하면 〈그림〉의 메시지 박스를 표시하고 폼을 종료하는 프로시저를 작성하시오.

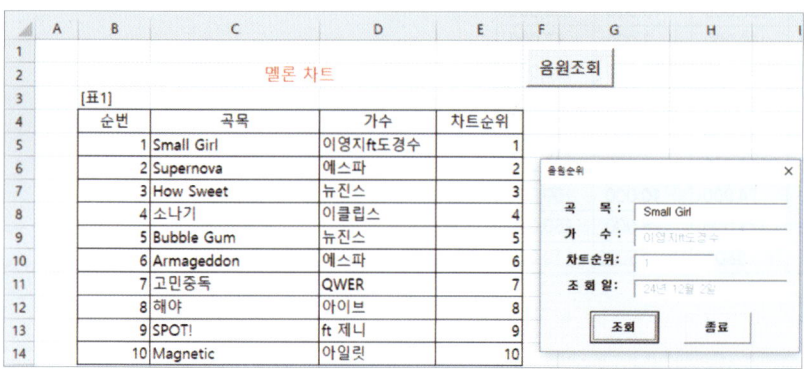
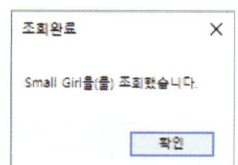

# 기출 유형 문제 01회  해설

## 문제 ❶ 기본작업  1. 고급 필터('기본작업-1' 시트)

**|정답|**

| H3 | | | fx | =$E3>AVERAGE($B3:$D3) | |
|---|---|---|---|---|---|
| | H | I | J | K | L |
| 2 | 조건 | | | | |
| 3 | TRUE | | | | |
| 4 | | | | | |
| 5 | 국가 | 2018 | 2019 | 2020 | 2021 |
| 6 | 네덜란드 | 30,000 | 240,000 | 36,000 | 204,000 |
| 7 | 한국 | 35,000 | 175,000 | 17,500 | 157,500 |
| 8 | 미국 | 25,000 | 275,000 | 55,000 | 220,000 |
| 9 | | 30,000 | 120,000 | 12,000 | 108,000 |
| 10 | 그리스 | 40,000 | 480,000 | 72,000 | 408,000 |
| 11 | 파라과이 | 25,000 | 75,000 | 3,750 | 71,250 |
| 12 | 스위스 | 25,000 | 125,000 | 12,500 | 112,500 |
| 13 | 덴마크 | 35,000 | 175,000 | 17,500 | 157,500 |
| 14 | | 25,000 | 150,000 | 15,000 | 135,000 |
| 15 | 이스라엘 | 30,000 | 60,000 | 3,000 | 57,000 |
| 16 | 과테말라 | 50,000 | 200,000 | 34,500 | 120,000 |
| 17 | 노르웨이 | 30,000 | 65,000 | 12,500 | 60,000 |
| 18 | 스페인 | 12,300 | 57,600 | 80,000 | 75,000 |
| 19 | 벨기에 | 37,500 | 160,000 | 49,100 | 95,000 |
| 20 | | 24,800 | 74,000 | 10,000 | 100,000 |
| 21 | 아르헨티나 | 41,000 | 173,000 | 26,000 | 250,000 |
| 22 | 폴란드 | 24,000 | 98000 | 65000 | 110,000 |

① [H2:H3] 영역에 '조건'을 작성하고, [H5:L5] 영역에 추출할 '필드명'을 입력한다.

② [H3] 셀에 =$E3>AVERAGE($B3:$D3)를 입력한다.

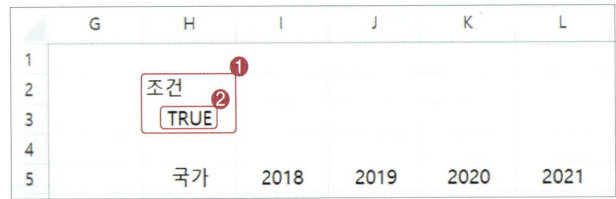

③ [데이터] 탭에서 [정렬 및 필터] 그룹의 [고급]을 클릭한다.

④ [고급 필터] 대화상자에서 **다른 장소에 복사**를 선택하고, '목록 범위'는 [A2:E25], '조건 범위'는 [H2:H3], '복사 위치'는 [H5:L5]로 지정한 후, [확인]을 클릭한다.

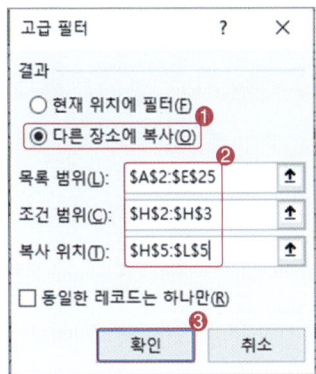

## 문제 ❶ 기본작업  2. 조건부서식('기본작업-1' 시트)

**|정답|**

| | A | B | C | D | E |
|---|---|---|---|---|---|
| 1 | | | | | |
| 2 | 국가 | 2018 | 2019 | 2020 | 2021 |
| 3 | 네덜란드 | 30,000 | 240,000 | 36,000 | 204,000 |
| 4 | 한국 | 35,000 | 175,000 | 17,500 | 157,500 |
| 5 | 미국 | 25,000 | 275,000 | 55,000 | 220,000 |
| 6 | | 30,000 | 120,000 | 12,000 | 108,000 |
| 7 | 그리스 | 40,000 | 480,000 | 72,000 | 408,000 |
| 8 | 파라과이 | 25,000 | 75,000 | 3,750 | 71,250 |
| 9 | 영국 | 40,000 | 320,000 | 48,000 | |
| 10 | 스위스 | 25,000 | 125,000 | 12,500 | 112,500 |
| 11 | 스웨덴 | 30,000 | 270,000 | 40,500 | |
| 12 | 덴마크 | 35,000 | 175,000 | 17,500 | 157,500 |
| 13 | 프랑스 | 40,000 | 160,000 | 16,000 | |
| 14 | | 25,000 | 150,000 | 15,000 | 135,000 |
| 15 | 뉴질랜드 | 30,000 | 240,000 | 36,000 | |
| 16 | 이스라엘 | 30,000 | 60,000 | 3,000 | 57,000 |
| 17 | 두바이 | 35,000 | 350,000 | 52,500 | |
| 18 | 과테말라 | 50,000 | 200,000 | 34,500 | 120,000 |
| 19 | 노르웨이 | 30,000 | 65,000 | 12,500 | 60,000 |
| 20 | 스페인 | 12,300 | 57,600 | 80,000 | 75,000 |
| 21 | 벨기에 | 37,500 | 160,000 | 49,100 | 95,000 |
| 22 | | 24,800 | 74,000 | 10,000 | 100,000 |
| 23 | 아르헨티나 | 41,000 | 173,000 | 26,000 | 250,000 |
| 24 | | 50,000 | 813,500 | 27,900 | 190,000 |
| 25 | 폴란드 | 24,000 | 98000 | 65000 | 110,000 |

① [A3:E25] 영역을 블록으로 설정한다.
② [홈] 탭에서 [스타일] 그룹의 [조건부서식]을 클릭한 후, [새 규칙]을 선택한다.

③ [새 서식 규칙] 대화상자에서 ▶ **수식을 사용하여 서식을 지정할 셀 결정**을 선택하고, 아래의 수식을 입력한다.

| 수식 |
=OR($B3>=LARGE($B$3:$B$25,5),ISBLANK($A3))

💬 함수 설명

**LARGE($B$3:$B$25,5)**
범위 [B3:B25]에서 5번째로 큰 값을 구한다.

**$B3>=LARGE(...)**
상위 5등 안에 드는지를 판별하는 조건으로, 현재 행의 [B3] 값이 상위 5위 값 이상이면 TRUE를 반환한다.

**ISBLANK($A3)**
현재 행의 [A3] 셀이 비어 있는지 확인하는 함수로, 비어 있으면 TRUE를 반환한다.

**OR(조건1, 조건2)**
조건1과 조건2 중 하나라도 참이면 TRUE. 즉, "상위 5위 안에 들거나 A열이 비어 있으면 TRUE"라는 의미이다.

④ [서식]을 클릭하고, [셀 서식] 대화상자의 [글꼴] 탭에서 '글꼴 스타일'을 '**굵게**'로, [채우기] 탭에서 '배경색'을 '**표준 색-연한 녹색**'으로 지정한 후 [확인]을 클릭한다.

⑤ [새 서식 규칙] 대화상자에서 [확인]을 클릭하여 조건부서식을 적용한다.

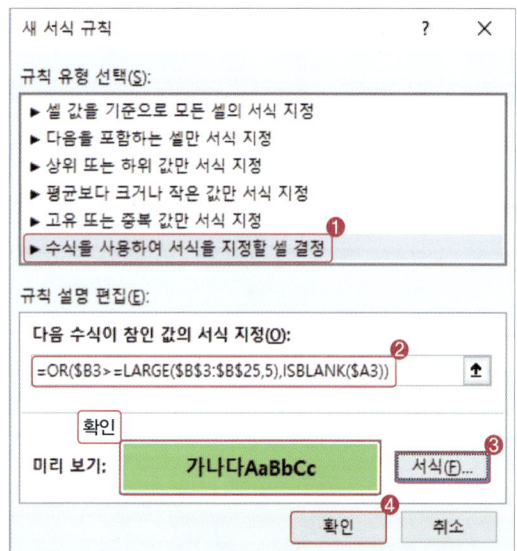

## 문제 ❶ 기본작업  3. 페이지 레이아웃('기본작업-2' 시트)

|정답|

| | B | C | D | E | F | G | H | I | J | K |
|---|---|---|---|---|---|---|---|---|---|---|
| 1 | [표1] | | | | 환자별 진료카드 | | | | | |
| 2 | | | | | | | | | | |
| 3 | 환자코드 | 성명 | 시도 | 성별 | 진료구분 | 질병코드 | 처방전번호 | 처방일자 | 환자분류 | 나이대 |
| 4 | A8952 | 이명자 | 서울 | 여 | 입원 | I12345 | 240507-1111 | 05월 07일 | 보험 | 15 |
| 5 | B6891 | 이현정 | 제주 | 여 | 입원 | I12346 | 240507-1112 | 05월 07일 | 일반 | 8 |
| 6 | A3717 | 김형기 | 충북 | 남 | 통원 | I12347 | 240507-1113 | 05월 07일 | 의료보험 | 7 |
| 7 | C5822 | 김혜영 | 전북 | 여 | 기타 | J12347 | 240507-1114 | 05월 07일 | 의료보험 | 6 |
| 8 | D4273 | 문병용 | 부산 | 남 | 통원 | J12348 | 240510-1111 | 05월 10일 | 의료보험 | 8 |
| 9 | A9679 | 이숙희 | 경기 | 여 | 통원 | K12349 | 240510-1112 | 05월 10일 | 의료보험 | 10 |
| 10 | D6798 | 서승범 | 제주 | 남 | 기타 | K12350 | 240511-1111 | 05월 11일 | 일반 | 12 |
| 11 | C5822 | 김혜영 | 전북 | 여 | 입원 | K12351 | 240512-1111 | 05월 12일 | 일반 | 6 |
| 12 | D3886 | 최철민 | 강원 | 남 | 통원 | K12352 | 240513-1111 | 05월 13일 | 의료보험 | 9 |
| 13 | A8240 | 구인성 | 경북 | 남 | 입원 | G12351 | 240514-1111 | 05월 14일 | 의료보험 | 7 |
| 14 | D1787 | 우용표 | 전남 | 남 | 입원 | G12352 | 240514-1112 | 05월 14일 | 보험 | 11 |
| 15 | A1495 | 김후영 | 경기 | 여 | 입원 | M12353 | 240514-1113 | 05월 14일 | 보험 | 13 |
| 16 | D1971 | 김민국 | 강원 | 남 | 입원 | N12354 | 240514-1114 | 05월 14일 | 의료보험 | 7 |
| 17 | D4877 | 최신국 | 경기 | 남 | 입원 | O12355 | 240515-1111 | 05월 15일 | 의료보험 | 10 |
| 18 | A7371 | 차민국 | 인천 | 남 | 입원 | P12356 | 240516-1111 | 05월 16일 | 일반 | 7 |
| 19 | B7149 | 박억남 | 경남 | 남 | 입원 | L12345 | 240517-1111 | 05월 17일 | 의료보험 | 11 |
| 20 | C5822 | 김혜영 | 전북 | 여 | 입원 | L12354 | 240518-1111 | 05월 18일 | 의료보험 | 3 |
| 21 | A9810 | 이상국 | 전북 | 남 | 통원 | L12344 | 240519-1111 | 05월 19일 | 의료보험 | 8 |
| 22 | C3897 | 양승현 | 서울 | 남 | 통원 | N12334 | 240520-1111 | 05월 20일 | 보험 | 6 |
| 23 | D1595 | 이재건 | 전북 | 남 | 통원 | N12334 | 240520-1112 | 05월 20일 | 의료보험 | 9 |
| 24 | A6220 | 강성호 | 전남 | 남 | 통원 | K12353 | 240520-1113 | 05월 20일 | 의료보험 | 11 |
| 25 | D6798 | 서승범 | 제주 | 남 | 통원 | K12354 | 240521-1111 | 05월 21일 | 의료보험 | 12 |
| 26 | A1899 | 박인성 | 경기 | 남 | 통원 | K12355 | 240521-1112 | 05월 21일 | 보험 | 5 |
| 27 | D6171 | 김주우 | 제주 | 남 | 통원 | K12356 | 240522-1111 | 05월 22일 | 일반 | 15 |

① [페이지 레이아웃] 탭에서 [페이지 설정] 그룹의 **옵션**(🗔)을 클릭한다.
② [페이지 설정] 대화상자에서 [페이지] 탭에서 '용지 방향'은 **가로**로, '배율'의 '자동 맞춤'의 '용지 너비'는 2로 설정한다. [여백] 탭에서 '페이지 가운데 맞춤'을 **가로**로 설정한다. [시트] 탭에서 '인쇄 영역'에 B1:R76을 입력하고, '인쇄'의 **흑백으로**와 **행/열 머리글**에 체크한 다음 [확인] 클릭한다.
③ '제목' 도형을 클릭한 후 마우스 오른쪽 버튼을 누른다.
④ [도형 서식] 창에서 [크기 및 속성]의 [속성]으로 이동한 다음, **잠금** 항목에 체크한다.

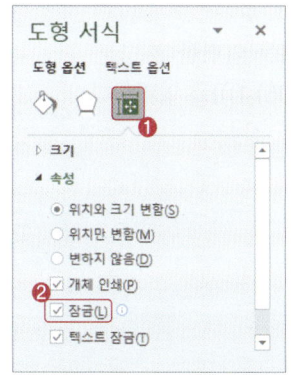

⑤ [검토] 탭에서 [보호] 그룹의 [시트 보호]를 클릭한다.
⑥ [시트 보호] 대화상자에서 **정렬** 항목에 체크하고 [확인]을 눌러 설정한다.

## 문제 ❷ 계산작업  '계산작업' 시트

**|정답|**

[표1]

| 관리번호 | 환자코드 | 성명 | 시도 | 성별 | 진료구분 | 질병코드 | 처방전번호 | 처방일자 | 환자분류 | 나이대 | 투약일자 | 일회투약량 | 약제코드 | 일일투약량 | 총투여일수 | 단가 | 금액 |
|---|---|---|---|---|---|---|---|---|---|---|---|---|---|---|---|---|---|
| I12345-1 | A8952 | 이명자 | 서울 | 여 | 입원 | I12345 | 240507-1111 | 05월 07일 | 보험 | 12 | 05월 07일 | 1 | 124586ATR | 2 | 4 | 1,300 | 13,520 |
| J12347-1 | C5822 | 김혜영 | 전북 | 여 | 기타 | J12347 | 240507-1114 | 05월 07일 | 의료보험 | 6 | 05월 07일 | 1 | 1254A3ATW | 3 | 5 | 1,400 | 25,200 |
| I12345-2 | B6891 | 이현정 | 제주 | 남 | 입원 | I12345 | 240507-1112 | 05월 08일 | 일반 | 8 | 05월 07일 | 1 | 1254C5CTV | 2 | 3 | 1,000 | 6,600 |
| I12345-3 | A3717 | 김형기 | 충북 | 남 | 통원 | I12345 | 240507-1113 | 05월 09일 | 의료보험 | 7 | 05월 07일 | 2 | 1525A68TY | 1 | 6 | 2,000 | 28,800 |
| J12347-2 | D4273 | 문병용 | 부산 | 남 | 통원 | J12347 | 240510-1111 | 05월 10일 | 보험 | 8 | 05월 11일 | 1 | 1353B7CTR | 3 | 3 | 800 | 8,640 |
| K12388-1 | A9679 | 이숙희 | 경기 | 여 | 통원 | K12388 | 240510-1112 | 05월 10일 | 의료보험 | 10 | 05월 10일 | 2 | 1255A4CTX | 2 | 3 | 500 | 7,200 |
| K12388-2 | D6798 | 서승범 | 제주 | 남 | 기타 | K12388 | 240511-1111 | 05월 11일 | 일반 | 12 | 05월 11일 | 1 | 1351C1BTW | 3 | 10 | 500 | 16,500 |
| K12387-1 | D1595 | 이재건 | 전북 | 남 | 입원 | K12387 | 240610-1111 | 05월 11일 | 보험 | 9 | 06월 10일 | 2 | 1354A3CTY | 3 | 5 | 1,000 | 36,000 |
| K12388-3 | C5822 | 김혜영 | 전북 | 여 | 통원 | K12388 | 240512-1111 | 05월 12일 | 보험 | 8 | 05월 12일 | 1 | 125483ATW | 3 | 5 | 1,400 | 25,200 |
| K12388-4 | D3886 | 최철민 | 강원 | 남 | 통원 | K12388 | 240513-1111 | 05월 13일 | 의료보험 | 9 | 05월 14일 | 4 | 1345C2ATV | 3 | 15 | 1,000 | 216,000 |
| G12513-1 | A8240 | 구인성 | 경북 | 남 | 입원 | G12513 | 240514-1111 | 05월 14일 | 보험 | 7 | 05월 14일 | 3 | 1431A1ATW | 3 | 3 | 700 | 22,680 |
| M12844-1 | A1495 | 김후명 | 경기 | 여 | 입원 | M12844 | 240514-1113 | 05월 14일 | 보험 | 13 | 05월 14일 | 5 | 1354C28TX | 3 | 10 | 700 | 126,000 |
| N12354-1 | D1971 | 김민국 | 강원 | 남 | 입원 | N12354 | 240514-1114 | 05월 14일 | 일반 | 9 | 05월 14일 | 2 | 1354A3CTY | 3 | 5 | 1,000 | 36,000 |
| G12513-2 | D1787 | 우윤표 | 전남 | 남 | 입원 | G12513 | 240514-1112 | 05월 15일 | 보험 | 11 | 05월 14일 | 1 | 123482CTW | 2 | 3 | 1,200 | 8,640 |
| G12513-3 | D4877 | 최신국 | 경기 | 남 | 입원 | G12513 | 240515-1111 | 05월 15일 | 의료보험 | 10 | 05월 17일 | 3 | 1235C18TV | 3 | 3 | 700 | 22,680 |
| G12513-4 | A7371 | 차민국 | 인천 | 남 | 입원 | G12513 | 240516-1111 | 05월 16일 | 일반 | 7 | 05월 16일 | 1 | 1354C38TS | 1 | 5 | 1,500 | 9,000 |
| L12345-1 | B7149 | 박익노 | 경남 | 남 | 입원 | L12345 | 240517-1111 | 05월 17일 | 의료보험 | 11 | 05월 17일 | 3 | 1354A4CTY | 2 | 5 | 1,200 | 43,200 |
| L12354-1 | C5822 | 김혜영 | 전북 | 여 | 통원 | L12354 | 240518-1111 | 05월 18일 | 일반 | 3 | 05월 18일 | 1 | 125483ATW | 3 | 5 | 1,400 | 25,200 |
| L12344-1 | A9810 | 이상국 | 전북 | 남 | 통원 | L12344 | 240519-1111 | 05월 19일 | 의료보험 | 8 | 05월 19일 | 3 | 135488ATR | 3 | 3 | 1,000 | 32,400 |
| N12334-1 | C3897 | 양승현 | 서울 | 남 | 입원 | N12334 | 240520-1111 | 05월 20일 | 보험 | 6 | 05월 20일 | 2 | 1354A18TW | 2 | 5 | 500 | 13,000 |
| N12334-1 | D1595 | 이재건 | 전북 | 남 | 통원 | N12334 | 240520-1112 | 05월 20일 | 의료보험 | 9 | 05월 20일 | 3 | 135483CTV | 3 | 20 | 700 | 151,200 |
| K12389-1 | A6220 | 강성호 | 전남 | 남 | 입원 | K12389 | 240520-1113 | 05월 20일 | 의료보험 | 11 | 05월 20일 | 3 | 1324C1ATS | 1 | 10 | 1,200 | 43,200 |
| K12389-2 | D6798 | 서승범 | 제주 | 남 | 통원 | K12389 | 240521-1111 | 05월 21일 | 의료보험 | 12 | 05월 21일 | 1 | 1351A18TX | 1 | 10 | 500 | 16,500 |
| K12389-3 | A1899 | 박익성 | 서울 | 남 | 입원 | K12389 | 240521-1112 | 05월 21일 | 보험 | 5 | 05월 21일 | 3 | 1235818TR | 3 | 3 | 700 | 22,680 |
| J12348-1 | C3852 | 이건홍 | 서울 | 남 | 통원 | J12348 | 240522-1112 | 05월 22일 | 보험 | 4 | 05월 22일 | 1 | 1254C3ATW | 3 | 3 | 1,400 | 16,380 |
| J12348-2 | A5662 | 성주인 | 서울 | 여 | 입원 | J12348 | 240522-1113 | 05월 22일 | 보험 | 7 | 05월 22일 | 2 | 1354C1BTW | 2 | 5 | 500 | 13,000 |
| K12389-4 | D6171 | 김주우 | 제주 | 남 | 통원 | K12389 | 240522-1111 | 05월 23일 | 일반 | 15 | 05월 22일 | 2 | 135782CTR | 2 | 5 | 1,200 | 26,400 |
| J12348-3 | B6510 | 김통남 | 경기 | 남 | 통원 | J12348 | 240523-1111 | 05월 23일 | 의료보험 | 11 | 05월 23일 | 2 | 126581CTS | 3 | 3 | 700 | 15,120 |

[표2]

| 연령대 | 투약일수평균 분포도 |
|---|---|
| 30 | ★★★★★★★★★★★★★★★★★★★ |
| 40 | ★★★★★★★★★★★★★★★ |
| 50 | ★★★★★★★★★★★ |
| 60 | ★★★★★★★★ |

[표3]

| 성별이 여이면서 처방일자가 가장 빠른 달의 환자수 |
|---|
| 12 |

[표4]

|  | 인원수 |
|---|---|
| 신경계통 | 12명 |
| 소화계통 | 15명 |
| 순환계통 | 8명 |
| 호흡계통 | 19명 |

[표5]

| 질병코드의 첫글자 | 증상 |
|---|---|
| I | 순환계통 질환 |
| J | 호흡계통 질환 |
| K | 소화계통 질환 |
| L | 피부 및 피하조직의 질환 |
| M | 근골격계통 |
| N | 비뇨생식계통 |
| O | 임신, 출산 |
| P | 출생전후기의 특정 병태 |
| G | 신경계통 질환 |

① [B4:B76]에 =H4&"-"&SUM(IF(($H$4:$H$76=H4)*($J$4:$J$76<J4),1))+1를 입력한다.

② [V5:V9]에 =REPT("★",COUNT(IF((ROUNDDOWN($L$4:$L$76*5,-1)=U5),1)))를 입력한다.

③ Visual Basic을 이용하여 사용자 정의 함수 fn금액을 작성한 다음, [S4:S76]에 입력한다.

|수식|

Public Function fn금액(시도, 일회투약량, 일일투약량, 총투여일수, 단가)
Select Case 시도
Case "서울"
fn금액 = 일회투약량 * 일일투약량 * 총투여일수 * 단가 * 1.3
Case "제주"
fn금액 = 일회투약량 * 일일투약량 * 총투여일수 * 단가 * 1.1
Case Else
fn금액 = 일회투약량 * 일일투약량 * 총투여일수 * 단가 * 1.2
End Select
End Function

### 함수 설명

**함수의 기능**
이 함수는 "지역 가중치 × 투약 총량 × 단가"로 총 금액을 계산하는 함수이다.

**함수의 기본 구조**
- 총량 = 일회투약량 × 일일투약량 × 총투여일수 × 지역별 가중치(1.3/1.1/1.2)
- 시도 인수 값에 따라 1.3(서울), 1.1(제주), 1.2(그 외 전부)로 가중치를 분기함

**※ 계산한 값이 정답과 다를 때**
- 지역 값이 "제주"인지 확인한다(제주만 1.1배).
- 일회투약량 · 일일투약량 · 총투여일수 · 단가 중 하나라도 빈 셀이면, 곱셈의 연산 특성상 결과가 0이 된다.
- 지역 철자/띄어쓰기 오류가 있으면 기본 1.2배로 처리된다.

**※ 간단한 시트 함수로 표현한 사용자 정의 함수**
=일회투약량*일일투약량*총투여일수*단가*IF(시도="제주",1.1, IF(시도="서울",1.3,1.2))

④ [U13]에 =COUNTIFS(F4:F76,"여",J4:J76,"<="&EOMONTH(MIN(J4:J76),0))를 입력한다.
⑤ [V18:V21]에 =SUM(IF((LEFT(INDEX($AC$5:$AC$13,MATCH(LEFT($H$4:$H$76,1),$AB$5:$AB$13,0)),4)=U18),1))&"명"를 입력한다.

## 문제 ❸ 분석작업    1. 피벗 테이블('분석작업-1' 시트)

|정답|

| | A | B | C | D | E | F | G |
|---|---|---|---|---|---|---|---|
| 1 | | | | | | | |
| 2 | | | | 성별 | 값 | | |
| 3 | | | | 남 | | 여 | |
| 4 | | 시도 | 일수 | 합계 : 금액 | 합계 : 일일평균 | 합계 : 금액 | 합계 : 일일평균 |
| 5 | | 서울 | | | | | |
| 6 | | | 1사분기 | 0 | 해당없음 | 27,040 | 200.0% |
| 7 | | | 2사분기 | 0 | 해당없음 | 52,000 | 125.0% |
| 8 | | | 3사분기 | 97,630 | 100.0% | 13,650 | 300.0% |
| 9 | | 제주 | | | | | |
| 10 | | | 1사분기 | 181,500 | 133.3% | 0 | 해당없음 |
| 11 | | | 2사분기 | 74,250 | 83.3% | 0 | 해당없음 |
| 12 | | | 3사분기 | 23,760 | 66.7% | 0 | 해당없음 |
| 13 | | | 4사분기 | 0 | 해당없음 | 13,200 | 300.0% |
| 14 | | 경기 | | 202,080 | 105.3% | 585,120 | 69.2% |
| 15 | | 인천 | | 148,680 | 114.3% | 0 | 해당없음 |
| 16 | | 부산 | | 8,640 | 300.0% | 0 | 해당없음 |

① [삽입] 탭에서 [표] 그룹의 [피벗 테이블]을 클릭한 후, [피벗 테이블 만들기] 대화상자에서 '외부 데이터 원본 사용'을 선택하고 [연결 선택]을 클릭한다.

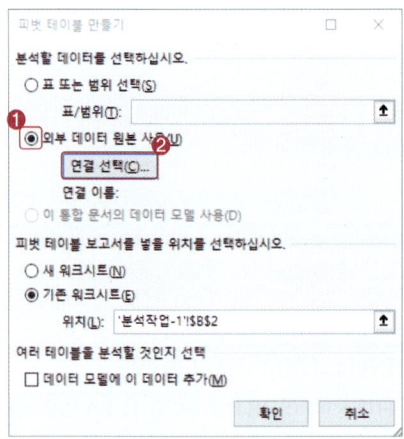

② [기존 연결] 대화상자에서 [더 찾아보기]를 클릭한 후, 파일이 저장된 경로(C:\OA)에서 **질병관리.xlsx** 파일을 선택하고 [열기]를 클릭한다.

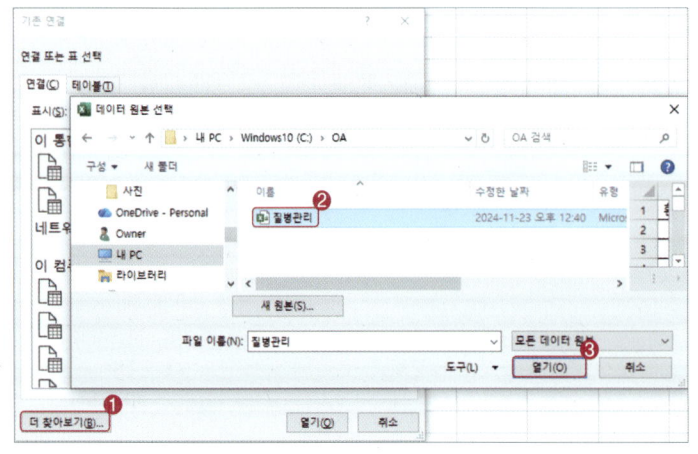

> **기적의 TIP**
>
> 지정된 경로(C:\OA)는 시험장 컴퓨터에서의 경로입니다.
> 해당 도서에서 사용한 질병관리.xlsx 파일의 경로는 다운로드한 [7807]-[26컴활1급(커미조아)]-[스프레드시트]-[PART 03] 폴더에 있습니다.

③ [테이블 선택] 대화상자에서 **환자별질병관리$** 파일을 확인한 후, **데이터의 첫 행에 열 머리글 포함**에 체크하고 [확인]을 클릭한다. 다시 나타나는 [피벗 테이블 만들기] 대화상자에서 '데이터 모델에 이 데이터 추가' 옵션이 **체크 해제**되어 있는지 확인한 후 [확인]을 클릭한다.

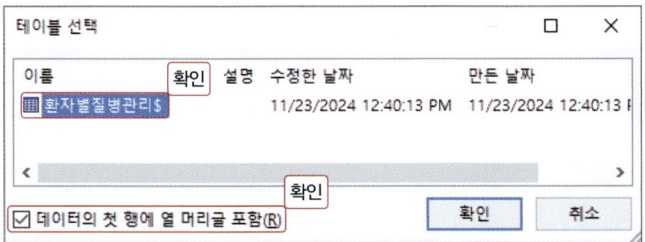

④ 필드 목록에서 '**시도**'와 '**일수**'는 '행' 영역으로, '**성별**'은 '열' 영역으로, '**금액**'은 '값' 영역으로 각각 드래그한다. 이후 [디자인] 탭 – [레이아웃]의 [보고서 레이아웃]에서 [개요 형식으로 표시]를 클릭한다.

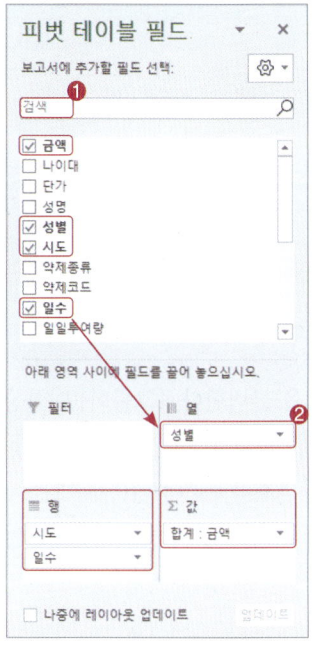

⑤ [피벗 테이블 분석] 탭 – [계산]의 [필드, 항목 및 집합]에서 [계산 필드]를 클릭한다. [계산 필드 삽입] 대화상자에서 '이름'에 **일일평균**, '수식'에 **일일투여량/일회투약량**을 입력한 후 [추가]를 클릭하고, [확인]을 클릭한다.

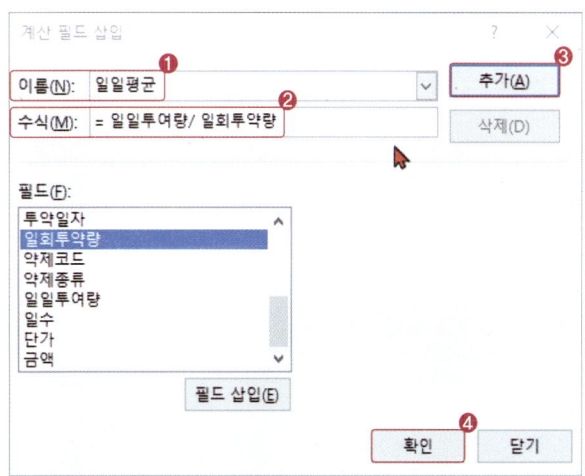

⑥ [피벗 테이블 분석] 탭에서 [피벗 테이블] 그룹의 [옵션(옵션)]을 클릭한다. [피벗 테이블 옵션] 대화상자의 [레이아웃 및 서식] 탭에서 **레이블이 있는 셀 병합 및 가운데 맞춤**에 체크한다. '오류 값 표시'에 체크한 후 **해당없음**을 입력한다. '빈 셀 표시'에는 0을 입력하고 [확인]을 클릭한다.

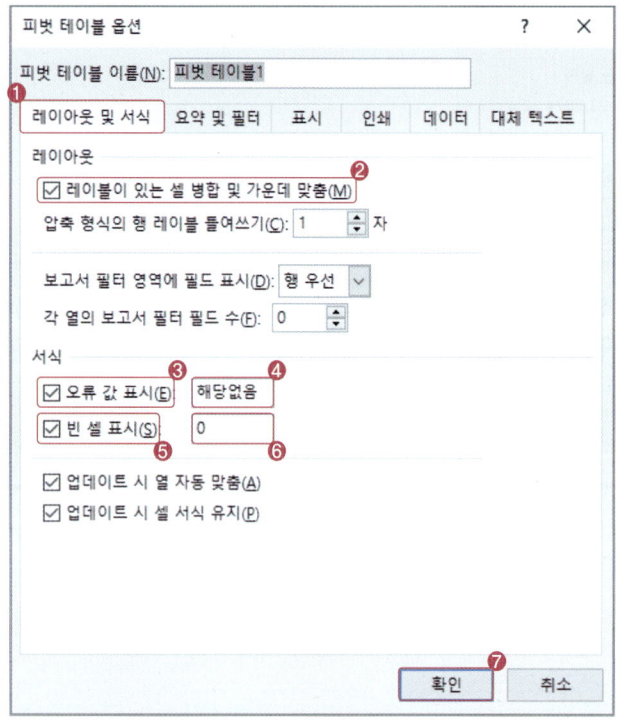

⑦ [일수] 필드의 값 영역의 임의의 셀에서 오른쪽 마우스 버튼을 누른 후 [그룹]을 클릭한다. [그룹화] 대화상자에서 '시작'을 1, '끝'을 360, '단위'를 90으로 설정한 후 [확인]을 클릭한다. 이어서 [1-90] 셀에는 **1사분기**, [91-180] 셀에는 **2사분기**, [181-270] 셀에는 **3사분기**, [271-360] 셀에는 **4사분기**를 각각 입력한다.

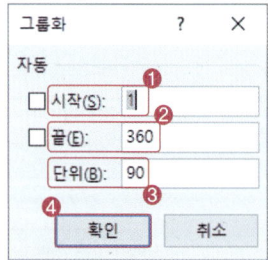

⑧ [시도] 그룹의 행 머리글을 마우스로 끌어서 **서울, 제주, 경기, 인천, 부산** 순서로 정렬한다.

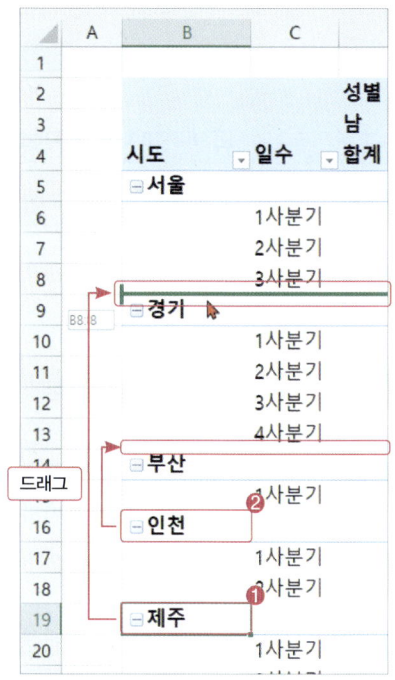

⑨ '금액' 필드의 값 영역의 임의의 셀에서 오른쪽 마우스 버튼을 누른 후, [값 필드 설정]을 클릭한다.
⑩ [값 필드 설정] 대화상자에서 [표시 형식]을 클릭한 다음, [셀 서식] 대화상자에서 [숫자] 범주의 **1000 단위 구분 기호**에 체크하고 [확인]을 클릭한다.
⑪ '일일평균' 필드의 값 영역의 임의의 셀에서 오른쪽 마우스 버튼을 누른 후, [값 필드 설정]을 클릭한다.
⑫ [값 필드 설정] 대화상자에서 [표시 형식]을 클릭한 후, [셀 서식] 대화상자의 [백분율] 범주에서 '소수 자릿수'를 1로 설정하고 [확인]을 클릭한다.
⑬ [디자인] 탭에서 [피벗 테이블 스타일]을 클릭한 후, **연한 노랑, 피벗 테이블 스타일 밝게 26**을 선택하고, [스타일 옵션]에서 **줄무늬 열**을 체크한다.

⑭ [디자인] 탭 – [레이아웃]의 [총합계]에서 [행 및 열의 총합계 해제]를 클릭하고, 다시 [디자인] 탭 – [레이아웃]의 [부분합]에서 [부분합 표시 안 함]을 클릭한다.
⑮ '시도' 영역에서 '경기, 인천, 부산' 항목 옆의 '–' 표시 확장 버튼을 클릭하여 '+'로 변경한다.
⑯ [피벗 테이블 분석] 탭에서 [표시] 그룹의 [+/-단추]를 해제한다.

## 문제 ❸ 분석작업  2. 데이터 정렬('분석작업-2' 시트)

**정답**

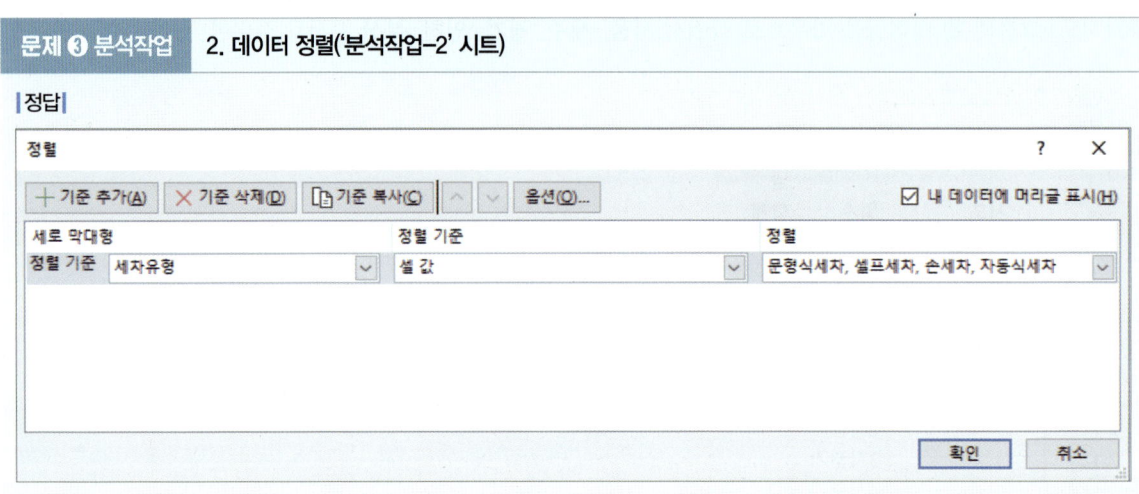

① [A3:E95] 영역을 블록으로 설정한 후, [데이터] 탭에서 [데이터 도구] 그룹의 [중복된 항목 제거]를 클릭한다.
② [중복 값 제거] 대화상자에서 '데이터기준일자' 항목의 체크를 해제한 뒤 [확인]을 클릭한다.
③ 다시 [A3:E95] 영역을 블록으로 설정하고, [데이터] 탭에서 [정렬 및 필터] 그룹의 [정렬]을 클릭한다.
④ [정렬] 대화상자의 첫 번째 '정렬 기준'으로 **세차유형**을 선택하고, '정렬 방식'은 **사용자 지정 목록**을 선택한다.
⑤ [사용자 지정 목록] 대화상자에서 '목록 항목' 입력란에 '**문형식세차** Enter **셀프세차** Enter **손세차** Enter **자동식세차**'를 순서대로 입력한 후 [추가]를 클릭하고, [확인]을 클릭한다.

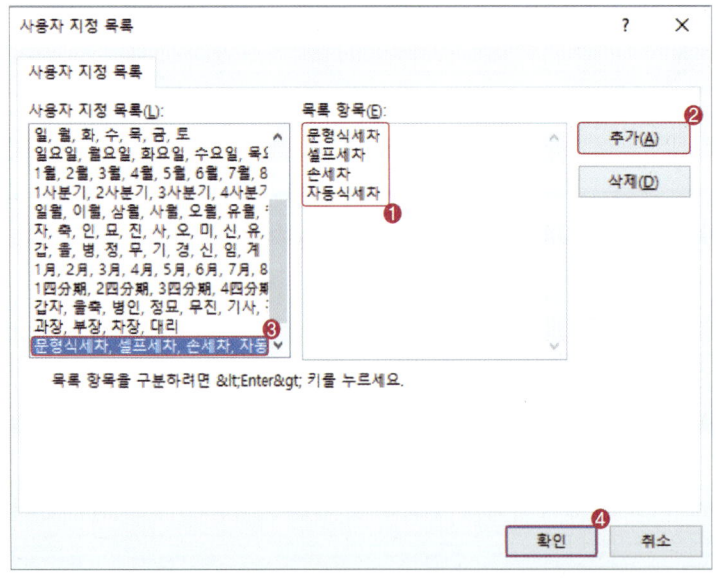

⑥ [정렬] 대화상자에서 [확인]을 클릭하여 정렬을 완료한다.

## 문제 ❹ 기타작업   1. 매크로('기타작업-1' 시트)

### 정답

① [개발 도구] 탭에서 [코드] 그룹의 [매크로 기록]을 클릭한다.
② [매크로 기록] 대화상자에서 '매크로 이름'에 **서식적용**을 입력하고 [확인]을 클릭한다.
③ [O3:O75] 영역을 블록으로 설정한 후, Ctrl + 1 을 눌러 [셀 서식] 대화상자를 연다.
④ [셀 서식] 대화상자의 [범주]에서 '사용자 지정'을 선택한 후, 형식란에 **[파랑][<10]"10건 이하"**;를 입력하고 [확인]을 클릭한다.
⑤ 임의의 셀을 클릭하여 블록을 해제한 다음, [개발 도구] 탭에서 [코드] 그룹의 [기록 중지]를 클릭한다.
⑥ Alt 를 누른 상태에서 [R2:R3] 영역에 **단추(양식 컨트롤)**을 삽입한 다음, 텍스트를 **서식적용**으로 수정한다. 이어서 마우스 오른쪽으로 클릭하여 [매크로 지정]에서 **서식적용** 매크로를 연결하고 [확인]을 클릭한다.
⑦ 다시 [개발 도구] 탭에서 [코드] 그룹의 [매크로 기록]을 클릭한다.
⑧ [매크로 기록] 대화상자에서 '매크로 이름'에 **서식해제**를 입력하고 [확인]을 클릭한다.
⑨ [O3:O75] 영역을 블록으로 설정한 후, Ctrl + 1 을 눌러 [셀 서식] 대화상자를 연다.
⑩ [셀 서식] 대화상자의 '범주'에서 **일반**을 선택하고 [확인]을 클릭한다.
⑪ 임의의 셀을 클릭하여 블록을 해제한 후, [개발 도구] 탭에서 [코드] 그룹의 [기록 중지]를 클릭한다.
⑫ Alt 를 누른 상태에서 [R4:R5] 영역에 **단추(양식 컨트롤)**을 삽입한 다음, 텍스트를 **서식해제**로 수정한다. 이어서 마우스 오른쪽으로 클릭하여 [매크로 지정]에서 **서식해제** 매크로를 연결하고 [확인]을 클릭한다.

## 문제 ④ 기타작업  2. 차트('기타작업-2' 시트)

|정답|

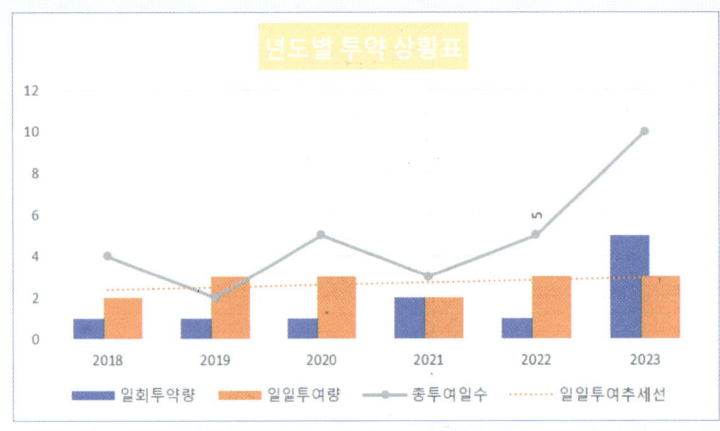

① 차트를 선택한 후, [차트 디자인] 탭에서 [데이터] 그룹의 [데이터 선택]을 클릭한다.
② [데이터 원본 선택] 대화상자에서 [행/열 전환]을 클릭한 후 '범례 항목(계열)' 항목에서 성별이 '남'인 항목(**계열3, 계열5, 계열7, 계열9, 계열10, 계열11**)을 각각 선택 후 [제거]를 클릭하고 다시 [행/열 전환]을 클릭한다.
③ '가로(항목) 축 레이블'의 [편집]을 클릭한 다음 =('기타작업-2'!$B$3:$B$4,'기타작업-2'!$B$6,'기타작업-2'!$B$8,'기타작업-2'!$B$10,'기타작업-2'!$B$14)으로 설정하고 확인을 클릭한다.
④ '범례 항목(계열)'에서 [위로 이동], [아래로 이동] 버튼을 이용해서 계열 순서를 **일회투약량, 일일투여량, 총투여일수** 순으로 변경한 후 [확인]을 클릭한다.
⑤ 일일투여량 계열을 선택 후 [차트 디자인] 탭의 [차트 종류 변경]에서 '일회투약량'과 '일일투여량'의 차트 종류를 '묶은 세로 막대형'으로 변경 후 [확인]을 클릭한다. 이후 [차트 디자인] 탭 – [차트 레이아웃]의 [차트 요소 추가] – [차트 제목]에서 [차트 위]를 클릭하여 제목을 추가한다.
⑥ 추가된 차트 제목을 클릭한 후 수식입력줄에 =를 입력한다. 이어서 [A1] 셀을 클릭하고 Enter를 눌러 차트의 제목을 완성한다.
⑦ [서식] 탭에서 [도형 스타일] 그룹의 **반투명-황금색, 강조4, 윤곽선 없음**을 클릭하여 차트 제목의 서식을 적용한다.

⑧ '일일투여량' 계열을 더블클릭하여 [데이터 계열 서식] 창을 연다. [계열 옵션]에서 '계열 겹치기'를 20%로, '간격 너비'를 100%로 설정한다.
⑨ '일일투여량' 계열을 선택한 후, [차트 디자인] 탭 – [차트 레이아웃]의 [차트 요소 추가] – [추세선]에서 [기타 추세선 옵션]을 클릭한다.

⑩ [추세선 서식] 창에서 '추세선 옵션'을 **선형**으로 설정하고, '추세선 이름'에 **일일투여추세선**을 입력한다.

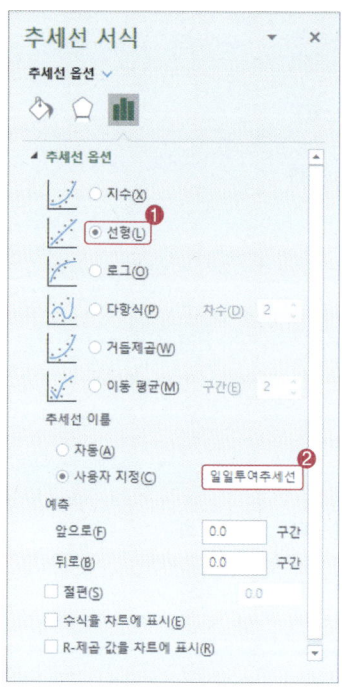

⑪ '총투여일수' 계열의 '2022' 데이터 요소를 천천히 두 번 클릭한 후, 마우스 오른쪽 버튼을 클릭하여 [데이터 레이블 추가]를 선택한다.

⑫ 추가된 '레이블 값'을 클릭한 다음, [데이터 레이블 서식] 창의 [레이블 옵션]에서 **셀 값**을 체크하고 [범위 선택]을 클릭하여 **[E10] 셀**을 지정한다. 이어서 '레이블 위치'를 위쪽으로 지정하고, [크기 및 속성] 탭에서 '텍스트 방향'을 **모든 텍스트 270도 회전**으로 설정한다.

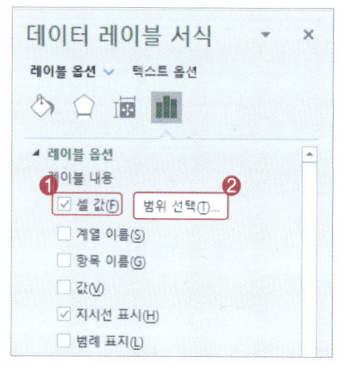 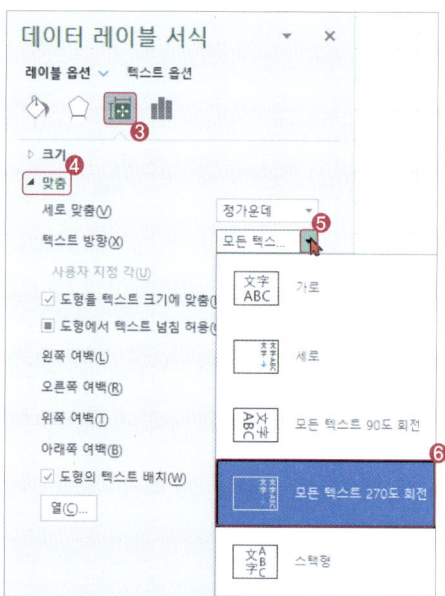

## 문제 ❹ 기타작업  3. VBA 프로시저('기타작업-3' 시트)

**|정답|**

▶ 폼보기
```
Private Sub cmd음원조회_Click()
음원순위.Show
End Sub
```

▶ 폼 초기화
```
Private Sub UserForm_Initialize()
txt가수.Enabled = False
txt차트순위.Enabled = False
txt조회일.Enabled = False
End Sub
```

▶ 조회일 표시
```
Private Sub lbl조회일_DblClick(ByVal Cancel As MSForms.ReturnBoolean)
txt조회일 = Format(Date, "yy년 mm월 dd일")
End Sub
```

▶ 조회
```
Private Sub cmd조회_Click()
sw = 0
For Each a In Range("c5:c14")
i = a.Row
If a.Value = txt곡목 Then
txt가수 = Cells(i, 4)
txt차트순위 = Cells(i, 5)
sw = 1
Exit For
End If
Next

If sw = 0 Then
MsgBox "해당 곡목이 없습니다.", , "다시 조회"
End If

End Sub
```

▶ 종료
```
Private Sub cmd종료_Click()
MsgBox txt곡목 & "을(를) 조회했습니다.", , "조회완료"
Unload Me
End Sub
```

### 💬 코드 설명

**조회 해설**

- sw = 0
  → 조건 만족 여부를 판단하기 위한 초기값으로 0을 설정한다.
- For Each a In Range(범위)
  → 지정한 범위 안의 각 셀 a를 대상으로 반복문을 실행한다.
- i = a.Row
  → 현재 셀 a의 행 번호를 변수 i에 저장한다.
- If a.Value = txt곡목 Then
  → txt곡목에 입력한 값이 a 범위 안에 존재하는 경우 조건을 만족한다.
- txt가수 = Cells(i, 4)
  → 조건을 만족한 행의 4번째 열 값을 txt가수에 표시한다.
- txt차트순위 = Cells(i, 5)
  → 조건을 만족한 행의 5번째 열 값을 txt차트순위에 표시한다.
- sw = 1
  → 조건을 만족했음을 나타내기 위해 sw 값을 1로 변경한다.
- Exit For
  → 조건을 만족했으므로 For Each 문을 종료한다.
- End If
  → If 문을 종료한다.
- Next
  → 다음 셀로 계속 반복하기 위해 For Each 문을 진행한다.

① [개발 도구] 탭의 [컨트롤]에서 [디자인 모드]를 클릭한 후, 〈음원조회〉 버튼을 더블클릭하면 'cmd음원조회_Click' 코드 창이 열린다. 〈음원조회〉 폼을 실행하기 위해 정답의 '▶ 폼 보기' 코드를 입력한다.
② 폼을 초기화(Initialize)하기 위해 [프로젝트-VBAProject] 탐색기에서 '폼'을 확장하고, 〈음원조회〉 폼을 마우스 오른쪽 버튼으로 클릭한 후 [코드 보기]를 클릭한다.
③ 'UserForm_Click( )' 상태에서 이벤트 목록에서 Initialize를 클릭한 초기화 상태에서 정답의 '▶ 폼 초기화' 코드를 입력한다.
④ 'lbl조회일_Click()' 상태에서 이벤트 목록에서 'DblClick'를 클릭한 후 정답의 '▶ 조회일 표시' 코드를 입력한다.
⑤ 코드 작성기 개체 목록에서 'cmd조회'를 클릭한 후 정답의 '▶ 조회' 코드를 입력한다.
⑥ 코드 작성기 개체 목록에서 'cmd종료'를 클릭한 후 정답의 '▶ 종료' 코드를 입력한다.
⑦ [파일] 탭의 [닫고 Microsoft Excel(으)로 돌아가기]를 클릭한다.

# 기출 유형 문제 02회

| 프로그램명 | 제한시간 |
|---|---|
| EXCEL | 45분 |

수험번호 : _____

성    명 : _____

### ┈┈┈┈ 유의사항 ┈┈┈┈

- 인적 사항 누락 및 잘못 작성으로 인한 불이익은 수험자 책임으로 합니다.

- 화면에 암호 입력창이 나타나면 아래의 암호를 입력하여야 합니다.
  - 암호 :

- 작성된 답안은 경로 및 파일명을 변경하지 마시고 그대로 저장하여야 합니다. 이를 준수하지 않으면 실격 처리됩니다.
  - 답안 파일명의 예 : C:\OA\수험번호8자리.xlsm

- 외부데이터 위치 : C:\OA\파일명

- 별도의 지시사항이 없는 경우, 다음과 같이 처리 시 실격 처리됩니다.
  - 제시된 시트 및 개체의 순서나 이름을 임의로 변경한 경우
  - 제시된 시트 및 개체를 임의로 추가 또는 삭제한 경우
  - 외부데이터를 시험 시작 전에 열어본 경우

- 답안은 반드시 문제에서 지시 또는 요구한 셀에 입력하여야 하며 다음과 같이 처리 시 채점 대상에서 제외됩니다.
  - 제시된 함수가 있을 경우 제시된 함수만을 사용하여야 하며 그 외 함수사용 시 채점대상에서 제외
  - 수험자가 임의로 지시하지 않은 셀의 이동, 수정, 삭제, 변경 등으로 인해 셀의 위치 및 내용이 변경된 경우 해당 작업에 영향을 미치는 관련 문제 모두 채점 대상에서 제외
  - 도형 및 차트의 개체가 중첩되어 있거나 동일한 계산결과 시트가 복수로 존재할 경우 해당 개체나 시트는 채점 대상에서 제외

- 수식 작성 시 제시된 문제 파일의 데이터는 변경 가능한(가변적) 데이터임을 감안하여 문제 풀이를 하시오.

- 별도의 지시사항이 없는 경우, 주어진 각 시트 및 개체의 설정값 또는 기본설정값(Default)으로 처리하시오.

- 저장 시간은 별도로 주어지지 않으므로 제한된 시간 내에 저장을 완료하여야 하며, 제한 시간 내에 저장이 되지 않은 경우에는 실격 처리됩니다.

- 출제된 문제의 용어는 MS Office Professional Plus 2021을 기준으로 작성되었습니다.

대 한 상 공 회 의 소

## 문제 ❶ 주어진 시트에서 다음의 과정을 수행하고 저장하시오. | 기본작업(15점)

### 01 '기본작업-1' 시트에서 다음과 같이 고급 필터를 수행하시오. (5점)
- [B3:J24] 영역에서 '예금일'이 2020년이고, '예금종류'가 '예금'으로 끝나고 '예금금액'이 6,000,000원보다 크거나 10,000,000원보다 작은 행에 대하여 '예금일', '은행', '예금종류', '예금종료일' 열을 순서대로 표시하시오.
- 조건은 [L3:N5] 영역 내에 알맞게 작성하시오(YEAR 함수를 사용할 것).
- 결과는 [L8] 셀부터 표시하시오.

### 02 '기본작업-1' 시트에서 다음과 같이 조건부서식을 수행하시오. (5점)
- [B4:J24] 영역에서 '점수'가 70 이상이고 '은행코드'의 오른쪽 한 글자가 5이거나 7인 행 전체에 대하여 채우기 색을 '표준 색-노랑'으로 적용하시오.
- 단, 규칙 유형은 '▶ 수식을 사용하여 서식을 지정할 셀 결정'을 사용하고, 한 개의 규칙으로만 작성하시오.
- AND, RIGHT 함수를 사용하시오.

### 03 '기본작업-2' 시트에서 다음과 같이 페이지 레이아웃을 설정하시오. (5점)
- 시트에 삽입된 그림은 인쇄되지 않도록 페이지 레이아웃을 설정하시오.
- 모든 페이지 상단 오른쪽 구역에 날짜 삽입, 첫 페이지 상단 가운데 구역에 "지하철노선" 문구 삽입 후 글꼴의 스타일은 '굵게', 크기는 '16', 색상은 '표준 색-파랑'으로 설정하시오.
- 페이지 위쪽 여백은 '5', 머리글은 '3'으로 설정하시오.
- [B1:G22] 영역은 1페이지, [B23:G38] 영역은 2페이지, [B39:G49] 영역은 3페이지, 나머지는 호선별로 페이지 나누기를 실행하시오.
- 페이지 나누기 미리 보기 보기 모드를 유지하시오.

## 문제 ❷ '계산작업' 시트에서 다음의 과정을 수행하고 저장하시오. | 계산작업(30점)

**01** [표1]의 구분, 납부일자, 행번호를 이용하여 비고[G3:G21]를 표시하시오. (6점)
- ▶ 구분이 "지방세"이면 11, "국세"이면 22로 변환하시오.
- ▶ 구분이 "지방세", 납부일자가 2021.1.1.이고 3행이라면 [표시 예]와 같이 표시하시오.
  - – [표시 예 : 11-201111-3]
- ▶ LOOKUP, SUBSTITUTE, ROW 함수와 & 연산자를 사용하시오.

**02** [표1]의 세목을 이용하여 항목구분[H3:H21]을 표시하시오. (6점)
- ▶ 세목에 "주택"이 포함되어 있다면 "주택"으로 표시하고, 아니면 빈칸으로 표시하시오.
- ▶ IF, ISNUMBER, FIND 함수를 사용하시오.

**03** [표1]의 납부금액, 세목, 납부일자를 이용하여 비율을 [표2]의 [C25:E33] 영역에 표시하시오. (6점)
- ▶ 비율 = 세목별 납부일자별 납부금액의 합계 / 납부일자별 납부금액의 합계
  - – [표시 예 : 0.125 → 12.5%]
- ▶ TEXT, SUMIFS 함수와 & 연산자를 사용하시오.

**04** [표1]의 세목, 납부금액, 납부일자를 이용하여 세목별 최고 납부금액의 납부일자를 [표3]의 [F25:F33] 영역에 계산하시오. (6점)
- ▶ VLOOKUP, LARGE 함수를 이용한 배열 수식을 작성하여 계산하시오.

**05** 사용자 정의 함수 'fn접수확인'을 작성하여 [표1]의 접수확인[I3:I21]을 표시하시오. (6점)
- ▶ 'fn접수확인'은 납부방법과 납부일자를 인수로 삼아 값을 반환하는 함수이다.
- ▶ 납부방법이 "CARD"이면 '온라인수납', 그 외는 '지로수납'으로 표시하시오. 단, 납부일자가 "2020.1.1."인 경우 '2020온라인수납', '2020지로수납'으로 표시하시오.
- ▶ IF, LEFT 함수와 & 연산자를 사용하시오.

```
Public Function fn접수확인(납부방법, 납부일자)

End Function
```

## 문제 ❸ 주어진 시트에서 다음의 과정을 수행하고 저장하시오. | 분석작업(20점)

**01** '분석작업-1' 시트에서 다음의 지시사항에 따라 피벗 테이블 보고서를 작성하시오. (10점)

▶ 외부 데이터 가져오기 기능을 이용하여 '은행새상품.txt'의 '예금종류', '은행', '점수', '예금금액', '예금일', '기간', '금리'만을 이용하시오.
▶ 피벗 테이블 보고서의 레이아웃과 위치는 〈그림〉을 참조하여 설정하고, 보고서 레이아웃을 개요 형식으로 표시하시오.
▶ "예금일"은 '연도'로 그룹화하고, 필드명은 〈그림〉과 동일하게 변경하고, '은행'으로 끝나는 항목만 필터하고 내림차순 정렬하시오.
▶ 그룹 하단에 부분합을 표시하고 요약에 필터링된 항목 포함을 표시하시오.
▶ 예금금액 필드의 표시 형식은 값 필드 설정의 셀 서식에서 '통화' 범주를 이용하여 설정하시오.

| | A | B | C | D | E | F | G |
|---|---|---|---|---|---|---|---|
| 1 | | | | | | | |
| 2 | | | | | | | |
| 3 | 합계: 예금금액 | | 예금일 ▼ | | | | |
| 4 | 은행명 ▼ | 기간 ▼ | 2018 | 2019 | 2020 | 2021 | 2023 |
| 5 | ⊞ 하나은행 | | * | * | ₩40,000,000 | ₩3,000,000 | * |
| 6 | ⊞ 제주은행 | | * | * | ₩5,000,000 | * | * |
| 7 | ⊟ 우리은행 | | | | | | |
| 8 | | 100일 | ₩5,000,000 | * | * | * | * |
| 9 | | 1년 | * | ₩6,000,000 | * | * | ₩12,000,000 |
| 10 | | 5년 | * | ₩100,000,000 | * | * | * |
| 11 | 우리은행 요약 * | | ₩5,000,000 | ₩106,000,000 | * | * | ₩12,000,000 |
| 12 | ⊟ 신한은행 | | | | | | |
| 13 | | 3년 | * | * | ₩3,000,000 | * | * |
| 14 | | 6년 | * | * | ₩10,000,000 | * | * |
| 15 | 신한은행 요약 * | | * | * | ₩13,000,000 | * | * |
| 16 | 총합계 * | | ₩6,000,000 | ₩258,400,000 | ₩185,000,000 | ₩3,000,000 | ₩13,000,000 |

## 02 '분석작업-2' 시트에 대하여 다음의 지시사항을 처리하시오. (10점)

▶ 데이터 유효성 검사 도구를 이용하여 회차[C4:C12], [C14:C22] 영역의 값이 12의 배수이며 12~72의 숫자만 작성되도록 제한 대상을 설정하시오(MOD 함수를 사용할 것).

▶ 영역의 셀을 클릭한 경우 〈그림〉과 같은 설명 메시지를 표시하시오.
 – 메모 제목 : 아래값만 입력
 – 설명 메시지 : 12배수이며 12에서 72까지의 숫자만 입력하시오.

▶ 유효하지 않은 데이터를 작성한 경우 〈그림〉과 같은 오류 메시지가 표시되도록 설정하시오.

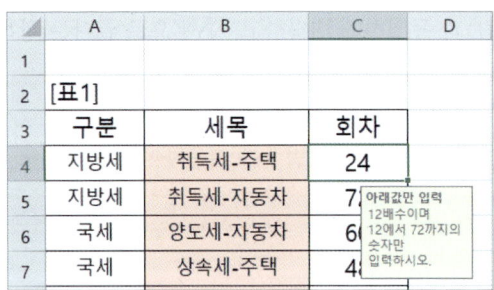
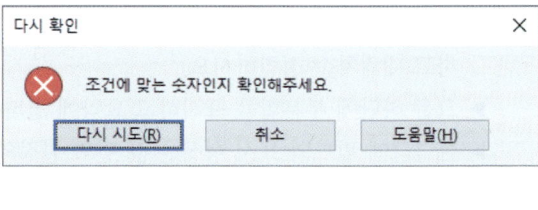

▶ 조건부서식 기능을 이용하여 [C4:C12], [C14:C22] 영역에 대해서 상위 15%에 데이터에 '진한 노랑 텍스트가 있는 노랑 채우기' 서식을 지정하시오.
 – 규칙 유형은 상위/하위 규칙을 이용하시오.

---

**문제 ④** 주어진 시트에서 다음의 과정을 수행하고 저장하시오. | **기타작업(35점)**

## 01 '기타작업-1' 시트에서 다음과 같은 기능을 수행하는 매크로를 현재 통합문서에 작성하시오. (각 5점)

① [G5:G23] 영역에 사용자 지정 표시 형식을 설정하는 '서식' 매크로를 생성하시오.
▶ "누적회차"가 70 이상이면 값을 '자홍색'으로 표시하고 숫자 앞 빈칸을 "★"로 채우기, 10 이상 70 미만이면 숫자 앞 빈칸을 "☆"로 채우기, 10 미만은 숫자 대신 "◎"로 표시하기를 수행하시오.
 – [표시 예 : 75 → ★★★★★75, 10 → ☆☆☆☆☆10, 5 → ◎]
▶ [개발 도구]-[삽입]-[양식 컨트롤]의 '단추'를 동일 시트의 [E1:E2] 영역에 생성한 후 텍스트를 '서식'으로 작성하고, 단추를 클릭하면 '서식' 매크로가 실행되도록 설정하시오.

② [G5:G23] 영역에 대해서 표시 형식을 '일반'으로 적용하는 '해제' 매크로를 생성하시오.
▶ [삽입]-[일러스트레이션]-[도형]-'기본 도형'의 '배지'를 동일 시트의 [F1:F2] 영역에 생성한 후 텍스트를 '해제'로 입력하고, 단추를 클릭하면 '해제' 매크로가 실행되도록 생성하시오.

⚠ 셀 포인터의 위치에 관계없이 매크로가 실행되어야 정답으로 인정됨

## 02 '기타작업-2' 시트에서 다음의 지시사항에 따라 차트를 수정하시오. (각 2점)

⚠ 차트는 반드시 문제에서 제공한 차트를 사용하여야 하며, 신규로 작성 시 0점 처리됨

① 차트 제목을 추가하여 [B2] 셀과 연동하고, 항목 레이블은 제거하고, 범례 위치를 〈그림〉과 동일하게 설정하시오.
② 기본 보조 가로 눈금선을 표시하고 선 색은 '파랑, 강조 5, 80% 더 밝게'로 설정하시오.
③ 기본 세로 값 축은 기본단위 2, 보조단위 0.5로 설정하고 표시 형식은 〈그림〉과 동일하게 설정하시오.
④ 리뷰개수의 표식은 삼각형으로 변경하고, 표식 크기는 15로 지정하시오.
⑤ 리뷰개수의 데이터 레이블은 〈그림〉과 같이 추가하고 데이터 레이블 도형은 '말풍선: 타원형'으로 변경 후, 도형의 그림자를 오프셋 오른쪽 아래, 투명도 50%, 크기 100%, 흐리게 10pt로 설정하시오.

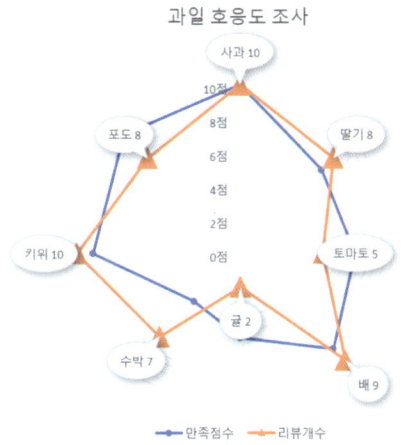

## 03 '기타작업-3' 시트에서 다음과 같은 작업을 수행하고 저장하시오. (각 5점)

① 주문예약 폼을 초기화하는 프로시저를 작성하시오.
- ▶ [주문예약] 버튼을 클릭하면 '주문예약' 폼을 표시하시오.
- ▶ 폼이 Initialize 이벤트로 초기화되면 [J5:K9] 범위의 값을 '과일목록(cmb목록)' 콤보 상자의 목록으로 설정하시오.
- ▶ 날짜 콤보 상자(cmb날짜)에는 시스템의 현재 날짜부터 5일 전까지의 날짜를 AddItem 문으로 순차 추가하시오.
- ▶ 담당자 텍스트 상자(txt담당자)에 "가현샘"을 기본값으로 입력하고, 해당 컨트롤을 비활성화하시오.
- ▶ 세트구성 옵션 단추 중 1세트(opt1세트)를 기본 선택으로 설정하시오.
- ▶ 2세트(opt2세트) 옵션 단추는 잠금(편집 불가)으로 설정하시오.

② '주문예약' 폼의 [예약(cmd예약)] 버튼을 클릭하면 폼에 작성된 데이터가 시트의 표에 작성되도록 프로시저를 작성하시오.
  ▶ 제목이 작성된 [B2] 셀의 글자 색상은 'RGB(90,130,250)'으로 설정하시오.
  ▶ '품번'은 cmb목록을 선택했을 때 고유번호로 작성되도록 설정하시오.
    – 과일모듬=1, 사과=2, 귤=3, 배=4, 자몽=5
  ▶ 순번은 작성한 순서대로 표시하시오(첫 번째로 작성한 번호는 1번).
  ▶ 결제금액은 cmb목록에 맞는 금액을 표시하시오.
  ▶ 예약 버튼을 클릭하면 텍스트 상자는 초기화하시오(txt담당자는 제외).
  ▶ 예약자 또는 전화번호를 작성하지 않았을 경우, 각각 〈그림〉과 같은 메시지가 표시되게 하고, 작성되었을 때 시트의 표에 작성되도록 작성하시오.

③ [종료(cmd종료)] 버튼을 클릭하면 아래의 〈그림〉과 같은 메시지 박스를 표시하고 폼을 종료하는 프로시저를 작성하시오.

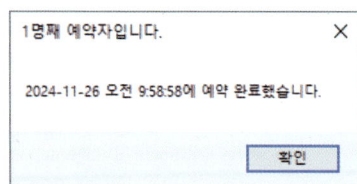

# 기출 유형 문제 02회  해설

## 문제 ❶ 기본작업   1. 고급 필터('기본작업-1' 시트)

|정답|

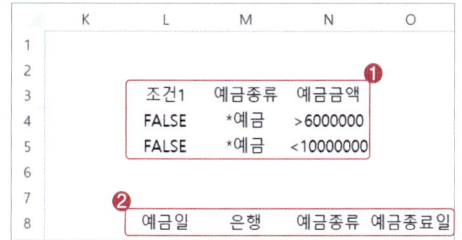

① [L3:N5] 영역에 조건을 작성하고, [L8:O8] 영역에 추출할 필드명을 입력한다.

② [L4:L5] 영역에 수식 =YEAR($G4)=2020을 입력하되, 셀 주소가 변경되지 않도록 열 고정 혼합참조로 입력한다.
③ [데이터] 탭에서 [정렬 및 필터] 그룹의 [고급]을 클릭한다.
④ [고급] 대화상자에서 **다른 장소에 복사**를 선택하고, '목록 범위'는 [B3:J24], '조건 범위'는 [L3:N5], '복사 위치'는 [L8:O8]로 설정한 후 [확인]을 클릭한다.

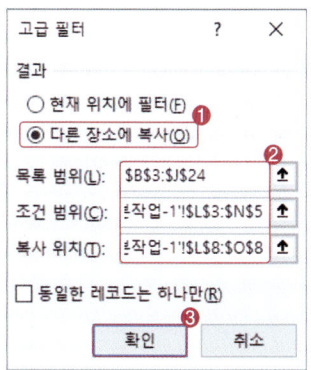

# 문제 ❶ 기본작업  2. 조건부서식('기본작업-1' 시트)

|정답|

| | A | B | C | D | E | F | G | H | I | J |
|---|---|---|---|---|---|---|---|---|---|---|
| 1 | | 은행별 예적금 | | | | | | | | |
| 2 | | | | | | | | | | |
| 3 | | 예금종류 | 은행 | 은행코드 | 점수 | 예금금액 | 예금일 | 예금종료일 | 기간 | 금리 |
| 4 | | NH고향사랑기부적금 | 농협 | 011 | 85 | 1000000 | 2018-01-10 | 2019-01-10 | 1년 | 3.40% |
| 5 | | won 적금 | 우리은행 | 020 | 60 | 6000000 | 2019-03-05 | 2020-03-05 | 1년 | 5.35% |
| 6 | | jBANK 저금통 적금 | 제주은행 | 035 | 70 | 5000000 | 2020-03-10 | 2023-03-10 | 3년 | 3% |
| 7 | | 청년 주택드림 청약통장 | 농협 | 011 | 70 | 15000000 | 2020-05-01 | 2030-05-01 | 10년 | 4.50% |
| 8 | | 하나의 정기예금 | 하나은행 | 081 | 55 | 20000000 | 2020-06-10 | 2025-06-10 | 5년 | 3.35% |
| 9 | | NH성공파트너예금 | 농협 | 011 | 60 | 100000000 | 2019-03-07 | 2022-03-07 | 3년 | 2% |
| 10 | | MG더뱅킹정기적금 | 새마을금고 | 045 | 50 | 12000000 | 2020-06-04 | 2021-06-04 | 1년 | 2% |
| 11 | | 우리사랑 정기적금 | 우리은행 | 020 | 80 | 100000000 | 2019-08-01 | 2024-08-01 | 5년 | 3.25% |
| 12 | | N일 적금 | 우리은행 | 020 | 70 | 5000000 | 2018-09-01 | 2018-12-09 | 100일 | 5.50% |
| 13 | | 주택청약종합저축 | 하나은행 | 081 | 90 | 20000000 | 2020-06-07 | 2022-06-07 | 2년 | 3.10% |
| 14 | | NH올원e예금 | 농협 | 011 | 65 | 100000000 | 2020-06-08 | 2021-06-08 | 1년 | 3.40% |
| 15 | | NH1418스윙적금 | 농협 | 011 | 80 | 2400000 | 2019-09-07 | 2020-09-07 | 1년 | 6.35% |
| 16 | | NH청년도약계좌 | 농협 | 011 | 50 | 50000000 | 2019-07-09 | 2024-07-09 | 5년 | 6% |
| 17 | | 신한 알쏠 적금 | 신한 | 088 | 70 | 3000000 | 2020-03-15 | 2023-03-15 | 3년 | 2.90% |
| 18 | | Sh첫만남우대예금 | 수협 | 007 | 75 | 3600000 | 2022-03-08 | 2023-03-08 | 1년 | 4% |
| 19 | | 쏠편한 정기예금 | 신한 | 088 | 60 | 10000000 | 2020-09-14 | 2026-09-14 | 6년 | 3.35% |
| 20 | | 꿈하나적금 | 하나은행 | 081 | 75 | 3000000 | 2021-09-07 | 2022-09-07 | 1년 | 2.95% |
| 21 | | 우리 퍼스트 정기적금 | 우리은행 | 020 | 60 | 12000000 | 2023-01-21 | 2024-01-21 | 1년 | 5% |
| 22 | | 헤이(Hey)정기예금 | 수협 | 007 | 90 | 50000000 | 2022-05-14 | 2024-05-14 | 2년 | 3.42% |
| 23 | | 채움공직자우대통장 | 농협 | 011 | 80 | 1000000 | 2023-03-07 | 2024-03-07 | 1년 | 3.30% |
| 24 | | 사랑해정기예금 | 수협 | 007 | 45 | 12000000 | 2020-04-30 | 2025-04-30 | 1년 | 3% |

① [B4:J24] 영역을 블록으로 설정한다.
② [홈] 탭 – [스타일] 그룹의 [조건부서식]에서 [새 규칙]을 클릭한다.
③ [새 서식 규칙] 대화상자에서 ▶ 수식을 사용하여 서식을 지정할 셀 결정을 선택하고, 수식 =AND($E4>=70,(RIGHT($D4,1)="5")+(RIGHT($D4,1)="7"))을 입력한다.
④ [서식]을 클릭한 후, [셀 서식] 대화상자의 [채우기] 탭에서 '배경색'을 표준 색-노랑으로 선택하고 [확인]을 클릭한다.
⑤ [새 서식 규칙] 대화상자에서 [확인]을 클릭하여 조건부서식을 적용한다.

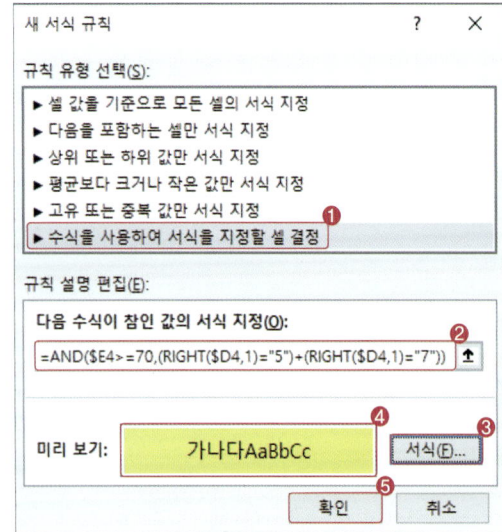

## 문제 ❶ 기본작업  3. 페이지 레이아웃('기본작업-2' 시트)

| 정답 |

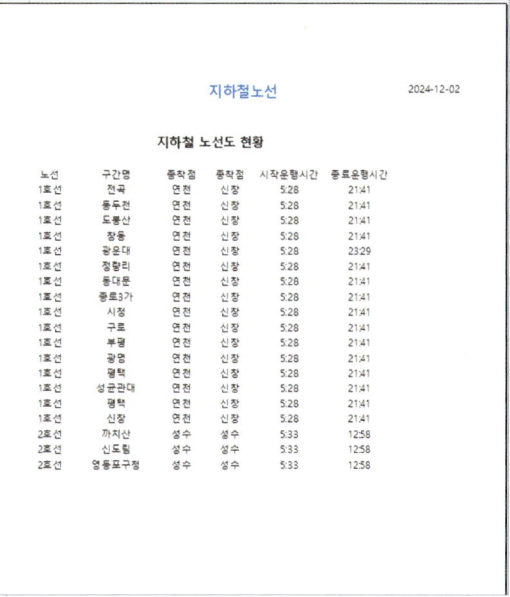

① [페이지 레이아웃] 탭에서 [페이지 설정] 그룹의 **옵션(⊡)**을 클릭한다.
② [페이지 설정] 대화상자의 [시트] 탭에서 '인쇄'의 **간단하게 인쇄**를 체크한다.
③ [머리글/바닥글] 탭에서 **첫 페이지를 다르게 지정**에 체크하고, [머리글 편집]을 클릭한다.
④ [머리글] 대화상자에서 [머리글] 탭의 '오른쪽 구역'과 [첫 페이지 머리글] 탭의 '오른쪽 구역'에 &[날짜]를 삽입한다. '가운데 구역'에는 **지하철노선**을 입력하고 블록으로 지정한 후, [텍스트 서식]을 클릭하여 글꼴 '스타일'은 **굵게**, '크기'는 16, '색상'은 **표준 색-파랑**으로 설정하고 [확인]을 클릭한다.

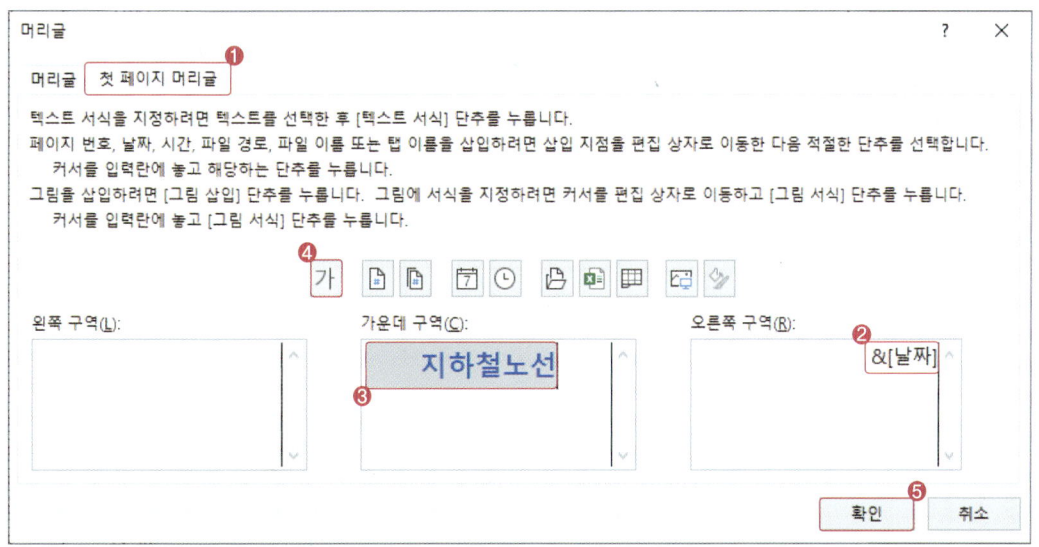

⑤ [페이지 설정] 대화상자의 [여백] 탭에서 '위쪽'을 5로, '머리글'을 3으로 설정하고 [확인]을 클릭한다.

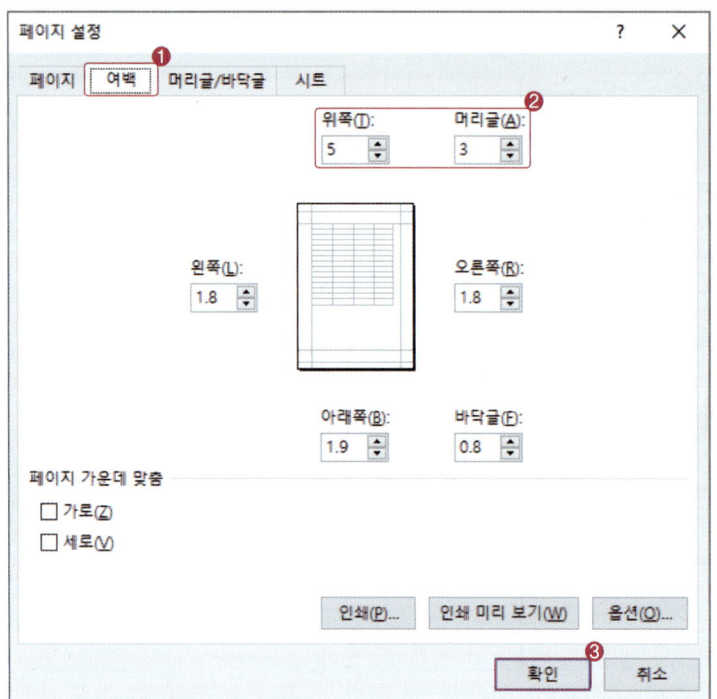

⑥ [보기] 탭에서 [통합 문서 보기] 그룹의 [페이지 나누기 미리 보기]를 클릭한다.
⑦ 커서를 [B23] 셀에 둔 후 마우스 오른쪽 버튼을 눌러 [페이지 나누기 삽입]을 클릭한다.
⑧ [B39], [B49], [B63], [B75], [B89], [B103], [B116] 셀에도 같은 방법으로 페이지 나누기를 삽입한다.

## 문제 ❷ 계산작업   '계산작업' 시트

**|정답|**

| | A | B | C | D | E | F | G | H | I |
|---|---|---|---|---|---|---|---|---|---|
| 1 | [표1] | | | | | | | | |
| 2 | 구분 | 세목 | 이름 | 납부금액 | 납부일자 | 납부방법 | 비고 | 항목구분 | 접수확인 |
| 3 | 지방세 | 취득세-주택 | 이미영 | 32,600,000 | 2020.1.1 | CARD | 11-202011-3 | 주택 | 2020온라인수납 |
| 4 | 지방세 | 취득세-자동차 | 구준엽 | 72,600,000 | 2021.2.1 | CARD | 11-202121-4 | | 2021온라인수납 |
| 5 | 국세 | 양도세-자동차 | 한명구 | 29,400,000 | 2020.1.21 | 지로 | 22-2020121-5 | | 2020지로수납 |
| 6 | 지방세 | 취득세-자동차 | 오정훈 | 1,200,000 | 2022.2.10 | 지로 | 11-2022210-6 | | 2022지로수납 |
| 7 | 국세 | 상속세-주택 | 김성진 | 59,000,000 | 2021.1.5 | CARD | 22-202115-7 | 주택 | 2021온라인수납 |
| 8 | 국세 | 증여세-주택 | 윤수아 | 10,000,000 | 2022.2.2 | 지로 | 22-202222-8 | 주택 | 2022지로수납 |
| 9 | 지방세 | 취득세-주택 | 권진호 | 1,236,000 | 2021.3.15 | 지로 | 11-2021315-9 | 주택 | 2021지로수납 |
| 10 | 지방세 | 자동차세-자동차 | 우주민 | 2,650,000 | 2021.3.25 | 지로 | 11-2021325-10 | | 2021지로수납 |
| 11 | 국세 | 상속세-자동차 | 윤광수 | 16,000,000 | 2021.4.2 | CARD | 22-202142-11 | | 2021온라인수납 |
| 12 | 국세 | 증여세-주택 | 최석훈 | 60,000,000 | 2020.1.22 | 지로 | 22-2020122-12 | 주택 | 2020지로수납 |
| 13 | 국세 | 상속세-자동차 | 김명윤 | 10,000,000 | 2021.3.3 | CARD | 22-202133-13 | | 2021온라인수납 |
| 14 | 지방세 | 재산세-주택 | 이현숙 | 972,512 | 2022.5.14 | CARD | 11-2022514-14 | 주택 | 2022온라인수납 |
| 15 | 국세 | 양도세-자동차 | 박은경 | 21,500,000 | 2020.5.22 | 지로 | 22-2020522-15 | | 2020지로수납 |
| 16 | 지방세 | 자동차세-자동차 | 박동수 | 1,502,601 | 2021.6.3 | 지로 | 11-202163-16 | | 2021지로수납 |
| 17 | 지방세 | 재산세-자동차 | 김유신 | 2,460,000 | 2020.6.12 | CARD | 11-2020612-17 | | 2020온라인수납 |
| 18 | 국세 | 양도세-자동차 | 김수정 | 35,400,000 | 2020.7.5 | CARD | 22-202075-18 | | 2020온라인수납 |
| 19 | 지방세 | 재산세-주택 | 박정호 | 268,201 | 2022.7.12 | 지로 | 11-2022712-19 | 주택 | 2022지로수납 |
| 20 | 국세 | 상속세-주택 | 최아름 | 20,000,000 | 2021.8.6 | CARD | 22-202186-20 | 주택 | 2021온라인수납 |
| 21 | 지방세 | 자동차세-자동차 | 박진수 | 2,345,762 | 2022.8.7 | 지로 | 11-202287-21 | | 2022지로수납 |
| 22 | | | | | | | | | |
| 23 | | [표2] | | | | | | | |
| 24 | | 세목 | 2020 | 2021 | 2022 | 최고 납부일자 | | | |
| 25 | | 취득세-주택 | 18.0% | 0.7% | 0.0% | 2020.1.1 | | | |
| 26 | | 취득세-자동차 | 0.0% | 39.7% | 8.1% | 2021.2.1 | | | |
| 27 | | 양도세-자동차 | 47.6% | 0.0% | 0.0% | 2020.7.5 | | | |
| 28 | | 상속세-주택 | 0.0% | 43.2% | 0.0% | 2021.1.5 | | | |
| 29 | | 증여세-주택 | 33.1% | 0.0% | 67.6% | 2020.1.22 | | | |
| 30 | | 자동차세-자동차 | 0.0% | 2.3% | 15.9% | 2021.3.25 | | | |
| 31 | | 상속세-자동차 | 0.0% | 14.2% | 0.0% | 2021.4.2 | | | |
| 32 | | 재산세-주택 | 0.0% | 0.0% | 8.4% | 2022.5.14 | | | |
| 33 | | 재산세-자동차 | 1.4% | 0.0% | 0.0% | 2020.6.12 | | | |

① [G3:G21] 셀에는 수식 =LOOKUP(A3,{"국세","지방세"},{22,11})&"-"&SUBSTITUTE(E3,".","")&"-"&ROW()을 입력한다.

② [H3:H21] 셀에는 수식 =IF(ISNUMBER(FIND("주택",B3)),"주택","")을 입력한다.

③ [C25:E33] 셀에는 수식 =TEXT(SUMIFS($D$3:$D$21,$B$3:$B$21,$B25,$E$3:$E$21,C$24&"*")/SUMIFS($D$3:$D$21,$E$3:$E$21,C$24&"*"),"0.0%")을 입력한다.

④ [F25:F33] 셀에는 수식 =VLOOKUP(LARGE(($B$3:$B$21=B25)*$D$3:$D$21,1),$D$3:$E$21,2,0)을 입력한다.

⑤ [I3:I21] 셀에는 사용자 정의 함수 **fn접수확인**을 적용한다.

**|수식|**

Public Function fn접수확인(납부방법, 납부일자)
If 납부방법 = "CARD" Then
fn접수확인 = Left(납부일자, 4) & "온라인수납"
Else
fn접수확인 = Left(납부일자, 4) & "지로수납"
End If
End Function

 함수 설명

**함수의 기능**
이 함수는 납부방법이 CARD이면 "[년도]온라인수납", 그 외이면 "[년도]지로수납"을 반환하는 함수이다.

**함수의 기본 구조**
- 연도 : 납부일자에서 연도 4자리 추출
- 접수유형 : 납부방법이 CARD이면 "온라인수납", 아니면 "지로수납"
- 결과 : 연도 & 접수유형 문구

※ 값이 이상할 때
- 납부일자가 진짜 날짜값이면 Left 대신 TEXT(…, "yyyy") 또는 YEAR로 연도를 추출해야 한다.
- 납부방법 철자/대소문자/빈칸을 확인하라(card, Card 등). UPPER+TRIM으로 정규화하면 안전하다.
- 논리상 CARD가 아니면 전부 "지로수납"으로 처리되므로 빈칸이나 오타에 주의해야 한다.

※ 간단한 시트 함수로 표현한 사용자 정의 함수
=LEFT(납부일자,4) & IF(UPPER(납부방법)="CARD","온라인수납","지로수납")

## 문제 ❸ 분석작업   1. 피벗테이블('분석작업-1' 시트)

|정답|

| | A | B | C | D | E | F | G |
|---|---|---|---|---|---|---|---|
| 1 | | | | | | | |
| 2 | | | | | | | |
| 3 | 합계: 예금금액 | | 예금일 | | | | |
| 4 | 은행명 | 기간 | 2018 | 2019 | 2020 | 2021 | 2023 |
| 5 | ⊞ 하나은행 | | * | * | ₩40,000,000 | ₩3,000,000 | * |
| 6 | ⊞ 제주은행 | | * | * | ₩5,000,000 | * | * |
| 7 | ⊟ 우리은행 | | | | | | |
| 8 | | 100일 | ₩5,000,000 | * | * | * | |
| 9 | | 1년 | * | ₩6,000,000 | * | | ₩12,000,000 |
| 10 | | 5년 | * | ₩100,000,000 | * | | |
| 11 | 우리은행 요약 | * | ₩5,000,000 | ₩106,000,000 | * | * | ₩12,000,000 |
| 12 | ⊟ 신한은행 | | | | | | |
| 13 | | 3년 | * | * | ₩3,000,000 | * | * |
| 14 | | 6년 | * | * | ₩10,000,000 | | |
| 15 | 신한은행 요약 | * | * | * | ₩13,000,000 | * | * |
| 16 | 총합계 | * | ₩6,000,000 | ₩258,400,000 | ₩185,000,000 | ₩3,000,000 | ₩13,000,000 |

① [삽입] 탭에서 [표] 그룹의 [피벗테이블]을 클릭한 후, [피벗 테이블 만들기] 대화상자에서 **외부 데이터 원본 사용**을 선택하고 [연결 선택]을 클릭한다.
② [기존 연결] 대화상자에서 [더 찾아보기]를 클릭한 후, **은행새상품.txt** 파일을 선택하고 [열기]를 클릭한다.
③ [텍스트 마법사 – 1단계] 대화상자에서 **구분 기호로 분리됨**과 **내 데이터에 머리글 표시**를 선택한 후 [다음]을 클릭한다.

④ [텍스트 마법사 - 2단계] 대화상자에서 **쉼표**는 체크하고, **탭**은 체크 해제한 뒤 [다음]을 클릭한다.
⑤ [텍스트 마법사 - 3단계] 대화상자에서 '예금종류', '은행', '점수', '예금금액', '예금일', '기간', '금리' 외의 나머지 필드('은행코드', '예금종료일')를 선택하여 **열 가져오지 않음(건너뜀)**으로 설정하고 [마침]을 클릭한다.

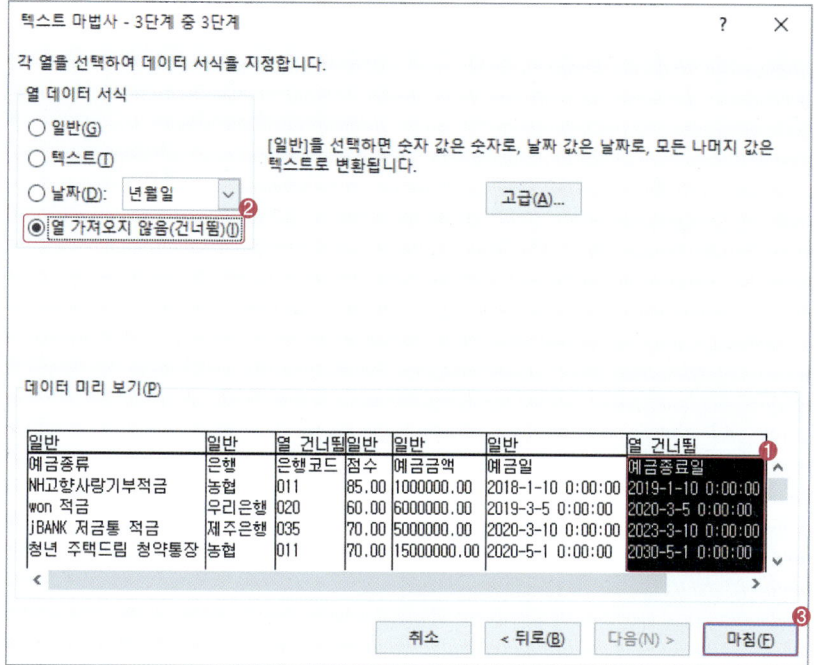

⑥ [피벗 테이블 만들기] 대화상자에서 **기존 워크시트**를 선택하고, 위치는 [A3]으로 설정한 후 **데이터 모델에 이 데이터 추가**에 체크하고 [확인]을 클릭한다.

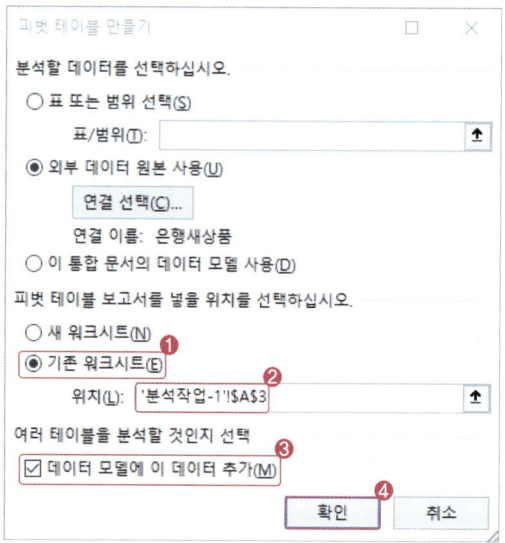

⑦ **은행**과 **기간**을 '행' 영역에, **예금일**을 '열' 영역에, **예금금액**을 '값' 영역에 드래그한다. 이후 [디자인] 탭 – [레이아웃]의 [보고서 레이아웃]에서 [개요 형식으로 표시]를 클릭한다.

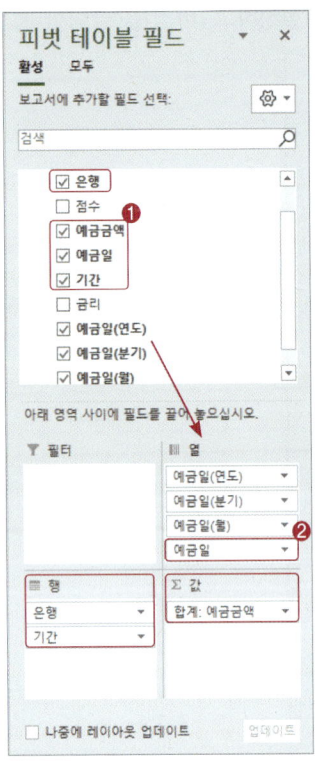

⑧ '예금일' 필드의 [C4] 값 영역 위에서 마우스 오른쪽 버튼을 눌러 [그룹]을 클릭하고, [그룹화] 대화상자에서 **연**을 선택한 후 [확인]을 클릭한다.
⑨ [필드 목록]에서 '예금일'을 클릭하고, [필드 제거]를 클릭하여 '예금일(연도)'만 남긴다.
⑩ '예금일(연도)' 필드의 이름은 **예금일**로 수정하고, '은행' 필드의 이름은 **은행명**으로 수정한다.
⑪ '은행명' 필드의 필터 항목을 클릭한 후, [레이블 필터]에서 [끝 문자]를 클릭하고 **은행**을 입력한다. 다시 필터 항목을 클릭하고 [텍스트 내림차순 정렬]을 클릭한다.

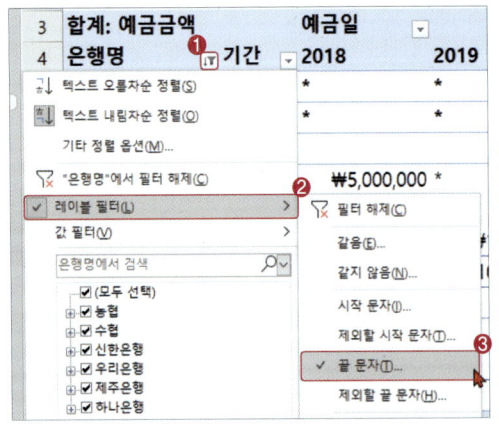 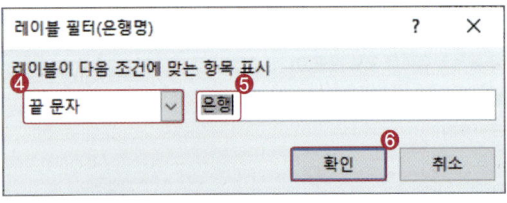

⑫ [디자인] 탭 – [레이아웃]의 [부분합]에서 [그룹 하단에 모든 부분합 표시]를 클릭하고, **요약에 필터링된 항목 포함**을 체크한다.

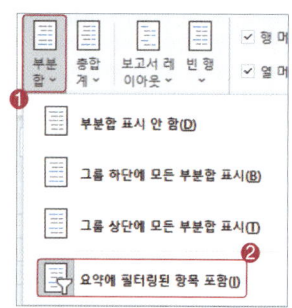

⑬ '예금금액' 필드의 [A3] 값 영역 위에서 마우스 오른쪽 버튼을 눌러 [값 필드 설정]의 [표시 형식]에서 [통화]를 선택하고 [확인]을 클릭한다.
⑭ '하나은행'과 '제주은행' 옆의 **확장/축소 단추**(⊟)를 클릭한다.
⑮ [피벗 테이블 분석] 탭에서 [피벗 테이블]의 **옵션**(옵션)을 클릭한다.
⑯ [피벗 테이블 옵션] 대화상자의 [레이아웃 및 서식] 탭에서 '빈 셀 표시'에 *을 입력하고 [확인]을 클릭한다.
⑰ [디자인] 탭에서 [레이아웃]의 [총합계]에서 [열의 총합계만 설정]을 클릭한다.

## 문제 ❸ 분석작업  2. 유효성 검사('분석작업-2' 시트)

|정답|

| | A | B | C |
|---|---|---|---|
| 2 | [표1] | | |
| 3 | 구분 | 세목 | 회차 |
| 4 | 지방세 | 취득세-주택 | 24 |
| 5 | 지방세 | 취득세-자동차 | 72 |
| 6 | 국세 | 양도세-자동차 | 60 |
| 7 | 국세 | 상속세-주택 | 48 |
| 8 | 국세 | 증여세-주택 | 36 |
| 9 | 지방세 | 자동차세-자동차 | 0 |
| 10 | 국세 | 상속세-자동차 | 120 |
| 11 | 지방세 | 재산세-주택 | 60 |
| 12 | 지방세 | 재산세-자동차 | 12 |
| 13 | | | |
| 14 | 지방세 | 취득세-주택 | 72 |
| 15 | 지방세 | 취득세-자동차 | 12 |
| 16 | 국세 | 양도세-자동차 | 36 |
| 17 | 국세 | 상속세-주택 | 72 |
| 18 | 국세 | 증여세-주택 | 48 |
| 19 | 지방세 | 자동차세-자동차 | 36 |
| 20 | 국세 | 상속세-자동차 | 6 |
| 21 | 지방세 | 재산세-주택 | 12 |
| 22 | 지방세 | 재산세-자동차 | 60 |

① [C14:C22], [C4:C12] 순서로 Ctrl 을 누른 채 영역을 설정한 후, [데이터] 탭에서 [데이터 도구] 그룹의 [데이터 유효성 검사]를 클릭한다.

② [데이터 유효성] 대화상자의 [설정] 탭에서 '제한 대상'을 '사용자 지정'으로 설정하고, 수식란에 =(MOD(C4, 12)=0)*(C4>=12)*(C4<=72)를 입력한다.

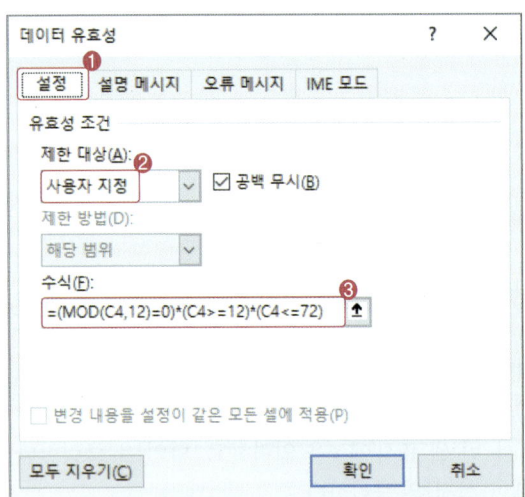

③ [설명 메시지] 탭에서 '제목'에는 **아래값만 입력**을 입력하고, '설명 메시지'에는 **12배수이며 12에서 72까지의 숫자만 입력하시오.**라고 한 줄로 입력한다.

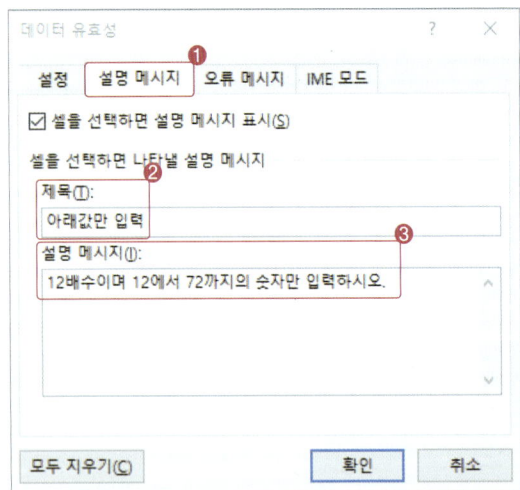

④ [오류 메시지] 탭에서 '스타일'을 **중지**로 설정하고, '제목'에는 **다시 확인**을 입력한다. 이어서 '오류 메시지'에는 **조건에 맞는 숫자인지 확인해주세요.**를 입력한 후 [확인]을 클릭한다.

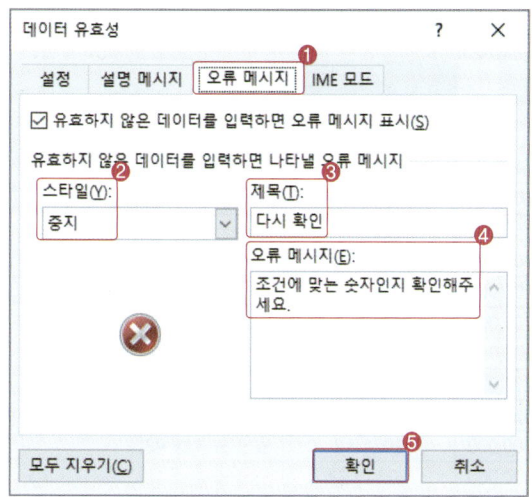

⑤ [C4:C12], [C14:C22] 영역을 블록으로 설정한 후, [홈] 탭에서 [스타일] 그룹 – [조건부서식]의 [상위/하위 규칙]에서 [상위 10%]를 클릭한다.

⑥ [상위 10%] 대화상자에서 '값'에 **15**를 입력하고, '서식'은 **진한 노랑 텍스트가 있는 노랑 채우기**를 선택한 후 [확인]을 클릭한다.

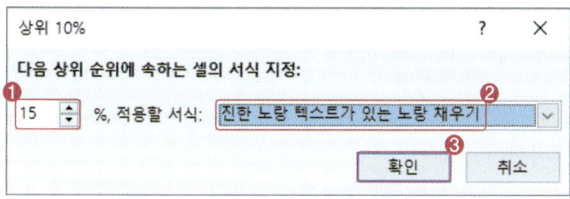

## 문제 ❹ 기타작업   1. 매크로('기타작업-1' 시트)

|정답|

| 구분 | 세목 | 이름 | 납부금액 | 납부일자 | 누적회차 |
|---|---|---|---|---|---|
| 지방세 | 취득세-주택 | 이미영 | 32,600,000 | 2020.1.1 | ☆☆☆☆☆ 10 |
| 지방세 | 취득세-자동차 | 구준엽 | 17,260,000 | 2021.2.1 | ☆☆☆☆☆ 60 |
| 국세 | 양도세-자동차 | 한명구 | 29,400,000 | 2020.1.21 | ☆☆☆☆☆ 50 |
| 지방세 | 취득세-자동차 | 오정훈 | 1,200,000 | 2022.2.10 | ★★★★★ 75 |
| 국세 | 상속세-주택 | 김성진 | 60,000,000 | 2021.1.5 | ★★★★★ 90 |
| 국세 | 증여세-주택 | 윤수아 | 10,000,000 | 2022.2.2 | ◎ |
| 지방세 | 취득세-주택 | 권진호 | 1,236,000 | 2021.3.15 | ★★★★★ 110 |
| 지방세 | 자동차세-자동차 | 우주민 | 2,650,000 | 2021.3.25 | ☆☆☆☆☆ 60 |
| 국세 | 상속세-자동차 | 윤광수 | 16,000,000 | 2021.4.2 | ☆☆☆☆☆ 43 |
| 국세 | 증여세-주택 | 최석훈 | 60,000,000 | 2020.1.22 | ☆☆☆☆☆ 12 |
| 국세 | 상속세-자동차 | 김명윤 | 10,000,000 | 2021.3.3 | ◎ |
| 지방세 | 재산세-주택 | 이현숙 | 972,512 | 2022.5.14 | ◎ |
| 국세 | 양도세-자동차 | 박은경 | 29,400,000 | 2020.5.22 | ☆☆☆☆☆ 36 |
| 지방세 | 자동차세-자동차 | 박동수 | 1,502,601 | 2021.6.3 | ☆☆☆☆☆ 27 |
| 지방세 | 재산세-자동차 | 김유신 | 2,460,000 | 2020.6.12 | ☆☆☆☆☆ 43 |
| 국세 | 양도세-자동차 | 김수정 | 35,400,000 | 2020.7.5 | ★★★★★ 98 |
| 지방세 | 재산세-주택 | 박정호 | 268,201 | 2022.7.12 | ◎ |
| 국세 | 상속세-주택 | 최아름 | 10,000,000 | 2021.8.6 | ☆☆☆☆☆ 25 |
| 지방세 | 자동차세-자동차 | 박진수 | 2,345,762 | 2022.8.7 | ☆☆☆☆☆ 41 |

① [개발 도구] 탭에서 [코드] 그룹의 [매크로 기록]을 클릭한다.
② [매크로 기록] 대화상자에서 '매크로 이름'에 **서식**을 입력하고 [확인]을 클릭한다.
③ [G5:G23] 영역을 블록으로 설정한 후 Ctrl + 1을 눌러 [셀 서식] 대화상자를 연다.
④ [셀 서식] 대화상자의 [사용자 지정] 범주에서 '형식'에 **[자홍][>=70]*★0;[>=10]*☆0;"◎"**을 입력한 후 [확인]을 클릭한다.
⑤ 임의의 셀을 클릭하여 블록을 해제하고, [개발 도구] 탭에서 [코드] 그룹의 [기록 중지]를 클릭한다.
⑥ Alt 를 누른 상태에서 [E1:E2] 영역에 **단추(양식 컨트롤)**을 삽입한 다음, 텍스트를 **서식**으로 수정한다. 이어서 마우스 오른쪽으로 클릭하여 [매크로 지정]에서 **서식** 매크로를 연결하고 [확인]을 클릭한다.
⑦ 다시 [개발 도구] 탭에서 [매크로 기록]을 클릭한다.
⑧ [매크로 기록] 대화상자에서 '매크로 이름'에 **해제**를 입력하고 [확인]을 클릭한다.
⑨ [G5:G23] 영역을 블록으로 설정한 후 Ctrl + 1을 눌러 [셀 서식] 대화상자를 연다.
⑩ [셀 서식] 대화상자의 '범주'를 **일반**으로 선택하고 [확인]을 클릭한다.
⑪ 임의의 셀을 클릭하여 블록을 해제한 후, [개발 도구] 탭에서 [기록 중지]를 클릭한다.
⑫ Alt 를 누른 상태에서 [F1:F2] 영역에 **배지**를 삽입한 다음, 텍스트를 **해제**로 수정한다. 이어서 마우스 오른쪽으로 클릭하여 [매크로 지정]에서 **해제** 매크로를 연결하고 [확인]을 클릭한다.

문제 ❹ 기타작업　2. 차트('기타작업-2' 시트)

|정답|

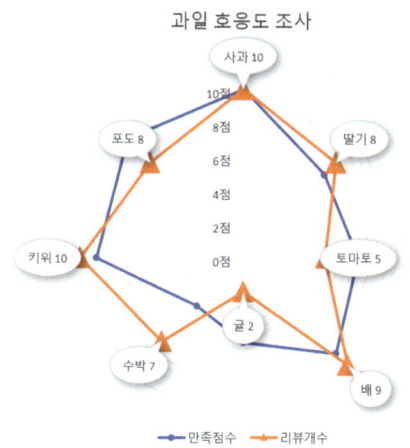

① 차트를 선택한 후, [차트 디자인] 탭 – [차트 레이아웃]의 [차트 요소 추가] – [차트 제목]에서 [차트 위]를 클릭한다. 이후 수식입력줄을 클릭하고 =를 입력한다. [B2] 셀을 클릭하고 Enter 를 누른다.
② 차트에 표시된 '항목' 레이블을 클릭한 후 Delete 를 눌러 삭제한다.
③ [범례]를 더블클릭한 후, [범례 서식]에서 '범례 옵션'을 **아래쪽**으로 설정한다.
④ [차트 디자인] 탭 – [차트 레이아웃]의 [차트 요소 추가] – [눈금선]에서 [기본 보조 가로]를 클릭한다.
⑤ 차트의 '기본 보조 가로' 눈금선을 선택한 후, [보조 눈금선 서식] 창에서 [채우기 및 선] 탭의 '색'을 '테마색'의 **파랑, 강조 5, 80% 더 밝게**로 설정한다.
⑥ 차트의 '기본 세로 값' 축을 선택하고, [축 서식] 창에서 [축 옵션]의 '단위'는 '기본'을 2로, '보조'를 0.5로 설정한다. [표시 형식] 탭에서는 '서식 코드'에 0"점"을 입력한다.
⑦ 차트의 '리뷰개수' 계열 선을 선택하고, [데이터 계열 서식]에서 [채우기 및 선]의 [표식]을 클릭한 후, [표식 옵션]의 '기본 제공'에서 '형식'은 **삼각형**, '크기'는 15로 설정한다.

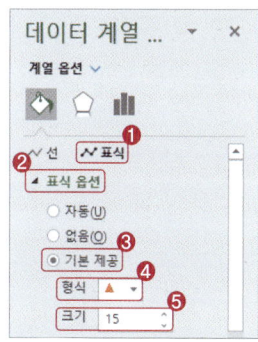

⑧ 차트의 '리뷰개수' 계열을 선택하고, [차트 디자인] 탭 – [차트 요소 추가]의 [데이터 레이블]에서 [표시]를 클릭한다.

⑨ 차트의 '데이터 레이블'을 선택하고 마우스 오른쪽 버튼을 눌러 [데이터 레이블 도형 변경]에서 **말풍선: 타원형**을 클릭한다.

⑩ 차트의 '데이터 레이블'을 다시 선택하고, [데이터 레이블 서식]에서 [레이블 옵션] 탭의 '레이블 내용' 항목에서 **항목 이름**과 **값**을 체크하고, '지시선'은 체크된 상태로 유지한다. '구분 기호'는 **공백**으로 설정한다.

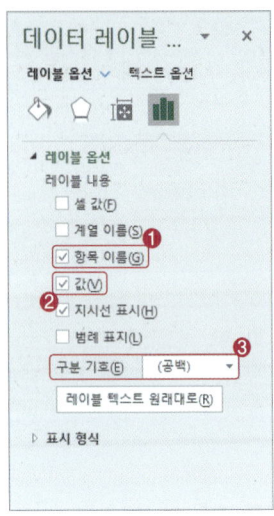

⑪ [데이터 레이블 서식] 창의 [효과] 탭에서 '그림자' 옵션은 '미리 설정'의 **오프셋: 오른쪽 아래**를 선택하고, '투명도'를 50, '크기'를 100, '흐리게'를 10으로 설정한다.

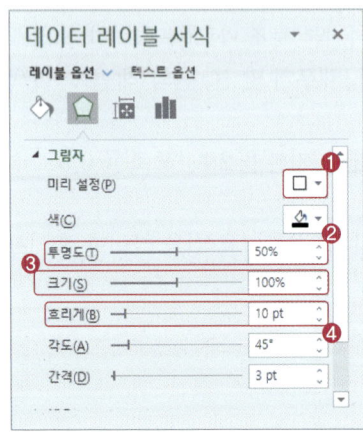

## 문제 ❹ 기타작업  3. VBA 프로시저('기타작업-3' 시트)

**|정답|**

▶ 폼 보기
```
Private Sub cmd주문예약_Click()
주문예약.Show
End Sub
```

▶ 폼 초기화
```
Private Sub UserForm_Initialize()
cmb목록.RowSource = "j5:k9"
cmb목록.ColumnCount = 2
cmb날짜.AddItem Date
cmb날짜.AddItem Date - 1
cmb날짜.AddItem Date - 2
cmb날짜.AddItem Date - 3
cmb날짜.AddItem Date - 4
cmb날짜.AddItem Date - 5
txt담당자 = "가현샘"
txt담당자.Enabled = False
opt1세트.Value = True
opt2세트.Locked = True
End Sub
```

▶ 예약
```
Private Sub cmd예약_Click()
i = 2 + Range("b2").CurrentRegion.Rows.Count
Range("b2").Font.Color = RGB(90, 130, 250)
If txt예약자 = "" Then
MsgBox "예약자를 입력하세요."
ElseIf txt전화번호 = "" Then
MsgBox "전화번호를 입력하세요."
Else
Cells(i, 2) = i - 4
Cells(i, 3) = txt예약자
Cells(i, 4) = txt전화번호
Cells(i, 5) = cmb목록.ListIndex + 1
Cells(i, 6) = cmb날짜.Value
Cells(i, 7) = txt담당자
Cells(i, 8) = cmb목록.Column(1)
End If
txt예약자 = ""
txt전화번호 = ""
End Sub
```

▶ 종료
```
Private Sub cmd종료_Click()
MsgBox Now() & "에 예약 완료했습니다.", , Range("b2").Current-
Region.Rows.Count - 3 & "명째 예약자입니다."
Unload Me
End Sub
```

① [개발 도구] 탭의 [컨트롤] 그룹에서 [디자인 모드]를 클릭한 뒤, 〈주문예약〉 버튼을 더블클릭하면 'cmd주문예약_Click' 코드 창이 열린다. 폼을 실행하기 위해 정답의 '▶ 폼 보기' 코드를 입력한다.
② 폼을 초기화(Initialize)하기 위해 [프로젝트 - VBAProject] 탐색기에서 '폼'을 확장하고, 〈주문예약〉 폼을 마우스 오른쪽 버튼으로 클릭한 다음 [코드 보기]를 선택한다.
③ 'UserForm_Click( )' 상태에서 코드 창 상단의 이벤트 목록에서 Initialize를 선택하여 초기화 상태로 변경한 후, 정답의 '▶ 폼 초기화' 코드를 입력한다.
④ 코드 작성기 개체 목록에서 'cmd예약'을 선택한 뒤, 정답의 '▶ 예약' 코드를 입력한다.
⑤ 코드 작성기 개체 목록에서 'cmd종료'를 선택한 뒤, 정답의 '▶ 종료' 코드를 입력한다.
⑥ 코드를 모두 입력한 후, [파일] 탭에서 [닫고 Microsoft Excel(으)로 돌아가기]를 클릭한다.

### 💬 코드 설명

▶ **폼 보기**
- Show는 UserForm을 모달 형식으로 호출하여 실행 중인 워크시트 위에 출력한다.

▶ **폼 초기화**
- cmb목록.RowSource로 셀 범위[J5:K9]를 콤보박스에 연결하며, ColumnCount = 2로 두 열을 표시한다.
- cmb날짜.AddItem으로 오늘 날짜부터 5일 전까지 날짜 항목을 콤보박스에 추가한다.
- txt담당자 텍스트박스에 기본값 '가현샘'을 입력하고, Enabled = False로 비활성화시켜 수정할 수 없도록 한다.
- opt1세트 옵션 단추는 선택 상태로 설정하고, opt2세트는 Locked = True로 수정되지 않도록 잠근다.

▶ **예약**
- i = 2 + CurrentRegion.Rows.Count로 B2 기준 현재 데이터의 마지막 행 다음 행 번호를 계산한다.
- txt예약자, txt전화번호 입력 여부를 확인하고, 빈칸이면 MsgBox로 경고 메시지를 출력한다.

▶ **종료**
- Now( ) 함수로 현재 날짜 및 시간을 포함한 메시지를 출력한다.
- CurrentRegion.Rows.Count − 3을 통해 예약된 인원 수를 계산하여 메시지에 포함한다.
- Unload Me로 현재 폼을 종료한다.

# 기출 유형 문제 03회

| 프로그램명 | 제한시간 |
|---|---|
| EXCEL | 45분 |

수험번호 :

성    명 :

## 유의사항

- 인적 사항 누락 및 잘못 작성으로 인한 불이익은 수험자 책임으로 합니다.

- 화면에 암호 입력창이 나타나면 아래의 암호를 입력하여야 합니다.
  ○ 암호 :

- 작성된 답안은 경로 및 파일명을 변경하지 마시고 그대로 저장하여야 합니다. 이를 준수하지 않으면 실격 처리됩니다.
  ○ 답안 파일명의 예 : C:\OA\수험번호8자리.xlsm

- 외부데이터 위치 : C:\OA\파일명

- 별도의 지시사항이 없는 경우, 다음과 같이 처리 시 실격 처리됩니다.
  ○ 제시된 시트 및 개체의 순서나 이름을 임의로 변경한 경우
  ○ 제시된 시트 및 개체를 임의로 추가 또는 삭제한 경우
  ○ 외부데이터를 시험 시작 전에 열어본 경우

- 답안은 반드시 문제에서 지시 또는 요구한 셀에 입력하여야 하며 다음과 같이 처리 시 채점 대상에서 제외됩니다.
  ○ 제시된 함수가 있을 경우 제시된 함수만을 사용하여야 하며 그 외 함수사용 시 채점대상에서 제외
  ○ 수험자가 임의로 지시하지 않은 셀의 이동, 수정, 삭제, 변경 등으로 인해 셀의 위치 및 내용이 변경된 경우 해당 작업에 영향을 미치는 관련 문제 모두 채점 대상에서 제외
  ○ 도형 및 차트의 개체가 중첩되어 있거나 동일한 계산결과 시트가 복수로 존재할 경우 해당 개체나 시트는 채점 대상에서 제외

- 수식 작성 시 제시된 문제 파일의 데이터는 변경 가능한(가변적) 데이터임을 감안하여 문제 풀이를 하시오.

- 별도의 지시사항이 없는 경우, 주어진 각 시트 및 개체의 설정값 또는 기본설정값(Default)으로 처리하시오.

- 저장 시간은 별도로 주어지지 않으므로 제한된 시간 내에 저장을 완료하여야 하며, 제한 시간 내에 저장이 되지 않은 경우에는 실격 처리됩니다.

- 출제된 문제의 용어는 MS Office Professional Plus 2021을 기준으로 작성되었습니다.

대 한 상 공 회 의 소

| 문제 ❶ | 주어진 시트에서 다음의 과정을 수행하고 저장하시오. | 기본작업(15점) |

## 01 '기본작업-1' 시트에서 다음과 같이 고급 필터를 수행하시오. (5점)

▶ [A2:H17] 영역에서 '예약시간'이 오후 12시부터 오후 18시 49분까지의 행을 대상으로 '예약번호', '예약시간', '예약인원', '메뉴', '결제예정액' 순서대로 데이터를 표시하시오.
▶ 조건은 [A19:A20] 영역 내에 알맞게 입력하시오(AND 함수를 사용할 것).
▶ 결과는 [A22] 셀부터 표시하시오.

## 02 '기본작업-1' 시트에서 다음과 같이 조건부서식을 수행하시오. (5점)

▶ [A3:H17] 영역에서 '예약시간'이 09:00~12:59거나 결제예정액이 200,000~400,000인 범위에 해당하는 행 전체에 대하여 글꼴의 스타일은 '굵게', 색상은 '자홍'으로 적용하시오.
▶ 단, 규칙 유형은 '▶ 수식을 사용하여 서식을 지정할 셀 결정'을 사용하고, 한 개의 규칙으로만 작성하시오.
▶ AND, OR, HOUR 함수를 사용하시오.

## 03 '기본작업-2' 시트에서 다음과 같이 페이지 레이아웃을 설정하시오. (5점)

▶ [A2:O18] 영역을 인쇄 영역으로 설정하고, 인쇄될 내용이 페이지의 정가운데에 인쇄되도록 페이지 가운데 맞춤을 설정하시오.
▶ 인쇄 방향은 가로로 지정하고 페이지마다 A열이 반복되어 인쇄되도록 인쇄 제목을 설정하시오.
▶ 문서의 높이가 추가되도 높이는 1페이지에 인쇄되게 하고 최대 3페이지로 인쇄될 수 있도록 자동 맞춤을 설정하시오.
▶ 인쇄 시 흑백으로 인쇄되게 하고 열 {A,B,C}, 행 {1,2,3}을 인쇄 설정하시오.

## 문제 ❷ '계산작업' 시트에서 다음의 과정을 수행하고 저장하시오. | 계산작업(30점)

**01** [표1]의 예매율을 이용하여 예매순위 [H4:H13] 영역에 표시하시오. (6점)
- ▶ 상위 1~3위는 ★Top, 하위 1~3위는 ☆Low와 순위를 연결해서 표시하고, 순위에 해당하지 않으면 빈칸으로 표시하시오
- ▶ [표시 예 : 상위 1위 → ★Top1, 하위 1위 → ☆Low1]
- ▶ IF, LARGE, SMALL, RANK.EQ 함수와 & 연산자를 사용하시오.

**02** [표1]의 공연종류, 일반, VIP와 [표2]를 이용하여 공연종류별 일반, VIP 관객수와 요금에 대한 매출액을 [K4:K13] 영역에 표시하시오. (6점)
- ▶ 매출액 = 일반요금 × 일반관객수 + VIP요금 × VIP관객수
- ▶ [표시 예 : 1234500원 → 1,235천원]
- ▶ INDEX, MATCH, TEXT 함수를 사용하시오.

**03** [표1]의 VIP관객수에 대한 비율을 [표3]의 [O13:O16] 영역에 구하시오.
- ▶ FREQUENCY, COUNTA 함수를 사용한 배열 수식을 작성하시오.

**04** [표1]의 공연시작일, 공연종료일, 관객수를 이용해서 두 날짜의 개월수에 따른 공연횟수-관객수를 [표4]의 [M21:O21] 영역에 표시하시오. (6점)
- ▶ 공연횟수는 '(공연종료일-공연시작일)/30'한 값을 정수로 표시하시오.
- ▶ 관객수는 일반, VIP 관객수를 이용하시오.
- ▶ [표시 예 : 공연횟수가 10, 관객수가 1000 → 10회-1000명]
- ▶ SUM, ROUND 함수와 & 연산자를 사용하시오.

**05** 사용자 정의 함수 'fn주차요금'을 작성하여 [표1]의 [J4:J13] 영역에 표시하시오. (6점)
- ▶ fn주차요금은 공연여부, 공연시간을 인수로 삼아 값을 반환하는 함수이다.
- ▶ 공연여부가 Y이면 '공연시간*10*1000'으로, 공연여부가 N이면 빈칸으로 표시하시오.
- ▶ IF~ ELSE문을 사용하시오.

```
Public Function fn주차요금(공연여부, 공연시간)

End Function
```

## 문제 ❸ 주어진 시트에서 다음의 과정을 수행하고 저장하시오. | 분석작업(20점)

**01** '분석작업-1' 시트에서 다음의 지시사항에 따라 피벗 테이블 보고서를 작성하시오. (10점)

▶ 외부 데이터 가져오기 기능을 이용하여 〈영진학원.accdb〉에서 〈강릉점〉 테이블의 '강의시작일', '학년', '과목', '수강인원', '전체강의수' 열을 사용하고 강의시작일이 2024년 3월의 데이터를 이용하시오.
▶ 피벗 테이블 보고서의 레이아웃과 위치는 〈그림〉을 참조하여 설정하고, 보고서 레이아웃을 개요 형식으로 표시하시오.
▶ 강의시작일 기준으로 〈그림〉을 참조하여 그룹을 설정하고 학년이 '고3'인 데이터만 필터하시오.
▶ 그룹 하단에 부분합 및 필터를 합계와 평균을 표시하고, 빈 줄을 추가하시오.
▶ 값 영역은 셀 서식을 이용하여 소수점 이하 1자리까지 표시하시오.

| | A | B | C | D | E |
|---|---|---|---|---|---|
| 1 | | 학년 | 고3 .T | | |
| 2 | | | | | |
| 3 | | 과목 ▼ | 강의시작일 ▼ | 평균 : 수강인원 | 평균 : 전체강의수 |
| 4 | | ⊟수학 | | | |
| 5 | | | 2024-03-01 - 2024-03-07 | 120.0 | 7.0 |
| 6 | | | 2024-03-15 - 2024-03-21 | 61.0 | 6.0 |
| 7 | | 수학 합계 | | 362.0 | 26.0 |
| 8 | | 수학 평균 | | 90.5 | 6.5 |
| 9 | | | | | |
| 10 | | ⊟영어 | | | |
| 11 | | | 2024-03-01 - 2024-03-07 | 43.5 | 5.0 |
| 12 | | | 2024-03-08 - 2024-03-14 | 15.0 | |
| 13 | | 영어 합계 | | 102.0 | 5.0 |
| 14 | | 영어 평균 | | 34.0 | 5.0 |
| 15 | | | | | |
| 16 | | ⊟국어 | | | |
| 17 | | | 2024-03-08 - 2024-03-14 | 49.0 | 5.0 |
| 18 | | | 2024-03-15 - 2024-03-21 | 350.0 | 5.0 |
| 19 | | | 2024-03-29 - 2024-03-31 | 79.0 | 5.0 |
| 20 | | 국어 합계 | | 478.0 | 15.0 |
| 21 | | 국어 평균 | | 159.3 | 5.0 |
| 22 | | | | | |
| 23 | | 총합계 | | 94.2 | 5.8 |

## 02 '분석작업-2' 시트에 대하여 다음의 지시사항을 처리하시오. (10점)

▶ '부분합' 기능을 이용하여 [표1]에서 공연종류별 공연명의 개수를 계산한 후, 일반과 VIP의 평균을 계산하시오.
  - 공연종류를 기준으로 오름차순으로 정렬하고, 공연종류가 동일하면 공연시작일 기준으로 오름차순 정렬하시오.
  - 개요 지우기를 하시오.

▶ '목표값찾기' 기능을 이용하여 일반의 전체 평균[H29]이 '950'이 되려면 국립무용단 〈산조〉의 일반[H4]이 얼마가 되어야 하는지 계산하시오.

| | A | B | C | D | E | F | G | H | I |
|---|---|---|---|---|---|---|---|---|---|
| 2 | [표1] 공연안내 | | | | | | | | |
| 3 | 공연종류 | 공연명 | 공연시작일 | 공연종료일 | 공연시간 | 예매율 | 관람료 | 일반 | VIP |
| 4 | 무용 | 국립무용단 <산조> | 2024-12-06 | 2024-12-07 | 1 | 30% | 30,000 | 150 | 0 |
| 5 | 무용 | 호두까기인형 | 2024-12-14 | 2024-12-25 | 2 | 38.30% | 80,000 | 500 | 5 |
| 6 | 무용 평균 | | | | | | | 325 | 2.5 |
| 7 | 무용 개수 | 2 | | | | | | | |
| 8 | 뮤지컬 | 광화문연가 | 2024-10-23 | 2025-01-05 | 2 | 28.50% | 100,000 | 1500 | 47 |
| 9 | 뮤지컬 | 글루미 선데이 | 2024-11-05 | 2025-01-26 | 2 | 95% | 66,000 | 1500 | 50 |
| 10 | 뮤지컬 | 지저스 크라이스트 수퍼스타 | 2024-11-07 | 2025-01-12 | 2 | 65% | 90,000 | 1200 | 100 |
| 11 | 뮤지컬 | 웃는 남자 | 2025-01-09 | 2025-03-09 | 3 | 11.50% | 140,000 | 100 | 22 |
| 12 | 뮤지컬 평균 | | | | | | | 1075 | 54.75 |
| 13 | 뮤지컬 개수 | 4 | | | | | | | |
| 14 | 연주회 | 일리야 라쉬코프스키 | 2024-12-10 | 2024-12-10 | 1 | 47.30% | 60,000 | 1000 | 100 |
| 15 | 연주회 평균 | | | | | | | 1000 | 100 |
| 16 | 연주회 개수 | 1 | | | | | | | |
| 17 | 오페라 | 어게인2024오페라투란도트 | 2024-09-10 | 2024-09-30 | 2 | 61.20% | 200,000 | 550 | 60 |
| 18 | 오페라 평균 | | | | | | | 550 | 60 |
| 19 | 오페라 개수 | 1 | | | | | | | |
| 20 | 콘서트 | 모연가곡 III | 2024-07-31 | 2024-09-28 | 1 | 17.30% | 65,000 | 400 | 10 |
| 21 | 콘서트 | 찰리푸스 내한공연 | 2024-12-07 | 2024-12-08 | 2 | 75% | 1,760,000 | 1000 | 50 |
| 22 | 콘서트 | CRUSH CONCERT | 2024-12-20 | 2024-12-22 | 2 | 35.20% | 154,000 | 1000 | 60 |
| 23 | 콘서트 | BTOB CONCERT | 2024-12-27 | 2024-12-29 | 1 | 37.60% | 143,000 | 3000 | 43 |
| 24 | 콘서트 | 임영웅 콘서트 | 2024-12-27 | 2025-01-04 | 2 | 15.00% | 140,000 | 350 | 150 |
| 25 | 콘서트 | DAVICHI CONCERT <A Stitch in Time> | 2025-01-18 | 2025-01-19 | 2 | 45.06% | 143,000 | 1000 | 55 |
| 26 | 콘서트 | 콜드플레이 내한공연 | 2025-04-16 | 2025-04-25 | 2 | 5.60% | 198,000 | 1000 | 21 |
| 27 | 콘서트 평균 | | | | | | | 1107.1429 | 55.571429 |
| 28 | 콘서트 개수 | 7 | | | | | | | |
| 29 | 전체 평균 | | | | | | | 950 | 51.533333 |
| 30 | 전체 개수 | 15 | | | | | | | |

## 문제 ❹ 주어진 시트에서 다음의 과정을 수행하고 저장하시오. | 기타작업(35점)

**01** '기타작업-1' 시트에서 다음과 같은 기능을 수행하는 매크로를 현재 통합문서에 작성하시오. (각 5점)

⚠ 셀 포인터의 위치에 관계없이 매크로가 실행되어야 정답으로 인정됨

① [J4:J18] 영역에 사용자 지정 표시 형식을 설정하는 '서식설정' 매크로를 생성하시오.
  ▶ '주차요금'이 10000 이상이면 자홍색 ●, 2000 이하이면 파랑색 ●, 나머지는 ●, 문자는 빈칸으로 표시하시오.
  ▶ [표시 예 : 10000 → ●  2000 → ●  5000 → ●  무료 → ]
  ▶ [개발 도구]-[삽입]-[양식 컨트롤]의 '단추'를 동일 시트의 [C20:C22] 영역에 생성한 후 텍스트를 '서식설정'으로 작성하고, 단추를 클릭하면 '서식설정' 매크로가 실행되도록 설정하시오.

② [F4:F18] 영역에 대해서 표시 형식을 '백분율'로 적용하는 '백분율설정' 매크로를 생성하시오.
  ▶ 예매율이 0.6 이상이면 소수 한 자리수 백분율 숫자 앞에 ◆, 0.3 이상이면 소수 한 자리수 백분율 숫자 뒤에 ◆, 나머지는 소수 한 자리수 백분율로 표시하시오.
  ▶ [표시 예 : 0.65 → ◆65.0%  0.383 → 38.3%◆  0.115 → 11.5%]
  ▶ [개발 도구]-[삽입]-[양식 컨트롤]의 '단추'를 동일 시트의 [D20:D22] 영역에 생성한 후 텍스트를 '백분율설정'으로 작성하고, 단추를 클릭하면 '백분율설정' 매크로가 실행되도록 설정하시오.

**02** '기타작업-2' 시트에서 다음의 지시사항에 따라 차트를 수정하시오. (각 2점)

⚠ 차트는 반드시 문제에서 제공한 차트를 사용하여야 하며, 신규로 작성 시 0점 처리됨

① 계열 이름은 [A5:A10] 영역으로 설정하고 가로(항목)축 레이블은 〈그림〉을 참조해서 [B4:H4] 범위의 이름으로 설정하시오.
② 차트 제목은 [A2] 셀과 연동하고, 기본 세로 축 제목을 추가하여 '인구수'로 작성하고 텍스트 방향은 '스택형'으로 설정하시오.
③ 차트 종류를 '3차원누적세로막대형'으로 변경한 다음, 3차원 회전의 '직각'으로 축을 고정하시오.
④ 데이터 계열의 간격의 깊이는 50%, 간격의 너비는 100%로 설정하고, 세로 막대 모양은 '원통형'으로 변경하시오.
⑤ 서비스직의 레이블을 〈그림〉과 같이 표시하고, 서비스직 계열의 채우기는 질감의 '양피지'로 채우시오.

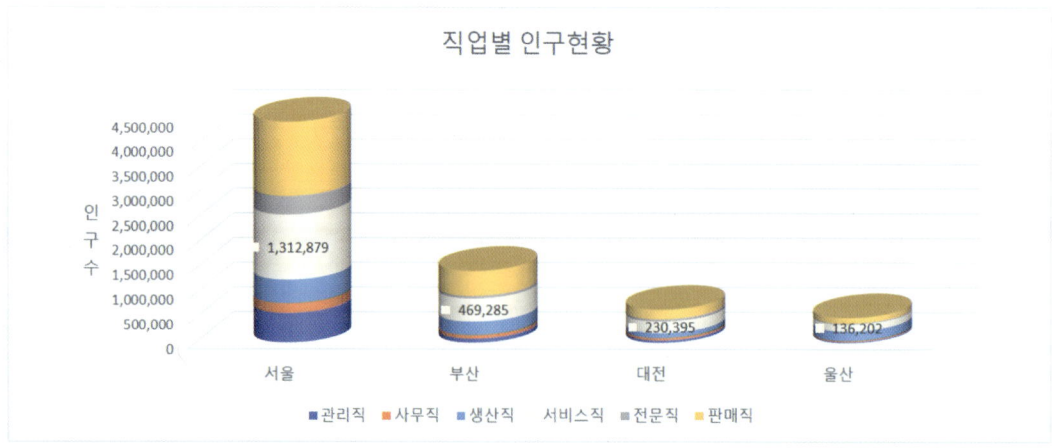

## 03 '기타작업-3' 시트에서 다음과 같은 작업을 수행하고 저장하시오. (각 5점)

① 성적작성 폼을 초기화하는 프로시저를 작성하시오.
  ▶ [성적입력] 버튼을 클릭하면 '성적작성' 폼이 나타나고, 폼이 초기화(Initialize)되면 [I5:I8] 영역이 cmb학과 목록으로 표시되고, 첫 번째 항목이 선택되게 하고 cmb학년에는 "1학년", "2학년", "3학년", "4학년"이 표시되고, "1학년" 항목이 기본적으로 선택되도록 프로시저를 작성하시오.

② '성적작성' 폼의 cmd등록 버튼을 클릭하면 폼에 작성된 데이터 행 다음에 연속해서 작성되도록 프로시저를 작성하시오.
  ▶ 평점은 '(1학기+2학기)/2'로 계산하며 평점이 90 이상이면 "A", 80 이상이면 "B", 70 이상이면 "C", 60 이상이면 "D", 그 외는 "F"로 작성하시오(Select Case문을 사용할 것).
  ▶ 1학기와 2학기는 작성 시 숫자 형식으로 표시하시오.
  ▶ 기타작업-3 시트가 활성화되면 [C2] 셀의 글꼴 모양은 '바탕체', 글꼴 크기는 '14', 글꼴 스타일은 '굵게'로 변경되도록 작성하시오.

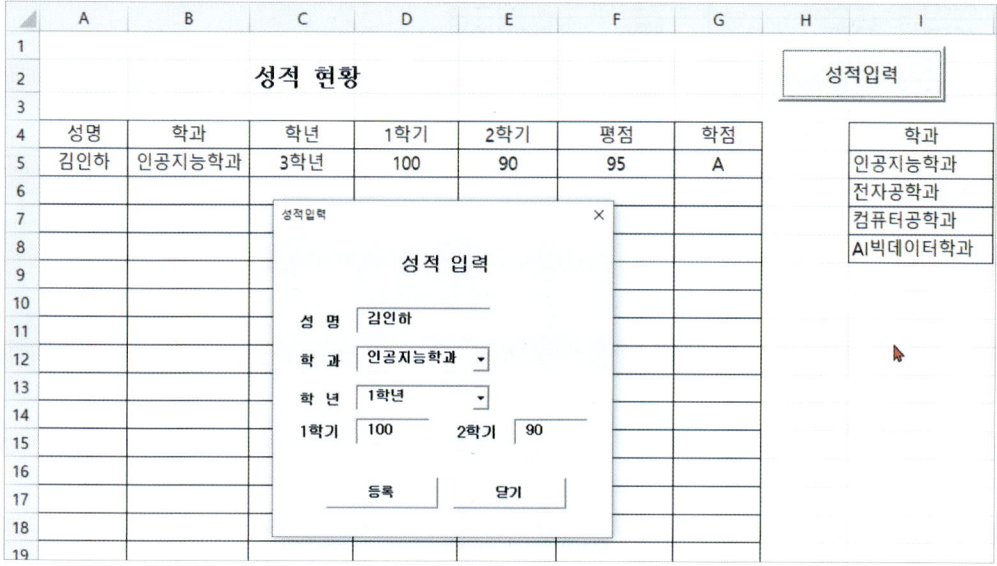

③ 종료(cmd닫기) 버튼을 클릭하면 〈그림〉의 메시지 박스를 표시하고 폼을 종료하는 프로시저를 작성하시오.

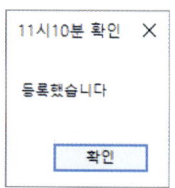

# 기출 유형 문제 03회 해설

## 문제 ❶ 기본작업  고급 필터('기본작업-1' 시트)

|정답|

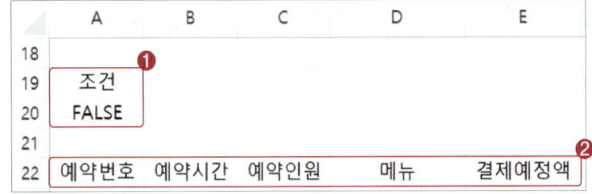

① [A19:A20] 영역에 조건을 작성하고, [A22:E22] 영역에 추출할 필드명을 입력한다.

② [A20] 셀에 수식 =AND(B3>=12/24,B3<=18/24+49/(24*60)) 또는 =AND(B3>="12:00"*1,B3<="18:49"*1)을 입력한다.

### 💬 함수 설명

**함수 비교**

| 항목 | 수식 A (숫자식)<br>=AND(B3>=12/24, B3<=18/24+49/(24*60)) | 수식 B (텍스트→숫자)<br>=AND(B3>="12:00"*1, B3<="18:49"*1) |
|---|---|---|
| 의미 | [B3]의 시간이 12:00 이후이고 18:49 이전인지 판정한다. | |
| 장점 | 계산적으로 가장 안정적이다. | 가독성이 높다(시간이 눈에 바로 들어온다). |
| 단점 | 12/24 의미를 알아야 하므로 직관성이 낮다. | 형식(시간 구분자)의 영향을 받을 수 있다. |
| 전제 | [B3]이 시간 값(일의 분수값)이어야 한다. | [B3]가 시간 값이어야 하며, "12:00"이 시간으로 정상 변환되어야 한다. |

**12/24와 18/24의 의미(시간 단위의 일 단위화)**
- 1일=1, 1시간=1/24, 1분=1/(24×60)이다.
- 따라서 12/24=0.5(=12:00, 범위의 시작)이고, 18/24+49/(24*60)=18:49(범위의 끝)이다.

③ [데이터] 탭에서 [정렬 및 필터] 그룹의 [고급]을 클릭한다.
④ [고급] 대화상자에서 '다른 장소에 복사'를 선택하고, '목록 범위'를 [A2:H17], '조건 범위'를 [A19:A20], '복사 위치'를 [A22:E22]로 지정한 후 [확인]을 클릭한다.

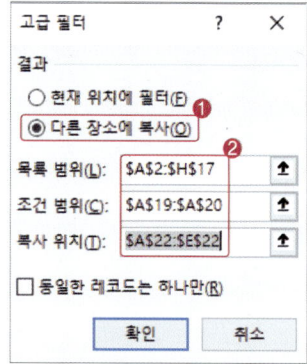

## 문제 ❶ 기본작업  2. 조건부서식('기본작업-1' 시트)

| | A | B | C | D | E | F | G | H |
|---|---|---|---|---|---|---|---|---|
| 1 | | | | | | | | |
| 2 | 예약번호 | 예약시간 | 예약인원 | 메뉴 | 가격 | 총액 | 할인액 | 결제예정액 |
| 3 | A0511 | 9:00 | 8 | 스페셜피자 | 30,000 | 240,000 | 36,000 | 204,000 |
| 4 | A0512 | 10:00 | 5 | 해물스파게티 | 35,000 | 175,000 | 17,500 | 157,500 |
| 5 | A0513 | 12:00 | 11 | A정식 | 25,000 | 275,000 | 55,000 | 220,000 |
| 6 | A0514 | 12:30 | 4 | 스페셜피자 | 30,000 | 120,000 | 12,000 | 108,000 |
| 7 | A0515 | 12:30 | 12 | B정식 | 40,000 | 480,000 | 72,000 | 408,000 |
| 8 | A0516 | 13:00 | 3 | A정식 | 25,000 | 75,000 | 3,750 | 71,250 |
| 9 | A0517 | 13:10 | 8 | B정식 | 40,000 | 320,000 | 48,000 | 272,000 |
| 10 | A0518 | 18:00 | 5 | A정식 | 25,000 | 125,000 | 12,500 | 112,500 |
| 11 | A0519 | 18:30 | 9 | 스페셜피자 | 30,000 | 270,000 | 40,500 | 229,500 |
| 12 | A0520 | 18:49 | 5 | 해물스파게티 | 35,000 | 175,000 | 17,500 | 157,500 |
| 13 | A0521 | 18:50 | 4 | B정식 | 40,000 | 160,000 | 16,000 | 144,000 |
| 14 | A0522 | 19:00 | 6 | A정식 | 25,000 | 150,000 | 15,000 | 135,000 |
| 15 | A0523 | 19:10 | 8 | 스페셜피자 | 30,000 | 240,000 | 36,000 | 204,000 |
| 16 | A0524 | 19:30 | 2 | 스페셜피자 | 30,000 | 60,000 | 3,000 | 57,000 |
| 17 | A0525 | 19:50 | 10 | 해물스파게티 | 35,000 | 350,000 | 52,500 | 297,500 |

① [A3:H17] 영역을 블록으로 설정한다.
② [홈] 탭의 [스타일] 그룹에서 [조건부서식]의 [새 규칙]을 클릭한다.
③ [새 서식 규칙] 대화상자에서 ▶ **수식을 사용하여 서식을 지정할 셀 결정**을 선택하고, 수식 =OR(AND(HOUR($B3)>=9,HOUR($B3)<13),AND($H3>=200000,$H3<=400000))을 입력한다.
④ [서식]을 클릭한 후, [셀 서식] 대화상자의 [글꼴] 탭에서 글꼴의 '스타일'은 **굵게**, '색'은 **자홍색(RGB(255,0,255))**으로 설정하고 [확인]을 클릭한다.

⑤ [새 서식 규칙] 대화상자에서 [확인]을 클릭하여 규칙을 적용한다.

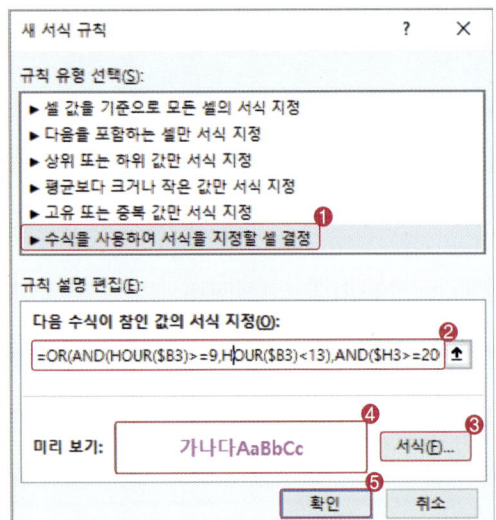

## 문제 ❶ 기본작업  3. 페이지 레이아웃('기본작업-2' 시트)

|정답|

| | A | B | C | D | E | F | G |
|---|---|---|---|---|---|---|---|
| 2 | [표1] 공연안내 | | | | | | |
| 3 | 공연종류 | 공연명 | 공연시작일 | 공연종료일 | 공연시간 | 예매율 | 관람료 |
| 4 | 연주회 | 일리야 라쉬코프스키 | 2024-12-10 | 2024-12-10 | 1 | 47.30% | 60,000 |
| 5 | 콘서트(팝) | BTOB CONCERT | 2024-12-27 | 2024-12-29 | 1 | 37.60% | 143,000 |
| 6 | 뮤지컬(중형) | 웃는 남자 | 2025-01-09 | 2025-03-09 | 3 | 11.50% | 140,000 |
| 7 | 콘서트(클래식) | 모던가곡 Ⅲ | 2024-07-31 | 2024-09-28 | 1 | 17.30% | 65,000 |
| 8 | 무용(발레) | 호두까기인형 | 2024-12-14 | 2024-12-25 | 2 | 38.30% | 80,000 |
| 9 | 연극 | 테베랜드 | 2024-11-20 | 2025-02-09 | 3 | 56.00% | 55,000 |
| 10 | 오페라 | 어게인2024오페라투란도트 | 2024-09-10 | 2024-09-30 | 2 | 61.20% | 200,000 |
| 11 | 콘서트(대중) | 콜드플레이 내한공연 | 2025-04-16 | 2025-04-25 | 2 | 5.60% | 198,000 |
| 12 | 뮤지컬(대형) | 광화문연가 | 2024-10-23 | 2025-01-05 | 2 | 28.50% | 100,000 |
| 13 | 콘서트(팝) | 임영웅 콘서트 | 2024-12-27 | 2025-01-04 | 2 | 15.00% | 140,000 |
| 14 | 콘서트 | 찰리푸스 내한공연 | 2024-12-07 | 2024-12-08 | 2 | 75.00% | 1,760,000 |
| 15 | 콘서트 | DAVICHI CONCERT <A Stitch in Time> | 2025-01-18 | 2025-01-19 | 2 | 45.06% | 143,000 |
| 16 | 콘서트 | CRUSH CONCERT | 2024-12-20 | 2024-12-22 | 2 | 35.20% | 154,000 |
| 17 | 뮤지컬 | 지저스 크라이스트 수퍼스타 | 2024-11-07 | 2025-01-12 | 2 | 65.00% | 90,000 |
| 18 | 뮤지컬 | 글루미 선데이 | 2024-11-05 | 2025-01-26 | 2 | 95.00% | 66,000 |

① [페이지 레이아웃] 탭에서 [페이지 설정] 그룹의 **옵션(⬢)**을 클릭한다.
② [페이지 설정] 대화상자의 [시트] 탭에서 '인쇄 영역'을 [A2:O18]로 설정하고, [여백] 탭에서 '페이지 가운데 맞춤' 항목의 **가로, 세로**에 모두 체크한다.
③ [시트] 탭에서 '반복할 열'에 $A:$A를 입력하고, '인쇄' 항목의 **흑백, 행/열 머리글**에 모두 체크한다.

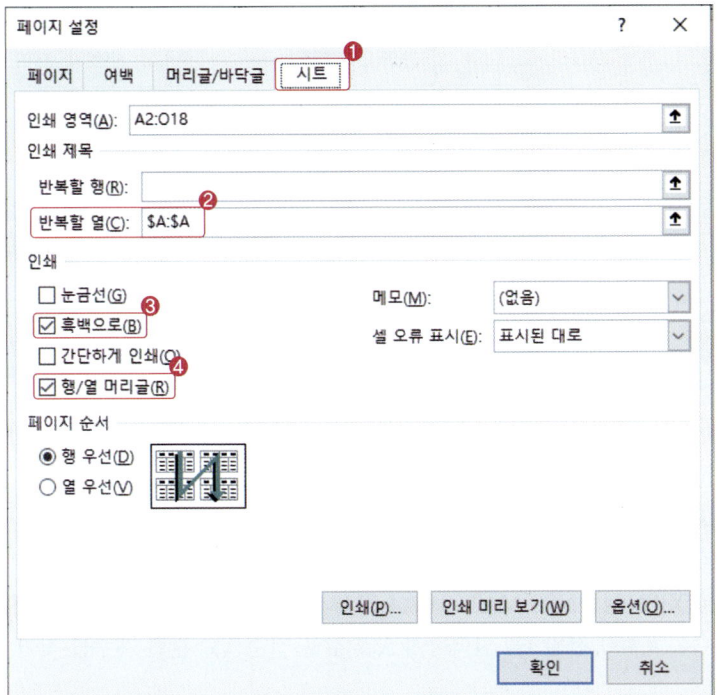

④ [페이지] 탭에서 '용지 방향'은 **가로**로, '용지 너비'를 3으로, '용지 높이'를 1로 설정한 후 [확인]을 클릭한다.

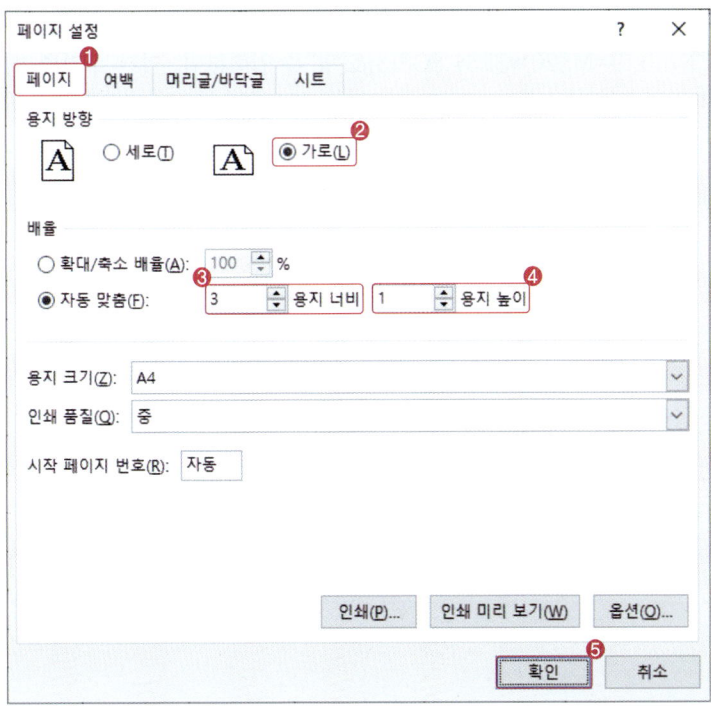

## 문제 ❷ 계산작업 '계산작업' 시트

|정답|

| | A | B | C | D | E | F | G | H | I | J | K | L | M | N | O |
|---|---|---|---|---|---|---|---|---|---|---|---|---|---|---|---|
| 1 | | | | | | | | | | | | | | | |
| 2 | [표1] | | | | | | | | | | | | [표2] | | |
| 3 | 공연종류 | 공연시작일 | 공연종료일 | 공연시간 | 예매율 | 일반 | VIP | 예매순위 | 공연여부 | 주차요금 | 매출액 | | | 일반 | VIP |
| 4 | 연주회(피아노) | 2024-09-14 | 2024-11-30 | 1 | 47.30% | 150 | 100 | ★Top3 | N | | 4,750천원 | | 뮤지컬 | 5000 | 3000 |
| 5 | 콘서트(록) | 2024-06-01 | 2024-06-30 | 1 | 23.10% | 30 | 43 | | Y | 10000 | 1,975천원 | | 연극 | 45000 | 30000 |
| 6 | 뮤지컬(중형) | 2024-06-20 | 2024-09-30 | 2 | 11.50% | 100 | 22 | ☆Low2 | N | | 566천원 | | 연주회 | 25000 | 10000 |
| 7 | 콘서트(클래식) | 2024-07-31 | 2024-09-28 | 1 | 17.30% | 39 | 10 | | N | | 1,420천원 | | 오페라 | 10000 | 7000 |
| 8 | 오페라(아리아) | 2024-10-02 | 2024-12-25 | 2 | 38.30% | 23 | 5 | | Y | 20000 | 265천원 | | 콘서트 | 30000 | 25000 |
| 9 | 콘서트(마술) | 2024-08-05 | 2024-09-20 | 1 | 56.00% | 120 | 111 | ★Top2 | Y | 10000 | 6,375천원 | | | | |
| 10 | 오페라 | 2024-09-10 | 2024-09-30 | 1 | 61.20% | 59 | 60 | ★Top1 | Y | 10000 | 1,010천원 | | | | |
| 11 | 콘서트(대중) | 2024-10-03 | 2024-11-10 | 1 | 5.60% | 12 | 21 | ☆Low1 | Y | 10000 | 885천원 | | [표3] | | |
| 12 | 뮤지컬(대형) | 2024-10-22 | 2024-11-29 | 3 | 28.50% | 37 | 47 | | Y | 30000 | 326천원 | | | | 빈도비율 |
| 13 | 콘서트(팝) | 2024-12-01 | 2025-01-31 | 2 | 15.00% | 170 | 150 | ☆Low3 | N | | 8,850천원 | | | 1 | 10 | 20% |
| 14 | | | | | | | | | | | | | | 11 | 50 | 40% |
| 15 | | | | | | | | | | | | | | 51 | 100 | 20% |
| 16 | | | | | | | | | | | | | | 101 | | 20% |
| 17 | | | | | | | | | | | | | | | | |
| 18 | | | | | | | | | | | | | | | | |
| 19 | | | | | | | | | | | | | [표4] | | |
| 20 | | | | | | | | | | | | | | 1개월 | 2개월 | 3개월 |
| 21 | | | | | | | | | | | | | | 4회-309명 | 3회-600명 | 3회-400명 |

① [H4:H13] 셀에는 수식 =IF(E4>=LARGE($E$4:$E$13,3),"★Top"&RANK.EQ(E4,$E$4:$E$13,0),IF(E4<=SMALL($E$4:$E$13,3),"☆Low"&RANK.EQ(E4,$E$4:$E$13,1)," "))을 입력하여 E열 값 기준 상위 3개는 ★Top, 하위 3개는 ☆Low로 표시한다.

② [K4:K13] 셀에는 수식 =TEXT(INDEX($N$4:$N$8,MATCH(A4,$M$4:$M$8,1))*F4+INDEX($O$4:$O$8,MATCH(A4,$M$4:$M$8,1))*G4,"#,##0,천원")을 입력하여 A열 값을 기준으로 관련 계수를 찾아 요금을 계산한 후, **천원** 단위로 표시한다.

③ [O13:O16] 영역을 블록으로 설정한 상태에서 수식 =FREQUENCY($G$4:$G$13,$N$13:$N$16)/COUNTA($F$4:$F$13)을 배열 수식으로 입력하고 Ctrl + Shift + Enter 를 누른다.

④ [M21:O21] 셀에는 수식 =SUM((ROUND(($C$4:$C$13-$B$4:$B$13)/30,0)=M$20)*1)&"회-"&SUM((ROUND(($C$4:$C$13-$B$4:$B$13)/30,0)=M$20)*$F$4:$G$13)&"명"을 입력하여, 기간 구간별 회차 수와 해당하는 명수를 계산한다.

⑤ [J4:J13] 셀에는 사용자 정의 함수 fn주차요금을 적용하여 주차요금을 계산한다.

|수식|

```
Public Function fn주차요금(공연여부, 공연시간)
If 공연여부 = "Y" Then
fn주차요금 = 공연시간 * 10 * 1000
Else
fn주차요금 = ""
End If
End Function
```

### 함수 설명

**함수의 기능**
이 함수는 공연이 있을 때만 주차요금을 계산해 준다.

**함수의 기본 구조**
- 요금 = 공연시간 × 10 × 1,000 (공연여부 = "Y" 인 경우)
- 공연여부 인수가 "Y"이면 위 금액을, 그 외 값이면 빈칸(" ")을 반환한다.

※ 주차요금이 이상하게 나올 때
- 공연여부 철자/대소문자/빈칸을 확인한다. 'Y'만 계산하고 'y', " Y " 등은 빈칸 처리된다.
- 공연시간이 숫자형식인지 확인한다. 텍스트(예 "2시간")이면 #VALUE!가 날 수 있다.
- 현재 코드는 빈칸 한 칸(" ")을 반환한다. 합계·평균 계산 시 텍스트로 취급되어 누락될 수 있으니 빈 문자열("") 또는 0으로 바꾸는 편이 안전하다(지시사항에 맞게 선택).

※ 간단한 시트 함수로 표현한 사용자 정의 함수
- =IF(UPPER(공연여부)="Y", 공연시간*10*1000, "")
- UPPER로 대소문자 섞임을 방지하고, 공연이 없을 때는 빈 문자열을 반환한다.

## 문제 ❸ 분석작업 ｜ 피벗 테이블('분석작업-1' 시트)

| 정답 |

| | A | B | C | D | E |
|---|---|---|---|---|---|
| 1 | | 학년 | 고3 | | |
| 2 | | | | | |
| 3 | | 과목 | 강의시작일 | 평균 : 수강인원 | 평균 : 전체강의수 |
| 4 | | ⊟수학 | | | |
| 5 | | | 2024-03-01 - 2024-03-07 | 120.0 | 7.0 |
| 6 | | | 2024-03-15 - 2024-03-21 | 61.0 | 6.0 |
| 7 | | 수학 합계 | | 362.0 | 26.0 |
| 8 | | 수학 평균 | | 90.5 | 6.5 |
| 9 | | | | | |
| 10 | | ⊟영어 | | | |
| 11 | | | 2024-03-01 - 2024-03-07 | 43.5 | 5.0 |
| 12 | | | 2024-03-08 - 2024-03-14 | 15.0 | |
| 13 | | 영어 합계 | | 102.0 | 5.0 |
| 14 | | 영어 평균 | | 34.0 | 5.0 |
| 15 | | | | | |
| 16 | | ⊟국어 | | | |
| 17 | | | 2024-03-08 - 2024-03-14 | 49.0 | 5.0 |
| 18 | | | 2024-03-15 - 2024-03-21 | 350.0 | 5.0 |
| 19 | | | 2024-03-29 - 2024-03-31 | 79.0 | 5.0 |
| 20 | | 국어 합계 | | 478.0 | 15.0 |
| 21 | | 국어 평균 | | 159.3 | 5.0 |
| 22 | | | | | |
| 23 | | 총합계 | | 94.2 | 5.8 |

① [데이터] 탭 – [데이터 가져오기 및 변환] 그룹의 [데이터 가져오기] – [기타 원본에서]에서 [Microsoft Query에서]를 클릭한다.
② [데이터 원본 선택] 대화상자에서 'MS Access Database*'를 선택하고 [확인]을 클릭한 후, **영진학원.accdb** 파일을 선택하고 [확인]을 클릭한다.
③ '강릉점' 테이블을 더블클릭한 후, **강의시작일, 학년, 과목, 수강인원, 전체강의수** 필드를 선택하고 [다음]을 클릭한다.
④ [쿼리 마법사 – 데이터 필터] 대화상자에서 '강의시작일'의 조건으로 >=, 2024-03-01, <=, 2024-03-31을 입력한 후 [다음]을 클릭한다.

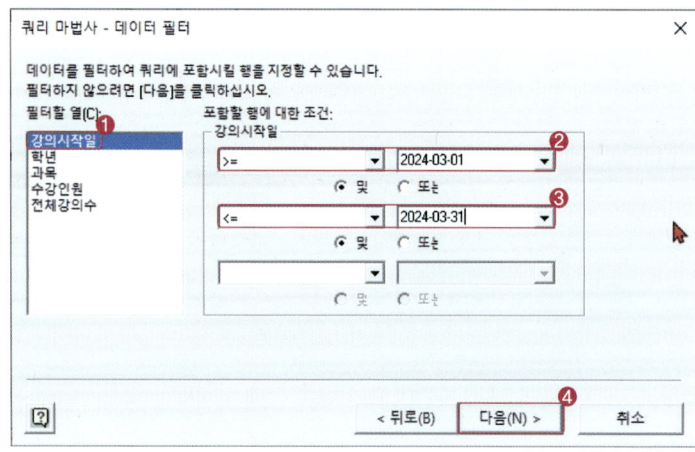

⑤ [쿼리 마법사 – 정렬 순서] 대화상자에서 정렬 조건을 생략하고 [다음]을 클릭한 후, [쿼리 마법사 – 마침] 대화상자에서 [마침]을 클릭한다.
⑥ [데이터 가져오기] 대화상자에서 **피벗 테이블 보고서**를 선택하고, '기존 워크시트'의 위치는 [B3]으로 설정한 후 [확인]을 클릭한다.
⑦ **학년**은 필터 영역으로, **과목**과 **강의시작일**은 행 영역으로, **수강인원**과 **전체강의수**는 값 영역으로 드래그한다.
⑧ '수강인원' 값 영역 셀에서 마우스 오른쪽 버튼을 클릭한 후, [값 요약 기준]의 **평균**을 선택한다. '전체강의수'도 동일하게 **평균**으로 변경한다.

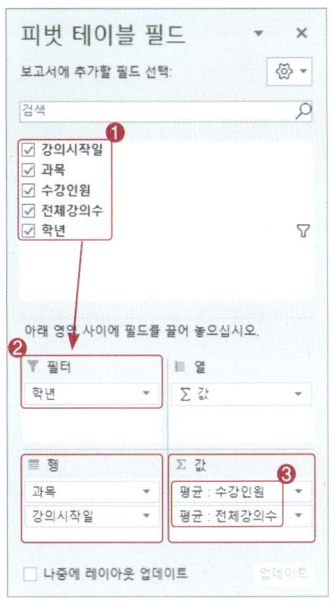

⑨ [디자인] 탭의 [레이아웃]에서 [보고서 레이아웃]의 [개요 형식으로 표시]를 클릭한다.
⑩ '강의 시작일' 필드의 [C3] 셀 위에서 마우스 오른쪽 버튼을 눌러 [그룹]을 클릭하고, [그룹화] 대화상자에서 '시작'과 '끝' 항목의 체크를 해제한 후, '단위'를 **일**, '날짜 수'를 **7**로 지정하고 [확인]을 클릭한다.

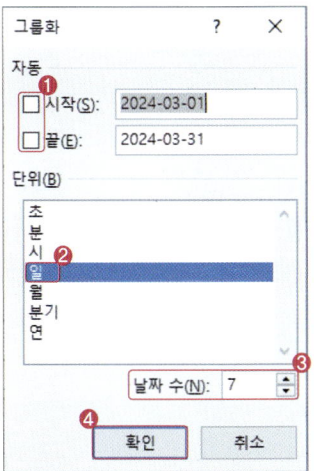

⑪ '학년' 필터에서 **고3**을 선택하고 [확인]을 클릭한다.

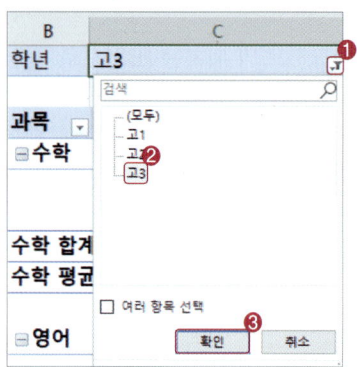

⑫ 그룹 필드 셀 위에서 마우스 오른쪽 버튼을 클릭한 후, [필드 설정]을 선택하고, [필드 설정] 대화상자에서 '사용자 지정'을 선택한 뒤 **합계**와 **평균**을 체크하고 [확인]을 클릭한다.

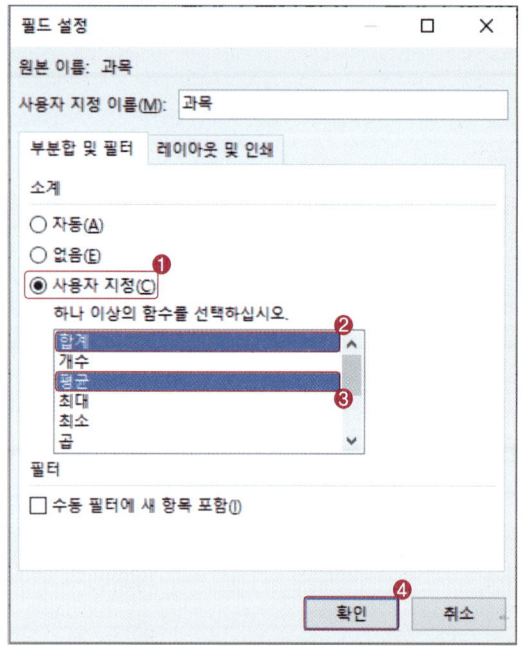

⑬ [디자인] 탭의 [레이아웃]에서 [빈 행]의 [각 항목 다음에 빈 줄 삽입]을 클릭한다.
⑭ [D4:E20] 영역을 블록으로 설정한 후 Ctrl+1을 눌러 [셀 서식] 대화상자를 열고, [표시 형식] 탭에서 '사용자 지정 서식'으로 0.0을 지정한 후 [확인]을 클릭한다.
⑮ [디자인] 탭의 [레이아웃]에서 [부분합]의 [그룹 하단에 모든 부분합 표시]를 클릭한다.

## 문제 ❸ 분석작업  2. 부분합, 목표값 찾기('분석작업-2' 시트)

|정답|

| | A | B | C | D | E | F | G | H | I |
|---|---|---|---|---|---|---|---|---|---|
| 2 | [표1] 공연안내 | | | | | | | | |
| 3 | 공연종류 | 공연명 | 공연시작일 | 공연종료일 | 공연시간 | 예매율 | 관람료 | 일반 | VIP |
| 4 | 무용 | 국립무용단 <산조> | 2024-12-06 | 2024-12-07 | 1 | 30% | 30,000 | 150 | 0 |
| 5 | 무용 | 호두까기인형 | 2024-12-14 | 2024-12-25 | 2 | 38.30% | 80,000 | 500 | 5 |
| 6 | 무용 평균 | | | | | | | 325 | 2.5 |
| 7 | 무용 개수 | 2 | | | | | | | |
| 8 | 뮤지컬 | 광화문연가 | 2024-10-23 | 2025-01-05 | 2 | 28.50% | 100,000 | 1500 | 47 |
| 9 | 뮤지컬 | 글루미 선데이 | 2024-11-05 | 2025-01-26 | 2 | 95% | 66,000 | 1500 | 50 |
| 10 | 뮤지컬 | 지저스 크라이스트 수퍼스타 | 2024-11-07 | 2025-01-12 | 2 | 65% | 90,000 | 1200 | 100 |
| 11 | 뮤지컬 | 웃는 남자 | 2025-01-09 | 2025-03-09 | 3 | 11.50% | 140,000 | 100 | 22 |
| 12 | 뮤지컬 평균 | | | | | | | 1075 | 54.75 |
| 13 | 뮤지컬 개수 | 4 | | | | | | | |
| 14 | 연주회 | 일리야 라쉬코프스키 | 2024-12-10 | 2024-12-10 | 1 | 47.30% | 60,000 | 1000 | 100 |
| 15 | 연주회 평균 | | | | | | | 1000 | 100 |
| 16 | 연주회 개수 | 1 | | | | | | | |
| 17 | 오페라 | 어게인2024오페라투란도트 | 2024-09-10 | 2024-09-30 | 2 | 61.20% | 200,000 | 550 | 60 |
| 18 | 오페라 평균 | | | | | | | 550 | 60 |
| 19 | 오페라 개수 | 1 | | | | | | | |
| 20 | 콘서트 | 모던가곡 Ⅲ | 2024-07-31 | 2024-09-28 | 1 | 17.30% | 65,000 | 400 | 10 |
| 21 | 콘서트 | 찰리푸스 내한공연 | 2024-12-07 | 2024-12-08 | 2 | 75% | 1,760,000 | 1000 | 50 |
| 22 | 콘서트 | CRUSH CONCERT | 2024-12-20 | 2024-12-22 | 2 | 35.20% | 154,000 | 1000 | 60 |
| 23 | 콘서트 | BTOB CONCERT | 2024-12-27 | 2024-12-29 | 1 | 37.60% | 143,000 | 3000 | 43 |
| 24 | 콘서트 | 임영웅 콘서트 | 2024-12-27 | 2025-01-04 | 2 | 15.00% | 140,000 | 350 | 150 |
| 25 | 콘서트 | DAVICHI CONCERT <A Stitch in Time> | 2025-01-18 | 2025-01-19 | 2 | 45.06% | 143,000 | 1000 | 55 |
| 26 | 콘서트 | 콜드플레이 내한공연 | 2025-04-16 | 2025-04-25 | 2 | 5.60% | 198,000 | 1000 | 21 |
| 27 | 콘서트 평균 | | | | | | | 1107.1429 | 55.571429 |
| 28 | 콘서트 개수 | 7 | | | | | | | |
| 29 | 전체 평균 | | | | | | | 950 | 51.533333 |
| 30 | 전체 개수 | 15 | | | | | | | |

① [A3:I18] 영역을 블록으로 설정한 후, [데이터] 탭에서 [정렬 및 필터] 그룹의 [정렬]을 클릭한다.
② [정렬] 대화상자에서 '정렬 기준'을 **공연종류**로 설정하고, '정렬 방식'은 **오름차순**을 선택한다. 이후 [기준 추가]를 클릭하여 '다음 기준'을 **공연시작일**, '정렬 방식'을 **오름차순**으로 설정하고 [확인]을 클릭한다.

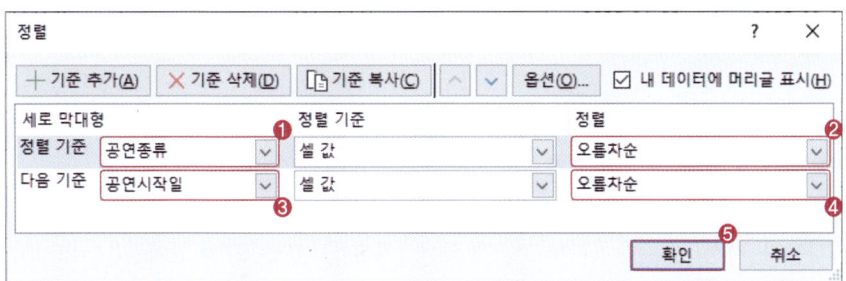

③ [데이터] 탭에서 [개요] 그룹의 [부분합]을 클릭한다.
④ [부분합] 대화상자에서 '그룹화할 항목'을 **공연종류**, '사용할 함수'를 **개수**, '부분합 계산 항목'을 **공연명**으로 설정한 후 [확인]을 클릭한다.
⑤ 다시 [데이터] 탭에서 [개요] 그룹의 [부분합]을 클릭하고, '그룹화할 항목'을 **공연종류**, '사용할 함수'를 **평균**, '부분합 계산 항목'을 **일반, VIP**로 설정한다. 이때 '새로운 값으로 대치' 항목은 체크 해제하고 [확인]을 클릭한다.

⑥ [데이터] 탭 – [개요] 그룹의 [그룹 해제]에서 [개요 지우기]를 클릭하여 부분합 구조를 초기화한다.
⑦ [데이터] 탭 – [예측] 그룹의 [가상 분석]에서 [목표값 찾기]를 클릭한다.
⑧ [목표값 찾기] 대화상자에서 '수식 셀'에는 [H29], '찾는 값'에는 950, '값을 바꿀 셀'에는 [H4]를 입력한 후 [확인]을 클릭한다.

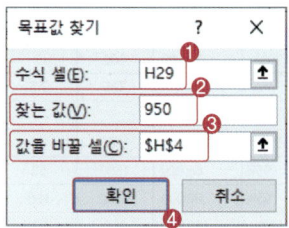

## 문제 ❹ 기타작업  1. 매크로('기타작업-1' 시트)

|정답|

| | B | C | D | E | F | G | H | I | J |
|---|---|---|---|---|---|---|---|---|---|
| 3 | 공연명 | 공연시작일 | 공연종료일 | 공연시간 | 예매율 | 관람료 | 일반 | VIP | 주차요금 |
| 4 | 일리야 라쉬코프스키 | 2024-12-10 | 2024-12-10 | 1 | 47.3%◆ | 60,000 | 1000 | 100 | |
| 5 | BTOB CONCERT | 2024-12-27 | 2024-12-29 | 1 | 37.6%◆ | 143,000 | 3000 | 43 | ● |
| 6 | 웃는 남자 | 2025-01-09 | 2025-03-09 | 3 | 11.5% | 140,000 | 100 | 22 | |
| 7 | 모던가곡 Ⅲ | 2024-07-31 | 2024-09-28 | 1 | 17.3% | 65,000 | 400 | 10 | |
| 8 | 호두까기인형 | 2024-12-14 | 2024-12-25 | 2 | 38.3%◆ | 80,000 | 500 | 5 | ● |
| 9 | 테베랜드 | 2024-11-20 | 2025-02-09 | 8 | 5.0% | 55,000 | 350 | 111 | |
| 10 | 어게인2024오페라투란도트 | 2024-09-10 | 2024-09-30 | 2 | ◆61.2% | 200,000 | 550 | 60 | |
| 11 | 콜드플레이 내한공연 | 2025-04-16 | 2025-04-25 | 2 | 5.6% | 198,000 | 15000 | 21 | |
| 12 | 광화문연가 | 2024-10-23 | 2025-01-05 | 2 | 28.5% | 100,000 | 1500 | 47 | ● |
| 13 | 임영웅 콘서트 | 2024-12-27 | 2025-01-04 | 2 | 15.0% | 140,000 | 10000 | 150 | |
| 14 | 찰리푸스 내한공연 | 2024-12-07 | 2024-12-08 | 2 | ◆75.0% | 1,760,000 | 1000 | 50 | ● |
| 15 | DAVICHI CONCERT <A Stitch in Time> | 2025-01-18 | 2025-01-19 | 2 | 45.1%◆ | 143,000 | 1000 | 55 | |
| 16 | CRUSH CONCERT | 2024-12-20 | 2024-12-22 | 2 | 35.2%◆ | 154,000 | 1000 | 60 | ● |
| 17 | 지저스 크라이스트 수퍼스타 | 2024-11-07 | 2025-01-12 | 2 | ◆65.0% | 90,000 | 2000 | 100 | |
| 18 | 글루미 선데이 | 2024-11-05 | 2025-01-26 | 2 | ◆95.0% | 66,000 | 1500 | 50 | ● |
| 19 | | | | | | | | | |
| 20 | | | 서식설정 | 백분율설정 | | | | | |
| 21 | | | | | | | | | |
| 22 | | | | | | | | | |

① [개발 도구] 탭에서 [코드] 그룹의 [매크로 기록]을 클릭한다.
② [매크로 기록] 대화상자에서 '매크로 이름'에 **서식설정**을 입력하고 [확인]을 클릭한다.
③ [J4:J18] 영역을 블록으로 설정한 후 Ctrl + 1 을 눌러 [셀 서식] 대화상자를 연다.
④ [셀 서식] 대화상자에서 [사용자 지정] 범주를 선택하고, '형식'에 [자홍][>=10000]"●";[파랑][<=2000]"●";"●";을 입력한 뒤 [확인]을 클릭한다.
⑤ 임의의 셀을 클릭하여 블록을 해제하고, [개발 도구] 탭에서 [코드] 그룹의 [기록 중지]를 클릭한다.
⑥ Alt 를 누른 상태에서 [C20:C22] 영역에 **단추(양식 컨트롤)**을 삽입한 다음, 텍스트를 **서식설정**으로 수정한다. 이어서 마우스 오른쪽으로 클릭하여 [매크로 지정]에서 **서식설정** 매크로를 연결하고 [확인]을 클릭한다.
⑦ 다시 [개발 도구] 탭에서 [매크로 기록]을 클릭한다.
⑧ [매크로 기록] 대화상자에서 '매크로 이름'에 **백분율설정**을 입력하고 [확인]을 클릭한다.
⑨ [F4:F18] 영역을 블록으로 설정한 후 Ctrl + 1 을 눌러 [셀 서식] 대화상자를 연다.

⑩ [셀 서식] 대화상자의 [사용자 지정] 범주에서 '형식'에 [>=0.6]"◆"0.0%;[>=0.3]0.0%"◆";0.0%을 입력하고 [확인]을 클릭한다.
⑪ 임의의 셀을 클릭하여 블록을 해제하고, [개발 도구] 탭에서 [코드] 그룹의 [기록 중지]를 클릭한다.
⑫ Alt 를 누른 상태에서 [D20:D22] 영역에 **단추(양식 컨트롤)**을 삽입한 다음, 텍스트를 **백분율설정**으로 수정한다. 이어서 마우스 오른쪽으로 클릭하여 [매크로 지정]에서 **백분율설정** 매크로를 연결하고 [확인]을 클릭한다.

## 문제 ❹ 기타작업  2. 차트('기타작업-2' 시트)

|정답|

① 차트를 선택한 후, [차트 디자인] 탭에서 [데이터] 그룹의 [데이터 선택]을 클릭한다.
② [데이터 원본 선택] 대화상자에서 '범례 항목(계열)'에서 '계열1'을 선택하고 [편집]을 클릭한 다음, [계열 편집] 대화상자에서 '계열 이름' 항목에 [A5] 셀을 클릭하여 **관리직**으로 설정하고 [확인]을 클릭한다. 같은 방식으로 '계열2'는 [A6] 셀의 **사무직**, '계열5'는 [A7] 셀의 **생산직**, '계열6'은 [A8] 셀의 **서비스직**, '계열3'은 [A9] 셀의 **전문직**, '계열4'는 [A10] 셀의 **판매직**으로 설정한다.

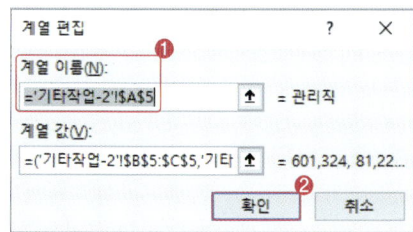

③ '가로(항목) 축 레이블'에서 [편집]을 클릭한 후, [축 레이블] 대화상자에서 [B4:C4]를 드래그하고 Ctrl 을 누른 상태로 [G4:H4]도 드래그한 다음 [확인]을 클릭한다(또는 B4:C4,G4:H4를 직접 입력해도 됨).

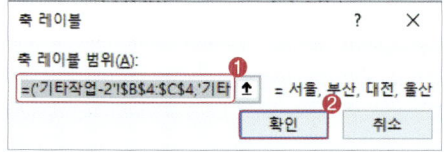

④ 차트 제목을 선택한 후, 수식입력줄에 =를 입력하고 [C2] 셀을 클릭한 다음 Enter 를 눌러 연결한다.
⑤ [차트 디자인] 탭 – [차트 레이아웃]의 [차트 요소 추가] – [축 제목]에서 [기본 세로]를 클릭한다. 이후 세로 축 제목을 선택한 뒤 수식입력줄에 **인구수**를 입력하고 Enter 를 누른다.
⑥ 다시 세로 축 제목을 선택하고, [축 제목 서식] 창의 [크기 및 속성] 탭에서 '텍스트 방향'을 **스택형**으로 설정한다.

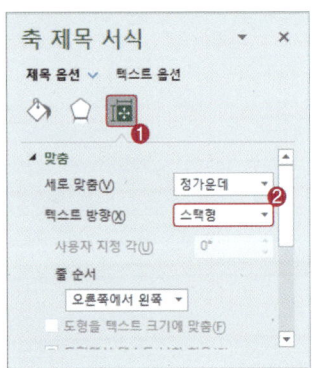

⑦ [차트 디자인] 탭에서 [종류]의 [차트 종류 변경]을 클릭하고, [차트 종류 변경] 대화상자에서 '세로 막대형' 중 **3차원 누적 세로 막대형**을 선택한 후 [확인]을 클릭한다.
⑧ 차트의 영역을 선택한 후 마우스 오른쪽 버튼을 눌러 [차트 영역 서식]을 클릭하고, [효과] 탭의 '3차원 회전'에서 **직각으로 축 고정**을 체크한다.
⑨ 차트의 데이터 계열을 선택하고, [데이터 계열 서식]의 [계열 옵션] 탭에서 '간격 깊이'를 50, '간격 너비'를 100으로 설정하고, **원통형**을 선택한다.

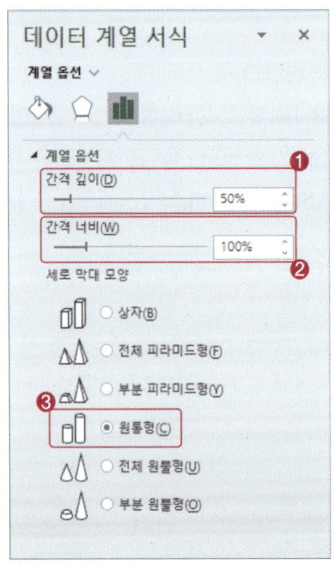

⑩ 차트에서 '서비스직' 계열을 선택하고 마우스 오른쪽 버튼을 클릭하여 [데이터 레이블 추가]를 선택한다.
⑪ 차트에서 '서비스직' 계열을 선택한 후, [데이터 계열 서식]의 [채우기 및 선] 탭에서 '채우기'를 **그림 또는 질감 채우기**로 설정하고, '질감'은 **양피지**를 선택한다.

## 문제 4 기타작업  3. VBA 프로시저('기타작업-3' 시트)

| 정답 |

▶ 폼 보기
Private Sub cmd성적입력_Click()
성적작성.Show
End Sub

▶ 폼 초기화
Private Sub UserForm_Initialize()
cmb학과.RowSource = "i5:i8"
cmb학과 = "인공지능학과"
With cmb학년
.AddItem "1학년"
.AddItem "2학년"
.AddItem "3학년"
.AddItem "4학년"
End With
cmb학년 = "1학년"
End Sub

▶ 시트 활성화(폼보기 화면에서 설정)
Private Sub Worksheet_Activate()
Range("c2").Font.Name = "바탕체"
Range("c2").Font.Size = 14
Range("c2").Font.Bold = True
End Sub

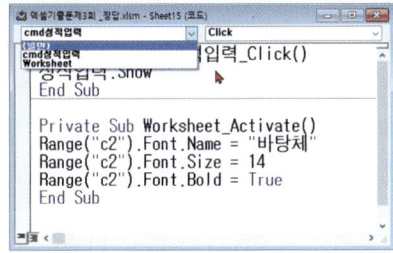

▶ 닫기
Private Sub cmd닫기_Click()
MsgBox "등록했습니다", , Format(Time, "h시|m분") & " 확인"
Unload Me
End Sub

▶ 등록
Private Sub cmd등록_Click()
행 = 4 + Range("a4").CurrentRegion.Rows.Count
Cells(행, 1) = txt성명
Cells(행, 2) = cmb학과
Cells(행, 3) = cmb학년
Cells(행, 4) = txt1학기.Value
Cells(행, 5) = txt2학기.Value
Cells(행, 6) = (Cells(행, 4) + Cells(행, 5)) / 2
Select Case Cells(행, 6)
Case Is >= 90
Cells(행, 7) = "A"
Case Is >= 80
Cells(행, 7) = "B"
Case Is >= 70
Cells(행, 7) = "C"
Case Is >= 60
Cells(행, 7) = "D"
Case Else
Cells(행, 7) = "F"
End Select
End Sub

## 💬 코드 설명

### ▶ 폼 보기
.Show는 폼을 모달 형식으로 보여 주는 표준 메서드이다.

### ▶ 폼 초기화
- cmb학과(콤보박스) : 시트의 [I5:I8] 범위와 연결하여 항목을 자동으로 가져오고, 기본값으로 "인공지능학과"를 설정
- cmb학년(콤보박스) : With ~ End With 구문으로 1~4학년 항목을 추가하고, 기본값으로 "1학년"을 설정
- .RowSource : 콤보박스를 셀 범위와 직접 연결
- .AddItem : 직접 항목을 코드로 추가할 때 사용

### ▶ 시트 활성화
- [C2] 셀의 글꼴을 "바탕체", 크기를 14pt, 굵게(Bold = True)로 설정한다.
- Worksheet_Activate는 해당 시트가 활성화될 때 자동 실행되는 이벤트 프로시저다.

### ▶ 닫기
- MsgBox에 "등록했습니다"라는 메시지를 표시하고, Format(Time, "h시m분") 형식으로 현재 시간을 덧붙여 함께 출력한다.
- Unload Me는 현재 열린 폼을 닫는다.

### ▶ 등록
- 행 변수는 [A4] 기준으로 현재 데이터 개수를 기준으로 다음 행 위치를 계산한다.
- txt성명, cmb학과, cmb학년, txt1학기, txt2학기 값을 해당 셀에 입력한다.
- 1학기와 2학기 평균을 계산하여 6번째 열에 기록한다.
- Select Case 문을 사용하여 평균 점수에 따라 학점을 A~F로 판단해 7번째 열에 입력한다.
- CurrentRegion.Rows.Count로 인접 데이터 범위를 자동으로 인식한다.
- Select Case는 조건 분기를 간결하게 처리할 수 있어 If~ElseIf보다 가독성이 좋다.

① [개발 도구] 탭의 [컨트롤] 그룹에서 [디자인 모드]를 클릭한 뒤, 〈성적입력〉 버튼을 더블클릭하면 'cmd성적작성_Click' 코드 창이 열린다. 폼을 실행하기 위해 정답의 '▶ 폼 보기' 코드를 입력한다.
② 폼을 초기화하기 위해 [프로젝트 - VBAProject] 탐색기에서 '폼'을 확장하고, 〈성적작성〉 폼을 마우스 오른쪽 버튼으로 클릭하여 [코드 보기]를 선택한다.
③ 코드 창 상단의 이벤트 목록에서 Initialize를 선택하여 초기화 상태로 변경한 후, 정답의 '▶ 폼 초기화' 코드를 입력한다.
④ 시트 활성화 코드는 폼 보기 화면(시트 코드 창)에서 설정한다. [프로젝트 - VBAProject] 탐색기에서 'Microsoft Excel 개체' 아래의 해당 시트(기타작업-3)를 더블클릭한 후, 코드 창 상단에서 Worksheet - Activate를 선택하고 정답의 '▶ 시트 활성화' 코드를 입력한다.
⑤ 코드 작성기 개체 목록에서 'cmd등록'을 선택한 뒤, 정답의 '▶ 등록' 코드를 입력한다.
⑥ 코드 작성기 개체 목록에서 'cmd닫기'를 선택한 뒤, 정답의 '▶ 닫기' 코드를 입력한다.
⑦ 모든 코드를 입력한 후, [파일] 탭에서 [닫고 Microsoft Excel(으)로 돌아가기]를 클릭한다.

# 기출 유형 문제 04회

| 프로그램명 | 제한시간 |
|---|---|
| EXCEL | 45분 |

수험번호 :

성      명 :

## 유의사항

- 인적 사항 누락 및 잘못 작성으로 인한 불이익은 수험자 책임으로 합니다.

- 화면에 암호 입력창이 나타나면 아래의 암호를 입력하여야 합니다.
  ○ 암호 :

- 작성된 답안은 경로 및 파일명을 변경하지 마시고 그대로 저장하여야 합니다. 이를 준수하지 않으면 실격 처리됩니다.
  ○ 답안 파일명의 예 : C:\OA\수험번호8자리.xlsm

- 외부데이터 위치 : C:\OA\파일명

- 별도의 지시사항이 없는 경우, 다음과 같이 처리 시 실격 처리됩니다.
  ○ 제시된 시트 및 개체의 순서나 이름을 임의로 변경한 경우
  ○ 제시된 시트 및 개체를 임의로 추가 또는 삭제한 경우
  ○ 외부데이터를 시험 시작 전에 열어본 경우

- 답안은 반드시 문제에서 지시 또는 요구한 셀에 입력하여야 하며 다음과 같이 처리 시 채점 대상에서 제외됩니다.
  ○ 제시된 함수가 있을 경우 제시된 함수만을 사용하여야 하며 그 외 함수사용 시 채점대상에서 제외
  ○ 수험자가 임의로 지시하지 않은 셀의 이동, 수정, 삭제, 변경 등으로 인해 셀의 위치 및 내용이 변경된 경우 해당 작업에 영향을 미치는 관련 문제 모두 채점 대상에서 제외
  ○ 도형 및 차트의 개체가 중첩되어 있거나 동일한 계산결과 시트가 복수로 존재할 경우 해당 개체나 시트는 채점 대상에서 제외

- 수식 작성 시 제시된 문제 파일의 데이터는 변경 가능한(가변적) 데이터임을 감안하여 문제 풀이를 하시오.

- 별도의 지시사항이 없는 경우, 주어진 각 시트 및 개체의 설정값 또는 기본설정값(Default)으로 처리하시오.

- 저장 시간은 별도로 주어지지 않으므로 제한된 시간 내에 저장을 완료하여야 하며, 제한 시간 내에 저장이 되지 않은 경우에는 실격 처리됩니다.

- 출제된 문제의 용어는 MS Office Professional Plus 2021을 기준으로 작성되었습니다.

대한상공회의소

## 문제 ❶ 주어진 시트에서 다음의 과정을 수행하고 저장하시오. | 기본작업(15점)

**01** '기본작업-1' 시트에서 다음과 같이 고급 필터를 수행하시오. (5점)
- ▶ [A2:I26] 영역에서 휴직종료일이 2025년이고 휴직명이 '육아'로 시작하면서 휴직기간이 12개월 이상인 데이터를 '성명', '성별', '휴직명', '휴직시작일', '휴직종료일', '직급' 열만 순서대로 표시하시오.
  - 휴직기간 = (휴직종료일 − 휴직시작일)/30
- ▶ 조건은 [L2:N3] 영역 내에 알맞게 작성하시오(YEAR 함수를 사용할 것).
- ▶ 결과는 [L5] 셀부터 표시하시오.

| | L | M | N | O | P | Q |
|---|---|---|---|---|---|---|
| 1 | | | | | | |
| 2 | 조건 | 휴직명 | 조건 | | | |
| 3 | TRUE | 육아* | TRUE | | | |
| 4 | | | | | | |
| 5 | 성명 | 성별 | 휴직명 | 휴직시작일 | 휴직종료일 | 직급 |
| 6 | 조정현 | 남 | 육아휴직 | 2022-05-01 | 2025-05-01 | 식품공학 시험원 |
| 7 | 문점수 | 남 | 육아휴직 | 2024-07-01 | 2025-09-01 | 원예기능사 |
| 8 | 이승원 | 남 | 육아휴직 | 2024-01-03 | 2025-03-03 | 2급 회계사 |

**02** '기본작업-1' 시트에서 다음과 같이 조건부서식을 수행하시오. (5점)
- ▶ [A3:I26] 영역에서 '직급'의 첫 글자가 숫자인 행 전체에 대하여 글꼴 색은 '테마 색-파랑, 강조1', 글꼴 스타일은 '굵은 기울임꼴'로 적용하시오.
- ▶ 단, 규칙 유형은 '▶ 수식을 사용하여 서식을 지정할 셀 결정'을 사용하고, 한 개의 규칙으로만 작성하시오.
- ▶ ISNUMBER, FIND 함수를 사용하시오.

**03** '기본작업-2' 시트에서 다음과 같이 페이지 레이아웃을 설정하시오. (5점)
- ▶ A:B 열이 페이지마다 반복하여 인쇄되도록 인쇄 제목을 설정하고, 가로 가운데에 인쇄될 수 있도록 설정하시오.
- ▶ 인쇄 방향은 가로로 지정하고, 행이 추가되어도 높이는 한 페이지에 나오게 설정하고, 최대 2페이지에 인쇄될 수 있도록 자동 맞춤을 설정하시오.
- ▶ 바닥글 오른쪽에는 시트이름이, 머리글 왼쪽에는 페이지번호가 [표시 예]와 같이 표시되도록 설정하시오.
  - [표시 예 : 현재 페이지번호가 1, 전체 페이지번호가 3 → 3페이지 중 1페이지]

## 문제 ❷ '계산작업' 시트에서 다음의 과정을 수행하고 저장하시오. | 계산작업(30점)

**01** [표1]의 회원코드, 환불유형, 환불코드를 이용하여 환불상황[E5:E22] 영역에 표시하시오. (6점)

▶ 〈회원코드〉에서 환불코드와 일치하는 값이 있다면 환불유형으로 바꾸시오. 단, 환불유형의 양 옆에는 빈칸을 추가하시오.
  – [표시 예 : SSWCA001 → SSW 확인취소 001]
▶ REPLACE, LEN, FIND 함수와 & 연산자를 사용하시오.

**02** [표1]의 회원코드, [표2]를 이용하여 회원코드의 왼쪽 세 글자인 경우, '[표2]의 수강료 값 ÷ 30한 값'을 구하고 만약 수강코드가 없다면 0으로 [G5:G22] 영역에 표시하시오. (6점)

▶ 회원코드의 왼쪽 세글자는 [표2]의 수강코드이다.
▶ VLOOKUP, MID, IFERROR, QUOTIENT 함수를 사용하시오.

**03** [표1]의 환불유형에 대한 전체 환불유형에 따른 비율을 [표3]의 [L11:L13] 영역에 구하시오. (6점)

▶ SUM, IF, COUNTA 함수를 사용하는 배열 수식을 작성하시오.

**04** [표1]의 고객평을 이용해서 불만인 고객평의 개수를 [표4]의 [L18:M21] 영역에 계산하시오. (6점)

▶ ISERROR, NOT, SEARCH, RIGHT, SUM, IF 함수를 사용하는 배열 수식을 작성하시오.

**05** 사용자 정의 함수 'fn회원'을 작성하여 [표1]의 [H5:H22] 영역에 표시하시오. (6점)

▶ fn회원은 회원코드를 인수로 삼아 값을 반환하는 함수이다.
▶ 회원코드의 두 번째, 세 번째 글자가 'SW'이면, fn회원에 "테니스", 'CC'면 "당구", 'WB'면 "탁구"를 넣고, 나머지는 빈칸으로 표시하시오.
▶ Select Case, Mid 함수를 사용하시오.

Public Function fn회원(회원코드)

End Function

## 문제 ❸  주어진 시트에서 다음의 과정을 수행하고 저장하시오. | 분석작업(20점)

### 01 '분석작업-1' 시트에서 다음의 지시사항에 따라 피벗 테이블 보고서를 작성하시오. (10점)

- ▶ 외부 데이터 가져오기 기능을 이용하여 〈여행티켓팅.csv〉 데이터를 사용하시오.
- ▶ 원본 데이터는 구분 기호 쉼표로 분리되어 있다. 데이터에 머리글을 표시하시오.
- ▶ '생년월일', '기본운임비', '좌석구분', '출발일', '목적지', '체류일' 열만 가져오시오.
- ▶ 피벗 테이블 보고서의 레이아웃과 위치는 〈그림〉을 참조하여 설정하고, 보고서 레이아웃을 테이블 형식으로 표시하시오.
- ▶ 체류일 × 200000이 계산된 '추가비' 계산 필드를 추가하시오
- ▶ 목적지 필드를 〈그림〉을 참조해서 그룹화하고, 그룹화 필드 이름은 '필드 설정'을 이용해서 ★ 표시를 하시오.
- ▶ 좌석구분은 일반석과 할인석만 필터하시오.
- ▶ 기본운임비 필드의 표시형식은 값 필드 설정의 셀 서식에서 '숫자' 범주를 이용하고 추가비의 표시 형식은 셀 서식의 '쉼표 스타일'을 이용해서 〈그림〉을 참조하여 지정하시오.
- ▶ 나머지 사항은 〈그림〉과 동일하게 작성하시오.

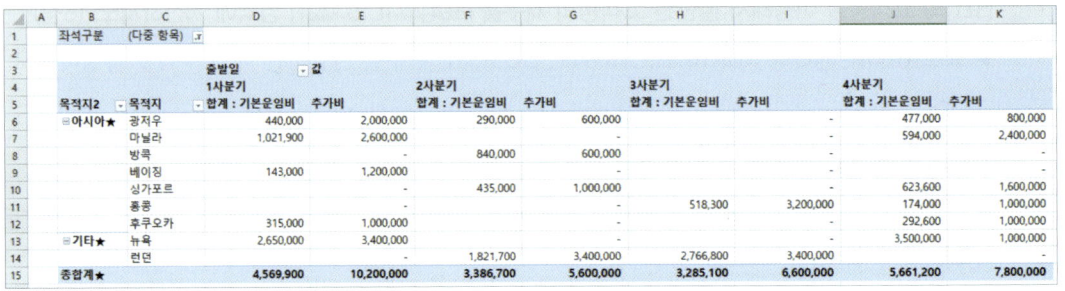

### 02 '분석작업-2' 시트에 대하여 다음의 지시사항을 처리하시오. (10점)

- ▶ [정렬] 기능을 이용하여 [A3:E10] 영역에 대해서 '클릭수' 필드의 셀 색(RGB 145,205,75)이 위에 표시되도록 정렬하고, 셀 색이 같을 경우 '노출수' 순으로 내림차순 정렬하시오.
- ▶ 데이터 유효성 검사 도구를 이용하여 [D5:E10] 영역에는 각각의 열의 합계가 100%로 작성되도록 제한 대상을 설정하시오.
    - SUM 함수를 사용하시오.

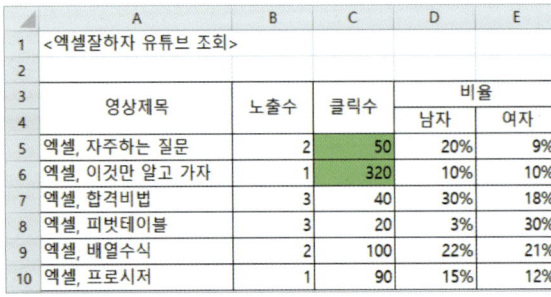
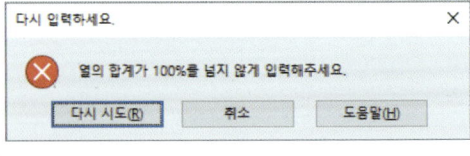

## 문제 ④ 주어진 시트에서 다음의 과정을 수행하고 저장하시오. | 기타작업(35점)

### 01 '기타작업-1' 시트에서 다음과 같은 기능을 수행하는 매크로를 현재 통합문서에 작성하시오. (각 5점)

⚠ 셀 포인터의 위치에 관계없이 매크로가 실행되어야 정답으로 인정됨

① [D4:D33] 영역에 사용자 지정 표시 형식을 설정하는 '숫자서식' 매크로를 생성하시오.
 ▶ '운항비'가 1,000,000 이상이면 빨강색으로 "■ 숫자"를, 10만 이상 1,000,000 미만이면 파란색으로 "□ 숫자"를, 나머지는 숫자만 표시하되, 숫자는 천 단위로 절사하여 표시하시오.
  - [표시 예 : 1000000 → ■1000  100000 → □100  5000 → 5 ]
 ▶ [삽입]-[일러스트레이션]-[도형]-[기본도형]의 '사각형: 빗면'을 동일 시트의 [J3:J4] 영역에 생성한 후 텍스트를 '숫자서식'으로 작성하고, 단추를 클릭하면 '숫자서식' 매크로가 실행되도록 설정하시오.

② [H4:H33] 영역에 사용자 지정 표시 형식을 설정하는 '채우기' 매크로를 생성하시오.
 ▶ '체류일'이 15 이상이면 숫자 앞을 "♡"로 채우고 전체 색상을 "빨강색"으로, 15 미만 1 이상이면 숫자 앞을 "*"로 채우고 전체 색상을 "파란색"으로, 0이면 "검정색"으로 "확인"을 표시하시오.
  - [표시 예 : 15 → ♡♡♡20  1 → *******5  0 → 확인 ]
 ▶ [삽입]-[일러스트레이션]-[도형]-[기본도형]의 '웃는얼굴'을 동일 시트의 [K3:K4] 영역에 생성한 후 단추를 클릭하면 '채우기' 매크로가 실행되도록 설정하시오.

### 02 '기타작업-2' 시트에서 다음의 지시사항에 따라 차트를 수정하시오. (각 2점)

⚠ 차트는 반드시 문제에서 제공한 차트를 사용하여야 하며, 신규로 작성 시 0점 처리됨

① 목적지별로 운항비와 체류일이 표시되게 데이터 범위를 수정하고 운항비 계열의 차트 종류를 표식이 있는 꺾은선형 차트로 변경하고 보조축으로 설정하시오. 범례 이름은 [C3]과 [E3] 셀의 값을 연동하시오.
② 기본 세로(값)축은 〈그림〉을 참조해서 설정하고, 보조 세로(값) 축의 기본 단위는 '1000000'으로 설정하시오.
③ 기본 주 가로 눈금선은 제거하고, 체류일의 계열의 겹치기는 '0%', 간격너비는 '10%'로 설정하시오.
④ 체류일 계열은 '꽃.jpg'을 이용해서 '다음 배율에 맞게 쌓기' 형식으로 단위를 '5'로 해서 채우시오.
⑤ 데이터 테이블을 〈그림〉과 동일하게 추가하시오.

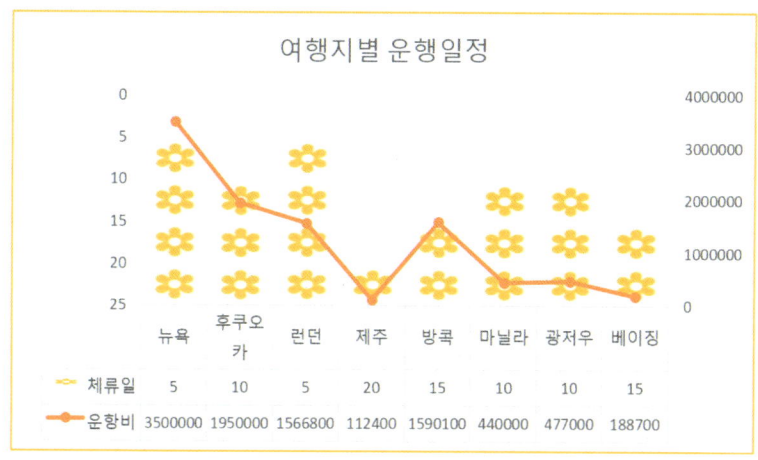

## 03 '기타작업-3' 시트에서 다음과 같은 작업을 수행하고 저장하시오. (각 5점)

① 티켓예약 폼을 초기화하는 프로시저를 작성하시오.
  ▶ 〈티켓예약〉 버튼을 클릭하면 '티켓예약' 폼을 표시하시오.
  ▶ 폼이 초기화(Initialize)될 때 'cmb좌석구분' 목록을 [J5:J7] 범위 값으로 채우시오.
  ▶ 'cmb목적지' 목록에는 "뉴욕", "런던", "제주", "뉴질랜드"를 표시하시오.
  ▶ 'txt날짜'에는 현재 날짜를 표시하고, 컨트롤은 비활성화하시오.
  ▶ 폼 표시 후 'txt이름'에 커서가 위치하도록 하시오.

② '티켓예약' 폼의 예약(cmd예약) 단추를 클릭하면 폼에 작성된 데이터가 [표1]에 작성되어 있는 마지막 행 다음에 연속하여 추가되고 폼의 컨트롤의 값이 초기화되도록 프로시저를 작성하시오.
  ▶ 확인은 'opt완료'를 선택하면 "완료", 'opt보류'를 선택하면 "보류"로 작성하시오.
  ▶ 'lbl시간' 레이블을 더블클릭하면 'txt시간'에 현재 시각이 표시되도록 작성하시오.
  ▶ 작성되는 데이터는 워크시트에 작성된 기존 데이터와 동일한 형식으로 작성하시오.
  ▶ If, TimeValue, Cdate, Val 함수를 사용하시오.

③ 종료(cmd종료) 버튼을 클릭하면 폼을 종료하고, 〈그림〉의 메시지 박스를 표시하는 프로시저를 작성하시오.

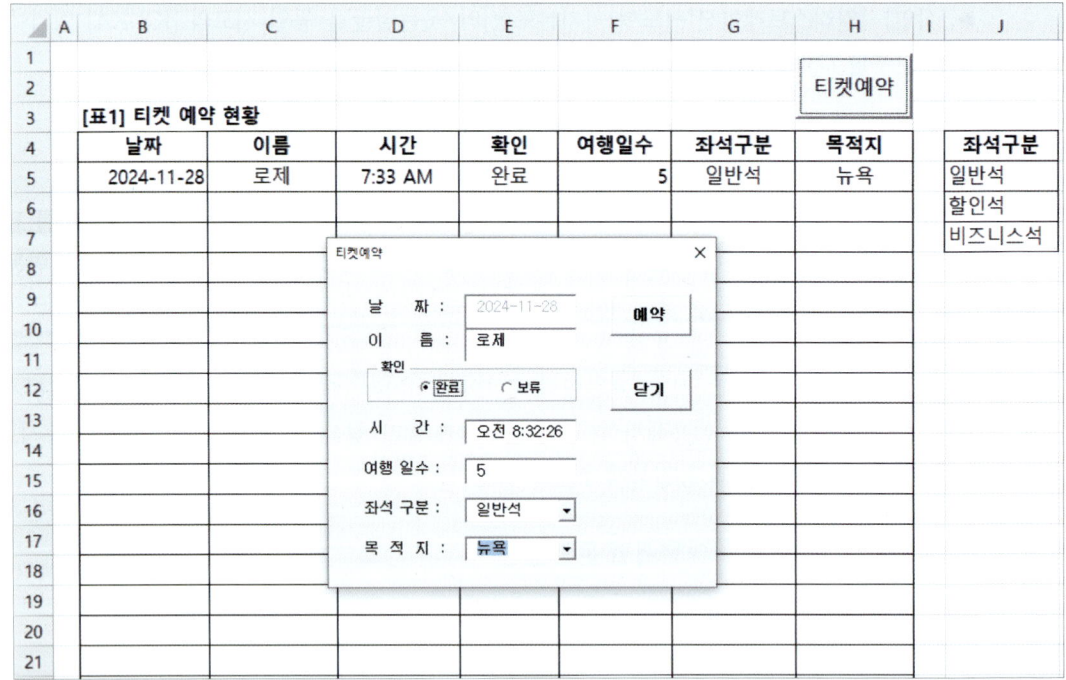

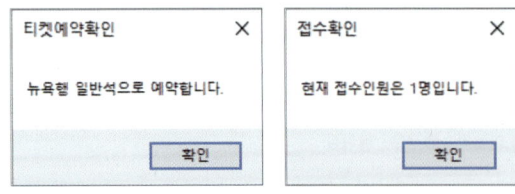

# 기출 유형 문제 04회  해설

## 문제 ❶ 기본작업   1. 고급 필터('기본작업-1' 시트)

**|정답|**

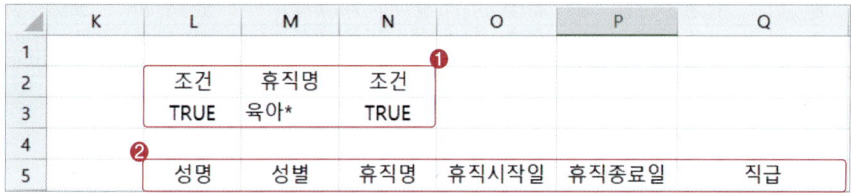

① [L2:N3] 영역에 조건을 작성하고, [L5:Q5] 영역에 추출할 필드명을 입력한다. 필드명은 직접 입력하거나 복사하여 붙여넣는다.

② [L3] 셀에는 =YEAR($I3)=2025를 입력하고, [N3] 셀에는 =($I3-$H3)/30>=12를 입력한다.
③ [데이터] 탭에서 [정렬 및 필터] 그룹의 [고급]을 클릭한다.
④ [고급] 대화상자에서 **다른 장소에 복사**를 선택하고, '목록 범위'에는 [A2:I26], '조건 범위'에는 [L2:N3], '복사 위치'에는 [L5:Q5]를 입력한 후 [확인]을 클릭한다.

> 🅿 **기적의 TIP**
>
> 조건을 수식으로 작성할 때는 원본 필드명과 동일한 이름이 아닌 '조건'과 같이 다른 이름을 사용해야 한다.

## 문제 ❶ 기본작업  2. 조건부서식('기본작업-1' 시트)

|정답|

| | A | B | C | D | E | F | G | H | I |
|---|---|---|---|---|---|---|---|---|---|
| 2 | 사원번호 | 성명 | 구분 | 직급 | 직급코드 | 성별 | 휴직명 | 휴직시작일 | 휴직종료일 |
| 3 | *1* | *김의중* | *A* | *1급 법무관* | *A1111* | *남* | *질병휴직* | *2024-07-05* | *2025-07-05* |
| 4 | 2 | 김낙훈 | A | 인문과학 연구원 | A1112 | 남 | 유학휴직 | 2023-07-01 | 2025-02-01 |
| 5 | 3 | 김영삼 | A | 건축공학기술자 | D1141 | 남 | 질병휴직 | 2024-04-12 | 2025-04-12 |
| 6 | *4* | *김병철* | *A* | *4급 공무원* | *D1142* | *남* | *질병휴직* | *2023-10-05* | *2024-10-05* |
| 7 | 5 | 조정현 | A | 식품공학 시험원 | A1111 | 남 | 육아휴직 | 2022-05-01 | 2025-05-01 |
| 8 | *6* | *전세형* | *A* | *6급 군무원* | *D1142* | *남* | *육아휴직* | *2023-08-25* | *2024-08-25* |
| 9 | 7 | 문점수 | A | 원예기능사 | E1151 | 남 | 육아휴직 | 2024-07-01 | 2025-09-01 |
| 10 | *8* | *이종애* | *B* | *1급 직업상담사* | *A1111* | *여* | *가사휴직* | *2024-05-09* | *2025-05-09* |
| 11 | *9* | *이미숙* | *B* | *2급 직업상담사* | *A1111* | *여* | *가사휴직* | *2023-09-05* | *2024-09-05* |
| 12 | 10 | 유덕희 | B | 바리스타 | A1112 | 여 | 가사휴직 | 2024-05-02 | 2025-08-02 |
| 13 | 11 | 송광섭 | B | 심리상담사 | B1121 | 남 | 가사휴직 | 2023-12-10 | 2024-12-10 |
| 14 | *12* | *최두석* | *B* | *2급 사회복지사* | *B1121* | *남* | *육아휴직* | *2023-04-08* | *2024-04-08* |
| 15 | 13 | 주원기 | B | 청소년심리상담사 | B1122 | 남 | 가사휴직 | 2023-09-14 | 2024-09-14 |
| 16 | *14* | *송수준* | *B* | *1급 심리상담사* | *B1122* | *남* | *질병휴직* | *2023-11-15* | *2024-11-15* |
| 17 | 15 | 문종태 | B | 정보처리산업기사 | C1131 | 남 | 질병휴직 | 2023-10-30 | 2024-11-30 |
| 18 | 16 | 고재철 | B | 간호사 | C1132 | 남 | 육아휴직 | 2023-07-05 | 2024-07-05 |
| 19 | 17 | 배윤철 | B | 보건교사 | C1132 | 남 | 유학휴직 | 2024-08-05 | 2025-03-05 |
| 20 | *18* | *원재희* | *B* | *1급 회계사* | *C1132* | *여* | *유학휴직* | *2024-02-01* | *2025-02-01* |
| 21 | *19* | *이승원* | *B* | *2급 회계사* | *D1141* | *남* | *육아휴직* | *2024-01-03* | *2025-03-03* |
| 22 | 20 | 이임창 | B | 경영컨설턴트 | D1141 | 남 | 육아휴직 | 2023-10-30 | 2024-03-30 |
| 23 | 21 | 이현우 | B | 산림경영지도원 | E1151 | 남 | 가사휴직 | 2023-12-01 | 2024-12-01 |
| 24 | *22* | *정이철* | *B* | *5급 공무원* | *E1152* | *남* | *육아휴직* | *2023-12-01* | *2024-11-01* |
| 25 | 23 | 박준영 | B | 치과위생사 | E1152 | 남 | 육아휴직 | 2023-06-03 | 2024-07-03 |
| 26 | 24 | 임재원 | B | 농촌지도사 | E1152 | 여 | 가사휴직 | 2024-11-25 | 2025-11-25 |

① [A3:I26] 영역을 블록으로 설정한다.
② [홈] 탭의 [스타일] 그룹에서 [조건부서식]의 [새 규칙]을 클릭한다.

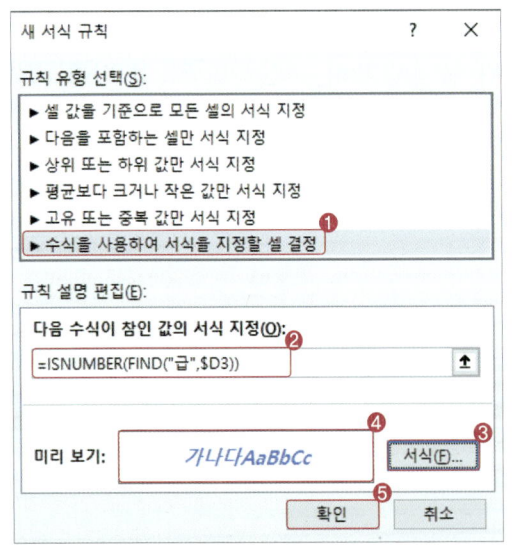

③ [새 서식 규칙] 대화상자에서 ▶ **수식을 사용하여 서식을 지정할 셀 결정**을 선택하고, 수식 =ISNUMBER(FIND("급",$D3))을 입력한다.
④ [서식]을 클릭한 후, [셀 서식] 대화상자의 [글꼴] 탭에서 글꼴의 스타일은 **굵은 기울임꼴**, 색상은 **테마 색 − 파랑, 강조 1**로 설정한 후 [확인]을 클릭한다.
⑤ [새 서식 규칙] 대화상자에서 [확인]을 클릭하여 조건부 서식을 적용한다.

## 문제 ❶ 기본작업  3. 페이지 레이아웃('기본작업-2' 시트)

### 정답

① [페이지 레이아웃] 탭에서 [페이지 설정] 그룹의 **옵션(⬓)**을 클릭한다.
② [페이지 설정] 대화상자의 [시트] 탭에서 '반복할 열' 항목에 $A:$B를 입력한다.
③ [여백] 탭에서 '페이지 가운데 맞춤' 항목의 **가로**에 체크한다.
④ [페이지] 탭에서 '용지 방향'을 **가로**로 설정하고, '용지 너비'는 2, '용지 높이'는 1로 설정한다.
⑤ [머리글/바닥글] 탭에서 [머리글 편집]을 클릭하고, 왼쪽 구역에 **&[전체 페이지 수]페이지 중 &[페이지 번호] 페이지**를 입력한 후 [확인]을 클릭한다.

⑥ [바닥글 편집]을 클릭하고, 오른쪽 구역에 **&[탭]**을 입력한 후 [확인]을 클릭한다.

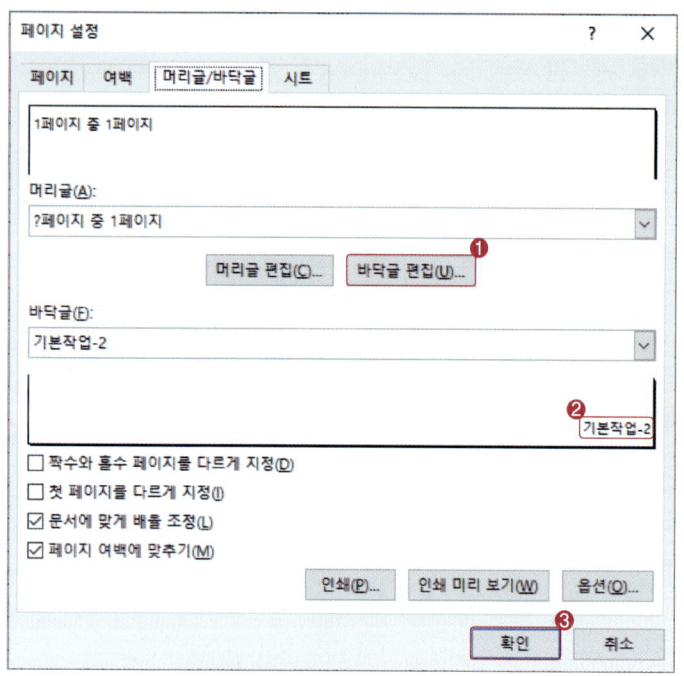

## 문제 ❷ 계산작업  '계산작업' 시트

|정답|

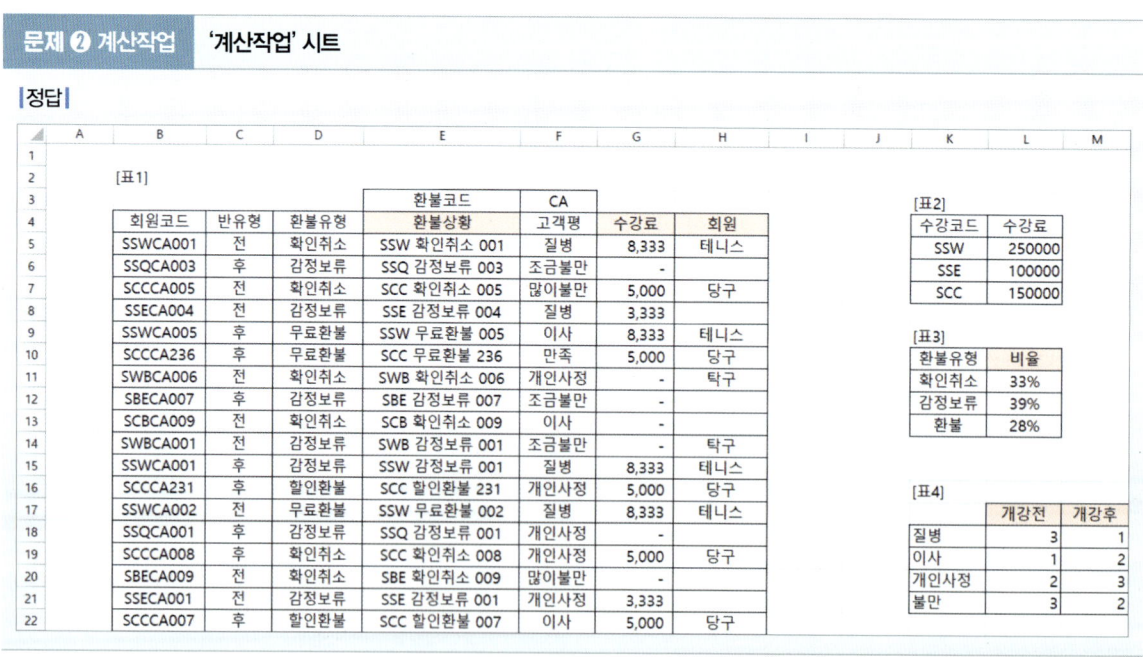

① [E5:E22] 셀 범위에는 수식 =REPLACE(B5,FIND($F$3,B5),LEN($F$3)," "&D5&" ")을 입력한다.
② [G5:G22] 셀 범위에는 수식 =IFERROR(QUOTIENT(VLOOKUP(MID(B5,1,3),$K$5:$L$7,2,0),30),0)을 입력한다.
③ [L11:L13] 셀 범위에는 수식 =IF(K11="환불",COUNTA($D$5:$D$22)-SUM(IF(($D$5:$D$22="확인취소"),1))-SUM(IF(($D$5:$D$22="감정보류"),1)),SUM(IF(($D$5:$D$22=$K11),1)))/COUNTA($D$5:$D$22)을 배열 수식으로 입력하고 Ctrl+Shift+Enter를 누른다.
④ [L18:M21] 셀 범위에는 수식 =SUM(IF((NOT(ISERROR(SEARCH($K18,$F$5:$F$22))))*($C$5:$C$22=RIGHT(L$17,1)),1))을 배열 수식으로 입력하고 Ctrl+Shift+Enter를 누른다.
⑤ [H5:H22] 셀 범위에는 사용자 정의 함수 **fn회원**을 작성하여 적용한다.

|수식|

```
Public Function fn회원(회원코드)
Select Case Mid(회원코드, 2, 2)
Case "SW"
fn회원 = "테니스"
Case "CC"
fn회원 = "당구"
Case "WB"
fn회원 = "탁구"
Case Else
fn회원 = ""
End Select
End Function
```

### 함수의 기능
이 함수는 회원코드의 2~3번째 문자로 종목을 판별해 테니스/당구/탁구를 반환한다.

### 함수의 기본 구조
- 종목코드 = MID(회원코드, 2, 2)
- 종목코드가 "SW"면 테니스, "CC"면 당구, "WB"면 탁구, 그 외는 빈값("")을 반환한다.

### ※ 빈칸이 뜨거나 값이 이상하게 나올 때
- 회원코드가 대문자 · 빈칸 없음 · 3자 이상인지 확인한다.
- sw, WB 같이 소문자 · 빈칸이 섞이면 작동에 실패한다.
- 규칙 외 코드면 빈 값("")이 뜨는 것이 정상이다.

### ※ 간단한 시트 함수로 표현한 사용자 정의 함수
- =IFERROR(XLOOKUP(MID(회원코드셀,2,2),{"SW","CC","WB"},{"테니스","당구","탁구"}),"")
- =IFERROR(CHOOSE(MATCH(MID(회원코드셀,2,2),{"SW","CC","WB"},0),"테니스","당구","탁구"),"")

## 문제 ❸ 분석작업　1. 피벗 테이블('분석작업-1' 시트)

### 정답

| | A | B | C | D | E | F | G | H | I | J | K |
|---|---|---|---|---|---|---|---|---|---|---|---|
| 1 | | 좌석구분 | (다중 항목) | | | | | | | | |
| 2 | | | | | | | | | | | |
| 3 | | | | 출발일 | 값 | | | | | | |
| 4 | | | | 1사분기 | | 2사분기 | | 3사분기 | | 4사분기 | |
| 5 | | 목적지2 | 목적지 | 합계 : 기본운임비 | 추가비 | 합계 : 기본운임비 | 추가비 | 합계 : 기본운임비 | 추가비 | 합계 : 기본운임비 | 추가비 |
| 6 | | 아시아★ | 광저우 | 440,000 | 2,000,000 | 290,000 | 600,000 | - | - | 477,000 | 800,000 |
| 7 | | | 마닐라 | 1,021,900 | 2,600,000 | - | - | - | - | 594,000 | 2,400,000 |
| 8 | | | 방콕 | - | - | 840,000 | 600,000 | - | - | - | - |
| 9 | | | 베이징 | 143,000 | 1,200,000 | - | - | - | - | - | - |
| 10 | | | 싱가포르 | - | - | 435,000 | 1,000,000 | - | - | 623,600 | 1,600,000 |
| 11 | | | 홍콩 | - | - | - | - | 518,300 | 3,200,000 | 174,000 | 1,000,000 |
| 12 | | | 후쿠오카 | 315,000 | 1,000,000 | - | - | - | - | 292,600 | 1,000,000 |
| 13 | | 기타★ | 뉴욕 | 2,650,000 | 3,400,000 | - | - | - | - | 3,500,000 | 1,000,000 |
| 14 | | | 런던 | - | - | 1,821,700 | 3,400,000 | 2,766,800 | 3,400,000 | - | - |
| 15 | | 총합계★ | | 4,569,900 | 10,200,000 | 3,386,700 | 5,600,000 | 3,285,100 | 6,600,000 | 5,661,200 | 7,800,000 |

① [데이터] 탭에서 [데이터 가져오기 및 변환] 그룹의 [텍스트/CSV]를 클릭하고, **여행티켓팅.csv**를 선택한 뒤 [가져오기]를 클릭하고 [데이터 변환]을 클릭한다.

② [Power Query 편집기]에서 '접수번호'와 '이름' 필드를 각각 선택한 후, [홈] 탭의 [열 관리] 그룹에서 [열 제거]를 클릭한다.

③ [홈] 탭 – [닫기]의 [닫기 및 로드]에서 [닫기 및 다음으로 로드]를 클릭하고, [데이터 가져오기] 대화상자에서 **피벗 테이블 보고서**를 선택한 뒤, 데이터가 들어갈 위치에서 **기존 워크시트**를 선택한 다음 [B3] 셀을 클릭한 후 [확인]을 클릭한다. 이때 '데이터 모델에 이 데이터 추가'는 체크하지 않는다.

> **기적의 TIP**
> csv 파일로 불러올 경우, 계산 필드 또는 그룹화 유형이 포함된 문제는 데이터 메뉴에서 가져오는 것이 좋다.

④ 피벗 테이블 목록에서 '필터'에는 **좌석구분**, '행'에는 **목적지**, '열'에는 **출발일**, '값'에는 **기본운임비**를 드래그하고, [디자인] 탭 - [레이아웃]의 [보고서 레이아웃]에서 [테이블 형식으로 표시]를 클릭한다.

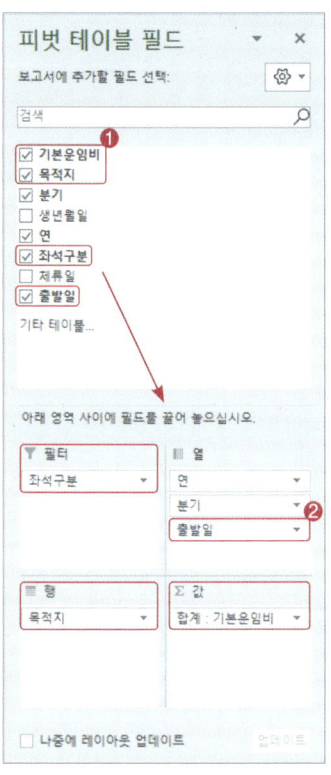

⑤ [피벗 테이블 분석] 탭의 [계산]에서 [필드, 항목 및 집합]의 [계산 필드]를 선택하고, '필드 이름'에는 **필드1**, '수식'에는 **=체류일*200000**을 입력한 후 [확인]을 클릭한다.

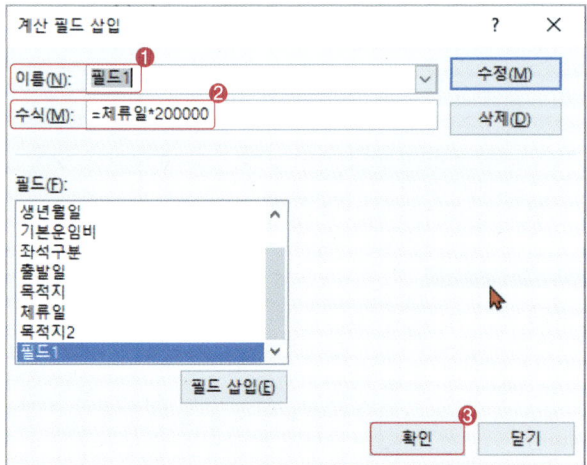

⑥ '값' 영역의 '필드1' 영역 내 셀에서 마우스 오른쪽 버튼을 클릭하고 [값 필드 설정]을 선택한 후, '사용자 지정 이름'을 **추가비**로 입력하고 [확인]을 클릭한다.

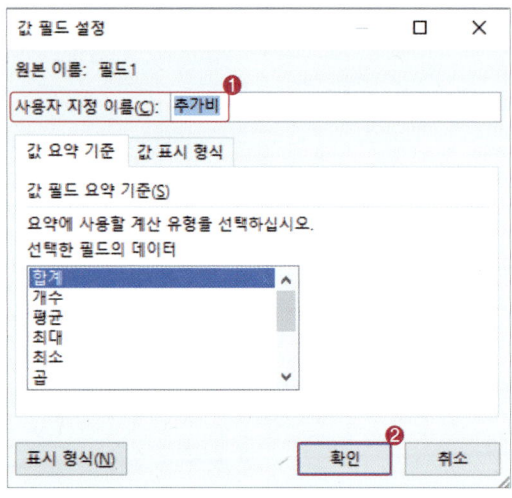

> 🅱 **기적의 TIP**
>
> 계산 필드로 '추가비'를 만들면 '합계: 추가비'가 자동 생성되며, 이 이름은 '추가비'로 변경할 수 없다.

⑦ '출발일' 필드의 날짜 영역 위에 커서를 두고 [그룹]을 클릭하고, 분기만 선택 후 [확인]을 클릭한다.
⑧ '목적지' 필드에서 '광저우'부터 '후쿠오카'까지 항목을 블록 설정한 후 [그룹]을 클릭하고, '뉴욕'과 '런던' 항목도 같은 방식으로 [그룹]을 설정한다. 추가된 '목적지2' 행에서 각 그룹명을 **아시아, 기타**로 입력한다.
⑨ '아시아' 또는 '기타' 그룹명 셀에서 마우스 오른쪽 버튼을 클릭하고, [필드 설정]의 [표시 형식]에서 '사용자 지정'의 형식란에 @"★"를 입력한 다음, [확인]을 클릭한다.

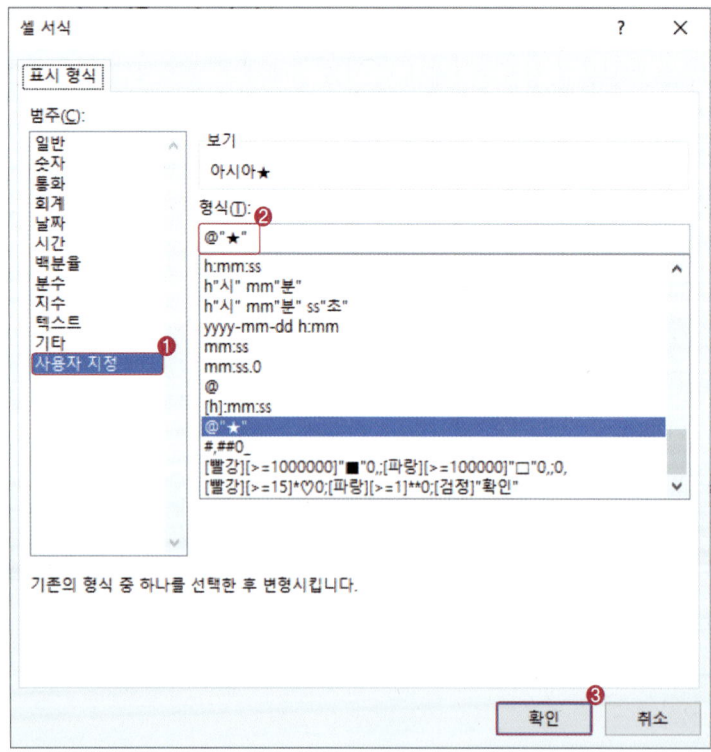

⑩ [필터] 항목인 '좌석구분' 목록에서 **일반석**과 **할인석**을 선택한다.

⑪ '기본운임비' 값 영역의 셀에서 마우스 오른쪽 버튼을 클릭하고 [필드 표시 형식]을 클릭한 후, [셀 서식] 대화상자의 [숫자] 탭에서 **천 단위 구분 기호 사용**에 체크하고 [확인]을 클릭한다.
⑫ '추가비' 값 영역을 모두 블록으로 설정한 후, Ctrl + 1 을 눌러 [셀 서식] 대화상자의 [회계] 탭에서 '기호 없음', '소수 자릿수'를 0으로 설정하고 [확인]을 클릭한다.
⑬ [디자인] 탭의 [레이아웃]에서 [총합계]의 [열의 총합계만 설정]을 클릭한 다음, [부분합]의 [부분합 표시 안 함]을 클릭한다.

## 문제 ❸ 분석작업  2. 데이터 정렬, 유효성검사('분석작업-2' 시트)

|정답|

| | A | B | C | D | E |
|---|---|---|---|---|---|
| 1 | <엑셀잘하자 유튜브 조회> | | | | |
| 2 | | | | | |
| 3 | 영상제목 | 노출수 | 클릭수 | 비율 | |
| 4 | | | | 남자 | 여자 |
| 5 | 엑셀, 자주하는 질문 | 2 | 50 | 20% | 9% |
| 6 | 엑셀, 이것만 알고 가자 | 1 | 320 | 10% | 10% |
| 7 | 엑셀, 합격비법 | 3 | 40 | 30% | 18% |
| 8 | 엑셀, 피벗테이블 | 3 | 20 | 3% | 30% |
| 9 | 엑셀, 배열수식 | 2 | 100 | 22% | 21% |
| 10 | 엑셀, 프로시저 | 1 | 90 | 15% | 12% |

① [A5:E10] 영역을 블록으로 설정하고, [데이터] 탭에서 [정렬 및 필터]의 [정렬]을 클릭한다.
② [정렬] 대화상자에서 **내 데이터에 머리글 표시** 체크를 해제한 후, '정렬 기준'을 **열 C**, '정렬 기준'을 **셀 색**, '정렬'을 **셀 색**(RGB 145,205,75), '정렬 방향'을 **위에 표시**로 설정한다.
③ [기준 추가]를 클릭하고, '다음 기준'을 **열 B**, '정렬 기준'을 **셀 값**, '정렬 방향'을 **내림차순**으로 선택한 후 [확인]을 클릭한다.

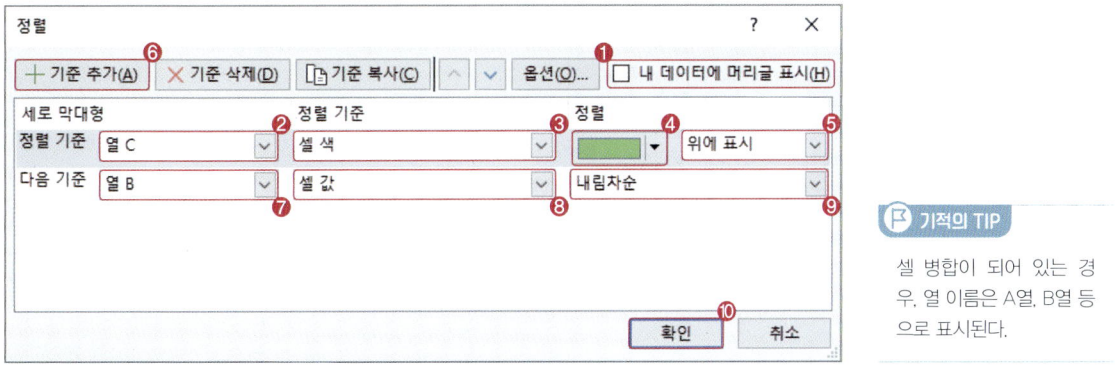

> 🎯 기적의 TIP
> 셀 병합이 되어 있는 경우, 열 이름은 A열, B열 등으로 표시된다.

④ [D5:E10] 영역을 블록으로 설정하고, [데이터] 탭에서 [데이터 도구] 그룹의 [데이터 유효성 검사]를 클릭한다.

⑤ [데이터 유효성] 대화상자의 [설정] 탭에서 '제한 대상'을 **사용자 지정**으로 설정하고, 수식란에 =SUM(D$5: D$10)=100%를 입력한다.

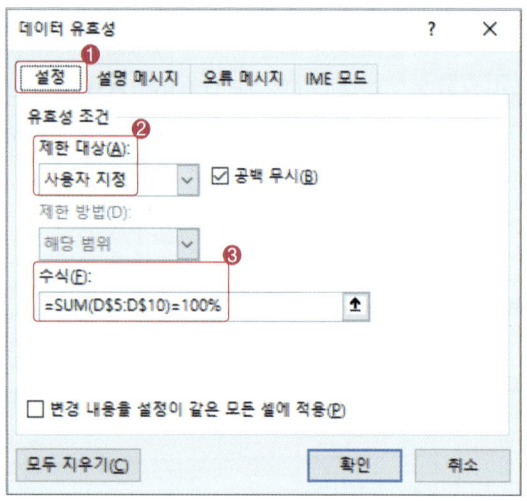

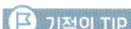 기적의 TIP

여러 열을 블록으로 선택한 상태에서 각 열의 합계를 계산하려면, 열은 상대참조, 행은 절대참조로 설정해야 한다(D$5:D$10).

⑥ [오류 메시지] 탭에서 '스타일'에는 **중지**, '제목'에는 **다시 입력하세요.**, '오류 메시지'에는 **열의 합계가 100% 를 넘지 않게 입력해주세요.**를 입력한 후 [확인]을 클릭한다.

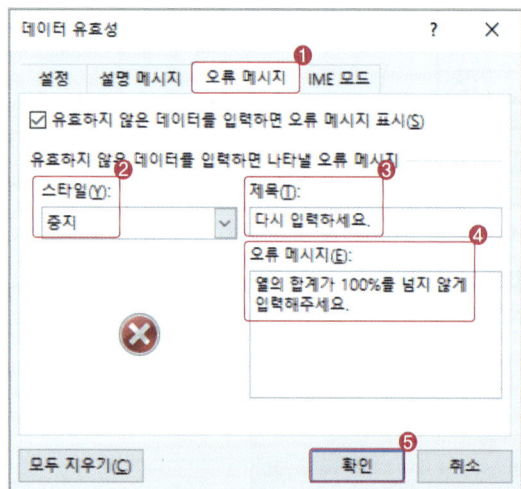

## 문제 ❹ 기타작업  1. 매크로('기타작업-1' 시트)

| | A | B | C | D | E | F | G | H | I | J | K |
|---|---|---|---|---|---|---|---|---|---|---|---|
| 3 | 접수번호 | 이름 | 생년월일 | 운항비 | 좌석구분 | 출발일 | 목적지 | 체류일 | | 숫자서식 | |
| 4 | CM24-02 | 박가현 | 2013-05-23 | ■3500 | 일반석 | 2024-11-09 | 뉴욕 | ******* 5 | | | |
| 5 | CM24-10 | 최철민 | 2008-05-06 | ■1950 | 할인석 | 2025-01-27 | 뉴욕 | ******* 10 | | | |
| 6 | CM24-06 | 김정민 | 1995-05-20 | ■1567 | 일반석 | 2024-09-16 | 런던 | ******* 4 | | | |
| 7 | CM24-24 | 한혜상 | 1999-04-07 | □112 | 할인석 | 2025-04-26 | 제주 | 확인 | | | |
| 8 | CM24-11 | 김형기 | 2003-11-11 | ■1590 | 비즈니스석 | 2024-10-22 | 방콕 | ******* 7 | | | |
| 9 | CM24-07 | 김수현 | 2000-05-15 | □440 | 일반석 | 2025-03-22 | 광저우 | ******* 10 | | | |
| 10 | CM24-15 | 이현정 | 2010-02-15 | □477 | 일반석 | 2024-11-07 | 광저우 | ******* 4 | | | |
| 11 | CM24-19 | 정수미 | 2013-11-05 | □189 | 비즈니스석 | 2025-03-31 | 제주 | 확인 | | | |
| 12 | CM24-01 | 박수진 | 2010-02-18 | □545 | 비즈니스석 | 2025-07-24 | 후쿠오카 | ******* 14 | | | |
| 13 | CM24-25 | 박현준 | 1985-07-01 | 99 | 일반석 | 2024-10-03 | 제주 | 확인 | | | |
| 14 | CM24-09 | 권유민 | 2000-03-20 | □159 | 비즈니스석 | 2024-10-21 | 후쿠오카 | ******* 7 | | | |
| 15 | CM24-20 | 이유진 | 1989-03-13 | □435 | 할인석 | 2025-06-19 | 싱가포르 | ******* 5 | | | |
| 16 | CM24-21 | 김인희 | 2008-10-31 | □174 | 할인석 | 2024-12-10 | 홍콩 | 확인 | | | |
| 17 | CM24-04 | 조한겸 | 2014-07-10 | ■2358 | 비즈니스석 | 2024-11-22 | 싱가포르 | ******* 6 | | | |
| 18 | CM24-30 | 백혜인 | 2010-11-12 | ■1200 | 할인석 | 2025-08-01 | 런던 | ******* 13 | | | |
| 19 | CM24-08 | 손석구 | 1989-05-02 | □371 | 일반석 | 2025-01-28 | 마닐라 | ******* 8 | | | |
| 20 | CM24-14 | 최우식 | 1997-01-11 | □255 | 일반석 | 2025-06-22 | 런던 | ******* 10 | | | |
| 21 | CM24-22 | 손흥민 | 1989-09-09 | ■1567 | 일반석 | 2025-04-07 | 런던 | ******* 7 | | | |
| 22 | CM24-29 | 정한솜 | 2008-03-30 | 95 | 할인석 | 2025-08-01 | 제주 | ******* 6 | | | |
| 23 | CM24-03 | 김지원 | 1985-06-07 | □840 | 할인석 | 2025-05-11 | 방콕 | ******* 3 | | | |
| 24 | CM24-26 | 주현영 | 1998-08-18 | ■5900 | 비즈니스석 | 2024-11-21 | 뉴욕 | ♡♡♡ 18 | | | |
| 25 | CM24-27 | 정민철 | 2009-11-23 | □143 | 일반석 | 2025-01-20 | 베이징 | ******* 6 | | | |
| 26 | CM24-16 | 김수현 | 2000-06-13 | □651 | 일반석 | 2025-01-24 | 마닐라 | ******* 5 | | | |
| 27 | CM24-05 | 이이수 | 1985-05-14 | ■1155 | 비즈니스석 | 2025-02-20 | 홍콩 | ******* 9 | | | |

① [개발 도구] 탭에서 [코드] 그룹의 [매크로 기록]을 클릭한다.
② [매크로 기록] 대화상자에서 '매크로 이름'에 **숫자서식**을 입력한다.
③ [D4:D33] 영역을 블록으로 설정하고, Ctrl + 1 을 누른다.
④ [셀 서식]의 [표시 형식] 탭에서 [사용자 지정]을 클릭한다. '형식'에 **[빨강][>=1000000]"■"0,;[파랑][>=100000]"□"0,;0,**을 입력하고 [확인]을 클릭한다.
⑤ 임의의 셀을 클릭하여 블록을 해제하고, [개발 도구] 탭에서 [기록 중지]를 클릭한다.
⑥ Alt 를 누른 상태에서 [J3:J4] 영역에 **사각형: 빗면**을 삽입한 다음, 도형에 **숫자서식**을 입력한다. 이어서 마우스 오른쪽으로 클릭하여 [매크로 지정]에서 **숫자서식** 매크로를 연결하고 [확인]을 클릭한다.
⑦ 다시 [매크로 기록]을 클릭하고, '매크로 이름'에 **채우기**를 입력한다.
⑧ [H4:H33] 영역을 블록으로 설정하고, Ctrl + 1 을 누른다.
⑨ [셀 서식]의 [표시 형식] 탭에서 [사용자 지정]을 클릭한다. '형식'에 **[빨강][>=15]*♡0;[파랑][>=1]***0;[검정]"확인"**을 입력하고 [확인]을 클릭한다.
⑩ 임의의 셀을 클릭하여 블록을 해제한 후, [기록 중지]를 클릭한다.
⑪ Alt 를 누른 상태에서 [K3:K4] 영역에 **웃는 얼굴**을 삽입한 다음, 마우스 오른쪽으로 클릭하여 [매크로 지정]에서 **채우기** 매크로를 연결하고 [확인]을 클릭한다.

| 문제 ❹ 기타작업 | 2. 차트('기타작업-2' 시트) |

|정답|

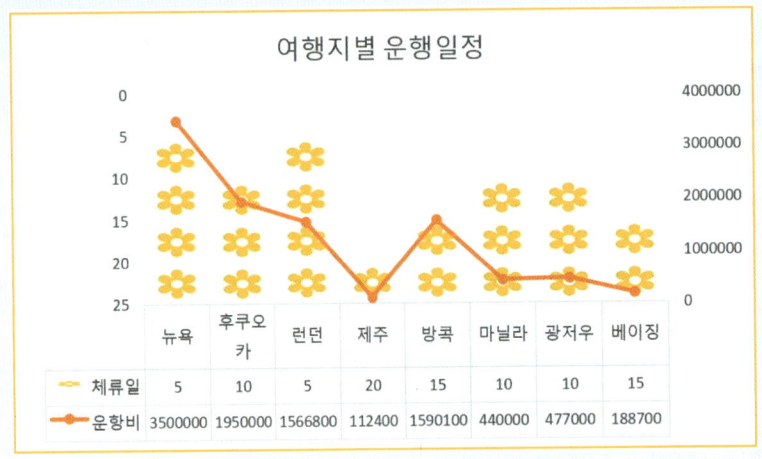

① 차트를 선택한 후, [차트 디자인] 탭의 [데이터] 그룹에서 [데이터 선택]을 클릭한다.
② [데이터 원본 선택] 대화상자에서 '가로(항목) 축 레이블' 항목의 [편집]을 클릭하고, **'기타작업-2'!$A$4:$A$11**을 드래그하여 입력한 뒤 [확인]을 클릭한다. 이어서 '범례 항목(계열)'의 [추가]를 클릭하고, '계열 이름'은 =C3, '계열 값'은 [C4:C11]로 지정하고 [확인]을 클릭한다.

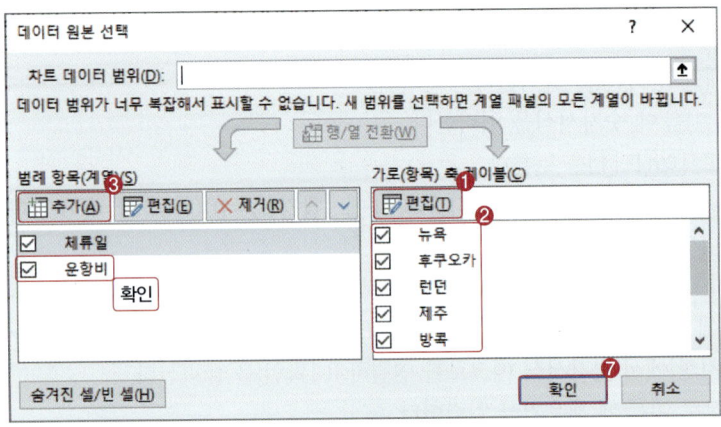

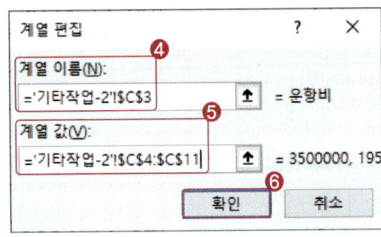

③ 차트에서 '운항비' 계열을 선택하고, [차트 디자인] 탭에서 [종류]의 [차트 종류 변경]을 클릭한 뒤, **표식이 있는 꺾은선형**을 선택하고 **보조축**을 체크한 후 [확인]을 클릭한다.

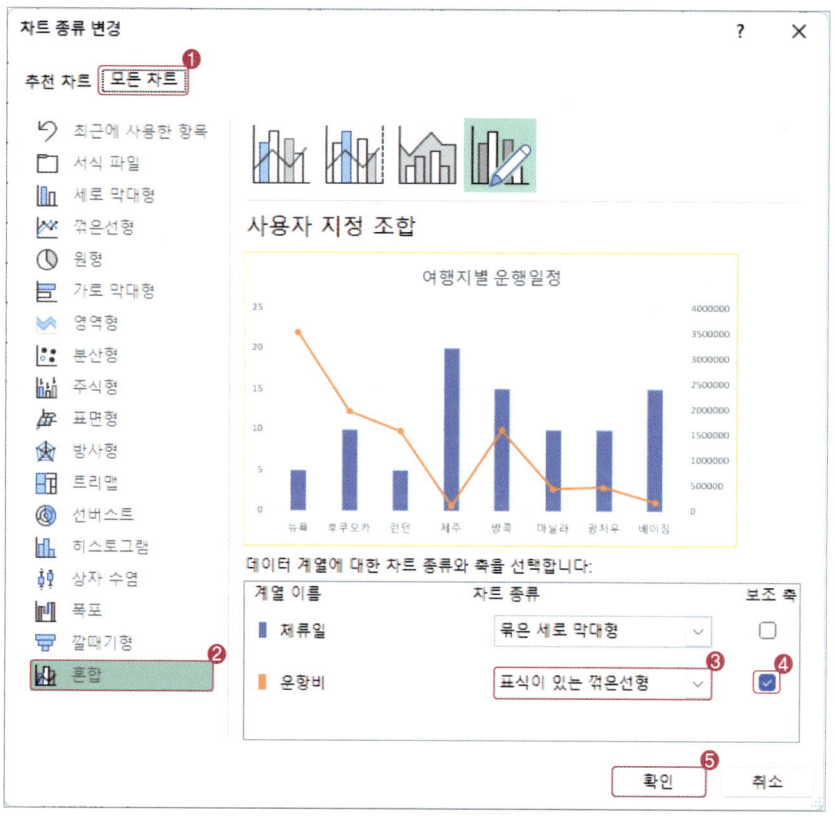

④ 차트의 '세로(값)축'을 선택하고, [축 서식]에서 [축 옵션]의 **축 최대값**에 체크하고 **값을 거꾸로** 항목에 체크한다.

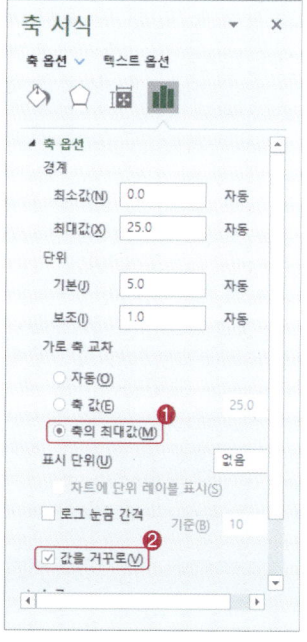

⑤ 차트의 '보조 세로(값)축'을 선택하고, [축 서식]에서 '단위'의 '기본' 항목에 1000000을 입력한다(1.0E6으로 자동 변경).

⑥ 차트의 '기본 주 가로 눈금선'을 선택한 후 Delete 를 눌러 삭제한다.

⑦ '체류일' 계열을 선택한 후, [데이터 계열 서식] 대화상자의 [계열 옵션]에서 '계열 겹치기'를 0, '간격 너비'를 10으로 설정한다.

⑧ [채우기 및 선]의 '채우기' 항목에서 **그림 또는 질감 채우기**를 선택한 뒤, '그림 원본'의 [삽입]을 클릭하고 **꽃.jpg**를 선택한다. 이후 **다음 배율에 맞게 쌓기**를 선택하고, '단위'에는 5를 입력한다.

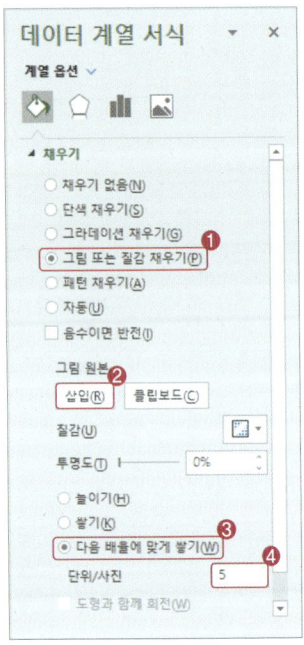

⑨ [차트 디자인] 탭 – [차트 레이아웃]의 [차트 요소 추가] – [데이터 테이블]에서 [범례 표지 포함]을 클릭한다.

## 문제 ④ 기타작업  3. VBA 프로시저('기타작업-3' 시트)

|정답|

▶ 폼 보기
```
Private Sub cmd티켓예약_Click()
티켓예약.Show
End Sub
```

▶ 폼 초기화
```
Private Sub UserForm_Initialize()
cmb좌석구분.RowSource = "j5:j7"
cmb목적지.AddItem "뉴욕"
cmb목적지.AddItem "런던"
cmb목적지.AddItem "제주"
cmb목적지.AddItem "뉴질랜드"
txt날짜 = Date
txt날짜.Enabled = False
txt이름.SetFocus
End Sub
```

▶ 닫기
```
Private Sub cmd닫기_Click()
Unload Me
MsgBox cmb목적지 & "행 " & cmb좌석구분 & "으로 예약합니다.", , "티켓예약확인"
MsgBox "현재 접수인원은 " & Range("b3").CurrentRegion.Rows.Count - 2 & "명입니다.", , "접수확인"
End Sub
```

▶ 예약
```
Private Sub cmd예약_Click()
i = 3 + Range("b3").CurrentRegion.Rows.Count
Cells(i, 2) = CDate(txt날짜)
Cells(i, 3) = txt이름
Cells(i, 4) = TimeValue(txt시간)
If opt완료 = True Then
Cells(i, 5) = "완료"
Else
Cells(i, 5) = "보류"
End If
Cells(i, 6) = Val(txt여행일수)
Cells(i, 7) = cmb좌석구분
Cells(i, 8) = cmb목적지
End Sub
```

▶ lbl시간 더블클릭
```
Private Sub lbl시간_DblClick(ByVal Cancel As MSForms.ReturnBoolean)
txt시간 = Time
End Sub
```

## 🗨 코드 설명

### ▶ 폼 보기
.Show는 UserForm을 모달 형식으로 화면에 표시한다.

### ▶ 폼 초기화
- cmb좌석구분 콤보박스를 시트의 [J5:J7] 셀 범위와 연결한다.
- cmb목적지 콤보박스에는 목적지를 직접 코드로 추가한다.
- txt날짜 텍스트박스는 오늘 날짜(Date)로 설정하고, Enabled = False로 입력할 수 없게 만든다.
- 폼이 실행되면 txt이름 텍스트박스에 커서가 위치하도록 SetFocus를 사용한다.

### ▶ 닫기
- Unload Me는 현재 폼을 종료한다.
- 이후 MsgBox로 목적지 및 좌석구분 정보를 출력하고, 시트 상의 예약 인원수를 계산하여 추가 메시지로 보여 준다.
- CurrentRegion.Rows.Count − 2는 제목행 및 기준 셀을 제외한 실예약 인원수를 의미한다.

### ▶ 예약
- i = 3 + CurrentRegion.Rows.Count는 [B3] 기준 현재 데이터 행 개수를 파악해 새로 기록할 행 번호를 계산한다.
- txt날짜는 문자열을 CDate() 함수로 날짜형식으로 변환해 기록한다.
- txt시간은 문자열을 TimeValue() 함수로 시간형식으로 변환해 기록한다.
- opt완료는 옵션단추의 선택 여부에 따라 상태를 "완료" 또는 "보류"로 구분한다.
- txt여행일수는 Val() 함수로 숫자로 변환해 입력한다.
- cmb좌석구분, cmb목적지는 콤보박스의 선택값을 시트에 기록한다.

### ▶ lbl시간 더블클릭
- Time은 현재 시스템 시간을 반환하는 VBA 내장 함수다.
- DblClick은 컨트롤을 더블클릭했을 때 실행되는 이벤트이다.

---

① [개발 도구] 탭의 [컨트롤] 그룹에서 [디자인 모드]를 클릭한 뒤, 〈티켓예약〉 버튼을 더블클릭하면 'cmd티켓예약_Click' 코드 창이 열린다. 폼을 실행하기 위해 정답의 '▶ 폼 보기' 코드를 입력한다.
② 폼을 초기화하기 위해 [프로젝트 − VBAProject] 탐색기에서 '폼'을 확장하고, 〈티켓예약〉 폼을 마우스 오른쪽 버튼으로 클릭해서 [코드 보기]를 선택한다.
③ 코드 창 상단의 이벤트 목록에서 Initialize를 선택하여 초기화 상태로 변경한 후, 정답의 '▶ 폼 초기화' 코드를 입력한다.
④ 코드 작성기 개체 목록에서 'lbl시간'을 선택하고, 이벤트 목록에서 DblClick을 클릭한 뒤 정답의 '▶ lbl시간 더블클릭' 코드를 입력한다.
⑤ 코드 작성기 개체 목록에서 'cmd예약'을 선택한 뒤, 정답의 '▶ 예약' 코드를 입력한다.
⑥ 코드 작성기 개체 목록에서 'cmd닫기'를 선택한 뒤, 정답의 '▶ 닫기' 코드를 입력한다.
⑦ 모든 코드를 입력한 후, [파일] 탭에서 [닫고 Microsoft Excel(으)로 돌아가기]를 클릭한다.

# 기출 유형 문제 05회

▶ 합격 강의

| 프로그램명 | 제한시간 |
|---|---|
| EXCEL | 45분 |

수험번호 :

성   명 :

---------- 유의사항 ----------

- 인적 사항 누락 및 잘못 작성으로 인한 불이익은 수험자 책임으로 합니다.

- 화면에 암호 입력창이 나타나면 아래의 암호를 입력하여야 합니다.
  ○ 암호 :

- 작성된 답안은 경로 및 파일명을 변경하지 마시고 그대로 저장하여야 합니다. 이를 준수하지 않으면 실격 처리됩니다.
  ○ 답안 파일명의 예 : C:₩OA₩수험번호8자리.xlsm

- 외부데이터 위치 : C:₩OA₩파일명

- 별도의 지시사항이 없는 경우, 다음과 같이 처리 시 실격 처리됩니다.
  ○ 제시된 시트 및 개체의 순서나 이름을 임의로 변경한 경우
  ○ 제시된 시트 및 개체를 임의로 추가 또는 삭제한 경우
  ○ 외부데이터를 시험 시작 전에 열어본 경우

- 답안은 반드시 문제에서 지시 또는 요구한 셀에 입력하여야 하며 다음과 같이 처리 시 채점 대상에서 제외됩니다.
  ○ 제시된 함수가 있을 경우 제시된 함수만을 사용하여야 하며 그 외 함수사용 시 채점대상에서 제외
  ○ 수험자가 임의로 지시하지 않은 셀의 이동, 수정, 삭제, 변경 등으로 인해 셀의 위치 및 내용이 변경된 경우 해당 작업에 영향을 미치는 관련 문제 모두 채점 대상에서 제외
  ○ 도형 및 차트의 개체가 중첩되어 있거나 동일한 계산결과 시트가 복수로 존재할 경우 해당 개체나 시트는 채점 대상에서 제외

- 수식 작성 시 제시된 문제 파일의 데이터는 변경 가능한(가변적) 데이터임을 감안하여 문제 풀이를 하시오.

- 별도의 지시사항이 없는 경우, 주어진 각 시트 및 개체의 설정값 또는 기본설정값(Default)으로 처리하시오.

- 저장 시간은 별도로 주어지지 않으므로 제한된 시간 내에 저장을 완료하여야 하며, 제한 시간 내에 저장이 되지 않은 경우에는 실격 처리됩니다.

- 출제된 문제의 용어는 MS Office Professional Plus 2021을 기준으로 작성되었습니다.

대한상공회의소

## 문제 ❶ 주어진 시트에서 다음의 과정을 수행하고 저장하시오. | 기본작업(15점)

### 01 '기본작업-1' 시트에서 다음과 같이 고급 필터를 수행하시오. (5점)

- ▶ [B2:G22] 영역에서 인원수는 짝수이고 추가인원수가 빈칸인 '이름', '자격증', '인원수', '추가인원수'만 표시하시오.
- ▶ 조건은 [I2:I3] 영역 내에 알맞게 작성하시오(AND, ISEVEN, ISBLANK, ISERROR, TYPE 중 세 개의 함수만 사용할 것).
- ▶ 결과는 [K2] 셀부터 표시하시오.

### 02 '기본작업-1' 시트에서 다음과 같이 조건부서식을 수행하시오. (5점)

- ▶ [B3:G22] 영역에서 자격증의 글자수가 '4 이상 5 이하'이면서 인원수가 '100 이상'에 해당하는 행 전체에 대하여, 글꼴 색은 '표준 색-파랑', 글꼴 스타일은 '굵은 기울임꼴'로 적용하시오.
- ▶ 단, 규칙 유형은 '▶ 수식을 사용하여 서식을 지정할 셀 결정'을 사용하고, 한 개의 규칙으로만 작성하시오.
- ▶ AND, LEN 함수를 사용하시오.

### 03 '기본작업-2' 시트에서 다음과 같이 페이지 레이아웃을 설정하시오. (5점)

- ▶ 용지 방향은 가로로 설정하고 A:B열이 페이지마다 반복되어 인쇄되도록 설정하시오.
- ▶ 페이지의 가로 가운데 및 세로 가운데에 맞춰 인쇄되도록 페이지 맞춤을 설정하고, {1,2,3} 행 {A,B,C} 열 등이 인쇄되도록 설정하시오.
- ▶ 높이에 상관없이 열이 추가되어도 최대 너비가 3페이지에 인쇄될 수 있도록 자동 맞춤을 설정하시오.
- ▶ 머리글 · 바닥글을 페이지 유형별로 다르게 설정하시오.
  - 머리글/바닥글에서 첫 페이지 다르게, 짝수 · 홀수 페이지 다르게 옵션을 설정하시오.
  - 첫 페이지 머리글에는 상단 왼쪽 구역에 '로고.jpg' 이미지를 삽입하시오.
  - 홀수 페이지 바닥글에는 하단 왼쪽 구역에 현재 페이지 번호가 [[1]] 형식으로 표시되도록 하시오.
  - 짝수 페이지 바닥글에는 오른쪽 구역에 현재페이지와 전체페이지수가 표시되도록 하시오[표시 예 : 3중2].

## 문제 ❷ '계산작업' 시트에서 다음의 과정을 수행하고 저장하시오. | 계산작업(30점)

**01** [표1]의 A팀, B팀의 각각 이긴 횟수를 이용해서 종합 점수[J4:J9]에 계산하시오. (6점)
- ▶ [표시 예 : A팀이 1회 이기고, B팀이 2회 이김 → 1:2]
- ▶ SUM, IF, CONCAT 사용한 배열 수식을 작성하시오.

**02** [표1]의 A팀의 각 선수의 출전횟수와 평균점수를 [T4:T6]에 계산하시오. (6점)
- ▶ [표시 예 : 김지원 선수가 3회 출전하고 평균점수가 15점 → "출전3회 평균15점"]
- ▶ 평균점수는 소수점 첫째 자리까지 표시하시오.
- ▶ ROUNDDOWN, COUNTIF, IF, AVERAGE 함수와 & 연산자를 사용한 배열 수식을 작성하시오.

**03** [표4]를 참조하여 [표3]의 선수별 1차 순위에 따른 1차 포인트[H14:H19], 1차 점수[I14:I19], 1차 상금[J14:J19]을 표시하시오. (6점)
- ▶ VLOOKUP, MATCH, FIND, LEN, RIGHT 함수를 사용하시오.

**04** [표3]의 각 선수의 평균에 따른 순위를 구하고 순위가 1~4위인 선수는 표시 예와 같이 표시하고, 나머지는 빈칸으로 평균 순위[L14:L19] 영역에 표시하시오. (6점)
- ▶ [표시 예 : 권수진 선수가 3위 → 권★진3등]
- ▶ 순위는 내림차순으로 구하시오.
- ▶ IF, REPLACE, RANK.EQ 함수와 & 연산자를 사용하시오.

**05** 사용자 정의 함수 'fn그래프'를 작성하여 [표3]의 [M14:M19] 영역에 표시하시오. (6점)
- ▶ fn그래프는 순위와 인원수를 인수로 삼아 값을 반환하는 함수이다.
- ▶ 인원수는 이름의 개수이고 순위는 1차순위를 의미한다.
- ▶ 인원수-순위만큼 "●"으로 나타내고, 순위가 6인 경우 빈칸으로 표시하시오.
- ▶ FOR NEXT, COUNTA 문을 사용하시오.

```
Public Function fn그래프(순위,인원수)


End Function
```

**문제 ❸** 주어진 시트에서 다음의 과정을 수행하고 저장하시오. | **분석작업(20점)**

**01** '분석작업-1' 시트에서 다음의 지시사항에 따라 피벗 테이블 보고서를 작성하시오. (10점)

▶ 외부 데이터 가져오기 기능을 이용하여 〈주차장안내.accdb〉의 〈주차장〉 테이블에서 '주차총수', '주차임대수', '주택유형', '구분', '법정명', '조사날짜' 열을 가져오고 법정명이 '서울특별시'와 '경기도'인 데이터를 이용하시오.

▶ 피벗 테이블 보고서의 레이아웃과 위치는 〈그림〉을 참조하여 설정하고, 보고서 레이아웃을 개요 형식으로 표시하시오.

▶ 조사날짜는 월별로 그룹화하고 〈그림〉과 동일하게 설정하시오.

▶ 조사날짜 필드를 기준으로 '최대 : 주차총수' 값 필드의 상위 3개의 값만 필터하시오.

▶ 레이블이 있는 셀은 '병합 및 가운데 맞춤'하고, 빈 셀에는 "없음"을 표시하시오.

▶ 법정명이 경기도인 데이터를 별도의 시트에 표시하고 시트 이름은 "경기도주차"로 변경하고 '분석작업-1' 시트의 오른쪽에 위치시키시오.

▶ 나머지 사항은 〈그림〉을 참조해서 변경하시오.

| | A | B | C | D | E | F |
|---|---|---|---|---|---|---|
| 1 | 주택유형 | (모두) | | | | |
| 2 | | | | | | |
| 3 | | | 법정명 | 값 | | |
| 4 | | | 서울특별시 | | 경기도 | |
| 5 | 구분 | 조사날짜 | 최대 : 주차총수 | 최소 : 주차임대수 | 최대 : 주차총수 | 최소 : 주차임대수 |
| 6 | ⊞공영 | | 1000 | 30 | 750 | 10 |
| 7 | ⊟민영 | | 650 | 10 | 120 | 30 |
| 8 | | 5월 | 50 | 10 | 120 | 30 |
| 9 | | 11월 | 250 | 30 | 없음 | 없음 |
| 10 | | 12월 | 650 | 50 | 없음 | 없음 |

## 02 '분석작업-2' 시트에 대하여 다음의 지시사항을 처리하시오. (10점)

▶ [정렬] 기능을 이용하여 '분석작업-2'시트의 [표3][A3:E14]와 '시트2'의 [표2][A3:E14] 영역의 A열, B열, C열, D열, E열의 필드명을 '이름-수학-영어-컴퓨터-과학' 순으로 정렬하시오.

▶ 데이터 도구 [통합] 기능을 이용하여 시트1의 [표1], 시트2의 [표2]의 데이터를 이용하여 이름별 각 점수의 평균을 '분석작업-2'시트의 [표3] 영역에 계산하시오.
 - 시트1과 시트2의 값이 변경되면 분석작업-2의 값도 같이 변경되게 하시오.

|   | A | B | C | D | E |
|---|---|---|---|---|---|
| 2 | [표3] | | | | |
| 3 | 이름 | 수학 | 영어 | 컴퓨터 | 과학 |
| 6 | 김봉선 | 2.73 | 2.25 | 1.92 | 1.70 |
| 9 | 이봉인 | 4.31 | 3.54 | 2.71 | 3.24 |
| 12 | 최재현 | 2.37 | 2.17 | 2.43 | 1.12 |
| 15 | 양필수 | 3.62 | 4.12 | 4.06 | 4.16 |
| 18 | 김남일 | 4.18 | 4.28 | 4.07 | 4.17 |
| 21 | 김말자 | 2.91 | 2.77 | 2.80 | 2.74 |
| 24 | 이나진 | 4.03 | 4.19 | 3.92 | 4.08 |
| 27 | 전지연 | 2.34 | 3.27 | 1.69 | 2.62 |
| 30 | 정대희 | 2.66 | 2.99 | 2.76 | 2.95 |
| 33 | 강일진 | 4.07 | 3.98 | 3.83 | 3.74 |
| 36 | 성희민 | 3.03 | 2.74 | 3.06 | 2.77 |

## 문제 ④ 주어진 시트에서 다음의 과정을 수행하고 저장하시오. | 기타작업(35점)

### 01 '기타작업-1' 시트에서 다음과 같은 기능을 수행하는 매크로를 현재 통합문서에 작성하시오. (각 5점)

⚠ 셀 포인터의 위치에 관계없이 매크로가 실행되어야 정답으로 인정됨

① [H4:H30] 영역에 사용자 지정 표시 형식을 설정하는 '서식적용1' 매크로를 생성하시오.
   ▶ '총판매액'이 1000000 이상이면 빨강색 ■를 숫자 앞에 표시, 100000 이상 1000000 미만이면 녹청색 숫자, 100000 미만이면 파랑색 □를 숫자 앞에 표시하고 문자는 문자 앞에 "임시"를 표시하시오(단, 모든 숫자는 천 단위로 절사하고, 천 단위 구분 표시를 할 것).
   ▶ [표시 예 : 1000000→ ■1,000 100000→ 90000→ □90 보류 임시보류 ]
   ▶ [개발 도구]-[삽입]-[양식 컨트롤]의 '단추'를 동일 시트의 [J3:J5] 영역에 생성한 후 텍스트를 '서식1'로 작성하고, 단추를 클릭하면 '서식적용1' 매크로가 실행되도록 설정하시오.

② [A4:A30] 영역에 대해서 사용자 지정 표시 형식을 설정하는 '서식적용2' 매크로를 생성하시오.
   ▶ 1000 이상이면 빨강색 "제"문자 뒤에 숫자 세 자리-숫자 한 자리 뒤에 "호"로 표시, 그 외는 파랑색 "제" 뒤에 숫자 뒤에 "호"로 표시하시오.
   ▶ [표시 예 : 2301→ 제230-1호 230→ 제230호 ]
   ▶ [개발 도구]-[삽입]-[양식 컨트롤]의 '단추'를 동일 시트의 [K3:K5] 영역에 생성한 후 텍스트를 '서식2'로 작성하고, 단추를 클릭하면 '서식적용2' 매크로가 실행되도록 설정하시오.

**02** '기타작업-2' 시트에서 다음의 지시사항에 따라 차트를 수정하시오. (각 2점)

⚠ 차트는 반드시 문제에서 제공한 차트를 사용하여야 하며, 신규로 작성 시 0점 처리됨

① 자격증에서 기사와 기능사로 끝나는 데이터만 표시하고 나머지는 제거한 다음, 계열 이름은 '인원수'로 작성하고 차트 종류를 '원형 대 원형 차트'로 변경하시오.
② 차트 제목은 [A1] 셀과 연동하고, WordArt 스타일을 '채우기 : 파랑, 강조색1, 그림자'로 설정하시오.
③ 계열 분할은 백분율 값, 20%로, 간격 너비는 '100%'로 설정하시오.
④ 둘째 구간 데이터 레이블만 백분율, 범례 표지 유형으로 가운데에 표시하시오.
⑤ 기타 계열의 채우기를 '패턴'으로 채우시오. 전경색은 '표준 색 – 연한 녹색'으로 지정하고, 패턴은 '점선: 80%'로 지정하시오.

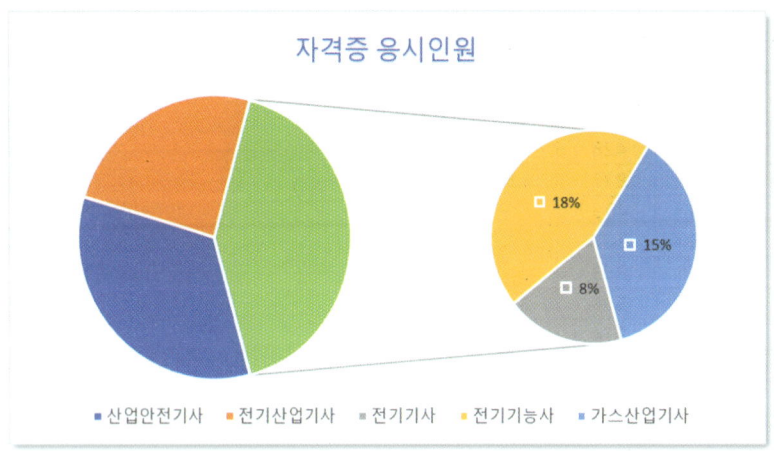

## 03 '기타작업-3' 시트에서 다음과 같은 작업을 수행하고 저장하시오. (각 5점)

① [주차장조회] 버튼을 클릭하면 〈조회화면〉 폼이 나타나고, 폼이 초기화(Initialize)되면 주차번호(cmb주차번호) 콤보 상자의 목록에 [B4:B27] 영역의 값이 설정되도록 프로시저를 작성하시오.

② 〈조회화면〉 폼의 '주차번호(cmb주차번호)'에 조회할 주차번호를 선택하고 [조회] 버튼(cmd조회)를 클릭하면 워크시트의 [표1]에서 해당 데이터를 찾아 〈그림〉과 같이 각각의 컨트롤에 표시하고, 주차총수가 200 이상인 경우에는 〈그림〉과 같은 메시지 박스가 표시되도록 작성하시오.

③ [종료(cmd종료)] 버튼을 클릭하면 아래의 메시지 박스를 표시하고, 폼을 종료하는 프로시저를 작성하시오.

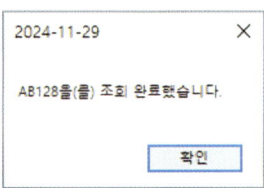

# 기출 유형 문제 05회 해설

## 문제 ❶ 기본작업  1. 고급 필터('기본작업-1' 시트)

|정답|

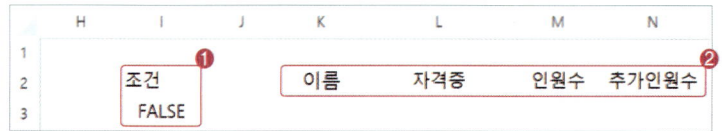

① [I2:I3] 영역에 조건을 작성하고, [K2:N2] 영역에는 추출할 필드명을 작성한다.

② [I3] 셀에 =AND(ISEVEN($E3),ISBLANK($F3))을 입력한다.
③ [데이터] 탭에서 [정렬 및 필터] 그룹의 [고급]을 클릭한다.
④ [고급] 대화상자에서 '다른 장소에 복사'를 선택하고, '목록 범위'는 [B2:G22], '조건 범위'는 [I2:I3], '복사 위치'는 [K2:N2]로 지정한 뒤 [확인]을 클릭한다.

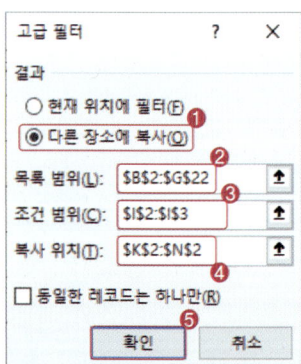

## 문제 ❶ 기본작업  2. 조건부서식('기본작업-1' 시트)

|정답|

| | A | B | C | D | E | F | G |
|---|---|---|---|---|---|---|---|
| 1 | | | | | | | |
| 2 | | 이름 | 합격년도 | 자격증 | 인원수 | 추가인원수 | 수수료 |
| 3 | | 김우진 | 2020 | 산업안전기사 | 22 | 5 | 135000 |
| 4 | | 이우석 | 2020 | 전기산업기사 | 16 | | 80000 |
| 5 | | 진도현 | 2021 | 컴퓨터활용능력1급 | 5 | | 25000 |
| 6 | | 김한솔 | 2022 | 전기기사 | 5 | 1 | 30000 |
| 7 | | 오상욱 | 2020 | 전기기능사 | 12 | 6 | 90000 |
| 8 | | 김제덕 | 2019 | 워드1급 | 2 | | 10000 |
| 9 | | 오예진 | 2018 | 가스산업기사 | 10 | 15 | 125000 |
| 10 | | *임시현* | *2023* | *제강기능사* | *120* | *18* | *690000* |
| 11 | | 반효진 | 2024 | 전기기능장 | 6 | | 30000 |
| 12 | | *김서웅* | *2024* | *소방기술사* | *101* | *17* | *590000* |
| 13 | | 정이한 | 2024 | 정보처리기사 | 20 | 1 | 105000 |
| 14 | | 전훈영 | 2020 | 상하수도기술사 | 7 | 15 | 110000 |
| 15 | | 강주윤 | 2021 | 제선기능장 | 9 | | 45000 |
| 16 | | *남수현* | *2025* | *제과기능사* | *150* | *19* | *845000* |
| 17 | | 김예지 | 2019 | 건설안전기사 | 100 | | 500000 |
| 18 | | 금지현 | 2021 | 미용사 | 120 | 12 | 660000 |
| 19 | | 이찬형 | 2020 | 양식조리기능사 | 6 | 14 | 100000 |
| 20 | | 박하준 | 2024 | 컴퓨터활용능력2급 | 10 | 2 | 60000 |
| 21 | | 전찬휘 | 2025 | 건축구조기술사 | 8 | | 40000 |
| 22 | | 허미미 | 2022 | 건축기사 | 2 | 1 | 15000 |

① [B3:G22] 영역을 블록으로 설정한다.
② [홈] 탭의 [스타일] 그룹에서 [조건부서식(🔲)]의 [새 규칙]을 선택한다.

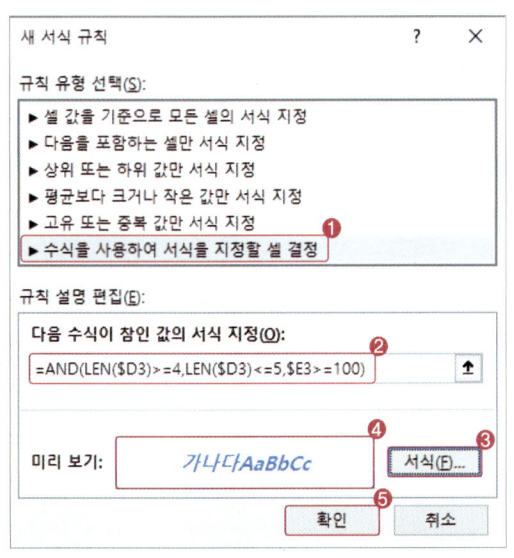

③ [새 서식 규칙] 대화상자에서 ▶ **수식을 사용하여 서식을 지정할 셀 결정**을 선택하고, 수식 =AND(LEN($D3)>=4,LEN($D3)<=5,$E3>=100)을 입력한다.
④ [서식]을 클릭한 후, [셀 서식] 대화상자의 [글꼴] 탭에서 글꼴의 '스타일'은 **굵은 기울임꼴**, '색상'은 **표준 색 - 파랑**으로 설정한 후 [확인]을 클릭한다.
⑤ [새 서식 규칙] 대화상자에서 [확인]을 클릭하여 조건부서식을 적용한다.

## 문제 ❶ 기본작업  3. 페이지 레이아웃('기본작업-2' 시트)

**|정답|**

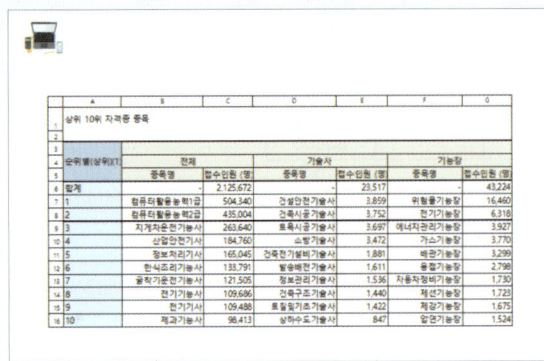 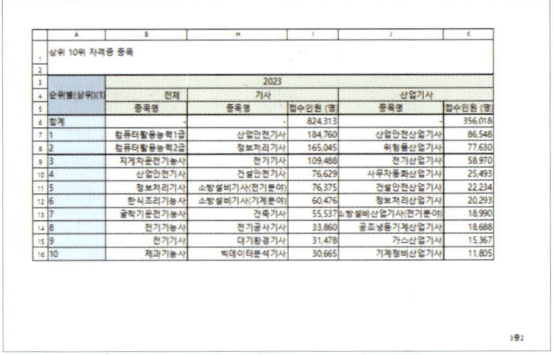

① [페이지 레이아웃] 탭의 [페이지 설정] 그룹에서 **옵션(▣)**을 클릭한다.
② [페이지 설정] 대화상자의 [페이지] 탭에서 '용지 방향'을 **가로**로 설정하고, [시트] 탭에서 '반복할 열'에 $A:$B를 입력한다.
④ [여백] 탭에서 '페이지 가운데 맞춤'의 **가로**와 **세로**에 체크하고, [시트] 탭에서 '인쇄' 항목의 **행/열 머리글**을 체크한다.
⑤ [페이지] 탭에서 '용지 너비'를 3으로 설정하고, '용지 높이'는 **비우거나 0**으로 설정한다.

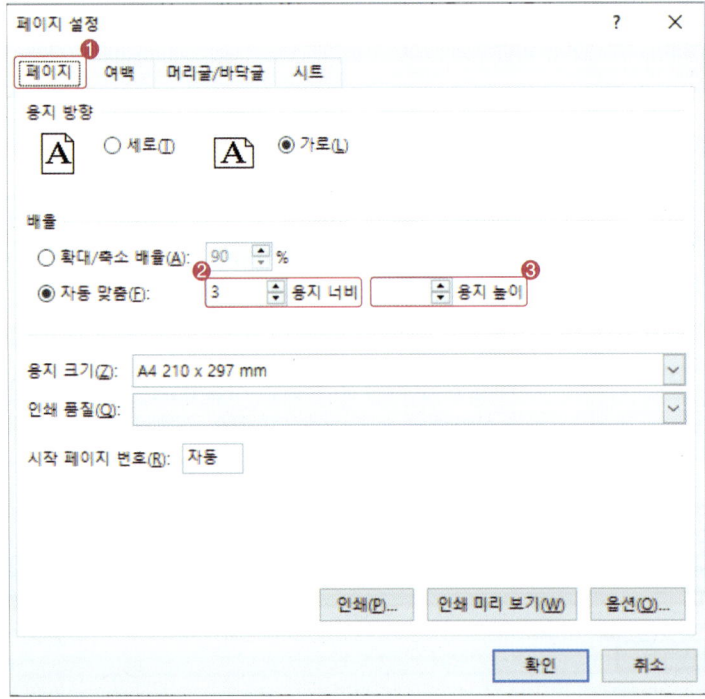

⑥ [머리글/바닥글] 탭에서 **짝수와 홀수 페이지를 다르게 지정, 첫 페이지를 다르게 지정**에 모두 체크한다.
⑦ [머리글 편집]을 클릭하고, 첫 페이지 머리글의 '왼쪽 구역'에 **&[그림]**을 클릭해 **로고.jpg**를 선택한 후 [확인]을 클릭한다.
⑧ [바닥글 편집]을 클릭하고, 홀수 페이지 바닥글의 '왼쪽 구역'에 **[[&[페이지 번호]]]**를 입력한다.
⑨ 짝수 페이지 바닥글의 '오른쪽 구역'에 **&[전체 페이지 수]중&[페이지 번호]**를 입력하고 [확인]을 클릭한다.

## 문제 ❷ 계산작업 '계산작업' 시트

|정답|

① [J4:J9] 셀 범위에는 수식 =CONCAT(SUM(IF((D4:H4>L4:P4),1)),":",SUM(IF((D4:H4<L4:P4),1)))을 입력한다.
② [T4:T6] 셀 범위에는 수식 ="출전"&COUNTIF($C$4:$C$9,S4)&"회 평균"&ROUNDDOWN(AVERAGE(IF(($C$4:$C$9=S4),$I$4:$I$9)),1)&"점"을 입력한다.
③ [H14:J19] 셀 범위에는 수식 =VLOOKUP($C14,$Q$14:$T$19,MATCH(RIGHT(H$13,LEN(H$13)-FIND(" ",H$13)),$R$13:$T$13,0)+1,0)을 입력한다.
④ [L14:L19] 셀 범위에는 수식 =IF(RANK.EQ(K14,$K$14:$K$19)<=4,REPLACE(B14&RANK.EQ(K14,$K$14:$K$19)&"등",2,1,"★")," ")을 입력한다.

⑤ [M14:M19] 셀 범위에는 사용자 정의 함수 **fn그래프**를 작성하여 적용한다.

| 수식 |

```
Public Function fn그래프(순위, 인원수)
인원수 = WorksheetFunction.CountA(Range("b14:b19"))
fn그래프 = ""
For a = 1 To 인원수 - 순위
    fn그래프 = fn그래프 & "●"
Next a
End Function
```

### 함수 설명

**함수의 기능**
이 함수는 순위에 따라 '●' 문자 막대를 만들어 텍스트 그래프를 반환한다.

**함수의 기본 구조**
- 인원수 = COUNTA(B14:B19)로 [B14:B19]의 비어 있지 않은 셀의 개수를 센다.
- 길이 = 인원수 - 순위
- 결과 = 빈칸 한 칸 + "●"를 길이만큼 반복하여 이어 붙인다.

※ 빈칸이 뜨거나 값이 이상하게 나올 때
- 범위 고정 시 인원수는 항상 B14:B19만 세므로, 데이터 범위가 바뀌면 잘못된 결과가 도출된다.
- 순위는 1부터 시작해야 한다. 순위 ≥ 인원수이면 길이가 0이 되어 빈칸만 반환된다.
- 텍스트 막대는 글꼴에 따라 길이가 달라 보인다. 고정폭 느낌의 글꼴이나 셀 정렬을 통일한다.

※ 간단한 시트 함수로 표현한 사용자 정의 함수
- 인원수와 순위를 셀에서 가져올 때
  =REPT("●", MAX(0, 인원수-순위))
- 코드와 동일하게 범위를 직접 세려면
  =REPT("●", MAX(0, COUNTA($B$14:$B$19)-순위))

## 문제 ❸ 분석작업  1. 피벗 테이블('분석작업-1' 시트)

**|정답|**

| | A | B | C | D | E | F |
|---|---|---|---|---|---|---|
| 1 | 주택유형 | (모두) | | | | |
| 2 | | | | | | |
| 3 | | | 법정명 | 값 | | |
| 4 | | | 서울특별시 | | 경기도 | |
| 5 | 구분 | 조사날짜 | 최대 : 주차총수 | 최소 : 주차임대수 | 최대 : 주차총수 | 최소 : 주차임대수 |
| 6 | ⊞ 공영 | | 1000 | 30 | 750 | 10 |
| 7 | ⊟ 민영 | | 650 | 10 | 120 | 30 |
| 8 | | 5월 | 50 | 10 | 120 | 30 |
| 9 | | 11월 | 250 | 30 | 없음 | 없음 |
| 10 | | 12월 | 650 | 50 | 없음 | 없음 |

① [데이터] 탭 – [데이터 가져오기 및 변환] 그룹의 [데이터 가져오기] – [기타 원본에서]에서 [Microsoft Query에서]를 클릭한 다음, [데이터 원본 선택] 대화상자에서 'MS Access Database*'를 선택하고 [확인]을 클릭한 후, **주차장안내.accdb** 파일을 선택한다.

② '주차장' 테이블을 더블클릭하고, **주차총수, 주차임대수, 주택유형, 구분, 법정명, 조사날짜** 필드를 선택한다.

③ [쿼리 마법사 – 데이터 필터] 대화상자에서 '법정명'을 선택하고, 조건으로 =, **서울특별시**, =, **경기도**를 지정한 뒤 [다음]을 클릭한다.

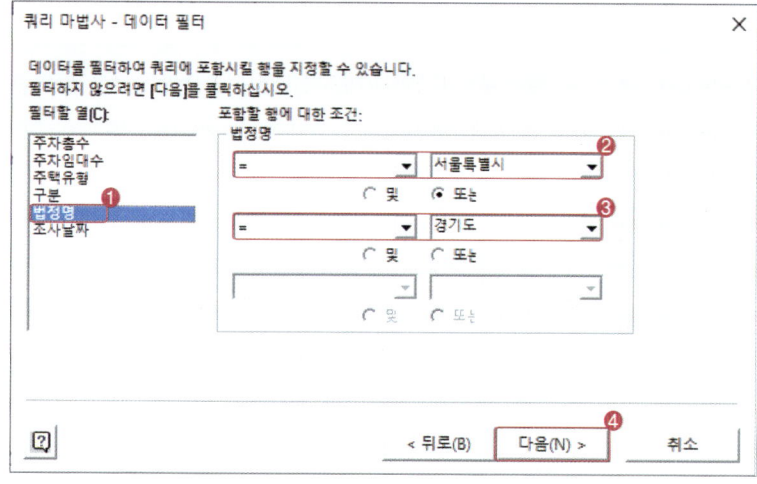

④ [쿼리 마법사 – 정렬 순서] 대화상자에서 정렬 조건을 생략하고 [다음]을 클릭한 후, [쿼리 마법사 – 마침] 대화상자에서 [마침]을 클릭한다.

⑤ [데이터 가져오기] 대화상자에서 피벗 테이블 보고서를 선택하고, '기존 워크시트'의 위치는 [A3]으로 설정한 후 [확인]을 클릭한다.

⑥ '필터'에는 **주택유형**, '행'에는 **구분**과 **조사날짜**, '열'에는 **법정명**, '값'에는 **주차총수**와 **주차임대수**를 [피벗 테이블 필드]에 드래그한다.

⑦ '주차총수' 값 영역의 임의 셀을 선택한 후 마우스 오른쪽 버튼을 눌러 [값 요약 기준]에서 **최대값**을 선택하고, '주차임대수'는 **최소값**을 선택한다.

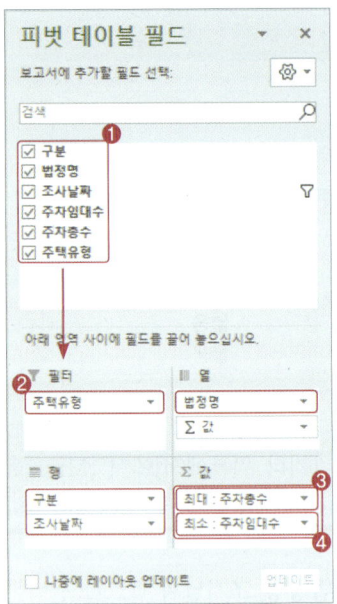

⑧ [디자인] 탭의 [레이아웃]에서 [보고서 레이아웃]의 [개요 형식으로 표시]를 클릭한다.
⑨ '조사날짜' 데이터 영역 위에서 마우스 오른쪽 버튼을 클릭하여 [그룹]을 선택한 후, [그룹화] 대화상자에서 **월**을 클릭하고 [확인]을 클릭한다.
⑩ '조사날짜' 필드 이름의 목록상자(▼)에서 '값 필터' 항목에서 [상위 10]을 선택하고, **상위**와 3을 입력한 후 [확인]을 클릭한다.

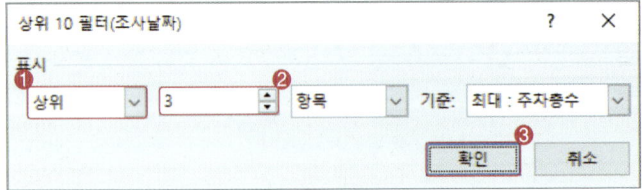

⑪ [피벗 테이블 분석] 탭에서 [피벗 테이블]의 **옵션(옵션)**을 클릭하고, [레이아웃 및 서식] 탭에서 **레이블이 있는 셀 병합 및 가운데 맞춤**을 체크하고 '빈 셀' 표시에는 **없음**을 입력한 후 [확인]을 클릭한다.

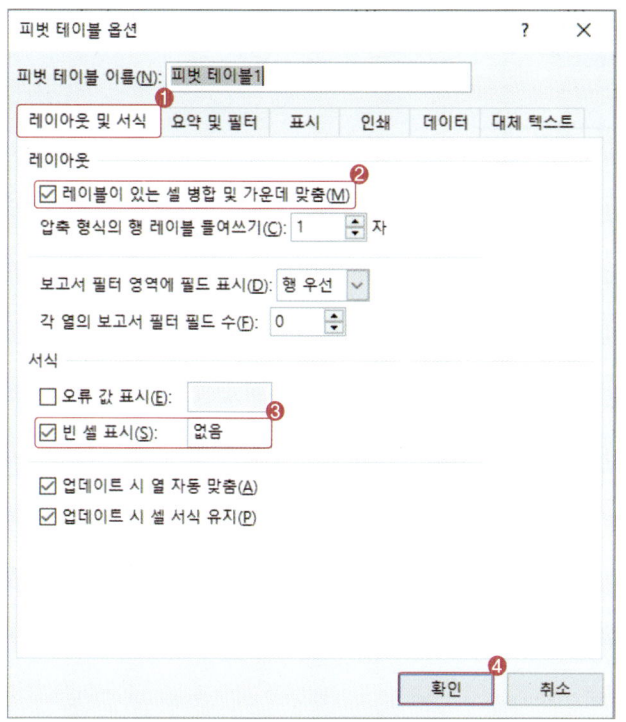

⑫ '법정명'이 **경기도**인 행의 총합계 셀([E14] 또는 [F14])을 더블클릭하여 새 워크시트를 생성하고, 생성된 시트 이름을 **경기도주차**로 바꾼 후 '분석작업-1' 시트의 오른쪽(뒤)으로 이동시킨다.

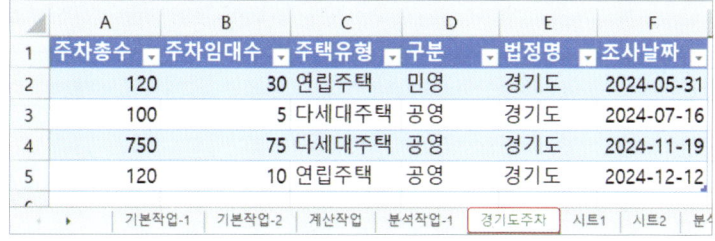

⑬ [디자인] 탭의 [레이아웃]에서 [총합계]의 [행 및 열 총합계 해제]를 클릭한다.
⑭ '구분' 필드의 '공영' 항목 옆의 [확장/축소 단추(−)]를 클릭한다.

## 문제 ❸ 분석작업   2. 데이터 정렬·통합('분석작업-2' 시트)

|정답|

| | | A | B | C | D | E |
|---|---|---|---|---|---|---|
| | 1 | | | | | |
| | 2 | [표3] | | | | |
| | 3 | 이름 | 수학 | 영어 | 컴퓨터 | 과학 |
| + | 6 | 김봉선 | 2.73 | 2.25 | 1.92 | 1.70 |
| + | 9 | 이봉인 | 4.31 | 3.54 | 2.71 | 3.24 |
| + | 12 | 최재현 | 2.37 | 2.17 | 2.43 | 1.12 |
| + | 15 | 양필수 | 3.62 | 4.12 | 4.06 | 4.16 |
| + | 18 | 김남일 | 4.18 | 4.28 | 4.07 | 4.17 |
| + | 21 | 김말자 | 2.91 | 2.77 | 2.80 | 2.74 |
| + | 24 | 이나진 | 4.03 | 4.19 | 3.92 | 4.08 |
| + | 27 | 전지연 | 2.34 | 3.27 | 1.69 | 2.62 |
| + | 30 | 정대희 | 2.66 | 2.99 | 2.76 | 2.95 |
| + | 33 | 강일진 | 4.07 | 3.98 | 3.83 | 3.74 |
| + | 36 | 성희민 | 3.03 | 2.74 | 3.06 | 2.77 |

① '분석작업-2' 시트의 [A3:E14] 영역을 블록 설정한 후 [데이터] 탭에서 [정렬 및 필터]의 [정렬]을 클릭한다.
② [정렬] 대화상자에서 [옵션]을 클릭하고, [정렬 옵션] 대화상자에서 **왼쪽에서 오른쪽**을 선택한 후 [확인]을 클릭한다.

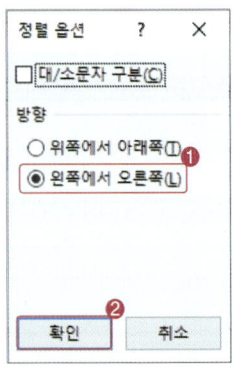

③ [정렬] 대화상자에서 '정렬 기준'은 **행 3**, '정렬 기준'은 **셀 값**, '정렬'은 **사용자 지정 목록**을 선택한다.

④ [사용자 지정 목록] 대화상자에서 '목록 항목'에 **이름** Enter **수학** Enter **영어** Enter **컴퓨터** Enter **과학**을 입력하고 [추가]를 클릭한 후 [확인]을 클릭한다.

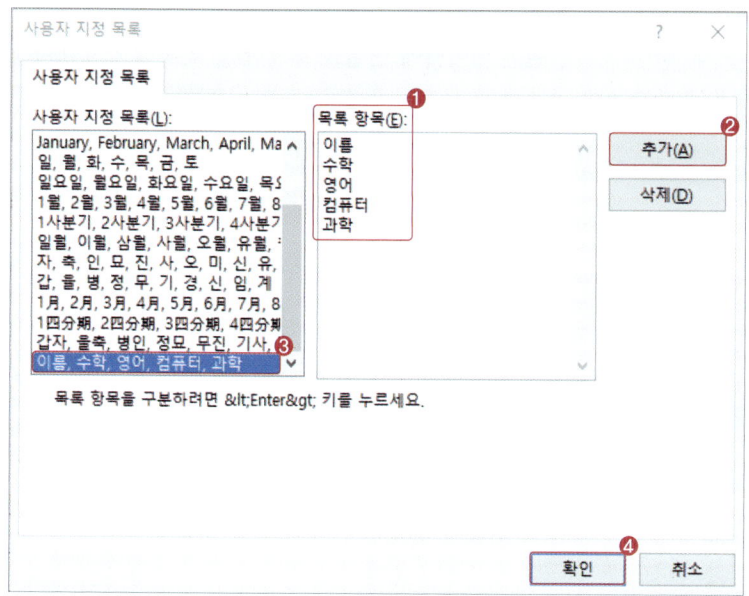

> 📒 **기적의 TIP**
>
> 행 번호는 필드제목이 있는 행 3을 선택한다.

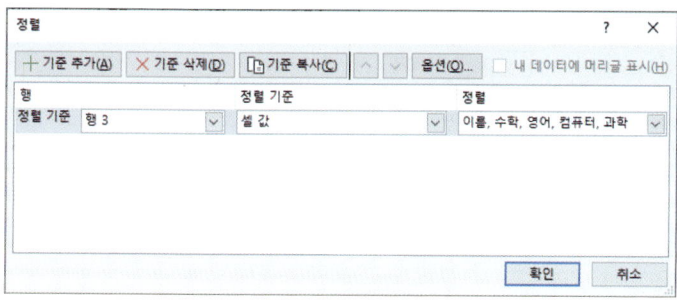

⑤ '시트1'과 '시트2'의 [A3:E14] 영역을 블록 설정한 후 ①~③과 같은 방법으로 정렬을 수행한다. 이때 사용자 지정 목록은 이미 추가되어 있으므로, 추가된 목록을 선택한 뒤 [확인]을 클릭한다.

⑥ '분석작업-2' 시트의 [B4:E14] 영역을 블록 설정한 후 [데이터] 탭에서 [데이터 도구]의 [통합]을 클릭한다.
⑦ '함수'에서 **평균**을 선택한다. '참조'에 **시트1!$B$4:$E$14**를 입력하고 [추가]를 누른 다음 같은 방법으로 **시트2!$B$4:$E$14**를 추가한다.
⑧ 사용할 레이블에서 **첫 행, 왼쪽 열**을 체크하지 않고, **원본 데이터에 연결**을 체크한다. 최종적으로 대화창을 확인한 다음 [확인]을 누른다.

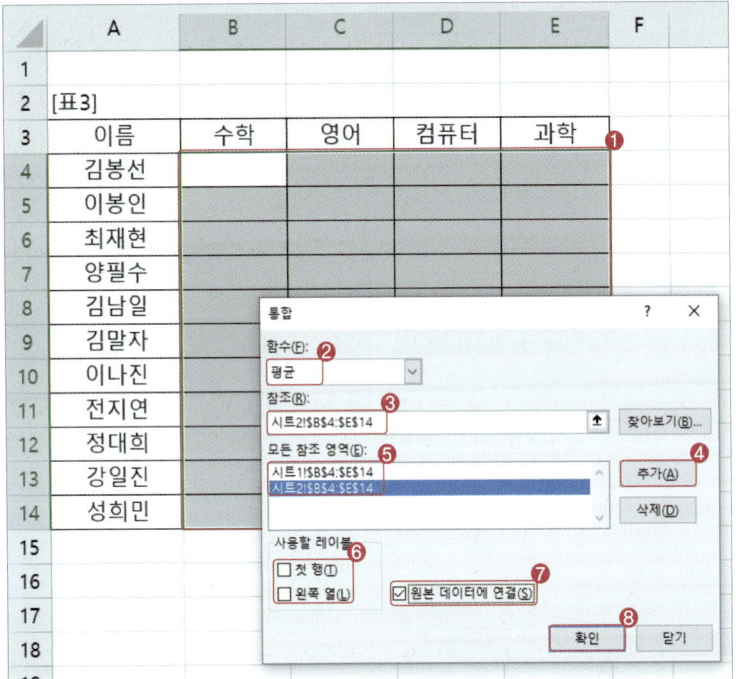

> 기적의 TIP
>
> **원본 데이터에 연결하는 경우**
> • 왼쪽 열과 첫 행을 포함해 블록 설정하여 통합하는 경우, 결과 열이 하나 더 추가된다.
>   예) 통합 전 열 이름 A,B,C,D,E → 통합 후 A,B,C,D,E,F (A와 C 사이에 빈 열 삽입됨)
> • 왼쪽 열과 첫 행을 제외한 데이터만 블록 설정하면, 통합 전과 동일한 열 이름을 유지한다.
>   예) 통합 전 열 이름 A,B,C,D,E → 통합 후 A,B,C,D,E

## 문제 ④ 기타작업   1. 매크로('기타작업-1' 시트)

**정답**

| | A | B | C | D | E | F | G | H | I | J | K |
|---|---|---|---|---|---|---|---|---|---|---|---|
| 1 | | | 편의점 라면 판매현황 | | | | | | | | |
| 2 | | | | | | | | | | | |
| 3 | 코드 | 제품명 | 입고일 | 입고량 | 판매가 | 할인율 | 판매량 | 총판매액 | | 서식1 | 서식2 |
| 4 | 제230-1호 | 감자면 | 2024-10-11 | 100 | 5,720 | 10% | 57 | 293 | | | |
| 5 | 제230-2호 | 김치 큰사발 | 2024-10-11 | 200 | 11,900 | 15% | 168 | ■1,699 | | | |
| 6 | 제230-3호 | 순한 너구리 | 2024-10-11 | 180 | 5,060 | 5% | 162 | 779 | | | |
| 7 | 제230-4호 | 농심라면 | 2024-10-12 | 50 | 16,800 | 10% | 26 | 393 | | | |
| 8 | 제230-5호 | 느타리라면 | 2024-10-13 | 300 | 12,000 | 5% | 268 | ■3,055 | | | |
| 9 | 제230-6호 | 무파마 | 2024-10-13 | 100 | 4,580 | 5% | 68 | 296 | | | |
| 10 | 제230-7호 | 신라면 | 2024-10-13 | 250 | 4,400 | 15% | 245 | 916 | | | |
| 11 | 제230-8호 | 얼큰 장칼국수 | 2024-10-14 | 150 | 17,920 | 15% | 128 | ■1,950 | | | |
| 12 | 제230호 | 짜왕 | 2024-10-14 | 200 | 5,500 | 5% | 133 | 695 | | | |
| 13 | 제240-1호 | 짜파게티 | 2024-10-14 | 150 | 5,060 | 10% | 144 | 656 | | | |
| 14 | 제240-2호 | 튀김우동 | 2024-10-16 | 250 | 5,390 | 15% | 299 | ■1,370 | | | |
| 15 | 제240-3호 | 김치라면 | 2024-10-17 | 200 | 19,680 | 5% | 172 | ■3,216 | | | |
| 16 | 제240-4호 | 맛있는라면 | 2024-10-18 | 150 | 4,730 | 15% | 134 | 539 | | | |
| 17 | 제240-5호 | 설렁탕면 | 2024-10-18 | 350 | 11,300 | 5% | 170 | ■1,825 | | | |
| 18 | 제240-6호 | 쇠고기면 | 2024-10-18 | 250 | 3,080 | 10% | 216 | 599 | | | |
| 19 | 제240-7호 | 손칼국수 | 2024-10-19 | 220 | 5,030 | 15% | 240 | ■1,026 | | | |
| 20 | 제240호 | 삼양라면 | 2024-10-20 | 100 | 4,000 | 10% | 300 | ■1,080 | | | |
| 21 | 제240-9호 | 수타면 | 2024-10-20 | 120 | 11,730 | 25% | 120 | ■1,056 | | | |
| 22 | 제250-1호 | 쌀국수 | 2024-10-20 | 110 | 8,000 | 20% | | 임시보류 | | | |
| 23 | 제250-2호 | 열무비빔면 | 2024-10-20 | 220 | 2,880 | 11% | 210 | 538 | | | |
| 24 | 제250-3호 | 육개장 | 2024-10-21 | 260 | 4,070 | 10% | 310 | ■1,136 | | | |
| 25 | 제250-4호 | 해물파티 | 2024-10-22 | 140 | 11,790 | 20% | 270 | ■2,547 | | | |
| 26 | 제250호 | 진라면 | 2024-10-23 | 150 | 9,000 | 10% | 350 | ■2,835 | | | |

① [개발 도구] 탭에서 [코드]의 [매크로 기록]을 클릭한다.
② [매크로 기록] 대화상자에서 '매크로 이름'에 **서식적용1**을 입력하고 [확인]을 클릭한다.
③ [H4:H30] 영역을 블록 설정하고, Ctrl + 1 을 눌러 [셀 서식]을 연다.
④ [셀 서식]의 [표시 형식] 탭에서 [사용자 지정]을 클릭한다. '형식'에 **[빨강][>=1000000]"■"#,##0,;[녹청][>=100000]#,##0,;[파랑]"□"#,##0,;"임시"@**를 입력한 후 [확인]을 클릭한다.
⑤ 임의 셀을 클릭하여 블록을 해제하고, [개발 도구] 탭에서 [코드]의 [기록 중지]를 클릭한다.
⑥ Alt 를 누른 상태에서 [J3:J5] 영역에 **단추(양식 컨트롤)**을 삽입한 다음, 텍스트를 **서식1**로 수정한다. 이어서 마우스 오른쪽으로 클릭하여 [매크로 지정]에서 **서식1** 매크로를 연결하고 [확인]을 클릭한다.
⑦ [개발 도구] 탭에서 [코드]의 [매크로 기록]을 다시 클릭한다.
⑧ '매크로 이름'에 **서식적용2**를 입력하고 [확인]을 클릭한다.
⑨ [A4:A30] 영역을 블록 설정하고, Ctrl + 1 을 눌러 [셀 서식]을 연다.
⑩ [셀 서식]의 [표시 형식] 탭에서 [사용자 지정]을 클릭한다. '형식'에 **[빨강][>=1000]"제"000-0"호";[파랑]"제"0"호"**를 입력하고 [확인]을 클릭한다.
⑪ 임의 셀을 클릭하여 블록을 해제하고, [개발 도구] 탭에서 [코드]의 [기록 중지]를 클릭한다.
⑫ Alt 를 누른 상태에서 [K3:K5] 영역에 **단추(양식 컨트롤)**을 삽입한 다음, 텍스트를 **서식2**로 수정한다. 이어서 마우스 오른쪽으로 클릭하여 [매크로 지정]에서 **서식2** 매크로를 연결하고 [확인]을 클릭한다.

## 문제 ④ 기타작업  2. 차트('기타작업-2' 시트)

|정답|

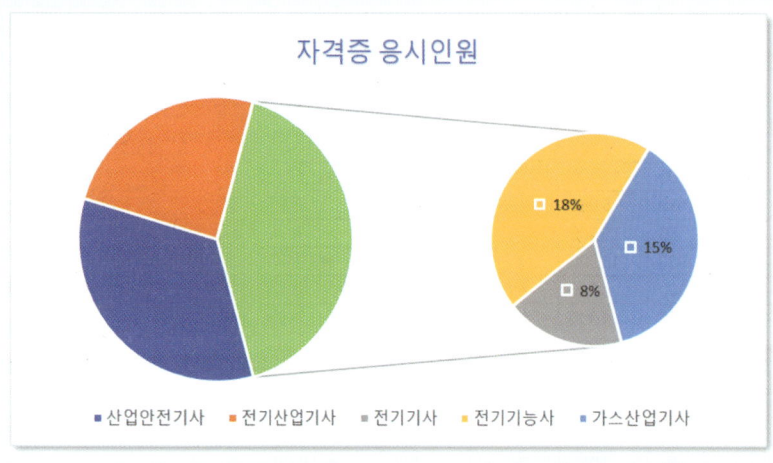

① 차트를 선택한 후, [차트 디자인] 탭의 [데이터] 그룹에서 [데이터 선택]을 클릭한다.
② [데이터 원본 선택] 대화상자에서 [행/열 전환]을 클릭하고, '범례 항목(계열)'에서 '컴퓨터활용능력1급'과 '워드1급'을 각각 선택하여 [제거]한 후 다시 [행/열 전환]을 클릭한다.
③ '계열1'을 선택하고 [편집]을 클릭한 다음, [계열 편집] 대화상자에서 '계열 이름'에 **인원수**를 입력한 뒤 [확인]을 클릭한다.

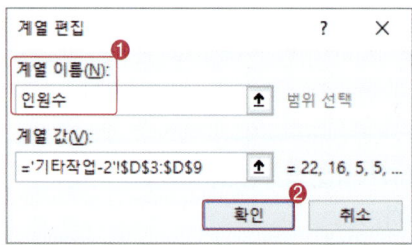

④ [차트 디자인] 탭의 [종류]에서 [차트 종류 변경]을 클릭하고, [차트 종류 변경] 대화상자에서 '모든 차트' 항목의 '원형' 중 **원형 대 원형**을 선택한 후 [확인]을 클릭한다.
⑤ '차트 제목'을 선택하고, 수식입력줄에 =를 입력한 후 [A1] 셀을 클릭하고 Enter 를 누른다.
⑥ '차트 제목'을 선택한 후, [서식] 탭의 [WordArt 스타일]에서 **채우기: 파랑, 강조색 1, 그림자**를 선택한다.

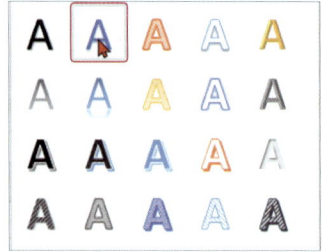

⑦ 차트의 '계열'을 선택하고, [데이터 계열 서식]에서 [계열 옵션]을 설정하여 **백분율 값**을 선택하고 '최고값'을 20%로, '간격 너비'를 100%로 지정한다.

⑧ '둘째 구간'을 선택한 후, [차트 디자인] 탭 – [차트 레이아웃]의 [차트 요소 추가] – [데이터 레이블]에서 [가운데]를 클릭한다.

⑨ 차트의 '레이블'을 선택하고, [데이터 레이블 서식]의 [레이블 옵션]에서 '레이블 내용'에 백분율을 체크하고, **범례 표지**와 **지시선**을 **기본값**으로 설정한 후, '레이블 위치'를 **가운데**로 지정한다.

⑩ '기타' 계열을 두 번 클릭하고, [데이터 계열 서식]의 [채우기 및 선] 탭에서 '채우기' 항목의 '패턴'을 **점선 80%**로 선택하고, '전경색'을 **표준 색 – 연한 녹색**으로 설정한다.

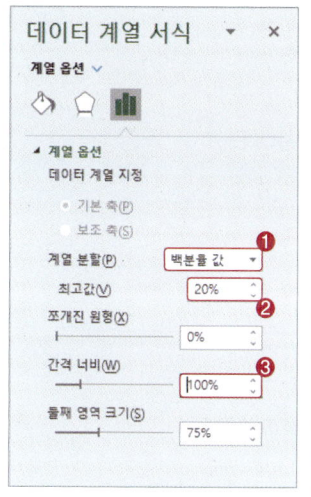 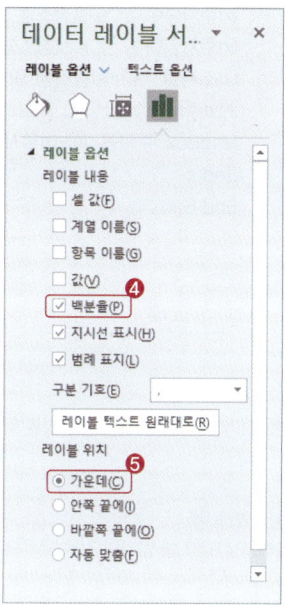 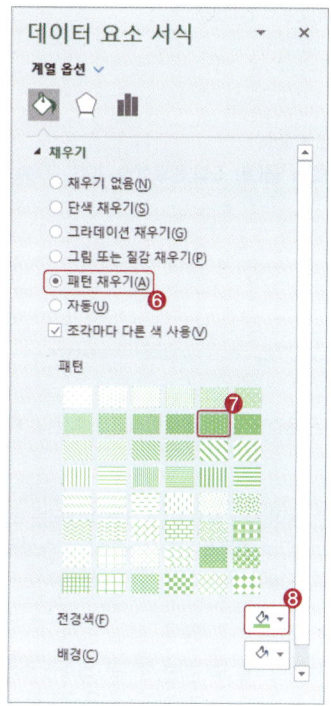

## 문제 ❹ 기타작업  3. VBA 프로시저('기타작업-3' 시트)

**|정답|**

▶ 폼보기
```
Private Sub cmd주차장조회_Click()
조회화면.Show
End Sub
```

▶ 폼 초기화
```
Private Sub UserForm_Initialize()
cmb주차번호.RowSource = "b4:b27"
End Sub
```

▶ 종료
```
Private Sub cmd종료_Click()
MsgBox cmb주차번호 & "을(를) 조회 완료했습니다.", , Date
Unload Me
End Sub
```

▶ 조회
```
Private Sub cmd조회_Click()
참조행 = cmb주차번호.ListIndex + 4
txt주택유형 = Cells(참조행, 3)
txt구분 = Cells(참조행, 4)
txt법정명 = Cells(참조행, 5)
txt유형정보 = Cells(참조행, 6)
txt주차총수 = Cells(참조행, 7)
txt주차임대수 = Cells(참조행, 8)
txt조사일 = Cells(참조행, 9)
If txt주차총수 >= 200 Then
MsgBox "주차공간에 여유가 있습니다.", , ""
End If
End Sub
```

### 💬 코드 설명

▶ 폼 보기
UserForm.Show 구문은 폼을 모달(modal) 방식으로 띄운다. 즉, 사용자가 폼을 닫기 전까지는 다른 작업을 할 수 없다.

▶ 폼 초기화
- UserForm_Initialize는 폼이 처음 로드될 때 자동 실행되는 초기화 이벤트이다.
- cmb주차번호는 ComboBox 컨트롤이며, RowSource 속성을 통해 [B4:B27] 셀 범위의 값을 목록으로 설정한다. 이로써 사용자는 주차번호를 드롭다운으로 선택할 수 있다.

▶ 종료
- MsgBox 함수는 메시지 박스를 표시하는 함수로, 조회한 주차번호와 함께 현재 날짜(Date)를 표시한다.
- Unload Me는 현재 열려 있는 UserForm(즉, Me)을 종료하는 명령이다.

▶ 조회
- cmb주차번호.ListIndex는 현재 선택된 항목의 인덱스 번호(0부터 시작)를 반환하는데, 이 인덱스에 +4를 더하는 이유는 실제 데이터가 시트의 4행부터 시작되기 때문이다.
- Cells(참조행, 열번호)를 통해 참조한 행의 해당 열 데이터를 각각 텍스트박스(txt~)에 채운다.

① [개발 도구] 탭의 [컨트롤] 그룹에서 [디자인 모드]를 클릭한 뒤, 〈주차장조회〉 버튼을 더블클릭하면 'cmd주차장조회_Click' 코드 창이 열린다. 폼을 실행하기 위해 정답의 '▶ 폼 보기' 코드를 입력한다.
② 폼을 초기화하기 위해 [프로젝트 – VBAProject] 탐색기에서 '폼'을 확장하고, 〈조회화면〉 폼을 마우스 오른쪽 버튼으로 클릭하여 [코드 보기]를 선택한다.
③ 코드 창 상단의 이벤트 목록에서 Initialize를 선택하여 초기화 상태로 변경한 후, 정답의 '▶ 폼 초기화' 코드를 입력한다.
④ 코드 작성기 개체 목록에서 'cmd조회'를 선택한 뒤, 정답의 '▶ 조회' 코드를 입력한다.
⑤ 코드 작성기 개체 목록에서 'cmd종료'를 선택한 뒤, 정답의 '▶ 종료' 코드를 입력한다.
⑥ 모든 코드를 입력한 후, [파일] 탭에서 [닫고 Microsoft Excel(으)로 돌아가기]를 클릭한다.

# PART 04

# 데이터베이스 시험 유형 따라하기

## CONTENTS

01 DB 구축
02 입력 및 수정 기능 구현
03 조회 및 출력 기능 구현
04 처리 기능 구현

**예제 파일 위치**

[26컴활1급(커미조아)] → [데이터베이스] → [PART 04] 폴더

# 01 DB 구축

반복학습 1 2 3

### 시험유형 ❶   '테이블.accdb' 파일

1. 제품을 주문하는 업무를 수행하기 위한 데이터베이스를 구축하려고 한다. 다음의 지시사항에 따라 〈주문상세내역〉과 〈주문〉 테이블을 완성하시오.

   ① 〈주문〉 테이블의 '주문번호' 필드는 기본키가 아니면서 고유한 값이 입력되도록 하고 IME모드를 영숫자 반자로 나타내고 소문자로 입력해도 대문자로 표시되도록 형식을 설정하시오.

   ② 〈주문〉 테이블의 '주문일' 필드는 2024년의 날짜(2024. 1. 1~2024. 12. 31)만 입력되도록 유효성검사 규칙을 설정하고 위반했을 시 "날짜를 확인하시오."라는 메시지가 뜨게 설정하시오(between 연산자를 사용할 것).

   ③ 〈주문상세내역〉 테이블의 기본키는 '주문번호'와 '내역번호'로 설정하시오.

   ④ 〈주문상세내역〉 테이블의 '제품코드' 필드는 'CD785'처럼 대문자 두 글자와 숫자 세 자리로 표시되도록 입력마스크를 설정하시오.
   ▶ 문자와 숫자는 반드시 입력되어야 한다.

   ⑤ 〈주문상세내역〉 테이블의 '정가'*'수량'의 값은 '금액'과 일치하도록 유효성검사 규칙을 설정하시오.

2. 외부 데이터 가져오기 기능을 이용하여 C:\DB 폴더에 있는 '주문회원.xlsx' 파일의 '회원' 시트 내용을 〈회원〉 테이블에 추가하시오.
   ▶ '회원' 시트의 데이터를 추가하되, 첫 행에 열 머리글이 있도록 하시오.

3. 〈주문상세내역〉 테이블의 '주문번호' 필드는 〈주문〉 테이블의 '주문번호' 필드를 참조하며, 두 테이블 간의 관계는 M:1이다. 또한 〈주문상세내역〉 테이블의 '제품코드' 필드는 〈제품〉 테이블의 '제품코드' 필드를 참조하며, 두 테이블 간의 관계 역시 M:1이다. 각 테이블에 대해 다음과 같이 관계를 설정하시오.
   ▶ 테이블 간에 항상 참조 무결성을 유지하도록 설정하시오.
   ▶ 〈주문〉 테이블의 '주문번호'가 변경되면 이를 참조하는 〈주문상세내역〉 테이블의 '주문번호'가 따라 변경되고, 〈제품〉 테이블의 '제품코드'가 변경되면 이를 참조하는 〈주문상세내역〉 테이블의 '제품코드'도 따라 변경되도록 설정하시오.
   ▶ 〈주문상세내역〉 테이블에서 참조하고 있는 〈주문〉 테이블의 레코드나 〈제품〉 테이블의 레코드를 삭제할 수 없도록 하시오.

## 01 테이블 설계 및 제약 조건 설정

① [주문번호] 필드에 인덱스 지정, IME 모드, 대문자 지정

① '모든 Access 개체' 목록의 〈주문〉 테이블에서 마우스 오른쪽 버튼을 눌러 [디자인 보기]를 클릭한다.

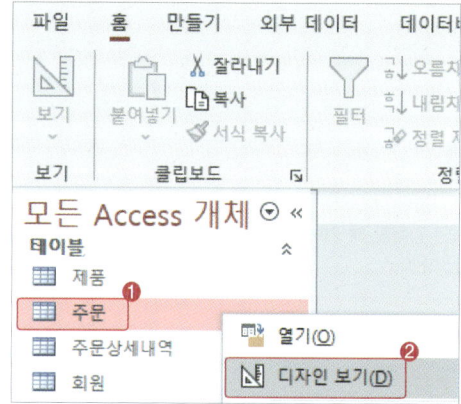

> **기적의 TIP**
>
> 화면전환
> - 디자인 보기 : Ctrl + .
> - 데이터시트보기 : Ctrl + .

② '주문번호' 필드를 선택하고, [일반] 탭의 '인덱스'를 **예(중복 불가능)**으로 설정한다.

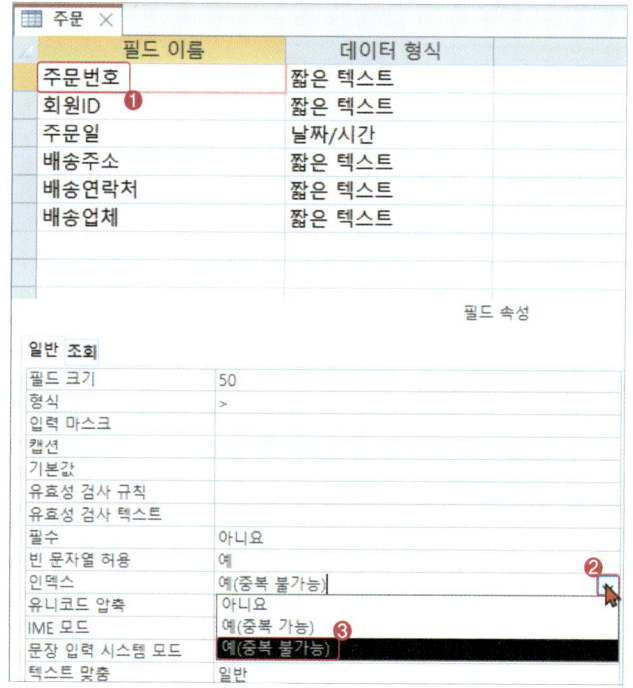

> **기적의 TIP**
>
> [필드 속성]의 목록 상자에 커서를 두고 마우스를 더블 클릭하면 항목이 순차적으로 변경된다.

> **기적의 TIP**
>
> 인덱스
> - 예(중복 가능) : 중복된 값을 입력할 수 있음(고유하지 않은 데이터)
> - 예(중복 불가능) : 중복된 값을 입력할 수 없음(고유한 데이터)

③ 이어서 'IME 모드'의 목록에서 **영숫자 반자**를 선택한다.

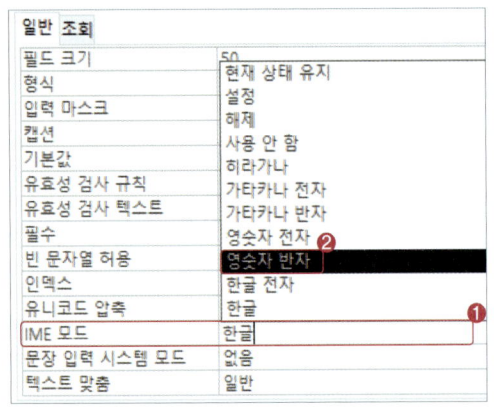

> 🅱 **기적의 TIP**
>
> **IME 모드**
> 언어를 설정하면 입력할 때 키보드의 [한/영]을 누르지 않아도 자동으로 설정된 언어로 입력된다.

④ 끝으로 '형식'에 〉를 입력한다.

> 🅱 **기적의 TIP**
>
> **대문자와 소문자의 입력 마스크**
> • 대문자 : 〉
> • 소문자 : 〈

② '주문일' 필드에 유효성 검사 규칙 설정

① '주문일' 필드를 선택한다. [일반] 탭의 '유효성 검사 규칙'에 between 2024-01-01 and 2024-12-31을 입력하고, '유효성 검사 텍스트'에 **날짜를 확인하시오.**를 입력한다.

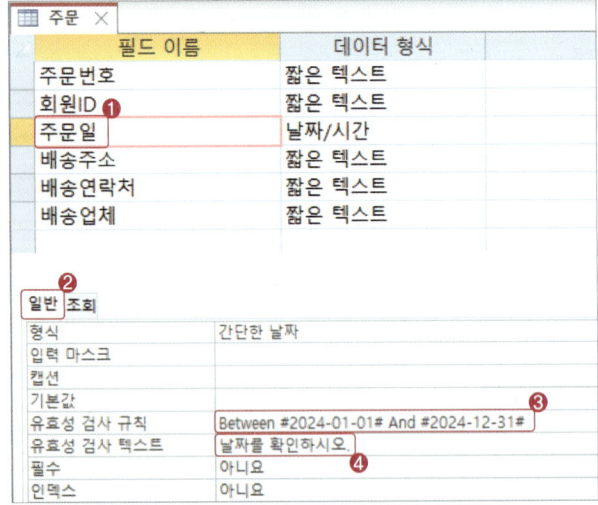

> **기적의 TIP**
>
> 테이블의 구조적 변경사항을 저장하는 방법([Ctrl]+[S])

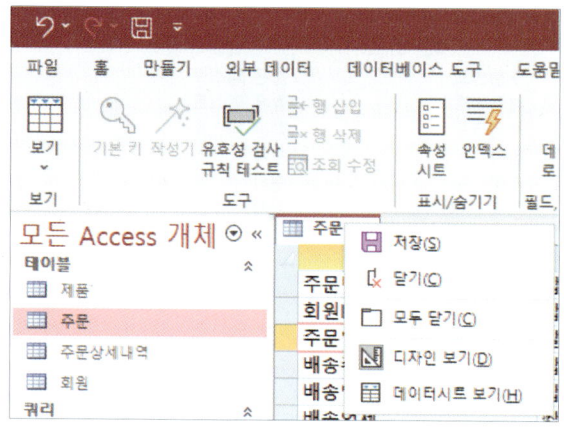

② [저장]을 누르고, 그림과 같이 새로운 규칙에 관한 대화 상자가 뜨면 [예]를 클릭한다.

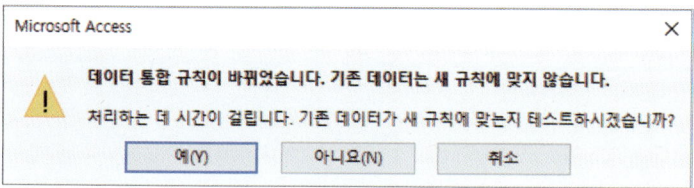

> **기적의 TIP**
>
> **날짜 입력 검사 규칙과 오류 처리**
> 1. Between 2024-1-1 And 2024-12-31을 입력하고 [Enter]를 누르면, Access에서 자동으로 날짜 양쪽에 # 기호가 붙는다.
> 2. 저장 후 〈주문〉 테이블을 열어 검사 규칙에 어긋나는 값을 입력하면, 오류 메시지 박스가 나타난다.
> 3. 이때 확인 버튼을 누른 후, 키보드에서 [Esc]를 눌러 잘못 입력된 값을 이전 상태로 되돌린다.
> 4. 만약 [Esc]를 누르지 않으면, 원본 데이터가 훼손될 수 있다.
>
>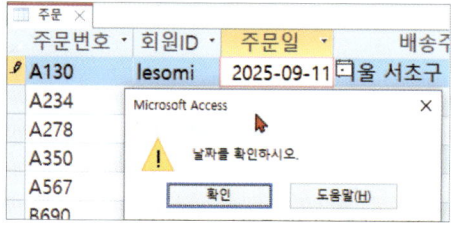

③ '주문번호' 필드에 기본키 설정

① 〈주문상세내역〉 테이블에서 마우스 오른쪽 버튼을 눌러 [디자인 보기]를 클릭한다.

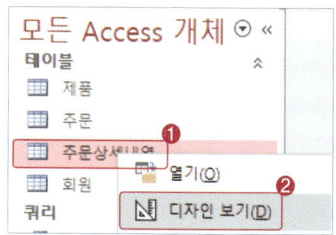

② '주문번호' 필드와 '내역번호' 필드를 Shift 를 누른 상태에서 동시에 선택한 후, 마우스 오른쪽 버튼을 눌러 [기본키]를 클릭한다. 기본키를 설정하면 오른쪽과 같이 표시된다.

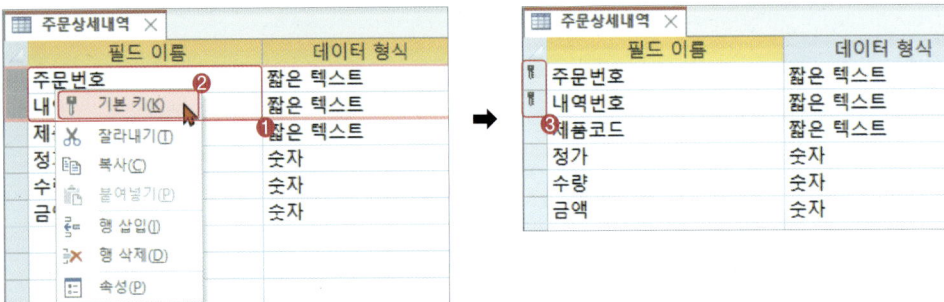

④ '제품코드' 필드에 입력 마스크 설정

① 〈주문상세내역〉 테이블의 '제품코드' 필드를 선택하고 '입력 마스크'에 〉LL000을 입력한다.

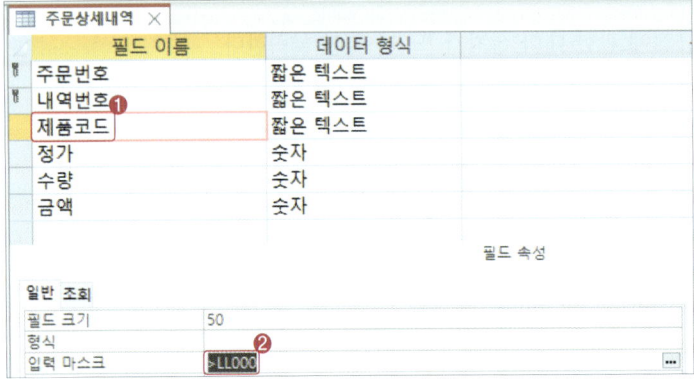

> **기적의 TIP**
>
> **입력 마스크**
> • 입력 마스크의 특징
>   - 구성 : 기호, 저장 여부, 표시 문자
>   - 저장 방법 : 마스크 기호를 저장하려면 저장 여부를 0으로 설정
>
> • 입력 마스크의 유형
>
> | 유형 | 기호 | 의미 | 필수 여부 | 빈칸 처리 | 비고 |
> |---|---|---|---|---|---|
> | 문자 | L | 문자 1개 | 필수 | 불가 | |
> | | ? | 문자 1개 | 선택 | 가능 | |
> | | A | 문자 · 숫자 · 한글 | 필수 | 가능 | 한 글자 필수 |
> | | a | 문자 · 숫자 · 한글 | 선택 | 가능 | |
> | | & | 모든 문자(공백 포함) | 필수 | 가능 | |
> | | C | 모든 문자(공백 포함) | 선택 | 가능 | |
> | | ₩ | 바로 뒤의 문자를 그대로 표시 | - | - | ₩A 입력 시 A 그대로 표시 |
> | 숫자 | 0 | 숫자 1개 | 필수 | 불가 | |
> | | 9 | 숫자 1개 | 선택 | 가능 | |
> | | # | 숫자 1개 | 선택 | 가능 | +, - 부호 사용 가능 |
> | 대소문자 변환기호 | 〉 | 이후 입력 문자를 모두 대문자로 변환 | | | |
> | | 〈 | 이후 입력 문자를 모두 소문자로 변환 | | | |

- 입력 마스크 vs 형식
  - 입력 마스크 : 필드에 입력되는 문자를 제한하는 속성
  - 형식 : 이미 입력된 내용을 어떻게 표시할지 정의하는 속성

⑤ '정가'*'수량'='금액' 유효성 검사 규칙 설정

① 〈주문상세내역〉 테이블의 [디자인 보기] 상태에서 [테이블 디자인] 탭의 [속성 시트](Alt+Enter)를 실행한 후, 유효성 검사 규칙에 [정가]*[수량]=[금액]을 입력한다.

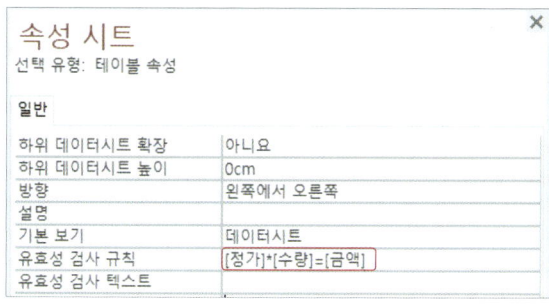

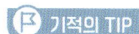 기적의 TIP

**유효성 검사 규칙 설정**
- 하나의 필드에 대한 유효성 검사 규칙은 해당 필드의 [일반] 탭에서 '유효성 검사 규칙'에 입력한다. 그러나 두 개 이상의 필드를 함께 연결하여 규칙을 지정하려면 [속성 시트]의 '유효성 검사 규칙'에 입력한다.
- 규칙을 잘못 지정하면 테이블이 닫히지 않을 수 있으므로, 문제를 풀 때마다 반드시 저장하는 것이 좋다.
- 저장은 프로그램 상단의 저장(🔲) 버튼을 클릭하거나 단축키(Ctrl+S)를 누르면 된다.

## 02 외부 데이터 가져오기

① [외부 데이터] 탭 - [가져오기 및 연결]의 [새 데이터 원본] - [파일에서]에서 [Excel]을 클릭한다.

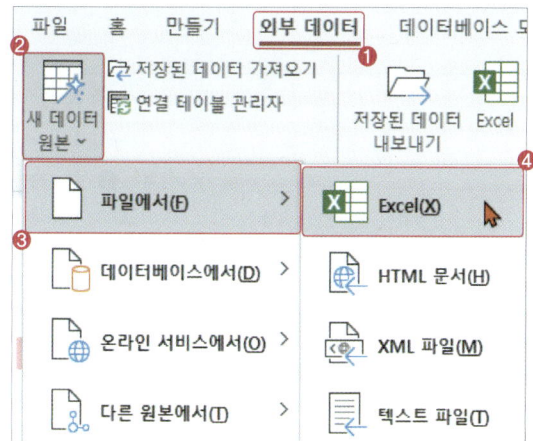

② [외부 데이터 가져오기] 대화상자의 '파일 이름'의 [찾아보기]를 클릭한다.

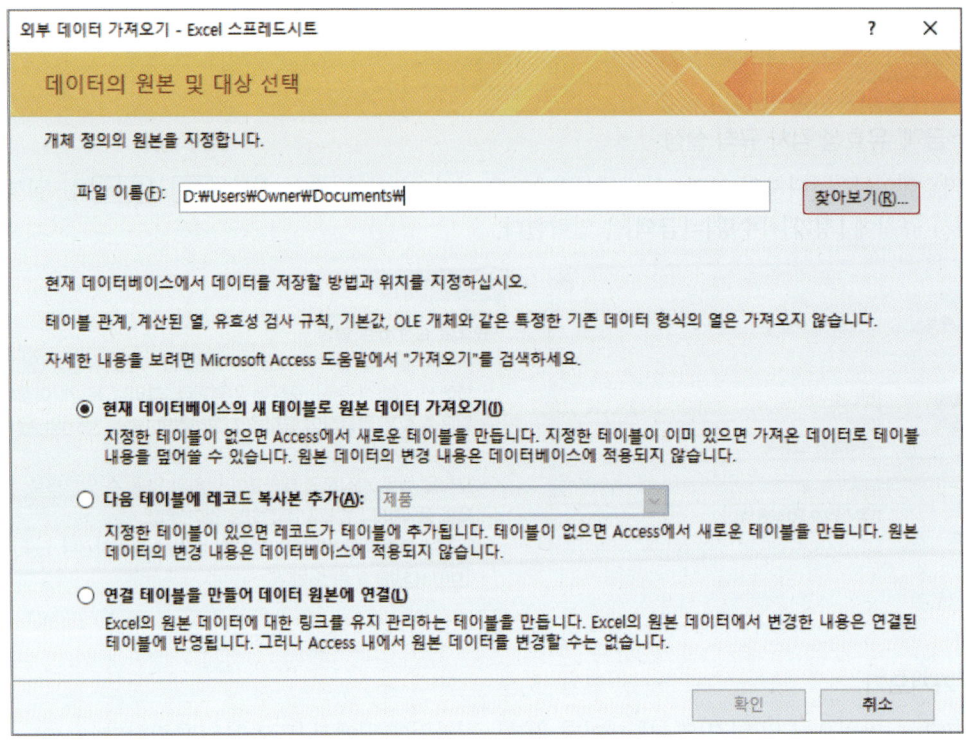

③ 주문회원.xlsx 파일을 클릭한 후 [열기]를 클릭한다.

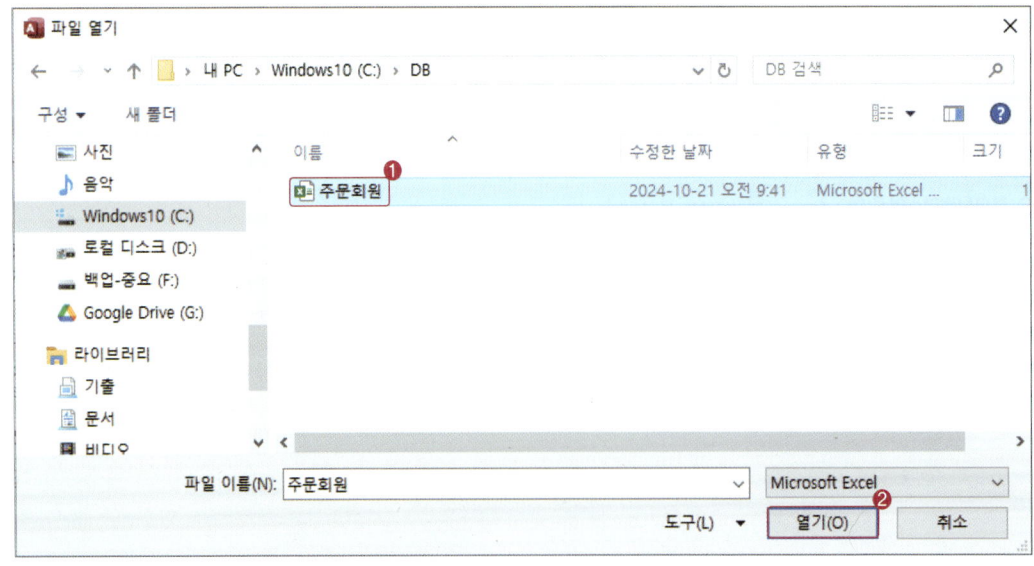

🅱 기적의 TIP

C:\DB 폴더는 시험장 컴퓨터에서의 경로입니다.
주문회원.xlsx 파일의 경로는 다운로드한 [7807]-[26컴활1급(커미조아)]-[데이터베이스]-[PART 04] 폴더에 있습니다.

④ 데이터를 저장할 방법과 위치 지정 시 '다음 테이블에 레코드 복사본 추가(A)'의 '목록 버튼'을 클릭하여 **〈회원〉 테이블**을 선택한 후 [확인]을 클릭한다.

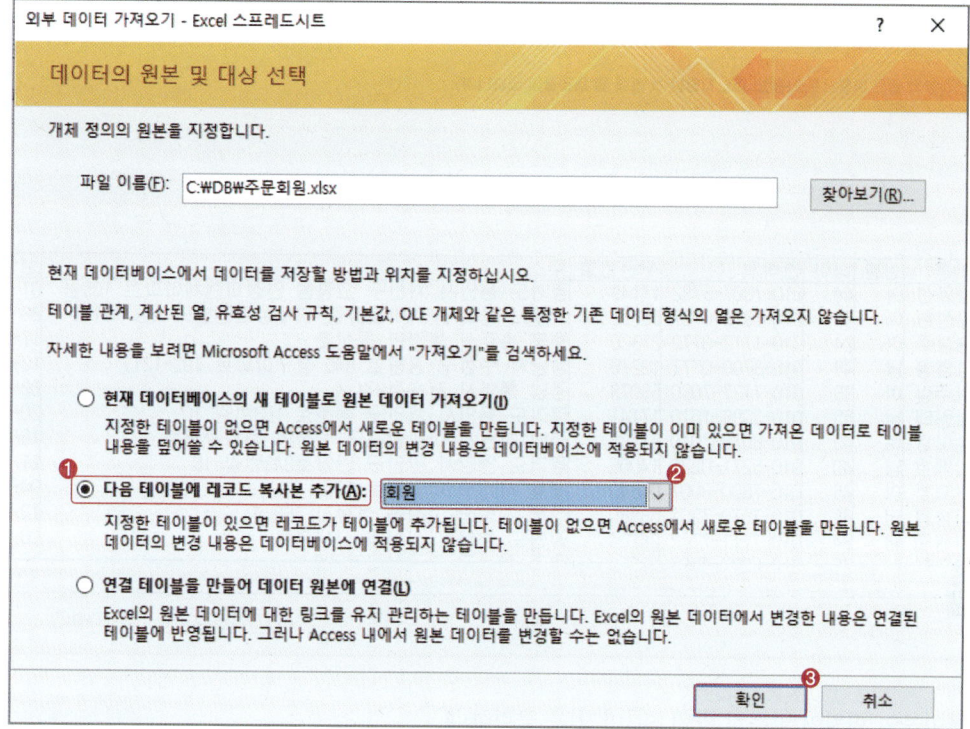

> **기적의 TIP**
>
> 데이터의 원본 및 대상 선택의 옵션
> - 현재 데이터베이스의 새 테이블로 원본 데이터 가져오기 : 새로운 테이블로 만듦
> - 다음 테이블에 레코드 복사본 추가 : 기존 테이블에 가져온 테이블의 내용을 추가
> - 연결 테이블을 만들어 데이터 원본에 연결 : 기존 테이블에 가져온 테이블을 연결

⑤ [스프레드시트 가져오기 마법사] 대화상자에서 [다음]을 클릭한다. 기존 테이블에 추가하는 것이므로 [첫 행에 열 머리글이 있음]은 생략한다.

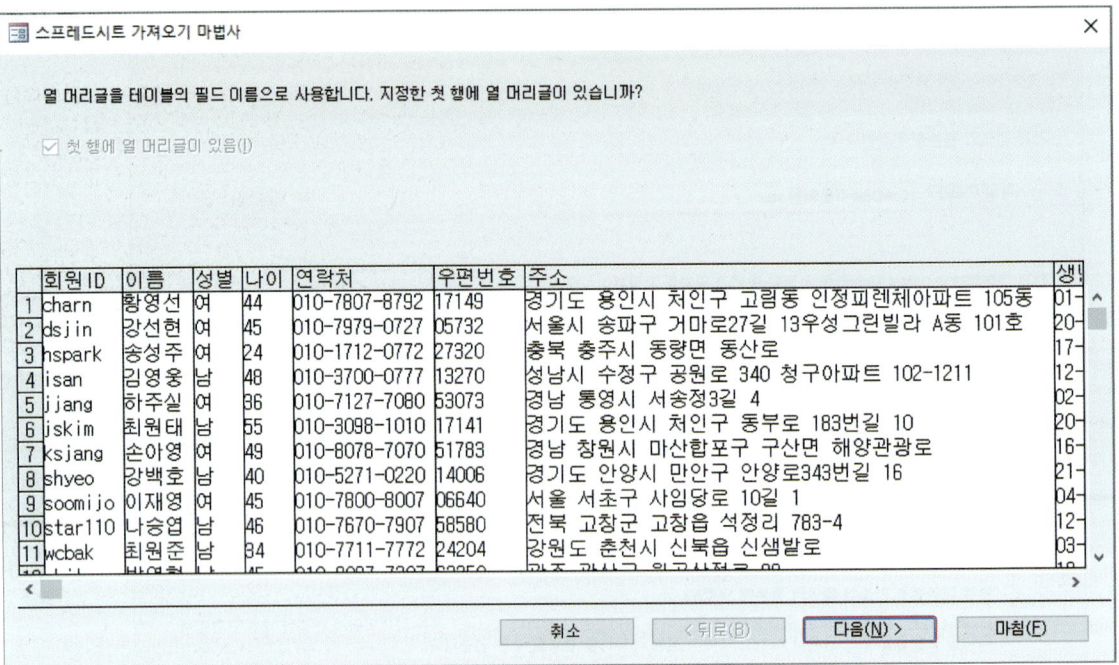

⑥ 추가할 테이블이름이 **회원**이 맞는지 확인 후 [마침]을 클릭한다.

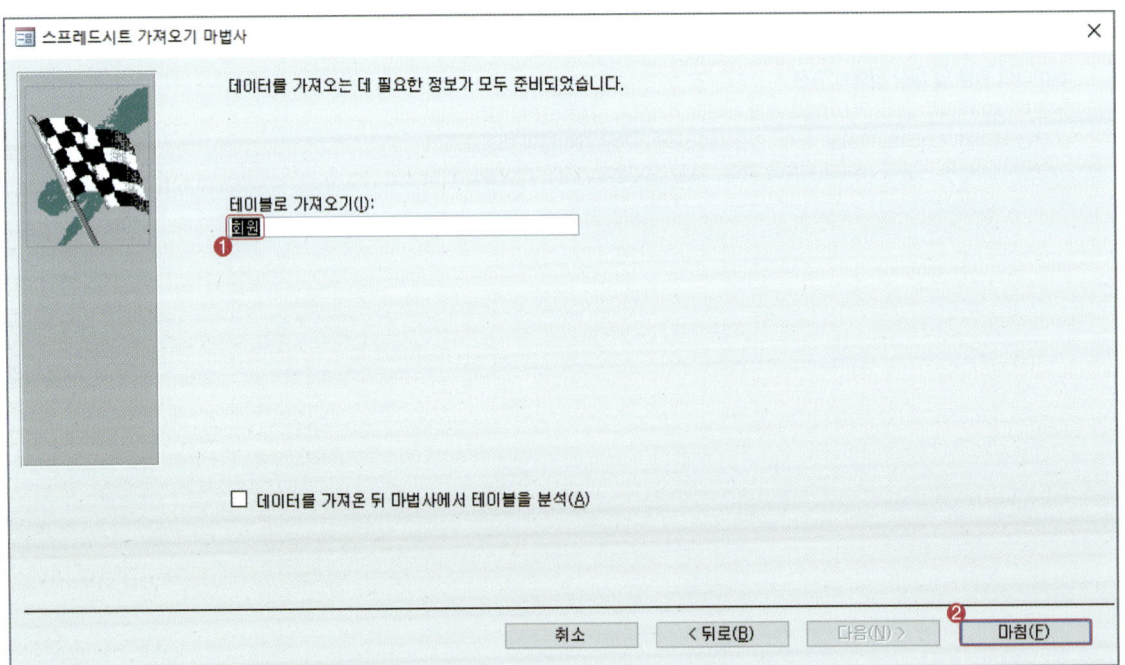

⑦ [외부 데이터 가져오기] 마지막 단계에서 [가져오기 단계 저장]은 하지 않는다. [닫기]를 클릭하면 〈회원〉 테이블에 '회원추가.xlsx' 파일의 내용이 추가된다.

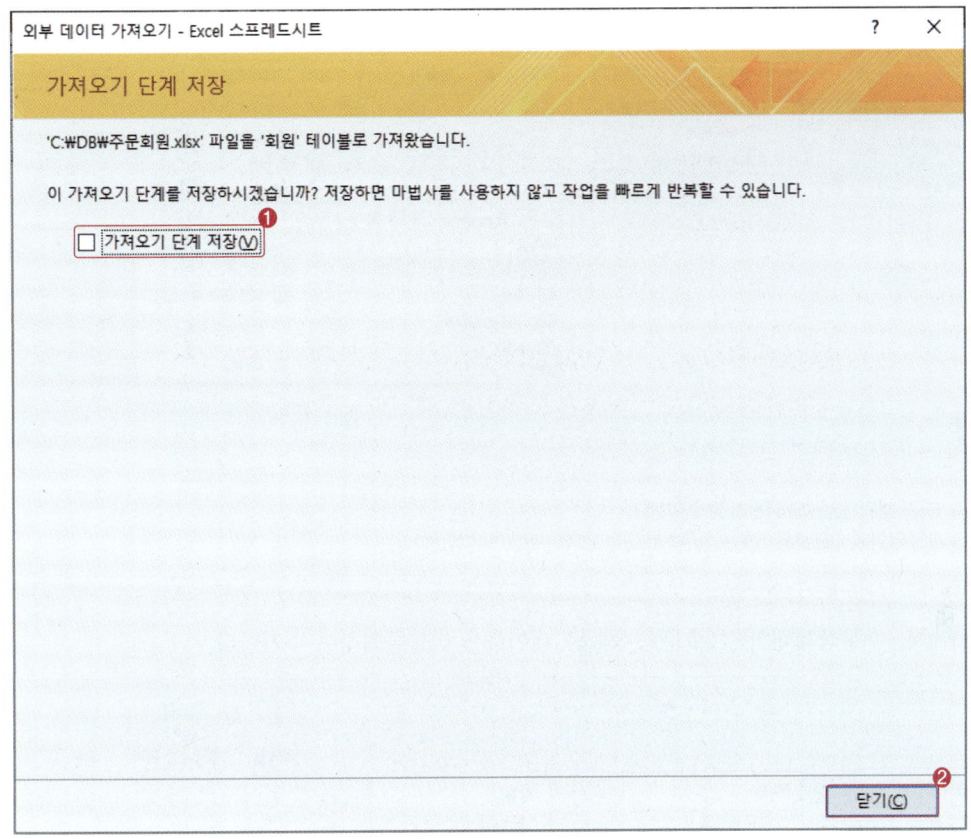

▼ 추가되기 전 〈회원〉 테이블

| 회원ID | 이름 | 성별 | 나이 | 연락처 | 우편번호 | 주소 | 생년월일 | 주민등록번호 |
|---|---|---|---|---|---|---|---|---|
| cdpark | 이경현 | 남 | 66 | 010-2657-8462 | 16836 | 경기도 용인시 수지구 정평로 116 한국아파트 105-606 | 1958-09-24 | 580924-1409489 |
| chaehee | 김경진 | 남 | 47 | 010-8913-7900 | 05572 | 서울시 송파구 올림픽로 4길 15 아시아 선수촌 7동 100 | 1977-03-17 | 781130-1308028 |
| lesomi | 이소미 | 여 | 34 | 010-9713-6715 | 06598 | 서울시 서초구 고무래로 89 반포써밋아파트 205-1102 | 1990-04-12 | 900412-2648310 |

▼ 추가된 후의 〈회원〉 테이블

| 회원ID | 이름 | 성별 | 나이 | 연락처 | 우편번호 | 주소 | 생년월일 | 주민등록번호 |
|---|---|---|---|---|---|---|---|---|
| cdpark | 이경현 | 남 | 66 | 010-2657-8462 | 16836 | 경기도 용인시 수지구 정평로 116 한국아파트 105-606 | 1958-09-24 | 580924-1409489 |
| chaehee | 김경진 | 남 | 47 | 010-8913-7900 | 05572 | 서울시 송파구 올림픽로 4길 15 아시아 선수촌 7동 100 | 1977-03-17 | 781130-1308028 |
| charn | 황영선 | 여 | 44 | 010-7807-8792 | 17149 | 경기도 용인시 처인구 고림동 인정피렌체아파트 105동 | 1980-02-01 | 800201-1409109 |
| dsjin | 강선현 | 여 | 45 | 010-7979-0727 | 05732 | 서울시 송파구 거마로27길 13우성그린빌라 A동 101호 | 1979-12-20 | 791220-2328218 |
| hspark | 송성주 | 여 | 24 | 010-1712-0772 | 27320 | 충북 충주시 동량면 동산로 | 2000-01-17 | 000117-4409289 |
| isan | 김영웅 | 남 | 48 | 010-3700-0777 | 13270 | 성남시 수정구 공원로 340 청구아파트 102-1211 | 1976-05-12 | 760512-1612512 |
| jjang | 하주실 | 여 | 36 | 010-7127-7080 | 53073 | 경남 통영시 서송정3길 4 | 1988-08-02 | 880802-1409589 |
| jskim | 최원태 | 남 | 55 | 010-3098-1010 | 17141 | 경기도 용인시 처인구 동부로 183번길 1 | 1969-06-20 | 690620-2409509 |
| ksjang | 손아영 | 여 | 49 | 010-8078-7070 | 51783 | 경남 창원시 마산합포구 구산면 해양관광로 | 1975-01-16 | 750116-2409189 |
| lesomi | 이소미 | 여 | 34 | 010-9713-6715 | 06598 | 서울시 서초구 고무래로 89 반포써밋아파트 205-1102 | 1990-04-12 | 900412-2648310 |
| shyeo | 강백호 | 남 | 40 | 010-5271-0220 | 14006 | 경기도 안양시 만안구 안양로343번길 16 | 1984-02-21 | 840221-2409709 |
| soomijo | 이재영 | 여 | 45 | 010-7800-8007 | 06640 | 서울 서초구 사임당로 10길 1 | 1979-06-04 | 790604-2307707 |
| star110 | 나승엽 | 남 | 46 | 010-7670-7907 | 58580 | 전북 고창군 고창읍 석정리 783-4 | 1978-04-12 | 780412-2409409 |
| wcbak | 최원준 | 남 | 34 | 010-7711-7772 | 24204 | 강원도 춘천시 신북읍 신샘밭로 | 1990-09-03 | 900903-2409489 |
| white | 박영현 | 남 | 45 | 010-9097-7207 | 62350 | 광주 광산구 월곡산정로 89 | 1979-10-18 | 791018-2604084 |

## 03 테이블 간 관계 설정

① [데이터베이스 도구] 탭의 [관계]에서 [관계]를 클릭하고, [관계] 창의 빈 화면에서 마우스 오른쪽 버튼을 눌러 [테이블 표시]를 클릭한다.

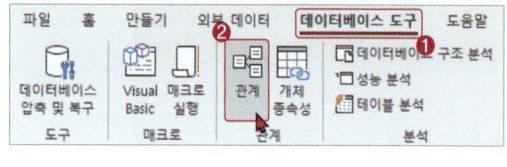
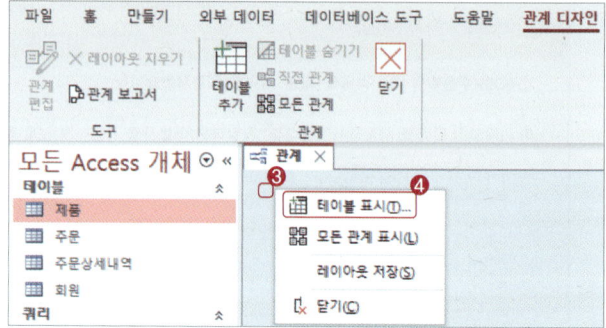

> **기적의 TIP**
>
> **테이블 추가**
> 1. [데이터베이스 도구] 탭의 [관계]에서 [관계]를 클릭한다.
> 2. 모든 Access 개체 영역에서 관련 테이블을 마우스로 관계 영역으로 끌어서 놓는다.

② [테이블 추가]에서 〈주문상세내역〉, 〈주문〉, 〈제품〉 테이블을 더블클릭하여 추가한다.

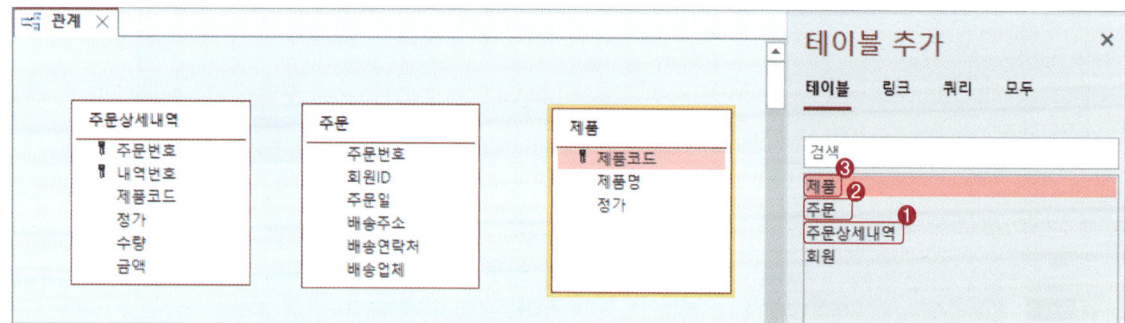

③ 〈주문상세내역〉 테이블의 '주문번호' 필드를 선택한 후, 〈주문〉 테이블의 '주문번호' 필드로 드래그한다. [관계 편집] 대화상자에서 다음과 같이 설정한 후 [만들기]를 클릭한다.

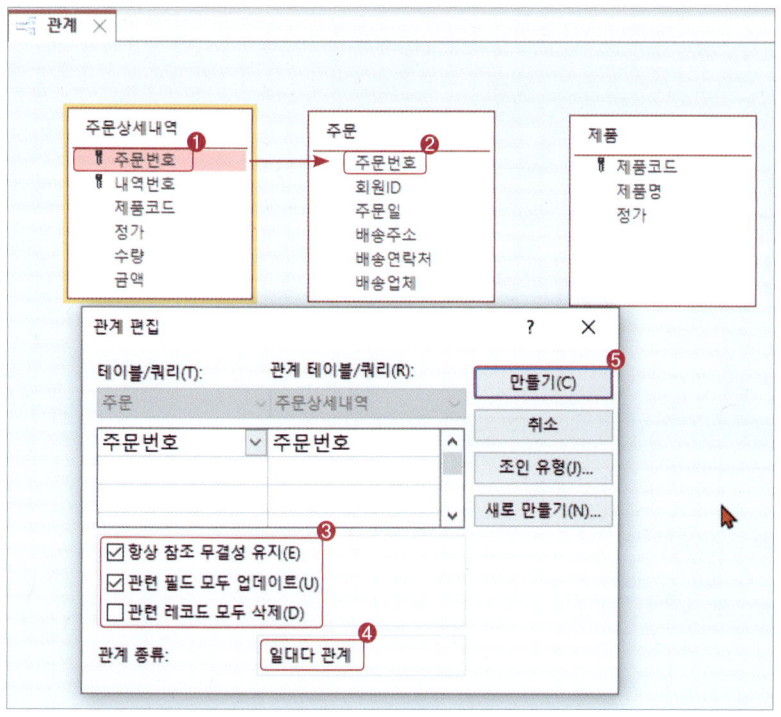

④ 〈주문상세내역〉 테이블의 '제품코드' 필드를 선택한 후, 〈제품〉 테이블의 '제품코드' 필드로 드래그한다. [관계 편집] 대화상자에서 다음과 같이 설정한 후 [만들기]를 클릭한다.

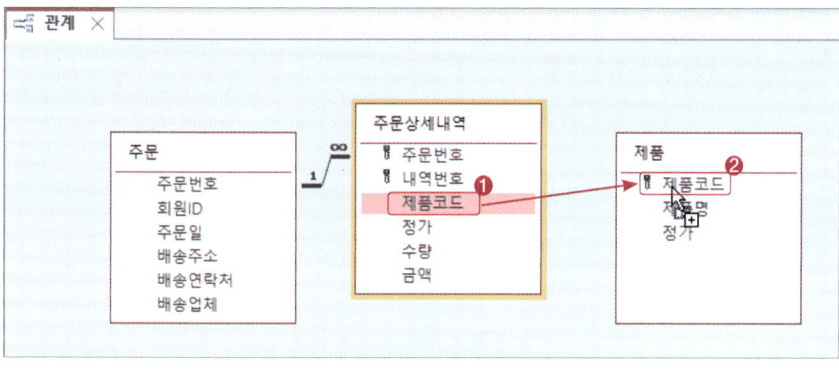

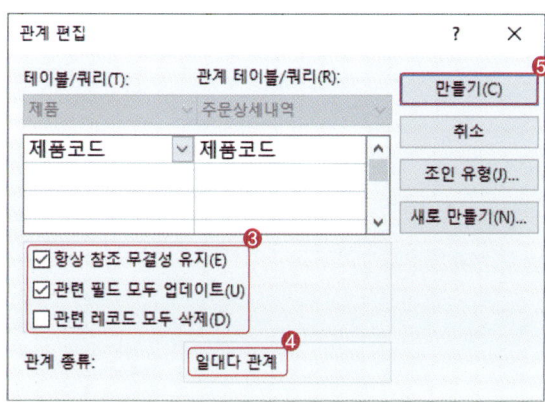

⑤ [관계 디자인] 탭의 '닫기'를 누른 후 생성되는 [저장] 대화상자에서 [예]를 클릭하여 저장한다.

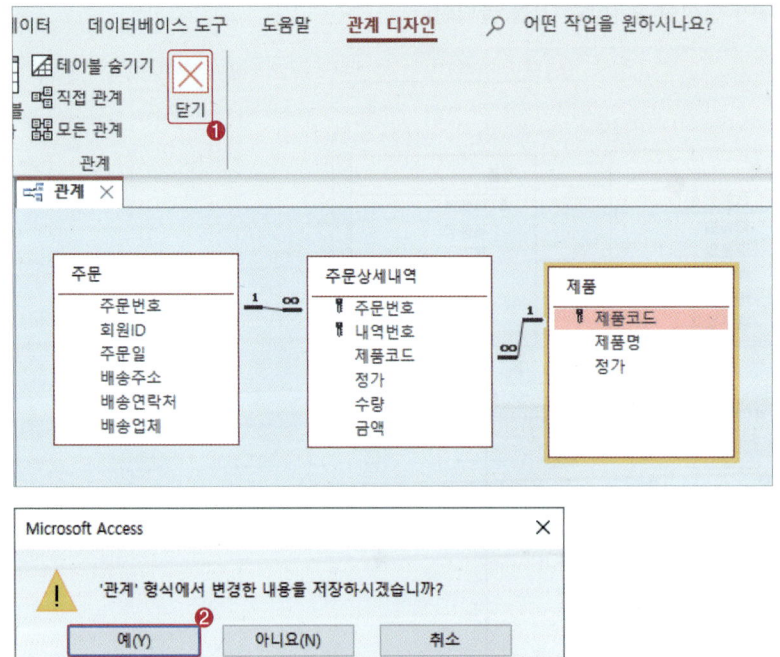

## 시험유형 ❷ '테이블.accdb' 파일

1. 원활한 업무를 수행하기 위한 데이터베이스를 구축하려고 한다. 다음의 지시사항에 따라 〈회원〉 테이블을 완성하시오.
   ① 〈회원〉 테이블을 로드할 때 '성별' 필드 기준으로 오름차순 정렬을 하고 '성별'이 동일한 경우 '이름' 순으로 내림차순 정렬할 수 있도록 설정하시오.
   ② 〈회원〉 테이블의 '생년월일' 필드는 새로운 레코드가 추가되는 경우 시간을 포함하지 않는 시스템의 오늘 날짜가 입력되도록 설정하시오.
   ③ 〈회원〉 테이블의 '회원ID' 필드의 데이터를 입력할 때 소문자로 표시되게 유효성검사 규칙을 설정하시오.
   ④ 〈회원〉 테이블의 '연락처' 필드에는 '010-****-****'과 같이 "010"과 8자리 숫자는 반드시 입력되도록 입력마스크를 설정하시오.
      ▶ 숫자 입력 자리에는 0~9까지의 숫자만 입력할 수 있도록 설정하시오.
      ▶ 자료 입력 시 화면에는 '*'을 표시하고 문자열과 '-' 기호도 함께 테이블에 저장되도록 설정하시오.
   ⑤ 〈회원〉 테이블의 마지막 행에 '비고' 필드를 추가하고 255자를 넘지 않는 데이터 형식으로 설정하시오.

2. 〈주문〉 테이블의 '회원ID' 필드에 대해 다음과 같이 조회 속성을 설정하시오.
   ▶ 〈회원〉 테이블의 '이름', '성별', '나이', '연락처'가 콤보 상자의 형태로 표시되도록 설정하시오.
   ▶ 필드에는 '회원ID'가 저장되도록 하시오.
   ▶ 필드에서 '회원ID'는 표시되지 않도록 열 너비를 설정하고 목록 너비를 10cm로 설정하시오.
   ▶ 목록 값만 입력할 수 있도록 설정하시오.

| 주문번호 | 회원ID | 주문일 | 배송주소 | 배송연락처 | 배송업체 |
|---|---|---|---|---|---|
| A130 | 이소미 | 2024-09-11 | 서울 서초구 반포동 | (02 )792-2153 | 한진택배 |
| A234 | 이경현 | 남 | 66 | 010-2657- | (031)642-6015 CJ대한통운택배 |
| A278 | 김경진 | 남 | 47 | 010-8913- | (02 )245-5432 우체국택배 |
| A350 | 황영선 | 여 | 44 | 010-7807- | (02 )571-2153 한진택배 |
| A567 | 강선현 | 여 | 45 | 010-7979- | (031)647-1215 한진택배 |
| B690 | 송성주 | 여 | 24 | 010-1712- | (053)414-5588 우체국택배 |
| B711 | 김영웅 | 남 | 48 | 010-3700- | (02 )379-7575 로젠택배 |
| B723 | 하주실 | 여 | 36 | 010-7127- | (031)645-1664 경동택배 |

3. 〈주문〉 테이블의 '회원ID' 필드는 〈회원〉 테이블의 '회원ID' 필드를 참조하며, 테이블간의 관계는 M:1이다. 각 테이블에 대해 다음과 같이 관계를 설정하시오.
   ▶ 테이블 간에 항상 참조 무결성을 유지하도록 설정하시오.
   ▶ 〈회원〉 테이블의 '회원ID'가 변경되면 이를 참조하는 〈주문〉 테이블의 '회원ID'가 따라 변경되도록 설정하시오.
   ▶ 〈주문〉 테이블에서 참조하고 있는 〈회원〉 테이블의 레코드를 삭제할 수 없도록 하시오.

## 01 테이블 구축 및 속성 설정

### ① 속성 시트에 정렬 기준 설정

① '모든 Access 개체' 목록의 〈회원〉 테이블에서 마우스 오른쪽 버튼을 눌러 [디자인 보기]를 클릭한다.

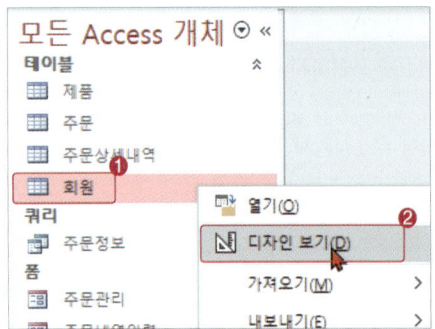

② [테이블 디자인] 탭의 [표시/숨기기]에서 [속성 시트]를 클릭한다.

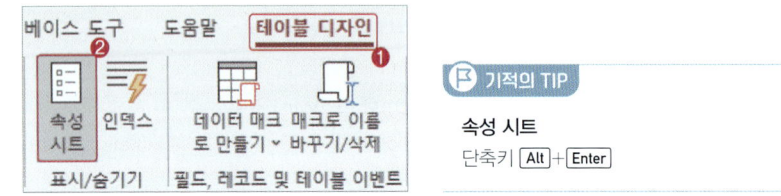

> 🅑 **기적의 TIP**
> 
> **속성 시트**
> 단축키 Alt + Enter

③ [속성 시트]의 '정렬 기준'에 **성별, 이름 Desc**를 입력하고, '로드할 때 정렬'을 **예**로 변경한다.

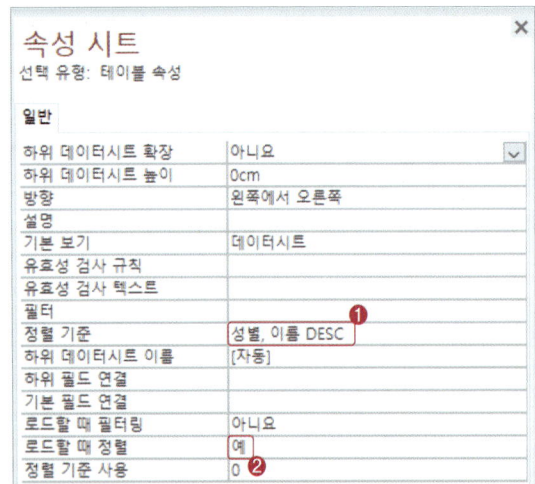

② 기본값 설정

① '생년월일' 필드를 선택한 후, [일반] 탭의 '기본값'에 Date()를 입력한다.

> **🅕 기적의 TIP**
>
> **기본값**
> - 현재 시각 : Time( )
> - 현재 날짜 및 시각 : Now( )
> - 현재 날짜 : Date( )
> - 올해 연도 : Year(Date( ))

③ 입력 시 소문자로 입력하는 유효성 검사 규칙 설정

① [속성 시트]를 실행한 후 '유효성 검사 규칙'에 LCase([회원ID])를 입력한다.

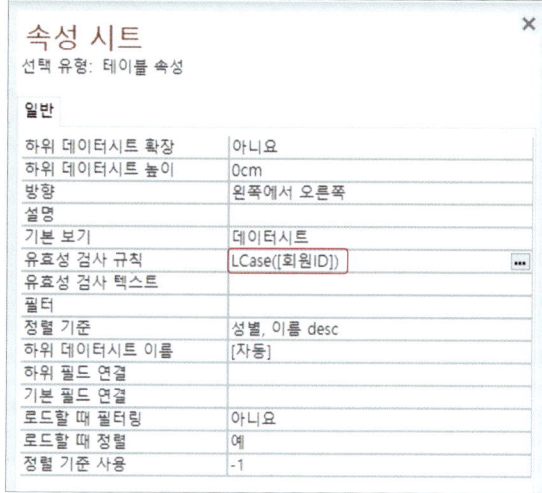

> **🅕 기적의 TIP**
>
> **유효성 검사 시 '대문자, 소문자'로 입력하게 하는 규칙**
> 1. 필드에 대문자 또는 소문자로만 입력되도록 제한하려면 [속성 시트]의 유효성 검사 규칙 속성에 함수를 지정한다.
>    - 대문자 : Ucase([필드])
>    - 소문자 : Lcase([필드])
> 2. 규칙을 지정한 후 [저장]을 누르면 경고 대화상자가 나타난다. 이때 [예]를 클릭하여 규칙을 적용한다.
>
>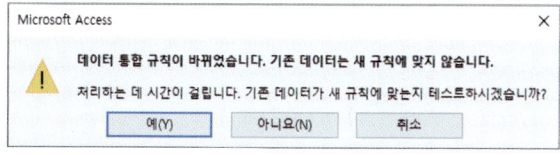

④ 연락처 필드에 입력 마스크 설정

① '연락처' 필드를 선택하고, [일반] 탭의 '입력 마스크'에 **"010"-0000-0000;0;\*** 을 입력한다.

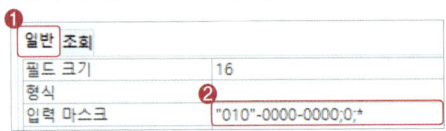

> 🅿 기적의 TIP
>
> **입력 마스크**
> - "010" : 항상 표시
> - 0000-0000 : 8자리 숫자로 표시
> - ;0 : "010"- 를 저장
> - ;* : 입력모드일 때 *로 표시
>
> ※ 입력 마스크를 지정하면 아래 〈그림〉처럼 입력할 때 "010"은 항상 표시되고 나머지 입력할 자리는 *로 표시되어 있다.

⑤ 새로운 필드 추가

① '주민등록번호' 필드 아래(제일 아래) 칸의 필드 이름을 **비고**로 입력한 후, '데이터 형식'을 **짧은 텍스트**로 설정한다(특정 위치에 필드를 추가하는 경우는 기존 필드 선택한 후 마우스 오른 클릭 메뉴에서 '행 삽입'을 선택).

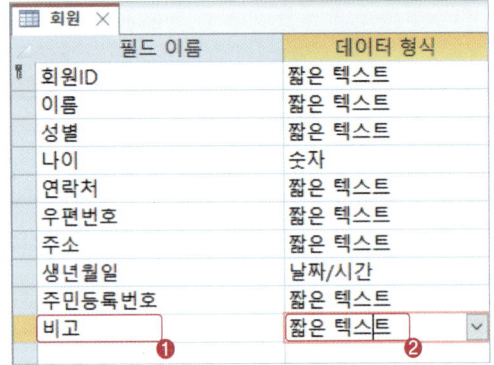

> 🅿 기적의 TIP
>
> **데이터 형식**
> - 짧은 텍스트 : 글자 크기 255자
> - 긴 텍스트 : 글자 크기 255자 초과
> - 숫자 : byte, 정수, 정수(Long)
> - 일련번호 : 중복되지 않은 1씩 증가하는 번호
> - Yes/No : 예/아니오 둘 중에 하나만 선택(Yes=-1, No=0)
> - 첨부 파일 : 여러 개의 파일을 첨부할 때

## 02 테이블의 조회 속성 설정

① 〈주문〉 테이블에서 마우스 오른쪽 버튼을 눌러 [디자인 보기]를 클릭한다.

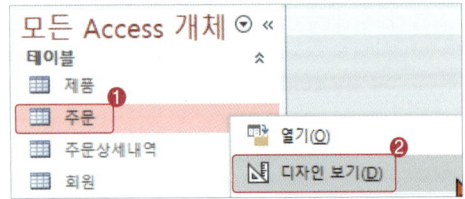

② '회원ID' 필드를 선택한 후, [조회] 탭의 '컨트롤 표시'의 목록에서 [콤보 상자]를 선택한다.

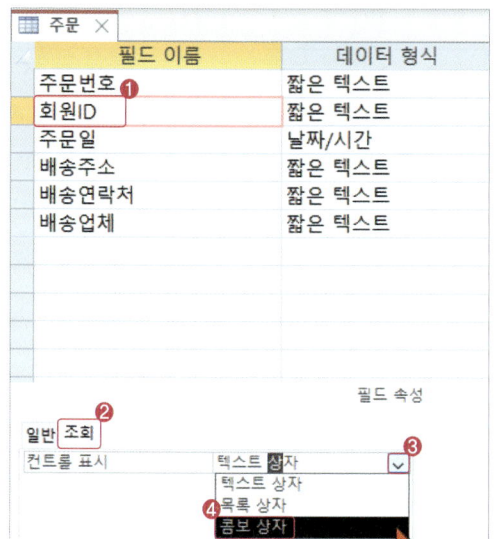

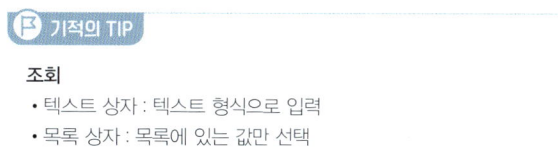

**기적의 TIP**

**조회**
- 텍스트 상자 : 텍스트 형식으로 입력
- 목록 상자 : 목록에 있는 값만 선택
- 콤보 상자 : 목록에 있는 값을 선택하거나 임의로 텍스트 입력

③ '행 원본 유형'은 '테이블/쿼리'를 선택한 후 '행 원본'의 [식 작성기(…)]를 클릭한다. 쿼리 작성기가 실행이 되면 [테이블 추가] 상자에서 〈회원〉 테이블을 더블클릭하여 '쿼리 작성기'에 추가한 다음, 〈회원〉 테이블의 필드 목록에서 가져올 필드를 차례대로 더블클릭하여 쿼리 입력창에 추가한 후, [닫기] 버튼을 클릭해서 쿼리 작성기를 종료한다('회원ID', '이름', '성별', '나이', '연락처' 필드를 차례대로 넣음).

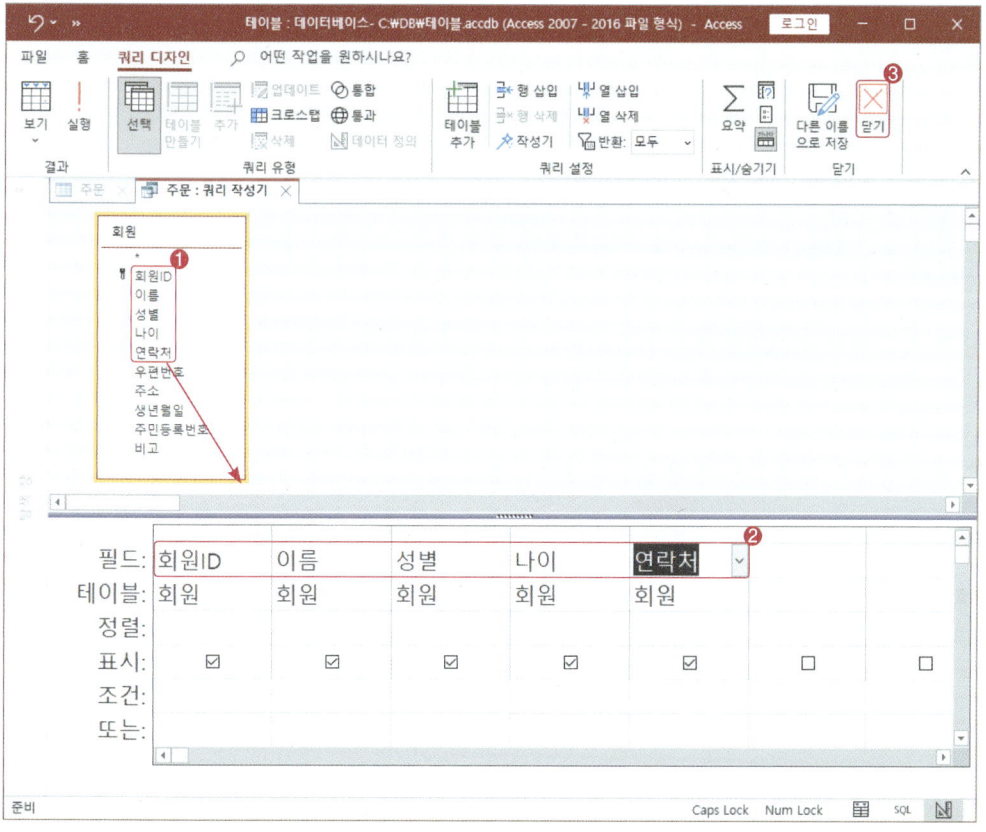

④ [닫기]를 클릭하고 [예]를 클릭한다. 행 원본은 'SELECT 회원.회원ID, 회원.이름, 회원.성별, 회원.나이, 회원.연락처 FROM 회원;'으로 변경된다.

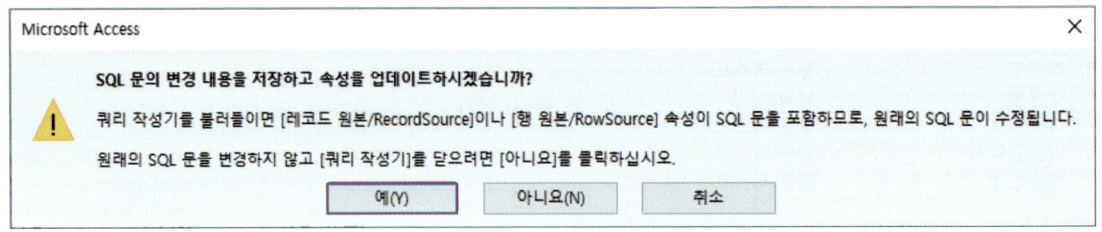

⑤ 아래의 그림과 같이 설정한다.

> 🅱 기적의 TIP
>
> **테이블/쿼리**
> - 바운드 열
>   - 〈주문〉테이블의 '회원ID'필드와 바운드할 필드는 〈회원〉 테이블의 '회원ID'필드이므로 1로 설정한다.
>   - 불러오는 열 번호는 1번부터 시작한다(회원ID=1,이름=2,성별=3,나이=4,연락처=5).
> - 열 개수 : 불러온 열의 개수(회원ID, 이름, 성별, 나이, 연락처)
> - 열 이름 : 열 머리글 표시 여부
> - 열 너비 : 각 필드의 열 너비(숨겨야 할 필드의 너비는 0으로 지정)
> - 행 수 : 표시될 행의 수
> - 목록 너비 : 필드를 표시할 전체 너비
> - 목록 값만 허용 : 필드에 포함된 데이터만 허용

⑥ 테이블 상단의 테이블 이름에서 마우스 오른쪽 버튼을 눌러 [저장하기]를 클릭한 후 [디자인 보기]를 닫는다. 그림과 같은 대화 상자가 나타나면 [예]를 클릭한다.

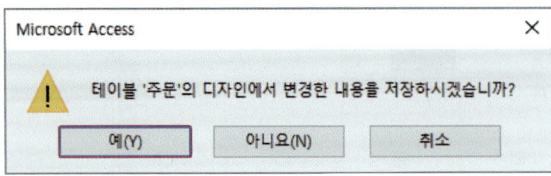

▼ 〈주문〉 테이블의 '회원ID' 필드의 조회 속성 설정 결과값

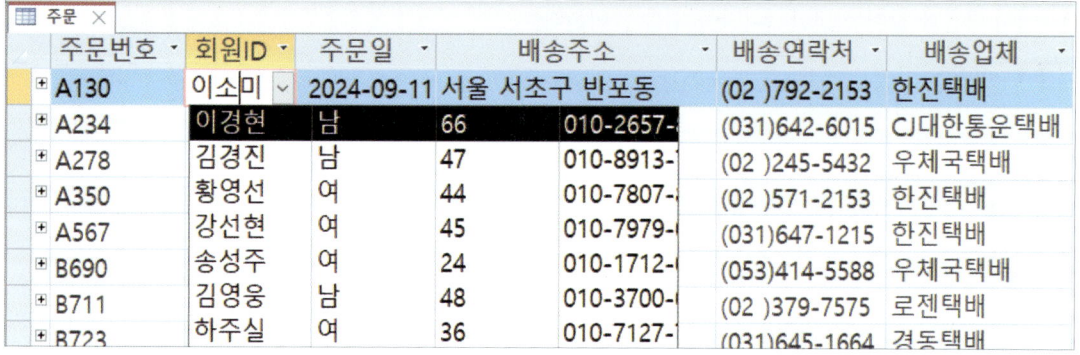

### 03 테이블 관계 설정

① [데이터베이스 도구] 탭의 [관계]에서 [관계]를 클릭한 후, [관계] 창의 빈 화면에서 마우스 오른쪽 버튼을 눌러 [테이블 표시]를 클릭한다.

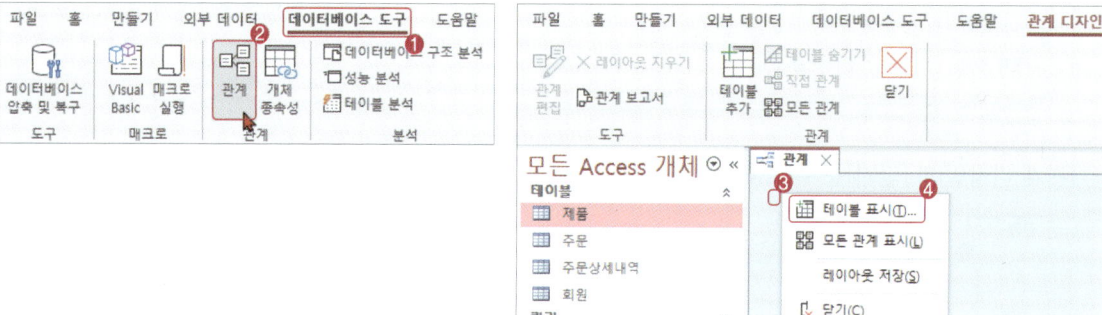

> 🅱 기적의 TIP
>
> **테이블 추가**
> 1. [데이터베이스 도구] 탭의 [관계]에서 [관계]를 클릭한다.
> 2. 모든 Access 개체 영역에서 관련 테이블(회원)을 마우스로 관계 영역으로 끌어서 놓는다.
> 3. 기존에 설정되어 있는 관계는 그대로 둔다.

② '모든 Access 개체' 목록에서 〈회원〉 테이블을 마우스로 드래그하여 추가한다.

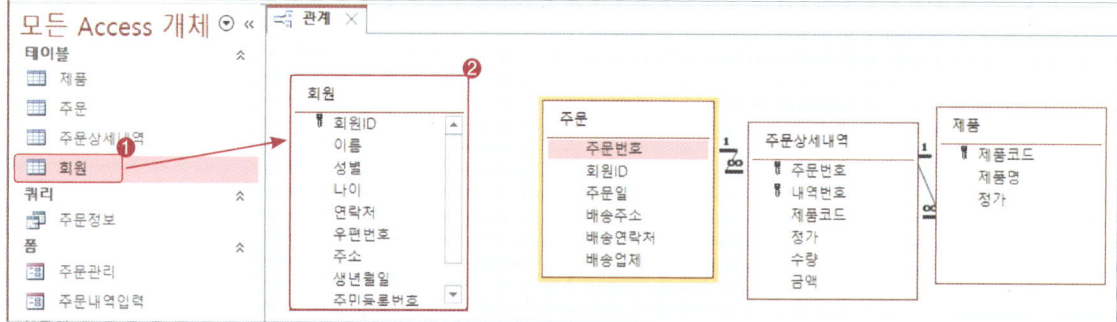

③ 〈회원〉 테이블의 '회원ID' 필드를 선택한 후, 〈주문〉 테이블의 '회원ID' 필드로 드래그한다. [관계 편집] 대화 상자에서 다음과 같이 설정한 후 [만들기]를 클릭한다.

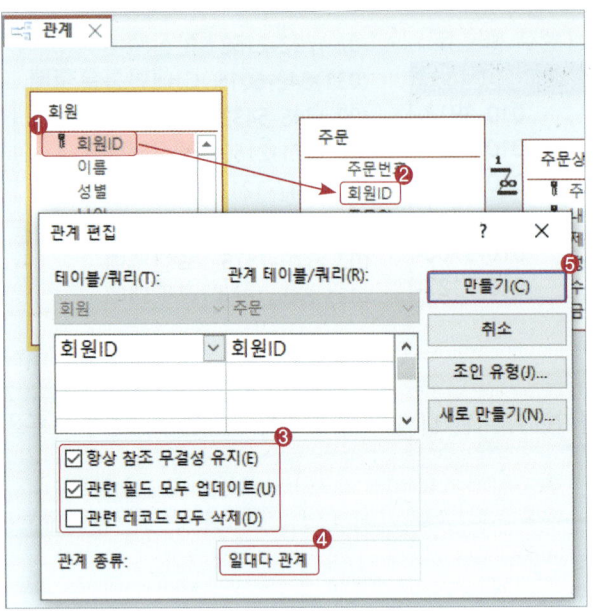

④ [관계 디자인]의 [닫기]를 누른 후 생성되는 저장 대화상자에서 [예]를 클릭하여 저장한다.

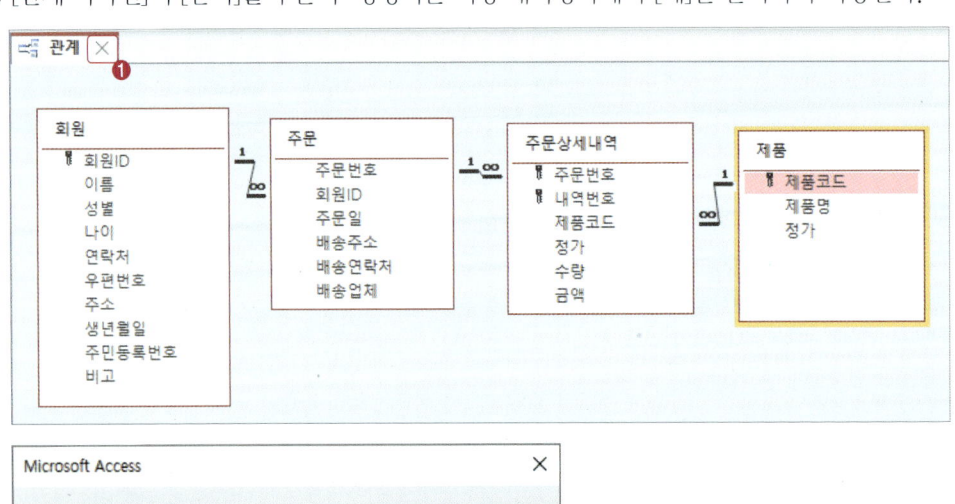

# 02 입력 및 수정 기능 구현

**반복학습** 1 2 3

### 시험유형 ❶   '폼.accdb' 파일

1. 〈주문관리〉 폼을 다음의 화면과 지시사항에 따라 완성하시오.
   ① 폼이 로드 시 〈주문정보〉 쿼리를 데이터 원본으로 설정하고 본문 영역의 [txt주문번호]에 커서가 위치하도록 탭 인덱스 속성을 설정하시오.
   ② [txt배송주소] 컨트롤에는 '배송주소' 필드에서 두 번째 빈칸 다음에 '동'을 표시하시오.
      ▶ Instr, Len, Right 함수를 사용하시오.
   ③ [txt회원]은 사용할 수 없게 하지만 포커스는 이동할 수 있게 설정하시오.

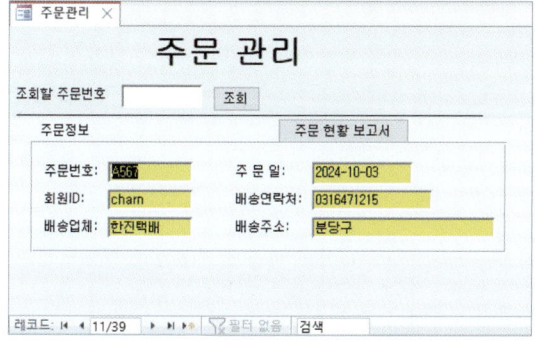

2. 〈주문관리〉 폼 본문 영역에 다음과 같이 조건부서식을 설정하시오.
   ▶ '회원ID' 필드의 값이 c 또는 s로 시작하고 주문일이 10월에 해당하는 본문 영역의 모든 텍스트 상자의 배경색을 '표준색 – 노랑'으로 설정하시오.
   ▶ 단, 하나의 규칙으로 작성하시오.
   ▶ Like 연산자와 Month 함수를 사용하시오.

3. 〈주문관리〉 폼 본문의 [txt주문번호] 컨트롤을 클릭하면 다음과 같은 기능을 구현하도록 〈폼박스〉 매크로를 생성한 후 지정하시오.
   ▶ 제품명에 해당하는 제품코드를 메시지박스에 표시하시오.
   ▶ 메시지 박스는 〈그림〉과 같은 상자를 표시하시오.
   ▶ DLookup 함수를 사용하시오.

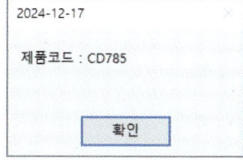

## 01 테이블 구축 및 속성 설정

### ① 속성 시트에 데이터 원본 설정

① '모든 Access 개체' 목록의 〈주문관리〉 폼에서 마우스 오른쪽 버튼을 눌러 [디자인 보기]를 클릭한다.

② [양식 디자인] 탭의 [도구]에서 [속성 시트]를 클릭한 후, [속성 시트]의 선택 유형이 [폼]으로 설정된 상태에서 [데이터] 탭의 '레코드 원본'의 목록 중 **주문정보**를 선택한다.

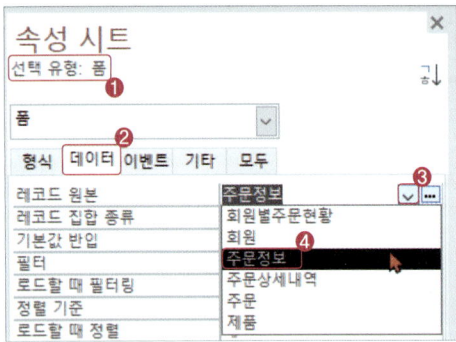

> 🅑 기적의 TIP
>
> **속성 시트**
> 1. 단축키 Alt + Enter 로 실행한다.
> 2. 폼 디자인 보기 상태에서 각 개체를 선택하면 선택 유형이 변경된다.

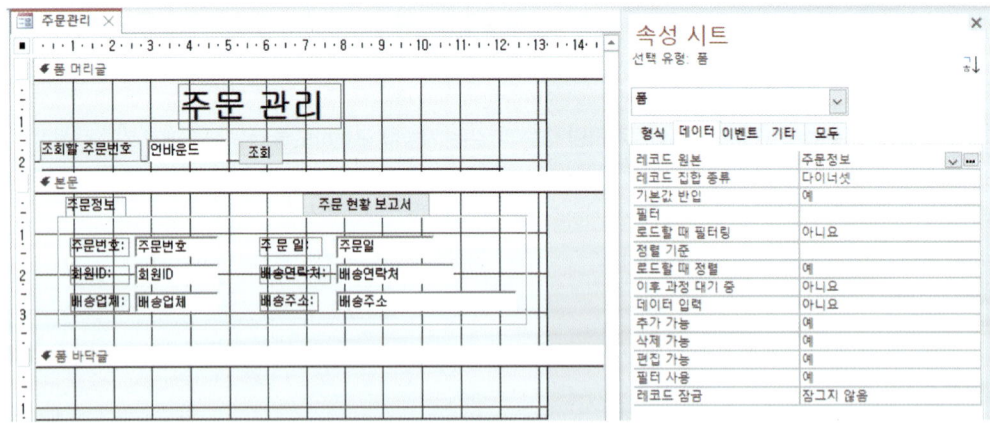

③ [txt주문번호] 컨트롤을 선택한 후, [속성 시트]에서 [기타] 탭의 '탭 인덱스'에 0을 입력한다.

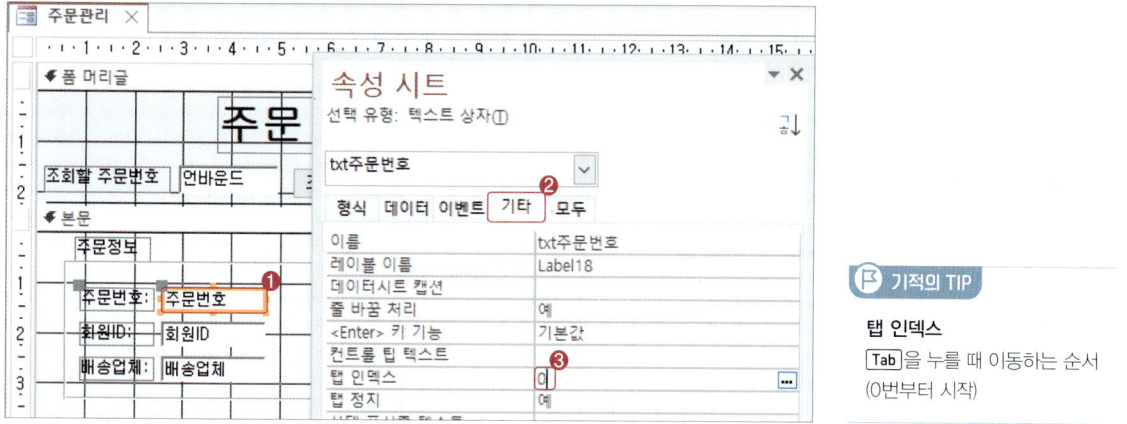

> 🅑 기적의 TIP
>
> **탭 인덱스**
> Tab 을 누를 때 이동하는 순서
> (0번부터 시작)

② [txt배송주소]의 '배송주소' 필드값에서 두 번째 빈칸 이후의 값 추출

① [txt배송주소] 컨트롤을 선택한 후, [속성 시트]에서 [데이터] 탭의 '컨트롤 원본'에 커서를 두고 [식 작성기] (...)](Ctrl + F2)를 클릭한다. [식 작성기]가 실행되면 식을 입력한다.

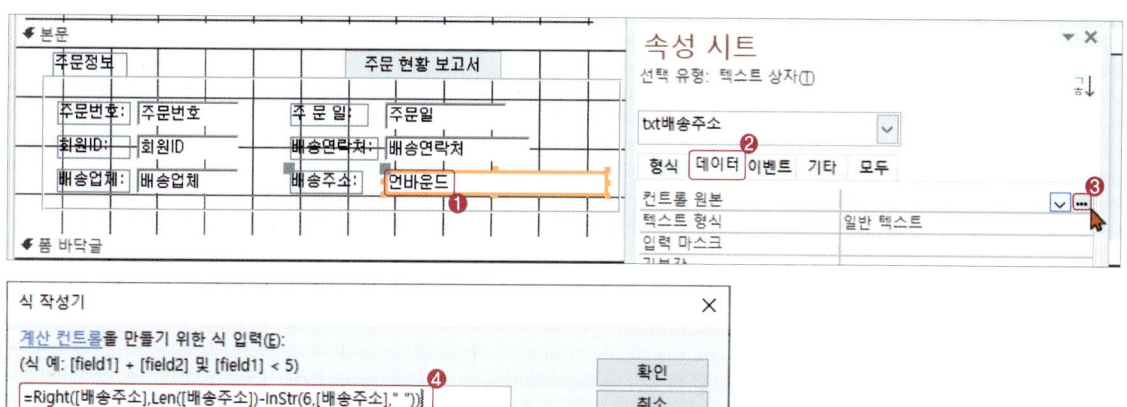

| 수식 |

=Right([배송주소],Len([배송주소])-InStr(6,[배송주소]," "))

> **함수 설명**
>
> **Instr(시작 위치, [필드], 찾을 값)**
> - 필드에서 시작 위치부터 찾을 값의 위치를 숫자로 표시한다(시작 위치를 생략하면 1부터 시작).
> - [배송주소] 필드에서 빈칸이 두 곳에 있는데, 두 번째 빈칸의 위치를 찾아야 하므로 시작 위치는 3보다 큰 값을 입력한다.
>
> **수식 해설**
> - 배송주소 : 서울 서초구 반포동
> - txt배송주소에 표시되어야 할 단어는 "반포동" = Right([배송주소],3)
> - 찾을 위치는 두 번째 빈칸 : 7
> - 전체 글자수 : 10
> - 추출할 글자수 : 10-7=3

③ [txt회원]은 사용할 수 없지만 포커스는 이동할 수 있게 설정

① [txt회원]을 선택한 후, [속성 시트]에서 [데이터] 탭의 '잠금'을 **예**로 설정한다.

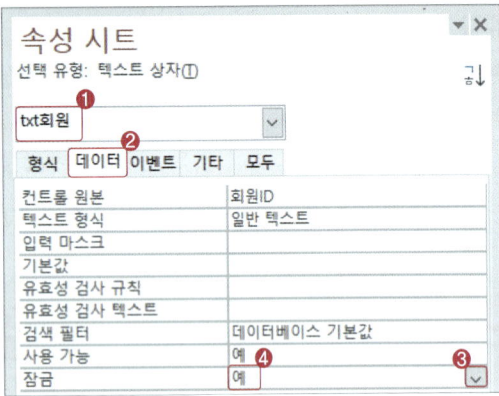

> **기적의 TIP**
>
> **사용가능과 잠금**
> - 사용가능 : '예'로 하면 컨트롤이 활성화되어 사용 가능
> - 잠금 : '예'로 하면 선택과 탭 이동은 가능하나 데이터 수정은 불가

## 02 조건부서식 지정

① 조건부서식을 지정할 컨트롤을 Shift 를 누른 채로 그림과 같이 선택한 후, [서식] 탭의 [컨트롤 서식]에서 [조건부서식]을 클릭한다.

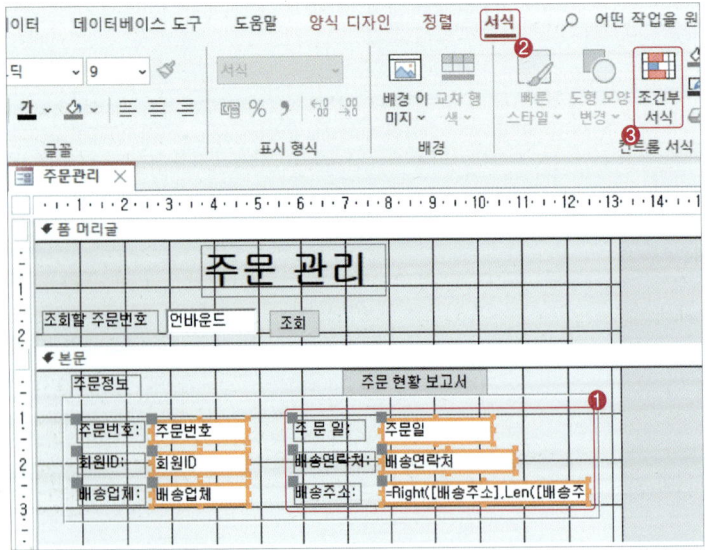

② [조건부서식 규칙 관리자]에서 [새 규칙]을 클릭한다. [서식 규칙 편집]의 '다음과 같은 셀만 서식 설정'에서 **식이**를 선택하고 수식([회원ID] Like "[c,s]*")*(Month([주문일])=10)을 입력한다. 이후 '배경색'을 **노랑**으로 지정하고 [확인]을 클릭하여 창을 빠져 나온 후 [확인]을 눌러 완료한다.

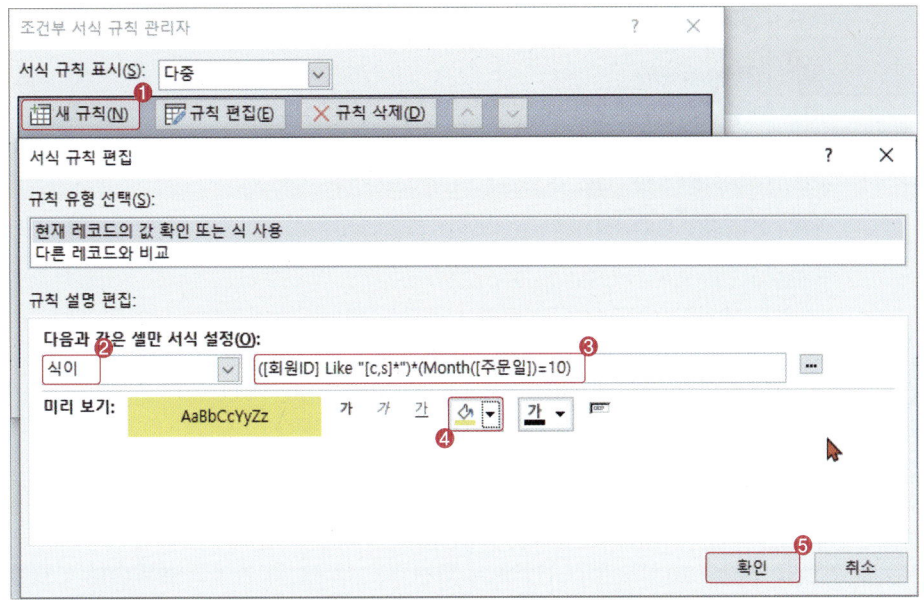

> **기적의 TIP**
>
> **조건부서식**
> - 식이 : 직접 식을 입력해서 작성한다. [필드]와 값을 비교하는 조건식으로 작성
> - 필드 값이 : 하나의 필드 값에 대해서 조건에 맞을 때 서식을 적용
> - 필드에 포커스가 있음 : 마우스 포인터가 위치한 곳에 서식을 적용

## 03 매크로 지정

① 매크로를 만들기 위해 [만들기] 탭의 [매크로 및 코드]에서 [매크로]를 클릭한다.

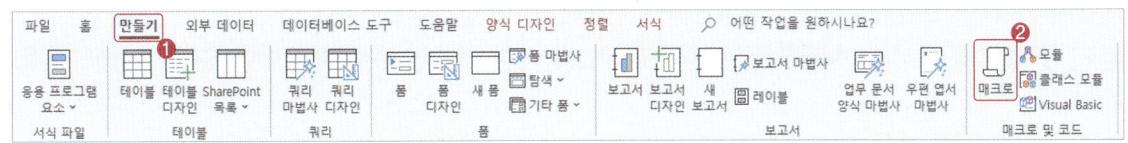

② 함수 목록에서 [MessagBox]를 클릭하여 매크로 입력창이 실행되면 '메시지'에는 ="제품코드 : " & dlookup("제품코드","주문정보","제품명=txt제품명"), '제목'에는 =Date()를 입력한 후 [닫기]를 누른다. [다른 이름으로 저장] 대화상자에 **폼박스**를 입력하고 [확인]을 클릭한다.

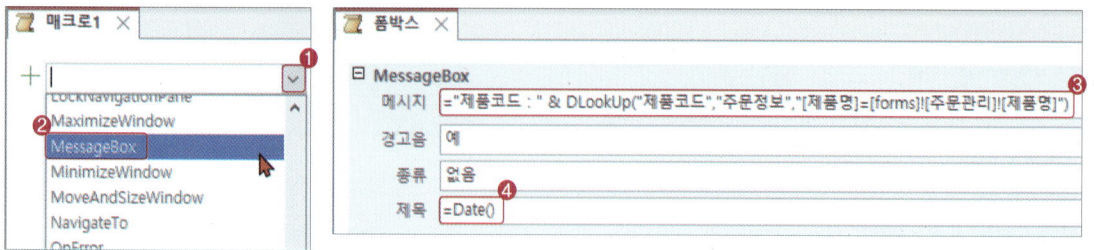

> 🅑 **기적의 TIP**
>
> **도메인("표시할 필드", "원본테이블", "조건식")**
> - 〈주문관리〉의 원본 쿼리가 '주문정보'이다.
> - 주문정보 쿼리에는 제품코드와 제품명 모두 포함되어 있다.
> - 제품명은 〈주문관리〉 폼에는 표시되어 있지 않다.
> - [필드명]=[forms]![폼이름]![필드이름] 형식으로 조건식을 입력한다.

③ [txt주문번호] 컨트롤을 선택한 후, [속성 시트]에서 [이벤트] 탭의 'On Click'의 목록을 **폼박스**를 선택하여 매크로를 지정한다.

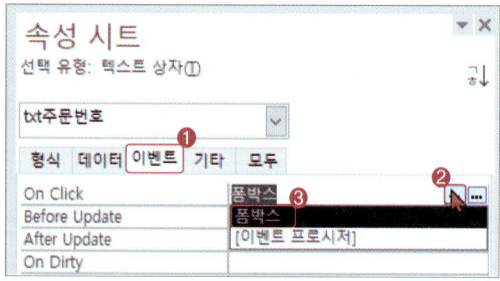

④ 〈주문관리〉 폼 보기 상태에서 [주문번호]를 클릭하여 메시지상자를 확인한다.
⑤ 〈주문관리〉 폼을 [닫기] 버튼을 클릭하여 폼을 닫는다. 이때 저장하기 대화상자가 나타나면 반드시 [예]를 클릭하여 저장한다.

| 시험유형 ❷ | '폼.accdb' 파일 |

1. 〈배송업체별 주문〉 폼을 다음의 화면과 지시사항에 따라 완성하시오.
   ① 폼이 로드 시 본문 영역에는 〈주문내역입력〉 폼을 하위 폼으로 바운드시키고 기본 폼과 필드를 연결시키시오.
   ② 〈하위 폼〉의 보기 방식은 그림과 동일하게 설정하고 폼 바닥글은 표시하지 마시오.
   ③ 〈하위 폼〉의 폼 머리글의 모든 레이블과 본문 영역의 모든 컨트롤을 각각 가로 간격을 동일하게 설정하시오.

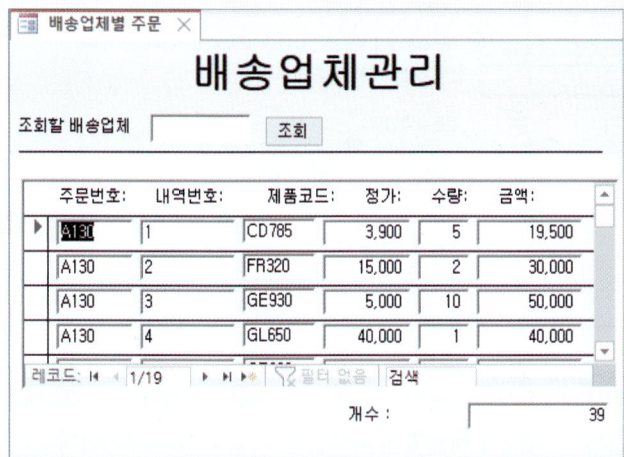

2. 〈배송업체별 주문〉 폼의 폼 바닥글에 아래와 같이 컨트롤 상자를 추가하시오.
   ▶ 레이블명은 lbl개수, 캡션은 "개수 : "로 입력하고 텍스트상자의 컨트롤명은 'txt개수'로 설정하시오.
   ▶ 배송업체별 주문내역의 개수를 [txt개수]에 계산하시오.
   ▶ 글꼴 이름, 크기 등은 기본값으로 설정하시오.

3. 〈배송업체별 주문〉 폼의 하위 폼의 [txt수량] 컨트롤은 '수량' 필드의 값이 나타나게 바운드시킨 다음 더블클릭[Dbl_Click] 하면 다음과 같은 기능을 구현하도록 〈수량확인〉 매크로를 생성한 후 지정하시오.
   ▶ 수량이 10 초과인 경우 '20-수량'인 값을 메시지 박스에 표시하시오.
   ▶ 메시지 박스는 〈그림〉과 같이 표시하시오.

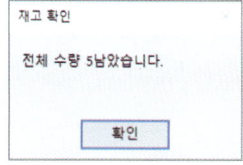

## 01 하위 폼 바운드 및 정렬 설정

① 하위 폼 연결과 필드 연결하기

① '모든 Access 개체' 목록의 〈배송업체별 주문〉 폼에서 마우스 오른쪽 버튼을 눌러 [디자인 보기]를 클릭한다.

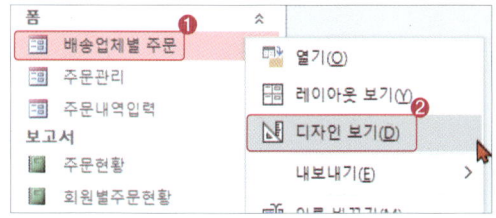

② 〈배송업체별 주문〉 폼의 본문 영역의 하위 폼의 개체틀을 클릭한 후, [속성 시트]에서 [데이터] 탭의 '원본 개체'의 목록을 **폼.주문내역입력**을 클릭하여 바운드시킨다.

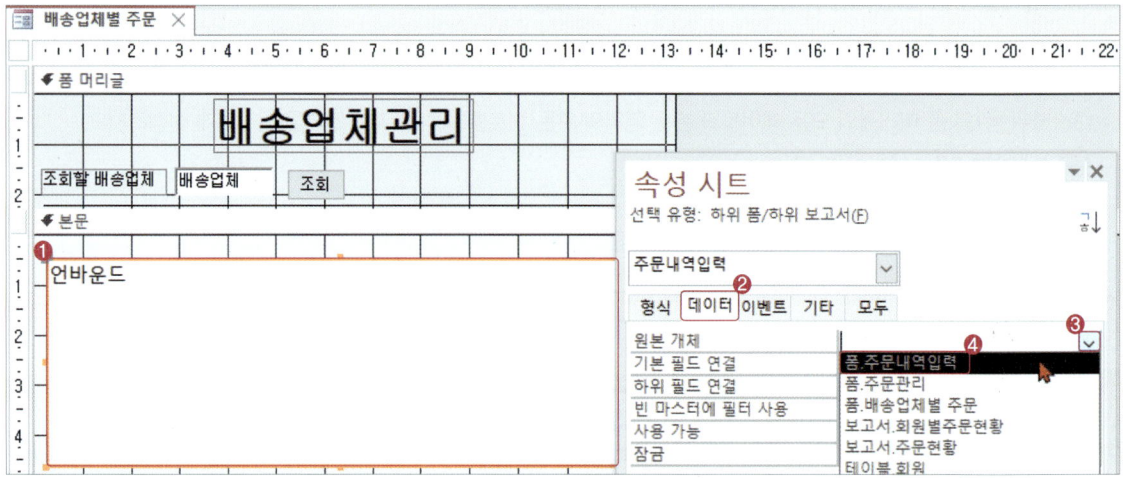

③ [속성 시트]에서 [데이터] 탭의 '기본 필드 연결'의 [식 작성기(...)]를 클릭한다. [하위 폼 필드 연결기] 대화상자의 '기본 필드'의 목록에서 **배송업체**, '하위 필드' 목록에서 **배송업체**를 선택한 후 [확인]을 클릭한다.

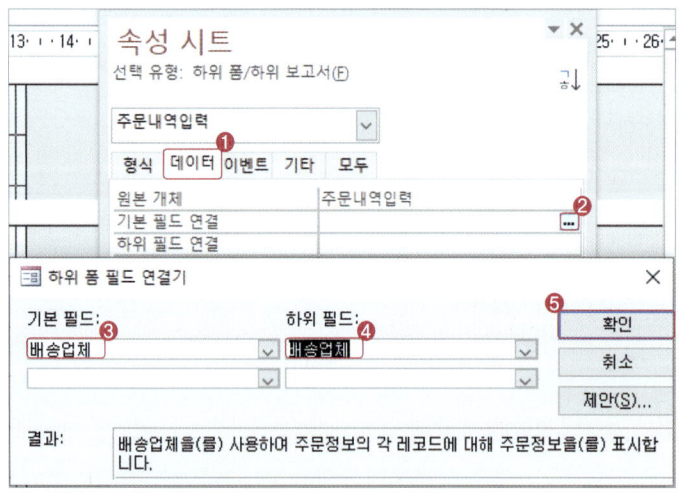

④ 하위 폼 [속성 시트]에서 [형식] 탭의 '기본 보기' 목록에서 **연속 폼**을 선택한다.

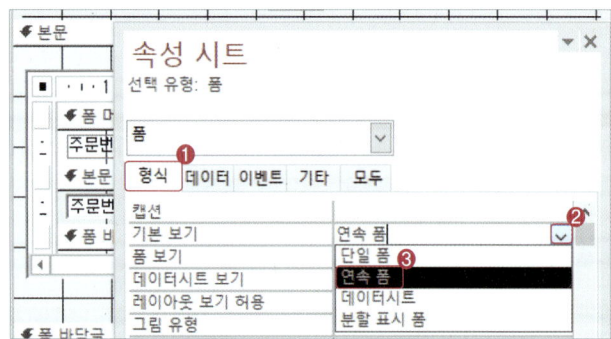

② 폼 바닥글 표시 여부

① 하위 폼 바닥글을 선택한 후, [속성 시트]에서 [형식] 탭의 '표시'는 **아니요**를 선택한다.

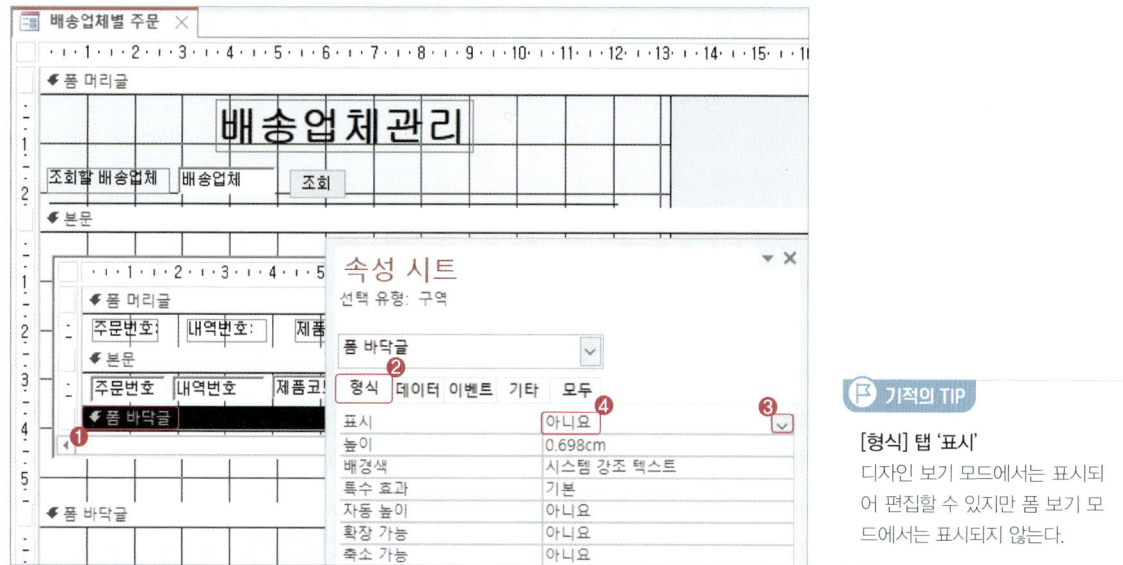

③ 모든 컨트롤 가로 간격 동일화

① 폼 머리글의 레이블을 선택한 후, [정렬] 탭에서 [크기 및 순서 조정]을 클릭한다. 이어서 [크기/공간]의 [간격]을 선택하고, [가로 간격 같음]으로 지정한다. 같은 방법으로 본문 영역의 모든 컨트롤을 선택한 다음에도 [가로 간격 같음]으로 설정한다.

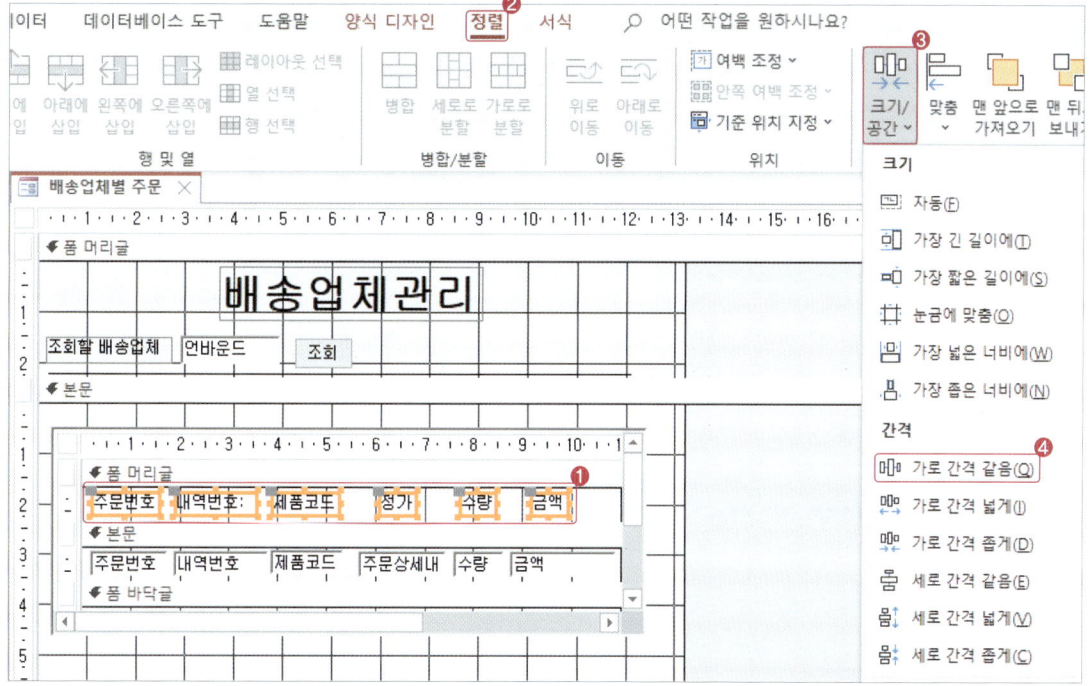

> **기적의 TIP**
>
> **컨트롤 선택**
> 1. Shift를 누르면서 컨트롤을 하나씩 선택한다.
> 2. 각 영역의 가장 왼쪽 틀에서 마우스 포인터가 까만 화살표 모양으로 변경될 때 클릭한다.
>
>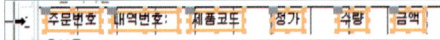

## 02 컨트롤 상자 삽입

① [양식 디자인] 탭의 [컨트롤]에서 **텍스트 상자**를 클릭한 후, 〈배송업체별 주문〉 폼의 폼 바닥글에 마우스로 드래그하여 그린다. 이때 나타나는 텍스트 상자 마법사는 [취소]를 클릭한다.

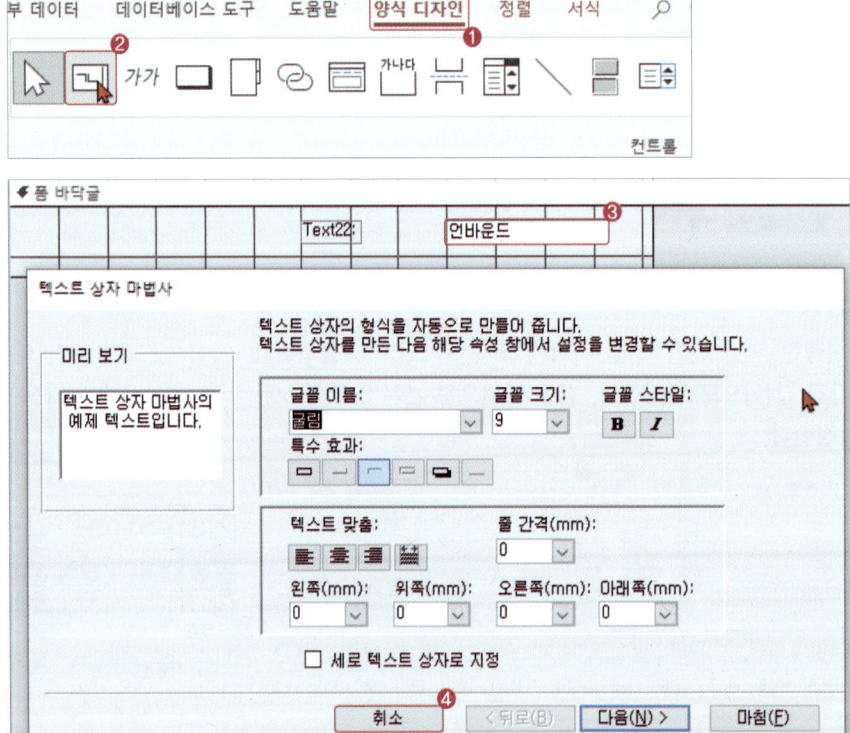

② 레이블을 선택한 후, [형식] 탭의 '캡션'은 **개수 :**로 입력하고, [기타] 탭의 '이름'은 **lbl개수**로 입력한다.

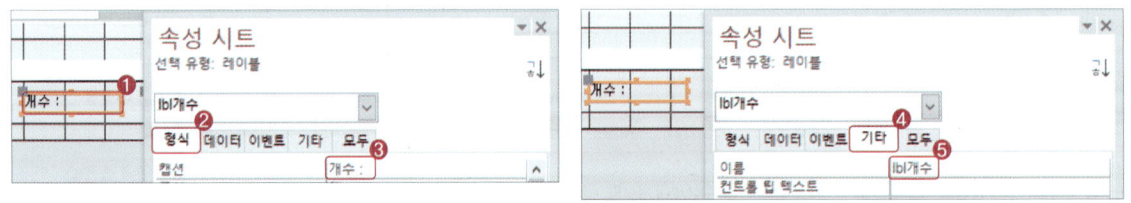

③ 텍스트 상자를 선택한다. [속성 시트]에서 [기타] 탭의 '이름'에는 **txt개수**를 입력한 후, [데이터] 탭의 '컨트롤 원본'에는 **=count(*)**을 입력한다.

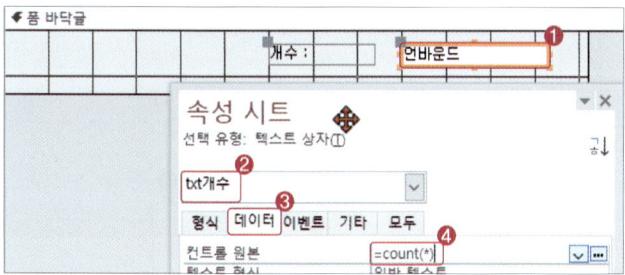

### 03 매크로 지정

① 매크로를 만들기 위해 [만들기] 탭의 [매크로 및 코드]에서 [매크로]를 클릭한다.

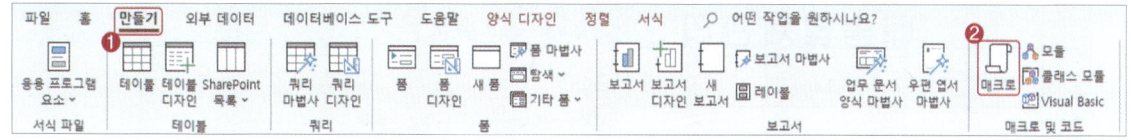

② 함수 목록에서 If를 클릭하고, [조건식]에 **[수량]>10**을 입력한 후, 함수 추가 목록에서 MessagBox를 클릭한다.

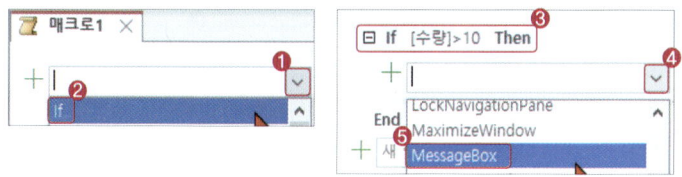

③ [MessageBox] 매크로 입력창이 실행이 되면 '메시지'에는 **="전체 수량 " & 20-[수량] & "남았습니다."**, '제목'에는 **재고 확인**을 입력하고 [닫기]를 누른다.

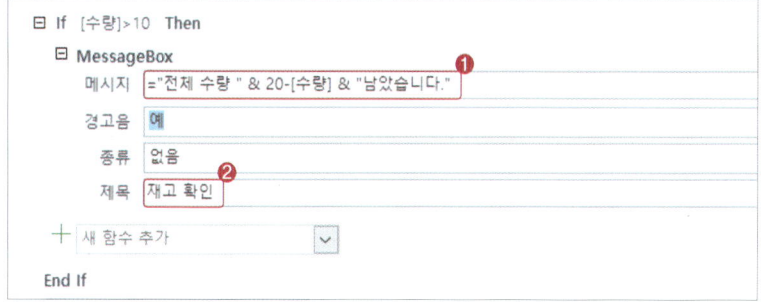

④ [다른 이름으로 저장] 대화상자에 **수량확인**을 입력한 후 [확인]을 클릭한다.

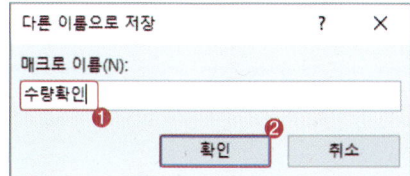

⑤ [txt수량] 컨트롤을 선택한 후, [속성 시트]에서 [데이터] 탭의 '컨트롤 원본'에서 수량을 선택하고, [이벤트] 탭의 'On Dbl Click'의 목록에서 **수량확인**을 선택하여 매크로를 지정한다.

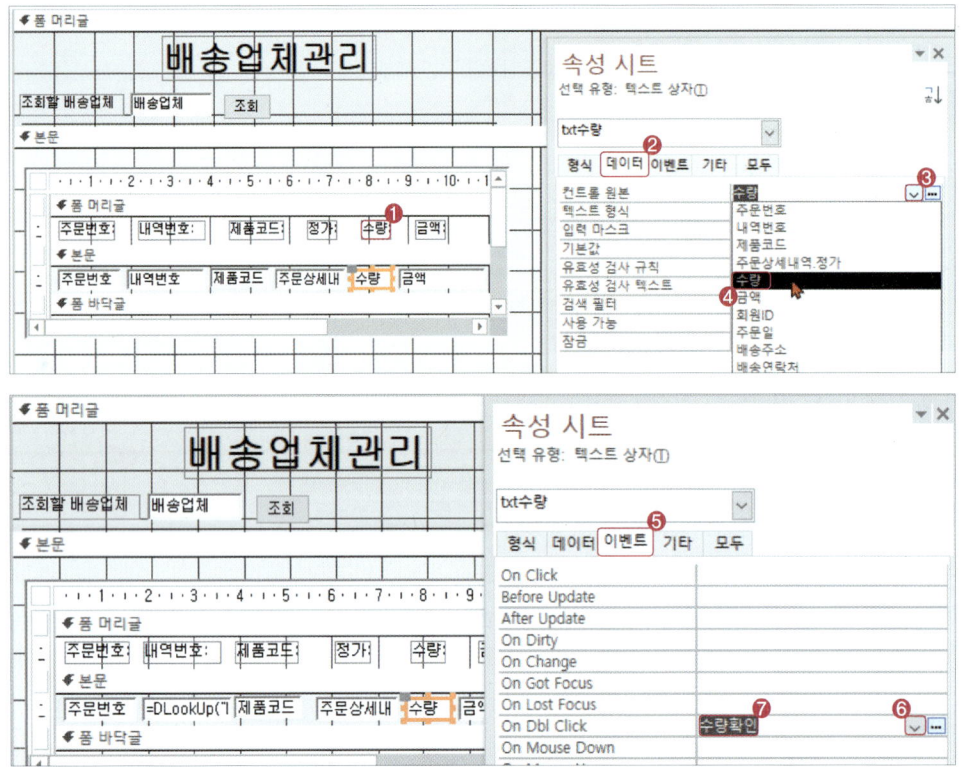

⑥ 〈배송업체별 주문〉 폼 보기 상태에서 [수량]을 더블클릭하여 메시지상자를 확인한다.
⑦ [닫기] 버튼을 클릭하여 〈배송업체별 주문〉 폼을 닫는다. 이때 [저장] 대화상자가 나타나면 반드시 [예]를 클릭하여 저장한다.

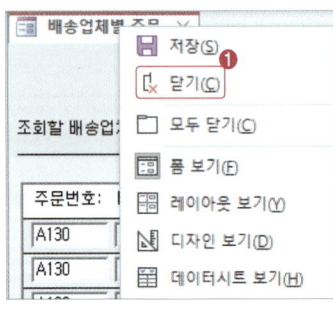 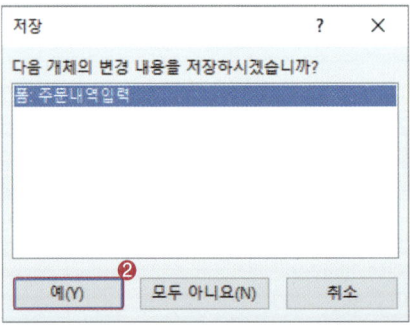

> **기적의 TIP**
>
> **매크로 실행 시 오류가 나타난다면**
> 1. [만들기]의 [매크로 및 코드]에서 [Visual Basic]를 클릭한다.
> 2. [도구]의 [참조]에서 Microsoft Office 16.0 Object Library에 체크한다(버전에 따라 14.0, 15.0이 될 수도 있음).

# 03 조회 및 출력 기능 구현

반복학습 1 2 3

### 시험유형 ❶ '보고서.accdb' 파일

1. 다음 지시사항 및 화면을 참조하여 〈주문현황〉 보고서를 완성하시오.
   ① 동일한 '주문번호' 내에서는 '주문번호'를 내림차순 정렬하고 '내역번호' 필드를 기준으로 오름차순 정렬되어 표시되도록 정렬을 추가하시오.
   ② 보고서 머리글 영역의 [txt날짜] 컨트롤에는 오늘 날짜를 표시하고 [표시 예]와 같이 표시되도록 '형식' 속성을 설정하시오.
      ▶ [표시 예 : 2024-01-01 → 24년1월1일(월)]
   ③ 페이지 머리글 영역의 머리글 내용이 페이지마다 반복적으로 표시되도록 그룹 머리글로 이동한 다음 구역이 바뀌기 전에 페이지가 변경되게 설정하고 페이지 머리글은 '표시 안 함'으로 설정하시오.
   ④ 본문 영역의 다른 배경색을 색없음으로 설정하고 모든 컨트롤은 투명하게 설정하시오.
   ⑤ 그룹 바닥글의 [txt회원] 컨트롤에는 '회원ID' 필드를 바운드시키고 [txt총합계] 컨트롤에는 '수량*금액'의 총합계를 계산하시오.

2. 〈주문관리〉 폼 본문의 [주문현황 보고서(cmd보고서)] 단추를 클릭하면 다음과 같은 기능이 수행되도록 이벤트 프로시저를 구현하시오.
   ▶ 〈그림〉과 같은 메시지를 표시하시오.
   ▶ 메시지상자에서 [확인]을 클릭하면 〈주문현황〉 보고서를 인쇄 미리 보기 형태로 출력하게 하시오.
   ▶ 보고서에는 표시된 주문번호와 동일한 데이터만 표시하시오.
   ▶ Docmd문을 사용하시오.

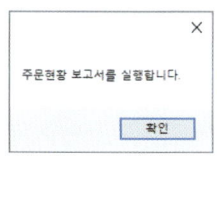

|  |  | 작성일: | 24년12월20일(금) |  |  |
|---|---|---|---|---|---|
| 주문번호 | 내역번호 | 제품코드 | 정가 | 수량 | 금액 |
| A130 | 1 | CD785 | 3,900 | 5 | 19,500 |
|  | 2 | FR320 | 15,000 | 2 | 30,000 |
|  | 3 | GE930 | 5,000 | 10 | 50,000 |
|  | 4 | GL650 | 40,000 | 1 | 40,000 |
| 회원ID : lesomi |  |  | 총주문액 | ₩697,500 |  |

## 01 보고서 작성

### ① 그룹 정렬

① '모든 Access 개체' 목록의 〈주문현황〉 보고서에서 마우스 오른쪽 버튼을 눌러 [디자인 보기]를 클릭한다.

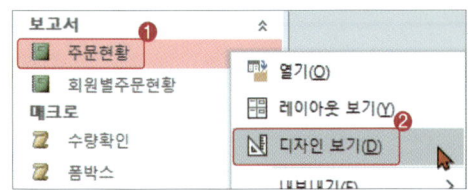

② [보고서 디자인] 탭의 [그룹화 및 요약]에서 [그룹화 및 정렬]을 클릭하면, 〈주문현황〉 보고서 하단 영역에 [그룹, 정렬 및 요약] 항목이 표시된다. '그룹화 기준'을 **주문번호**로 지정하고, '정렬 방식'을 **내림차순**으로 변경한다. 이어서 아래 항목의 [정렬 추가]를 클릭하고, '그룹화 기준'의 목록에서 **내역번호**를 선택한 후 '정렬 방식'을 **오름차순**으로 변경한다.

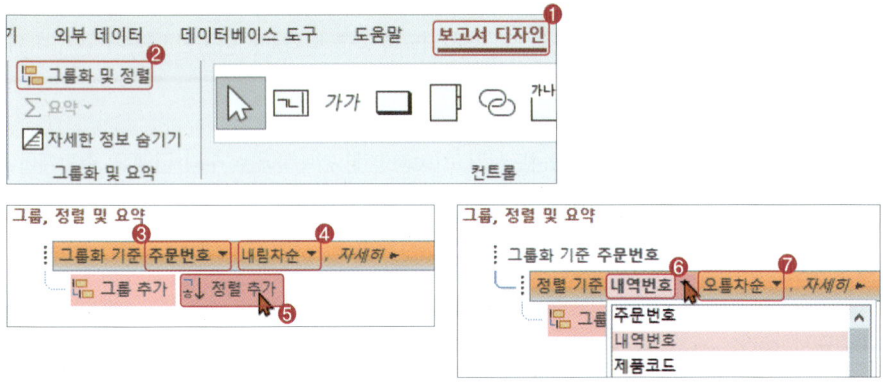

### ② 날짜 형식

① [txt날짜] 컨트롤을 선택한 후, [속성 시트]의 [데이터] 탭에서 '컨트롤 원본'에 =Date( )를 입력한다. 그리고 [형식] 탭의 '형식'에는 **yy년m월d일(aaa)**을 입력한다. 입력이 끝나면 자동으로 yy₩년m₩월d"일("aaa)로 변환된다.

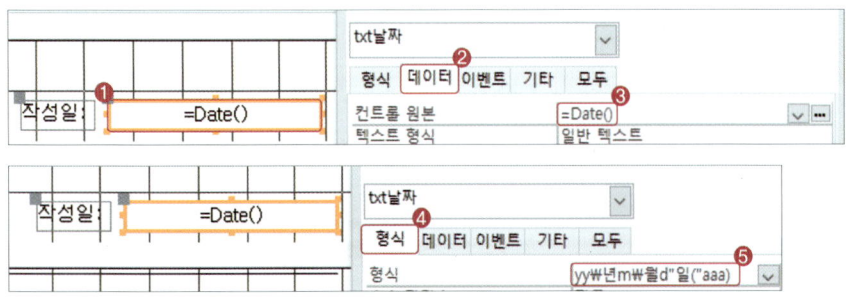

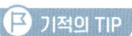

**날짜 형식**

'2025-01-01'을 기준일로 했을 때, 형식별로 표현되는 날짜는 아래와 같다.

| 연도 | • YYYY : 2025<br>• YY :25 | | 일 | • DD : 01<br>• D : 1 | • DDD : Wed<br>• DDDD : Wednesday |
|---|---|---|---|---|---|
| 월 | • MM : 01<br>• M : 1 | • MMM : Jan<br>• MMMM : January | 요일 | • aaa : 수<br>• aaaa : 수요일 | |

※ 요일은 반드시 소문자로 입력해야 한다.

③ 반복 실행

① [페이지 머리글] 영역의 모든 레이블을 선택한 후, [주문번호 머리글] 영역으로 드래그한다. [그룹_머리글]의 [속성 시트]에서 [형식] 탭의 '페이지 바꿈'을 **구역 전**으로 설정한다(그룹 머리글의 반복 실행 구역은 '예'로 이미 설정되어 있음).

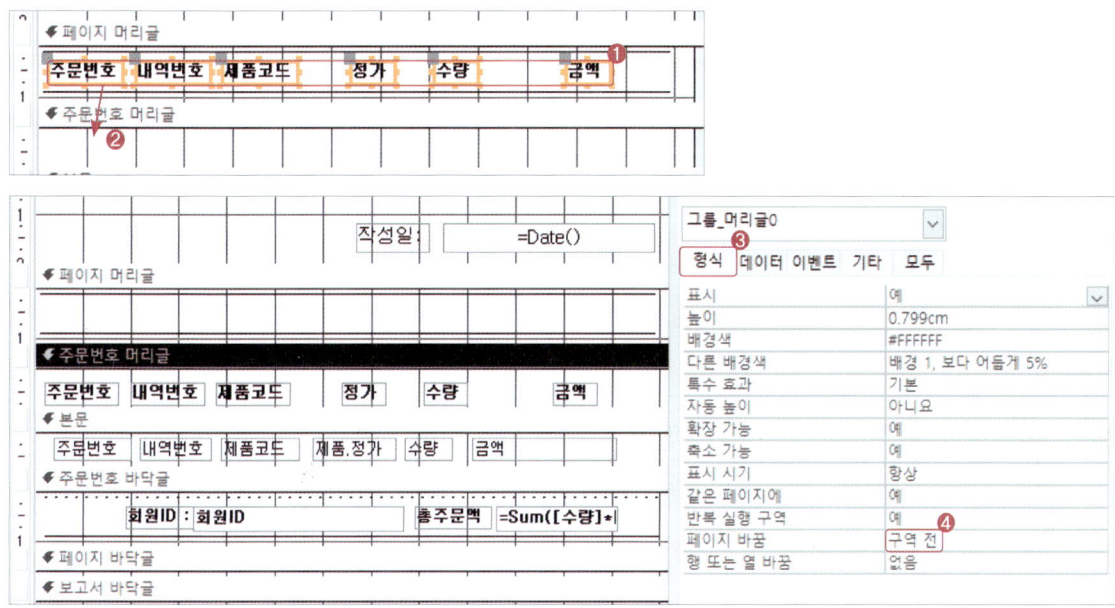

② [페이지 머리글]을 선택한 후, [속성 시트]에서 [형식] 탭의 '표시'를 **아니요**로 설정한다. 이렇게 하면 [디자인 보기] 상태에서는 표시되지만 [보고서 보기] 상태에서는 표시되지 않는다.

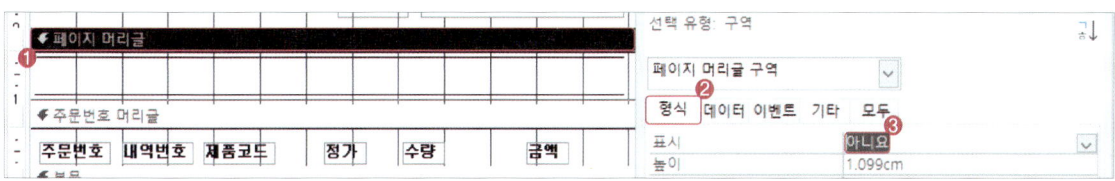

④ 다른 배경색과 투명색 설정

① 본문 영역을 선택한 후, [속성 시트]에서 [형식] 탭의 '다른 배경색'은 **색없음**을 선택한다.

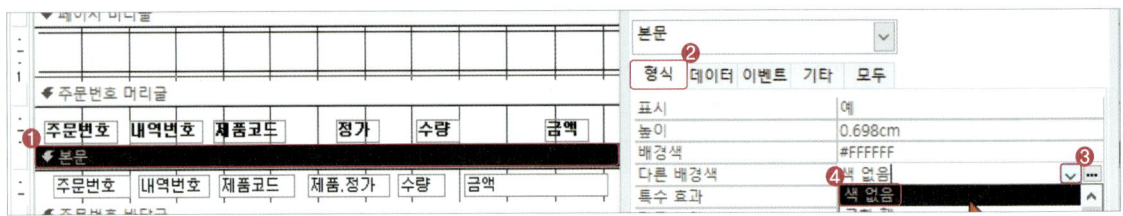

② 본문 영역의 모든 컨트롤을 선택한 후, [속성 시트]에서 [형식] 탭의 '배경 스타일'은 **투명**을 선택한다.

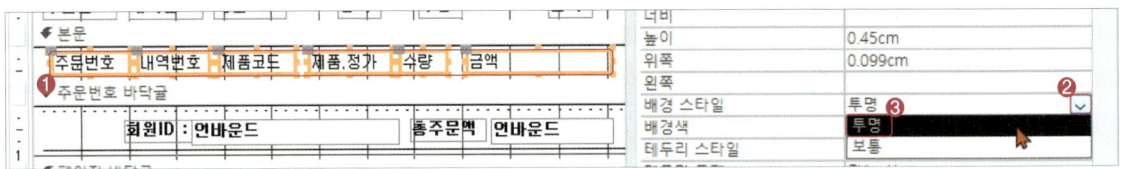

⑤ 바운드와 계산

① 주문번호 바닥글의 [txt회원] 컨트롤을 선택한 후, [속성 시트]에서 [데이터] 탭의 '컨트롤 원본'은 **회원ID** 필드를 선택하여 바운드시킨다.

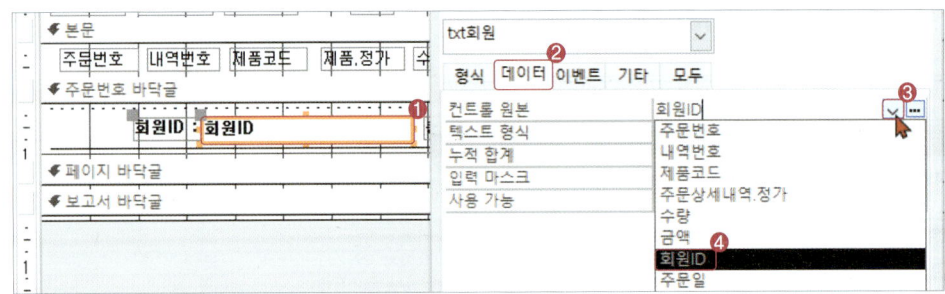

② [txt총합계] 컨트롤을 선택한 후, [속성 시트]에서 [데이터] 탭의 '컨트롤 원본'에 **=Sum([수량]*[금액])**을 입력한다.

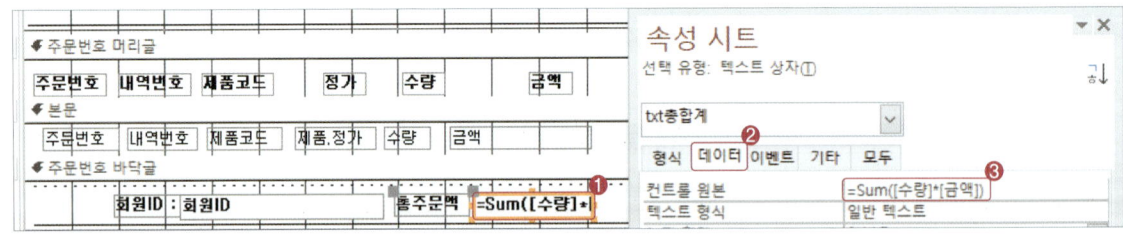

③ [보고서 닫기]를 클릭하면 나타나는 저장 대화상자의 [예]를 클릭한 후 닫는다.

## 02 이벤트 프로시저

① '모든 Access 개체' 목록의 〈주문관리〉 폼에서 마우스 오른쪽 버튼을 눌러 [디자인 보기]를 클릭한다.
② [본문] 영역의 [주문 현황 보고서] 단추를 선택하고, [속성 시트]에서 [이벤트] 탭의 'On Click'은 '이벤트 프로시저'의 [식작성기(⋯)]를 클릭하여 프로시저를 작성한다.

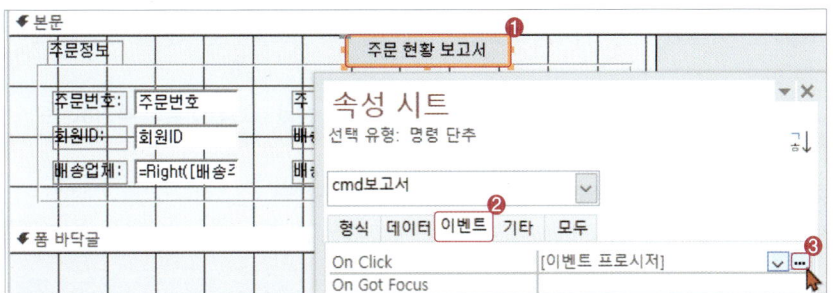

③ VBE 창에 다음과 같이 입력하고 저장한다.

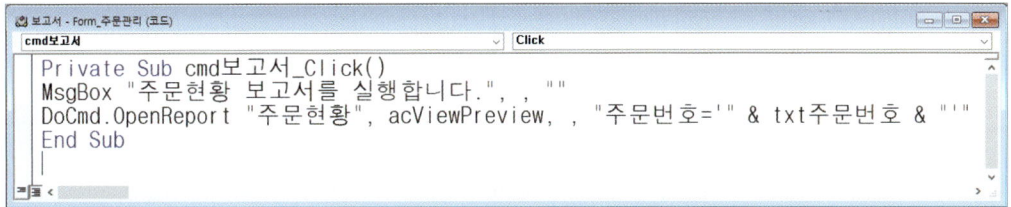

### 💬 코드 설명

**이벤트 프로시저**
- MsgBox "주문현황 보고서를 실행합니다.",,""
  - 내용은 "주문현황 보고서를 실행합니다."로 표시되고 제목은 빈칸으로 표시된다.
- DoCmd.OpenReport "보고서이름",보기방식,,조건식
  - 보고서를 여는 메소드이다.
  - 보기 방식으로 인쇄 미리 보기 방식(acViewPreView)을 설정한다.
- "주문번호='" & txt주문번호 & "'"
  - 조건식으로 폼의 txt주문번호의 컨트롤에 바운드 된 주문번호만 필터링해서 표시한다.
- 조건식(필드=컨트롤이름)
  - 필드 형식이 숫자인 경우 : "필드=" & 컨트롤이름
  - 필드 형식이 날짜인 경우 : "필드=#" & 컨트롤이름 & "#"
  - 필드 형식이 문자인 경우 : "필드='" & 컨트롤이름 & "'"
  - 필드값을 포함하는 경우 : "필드 like '*" & 컨트롤이름 & "*'"

### 시험유형 ❷  '보고서.accdb' 파일

1. 다음 지시사항 및 화면을 참조하여 〈회원별주문현황〉 보고서를 완성하시오.

   ① '이름' 필드 기준으로 그룹화를 설정하고 동일한 '이름' 내에서는 '주문일' 필드를 기준으로 내림차순 정렬되어 표시되도록 정렬을 추가하시오.

   ② 그룹 머리글의 [txt이름] 컨트롤에는 '이름'과 '성별'이 [표시 예]와 같이 표시되도록 컨트롤 원본 속성을 설정하시오.
   ▶ [표시 예 : 강백호[남]]

   ③ 보고서를 로드할 때 페이지 머리글이 표시되도록 설정하고 페이지 머리글 아래에 선을 〈그림〉과 같이 추가하시오.
   ▶ 컨트롤이름은 'line실선', 선스타일은 '실선', 두께는 '2pt'로 설정하시오.

   ④ 본문 영역의 [txt순번]은 전체로 누적된 순번이 표시되도록 관련 속성을 설정하시오.

   ⑤ [주문일] [배송업체], [주문번호]의 컨트롤의 값이 이전 레코드와 동일한 경우에는 표시되지 않도록 관련 속성을 설정하시오.

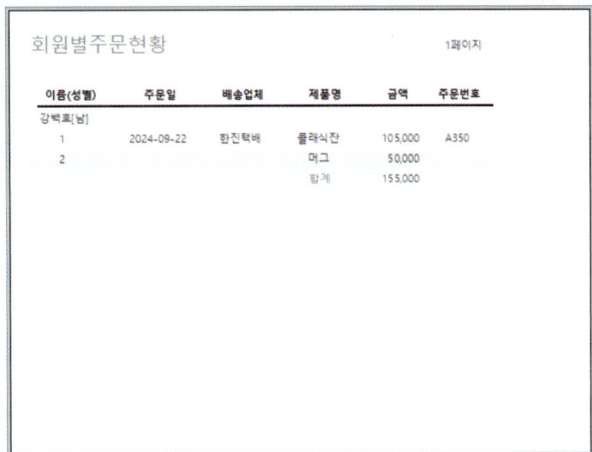

2. 〈배송업체별 주문〉 폼 머리글의 [조회할 배송업체(txt조회)]에 조회할 배송업체의 일부를 입력한 후 [조회(cmd조회)] 단추를 클릭하면 입력된 배송업체의 일부의 값과 동일한 배송업체의 주문정보만 표시되도록 이벤트 프로시저를 구현하시오.
   ▶ Filter, FilterOn 속성을 사용하시오.

---

### 01 보고서 작성

#### ① 그룹 정렬

① '모든 Access 개체' 목록의 〈회원별주문현황〉 보고서에서 마우스 오른쪽 버튼을 눌러 [디자인 보기]를 클릭한다.

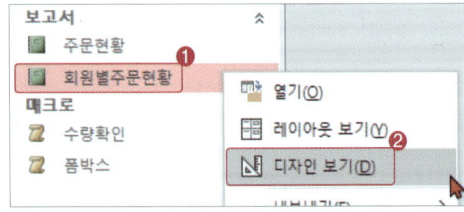

② [보고서 디자인] 탭의 [그룹화 및 요약]에서 [그룹화 및 정렬]을 클릭하면 〈회원별주문현황〉 보고서 하단 영역에 '그룹, 정렬 및 요약' 항목이 표시된다. '그룹화 기준'을 **이름**으로 변경하고, 아래 항목에서 [정렬 추가]를 클릭하여 목록에서 **주문일**을 선택한 후 **내림차순**을 선택한다.

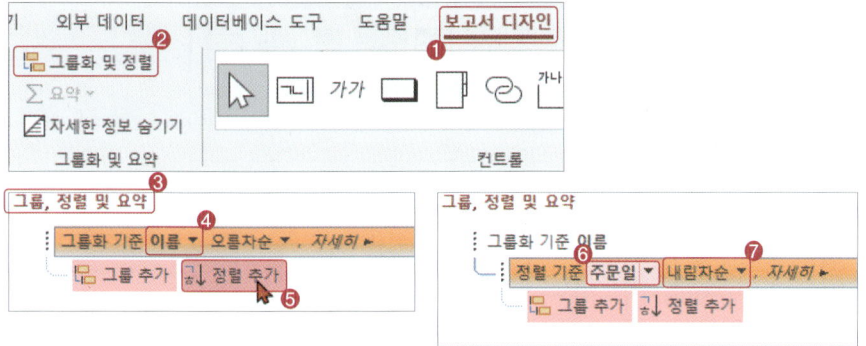

② 컨트롤 원본(필드 간 결합)

① 이름 머리글 영역의 [txt이름] 컨트롤을 선택한 후, [속성 시트]에서 [데이터] 탭의 '컨트롤 원본'에 =[이름]& "["&[성별]&"]"을 입력한다.

③ 페이지 머리글 표시와 선 추가

① 페이지 머리글을 선택한 후, [속성 시트]에서 [형식] 탭의 '표시'를 **예**로 변경한다.

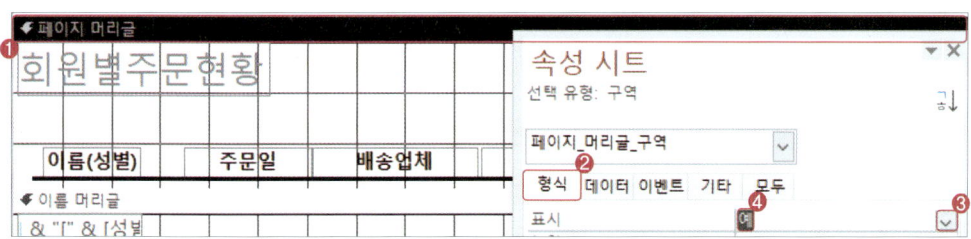

> 🅱 기적의 TIP
>
> **[형식] 탭의 '표시'**
> '예'로 설정되면 로드할 때 해당 개체가 표시되지만 '아니오'로 설정되면 [디자인 보기] 모드에서는 표시되지만 로드할 때는 표시되지 않는다.

② [보고서 디자인] 탭의 [컨트롤]에서 '선 컨트롤'을 선택한 후 '페이지 머리글' 영역에 마우스로 드래그하여 그린다.

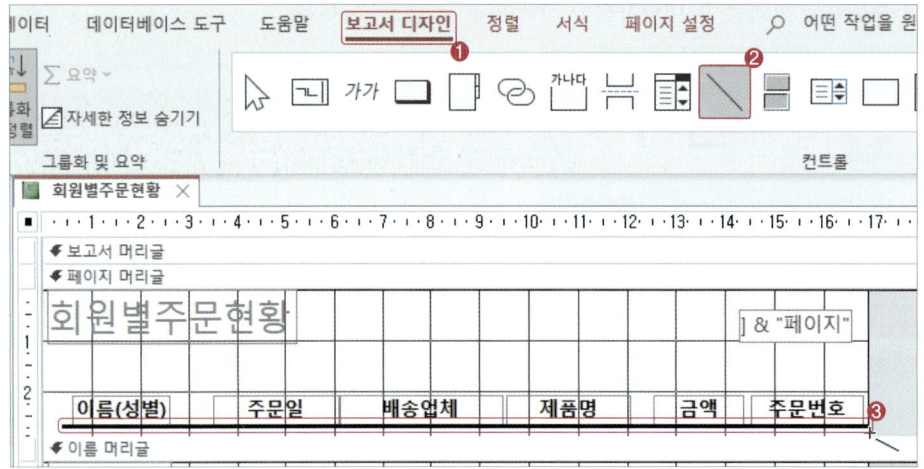

③ [속성 시트]에서 [기타] 탭의 '이름'에 **line실선**을 입력한다. [형식] 탭의 '테두리 스타일'은 **실선**, '테두리 두께'는 **2pt**로 설정한다(이때 높이를 0cm로 하면 일직선이 그려짐).

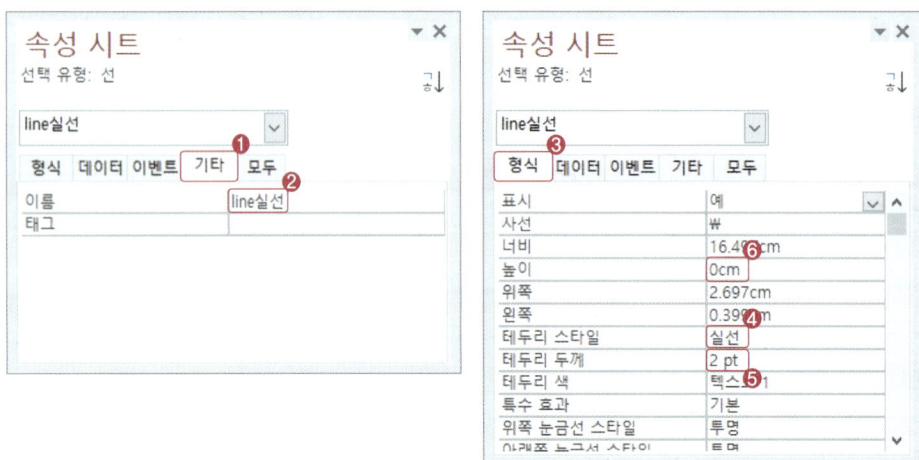

④ 순번

① 본문 영역의 [txt순번] 컨트롤을 선택한 후, [속성 시트]에서 [데이터] 탭의 '컨트롤 원본'에는 **=1**을 입력하고, '누적 합계'는 **모두**를 선택한다.

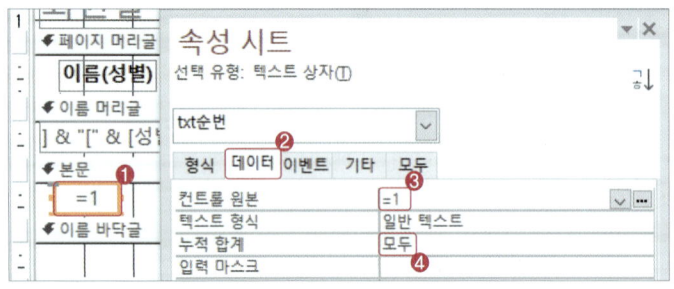

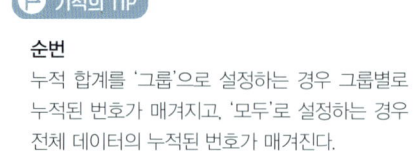

**순번**

누적 합계를 '그룹'으로 설정하는 경우 그룹별로 누적된 번호가 매겨지고, '모두'로 설정하는 경우 전체 데이터의 누적된 번호가 매겨진다.

⑤ 중복 데이터 숨김

① [주문일], [배송업체], [주문번호] 컨트롤을 Shift 를 이용하여 선택한 후, [속성 시트]에서 [형식] 탭의 '중복 내용 숨기기'를 **예**로 설정하고, 다음 보고서를 [저장]한 후 닫는다.

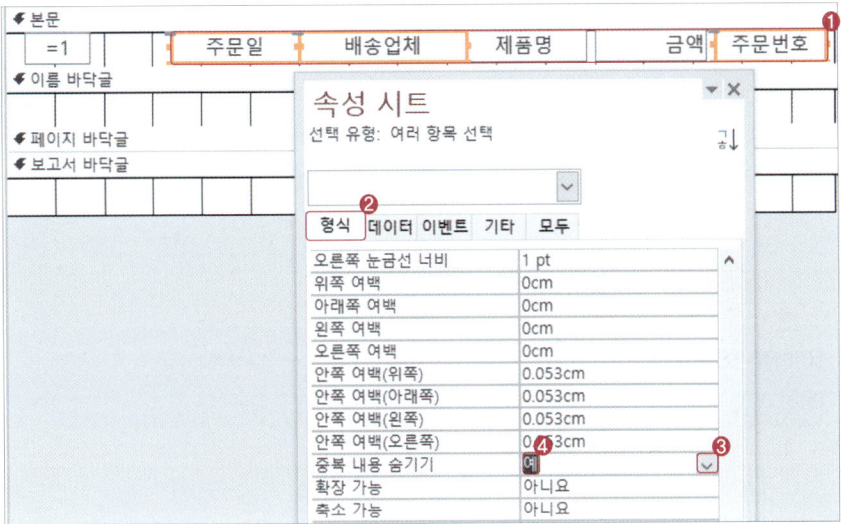

**02 이벤트 프로시저**

① '모든 Access 개체' 목록의 〈배송업체별 주문〉 폼에서 마우스 오른쪽 버튼을 눌러 [디자인 보기]를 클릭한다.
② 본문 영역의 [조회] 단추를 선택하고, [속성 시트]에서 [이벤트] 탭의 'On Click'은 '이벤트 프로시저'의 [식 작성기(...)]를 클릭하여 프로시저를 작성한다.

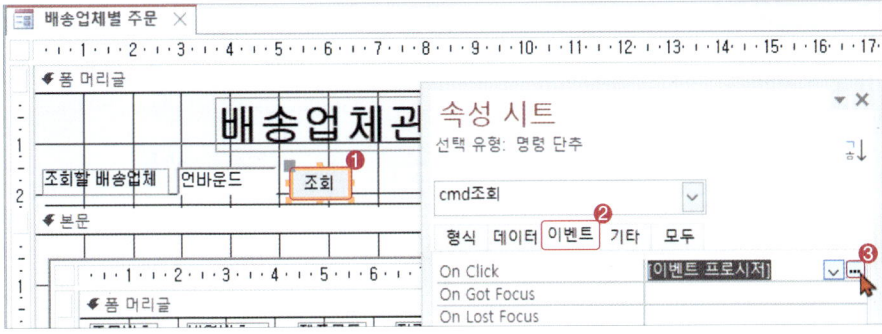

③ VBE 창에 다음과 같이 입력하고 저장한다.

```
Private Sub cmd조회_Click()
Me.Filter = "배송업체 like '*" & txt조회 & "*'"
Me.FilterOn = True
End Sub
```

# 04 처리 기능 구현

반복학습 1 2 3

## 시험유형 ❶    '쿼리.accdb' 파일

※ 〈주문〉, 〈주문상세내역〉 테이블을 이용하여 주소지를 조회하여 새 테이블로 생성하는 〈주소지검색〉 쿼리를 작성하고 실행하시오.

▶ 쿼리 실행 후 생성되는 테이블의 이름은 '주소지별주문현황'으로 설정하시오.
▶ 주문번호는 'A 또는 C'로 시작하면서 '1~3'으로 끝나는 주문번호를 조회하시오.
▶ 제품코드가 'G'로 시작하는 데이터를 조회하시오.
▶ 주소지는 배송주소 필드를 이용하고 첫 번째 빈칸 이전 문자까지를 조회하시오.
▶ Left, Instr 함수를 사용하시오.

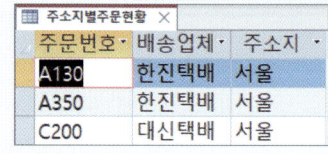 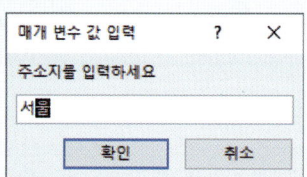

① [만들기] 탭의 [쿼리]에서 [쿼리 디자인]을 클릭한다.

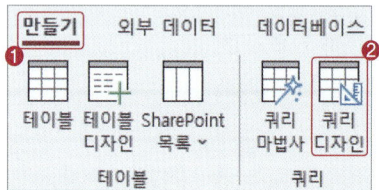

② [테이블 추가]에서 〈주문〉, 〈주문상세내역〉을 더블클릭한 후 [닫기] 버튼을 클릭한다.

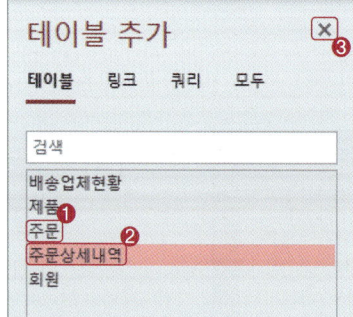

③ 디자인 눈금의 각 필드에 '주문번호', '배송업체', '배송주소', '제품코드'를 더블클릭하여 배치한 후, '주문번호' 필드와 '제품코드' 필드의 조건을 아래 그림과 같이 입력한다('요약' 행은 디자인 눈금에서 마우스 오른쪽 버튼을 클릭해서 생성할 수 있음).

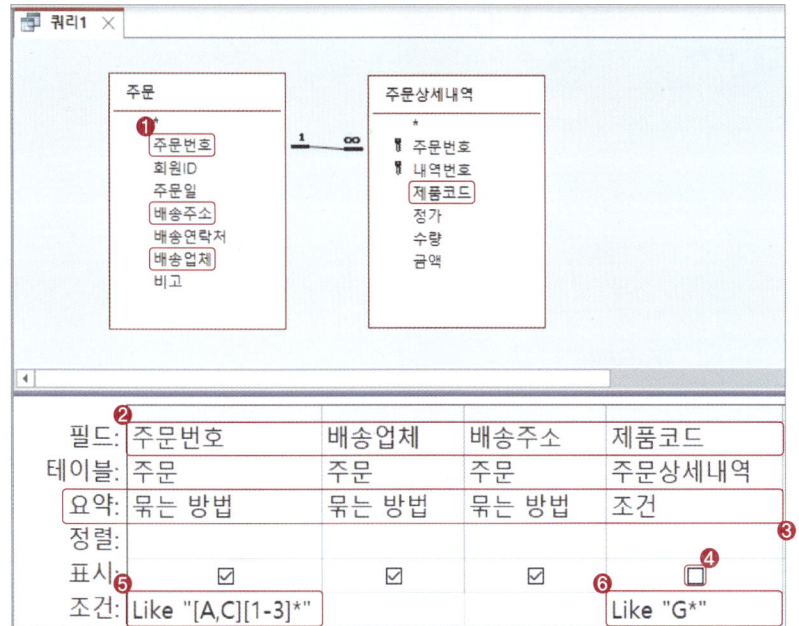

④ '배송주소' 필드에 커서를 두고 Shift + F2를 눌러 [확대/축소] 창을 열어 식을 입력한다.

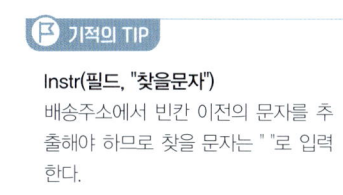

**Instr(필드, "찾을문자")**
배송주소에서 빈칸 이전의 문자를 추출해야 하므로 찾을 문자는 " "로 입력한다.

⑤ '주소지' 필드의 조건에 **주소지를 입력하세요**를 입력하여 매개변수를 작성한다.

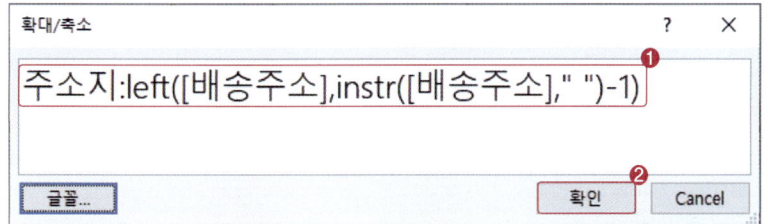

> 🅑 기적의 TIP
>
> **요약**
> 주문번호별로 그룹화하기 위해 [표시/숨기기]의 요약(∑)을 클릭한다.
>
> **표시여부**
> 제품코드는 조건으로만 사용되고 결과값으로 표시되지 않으므로 '요약'을 '조건'으로 변경한다.

⑥ [쿼리 디자인] 탭의 [쿼리 유형]에서 [테이블 만들기]를 클릭한 후, [테이블 만들기] 대화상자의 '테이블 이름'에 **주소지별주문현황**을 입력하고 [확인]을 클릭한다.

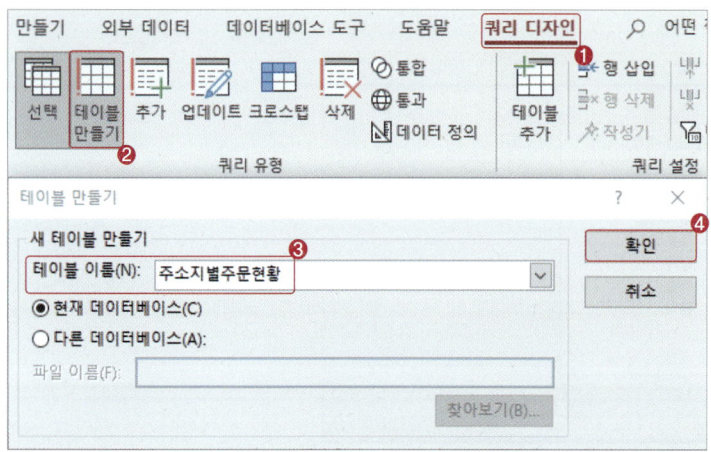

⑦ [저장]을 클릭하고, [다른 이름으로 저장] 대화상자의 '쿼리 이름'에 **주소지검색**을 입력한 후, 실행(!)을 누른다. 매개변수 대화상자에 **서울**을 입력하면 '3행을 붙여 넣습니다.'라는 메시지가 나타나고 [예]를 클릭하면 〈주소지별주문현황〉 테이블이 생성된다. 쿼리 작성기의 [닫기]를 클릭한다.

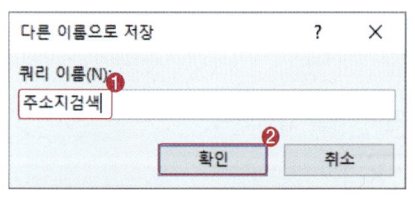 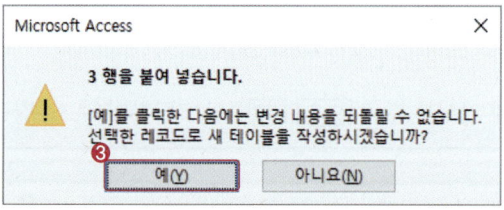

> 🅑 기적의 TIP
>
> **테이블 생성 쿼리**
> 1. 실행 쿼리이기 때문에 반드시 실행(!)을 클릭해야 한다.
> 2. 생성된 테이블과 작성한 쿼리, 두 개의 개체가 생성된다.
> 3. 실행할 때마다 이미 생성된 테이블은 삭제하고 새로 만든다.

**시험유형 ❷**  '쿼리.accdb' 파일

※ 〈주문〉, 〈주문상세내역〉 테이블을 이용하여 금액의 합계가 100000 이상인 〈주문〉 테이블의 '비고' 필드의 값을 'VIP등업'으로 변경하는 〈VIP등업확인〉 업데이트 쿼리를 작성한 후 실행하시오.

▶ In 연산자와 하위 쿼리를 사용하시오.

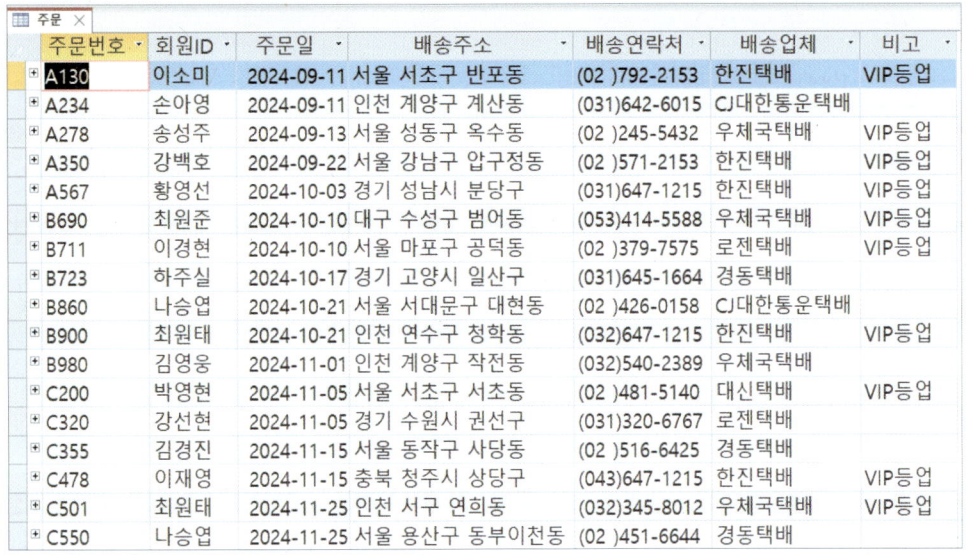

▲ 〈VIP등업확인〉 쿼리를 실행한 후의 〈주문〉 테이블

① [만들기] 탭의 [쿼리]에서 [쿼리 디자인]을 클릭한다.

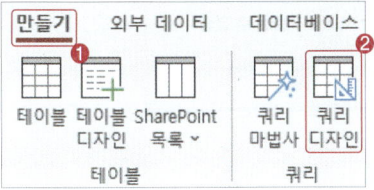

② [테이블 추가]에서 〈주문〉을 더블클릭한 후 [닫기] 버튼을 클릭한다.

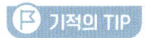 기적의 TIP

**In(하위쿼리)**
〈주문상세내역〉 테이블은 하위 쿼리 형식으로 사용되므로 꺼내 놓지 않는다.

③ [쿼리 디자인] 탭의 [쿼리 유형]에서 [업데이트]를 클릭한다. 디자인 눈금의 각 필드에 '비고', '주문번호'를 더블클릭하여 배치한 후 [비고] 필드의 '업데이트'와 [주문번호] 필드의 '조건'에 그림과 같이 입력한다.

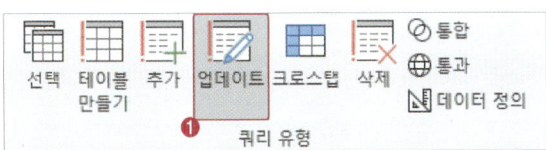

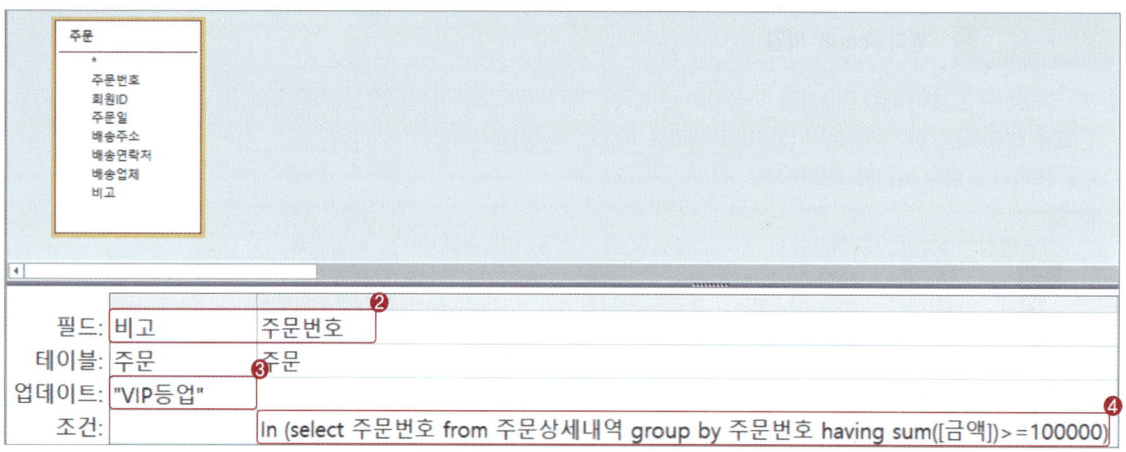

> **기적의 TIP**
>
> **Having절**
> - 그룹별 집계함수를 사용해 계산할 때 사용하는 조건절이다.
> - 'Group by 필드 Having 조건식'의 형식을 갖는다.

④ [저장]을 클릭하고, [다른 이름으로 저장] 대화상자의 '쿼리 이름'에 **VIP등업확인**을 입력한 후, [결과] 탭의 [실행(!)]을 클릭하면 아래의 메시지가 표시된다. [예]를 클릭하여 〈주문〉 테이블을 열어서 비고 필드의 업데이트 결과를 확인한다.

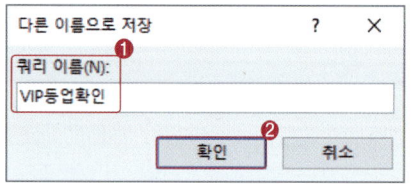
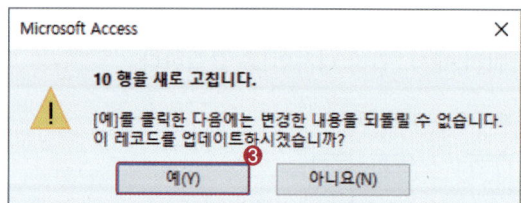

---

### 시험유형 ❸ '쿼리.accdb' 파일

※ 배송업체별, 배송주소별로 주문횟수를 조회하는 〈배송업체별주문수조회〉 크로스탭 쿼리를 작성하시오.

▶ 〈주문〉, 〈주문상세내역〉, 〈제품〉 테이블을 이용하시오.
▶ 주문수는 '주문번호' 필드를 이용하시오.
▶ 주문일이 2024년 10월 1일부터 2024년 10월 31일까지만 조회대상으로 하시오.
▶ Left 함수와 Between 연산자를 사용하시오.
▶ 쿼리 실행 결과 표시되는 필드와 필드명을 〈그림〉과 같이 표시되도록 설정하시오.

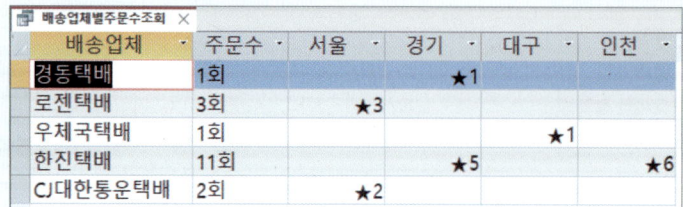

① [만들기] 탭의 [쿼리]에서 [쿼리 디자인]을 클릭한다.

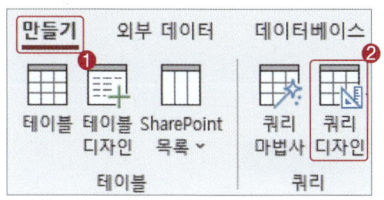

② [테이블 추가]에서 〈주문〉, 〈주문상세내역〉, 〈제품〉을 더블클릭한 후 [닫기] 버튼을 클릭한다.
③ [쿼리 디자인] 탭의 [쿼리 유형]에서 [크로스탭(▦)]을 클릭한 후 디자인 눈금의 각 필드에 '배송업체', '주문번호', '배송주소', '주문번호', '주문일'을 더블클릭해서 배치한다. 크로스탭은 '행 머리글', '행 머리글', '열 머리글', '값'의 순서로 변경한다. 열 머리글 필드에 **Left([배송주소],2)**를 입력하고 주문일 필드의 조건란에 **Between #2024-10-01# and #2024-10-31#**을 입력한다. 나머지도 그림과 같이 변경한다.

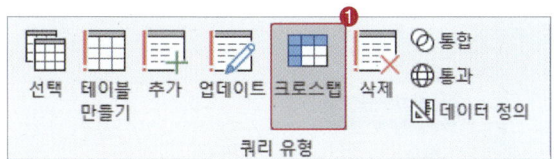

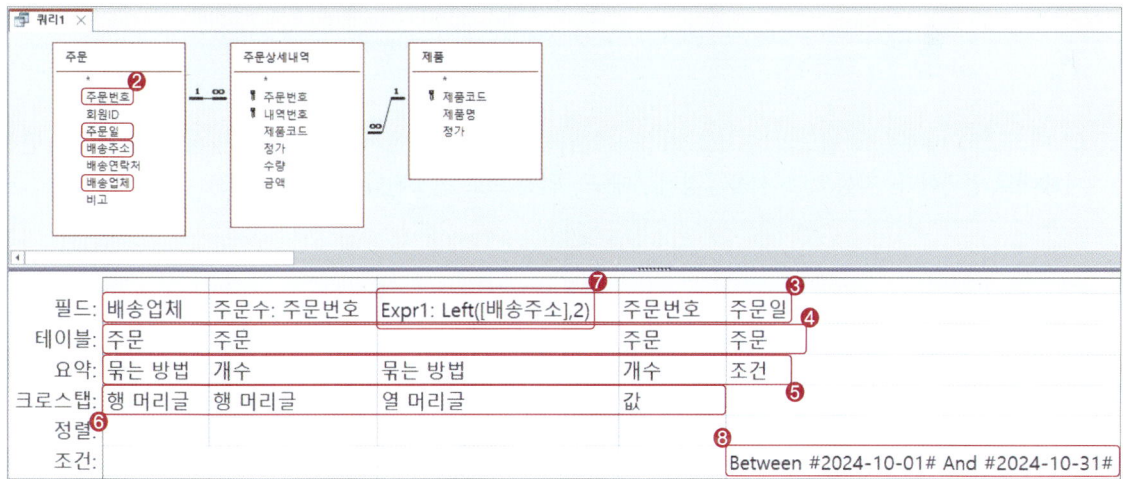

### 🅑 기적의 TIP

**열 머리글**
열 머리글은 배송주소의 앞에서 두 글자만 표시되므로 'Left([배송주소],2)'로 입력해야 한다.

**조건**
〈주문일〉 필드 아래 'Between 2024-10-1 and 2024-10-31'을 입력하면 자동으로 날짜 양쪽에 #이 붙는다.

④ 행 머리글의 '주문수' 필드의 결과값을 동일하게 하기 위해 '주문수' 필드를 선택한 후, [속성 시트]에서 [일반] 탭의 '형식'에 @"회"를 입력한다. 자동으로 @₩회로 변경된다.

🅑 기적의 TIP

**형식**
주문수의 결과값은 왼쪽 맞춤으로 표시되어야 하므로 형식을 @"회"를 입력한다.

⑤ 값의 '주문번호' 필드의 결과값을 동일하게 하기 위해 '주문번호' 필드를 선택한 후, [속성 시트]에서 [일반] 탭의 '형식'에 ★0을 입력한다.

🅑 기적의 TIP

**형식**
값 영역의 주문번호는 '★숫자형식'으로 표시가 되어야 하므로 형식을 "★0"을 입력한다.

⑥ 열 머리글의 '배송주소' 필드의 순서를 변경하기 위해 [속성 시트]에서 '열 머리글'에 **서울,경기,대구,인천**을 차례대로 입력한다. 자동으로 "서울","경기","대구","인천"으로 변경된다.

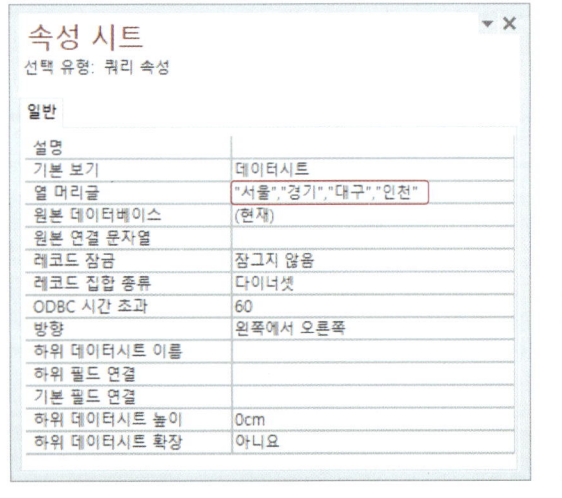

🅑 기적의 TIP

**열 머리글**
내림차순, 오름차순인 경우는 관련 필드 아래 정렬탭을 이용하지만 사용자 지정 정렬인 경우는 [속성 시트]에서 '열 머리글'에 직접 입력해야 한다.

⑦ [저장]을 클릭한 후, [다른 이름으로 저장] 대화상자에 '쿼리 이름'을 **배송업체별주문수조회**로 입력하고 쿼리 작성기를 닫는다.

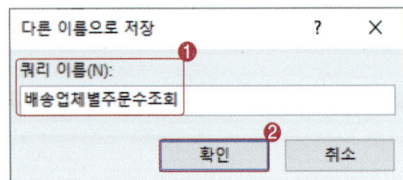

| 시험유형 ❹ | '쿼리.accdb' 파일 |

※ 〈주문〉, 〈배송업체현황〉 테이블을 이용하여 〈배송업체현황〉에 없는 배송업체를 조회하는 〈명단에없는배송업체〉를 조회하시오.
▶ Not In 연산자와 하위 쿼리를 사용하시오.

① [만들기] 탭의 [쿼리]에서 [쿼리 디자인]을 클릭한다.

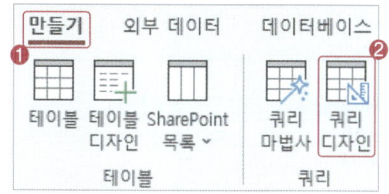

② [테이블 추가]에서 〈주문〉을 더블클릭한 후 [닫기] 버튼을 클릭한다.

> **기적의 TIP**
>
> **Not In(하위쿼리)**
> 〈배송업체현황〉 테이블은 하위 쿼리 형식으로 사용되므로 꺼내 놓지 않는다.

③ 디자인 눈금의 각 필드에 '배송업체', '주문일', '배송주소'를 더블클릭하여 배치한 후, [배송업체] 필드의 '조건'을 Not In (select 배송업체 from 배송업체현황)으로 입력한다.

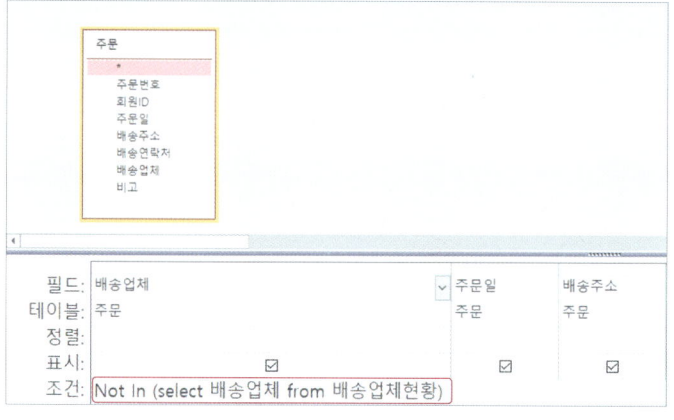

> **기적의 TIP**
>
> **Not In(불일치)**
> • 관련 필드의 값이 일치하지 않는 값만 조회한다.
> • Not in(Select 필드 From 테이블)
>   – 두 테이블의 공통된 필드가 '배송업체'이므로 필드 이름에 '배송업체'를 입력한다.

처리 기능 구현

④ [저장]을 클릭한 후, [다른 이름으로 저장] 대화상자의 '쿼리 이름'에 **명단에없는배송업체**를 입력하고 쿼리 작성기를 닫는다.

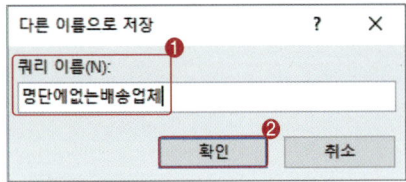

> 🎯 기적의 TIP
>
> **불일치 쿼리(하위 쿼리가 아닌 경우)**
> 1. 두 개 테이블의 관계설정은 2번 형식(Left Join)으로 한다.
> 2. 일치하지 않는 테이블의 필드의 '조건'에 Is Null을 입력하고 표시는 체크 해제한다.

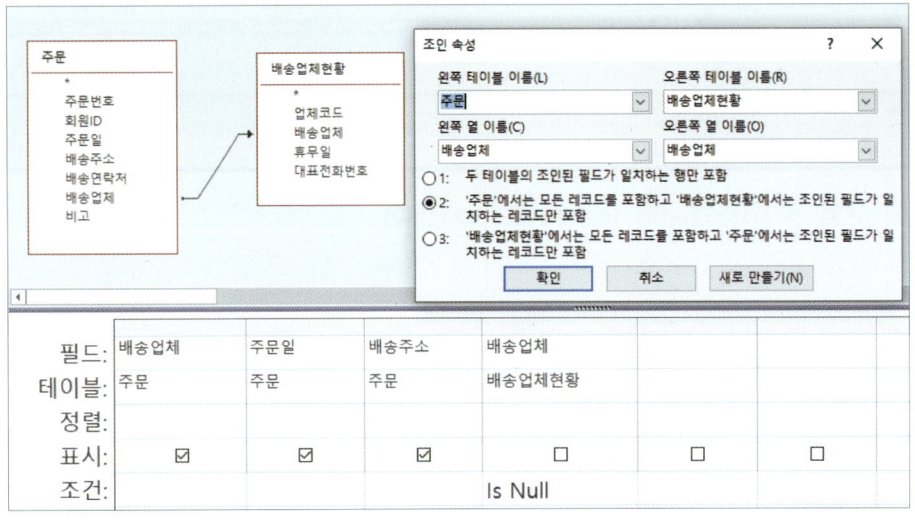

## 시험유형 ❺ '쿼리.accdb' 파일

※ 경기도 지역의 이름별 주문수와 포인트를 조회하는 〈경기도지역의주문회원〉 쿼리를 작성하시오.
▶ 〈주문상세내역〉, 〈주문〉, 〈회원〉 테이블을 이용하시오.
▶ 주문수는 '제품코드' 필드를 이용하시오.
▶ 현재나이는 '생년월일' 필드를 이용해서 현재년도-생년월일한 값으로 생성하시오.
▶ 포인트는 금액/10000의 합계를 계산하시오.
▶ Count, Sum, DateDiff 함수를 사용하시오.
▶ 쿼리 실행 결과 표시되는 필드와 필드명은 〈그림〉과 같이 표시되도록 설정하시오.

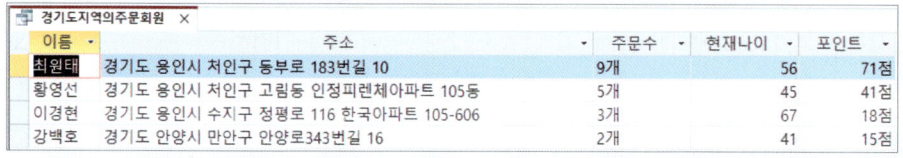

① [만들기] 탭의 [쿼리]에서 [쿼리 디자인]을 클릭한다.

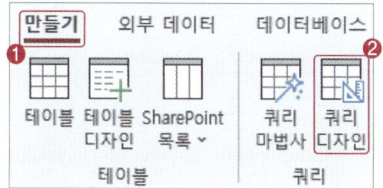

② [테이블 추가]에서 〈주문〉, 〈주문상세내역〉, 〈회원〉을 더블클릭한 후 [닫기] 버튼을 클릭한다.
③ 디자인 눈금의 각 필드에 '이름', '주소', '제품코드', '생년월일', '금액'을 더블클릭하여 배치한 후, [쿼리 디자인] 탭의 [표시/숨기기]에서 [요약]을 클릭한다.

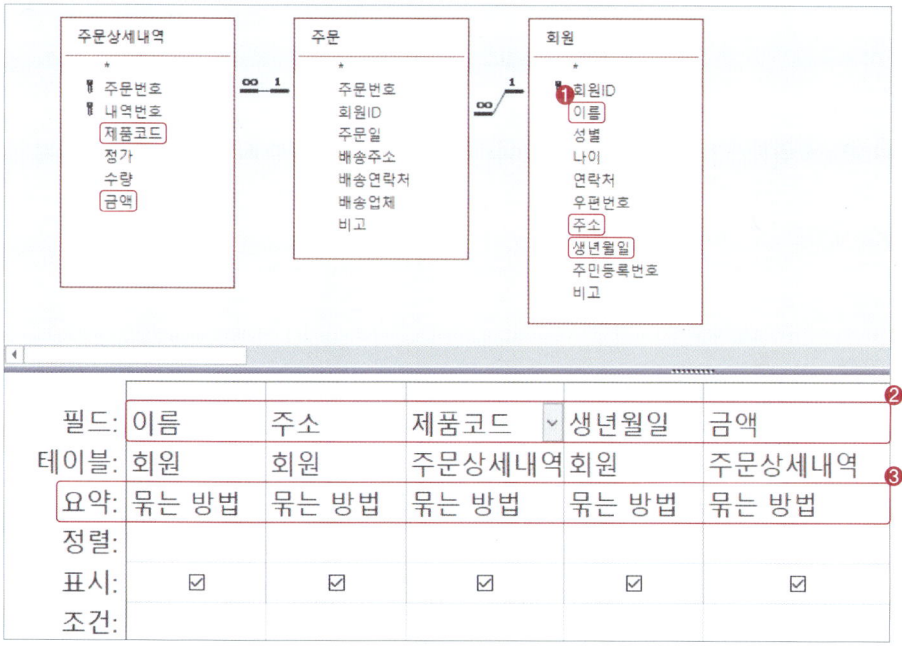

④ '제품코드'의 개수를 구하기 위해 필드에 **주문수:count([제품코드])&"개"**로 입력한 후 '요약'을 **식**으로 변경한다.

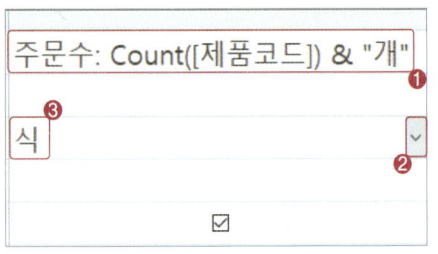

> **기적의 TIP**
>
> Count([필드])
> 지시사항에서 Count를 사용하라고 했기 때문에 요약을 개수가 아닌 식으로 변경하고 필드에 Count를 사용한다.

⑤ '생년월일' 필드에 커서를 두고, [Shift]+[F2]를 눌러 [확대/축소] 창을 열어 식을 입력한다.

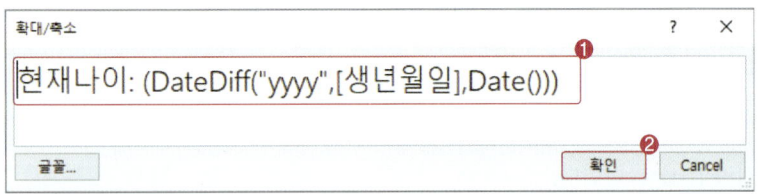

> **기적의 TIP**
>
> DateDiff("Interval", [날짜1], [날짜2])
> • 기능 : 날짜2-날짜1에서 Interval 항목을 뺀다.
> • Interval : YYYY(연도), M(월), D(일), Q(분기)

⑥ '금액' 필드에 커서를 두고, [Shift]+[F2]를 눌러 [확대/축소] 창을 열어 식을 입력한다.

 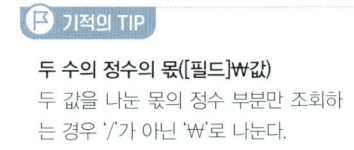

> **기적의 TIP**
>
> 두 수의 정수의 몫([필드]\값)
> 두 값을 나눈 몫의 정수 부분만 조회하는 경우 '/'가 아닌 '\'로 나눈다.

⑦ '포인트' 필드의 결과값을 동일하게 하기 위해 '포인트' 필드를 선택한 후, [속성 시트]에서 [일반] 탭의 '형식'에 **0점**을 입력하면 자동으로 0\점으로 변경된다. 이후 '요약'을 **식**으로 변경한다. 결과값과 동일하게 하기 위해 포인트의 정렬을 **내림차순**으로 변경한다.

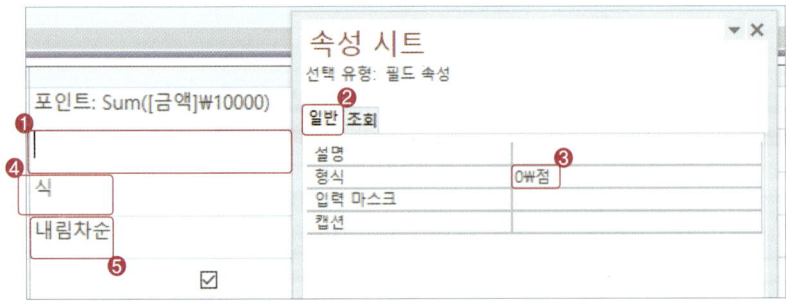

⑧ [주소] 필드의 '조건'에 Like **"경기도\*"**를 입력한다.

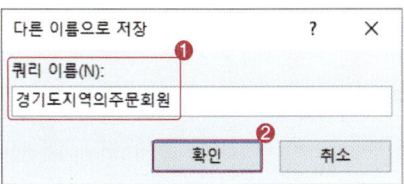

⑨ [저장]을 클릭한 후, [다른 이름으로 저장] 대화상자의 '쿼리 이름'을 **경기도지역의주문회원**으로 입력하고 쿼리 작성기를 닫는다.

# PART 05

# 데이터베이스 기출 유형 따라하기

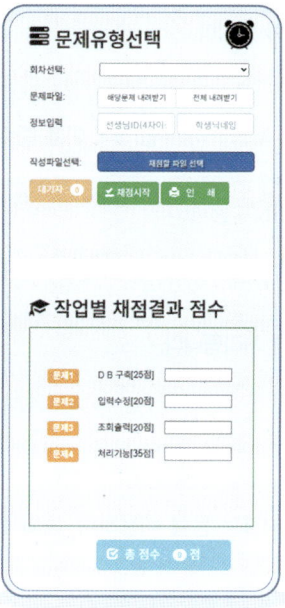

**자동 채점 서비스(웹 용)**

① comlicense.co.kr 접속
② '도서' 확인 후, [채점하기] 클릭
③ '회차'와 '채점할 파일' 선택
④ [채점시작] 클릭

**예제 파일 위치**

[26컴활1급(커미조아)] → [데이터베이스] → [PART 05] 폴더

# 데이터베이스 기출 유형 따라하기

| 프로그램명 | 제한시간 | 수험번호 : |
|---|---|---|
| ACCESS | 45분 | 성  명 : |

## 유의사항

- 인적 사항 누락 및 잘못 작성으로 인한 불이익은 수험자 책임으로 합니다.

- 화면에 암호 입력창이 나타나면 아래의 암호를 입력하여야 합니다.
  ○ 암호 :

- 작성된 답안은 경로 및 파일명을 변경하지 마시고 그대로 저장하여야 합니다. 이를 준수하지 않으면 실격 처리됩니다.
  ○ 답안 파일명의 예 : C:\DB\수험번호 8자리.accdb

- 외부데이터 위치 : C:\DB\파일명

- 별도의 지시사항이 없는 경우, 다음과 같이 처리하면 실격 처리됩니다.
  ○ 제시된 개체의 이름을 임의로 변경한 경우
  ○ 제시된 개체의 속성을 임의로 변경한 경우
  ○ 제시된 개체를 임의로 삭제하거나 추가한 경우

- 별도의 지시사항이 없는 경우, 기능의 구현은 모듈이나 매크로 등을 이용하며, 예외적인 상황에 대해서는 고려하지 않아도 됩니다.

- 제시된 함수가 있을 경우 제시된 함수만을 사용하여야 하며, 그 외 함수를 사용 시 채점 대상에서 제외됩니다.

- 별도의 지시사항이 없는 경우, 주어진 각 개체의 속성은 설정값 또는 기본 설정값(Default)으로 처리하십시오.

- 제시된 화면은 예시이며 나타난 값은 실제와 다를 수 있습니다.

- 저장 시간은 별도로 주어지지 아니하므로 제한된 시간 내에 저장을 완료하여야 합니다.

- 출제된 문제의 용어는 MS Office Professional Plus 2021을 기준으로 작성되었습니다.

대한상공회의소

## 문제 ❶ DB 구축                                                           25점

**01** 학생들의 봉사활동 내역을 관리하기 위한 데이터베이스를 구축하고자 한다. 다음의 지시사항에 따라 각 테이블을 완성하시오. (각 3점)

① 〈도서관정보〉 테이블의 '도서관유형' 필드에서 "어린이"로 시작하는 항목을 폼 필터를 이용해서 필터하시오.
　▶ 테이블이 열릴 때마다 필터된 상태로 열리게 설정하시오.

② 〈도서관정보〉 테이블의 '대표번호' 필드는 '070-0000-0000'와 같은 형태로 "070" 문자열과 숫자 8자리가 반드시 포함되어 입력되도록 입력 마스크를 설정하시오.
　▶ 070은 항상 표시되게 설정하고 "-" 표시와 함께 저장하도록 설정하시오.
　▶ 숫자 입력은 0~9의 숫자만 입력할 수 있도록 설정하시오.
　▶ 입력 시 화면에는 "#"으로 표시되게 하시오.

③ 〈도서〉 테이블의 가장 마지막 열에 '표지' 필드를 추가하고 파일을 연결할 수 있게 데이터 형식을 설정하시오.

④ 〈대여내역〉 테이블의 '반납일자'는 '대여일자+대여일수'보다 크지 않게 입력되도록 유효성 검사 규칙을 설정하고 규칙에 어긋나면 "반납일자가 지났습니다. 확인해주세요."라는 메시지가 뜨게 설정하시오.

⑤ 〈대여내역〉 테이블의 '도서코드' 필드에 대해 다음과 같은 조회 속성을 설정하시오.
　▶ 〈도서〉 테이블의 '도서명'과 '출판사'가 콤보 상자의 형태로 표시되도록 설정하시오.
　▶ 필드에는 '도서코드'가 저장되도록 하시오.
　▶ '도서명', '출판사'만 표시되도록 열 너비를 설정하고 목록 너비를 '5cm'로 설정하시오.
　▶ 목록 값만 입력할 수 있도록 설정하시오.

| 순번 | 도서코드 | | 고객번호 | 대여일자 | 대여금액 | 대여일수 | 반납일자 |
|---|---|---|---|---|---|---|---|
| 1 | 리틀 라이프1 | ∨ | P001 | 2025-01-01 | 7500 | 5 | 2025-01-06 |
| 2 | 리틀 라이프 | 시공사 | P002 | 2025-01-02 | 10500 | 7 | 2025-01-09 |
| 30 | 불변의 법칙 | 서삼독 | P002 | 2025-01-24 | 4500 | 3 | 2025-01-27 |
| 3 | The Money | 비바리퍼블 | P003 | 2025-01-02 | 4500 | 3 | 2025-01-05 |
| 8 | 나를 소모히 | 퍼스트펭귄 | P003 | 2025-01-06 | 10500 | 7 | 2025-01-13 |

**02** 외부 데이터 가져오기 기능을 이용하여 〈도서관조사.xlsx〉에서 범위의 정의된 이름 '도서관조사'의 내용을 가져와 〈도서관조사〉 테이블을 생성하시오. (5점)

▶ 첫 번째 행은 열 머리글이다.
▶ 기본 키는 '없음'으로 설정하시오.

**03** 〈도서별판매내역〉 테이블의 '판매처코드' 필드는 〈도서판매처〉 테이블의 '판매처코드' 필드를 참조하고 〈도서별판매내역〉 테이블의 '도서코드'는 〈도서〉 테이블의 '도서코드' 필드를 참조한다. 테이블 간의 관계는 1:M이다. 세 테이블에 대해 다음과 같이 관계를 설정하시오. (5점)

⚠ 액세스 파일에 이미 설정되어 있는 관계는 수정하지 말 것
▶ 테이블 간에 항상 참조 무결성이 유지되도록 설정하시오.
▶ 참조 필드의 값이 변경되면 관련 필드의 값도 변경되도록 설정하시오.
▶ 다른 테이블에서 참조하고 있는 레코드는 삭제할 수 없도록 설정하시오.
▶ 이미 설정된 관계는 삭제하지 마시오.

## 문제 ❷ 입력 및 수정 기능 구현  20점

**01** 〈도서관정보〉 폼을 다음의 화면과 지시사항에 따라 완성하시오. (각 3점)

① 하위 폼 본문의 배경색은 '#F7F9F1', 다른 배경색은 '#DCFEA4'로 설정해서 서로 다른 배경색으로 표시되게 하시오.
② 하위 폼 바닥글 영역의 [txt운영일시] 컨트롤에는 [txt시작일시]와 [txt종료일시]를 이용하여 [표시 예]와 같이 표시되도록 '컨트롤 원본' 속성을 설정하시오.
  ▶ [표시 예 : 시작일시가 17:00, 종료일시가 21:00 → 17:00~21:00]
  ▶ Format 함수와 & 연산자를 사용하시오.
③ 하위 폼 바닥글의 [txt도서가능수] 컨트롤에 도서관코드 개수를 계산하시오.
  ▶ '사용 가능한 도서관수'는 휴무일 필드가 비어 있지 않고 [txt도서관유형]에 해당하는 개수이고, '사용 불가한 도서관수'는 휴무일 필드가 비어 있는 개수이다.
  ▶ [표시 예 : 사용 가능 도서관수: 7곳(사용불가 :4곳)]
  ▶ Dcount, And, Is Null, Not 함수를 사용하시오.

② 〈도서관정보〉 하위 폼의 본문 영역에서 다음과 같이 조건부서식을 설정하시오. (6점)

▶ 휴무일이 빈칸인 경우 채우기 '표준 색 - 노랑'을, 도서관코드가 '2-5'로 끝나는 경우 글꼴 색을 '표준 색 - 자주', '굵게'로 설정하시오.
▶ Is, Like 함수를 사용하시오.
▶ 아래 〈그림〉을 참조하시오.

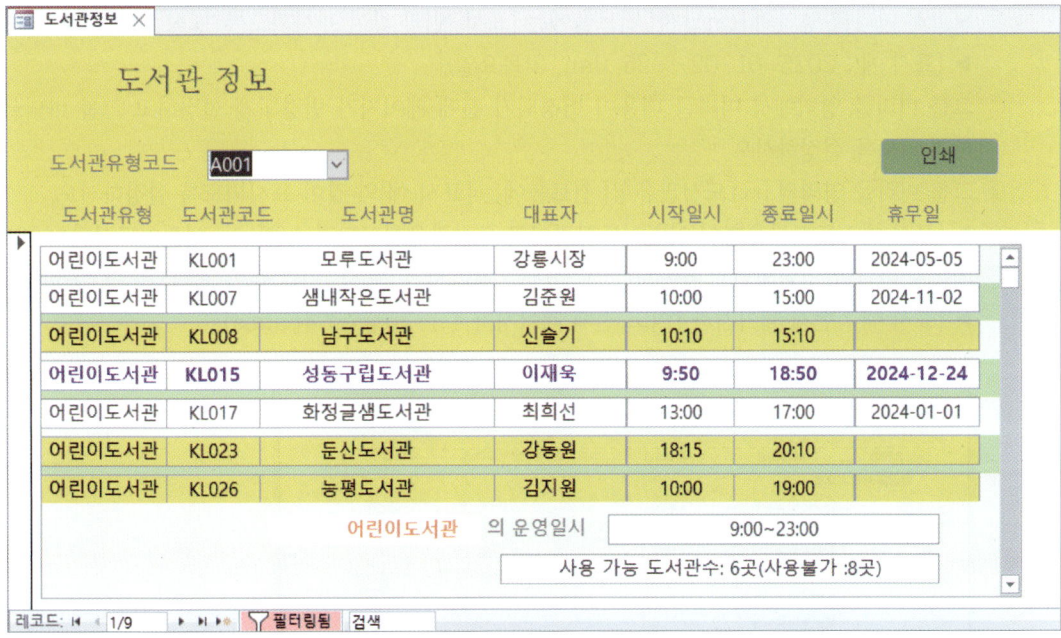

③ 〈도서관정보〉 폼을 [인쇄(cmd인쇄)] 단추를 클릭하면 다음과 같은 기능이 구현되도록 〈유형코드인쇄〉 매크로를 생성한 후 지정하시오. (5점)

▶ 〈그림〉과 같이 현재 날짜와 시간을 표시하는 메시지상자를 표시하시오.
▶ 메시지상자에서 [확인]을 클릭하면 〈도서관정보보기〉 보고서를 '인쇄 미리 보기' 상태로 표시하는 〈유형코드인쇄〉 매크로를 생성하시오.
▶ 선택된 '도서관유형' 필드의 정보만 표시되도록 구현하시오.
▶ 대화상자 모드로 여시오.

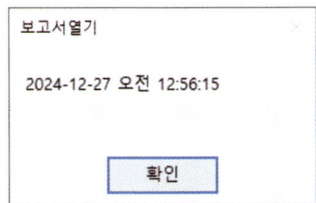

## 문제 ❸ 조회 및 출력 기능 구현    20점

**01** 다음의 지시사항 및 화면을 참조하여 〈도서관정보보기〉 보고서를 완성하시오. (각 3점)

① 동일한 '도서관유형' 내에서는 '운영시작일' 필드를 기준으로 오름차순 정렬되어 표시되도록 정렬을 추가하시오.

② 보고서 머리글 영역의 [txt날짜] 컨트롤에는 [표시 예]와 같이 표시되도록 '형식' 속성을 설정하시오.
   ▶ [표시 예 : 2025-01-02 → 25. Jan. 2(목요일)]

③ 그룹 머리글 영역에서 머리글 내용이 변경되기 전에 페이지가 변경되게 설정하고 그룹 바닥글은 표시하지 않도록 설정하시오.

④ 그룹 머리글 영역의 [txt도서관유형] 컨트롤에는 [표시 예]와 같이 표시되도록 설정하시오.
   ▶ [표시 예 : 도서관유형이 어린이도서관이고 도서관유형코드가 A001 → 어린이도서관:A001]

⑤ 페이지 바닥글 영역의 [txt페이지] 컨트롤에는 페이지가 [표시 예]와 같이 표시되도록 설정하시오.
   ▶ [표시 예 : 현재 페이지가 1이고 전체 페이지가 4 → 1page / 4pages]

**02** 〈도서관정보보기〉 보고서 머리글을 더블클릭하면 다음과 같은 기능을 수행하는 이벤트 프로시저를 구현하시오. (5점)

▶ 〈그림〉과 같은 메시지상자를 표시하고 [예]를 클릭하면 보고서를 종료하시오.
▶ MessageBox, Docmd 구문을 사용하시오.
▶ 보고서 보기 모드에서 적용하시오.

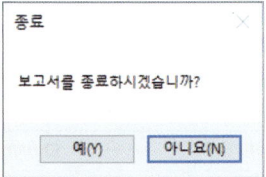

## 문제 ❹  처리 기능 구현                                           35점

**01** 〈도서관정보〉 테이블을 이용하여 도서관코드의 오른쪽 끝자리가 2 또는 3이면서 휴무일이 빈 셀이면 "검토"를 비고 필드에 업데이트하는 〈휴무일업데이트〉 업데이트 쿼리를 작성한 후 실행하시오. (7점)

▶ Right 함수와 In, Is 연산자를 사용하시오.

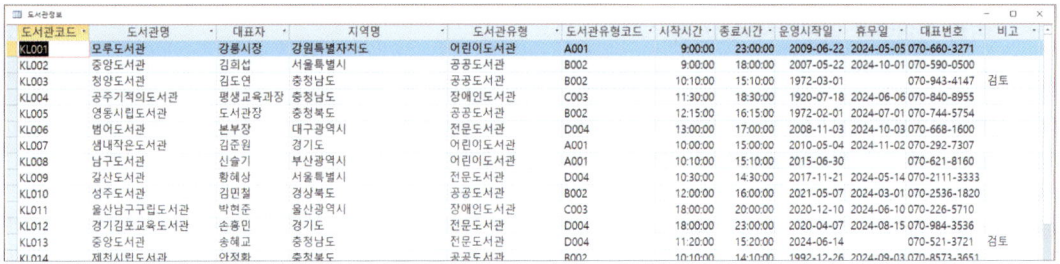

▲ 업데이트된 〈도서관정보〉 테이블

## 02 지역명별, 도서관유형별 도서관수를 조회하는 크로스탭 쿼리를 작성하시오. (7점)

- ▶ 〈도서관정보〉 테이블을 이용하시오.
- ▶ 행 머리글의 도서관수는 '도서관코드' 필드를 이용하시오.
- ▶ 도서관수가 0보다 크면 도서관수를 계산하고 비어 있으면 "미운영"으로 표시하시오.
- ▶ 지역명은 글자수가 다섯 글자인 지역명만 표시하시오.
- ▶ Iif, Count, Len 함수를 사용하시오.
- ▶ 쿼리 이름은 〈도서관현황〉으로 하시오.
- ▶ 쿼리 실행 결과 표시되는 필드와 필드명은 〈그림〉과 같이 표시되도록 설정하시오.

| 지역명 | 도서관수 | 공공도서관 | 어린이도서관 | 장애인도서관 | 전문도서관 |
|---|---|---|---|---|---|
| 대구광역시 | ★2개 | 1 | 미운영 | 미운영 | 1 |
| 대전광역시 | ★1개 | 미운영 | 1 | 미운영 | 미운영 |
| 부산광역시 | ★1개 | 미운영 | 1 | 미운영 | 미운영 |
| 서울특별시 | ★4개 | 1 | 2 | 미운영 | 1 |
| 울산광역시 | ★1개 | 미운영 | 미운영 | 1 | 미운영 |
| 인천광역시 | ★1개 | 미운영 | 미운영 | 미운영 | 1 |

## 03 〈도서〉 테이블에 존재하지 않는 〈도서추가〉 테이블의 자료를 새로운 테이블로 생성하는 〈신규도서추가〉 쿼리를 작성하고 실행하시오. (7점)

- ▶ 〈도서〉, 〈도서추가〉 테이블을 이용하시오.
- ▶ 생성된 테이블 이름은 〈신규도서〉로 하시오.
- ▶ Is 연산자를 사용하시오.
- ▶ 쿼리 실행 결과 표시되는 필드와 필드명은 〈그림〉과 같이 표시되도록 설정하시오.

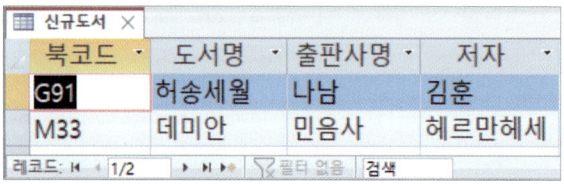

▲ 새로 생성된 〈신규도서〉 결과

**04** 〈도서강좌〉 쿼리를 이용하여 장소의 일부와 강좌월을 매개 변수로 받고, 강좌명의 인기도를 조회하는 〈인기강좌조회〉 쿼리를 작성하시오. (7점)

▶ 인기도는 신청인원수를 정원수로 나눈 값에 10을 곱한 만큼 ★을 반복하시오.
▶ 쿼리의 결과는 장소 "문화교실"과 강좌월 10을 입력한 결과값이다.
▶ Month, String 함수와 Like 연산자를 사용하시오.
▶ 쿼리 실행 결과 생성되는 테이블의 필드는 〈그림〉을 참고하여 수험자가 판단하여 설정하시오.

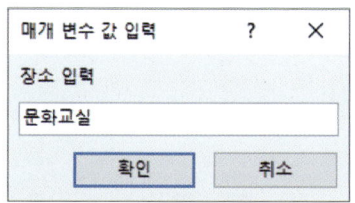 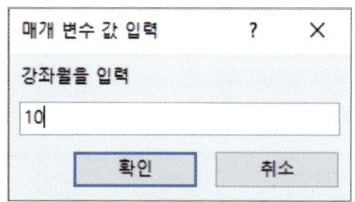

▲ 매개 변수 값으로 '문화교실'과 10을 입력하여 실행한 후의 〈인기강좌조회〉 결과 테이블

**05** 판매월이 4분기에 해당하는 도서명의 가격의 평균값을 조회하는 〈도서판매평균〉 쿼리를 작성하시오. (7점)

▶ 〈도서〉, 〈도서별판매내역〉, 〈도서판매처〉 테이블을 이용하시오.
▶ 판매월은 판매일자 필드를 이용하시오.
▶ 종료시간이 18:00 이후에 해당하는 판매처를 조회하시오.
▶ 가격 = 판매단가×판매수량
▶ Month, Datepart 함수를 사용하시오.
▶ 쿼리 실행 결과 생성되는 테이블의 필드는 〈그림〉을 참고하여 수험자가 판단하여 설정하시오.

# 데이터베이스 기출 유형 따라하기  해설

## 문제 ❶ DB 구축   1. 학생 봉사활동 데이터베이스 구축

| 정답 |

**01** 〈도서관 정보〉 테이블 – '도서관유형' 필드
Like "어린이*"

**02** 〈도서관 정보〉 테이블 – '대표번호' 필드의 '입력 마스크'
"070"-0000-0000;0;#

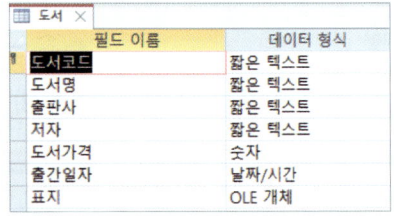

**03** 〈도서〉 테이블
- '필드 이름' : 표지
- '데이터 형식' : OLE 개체

**04** 〈대여내역〉 테이블
- '유효성 검사 규칙' : [반납일자]<=[대여일자]+[대여일수]
- '유효성 검사 텍스트' : 반납일자가 지났습니다. 확인해주세요.

**05** '도서코드' 필드의 조회속성

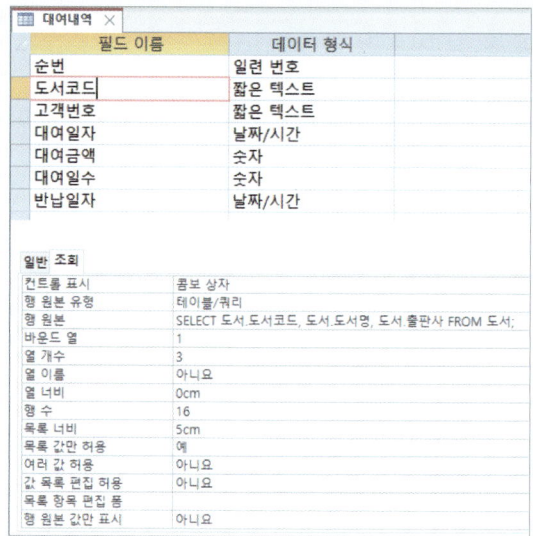

### 기적의 TIP

**Access 옵션(기본 설정)**

1. [파일] 탭의 [옵션]에 들어간다.
2. [Access 옵션] 대화상자에서 [현재 데이터베이스] 탭의 '문서 창 옵션'을 "창 겹치기"와 "탭 문서" 중 선택해서 창 모드를 변경할 수 있다.
   - 창 겹치기 : 여러 문서를 한 화면에 겹쳐서 표시
   - 탭 문서 : 한 문서만 화면에 표시
3. 설정을 마무리한 다음, 열려 있는 데이터베이스를 닫은 다음 다시 열어야 변경사항이 적용된다.

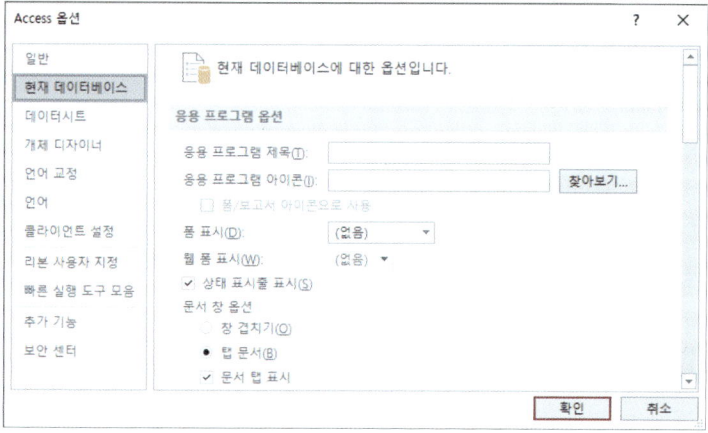

## 기적의 TIP

**기본 화면 구성**
[데이터베이스] 화면 왼쪽에는 '모든 Access 개체'가 있고 이는 '테이블', '쿼리', '폼', '보고서'로 구성되어 있다.

## 기적의 TIP

**저장의 방법**
- 단축키([Ctrl]+[S])
- 빠른 실행의 저장 버튼 또는 [파일] 탭의 [저장](🖫)

**저장의 경로**
- C:\DB
- DB폴더 안에는 문제 파일(시험장에서는 '수험번호.accdb')이 있으며 저장하기를 누르면 덮어쓰기 형식으로 저장된다. 만약 '다른 이름으로 저장'해서 또 다른 파일이 생성되면 실격되므로 반드시 '저장'만 누른다.

## 01 폼 필터

① 〈도서관정보〉 테이블의 '도서관유형'에 "어린이"로 시작하는 항목 필터하기 위해 〈도서관정보〉 테이블에서 마우스 오른쪽 버튼을 눌러 [열기]를 클릭한다. 또는 〈도서관정보〉 테이블을 더블클릭한다.

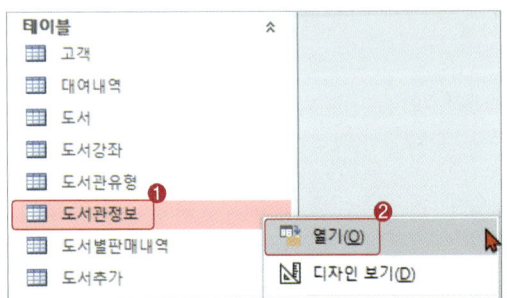

### 기적의 TIP

**화면전환**
- 디자인 보기(📐, [Ctrl]+[.])
- 데이터시트보기(🖽, [Ctrl]+[.])

② [홈] 탭 - [정렬 및 필터]의 [고급]에서 [폼 필터]를 클릭한다.

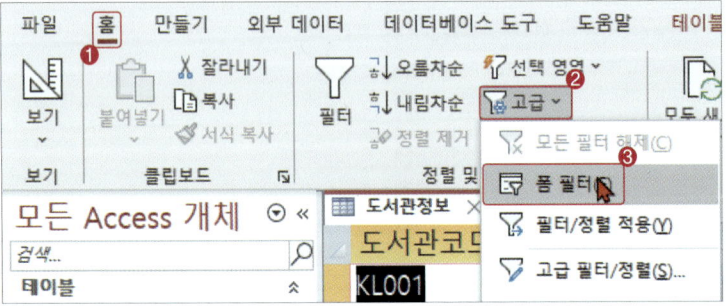

③ 〈도서관유형〉 필터 아래 '조건'에 **어린이\***을 입력하면 Like "어린이\*"로 변경된다.

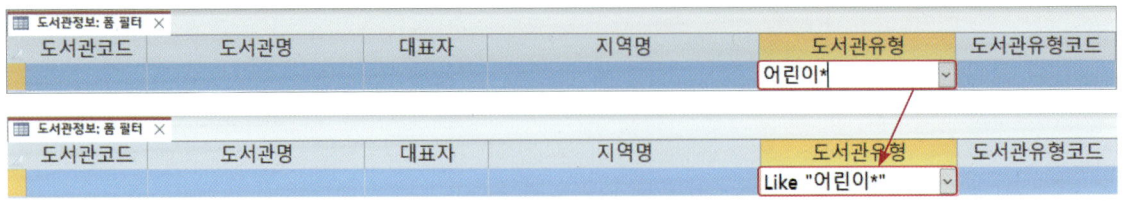

④ [홈] 탭의 [정렬 및 필터]에서 [필터 적용/해제]를 클릭하면 관련 데이터만 표시된다.

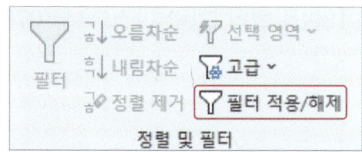

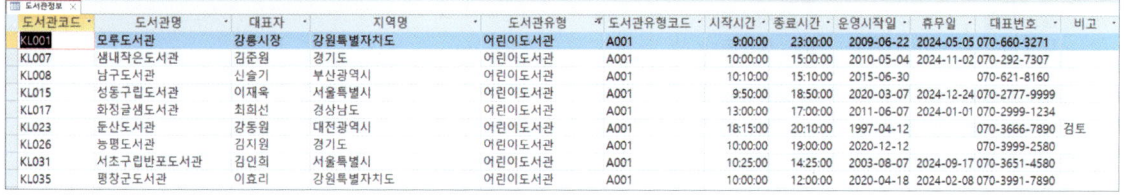

⑤ 〈도서관정보〉 테이블에서 마우스 오른쪽 버튼을 눌러 [디자인 보기]를 클릭한다. [속성 시트]의 '필터'에 **((도서관정보.도서관유형 Like "어린이*"))**이 입력되어 있는 것을 확인하고, '로드할 때 필터링'을 **예**로 변경한다.

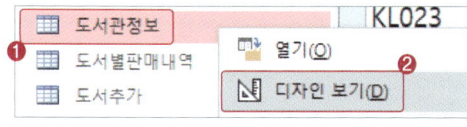

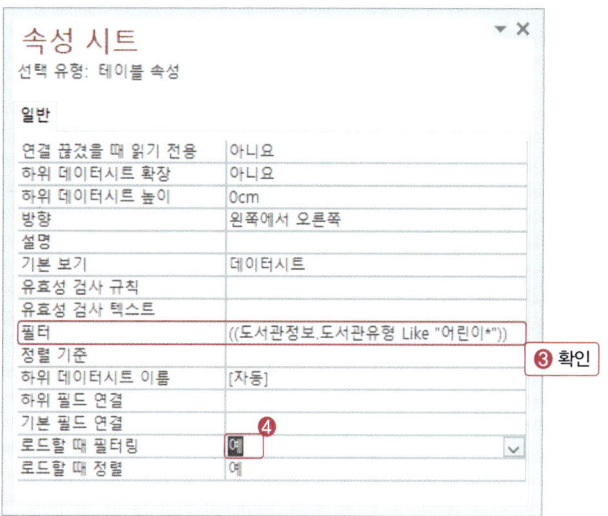

### 기적의 TIP

**속성 시트( )**
- [테이블 디자인]의 [표시/숨기기]에서 [속성 시트]를 클릭한다.
- Alt + Enter 를 누른다.

**로드할 때 필터링**
- 예 : 필터를 설정을 한 경우 [데이터시트보기]가 필터된 상태로 열림
- 아니오 : 필터를 설정해도 모든 데이터가 표시되므로 [홈] 탭의 [정렬 및 필터]에서 [필터 적용/해제]를 클릭함

## 02 '대표번호' 필드에 입력 마스크 설정

① 〈도서관정보〉 테이블의 [대표번호] 필드를 선택한 후, [속성 시트]에서 [일반] 탭의 '입력 마스크'에 "070"-0000-0000;0;#을 입력한다.

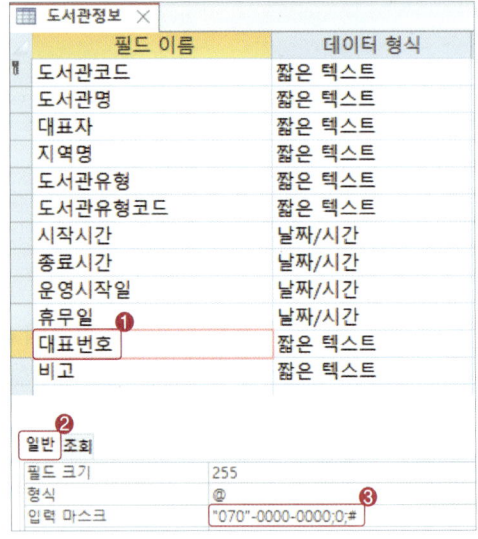

> 🅥 기적의 TIP
>
> **입력 마스크 해설**
> 입력 마스크를 지정하면 입력할 때 "070"은 항상 표시되고 나머지 입력할 자리는 #으로 표시되어 있다.
> - "070" : 항상 표시
> - 0000-0000 : 8자리 숫자로 표시
> - ;0 : "070"과 "-"를 저장
> - ;# : 입력모드일 때 #으로 표시

② 〈도서관정보〉 테이블 이름에서 마우스 오른쪽 버튼을 눌러 [저장]을 클릭하여 [예]를 눌러 저장한 다음, [닫기]를 클릭하여 테이블을 닫는다.

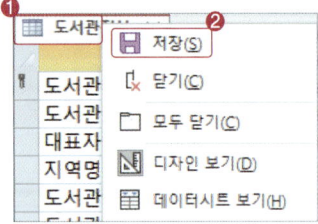

## 03 새로운 필드 추가

① 〈도서〉 테이블에서 마우스 오른쪽 버튼을 눌러 [디자인 보기]를 클릭한다.

② [출간일자] 필드 아래 '필드 이름'에 **표지**를 입력하고, [데이터 형식] 목록에서 **OLE 개체**를 선택한 후 테이블을 저장(Ctrl+S)하고 닫는다.

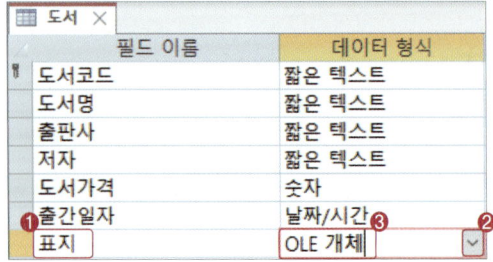

## 04 유효성 검사 규칙

① 〈대여내역〉 테이블을 [디자인 보기] 상태로 열고, [테이블 디자인] 탭의 [속성 시트]( Alt + Enter )를 실행한다.

② '유효성 검사 규칙'에 **[반납일자]<=[대여일자]+[대여일수]**를 입력하고, '유효성 검사 텍스트'에는 **반납일자가 지났습니다. 확인해주세요.**를 입력한다.

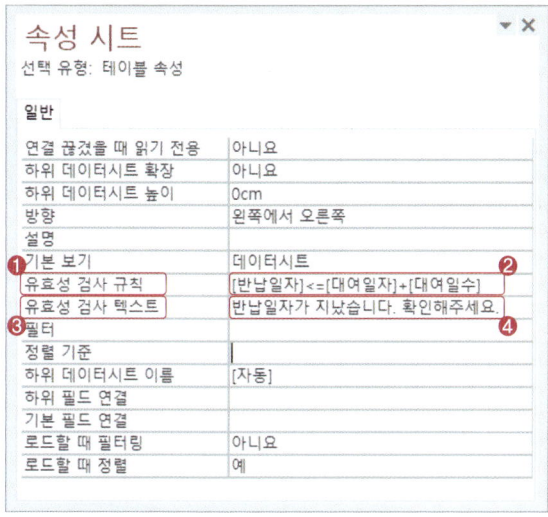

> **기적의 TIP**
>
> **유효성 검사 규칙의 입력**
> - 하나의 필드에 지정하는 유효성 검사 규칙은 관련 필드 아래 [일반] 탭의 〈유효성 검사 규칙〉에 입력하지만 연결된 두 개 이상의 필드에 지정하려면 [속성 시트]의 〈유효성 검사 규칙〉에 규칙을 입력해야 한다.
> - 규칙을 잘못 지정한 경우 테이블이 닫히지 않는 상황이 발생할 수도 있기 때문에 한 문제를 풀 때마다 반드시 저장을 하는 것이 좋다.
> - 저장은 프로그램 상단의 저장 버튼(📄)을 누르거나 단축키 ( Ctrl + S )를 누른다.

## 05 콤보 상자 설정

① [도서코드] 필드를 선택한 후, [속성 시트]에서 [조회] 탭의 '컨트롤 표시'는 **콤보 상자**를 선택한다.

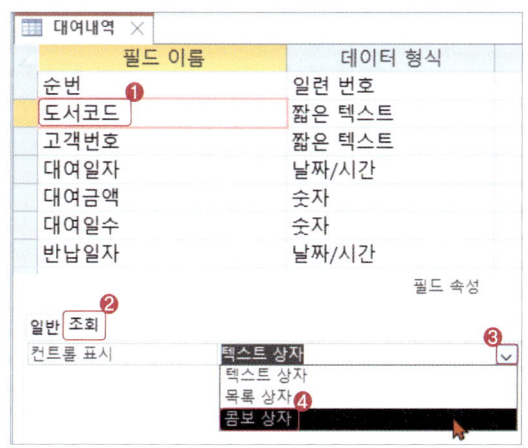

> **기적의 TIP**
>
> **조회**
> - 텍스트 상자 : 텍스트 형식으로 입력
> - 목록 상자 : 목록에 있는 값만 선택
> - 콤보 상자 : 목록에 있는 값을 선택하거나 임의로 텍스트 입력

② [속성 시트]에서 [조회] 탭의 '행 원본 유형'은 **테이블/쿼리**를 선택한 후, '행 원본'의 [식 작성기(⋯)]를 클릭한다.

③ 쿼리 작성기가 실행되면 [테이블 추가]에서 〈도서〉를 더블클릭하여 '쿼리 작성기'에 추가하고, 〈도서〉 테이블의 필드 목록에서 '도서코드', '도서명', '출판사'를 차례대로 더블클릭하여 쿼리 입력창에 추가한다(또는 '필드'에 를 차례대로 입력해도 결과는 동일함).

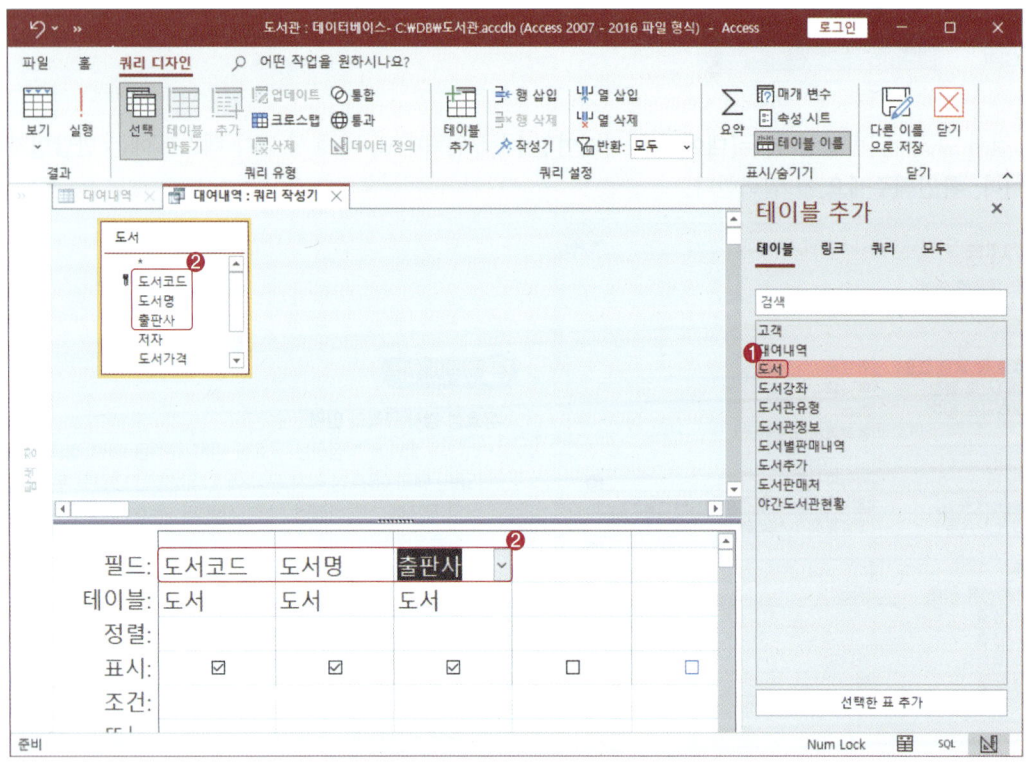

④ [닫기] 버튼을 클릭하면 아래와 같은 대화상자가 뜬다. [예]를 클릭하여 창을 닫으면 '행 원본'이 **SELECT 도서.도서코드, 도서.도서명, 도서.출판사 FROM 도서;**로 변경된다.

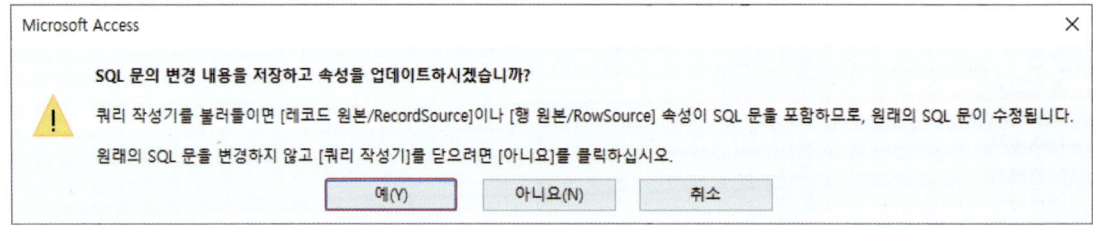

⑤ [조회] 탭의 '행 원본'이 자동으로 SELECT 도서.도서코드, 도서.도서명, 도서.출판사 FROM 도서;로 변경된 것을 확인한다. 이후 '열 개수'는 3, '열 너비'는 0cm, '목록 너비'는 5cm, '목록 값만 허용'은 **예**로 설정한다.

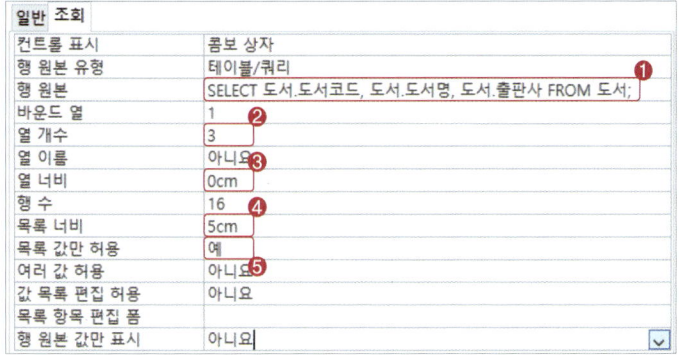

### 🅿 기적의 TIP

**테이블/쿼리 지정**
- 바운드 열 : 〈대여내역〉 테이블의 '도서코드' 필드와 바운드할 필드는 〈도서〉 테이블의 '도서코드' 필드이므로 1로 설정
- 바운드 열(불러오는 열 번호) : 1번부터 시작(도서코드=1, 도서명=2, 출판사=3)
- 열 개수 : 불러온 열의 개수는 3(도서코드, 도서명, 출판사)
- 열 이름 : 열 머리글 표시 여부
- 열 너비 : 각 필드의 열 너비, 숨겨야 할 필드의 너비를 0으로 지정
- 행 수 : 표시될 행의 수
- 목록 너비 : 필드를 표시할 전체 너비
- 목록 값만 허용 : 필드에 포함된 데이터만 허용

⑥ [저장하기]를 누르고 [디자인 보기]를 닫는다.

▼ 〈대여내역〉 테이블의 '도서코드' 필드의 조회 속성 설정 결과 값

| 순번 | 도서코드 | 고객번호 | 대여일자 | 대여금액 | 대여일수 | 반납일자 |
|---|---|---|---|---|---|---|
| 1 | 리틀 라이프 | P001 | 2025-01-01 | 7500 | 5 | 2025-01-06 |
| 2 | 리틀 라이프 시공사 | 02 | 2025-01-02 | 10500 | 7 | 2025-01-09 |
| 3 | 불변의 법 서삼독 | 03 | 2025-01-02 | 4500 | 3 | 2025-01-05 |
| 4 | The Money 비바리퍼블 | 4 | 2025-01-03 | 6000 | 4 | 2025-01-07 |
| 5 | 나를 소모 퍼스트펭귄 | 8 | 2025-01-04 | 3000 | 2 | 2025-01-06 |
| 6 | 마흔에 읽 유노북스 | 9 | 2025-01-04 | 15000 | 10 | 2025-01-14 |
| 7 | 모순 쓰다 | 0 | 2025-01-05 | 7500 | 5 | 2025-01-10 |
| 8 | 하루 한 장 위즈덤하우 | 03 | 2025-01-06 | 10500 | 7 | 2025-01-13 |
| 9 | 세이노의 데이원 | 04 | 2025-01-06 | 4500 | 3 | 2025-01-09 |
| 10 | 빛이 이끄 북로망스 | 05 | 2025-01-07 | 9000 | 6 | 2025-01-13 |
| 11 | 노트북 모모 | 5 | 2025-01-08 | 15000 | 10 | 2025-01-18 |
| 12 | 작은 땅의 다산책방 | 6 | 2025-01-08 | 10500 | 7 | 2025-01-15 |
| 13 | 당신에게 다담북스 | 3 | 2025-01-09 | 6000 | 4 | 2025-01-13 |
| 14 | 마흔에 읽는 쇼펜 | P014 | 2025-01-10 | 4500 | 3 | 2025-01-13 |

## 문제 ❶ DB 구축    2. 외부 데이터 가져오기 및 〈도서관조사〉 테이블 생성

| 정답 |

| 도서관코 | 유형코드 | 도서관유형 | 조사일 | 이용인원 | 지역명 |
|---|---|---|---|---|---|
| KL034 | D004 | 전문도서관 | 2024-01-30 | 200 | 인천시 |
| KL004 | C003 | 장애인도서관 | 2024-07-27 | 150 | 공주시 |
| KL002 | B002 | 공공도서관 | 2024-02-02 | 200 | 서울시 |
| KL001 | A001 | 어린이도서관 | 2024-07-02 | 150 | 강릉시 |
| KL003 | B002 | 공공도서관 | 2024-01-03 | 250 | 청양군 |
| KL014 | B002 | 공공도서관 | 2024-01-05 | 200 | 제천시 |
| KL011 | C003 | 장애인도서관 | 2024-01-06 | 110 | 울산시 |
| KL008 | A001 | 어린이도서관 | 2024-07-10 | 350 | 부산시 |
| KL013 | D004 | 전문도서관 | 2024-01-12 | 100 | 천안시 |
| KL022 | D004 | 전문도서관 | 2024-01-13 | 110 | 제주시 |
| KL018 | C003 | 장애인도서관 | 2024-01-05 | 90 | 장성군 |
| KL025 | B002 | 공공도서관 | 2024-01-09 | 220 | 부천시 |

① [외부 데이터] 탭 – [가져오기 및 연결]의 [새 데이터 원본] – [파일에서]에서 [Excel]을 클릭한다.

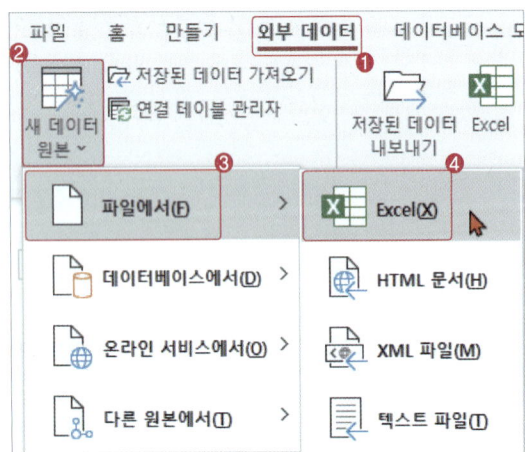

② [외부 데이터 가져오기] 대화상자에서 '파일 이름'의 [찾아보기]를 클릭한다.

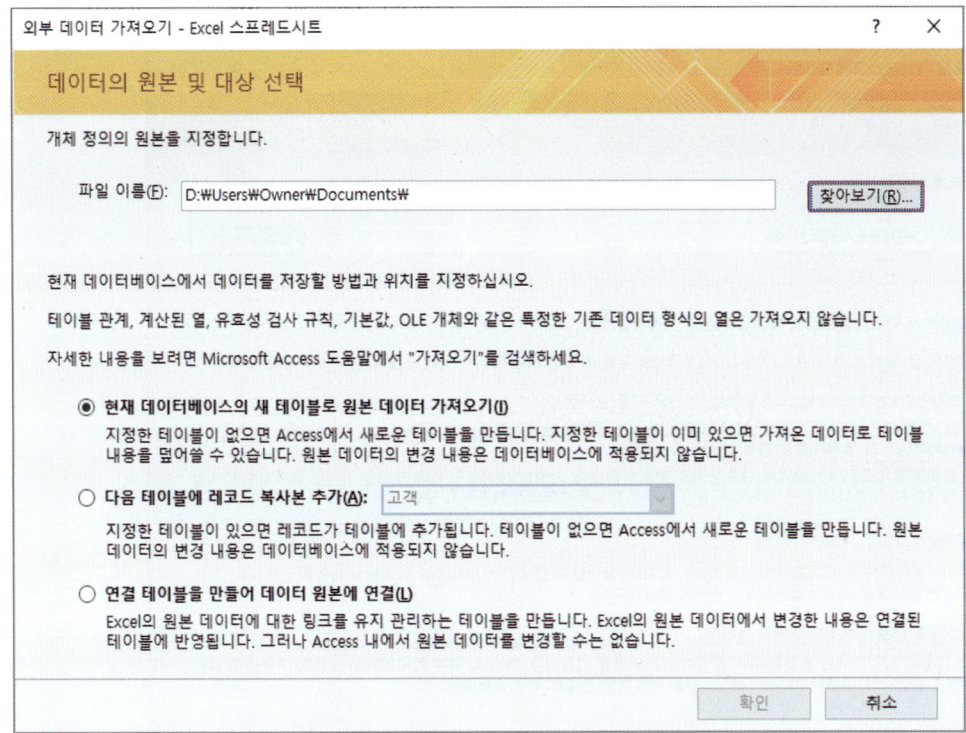

③ C:\DB 폴더에서 **도서관조사.xslx** 파일을 클릭한 후 [열기]를 클릭한다.

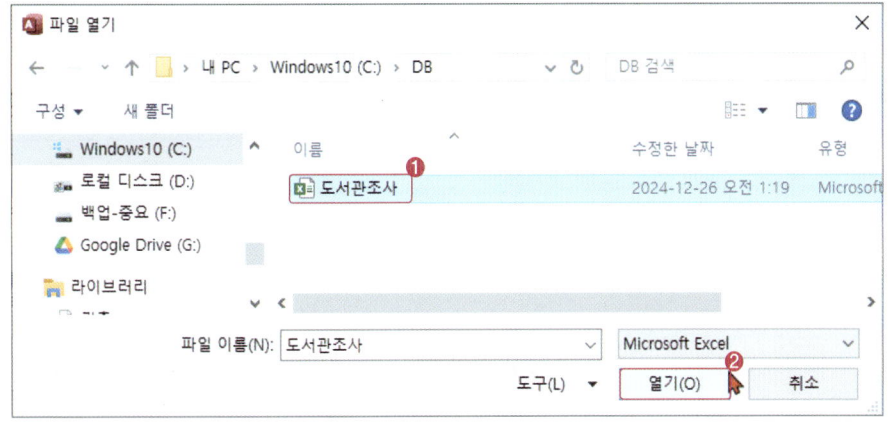

🅑 기적의 TIP

C:\DB 폴더는 시험장 컴퓨터에서의 경로입니다.
해당 도서에서 사용한 도서관조사.xlsx 파일의 경로는 다운로드한 [7807]-[26컴활1급(커미조아)]-[데이터베이스]-[PART 05] 폴더에 있습니다.

④ [데이터를 저장할 방법과 위치 지정]의 **현재 데이터베이스의 새 테이블로 원본 데이터 가져오기**를 선택한 후 [확인]을 클릭한다.

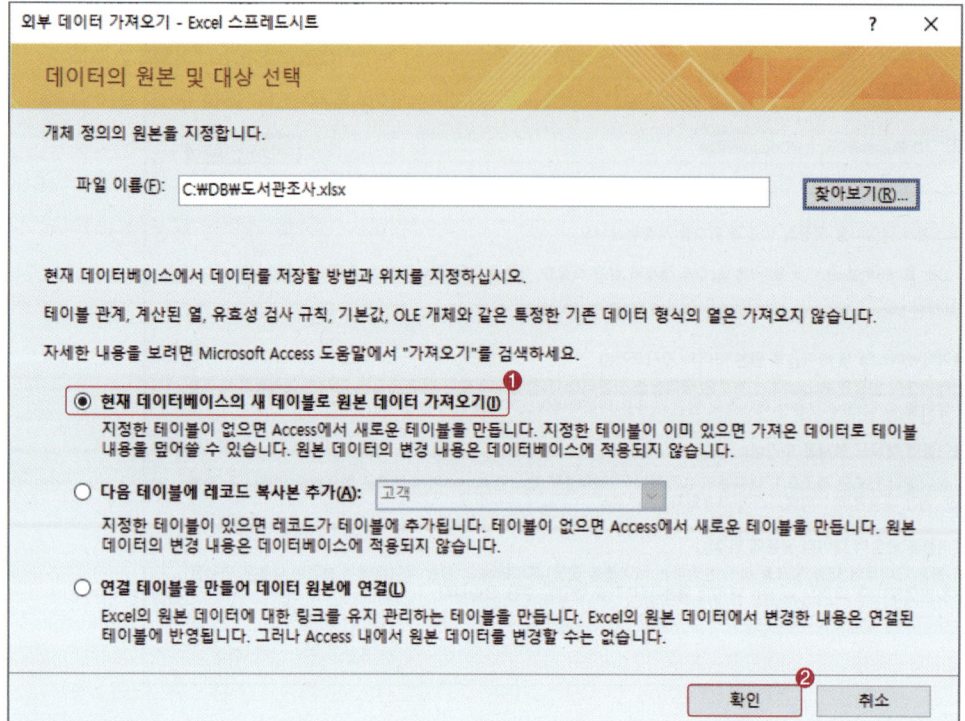

> 🎯 **기적의 TIP**
>
> **데이터의 저장 방법 및 위치 지정**
> - 현재 데이터베이스의 새 테이블로 원본 데이터 가져오기 : 새로운 테이블로 만듦
> - 다음 테이블에 레코드 복사본 추가 : 기존 테이블에 가져온 테이블의 내용을 추가
> - 연결 테이블을 만들어 데이터 원본에 연결 : 기존 테이블에 가져온 테이블을 연결

⑤ [스프레드시트 가져오기 마법사]의 1단계에서 '이름 있는 범위 표시'를 클릭한 다음 **도서관조사**를 클릭하고 [다음]을 클릭한다.

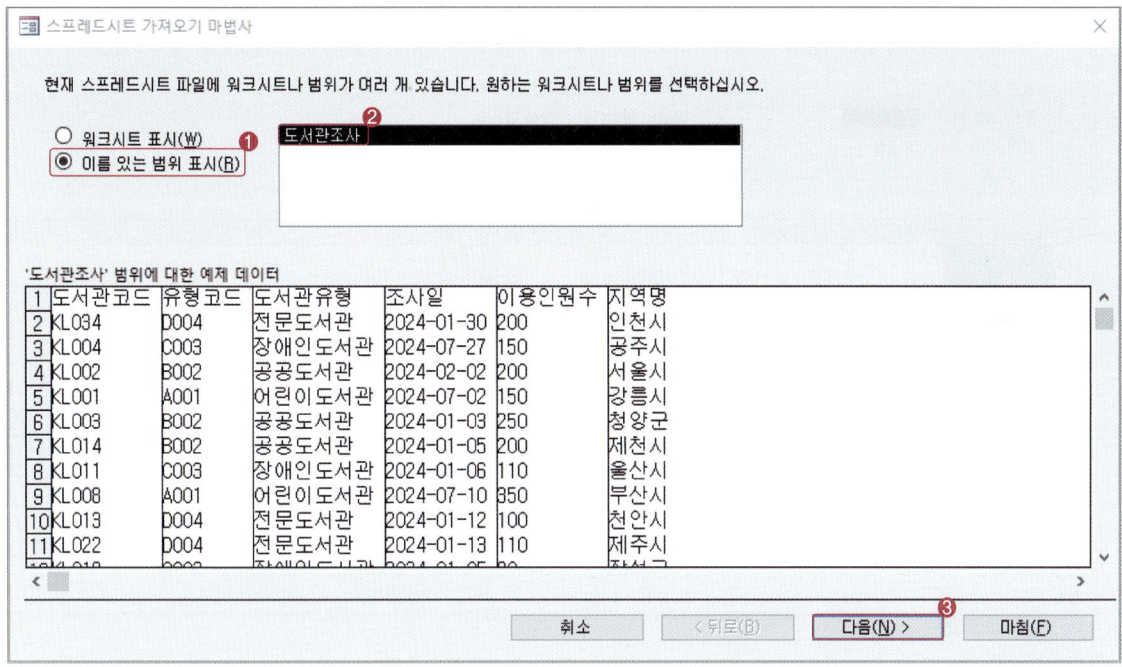

⑥ [스프레드시트 가져오기 마법사]의 2단계에서 **첫 행에 열 머리글이 있음**에 체크한 후 [다음]을 클릭한다.

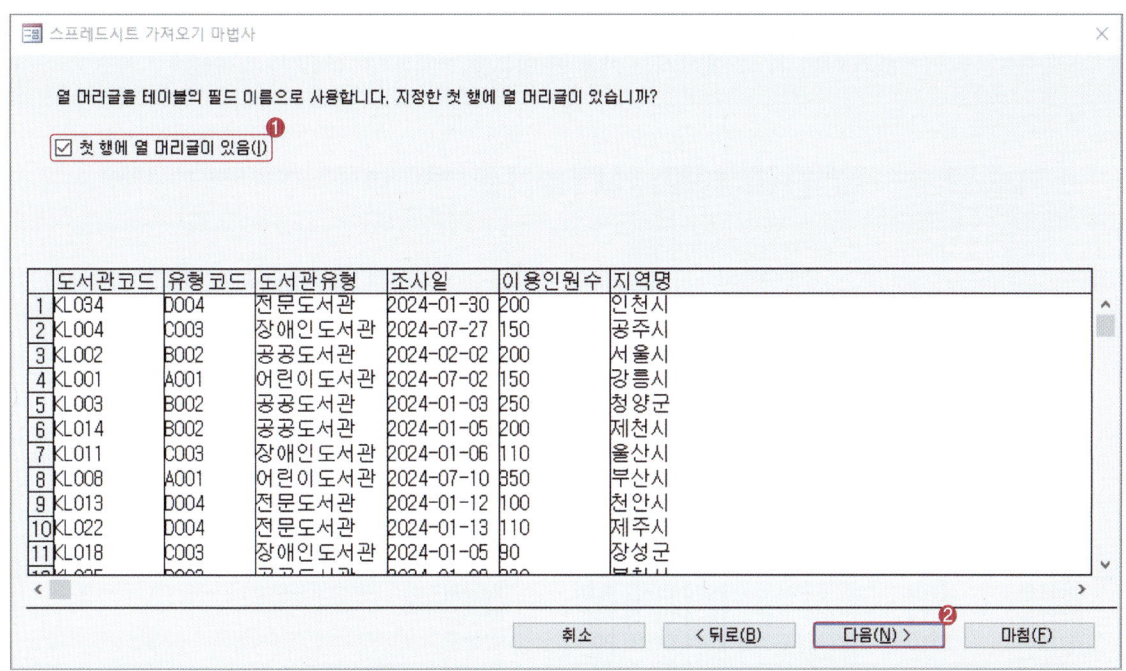

⑦ [스프레드시트 가져오기 마법사] 3단계에서는 [다음]을 클릭한다.

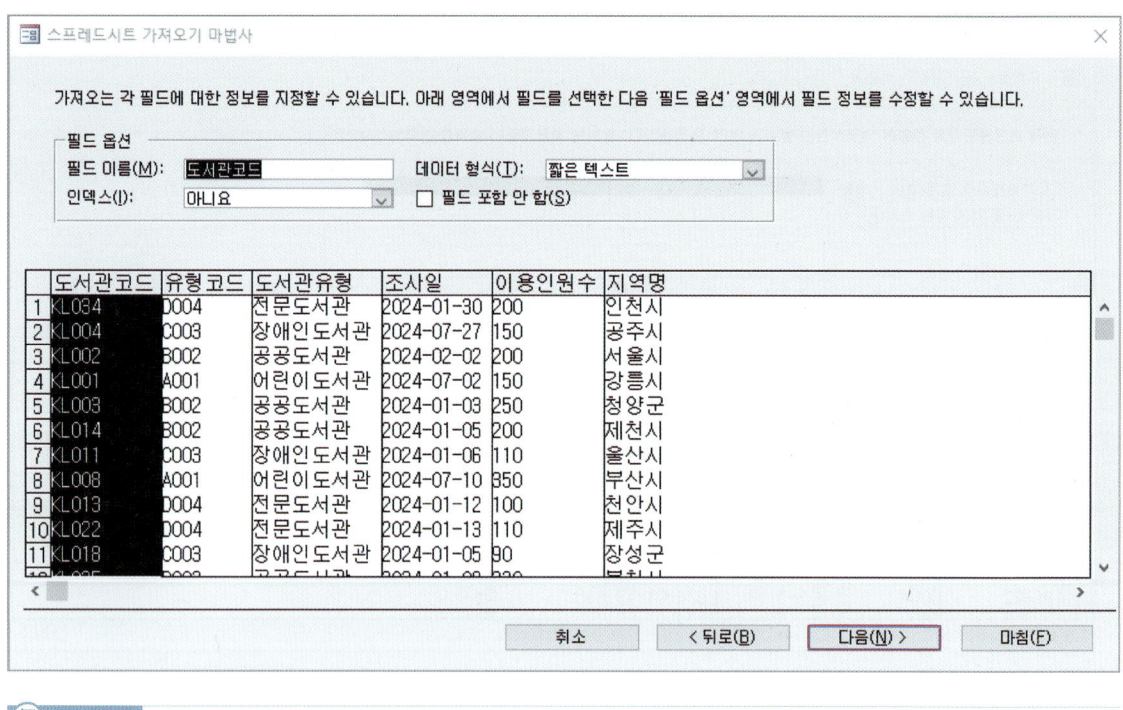

> 기적의 TIP
>
> 특정 필드를 선택한 후 '필드 포함 안 함'에 체크하면 해당 필드는 제외하고 가져올 수 있다.

⑧ [스프레드시트 가져오기 마법사] 4단계에서는 **기본 키 없음**을 선택한 후 [다음]을 클릭한다.

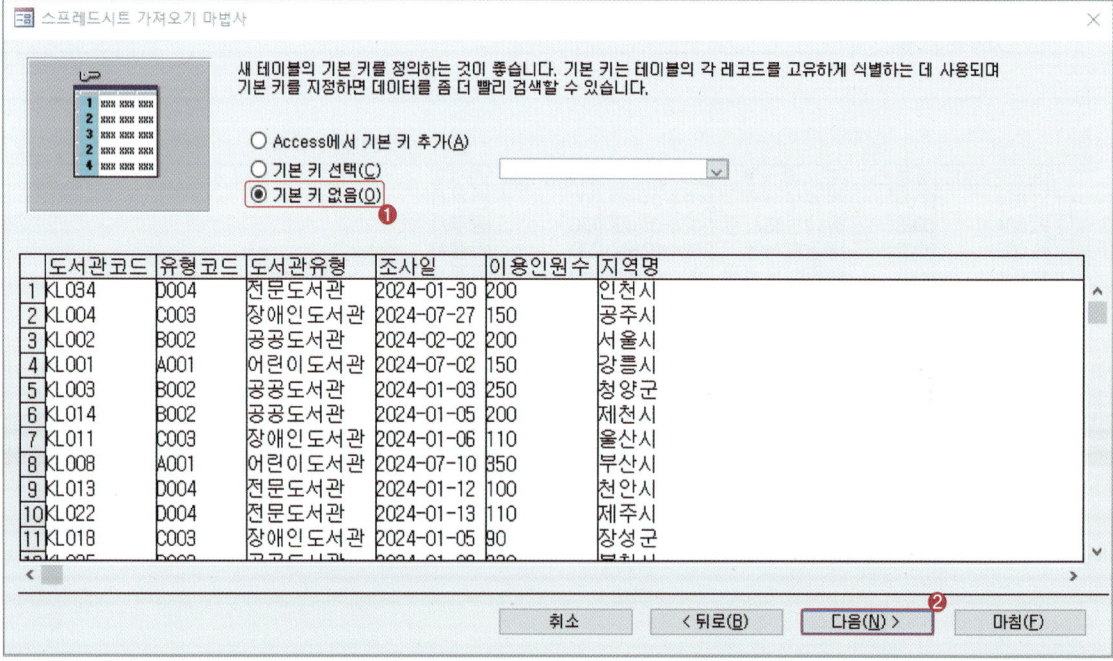

⑨ 추가할 테이블 이름에 **도서관조사**를 입력한 다음 [마침]을 클릭한다.

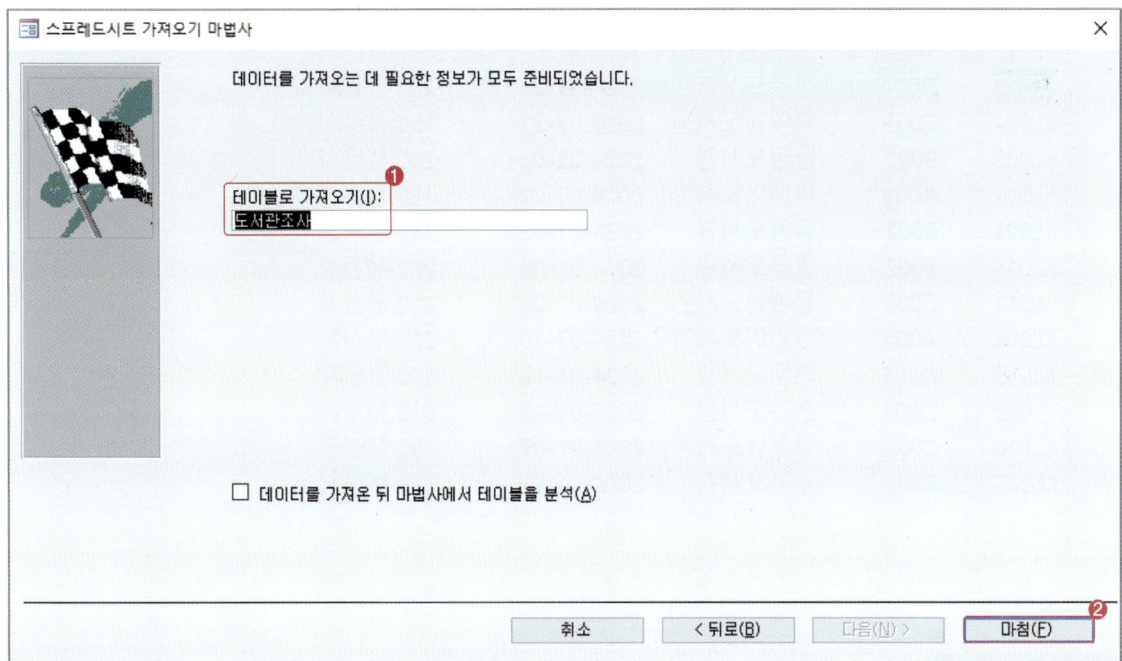

⑩ [외부 데이터 가져오기] 마지막 단계에서 '가져오기 단계 저장'에는 체크하지 않는다. [닫기]를 클릭하면 〈도서관조사〉 테이블이 생성된다.

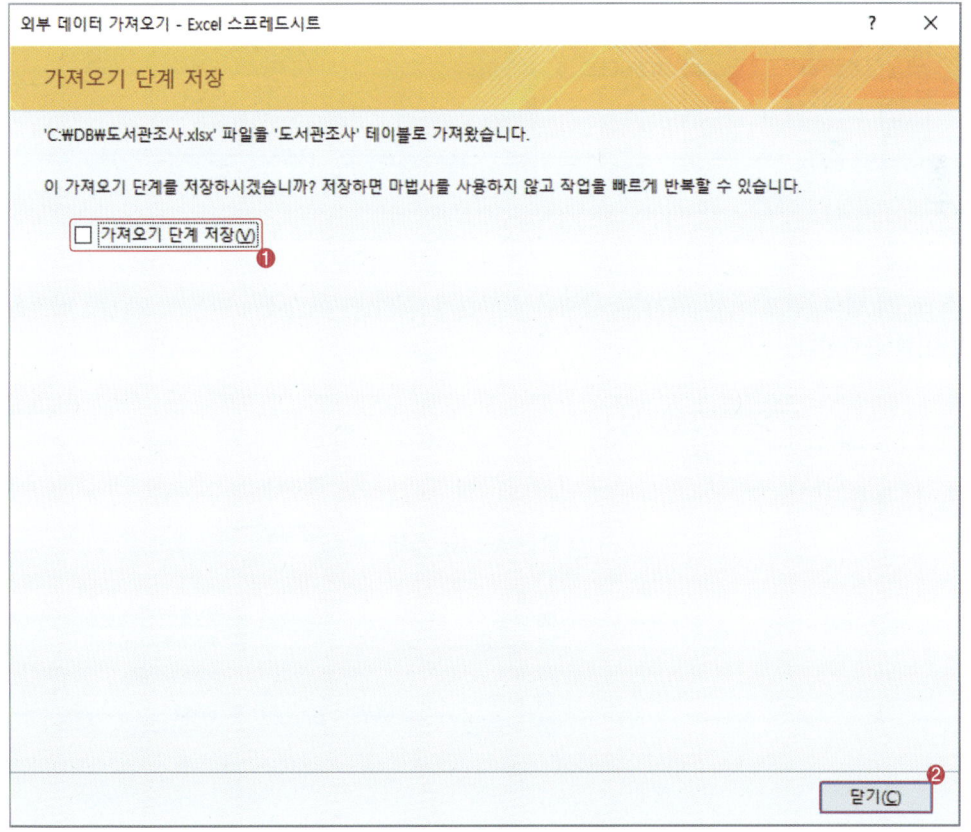

▼ 추가된 〈도서관조사〉 테이블

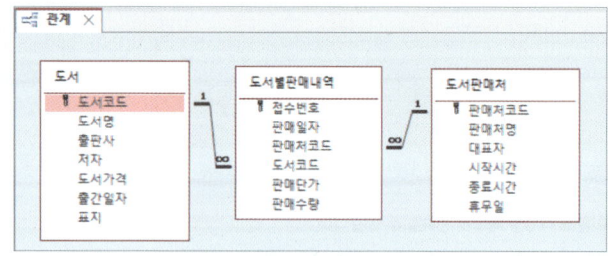

## 문제 ❶ DB 구축    3. 테이블 간 관계 설정 및 참조 무결성 유지

|정답|

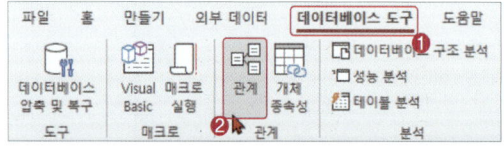

① [데이터베이스 도구] 탭의 [관계]에서 [관계]를 클릭한 후, '관계 창'의 빈 화면에서 마우스 오른쪽 버튼을 눌러 [테이블 표시]를 클릭한다.

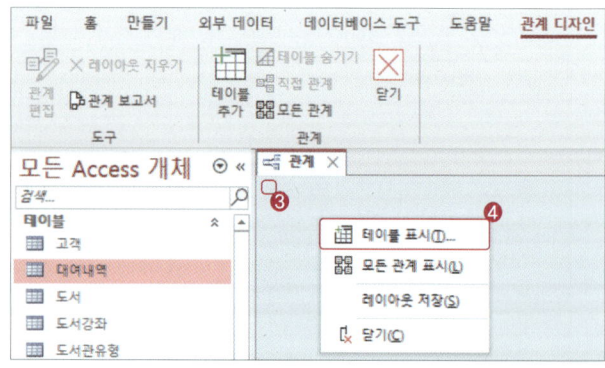

**테이블 추가**

1. [데이터베이스 도구] 탭의 [관계]에서 [관계]를 클릭한다.
2. 모든 Access 개체 영역에서 관련 테이블을 마우스로 관계 영역으로 끌어서 놓는다.
3. 기존에 설정되어 있는 관계는 그대로 둔다.

② [테이블 추가]에서 〈도서별판매내역〉, 〈도서판매처〉, 〈도서〉 테이블을 더블클릭하여 추가한다.

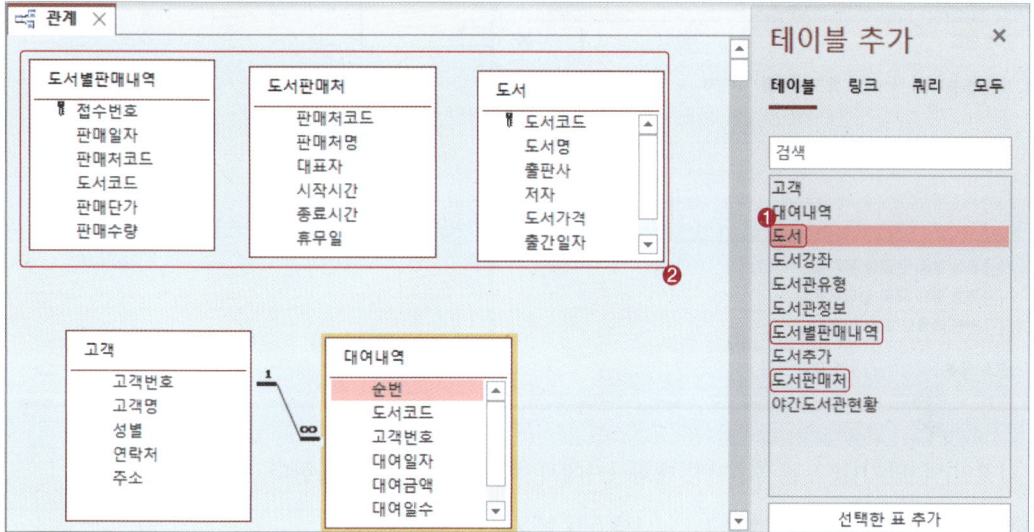

③ 〈도서별판매내역〉 테이블의 [판매처코드] 필드를 선택한 후 〈도서판매처〉 테이블의 [판매처코드] 필드로 드래그한다. [관계 편집]에서 다음과 같이 설정한 후 [만들기]를 클릭한다.

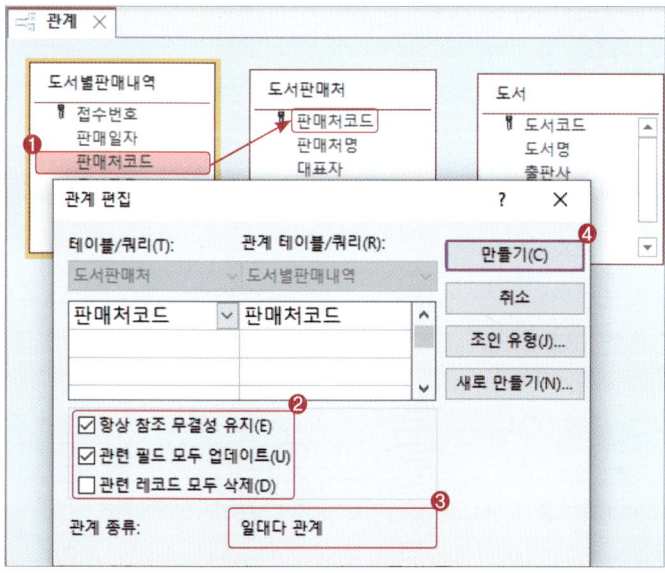

④ 〈도서별판매내역〉 테이블의 [도서코드] 필드를 선택한 후 〈도서〉 테이블의 [도서코드] 필드로 드래그한다. [관계 편집]에서 다음과 같이 설정한 후 [만들기]를 클릭한다.

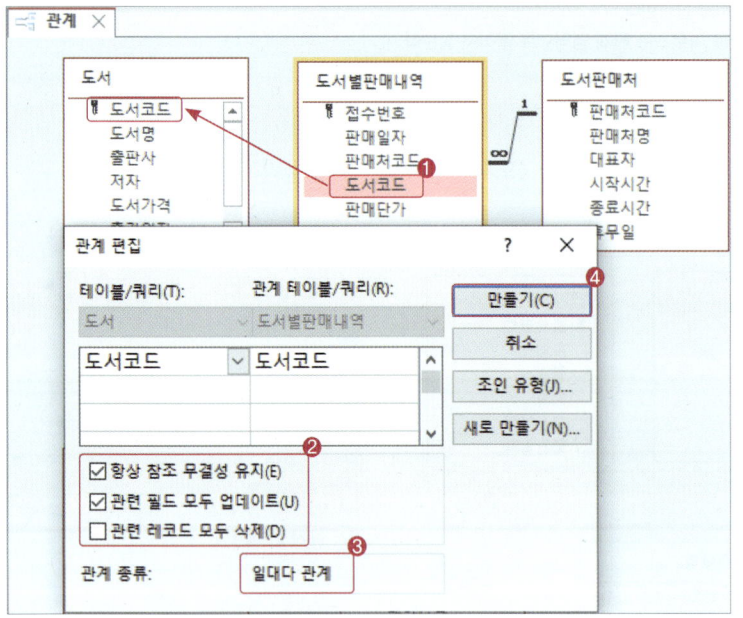

⑤ [관계 디자인]의 [닫기]를 누른 후, 저장 대화상자에서 [예]를 클릭하여 저장한다.

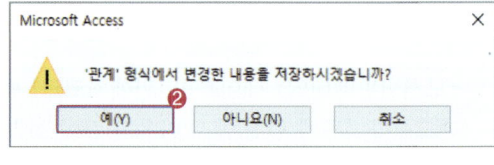

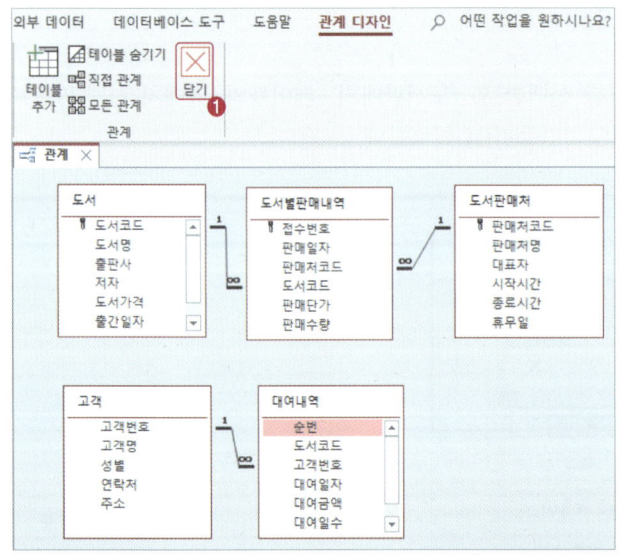

> **기적의 TIP**
>
> **관계 설정**
> • 관계 설정 시 1에 해당하는 테이블의 필드는 기본키(🔑)가 설정되어 있거나 인덱스-중복(불가능)으로 설정되어 있어야 한다.
> • 관계 설정 시 연결되는 필드의 형식은 동일해야 한다.

## 문제 ❷ 입력 및 수정 기능 구현   1. 〈도서관정보〉 폼 디자인 및 기능 구현

|정답|

① 하위 폼 배경색 구분 설정
하위 폼 본문의 [형식] 탭 : '배경색' #F7F9F1, '다른 배경색' #DCFEA4

② 운영일시 컨트롤 원본 설정
[txt운영일시]의 '컨트롤 원본' : =Format([txt시작일시],"h:nn") & "~" & Format([txt종료일시],"h:nn")

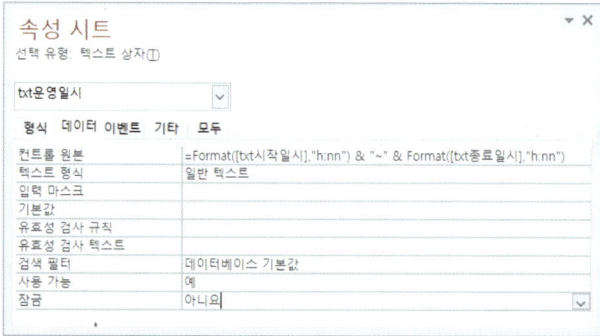

## 03 도서관 가능·불가 개수 계산 컨트롤 설정

[txt도서가능수]의 '컨트롤 원본' : ="사용 가능 도서관수: " & DCount("도서관코드","도서관정보","도서관유형=txt도서관유형 and 휴무일 is not null") & "곳(사용불가 :" & DCount("도서관코드","도서관정보","휴무일 is null") & "곳"

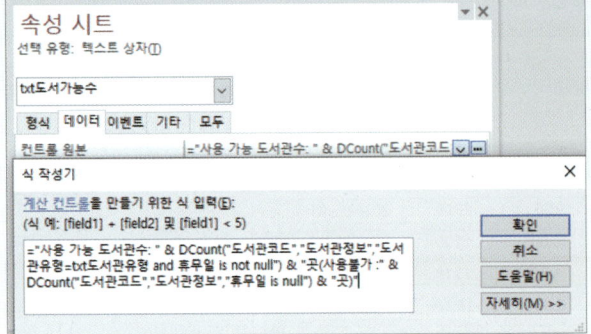

## 01 하위 폼 배경색 구분 설정

① '모든 Access 개체' 목록의 〈도서관정보〉 폼에서 마우스 오른쪽 버튼을 눌러 [디자인 보기]를 클릭한다.

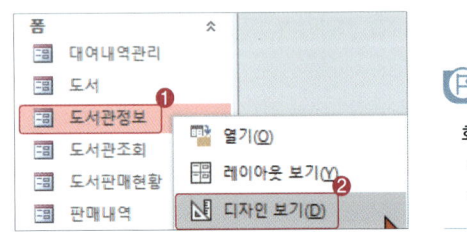

> 🅑 **기적의 TIP**
>
> **화면전환**
> • 두 가지 모드를 실행한 후 단축키로 전환할 수 있다.
> • 단축키 : 디자인 보기(▦, Ctrl +.), 폼 보기(▦, Ctrl +.)

② 하위 폼 본문을 클릭한 상태에서 [양식 디자인] 탭의 [도구]에서 [속성 시트]를 클릭한다.
③ [속성 시트]에서 [형식] 탭의 '배경색'에는 **#F7F9F1**, '다른 배경색'에는 **#DCFEA4**를 입력한다.

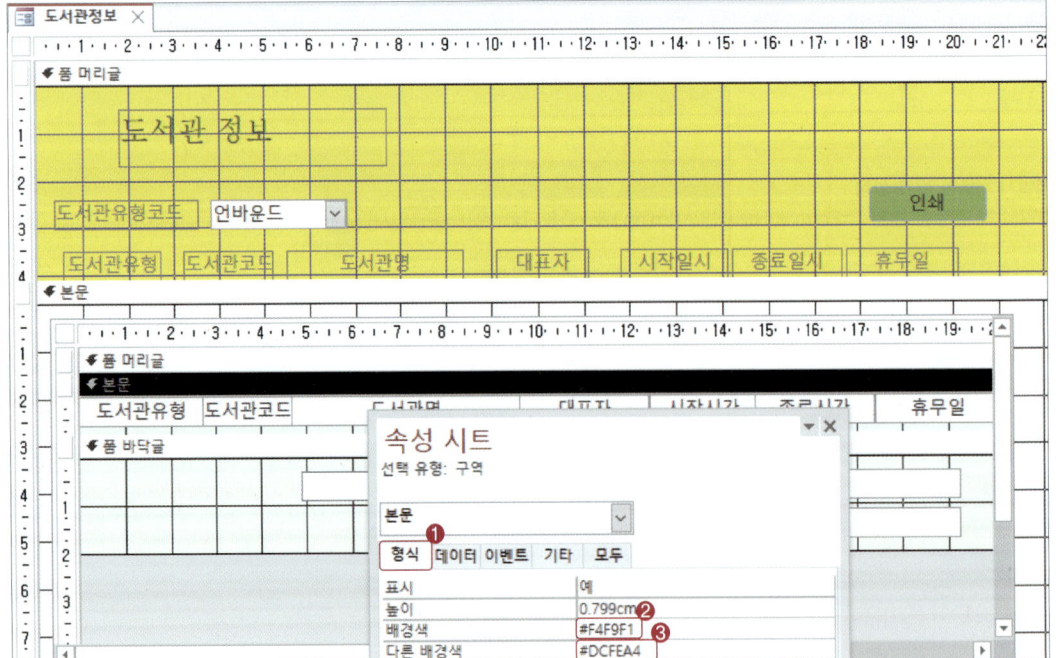

> **기적의 TIP**
>
> **속성 시트**
> - 단축키는 Alt + Enter 이다.
> - 폼 디자인 보기 상태에서 각 개체를 선택하면 선택 유형이 변경된다.

## 02 운영일시 컨트롤 원본 설정

① 하위 폼 바닥글 영역의 [txt운영일시] 컨트롤이 선택된 상태에서, [속성 시트] 속 [데이터] 탭의 '컨트롤 원본'에 커서를 두고 [식 작성기(…)]를 클릭한다.

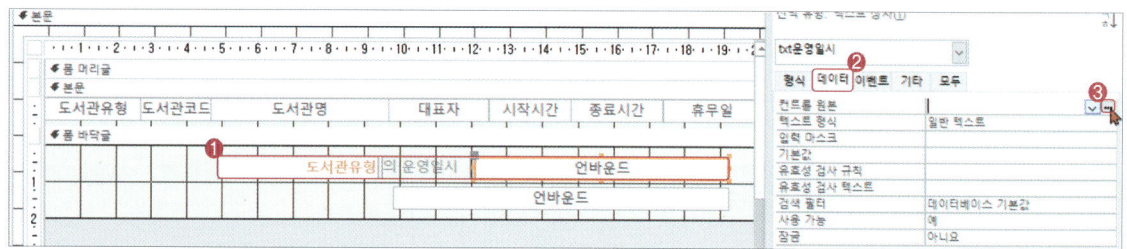

② [식 작성기] 대화상자에 수식 =Format([txt시작일시],"h:nn")&"~"&Format([txt종료일시],"h:nn")을 입력한다.

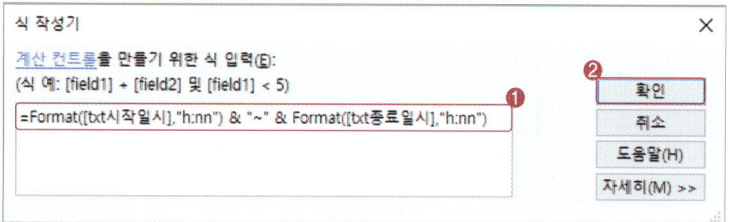

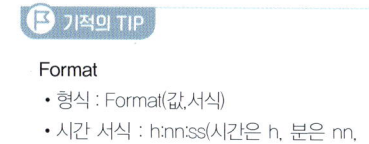

> **기적의 TIP**
>
> **Format**
> - 형식 : Format(값,서식)
> - 시간 서식 : h:nn:ss(시간은 h, 분은 nn, 초는 ss로 표시)

## 03 도서관 가능 · 불가 개수 계산 컨트롤 설정

① 하위 폼 바닥글의 [txt도서가능수] 컨트롤이 선택된 상태에서, [속성 시트] 속 [데이터] 탭의 '컨트롤 원본'에 커서를 두고 [식 작성기(…)]를 클릭한다.

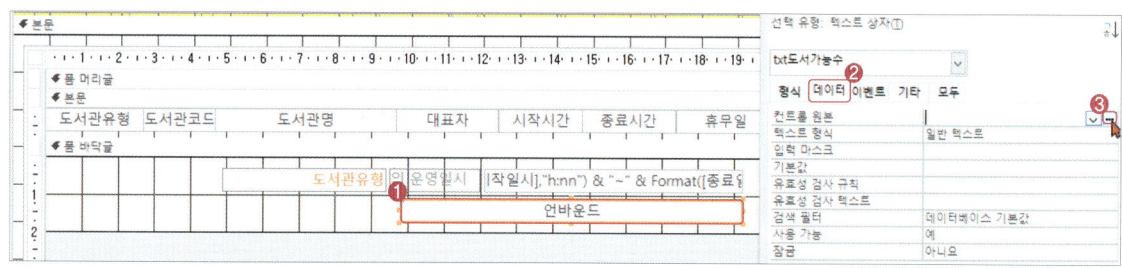

② [식 작성기] 대화상자에 수식 ="사용 가능 도서관수: " & DCount("도서관코드","도서관정보","도서관유형=txt도서관유형 and 휴무일 is not null") & "곳(사용불가 :" & DCount("도서관코드","도서관정보","휴무일 is null") & "곳)"을 입력한다.

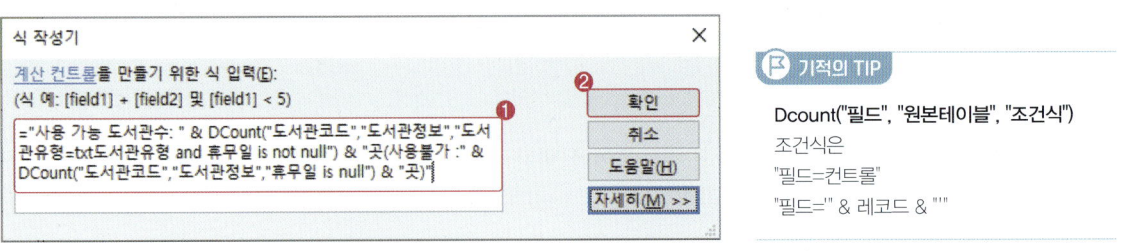

## 문제 ❷ 입력 및 수정 기능 구현    2. 〈도서관정보〉 폼 조건부서식 설정

|정답|

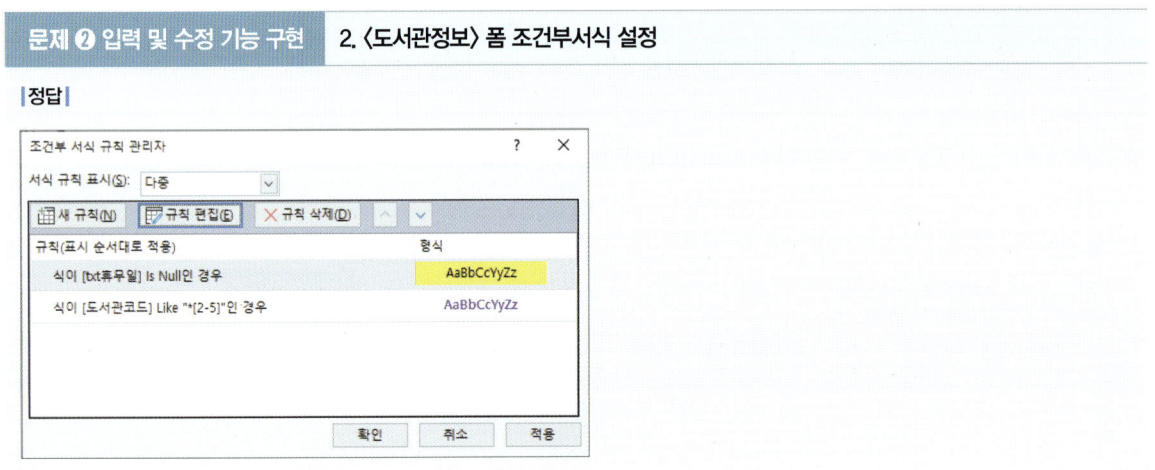

① 그림과 같이 본문 영역 앞에서 마우스 포인터가 화살표로 바뀔 때, 하위 폼 본문 영역을 클릭하여 전체 컨트롤을 선택한다.

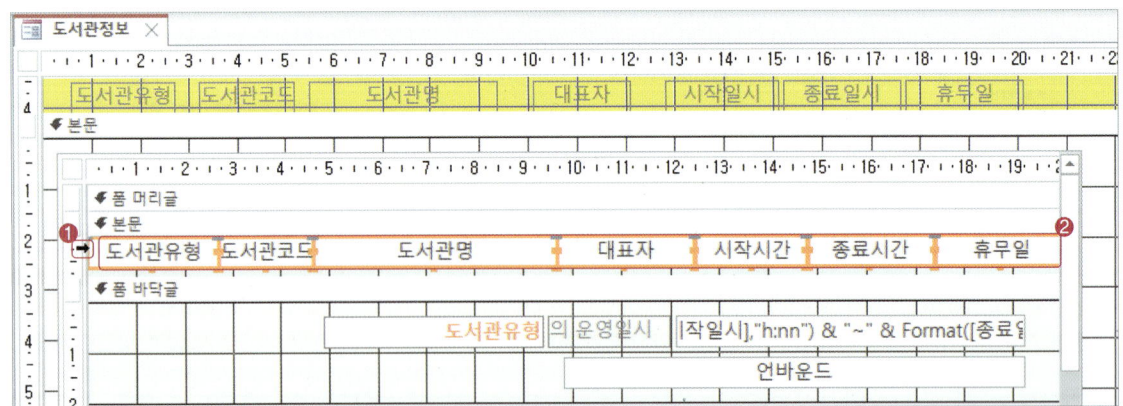

② [서식] 탭의 [컨트롤 서식]에서 [조건부서식]을 선택한다. [조건부서식 규칙 관리자] 대화상자에서 [새 규칙]을 클릭하고, '다음과 같은 셀만 서식 설정' 항목에서 **식이** 옵션을 선택한다. 식 입력란에 **[휴무일] is null**을 입력한 다음, '배경색'을 **표준 색 – 노랑**으로 지정하고 [확인]을 클릭한다.

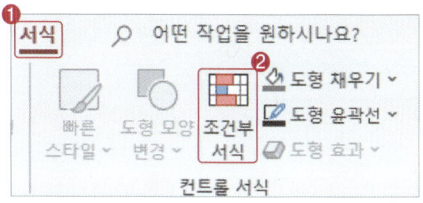

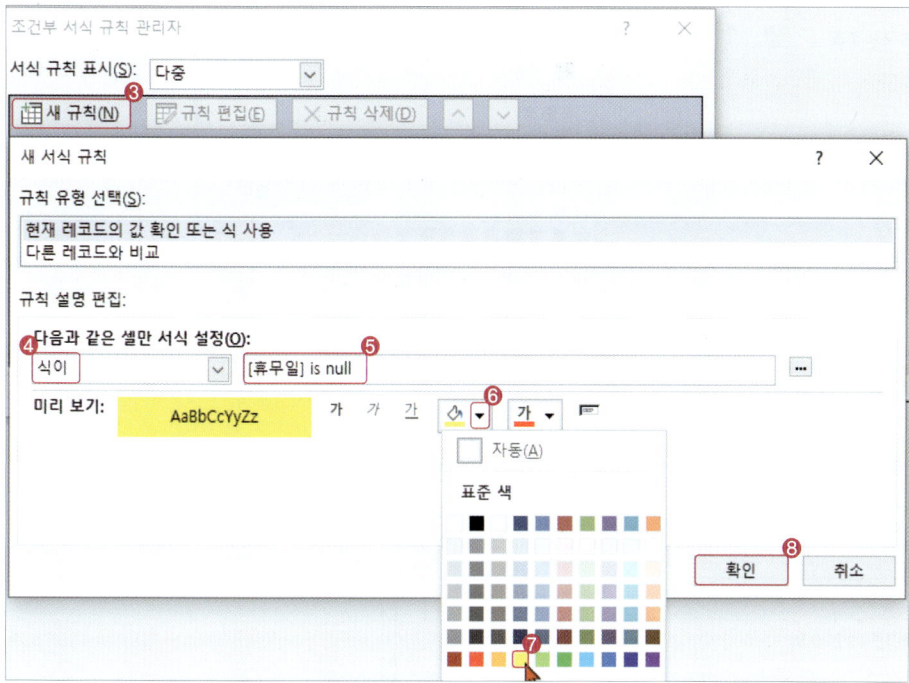

③ 다시 [새 규칙]을 클릭한 후 '다음과 같은 셀만 서식 설정' 항목에서 **식이** 옵션을 선택한다. 식 입력란에 [**도서관코드**] Like "*[2-5]"을 입력한 다음, '글꼴색'을 **자주**로 지정하고 [확인]을 클릭한다.

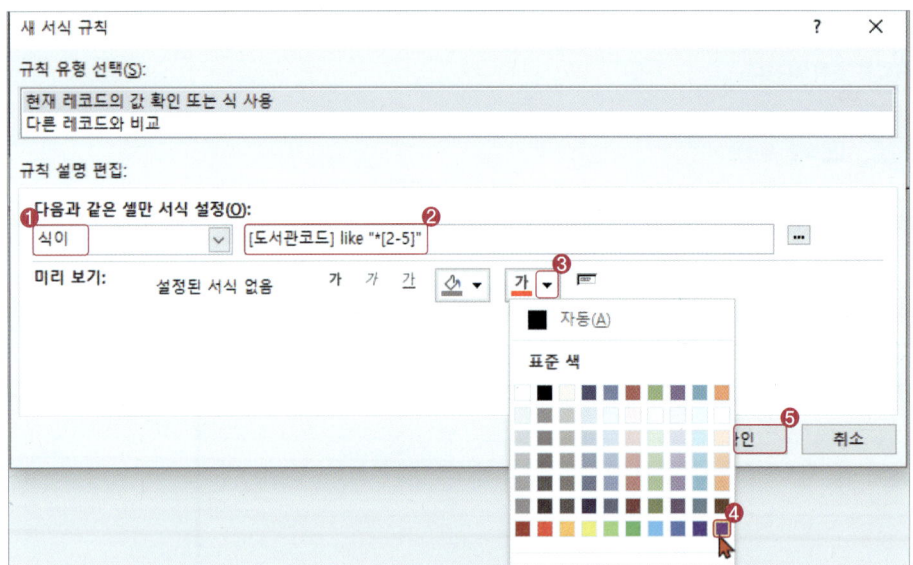

④ 서식이 지정된 [조건부서식 규칙 관리자] 대화상자의 [확인]을 클릭하여 닫는다.

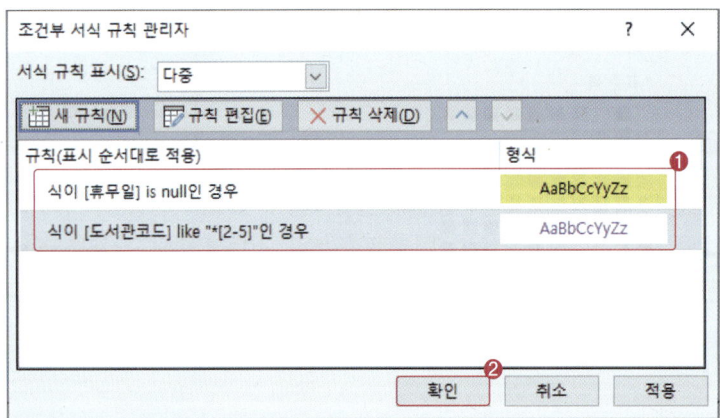

## 문제 ❷ 입력 및 수정 기능 구현  3. 〈도서관정보〉 폼 인쇄 매크로 구현

| 정답 |

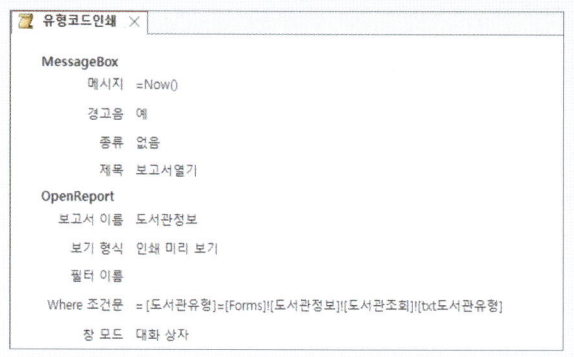

① 〈유형코드인쇄〉 매크로를 만들기 위해 [만들기] 탭의 [매크로 및 코드]에서 [매크로]를 클릭하면 매크로 디자인보기 화면이 생성된다.

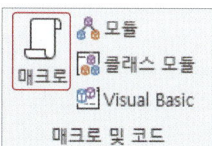

② [새 함수 추가]의 목록 버튼을 클릭하면 하위 목록이 표시된다. 메시지상자를 작성하기 위해서 MessageBox를 클릭한다.

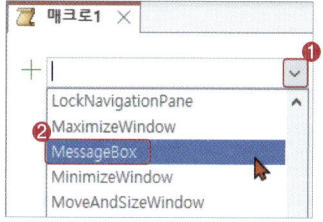

③ 그림과 동일하게 작성한 후, [새 함수 추가]의 목록에서 OpenReport를 클릭한다.

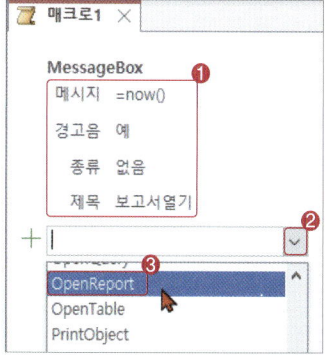

> 🅱 기적의 TIP
>
> **MessageBox의 설정 요소**
> • 메시지 : 본문 영역에 표시되는 요소로, 수식을 작성하려면 '='으로 시작하여야 함
> • 종류 : 본문 영역에 표시되는 요소로, 위험(❌), 경고?(❓), 경고!(⚠️), 정보(ℹ️)가 있음
> • 제목 : 제목 영역에 표시되는 요소

④ '보고서 이름'은 **도서관정보보기**, '보기 형식'은 **보고서**를 선택한다. 'Where 조건문'에는 **[도서관유형]=[Forms]![도서관정보]![도서관조회]![txt도서관유형]**, '창 모드'에는 **대화상자**를 입력한다.

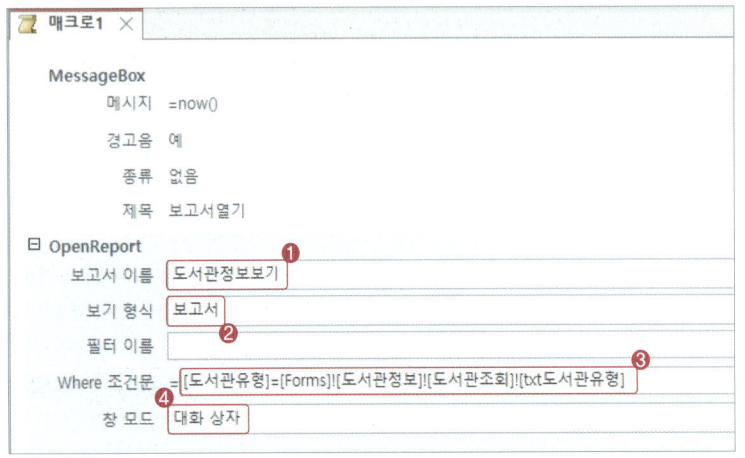

> **기적의 TIP**
>
> **대화상자 모드**
> - 엑세스의 대화창 종류 중 하나로, 보고서를 열 때 새 창으로 열리게 하는 모드이다.
> - 기본값으로 설정하면 [데이터베이스 열기 방식]에 의해 열린다.

⑤ 매크로 닫기를 누른 후, [다른 이름으로 저장] 대화상자에 **유형코드인쇄**를 입력 후 [확인]을 클릭한다.

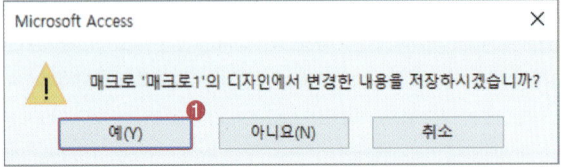 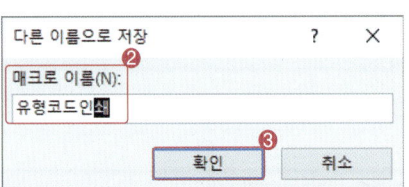

⑥ 〈도서관정보〉 폼의 [cmd인쇄] 단추를 선택한 후, [속성 시트]에서 [이벤트] 탭의 'On Click'은 **유형코드인쇄**를 선택한다.

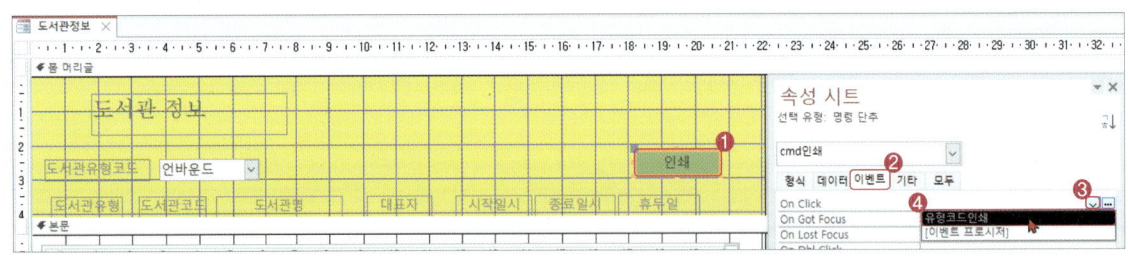

> **기적의 TIP**
>
> **매크로 수정**
> 모든 Access 개체목록에서 매크로를 선택한 후 마우스 오른쪽 버튼을 눌러 [디자인 보기]를 누르면 편집 모드가 된다.

⑦ 〈도서관정보〉 폼을 닫기 버튼을 클릭하여 폼을 닫는다. 이때 저장하기 대화상자가 나타나면 반드시 [예]를 클릭하여 저장한다.

## 문제 ❸ 조회 및 출력 기능 구현  1. 〈도서관정보보기〉 보고서 디자인 및 기능 구현

**|정답|**

① **그룹 정렬 추가**
[그룹, 정렬 및 요약]-[정렬 추가] : 운영시작일 , 오름차순

② **날짜 표시 형식 설정**
[txt날짜]-[형식] 탭의 '형식' : yy". "mmm". "d(aaaa)

③ **그룹 머리글 및 그룹 바닥글 설정**
- [그룹 머리글]-[형식] 탭의 '페이지 바꿈' : 구역 전
- [그룹 바닥글]-[형식] 탭의 '표시' : 아니오

④ **유형 표시 형식 지정**
[txt도서관유형]-[데이터] 탭의 '컨트롤 원본' : =[도서관유형] & ":" & [도서관유형코드]

⑤ **페이지 표시 형식 설정**
[txt페이지]-[데이터] 탭의 '컨트롤 원본' : =[Page] & "page / " & [Pages] & "pages"

## 01 그룹 정렬 추가

① '모든 Access 개체' 목록의 〈도서관정보보기〉 보고서에서 마우스 오른쪽 버튼을 눌러 [디자인 보기]를 클릭한다.

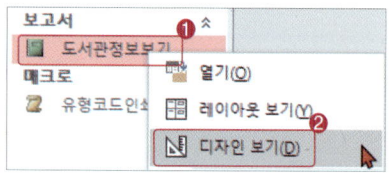

② [보고서 디자인] 탭의 [그룹화 및 요약]에서 [그룹화 및 정렬]을 클릭하면 〈도서관정보보기〉 보고서 하단 영역에 [그룹, 정렬 및 요약] 항목이 표시된다. '그룹화 기준'은 '도서관유형' 기본값 그대로 둔다. 이어서 아래 항목의 [정렬 추가]를 클릭하고, '그룹화 기준'의 목록에서 **운영시작일**을 선택한 후 '정렬 방식'을 **오름차순**으로 변경한다.

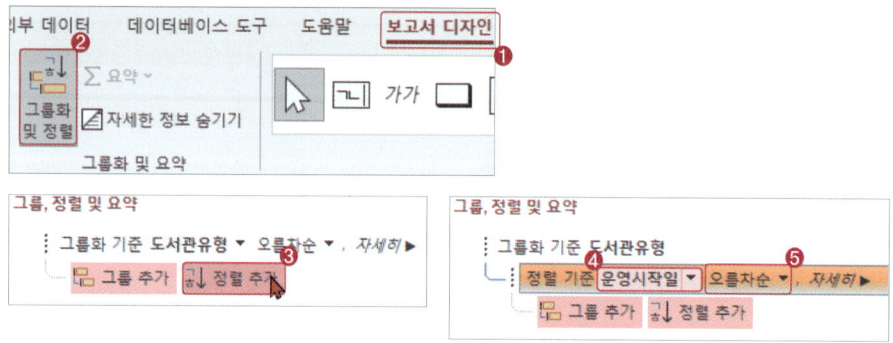

## 02 날짜 표시 형식 설정

① [txt날짜] 컨트롤을 선택한 후, [속성 시트]에서 [형식] 탭의 '형식'에 **yy. mmm. d(aaaa)**를 입력한다. 입력이 끝나면 자동으로 yy". "mmm". "d(aaaa)로 변경된다. 이때, [데이터] 탭의 컨트롤 원본에 이미 입력되어 있는 =Now() 식은 그대로 둔다.

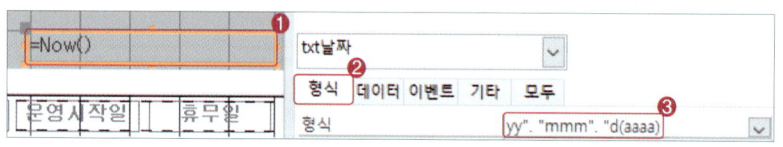

> **기적의 TIP**
>
> **날짜 형식**
> '2025-01-01'을 기준일로 했을 때, 형식별로 표현되는 날짜는 아래와 같다.
>
> | 연도 | • YYYY : 2025<br>• YY : 25 | 일 | • DD : 01<br>• D : 1 | • DDD : Wed<br>• DDDD : Wednesday |
> |---|---|---|---|---|
> | 월 | • MM : 01   • MMM : Jan<br>• M : 1    • MMMM : January | 요일 | • aaa : 수<br>• aaaa : 수요일 | |
>
> ※ 요일은 반드시 소문자로 입력해야 한다.

## 03 그룹 머리글 및 그룹 바닥글 설정

① [도서관유형 머리글]의 [속성 시트]에서 [형식] 탭의 '페이지 바꿈'을 **구역 전**으로 설정한다.

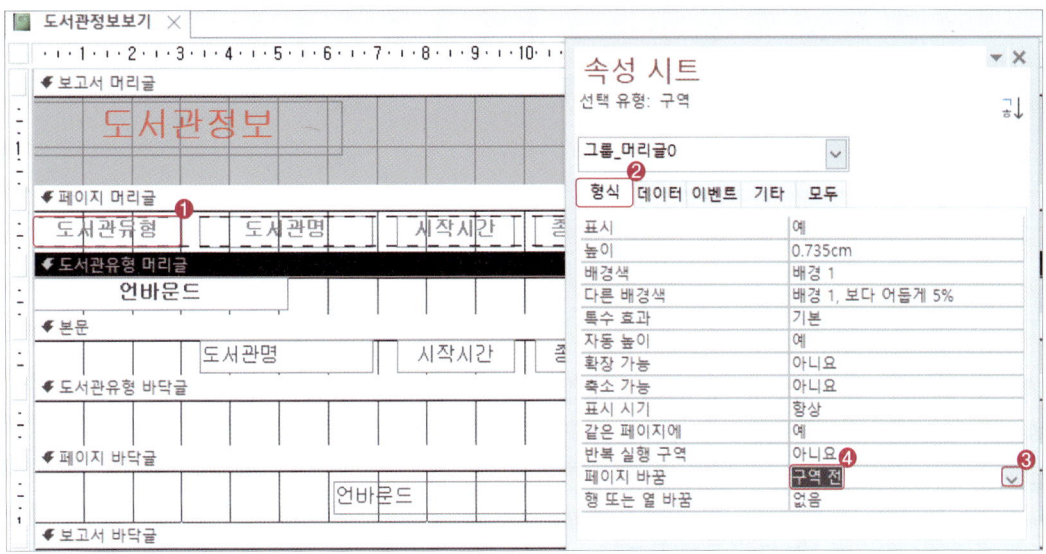

> **기적의 TIP**
>
> **페이지 바꿈**
> - 없음 : 구역에 상관없이 화면 크기에 따라 페이지 바꿈
> - 구역 전 : 선택된 그룹 머리글을 포함해서 페이지 바꿈
> - 구역 후 : 선택된 그룹 머리글의 레코드 영역에서 페이지 바꿈
> - 구역 전/후 : 그룹 머리글, 레코드 단위로 각각 페이지 바꿈

② 보고서 하단 영역의 그룹, 정렬 및 요약 영역에서 첫 번째 그룹화 기준의 [자세히] 버튼을 클릭한 후 '바닥글 구역 표시' 목록에서 **바닥글 구역 표시 안 함**을 클릭한다. [디자인 보기] 상태에서 표시되지 않는다.

## 04 유형 표시 형식 지정

① 그룹 머리글 영역의 [txt도서관유형]을 선택한 후 [속성 시트]에서 [데이터] 탭의 '컨트롤 영역'에 커서를 두고 Shift + F2 를 누른다.

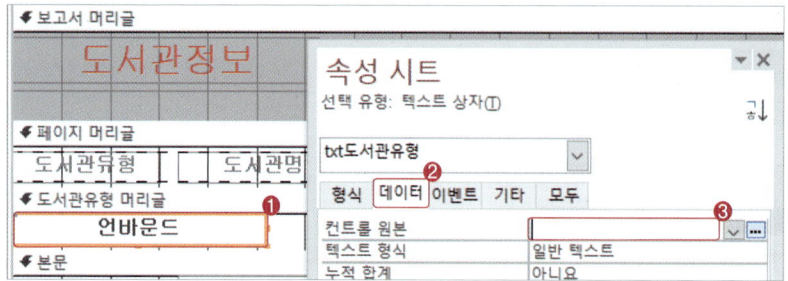

② [확대/축소] 대화상자에 식 =[도서관유형] & ":" & [도서관유형코드]을 입력한다( Ctrl + F2 를 눌러 식 작성기에 작성해도 동일함).

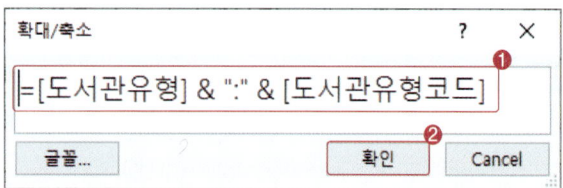

## 05 페이지 표시 형식 설정

① 페이지 바닥글 영역의 [txt페이지] 컨트롤을 선택한 후, [속성 시트]에서 [데이터] 탭의 '컨트롤 영역'에 커서를 두고 Shift + F2 를 누른다.

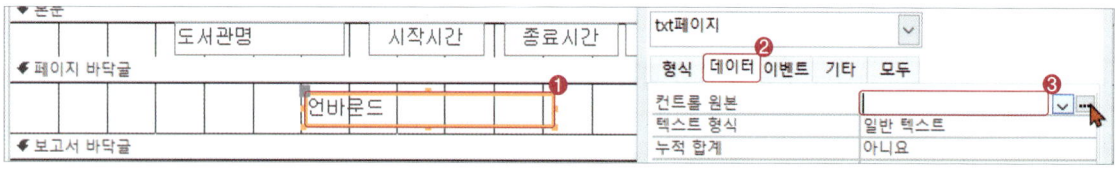

② [확대/축소] 대화상자에 식 =[Page] & "page / " & [Pages] & "pages"을 입력한다( Ctrl + F2 를 눌러 식 작성기에 작성해도 동일함).

> **기적의 TIP**
>
> **컨트롤 원본에 식 작성**
> - 확대/축소 창 : Shift + F2 를 누른 후 식을 직접 입력
> - 식 작성기 : Ctrl + F2 를 누른 후 식을 직접 입력(식 작성기와 함수 도우미가 실행됨)

## 문제 ❸ 조회 및 출력 기능 구현    2. 〈도서관정보보기〉 보고서 이벤트 프로시저 구현

|정답|

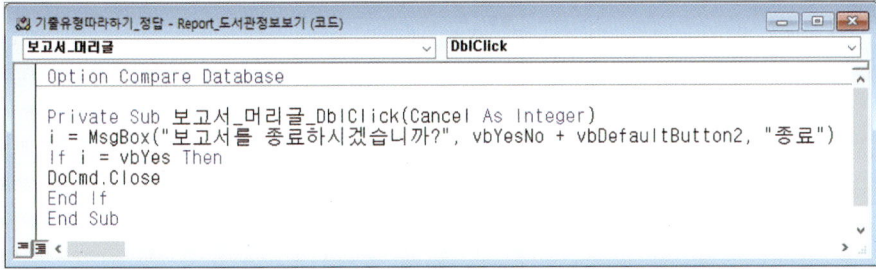

① 〈도서관정보보기〉 보고서의 [보고서 머리글] 영역을 선택하고, [이벤트] 탭으로 이동해 'On Dbl Click' 항목의 [이벤트 프로시저]에서 [식 작성기(…)]를 클릭한다.

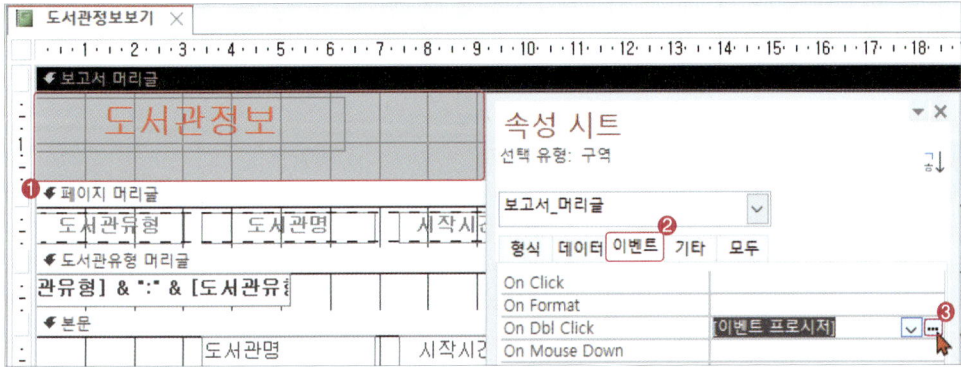

② VBE 창에 다음과 같이 입력하고 저장한다.

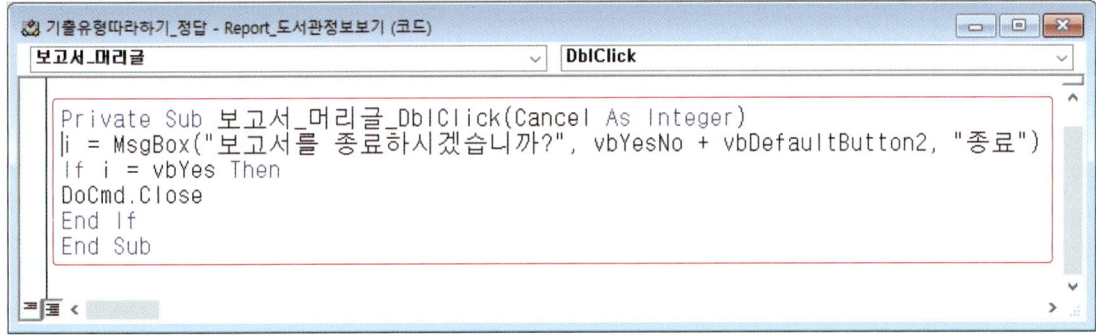

|코드|

Private Sub 보고서_머리글_DblClick(Cancel As Integer)
i = MsgBox("보고서를 종료하시겠습니까?", vbYesNo + vbDefaultButton2, "종료")
If i = vbYes Then
DoCmd.Close
End If
End Sub

> **기적의 TIP**
>
> **이벤트 프로시저**
> - 구성 : i = MsgBox("내용","버튼종류","제목")
> - 내용 : 메시지상자의 본문에 표시되는 글
> - 버튼종류 : 표시할 버튼의 종류 + 포커스가 맞춰질 버튼
>   - 버튼의 종류 : 예/아니오(Vbyes+No), 예/취소(Vbyes+Cancel)
>   - 포커스가 맞춰질 버튼 : vbDefaultButton1(기본값, 첫 번째 버튼), vbDefaultButton2(두 번째)
>
> ※ 포커스가 맞춰질 버튼
> - vbDefaultButton1으로 지정 시 화면
>
>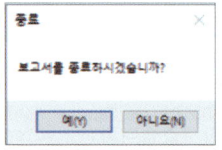
>
> - vbDefaultButton2으로 지정 시 화면
>
>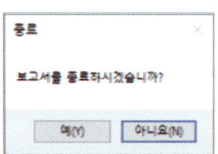

③ [보고서 닫기] 버튼을 클릭하면 나타나는 저장 대화상자의 [예]를 클릭한 후 닫는다.

## 문제 ④ 처리 기능 구현    1. 〈휴무일업데이트〉 업데이트 쿼리

**|정답|**

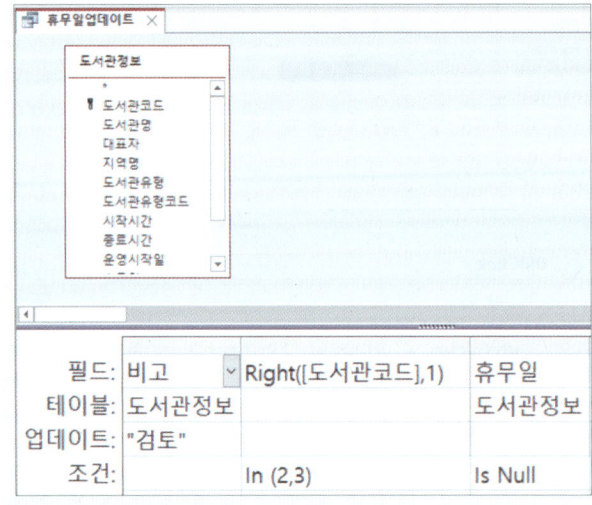

① [만들기] 탭의 [쿼리]에서 [쿼리 디자인]을 클릭한다.

② [테이블 추가]에서 〈도서관정보〉를 더블클릭한 후 [닫기] 버튼을 클릭한다.

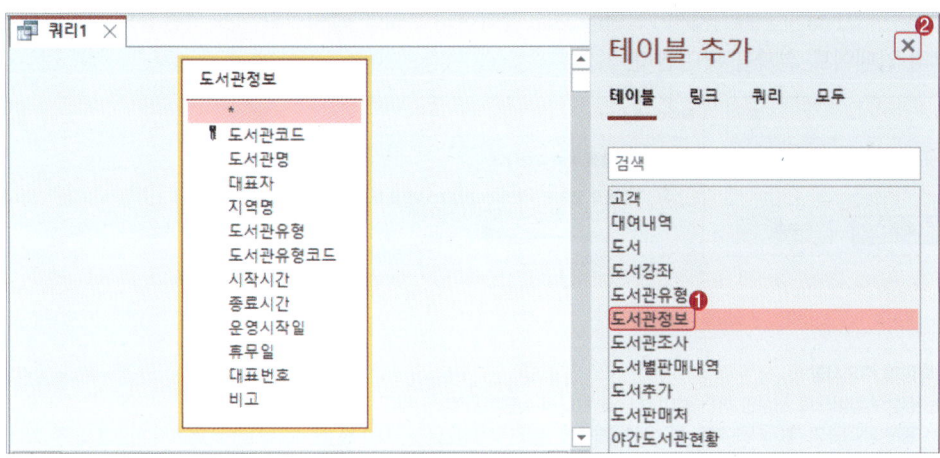

③ [쿼리 디자인]의 [쿼리 유형] 그룹에서 [업데이트]를 클릭한 후, 다음 디자인 눈금의 각 필드에 '비고', '도서관코드', '휴무일' 필드를 더블클릭하여 배치한다.
④ [비고] 필드의 '업데이트' 항목에 **검토**를 입력하고, '도서관코드' 필드에는 Right([도서관코드],1)을 입력하여 도서관코드의 끝글자만 인식할 수 있게 한다. '조건'에는 In(2,3)을 입력하고 [휴무일] 필드 아래 '조건'에 Is Null을 입력한다.

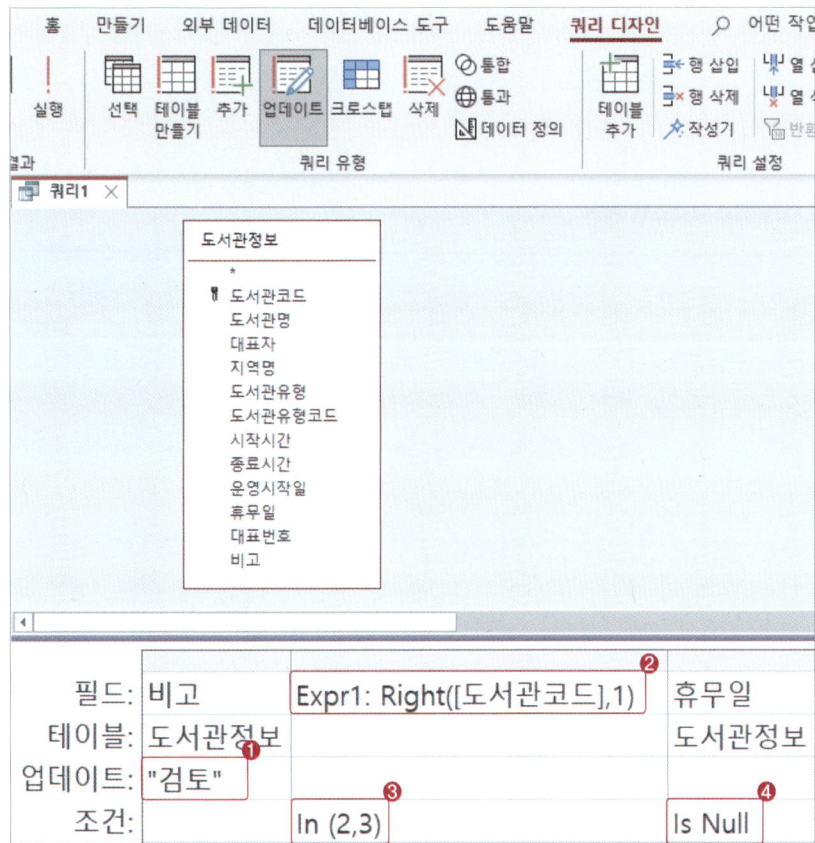

⑤ [저장]을 클릭한 후, [다른 이름으로 저장] 대화상자에서 '쿼리 이름'에 **휴무일업데이트**를 입력하고 [확인]을 클릭한다. [쿼리 디자인] 탭의 [결과]에서 [실행(!)]을 클릭하고 [예]를 클릭한다. 〈도서관정보〉 테이블을 열어서 비고 필드의 업데이트 결과를 확인한다.

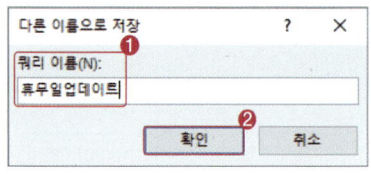 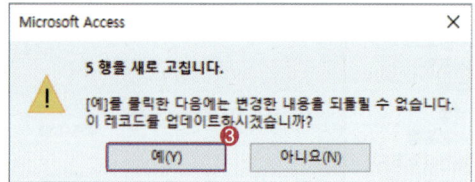

### 🅕 기적의 TIP

**업데이트 쿼리의 특징과 주의사항**
- 업데이트 쿼리는 실행쿼리이므로 저장만 하는 것이 아니라 반드시 실행까지 해야 한다.
- 업데이트 쿼리는 원본 테이블의 데이터를 직접 변경하기 때문에, 잘못 작성하면 다른 테이블, 폼, 보고서, 쿼리에까지 영향을 줄 수 있다.
- 이 경우 연관된 개체의 점수가 0점 처리될 수 있으므로 매우 주의해야 한다.

**사본 테이블을 이용해 안전하게 실행하는 방법**
- 사본 테이블 생성 시 주의 사항
  - 위험을 줄이기 위해 원본 테이블의 사본을 만들어 사본에서 먼저 쿼리를 실행해 보는 방법을 권장한다.
  - 사본에서 정상적으로 실행되는 것을 확인한 후, 원본으로 변경하여 실행한다.
  - 사본 테이블을 삭제하지 않고 남겨 두면 실격 사항이 되므로 반드시 삭제해야 한다.
- 사본 테이블 생성 절차
  - 원본 테이블을 선택한 다음, 복사(Ctrl+C) 후 붙여넣기(Ctrl+V)한다.

## 문제 ❹ 처리 기능 구현   2. 〈도서관현황〉 크로스탭 쿼리

|정답|
'도서관수'의 형식 : ★0₩개

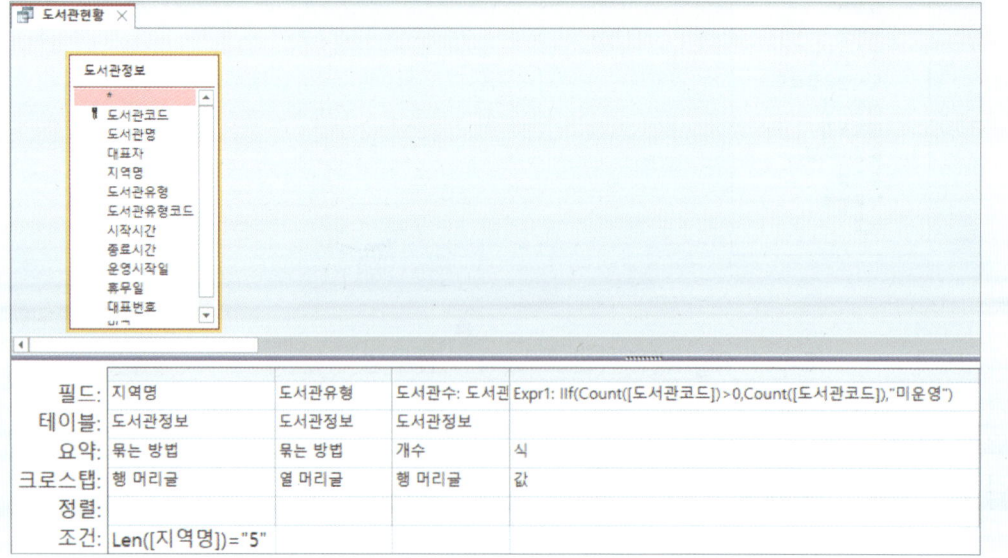

① [만들기] 탭의 [쿼리]에서 [쿼리 디자인]을 클릭한다.
② [테이블 추가]에서 〈도서관정보〉를 더블클릭한 후 [닫기] 버튼을 클릭한다.
③ [쿼리 디자인] 탭의 [쿼리 유형]에서 [크로스탭]을 클릭한다. 디자인 눈금의 각 필드에 '지역명', '도서관코드', '도서관유형', '도서관코드'를 더블클릭하여 배치한다. 크로스탭 항목을 '행 머리글', '행 머리글', '열 머리글', '값'으로 순서대로 변경한다.

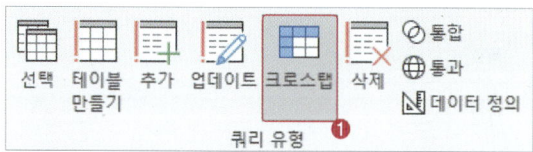

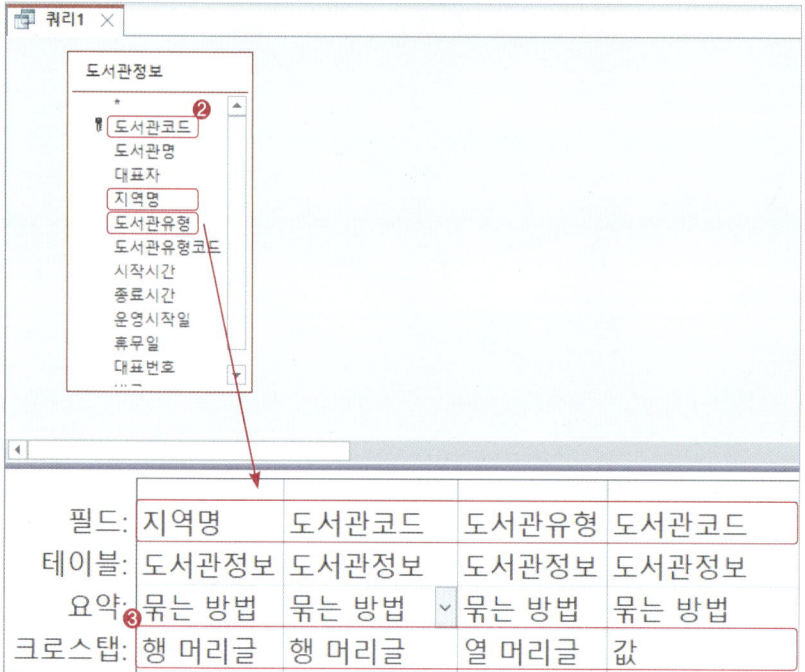

④ 행머리글인 [지역명] 필드는 글자수가 다섯 글자인 지역명만 표시해야 하므로 지역명 필드 아래 '조건'에 식 Len([지역명])="5"을 입력한다(또는 Len([지역명]) 필드를 별도로 만들고, 조건에 5를 입력한 다음, '요약'을 **조건**으로 변경해도 동일함).
⑤ 행 머리글인 [도서관수] 필드에는 '도서관코드'의 개수가 표시되어야 하므로 '요약'을 **개수**로 변경하고, '필드 이름'을 **도서관수**로 정의한다.

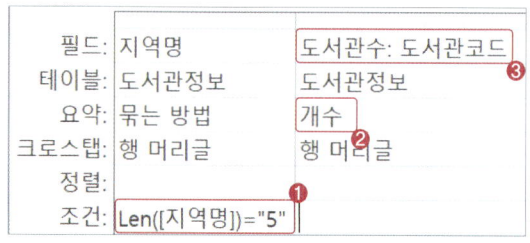

> 📒 기적의 TIP
>
> **필드 이름 정의**
> • 새로운 필드 이름은 '이름:필드' 형식으로 입력한다.
> • 식을 입력한 후 이름을 지정하지 않으면 "Expr1:식"의 형식으로 만들어진다.

⑥ 값 영역은 [도서관코드] 필드를 이용해 식을 작성해야 하므로 '필드'에 커서를 두고 Shift + F2 를 눌러 [식 작성기]를 실행한다. 식 iif(count([도서관코드])>0,count([도서관코드]),"미운영")을 작성하고 [확인]을 클릭하면 'Expr1:'이 자동으로 입력되고 입력한 식이 표시된다. 이후 '요약'은 **식**으로 변경한다.

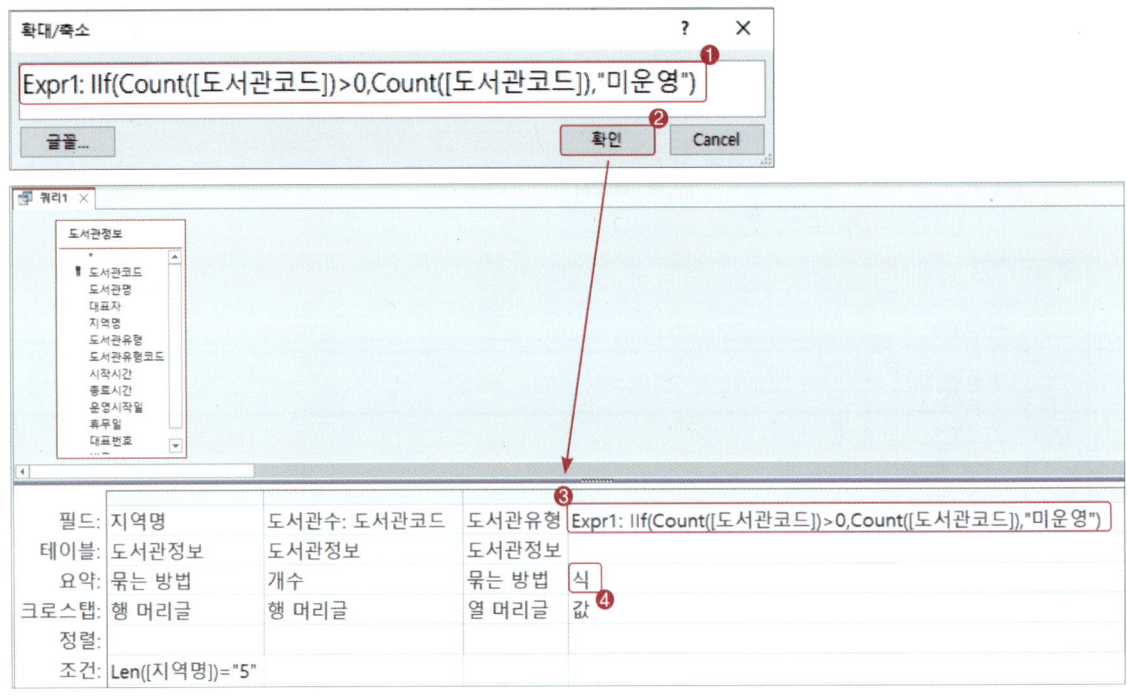

> **기적의 TIP**
>
> **집계함수 사용 시 요약 설정**
> 필드에 식을 입력할 때 Sum, Avg, Count, Max, Min 등의 집계함수를 사용하는 경우, 요약을 식으로 변경한다.

⑦ [도서관수] 필드의 결과값을 동일하게 하기 위해 [도서관수] 필드를 선택한 후, [속성 시트]의 [일반] 탭에서 '형식'에 ★0"개"를 입력한다. 자동으로 ★0₩개로 변경된다.

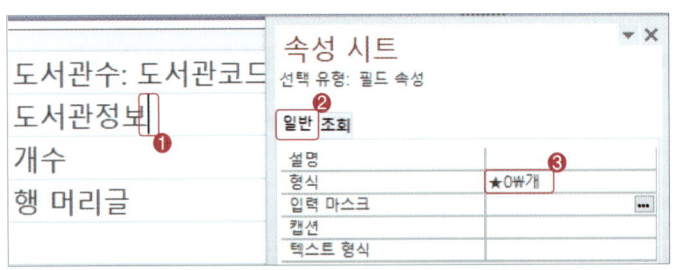

> **기적의 TIP**
>
> **형식**
> - 행 머리글 영역의 도서관수는 숫자 형식, 오른쪽 맞춤으로 설정해야 하므로 0으로 표시한다.
> - 영역의 결과값을 오른쪽 맞춤으로 하려면 [속성 시트]의 '형식'에 0을 입력한다.
> - 영역의 결과값을 왼쪽 맞춤으로 하려면 [속성 시트]의 '형식'에 !를 입력한다.

⑧ 열 머리글의 [도서관유형] 필드의 순서가 다른 경우는 결과 그림에 맞춰 '오름차순', '내림차순'으로 변경하거나 [속성 시트]의 '열 머리글'에 결과 그림과 동일하게 **'공공도서관', '어린이도서관', '장애인도서관', '전문도서관'**의 차례로 입력한다.

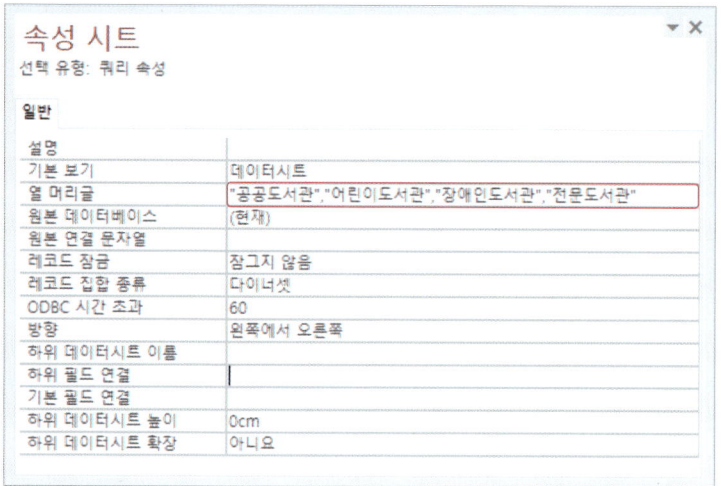

> 🎯 기적의 TIP
>
> **열 머리글**
> 내림차순, 오름차순인 경우는 관련 필드 아래의 정렬탭을 이용하지만 사용자 지정 정렬인 경우 [속성 시트]의 [열 머리글]에 직접 입력한다.

⑨ 앞의 과정대로 다 작성했다면 최종적으로 그림과 동일하게 작성되었는지 확인한 후, [쿼리 디자인] 탭의 [결과]에서 [실행(!)]을 클릭하여 결과를 확인한다.

| 필드: | 지역명 | 도서관유형 | 도서관수: 도서관코드 | Expr1: IIf(Count([도서관코드])>0,Count([도서관코드]),"미운영") |
|---|---|---|---|---|
| 테이블: | 도서관정보 | 도서관정보 | 도서관정보 | |
| 요약: | 묶는 방법 | 묶는 방법 | 개수 | 식 |
| 크로스탭: | 행 머리글 | 열 머리글 | 행 머리글 | 값 |
| 정렬: | | | | |
| 조건: | Len([지역명])="5" | | | |

⑩ [저장(💾)]을 클릭한 후, [다른 이름으로 저장] 대화상자에서 '쿼리 이름'에 **도서관현황**을 입력하고 [확인]을 클릭한 다음, [닫기] 단추를 눌러 쿼리 결과 테이블을 닫는다.

> 🎯 기적의 TIP
>
> **실행 단추**
> • 업데이트, 테이블 생성, 추가, 삭제 쿼리는 반드시 실행 단추를 클릭하여 결과값을 표시해야 한다.
> • 위의 쿼리를 제외한 쿼리는 쿼리 편집을 저장만 한 다음 닫기를 누르면 된다.

문제 ④ 처리 기능 구현    3. 〈신규도서추가〉 테이블 만들기 쿼리

|정답|
〈도서추가〉와 〈도서〉 관계설정 : 2번 형

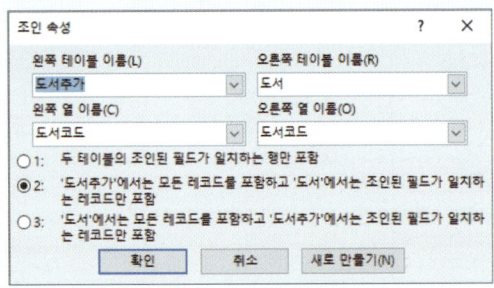

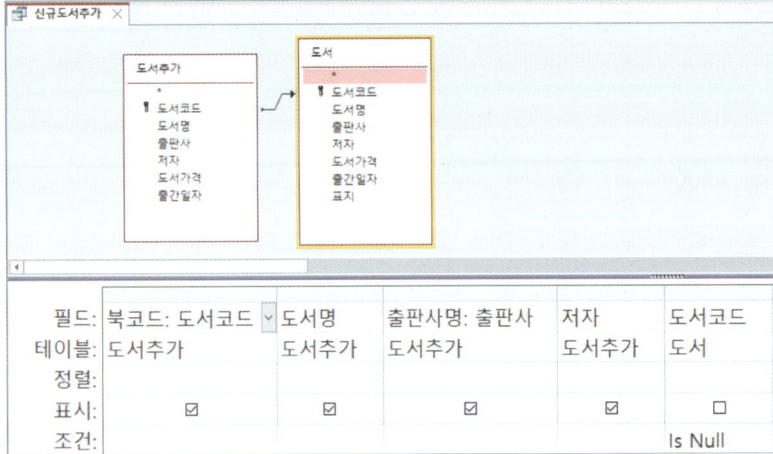

① [만들기] 탭의 [쿼리]에서 [쿼리 디자인]을 클릭한다.
② [테이블 추가]의 [테이블] 탭에서 '도서', '도서추가'를 더블클릭한 후 [닫기] 버튼을 클릭한다. 〈도서추가〉 테이블의 '도서코드' 필드를 클릭한 상태로 〈도서〉 테이블의 [도서코드] 필드로 드래그하면 실선으로 [관계선]이 나타난다. 선을 더블클릭하면 [조인 속성] 대화 상자가 나타나고 아래와 같이 설정하고 [확인]을 클릭한다.

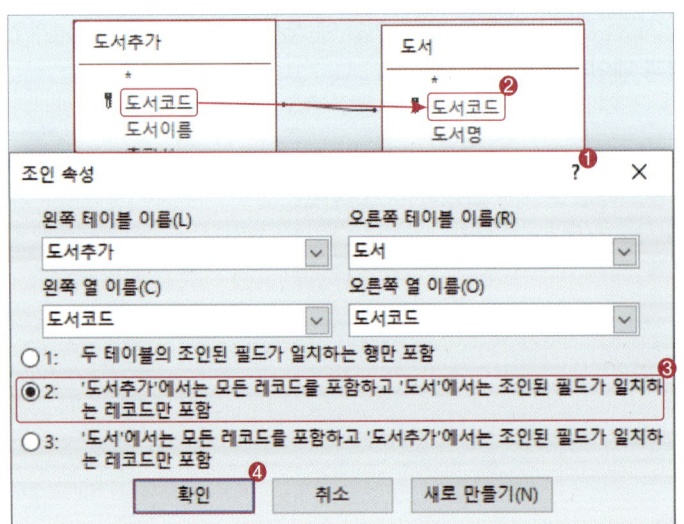

🅕 기적의 TIP

조인 속성
〈도서추가〉 테이블의 레코드는 모두 포함하고, 〈도서〉 테이블의 레코드는 〈도서추가〉 테이블에서 일치하는 레코드만 포함되도록 하기 위해 조인 속성에서 2번 형식을 선택한다.

③ 〈도서추가〉 테이블에서 '도서코드', '도서이름', '출판사', '저자' 필드를 더블클릭하여 배치하고, 〈도서〉 테이블의 '도서코드' 필드도 더블클릭하여 배치한 후 아래와 같이 작성한다.

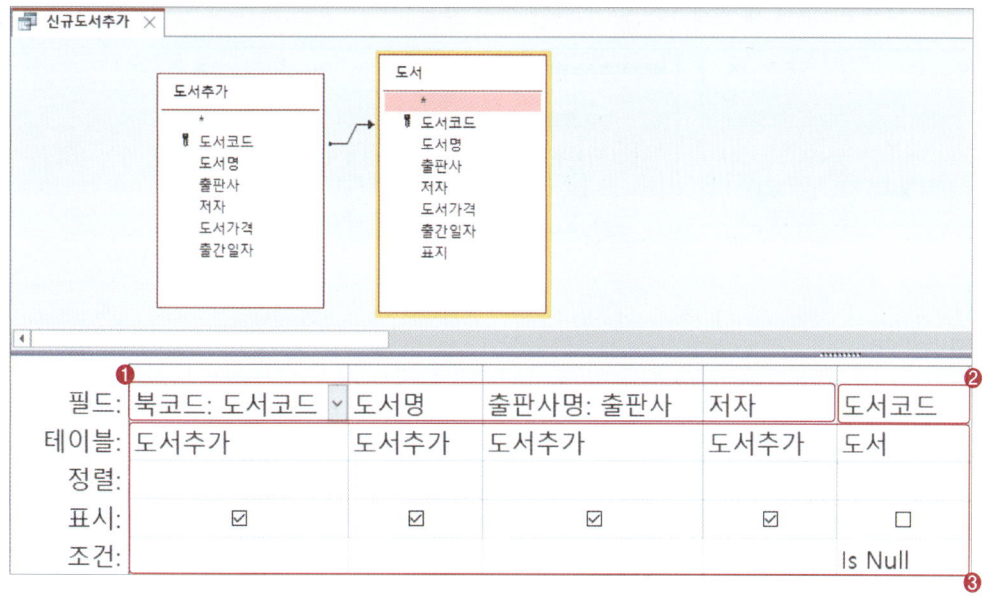

#### 기적의 TIP

**필드 이름 설정**
사용되는 필드와 표시되는 필드가 다른 경우 이름을 별도로 정의해야 한다.

#### 기적의 TIP

**존재하지 않는 필드 설정**
오른쪽 테이블(도서)의 '도서코드' 필드 아래에 Is Null을 입력한 후 표시를 체크 해제한다.

④ 쿼리 실행 시 테이블이 생성되어야 하므로 [쿼리 디자인] 탭의 [쿼리 유형]에서 [테이블 만들기]를 클릭한다. [테이블 만들기] 대화상자의 '테이블 이름'에 **신규도서**를 입력하고 [확인]을 클릭한다.

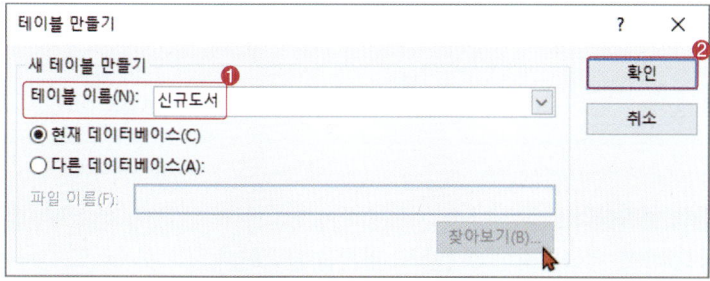

⑤ [저장]을 클릭한 후, [다른 이름으로 저장] 대화상자의 '쿼리 이름'에 **신규도서추가**를 입력하고 [확인]을 클릭한다. [쿼리 디자인] 탭의 [결과]에서 [실행(!)]을 클릭하면 아래의 메시지가 표시되고 [예]를 클릭하면 〈신규도서〉 테이블이 '모든 Access 개체'의 '테이블' 목록에 추가된다.

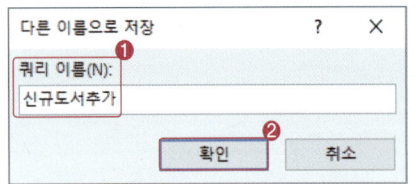 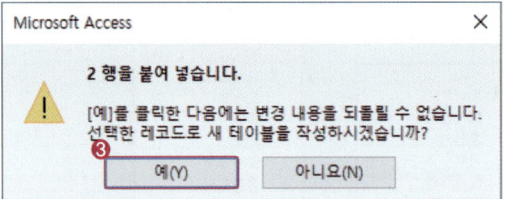

> 🅑 기적의 TIP
>
> **테이블 생성 쿼리**
> • 테이블 생성 쿼리는 작성 후 실행하면 '쿼리 개체와 생성된 테이블'처럼 두 개의 개체가 생긴다.
> • 두 개체의 이름이 비슷하면 작업 시 혼동되므로, 서로 구별되게 이름을 지정해야 한다.

## 문제 ❹ 처리 기능 구현   4. 〈인기강좌조회〉 매개변수 쿼리

|정답|

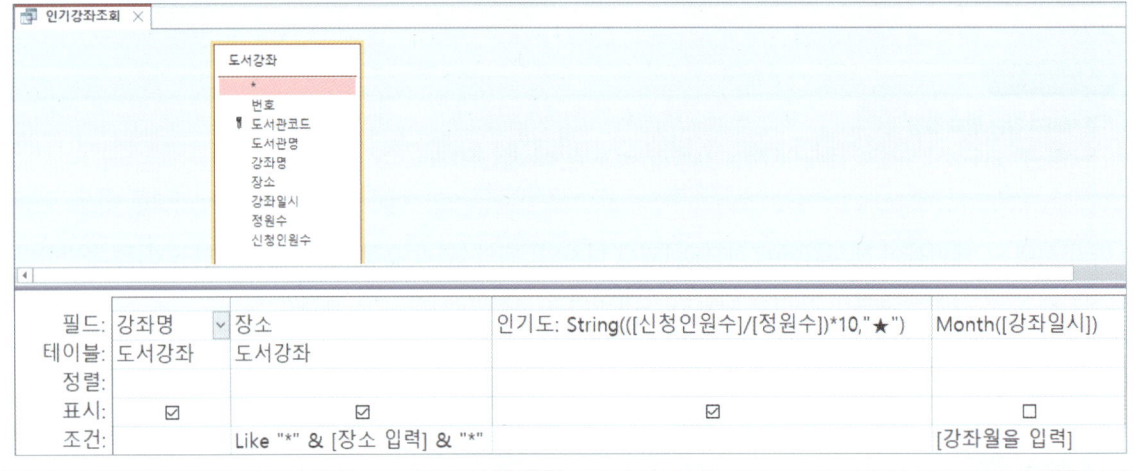

① [만들기] 탭의 [쿼리]에서 [쿼리 디자인]을 클릭한다.
② [테이블 추가]의 [테이블] 탭에서 〈도서강좌〉를 더블클릭한 후 [닫기] 버튼을 클릭한다.

③ 디자인 눈금에서 '강좌명', '장소', '강좌일시' 필드를 더블클릭하여 배치한다. [장소] 필드의 조건 항목에는 Like "*" & [장소 입력] & "*"를 입력해 매개변수를 표시한다. [강좌일시] 필드는 Month([강좌일시])로 수정한 뒤, 조건 항목에 **[강좌월을 입력]**을 지정한다. 강좌월은 조회 쿼리 결과에 표시되지 않아야 하므로 '표시' 체크를 해제한다.

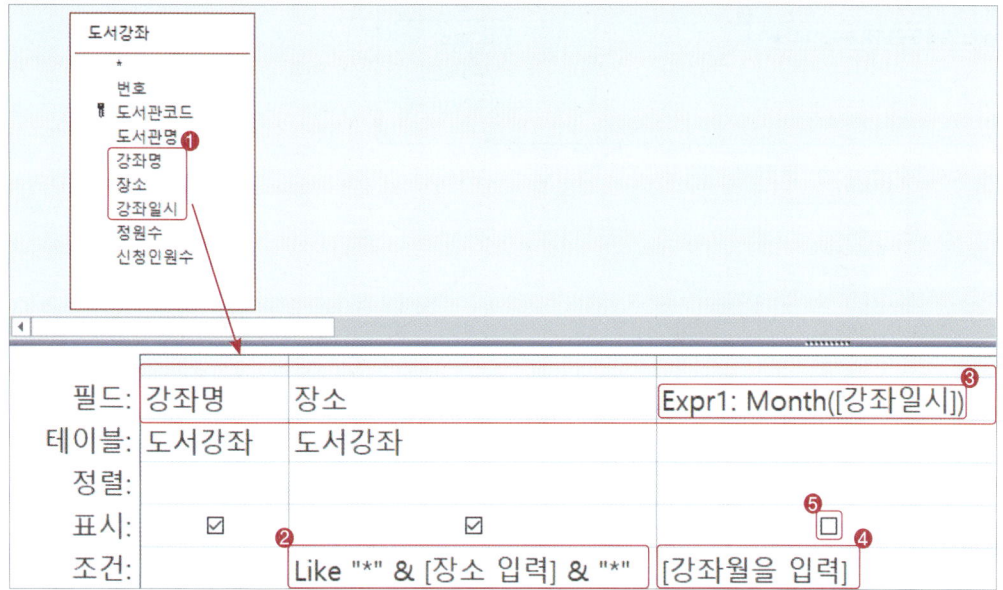

### 기적의 TIP

**매개 변수**
- 매개변수는 관련 필드 아래의 '조건'에 입력한다.
- 매개변수에 입력하는 값과 필드에 표시되는 값의 크기는 동일해야 한다.
- 포함하는 매개변수 : Like "*" [매개변수] & "*"

④ 인기도를 표시하기 위해 필드 칸에 커서를 두고 Ctrl + F2를 눌러 식 **인기도: String(([신청인원수]/[정원수])*10,"★")**을 입력하고 [확인]을 클릭한다.

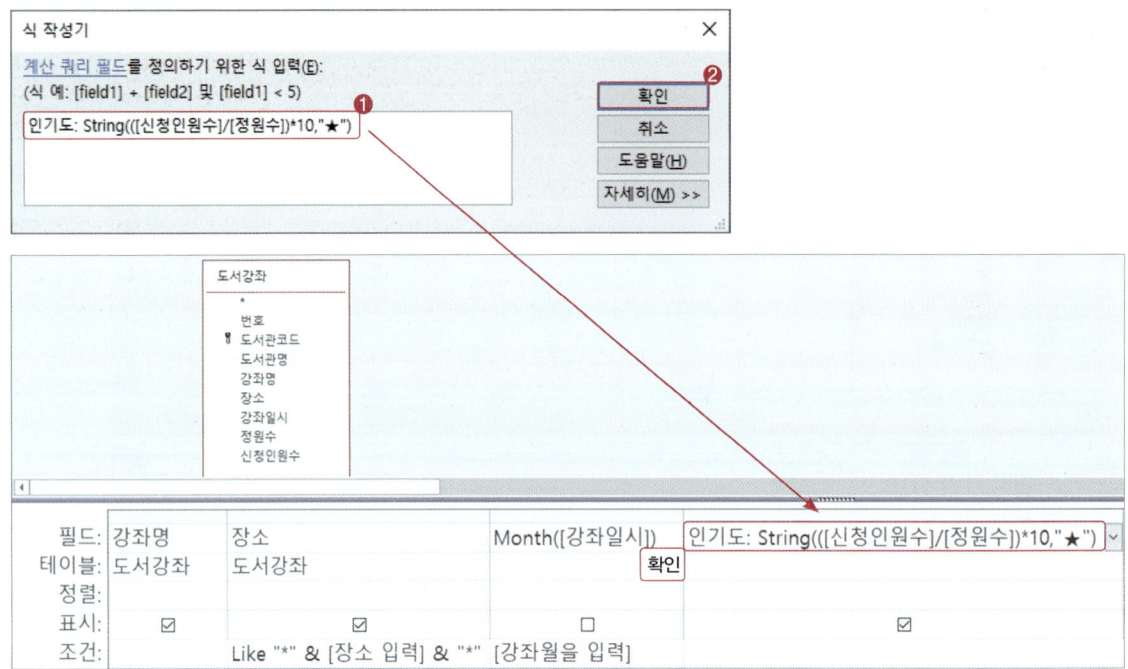

⑤ [저장]을 클릭한 후, [다른 이름으로 저장] 대화상자의 '쿼리 이름'에 **인기강좌조회**를 입력한다. [쿼리 디자인] 탭의 [결과]에서 [실행(!)]을 클릭한다. 나타나는 '장소 입력' 매개변수 대화상자에는 **문화교실**을 입력한다. 이어서 '강좌월을 입력' 매개변수 대화상자에는 10을 입력한 뒤 [확인]을 누른다. 결과가 그림과 동일한지 확인한 후, [닫기]를 클릭한다.

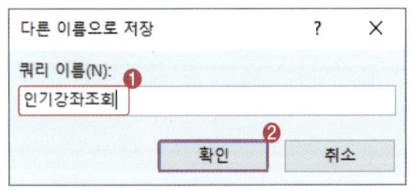 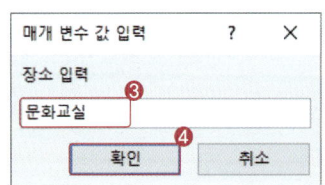 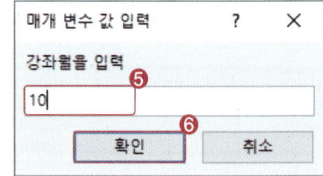

## 문제 ❹ 처리 기능 구현    5. 〈도서판매평균〉 집계 쿼리

**|정답|**
- '판매월'의 형식 : 0"월판매"
- '가격'의 형식 : #,##0

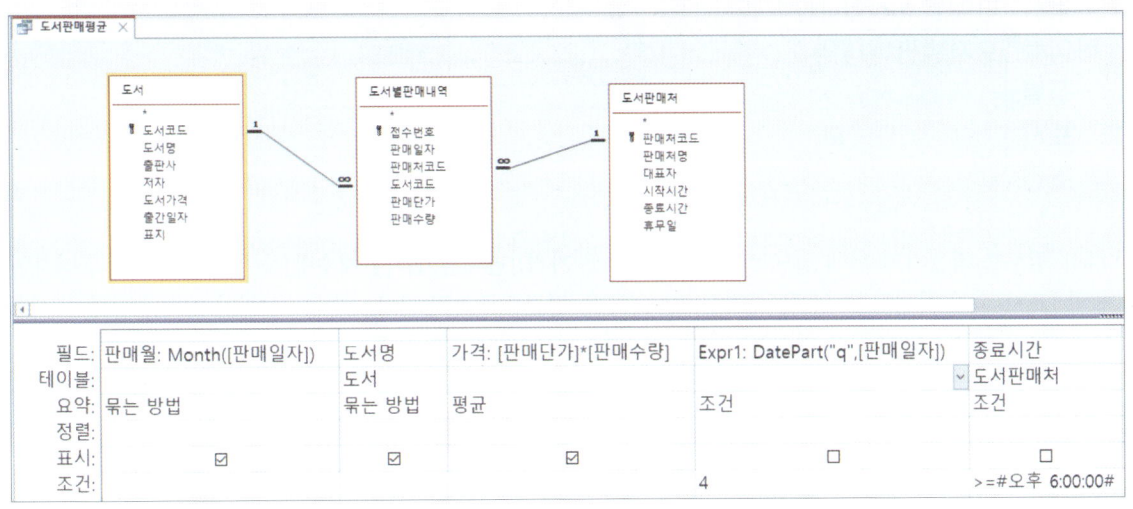

① [만들기] 탭의 [쿼리]에서 [쿼리 디자인]을 클릭한다.
② [테이블 추가]에서 〈도서〉, 〈도서별판매내역〉, 〈도서판매처〉 테이블을 더블클릭한 후 [닫기] 버튼을 클릭한다.

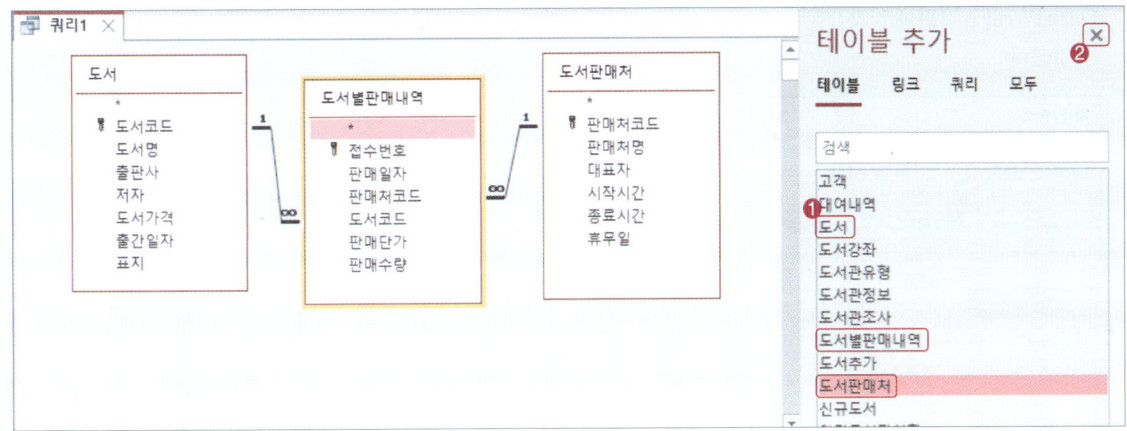

③ 디자인 눈금의 각 필드에 '판매일자', '도서명'을 더블클릭하여 배치한다. 판매일자 필드는 **판매월:month ([판매일자])**로 변경하고 결과값의 형식을 변경하기 위해 [속성 시트]에서 [일반] 탭의 '형식'에 0"**월판매**"를 입력한다.

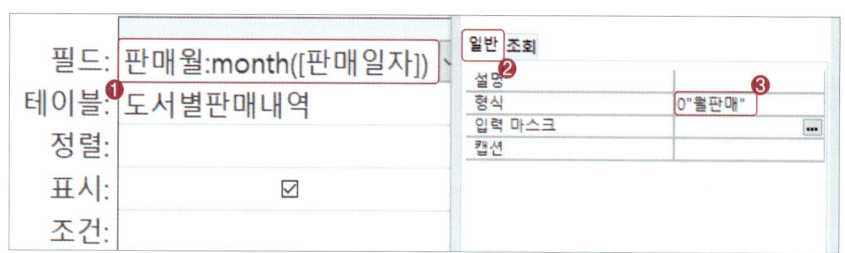

④ '가격' 필드를 작성하기 위해 필드 칸에 커서를 두고 **가격:[판매단가]*[판매수량]**을 입력한다. [쿼리 디자인] 탭의 [표시/숨기기]에서 [요약]을 클릭하고, '요약'을 **평균**으로 변경한다. [속성 시트]의 [일반] 탭에서 '형식'에 #,##0을 입력하여 형식을 지정한다.

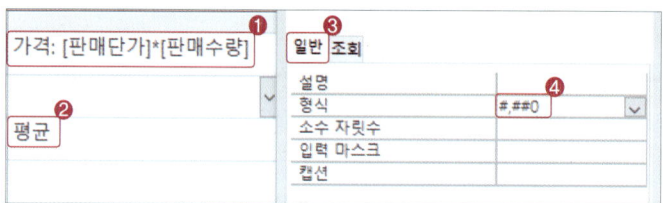

⑤ 판매월에서 4분기에 해당하는 값만 조회하기 위해 별도의 필드에 Shift + F2 를 눌러 식 작성기를 실행한다. DatePart("q",[판매일자])를 입력하고 [확인]을 클릭한다. '조건'에 4를 입력한 후 '요약'을 반드시 **조건**으로 변경한다.

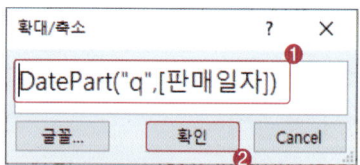

> 🎯 **기적의 TIP**

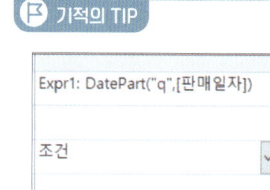

**DatePart("간격", [날짜])**
- 날짜에서 간격만 표시한다.
- YYYY(년도), M(월), D(일), Q(분기)를 사용하여 나타낸다.

⑥ 종료시간이 18:00 이후인 조건을 입력하기 위해 별도의 필드에 [종료시간] 필드를 더블클릭하여 배치한 다음 '조건'에 >=18:00를 입력한다. 자동으로 >=#오후 6:00:00#으로 변경된다. 마찬가지로 '요약'을 **조건**으로 변경한다.

> **기적의 TIP**
>
> **조건**
> • 요약이 선택된 상태에서, 조건으로 사용되는 필드의 요약을 반드시 조건으로 변경한다.
> • 필드 간 그룹화가 되지 않았다면 조건으로 변경하지 않았는지를 확인한다.

⑦ [저장]을 클릭한 후, [다른 이름으로 저장] 대화상자의 '쿼리 이름'에 **도서판매평균**을 입력하고 [확인]을 클릭한다. [쿼리 디자인] 탭의 [결과]에서 [실행(!)]을 클릭한 후 정답 그림과 동일한지 확인한 다음, 닫기를 클릭한다.

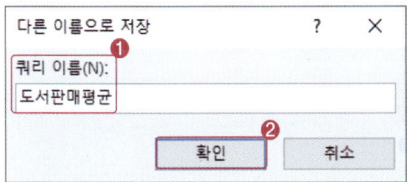

# PART 06

# 데이터베이스 기출 유형 문제

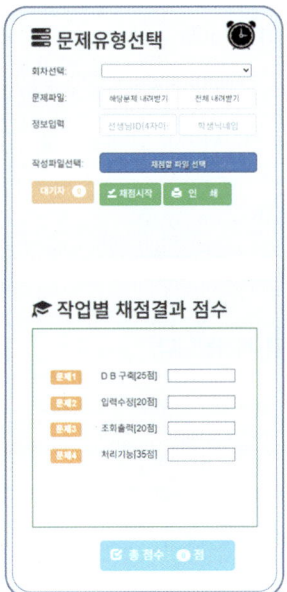

### 자동 채점 서비스(웹 용)

① comlicense.co.kr 접속
② '도서' 확인 후, [채점하기] 클릭
③ '회차'와 '채점할 파일' 선택
④ [채점시작] 클릭

### 예제 파일 위치

[26컴활1급(커미조아)] → [데이터베이스] → [PART 06] 폴더

# 기출 유형 문제 01회

| 프로그램명 | 제한시간 |
|---|---|
| ACCESS | 45분 |

수험번호 : _____

성    명 : _____

### 유의사항

- 인적 사항 누락 및 잘못 작성으로 인한 불이익은 수험자 책임으로 합니다.

- 화면에 암호 입력창이 나타나면 아래의 암호를 입력하여야 합니다.
    ○ 암호 :

- 작성된 답안은 경로 및 파일명을 변경하지 마시고 그대로 저장하여야 합니다. 이를 준수하지 않으면 실격 처리됩니다.
    ○ 답안 파일명의 예 : C:\DB\수험번호 8자리.accdb

- 외부데이터 위치 : C:\DB\파일명

- 별도의 지시사항이 없는 경우, 다음과 같이 처리하면 실격 처리됩니다.
    ○ 제시된 개체의 이름을 임의로 변경한 경우
    ○ 제시된 개체의 속성을 임의로 변경한 경우
    ○ 제시된 개체를 임의로 삭제하거나 추가한 경우

- 별도의 지시사항이 없는 경우, 기능의 구현은 모듈이나 매크로 등을 이용하며, 예외적인 상황에 대해서는 고려하지 않아도 됩니다.

- 제시된 함수가 있을 경우 제시된 함수만을 사용하여야 하며, 그 외 함수를 사용 시 채점 대상에서 제외됩니다.

- 별도의 지시사항이 없는 경우, 주어진 각 개체의 속성은 설정값 또는 기본 설정값(Default)으로 처리하십시오.

- 제시된 화면은 예시이며 나타난 값은 실제와 다를 수 있습니다.

- 저장 시간은 별도로 주어지지 아니하므로 제한된 시간 내에 저장을 완료하여야 합니다.

- 출제된 문제의 용어는 MS Office Professional Plus 2021을 기준으로 작성되었습니다.

대 한 상 공 회 의 소

## 문제 ❶ DB 구축    25점

**01** 교육청의 학교별 관리 현황과 장애인을 관리하기 위한 데이터베이스를 구축하고자 한다. 다음의 지시사항에 따라 각 테이블을 완성하시오. (각 3점)

① 〈교육지원청〉 테이블의 '교육청번호' 필드는 'S00000000'와 같은 형태로 "S" 문자와 숫자 8개가 반드시 포함되어 입력되도록 입력 마스크를 설정하시오.
▶ 숫자 입력은 0~9까지의 숫자만 입력할 수 있도록 설정하시오.
▶ 'S' 문자도 테이블에 저장되도록 설정하시오.
▶ '#'로 표시되도록 설정하시오.

② 〈초등학교〉 테이블의 '학교명' 필드는 기본적으로 한글로 입력될 수 있도록 설정하시오.

③ 〈초등학교〉 테이블의 '설립별' 필드는 새로운 레코드가 추가되는 경우 기본적으로 "공립"이 입력되도록 설정하시오.

④ 〈장애인〉 테이블의 '전체' 필드의 값은 '여자' 필드와 '남자' 필드의 합과 같도록 유효성 검사 규칙을 설정하고 규칙에 위반되었을 때 "입력한 값을 확인하세요."라는 오류 메시지가 나타나도록 설정하시오.

⑤ 〈장애인〉 테이블의 '구분' 필드는 콤보 상자로 변경하고 "청각장애", "정신지체", "지체장애", "정서.행동장애", "시각장애"가 값 목록으로 표시되도록 설정하시오.
▶ 목록 값만 허용하시오.

**02** 외부 데이터 가져오기 기능을 이용하여 〈학교(인천지역).xlsx〉에서 범위의 정의된 이름 '인천지역'의 내용을 가져와 〈초등학교〉 테이블에 추가하시오. (5점)

**03** 〈2024설립별학생수〉 테이블의 '교육청코드' 필드는 〈교육청〉 테이블의 '교육청코드' 필드를 참조하고, 〈전국학생현황〉 테이블의 '시도' 필드는 〈교육청〉 테이블의 '시도' 필드를 참조하며, 테이블 간의 관계는 M:1이다. 두 테이블에 대해 다음과 같이 관계를 설정하시오. (5점)

⚠ 액세스 파일에 이미 설정되어 있는 관계는 수정하지 말 것

▶ 테이블 간에 항상 참조 무결성이 유지되도록 설정하시오.
▶ 참조 필드의 값이 변경되면 관련 필드의 값도 변경되도록 설정하시오.
▶ 다른 테이블에서 참조하고 있는 레코드는 삭제할 수 없도록 설정하시오.

## 문제 ❷  입력 및 수정 기능 구현                    20점

**01** 〈교육청현황〉 폼을 다음의 화면과 지시사항에 따라 완성하시오. (각 3점)

① 본문의 [txt교육청코드], [txt교육지원청명], [txt시도], [txt주소] 컨트롤의 세로 간격을 모두 같게, 왼쪽 맞춤으로 설정하시오.

② 폼 바닥글의 [txt경과일]은 '설립일' 필드와 현재 날짜까지의 경과일의 평균값을 컨트롤 원본에 계산하시오.
  ▶ 경과일 = 현재일 − 설립일
  ▶ [표시 예 : 12412일]
  ▶ Int, Avg, DateDiff, Date 함수와 & 연산자를 사용하시오.

③ 폼 머리글에 이미지 삽입을 이용해서 'logo.png' 파일을 포함시키오.
  ▶ 너비와 높이는 1.3cm로 설정하고, 왼쪽 15cm, 위쪽 0.3cm로 설정하시오.
  ▶ 크기 조절 모드는 전체 확대/축소로 설정하고, 컨트롤 이름은 'img로고'로 설정하시오.

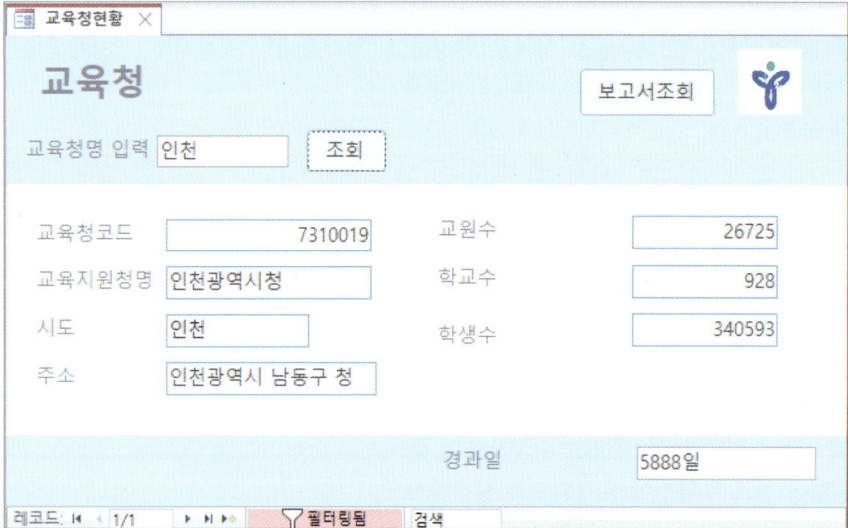

**02** 〈교육청현황〉 폼의 본문 영역에서 [txt교육지원청명] 컨트롤에는 교육청코드에 해당하는 교육지원청명이 표시되도록 설정하시오. (6점)

  ▶ 〈교육지원청〉 테이블과 DLookup 함수를 사용하시오.
  ▶ '문제 ❷ 입력 및 수정 기능 구현' 01번 문제의 〈그림〉을 참조하시오.

**03** 〈교육청현황〉 폼의 [txt조회]에 '교육청명'의 일부를 입력 후 [조회(cmd조회)] 단추를 클릭(On Click)하면 입력한 교육청명이 포함된 레코드를 조회하는 〈교육청명조회〉 매크로를 생성하여 지정하시오. (5점)

  ▶ Applyfilter문을 사용하시오.

### 문제 ❸ 조회 및 출력 기능 구현   20점

**01** 다음의 지시사항 및 화면을 참조하여 〈교육청보고현황〉 보고서를 완성하시오. (각 3점)

① '시도'별 오름차순으로 그룹화하고 동일한 '시도' 내에서는 '설립' 필드를 기준으로 오름차순 정렬되어 표시되도록 정렬을 추가하시오.

② 보고서 머리글 영역의 [txt날짜] 컨트롤에는 [표시 예]와 같이 표시되도록 '형식' 속성을 설정하고 배경 스타일을 '투명'으로 설정하시오.

▶ [표시 예 : 2025-01-03 → 2025년 1월]

③ '시도 머리글' 영역에서 머리글 내용이 변경되기 전에 페이지가 변경되게 설정하고 페이지마다 반복적으로 표시되도록 설정하고 '시도 바닥글' 구역은 [그룹, 정렬 및 요약]에서 '표시 안 함'으로 설정하시오.

④ 본문 영역의 [txt설립], [txt교육청명] 컨트롤의 값이 이전 레코드와 같은 경우에는 표시되지 않도록 설정하시오.

⑤ 보고서 바닥글 영역의 [txt페이지] 컨트롤에는 페이지가 [표시 예]와 같이 표시되도록 설정하시오.

▶ [표시 예 : 현재 페이지가 1, 전체 페이지가 5 → [1] / [5]]

02 〈교육청현황〉 폼의 [보고서조회(cmd보기)] 단추를 클릭하면 메시지상자가 실행이 되고 [예]를 누르면 〈교육청보고현황〉 보고서를 '인쇄 미리 보기' 형식으로 연 후 폼은 종료하는 이벤트 프로시저를 구현하시오. 종료 시 저장 여부를 묻지 않고 무조건 저장하시오. (5점)

▶ Docmd문, Msgbox문을 사용하시오.

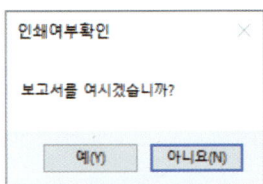

## 문제 ④ 처리 기능 구현  35점

01 〈장애인〉 테이블을 이용하여 2023년도에 해당하는 시도별 구분별 장애 구분수와 전체 장애인수를 조회하는 크로스탭 쿼리를 작성하시오. (7점)

▶ 구분의 앞의 두 글자가 "청각" 또는 "시각"이면 "신체장애", 그 외는 "정신장애"로 설정하시오.
▶ 행 머리글의 구분수와 값 영역의 장애인수는 '전체' 필드를 이용하시오.
▶ 시도에서 전국을 제외한 값으로 계산하시오.
▶ Switch, Left, And 함수와 In 연산자를 사용하시오.
▶ 쿼리 이름은 〈장애학생수조회〉로 설정하시오.
▶ 쿼리 실행 결과 표시되는 필드와 테이블은 〈그림〉과 같이 표시되도록 설정하시오.

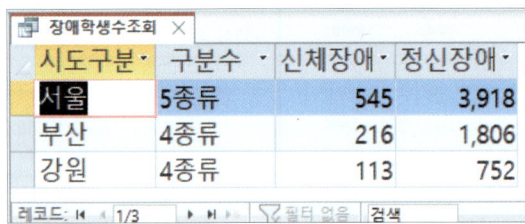

**02** 시도가 서울이면서 설립이 국립인 남학생비율과 여학생비율과 남+여의 총학생수를 계산하는 〈2024년남녀분포도〉 쿼리를 작성하시오. (7점)

▶ 〈2024설립별학생수〉 테이블을 이용하시오.
▶ '남학생비율'은 총남학생수/(남자+여자)의 값에 10을 곱한 만큼, '여학생비율'은 총여학생수/(남자+여자)의 값에 10을 곱한 만큼 "■"으로 표시하고, '총학생수'는 남+여의 값으로 계산하시오.
▶ 구분 필드는 '시도', '학제', '설립' 필드를 이용하시오.
▶ Sum, String 함수를 사용하시오.
▶ 쿼리 실행 결과 표시되는 필드와 필드명은 〈그림〉과 같이 표시되도록 설정하시오.

| 구분 | 남학생비율 | 여학생비율 | 총학생수 |
|---|---|---|---|
| 서울각종학교(국립) | ■■ | ■■■■■■■■ | 525명 |
| 서울고등학교(국립) | ■■■ | ■■■■■■■ | 1676명 |
| 서울일반고(국립) | ■■■■ | ■■■■■■ | 720명 |
| 서울중학교(국립) | ■■■■■ | ■■■■ | 888명 |
| 서울초등학교(국립) | ■■■■■ | ■■■■■ | 1187명 |
| 서울특목고(국립) | ■■ | ■■■■■■■■ | 956명 |
| 서울특수학교(국립) | ■■■■■ | ■■■■■ | 470명 |

**03** '학제' 필드가 "특"으로 시작하면서 '총수' 필드의 글자수가 4글자 이하이면 "5억", 6글자 이하이면 "10억"을 '추가지원금' 필드에 업데이트 하는 〈추가지원금〉 업데이트 쿼리를 작성하고 실행하시오. (7점)

▶ 〈2024설립별학생수〉 테이블을 이용하시오.
▶ 조건에 따라 "추가지원금: 5억" 또는 "추가지원금: 10억"으로 표시하시오.
▶ Switch, Len 함수를 사용하시오.
▶ 쿼리 실행 결과 표시되는 필드와 필드명은 〈그림〉과 같이 표시되도록 설정하시오.

| 교육청코드 | 시도 | 학제 | 설립 | 총수 | 남자 | 여자 | 추가지원금 |
|---|---|---|---|---|---|---|---|
| 7011005 | 서울 | 일반고 | 공립 | 62507 | 32293 | 30214 | |
| 7011005 | 서울 | 일반고 | 사립 | 88678 | 44899 | 43779 | |
| 7011005 | 서울 | 특목고 | 국립 | 956 | 177 | 779 | 5억 |
| 7011005 | 서울 | 특목고 | 공립 | 2654 | 1936 | 718 | 5억 |
| 7011005 | 서울 | 특목고 | 사립 | 8190 | 1860 | 6330 | 5억 |
| 7011005 | 서울 | 특성화고 | 공립 | 6025 | 4298 | 1727 | 5억 |
| 7011005 | 서울 | 특성화고 | 사립 | 20278 | 8530 | 11748 | 10억 |
| 7011005 | 서울 | 자율고 | 사립 | 17303 | 12466 | 4837 | |
| 7011005 | 서울 | 특수학교 | 국립 | 470 | 255 | 215 | 5억 |
| 7011005 | 서울 | 특수학교 | 공립 | 1847 | 1253 | 594 | 5억 |
| 7011005 | 서울 | 특수학교 | 사립 | 2193 | 1502 | 691 | 5억 |
| 7011005 | 서울 | 고등기술학교 | 사립 | 14 | 9 | 5 | |
| 7011005 | 서울 | 각종학교 | 국립 | 525 | 89 | 436 | |

▲ 업데이트된 〈2024설립별학생수〉 테이블

**04** 〈장애지원대학〉 테이블의 데이터를 〈추가지정된대학〉 테이블에 추가하는 〈장애지원대학추가〉 쿼리를 작성하고 실행하시오. (7점)

▶ 〈추가지정된대학〉, 〈장애지원대학〉 테이블을 이용하시오.
▶ 〈추가지정된대학〉 테이블에 존재하지 않는 "센터명"만 추가하시오.
▶ 매개변수를 이용해서 '대학명' 필드에서 "부산"이 포함된 대학을 조회하시오.
▶ Not In을 이용한 하위 쿼리를 사용하시오.
▶ 쿼리 실행 결과 생성되는 테이블의 필드는 〈그림〉을 참고하여 수험자가 판단하여 설정하시오.

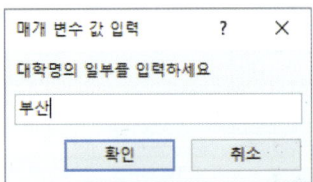

▲ 부산 대학이 추가된 〈추가지정한대학〉 테이블

**05** 학제별 남녀비율을 계산하는 〈남녀비율현황〉 쿼리를 작성하시오. (7점)

▶ 〈전국학생현황〉 테이블을 이용하시오.
▶ 남녀비율은 '특수학급_여자'의 합계/'특수학급_남자'의 합계를 한 값을 소수점 둘째 자리까지 반올림한 값을 계산하시오.
▶ Round, Sum 함수를 사용하시오.
▶ 쿼리 실행 결과 생성되는 필드와 필드명은 〈그림〉과 같이 표시되도록 설정하시오.

# 기출 유형 문제 01회 해설

## 문제 ❶ DB 구축 | 1. 학교별·장애인 관리용 데이터베이스 구축

**|정답|**

- 〈교육지원청〉 테이블
  ① '교육청번호' 필드의 '입력 마스크' : "S"00000000;0;#

- 〈초등학교〉 테이블
  ② '학교명' 필드의 'IME 모드' : 한글
  ③ '설립별' 필드의 '기본값' : "공립"

- 〈장애인〉 테이블
  ④ [속성 시트]

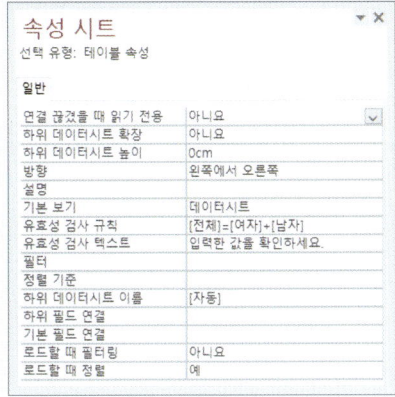

⑤ '구분' 필드의 [조회] 속성

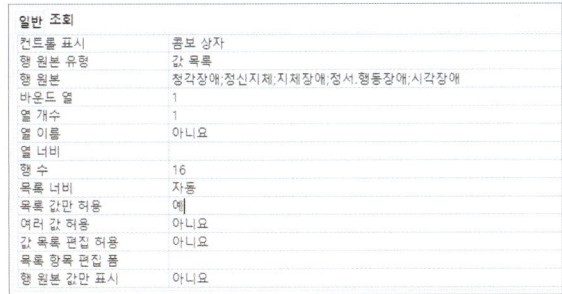

① 〈교육지원청〉 테이블의 '교육청번호' 필드를 선택한 후, [속성 시트]의 [일반] 탭에서 '입력 마스크'에 "S"00000000;0;#을 입력한다.

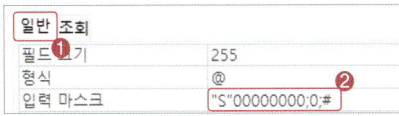

> 🅑 **기적의 TIP**
> 
> 데이터시트 보기 상태에서는 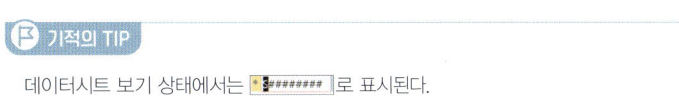로 표시된다.

② 〈초등학교〉 테이블의 '학교명' 필드를 선택한 후, [속성 시트]의 [일반] 탭에서 'IME 모드'를 **한글**로 설정한다.

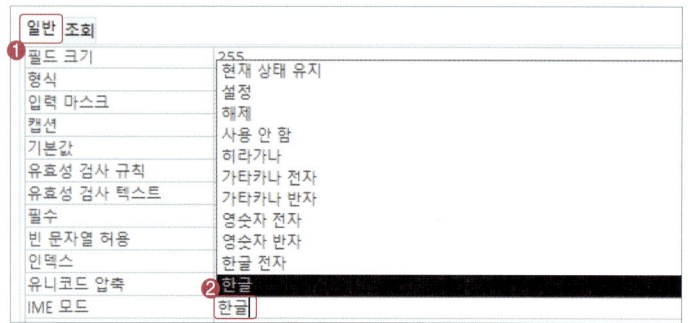

③ 〈초등학교〉 테이블의 '설립별' 필드를 선택한 후, [속성 시트]의 [일반] 탭에서 '기본값'에 **"공립"**을 입력한다.

④ 〈장애인〉 테이블의 '전체' 필드에서 [속성 시트]의 [일반] 탭에 위치한 '유효성 검사 규칙'에 **[전체]=[여자]+[남자]**를 입력한다.

⑤ 〈장애인〉 테이블의 [속성 시트]의 [일반] 탭의 '유효성 검사 텍스트'에 **입력한 값을 확인하세요.**를 입력하고, 테이블 닫기 버튼을 클릭하면 나타나는 대화상자에서는 [예]를 클릭한다.

> **기적의 TIP**
> • 필드 간 비교하는 규칙은 [속성 시트]의 '유효성 검사 규칙'에 입력한다.
> • 유효성 검사 후 값을 취소하려면 Esc 키를 누른다.

⑥ '구분' 필드를 선택한 후, [속성 시트]의 [조회] 탭에서 '컨트롤 표시'는 **콤보 상자**로, '행 원본 유형'은 **값 목록**으로 변경한다. '행 원본'에는 **청각장애;정신지체;지체장애;정서.행동장애;시각장애**를 입력한 다음, '목록 값만 허용'은 **예**로 설정한다.

## 문제 ① DB 구축  2. '인천지역' 외부 데이터 가져오기 및 〈초등학교〉 테이블 추가

| 정답

① [외부 데이터] 탭 – [가져오기 및 연결]의 [새 데이터 원본] – [파일에서]에서 [Excel(X)]을 선택한 후 경로를 지정한다.
② **학교(인천지역).xlsx** 파일을 선택하고, '다음 테이블에 레코드 복사본 추가' 목록에서 〈초등학교〉 테이블을 선택하고 [확인]을 클릭한다.
③ '이름 있는 범위 표시'를 클릭한 후 목록에서 '인천지역'을 선택하고 [다음]을 클릭한다.
④ 다음에 표시되는 대화상자에서 **첫 행에 열 머리글이 있음**은 생략한다.
⑤ 추가할 테이블의 이름이 〈초등학교〉가 맞는지 확인한 후 [마침]을 클릭한다.
⑥ 마지막 단계에서 가져오기 단계는 저장하지 않는다. [닫기]를 클릭하면 '모든 Access 개체'에 〈초등학교〉 테이블이 추가된다.

## 문제 ❶ DB 구축    3. 〈교육청〉 테이블과의 M:1 관계 설정

|정답|

• 관계 설정 과정

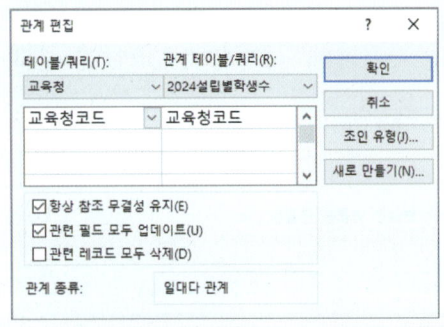 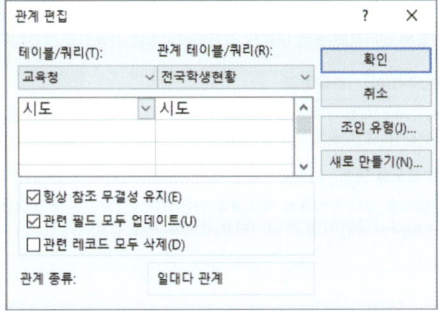

• 〈2024설립별학생수〉, 〈교육청〉, 〈전국학생현황〉 관계도

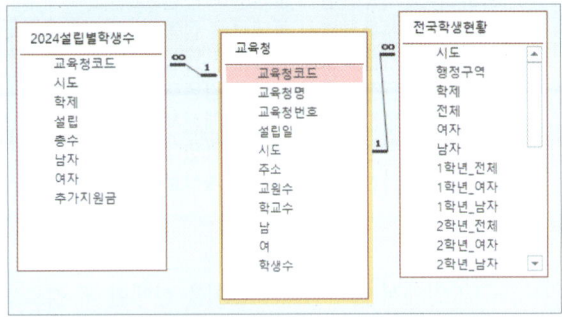

① [데이터베이스 도구] 탭의 [관계]에서 [관계]를 클릭한 후, 관계 창의 빈 화면에서 마우스 오른쪽 버튼을 눌러 [테이블 표시]를 클릭한다.
② [테이블 추가]의 [테이블] 탭에서 〈2024설립별학생수〉, 〈교육청〉, 〈전국학생현황〉 테이블을 각각 더블클릭하여 추가한다.
③ 〈2024설립별학생수〉 테이블의 '교육청코드' 필드를 선택한 후, 〈교육청〉 테이블의 '교육청코드' 필드로 드래그하고, [관계 편집]에서 **항상 참조 무결성 유지**와 **관련 필드 모두 업데이트**에 체크한 후 [만들기]를 클릭한다.
④ 〈전국학생현황〉 테이블의 '시도' 필드를 선택한 후, 〈교육청〉 테이블의 '시도' 필드로 드래그한다. [관계 편집]에서 **항상 참조 무결성 유지**와 **관련 필드 모두 업데이트**에 체크한 후 [만들기]를 클릭한다.
⑤ [관계 디자인] 창에서 [닫기]를 클릭한 뒤, 저장 대화상자에서 [예]를 클릭하여 저장한다.

## 문제 ❷ 입력 및 수정 기능 구현   1. 〈교육청현황〉 폼 완성

|정답|

①

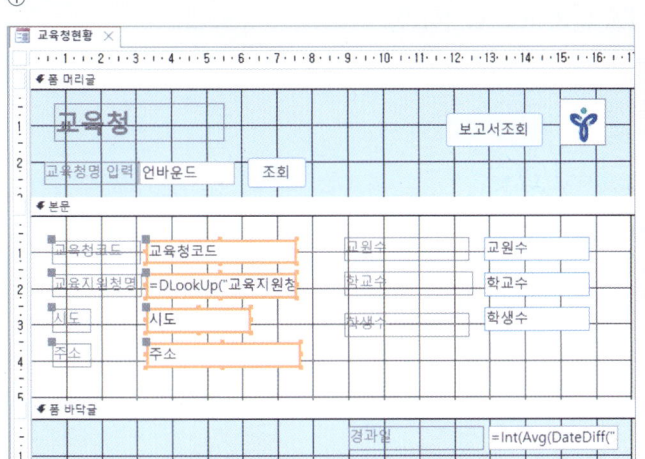

②

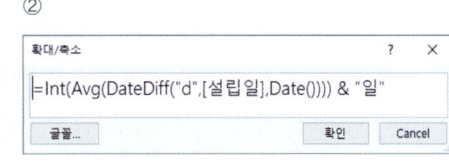

③

 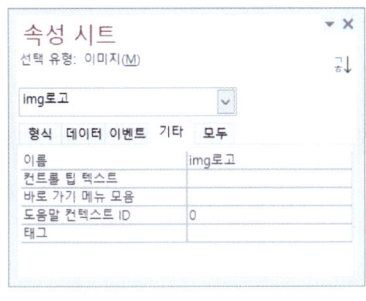

### ① 컨트롤 정렬 및 간격 맞춤

- 〈교육청현황〉 폼에서 [디자인 보기(🔲)]를 클릭한 후, [txt교육청코드], [txt교육지원청명], [txt시도], [txt주소] 컨트롤을 선택한다.
- [정렬]의 [크기 및 순서 조정]에서 [크기/공간(🔲)]의 [세로 간격 같음]을 클릭한다.
- [정렬]의 [크기 및 순서 조정]에서 [맞춤(🔲)]의 [왼쪽 맞춤]을 클릭한다.

### ② 경과일 자동 계산 식 입력

- [txt경과일] 컨트롤을 선택하고, [속성 시트]의 [데이터] 탭에서 '컨트롤 원본'에 =Int(Avg(DateDiff("d",[설립일],Date()))) & "일"을 입력한다.

> 📌 **기적의 TIP**
> - Date( ) 함수는 입력하는 날짜에 따라 결과가 달라질 수 있다.
> - DateDiff("단위",[시작일],[종료일])
>   - 기능 : 종료일−시작일의 단위를 계산
>   - 단위 : yyyy(연), q(분기), m(월), w(주), d(일), h(시간), n(분)

③ 로고 이미지 삽입 및 속성 설정
- [양식 디자인] 탭에서 [컨트롤]의 [이미지 삽입]을 클릭하고, 경로(C:\DB)의 이미지를 삽입한다.
- [속성 시트]의 [형식] 탭에서 '그림 유형'을 **포함**으로, '크기 조절 모드'를 **전체 확대/축소**로, '너비'를 1.3cm, '높이'를 1.3cm, '왼쪽 위치'를 15cm, '위쪽 위치'를 0.3cm로 설정한다.
- [속성 시트]의 [기타] 탭에서 '이름'에 img로고를 입력한다.

| 문제 ❷ 입력 및 수정 기능 구현 | 2. txt교육지원청명에 교육지원청명 표시 설정 |

|정답|

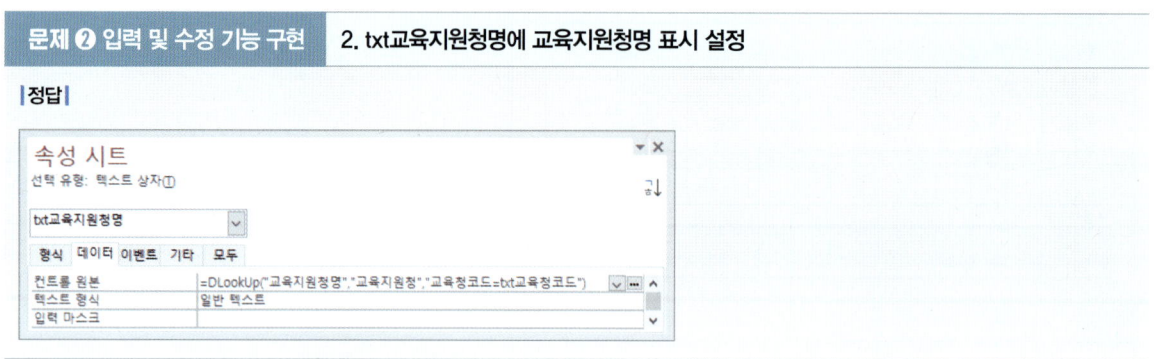

① [txt교육지원청명] 컨트롤을 선택한다.
② [속성 시트]의 [데이터] 탭에서 '컨트롤 원본'에 =DLookUp("교육지원청명","교육지원청","교육청코드=txt교육청코드")를 입력한다.

| 문제 ❷ 입력 및 수정 기능 구현 | 3. 교육청명 포함 레코드 조회 매크로 생성 및 지정 |

|정답|

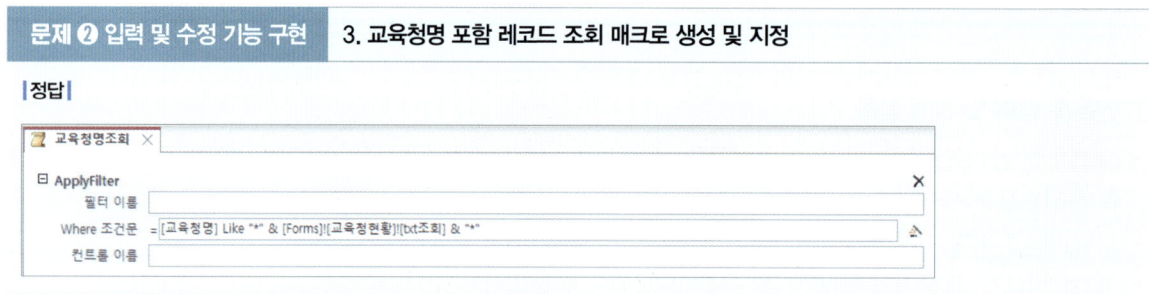

① [만들기] 탭의 [매크로 및 코드]에서 [매크로()]를 클릭한 후 함수 'ApplyFilter'를 지정한다.
② 'Where 조건문'에 [교육청명] like "*" & [Forms]![교육청현황]![txt조회] & "*"를 입력하고, 매크로 이름을 〈교육청명조회〉로 저장한 후 닫는다.

③ 〈교육청현황〉 폼의 [디자인 보기(📐)] 상태에서 **cmd조회** 컨트롤을 선택하고, [속성 시트(▤)]의 [이벤트] 탭의 'On Click'에서 매크로 목록 중 **교육청명조회**를 선택한다.

## 문제 ❸ 조회 및 출력 기능 구현 | 1. 〈교육청보고현황〉 보고서 완성

**| 정답 |**

①

②

③–1

③–2

④–1

④–2

⑤

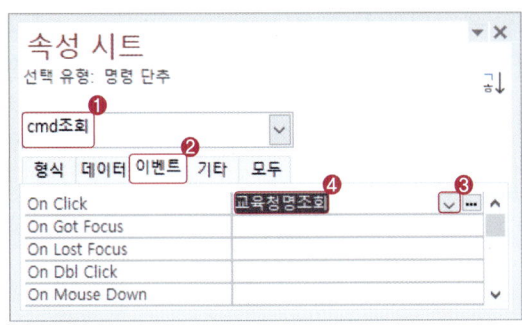

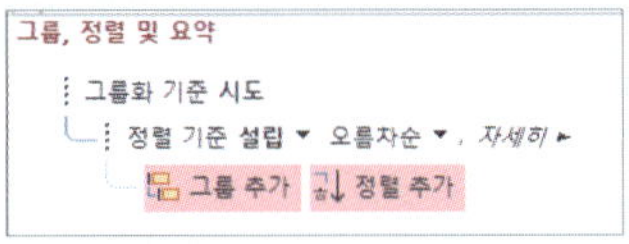

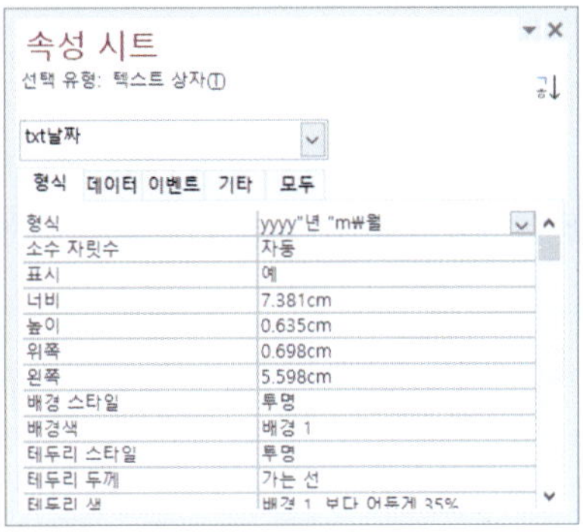

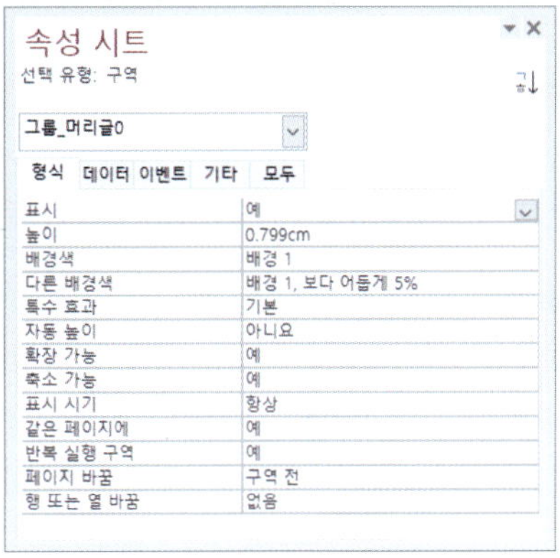

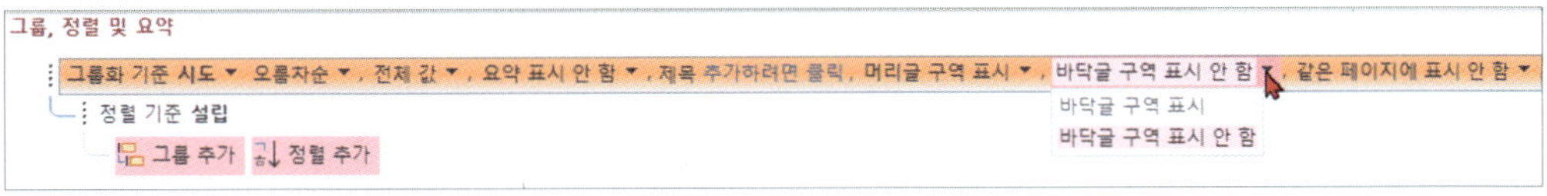

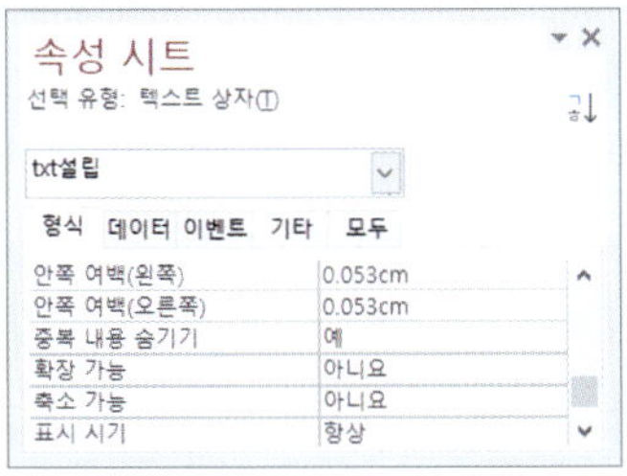

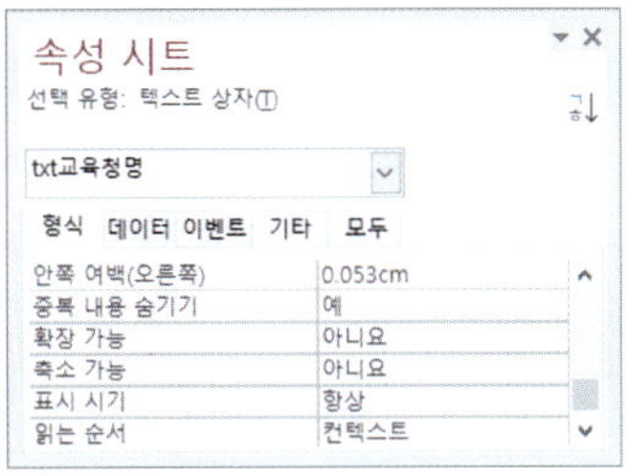

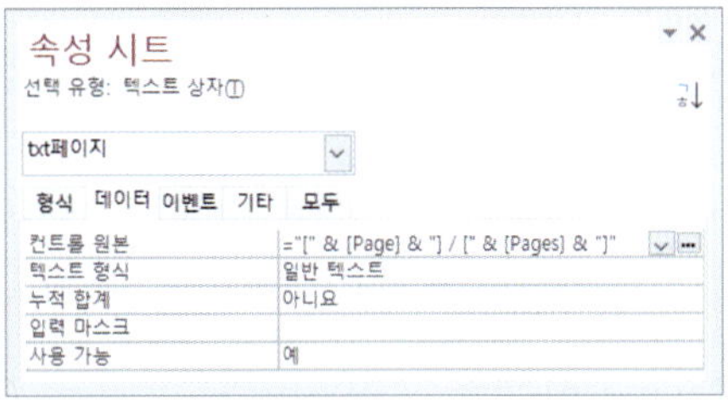

① 그룹화 기준 및 정렬 설정
- 〈교육청보고현황〉 보고서에서 마우스 오른쪽 버튼을 눌러 [디자인 보기]를 클릭한다.
- [보고서 디자인] 탭에서 [그룹화 및 요약]의 [그룹화 및 정렬]을 클릭한다.
- '그룹화 기준'이 연도로 되어 있으므로 **시도**로 변경한다. [정렬 추가]를 클릭하여 **설립**을 선택하고 **오름차순**으로 설정한다.

② 날짜 컨트롤 서식 지정
- [txt날짜] 컨트롤을 선택하고, [속성 시트]의 [형식] 탭에서 '형식'을 yyyy"년 "m"월"로 설정한 후 '배경 스타일'을 **투명**으로 설정한다.

> 🔑 기적의 TIP
> 입력한 서식은 자동으로 yyyy"년 "m₩"월로 바뀐다.

③ 머리글 반복 및 바닥글 표시 설정
- [시도 머리글] 영역은 보고서 디자인 보기 상태에서는 그룹_머리글0으로 표시되므로 [그룹_머리글0]을 선택한다. [속성 시트]의 [형식] 탭에서 '반복 실행 구역'을 **예**로 선택한 후, '페이지 바꿈'을 **구역 전**으로 설정한다.
- 보고서 하단 구역의 [그룹, 정렬 및 요약]의 '그룹화 기준 시도'의 [자세히]를 클릭한다. '바닥글 구역 표시'를 클릭한 다음 **바닥글 구역 표시 안 함**으로 설정한다.

④ 중복 데이터 숨기기 설정
- [txt설립] 컨트롤을 선택하고, [속성 시트]의 [형식] 탭에서 '중복 내용 숨기기'를 **예**로 설정한다.
- [txt교육청명] 컨트롤을 선택하고, [속성 시트]의 [형식] 탭에서 '중복 내용 숨기기'를 **예**로 설정한다.

⑤ 페이지 번호 표시 설정
- [txt페이지] 컨트롤을 선택하고, [속성 시트]의 [데이터] 탭에서 '컨트롤 원본'에 ="[" & [Page] & "] / [" & [Pages] & "]"를 입력한다.

> 🔑 기적의 TIP
> 인쇄 미리 보기 상태에서 페이지 수는 화면 크기에 따라 달라질 수 있다.

### 문제 ❸ 조회 및 출력 기능 구현    2. cmd보기 클릭 시 송출되는 메시지박스

|정답|

```
Private Sub cmd보기_Click()
    i = MsgBox("보고서를 여시겠습니까?", vbYesNo + vbDefaultButton2, "인쇄여부확인")
    If i = vbYes Then
        DoCmd.OpenReport "교육청보고현황", acViewPreview
        DoCmd.Close acForm, "교육청현황", acSaveYes
    End If
End Sub
```

① 〈교육청현황〉 폼에서 마우스 오른쪽 버튼을 눌러 [디자인 보기]를 클릭한 다음 [속성시트]의 [cmd보기] 단추를 선택한다.
② [속성 시트]의 [이벤트] 탭에서 'On Click' 항목의 [이벤트 프로시저] 옆 [식 작성기(🔨)]를 클릭한다.
③ VBE 창에서 메시지박스 코드와 보고서 출력, 폼 종료 코드를 작성한다.

|코드|

```
i = MsgBox("보고서를 여시겠습니까?", vbYesNo + vbDefaultButton2, "인쇄여부확인")
If i = vbYes Then
DoCmd.OpenReport "교육청보고현황", acViewPreview
DoCmd.Close acForm, "교육청현황", acSaveYes
End If
```

🅑 기적의 TIP

- '예/아니오' 버튼 중 '아니오'를 기본값으로 설정하려면, vbYesNo + vbDefaultButton2로 지정한다.
- 기본값으로는 '예'가 활성화되어 있다.

## 문제 ④ 처리 기능 구현    1. 2023 시도별 · 구분별 장애 구분수/전체수 크로스탭 쿼리

|정답|

**장애학생수조회**

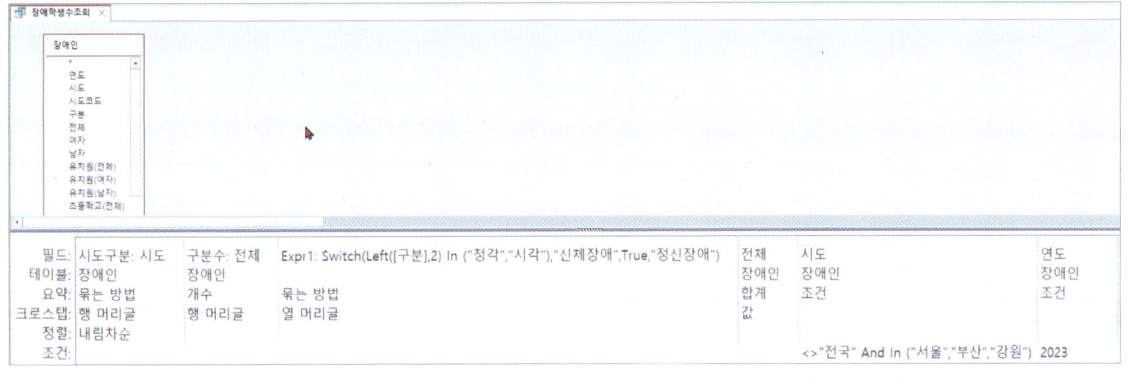

① [만들기] 탭의 [쿼리]에서 [쿼리 디자인]을 클릭하고, [테이블 추가] 창에서 '장애인' 테이블을 더블클릭한 후 [닫기] 버튼을 클릭한다.
② [쿼리 디자인] 탭에서 [쿼리 유형] 그룹의 [크로스탭]을 클릭한다.
③ 디자인 눈금의 '시도', '전체', '구분', '전체' 필드를 순서대로 배치한 후 각각 '행 머리글', '행 머리글', '열 머리글', '값'으로 설정한다.
④ '시도' 필드의 '이름'을 **시도구분: 시도**로 지정하고, '정렬'을 **내림차순**으로 설정한다.

⑤ '전체' 필드는 개수가 표시되어야 하므로 '요약'을 **개수**로 설정하고, 필드의 '이름'을 **구분수: 전체**로 지정한 다음 [속성 시트]의 [일반] 탭에서 '형식'을 **@"종류"**로 설정한다.
⑥ 열 머리글에는 식 **Switch(Left([구분],2) In ("청각","시각"),"신체장애",True,"정신장애")**을 작성한다. 필드 이름은 자동으로 Expr1로 설정된다.
⑦ '값'에는 전체 필드의 합계를 표시해야 하므로 '요약'을 **합계**로 지정하고, [속성 시트]의 [일반] 탭의 '형식'은 **#,##0**으로 설정한다.
⑧ 조건1을 위해 '시도' 필드를 다시 배치하고, '조건'에 식 **<>"전국" And In("서울", "부산", "강원")**을 입력한 뒤, '요약'을 **조건**으로 설정한다.

> **기적의 TIP**
> 전국을 제외하고 쿼리 결과값으로 조회된 시도가 서울, 부산, 강원인 조건으로 작성해야 한다.

⑨ 조건2를 위해 '연도' 필드를 배치하고, 조건 칸에 2023을 입력한 후 '요약'을 '조건'으로 설정한다.
⑩ 쿼리를 **장애학생수조회**라는 이름으로 저장한다.

## 문제 ④ 처리 기능 구현  2. 서울 · 국립 조건의 남녀비율 및 총학생수 계산 쿼리

**정답**

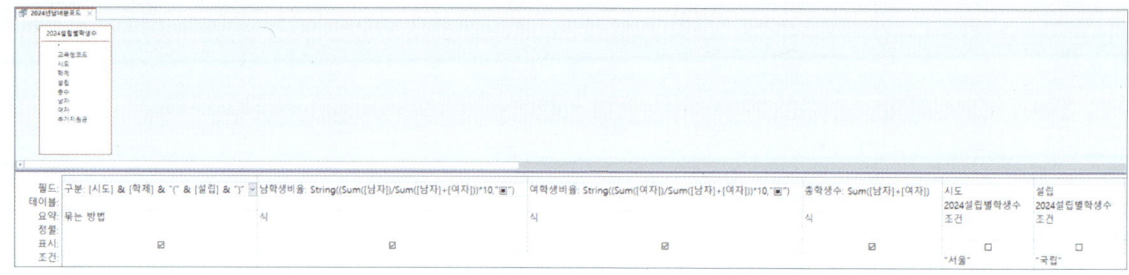

① [만들기] 탭의 [쿼리]에서 [쿼리 디자인]을 클릭하고, [쿼리 디자인] 탭에서 [표시/숨기기] 그룹의 [요약]을 클릭한다.
② [테이블 추가] 창에서 〈2024설립별학생수〉 테이블을 더블클릭한 후 [닫기] 버튼을 클릭한다.
③ 첫 번째 필드에 식 **구분: [시도] & [학제] & "(" & [설립] & ")"**을 입력하고, [속성 시트]의 [일반] 탭에서 '형식'을 0으로 설정한다.
④ 두 번째 필드에 식 **남학생비율: String((Sum([남자])/Sum([남자]+[여자]))*10,"■")**을 입력하고, '요약'을 **식**으로 설정한다.

⑤ 세 번째 필드에 식 **여학생비율: String((Sum([여자])/Sum([남자]+[여자]))*10,"■")**을 입력하고, '요약'을 **식**으로 설정한다.
⑥ 네 번째 필드에 식 **총학생수: Sum([남자]+[여자])**을 입력하고, '요약'을 **식**으로 설정한 후 [속성 시트]의 [일반] 탭의 '형식'을 **0₩명**으로 설정한다.
⑦ 조건1을 위해 '시도' 필드를 배치하고, 조건 칸에 **"서울"**을 입력한 뒤 '요약'을 **조건**으로 설정한다.
⑧ 조건2를 위해 '설립' 필드를 배치하고, 조건 칸에 **"국립"**을 입력한 후 '요약'을 **조건**으로 설정한다.
⑨ 쿼리를 **2024년남녀분포도**라는 이름으로 저장한다.


**문제 ❹ 처리 기능 구현**   **3. 추가지원금 업데이트 쿼리**

|정답|

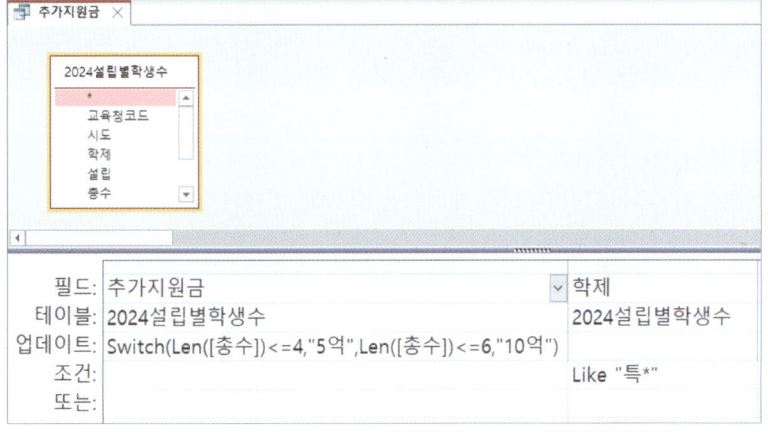

① [만들기] 탭의 [쿼리]에서 [쿼리 디자인]을 클릭하고, [쿼리 디자인] 탭에서 [쿼리 유형]의 [업데이트]를 클릭한다.
② [테이블 추가] 창에서 〈2024설립별학생수〉 테이블을 더블클릭한 후 [닫기] 버튼을 클릭한다.
③ 디자인 눈금에 '추가지원금' 필드를 배치하고, '업데이트'에 식 **Switch(Len([총수])<=4,"5억",Len([총수])<=6,"10억")**을 입력한다.
④ 두 번째 필드로 '학제'를 배치하고, '조건'에 **Like "특*"**을 입력한 후 쿼리를 실행한다.
⑤ 쿼리를 **추가지원금**이라는 이름으로 저장한다.

## 문제 ④ 처리 기능 구현  4. 〈장애지원대학〉 → 〈추가지정된대학〉 추가 쿼리

|정답|

장애지원대학추가

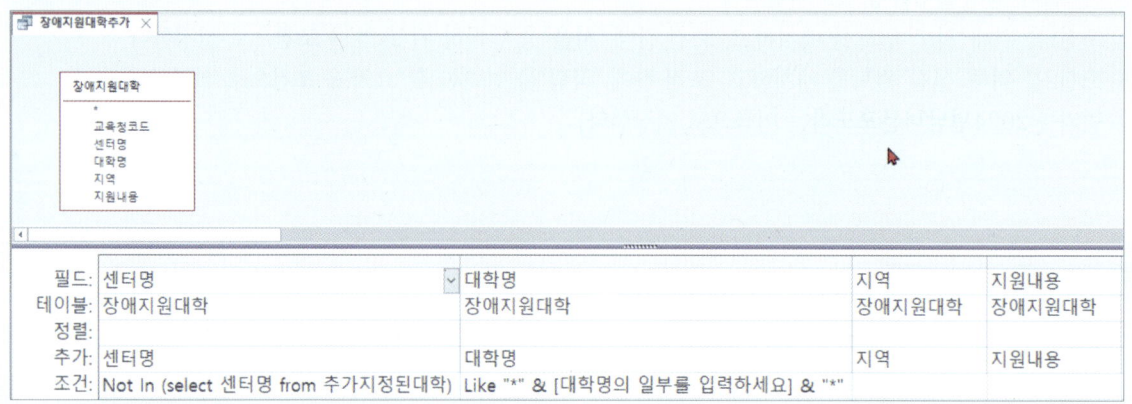

① [만들기] 탭의 [쿼리]에서 [쿼리 디자인]을 클릭하고, [테이블 추가] 창에서 〈장애지원대학〉 테이블을 더블 클릭한 후 [닫기] 버튼을 클릭한다.
② [쿼리 디자인] 탭에서 [쿼리 유형]의 [추가]를 클릭한다.
③ [추가] 대화상자의 [테이블 이름] 목록에서 〈추가지정된대학〉 테이블을 선택한 후 [확인]을 클릭한다.
④ '센터명', '대학명', '지역', '지원내용' 필드를 차례대로 배치한다.
⑤ '센터명' 필드 아래 '조건'에 Not In (select 센터명 from 추가지정된대학)을 입력한다.
⑥ '대학명' 필드 아래 '조건'에 Like "*" & [대학명의 일부를 입력하세요] & "*"을 입력한다.
⑦ [실행(!)]을 클릭하면 나타나는 매개변수 대화상자에 **부산**을 입력한다.
⑧ 쿼리를 **장애지원대학추가**라는 이름으로 저장한다.

### 기적의 TIP
일련번호가 자동 생성되는 테이블의 경우, 중복 추가 시 번호가 계속 누적되므로 한 번만 실행해야 한다.

## 문제 ④ 처리 기능 구현   5. 학제별 남녀비율 계산 쿼리

**|정답|**

**남녀비율현황**

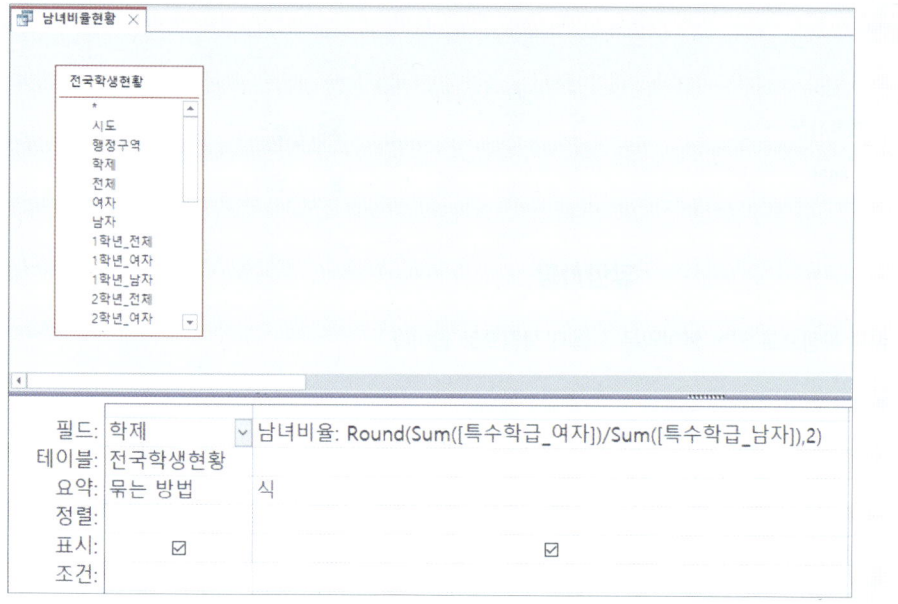

① [만들기] 탭의 [쿼리]에서 [쿼리 디자인]을 클릭하고, [테이블 추가] 창에서 〈전국학생현황〉 테이블을 더블클릭한 후 [닫기] 버튼을 클릭한다.
② [쿼리 디자인] 탭에서 [표시/숨기기]의 **[요약]**을 클릭한다.
③ 첫 번째 필드에는 '학제' 필드를 배치한다.
④ 두 번째 필드에는 식 **남녀비율: Round(Sum([특수학급_여자])/Sum([특수학급_남자]),2)**을 입력하고, '요약'을 **식**으로 변경한 다음, [속성 시트]의 [일반] 탭에서 '형식'을 **0.0%**로 설정한다.
⑤ 쿼리를 **남녀비율현황**이라는 이름으로 저장한다.

# 기출 유형 문제 02회

| 프로그램명 | 제한시간 |
|---|---|
| ACCESS | 45분 |

수험번호 : _____

성    명 : _____

## 유의사항

- 인적 사항 누락 및 잘못 작성으로 인한 불이익은 수험자 책임으로 합니다.

- 화면에 암호 입력창이 나타나면 아래의 암호를 입력하여야 합니다.
  ○ 암호 :

- 작성된 답안은 경로 및 파일명을 변경하지 마시고 그대로 저장하여야 합니다. 이를 준수하지 않으면 실격 처리됩니다.
  ○ 답안 파일명의 예 : C:₩DB₩수험번호 8자리.accdb

- 외부데이터 위치 : C:₩DB₩파일명

- 별도의 지시사항이 없는 경우, 다음과 같이 처리하면 실격 처리됩니다.
  ○ 제시된 개체의 이름을 임의로 변경한 경우
  ○ 제시된 개체의 속성을 임의로 변경한 경우
  ○ 제시된 개체를 임의로 삭제하거나 추가한 경우

- 별도의 지시사항이 없는 경우, 기능의 구현은 모듈이나 매크로 등을 이용하며, 예외적인 상황에 대해서는 고려하지 않아도 됩니다.

- 제시된 함수가 있을 경우 제시된 함수만을 사용하여야 하며, 그 외 함수를 사용 시 채점 대상에서 제외됩니다.

- 별도의 지시사항이 없는 경우, 주어진 각 개체의 속성은 설정값 또는 기본 설정값(Default)으로 처리하십시오.

- 제시된 화면은 예시이며 나타난 값은 실제와 다를 수 있습니다.

- 저장 시간은 별도로 주어지지 아니하므로 제한된 시간 내에 저장을 완료하여야 합니다.

- 출제된 문제의 용어는 MS Office Professional Plus 2021을 기준으로 작성되었습니다.

대한상공회의소

## 문제 ❶ DB 구축    25점

**01** 전국 산업단지의 내역을 관리하기 위한 데이터베이스를 구축하고자 한다. 다음의 지시사항에 따라 각 테이블을 완성하시오. (각 3점)

- 〈전국산업단지〉 테이블
① 필드 제일 앞 위치에 '순번' 필드를 추가하고 데이터가 증가하면 자동으로 번호가 매겨지는 데이터 형식으로 지정한 다음 기본키로 설정하시오.
② '시도코드' 필드는 '11-1'과 같은 형태로 숫자 3개가 반드시 포함되어 입력되도록 입력 마스크를 설정하시오.
  ▶ 숫자 입력은 0~9의 숫자만 입력할 수 있도록 설정하고 입력 시 "?"로 표시되게 설정하시오.
  ▶ '-' 문자도 테이블에 저장되도록 설정하시오.
③ '유형' 필드는 조회 속성을 목록상자로 변경하고 값 목록으로 "국가", "일반", "농공", "도시첨단"을 표시하시오.
④ '산업단지코드' 필드의 값은 반드시 입력하게 하고 고유한 인덱스를 설정하시오.
⑤ '지정면적'이 '분양면적'보다 높은 값이 입력되도록 유효성 검사 규칙을 설정하시오. 만약 유효하지 않은 경우 "지정면적 값이 더 높아야 합니다."라는 메시지가 뜨게 하시오.

**02** 외부 데이터 가져오기 기능을 이용하여 〈시도별요약.xlsx〉에서 내용을 가져와 〈시도별통계〉 테이블을 생성하시오. (5점)

- ▶ 시도별통계 워크시트를 이용하시오.
- ▶ 첫 행에 열 머리글이 있도록 하시오.
- ▶ '분양대상면적', '분양면적', '미분양면적' 필드는 제외하고 가져오시오.
- ▶ Access에서 기본 키를 추가하시오.

**03** 〈전국산업단지〉 테이블의 '유형' 필드는 〈전체통합〉 테이블의 '단지유형' 필드를 참조하며, 테이블 간의 관계는 M:1이다. 두 테이블에 대해 다음과 같이 관계를 설정하시오. (5점)

⚠ 액세스 파일에 이미 설정되어 있는 관계는 수정하지 말 것
- ▶ 테이블 간에 항상 참조 무결성이 유지되도록 설정하시오.
- ▶ 참조 필드의 값이 변경되면 관련 필드의 값도 변경되도록 설정하시오.
- ▶ 다른 테이블에서 참조하고 있는 레코드는 삭제할 수 없도록 설정하시오.

## 문제 ❷  입력 및 수정 기능 구현         20점

**01** 〈전국산업단지〉 폼을 다음의 화면과 지시사항에 따라 완성하시오. (각 3점)

① 폼의 본문 영역에 〈산업단지현황〉 폼을 하위 폼으로 설정하고, 연결 필드는 적절하게 설정하시오.
② 폼의 '레코드 선택기'와 '탐색 단추', '구분선'이 표시되도록 관련 속성을 설정하시오.
③ 하위 폼의 [txt시도코드]와 [txt시도명] 컨트롤은 포커스 이동은 가능하지만 데이터는 변경하지 못하도록 속성을 설정하시오.

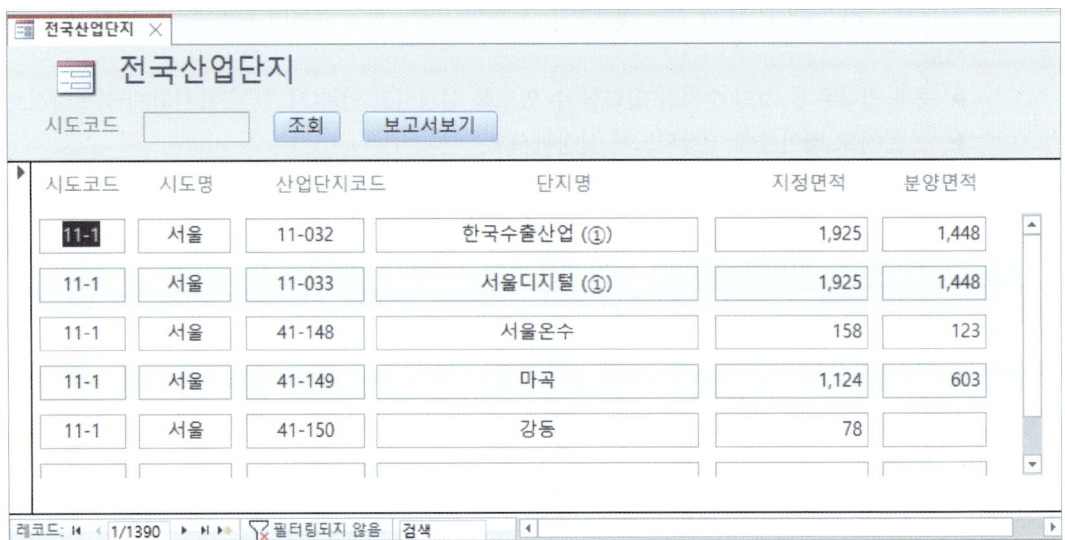

**02** 〈전국산업단지〉 폼의 하위 폼 본문 영역에서 [txt분양] 컨트롤에는 [txt산업단지코드]에 해당하는 분양면적을 찾고, 분양면적이 있으면 표시하고 없으면 빈칸으로 표시되도록 설정하시오. (6점)

▶ DLookup, Iif 함수를 사용하시오.
▶ '문제 ❷ 입력 및 수정 기능 구현' 01번 문제의 〈그림〉을 참조하시오.

**03** 〈전국산업단지〉 폼의 [보고서보기(cmd인쇄)] 단추를 클릭하면 〈전국산업단지〉 보고서를 '인쇄 미리 보기' 형식으로 여는 〈보고서보기〉 매크로를 생성하여 지정하시오. (5점)

▶ [txt조회] 컨트롤과 일치하는 시도코드 정보만 표시하시오.
▶ 보고서가 인쇄 미리 보기 형태로 실행되면 폼은 종료하고 자동으로 저장되게 설정하시오.

## 문제 ❸ 조회 및 출력 기능 구현    20점

**01** 다음의 지시사항 및 그림을 참조하여 〈전국산업단지〉 보고서를 완성하시오. (각 3점)

① '시도코드'별로 오름차순으로 그룹화하고 동일한 '시도코드' 필드 내에서는 '유형' 필드를 기준으로 오름차순 정렬을 추가한 다음 '조성상태' 필드를 기준으로 내림차순으로 정렬을 추가하시오.

② 시도코드 머리글 영역의 [txt시도코드] 컨트롤에는 '시도코드'와 '시도명' 필드를 이용해서 [표시 예]와 같이 표시되도록 '컨트롤 원본' 속성을 설정하시오.

  ▶ [표시 예 : 시도코드가 "11-1", 시도명이 "서울" → 11-1 서울]

③ 시도코드 머리글 영역에서 머리글 내용이 페이지마다 반복적으로 표시되도록 설정하시오.

④ 시도코드 바닥글의 [txt지정면적합계], [txt분양면적합계], [txt관리면적합계] 컨트롤에는 각각 [지정면적], [분양면적], [관리면적]의 합계를 컨트롤 원본과 형식을 이용하여 [표시 예]와 같이 표시하시오.

  ▶ [표시 예 : 35160 → 35,160], 단 0인 경우 0표시

  ▶ Sum 함수를 사용하시오.

⑤ 본문 영역의 [txt순번] 컨트롤에는 그룹별로 일련번호가 표시되게 설정하시오.

### 전국산업단지

| 유형 | 시도명 | 유형 | 조성상태 | 지정면적 | 분양면적 | 관리면적 |
|---|---|---|---|---|---|---|
| 11-1 국가 | | | | | | |
| 1 | 서울 | 국가 | 완료 | 1,925 | 1,448 | 1,925 |
| 2 | | | | 1,925 | 1,448 | 1,925 |
| 3 | | 일반 | 조성중 | 1,124 | 603 | 1,124 |
| 4 | | | 완료 | 158 | 123 | 158 |
| 5 | | | 미개발 | 78 | | 78 |
| | | | 합계 | 5,210 | 3,622 | 5,210 |

1-40

**02** 〈전국산업단지〉의 하위 폼의 [시도코드(txt시도코드)] 단추를 더블클릭(On Dbl Click)하면 메시지박스가 실행되는 이벤트 프로시저를 구현하시오. (5점)

▶ '시도코드'의 끝 문자가 "1"이면 "특별시", "2"이면 "광역시", "3"이면 "도", "4"이면 "특별자치시", "5"이면 "특별자치도"를 '시도명' 필드 뒤에 표시되도록 설정하시오.

▶ 폼의 Select Case, Right 함수를 사용하시오.

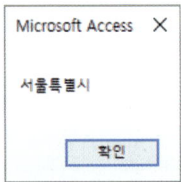

## 문제 ❹ 처리 기능 구현 35점

**01** 〈전국산업단지〉 테이블을 이용하여 분양률이 100이면 "분양성공", 분양률이 70 이상 100 미만이면 분양률에 "%분양 상태", 분양률이 10 이상이면 "분양미흡", 분양률이 0이면 "미분양"으로 '비고 필드'를 변경하는 〈분양률변경〉 업데이트 쿼리를 작성한 후 실행하시오. (7점)

▶ Switch 함수를 사용하시오.

| 분양률 | 입주업체 | 가동업체 | 고용현황(남) | 고용현황(여) | 계 | 누계생산(백만원) | 누계수출(천달러) | 비고 |
|---|---|---|---|---|---|---|---|---|
| 100 | 14122 | 12871 | 99275 | 41958 | 141233 | 13784706 | 3205413 | 분양성공 |
| 100 | 14122 | 12871 | 99275 | 41958 | 141233 | 13784706 | 3205413 | 분양성공 |
| 100 | 197 | 197 | 1143 | 370 | 1513 | 120000 | 8000 | 분양성공 |
| 83 | 200 | 131 | 25872 | 13001 | 38873 | 0 | 0 | 83%분양 상태 |
| 0 | 0 | 0 | 0 | 0 | 0 | 0 | 0 | 미분양 |
| 95 | 275 | 185 | 3554 | 980 | 4534 | 6569865 | 4383260 | 95%분양 상태 |
| 100 | 7973 | 7664 | 60430 | 23615 | 84045 | 32748390 | 3985214 | 분양성공 |
| 100 | 3162 | 3147 | 16331 | 7707 | 24038 | 7303974 | 1870446 | 분양성공 |
| 100 | 1822 | 1811 | 6881 | 3749 | 10630 | 3379732 | 567459 | 분양성공 |
| 100 | 1340 | 1336 | 9450 | 3958 | 13408 | 3924242 | 1302987 | 분양성공 |
| 100 | 2194 | 1547 | 12258 | 6354 | 18612 | 6979974 | 2975156 | 분양성공 |
| 100 | 2194 | 1547 | 12258 | 6354 | 18612 | 6979974 | 2975156 | 분양성공 |
| 100 | 0 | 0 | 0 | 0 | 0 | 0 | 0 | 분양성공 |
| 77 | 90 | 39 | 953 | 151 | 1104 | 127764 | 11845 | 77%분양 상태 |
| 77 | 90 | 39 | 953 | 151 | 1104 | 127764 | 11845 | 77%분양 상태 |
| 66 | 33 | 0 | 0 | 0 | 0 | 0 | 0 | 분양미흡 |
| 100 | 1621 | 1611 | 30335 | 9160 | 39495 | 12350217 | 2832657 | 분양성공 |

▲ 업데이트된 〈전국산업단지〉 테이블

**02** 유형별, 시도코드별, 고용현황의 평균을 조회하는 〈총생산량조회〉 크로스탭 쿼리를 작성하시오. (7점)

- ▶ 〈전국산업단지〉 테이블을 이용하시오.
- ▶ 값 영역에는 '고용현황(남)' 필드와 '고용현황(여)' 필드의 합계의 평균을 계산하시오.
- ▶ 열 머리글은 '시도코드' 필드를 이용하시오.
- ▶ 행 머리글은 각각 '유형', '지정면적', '누계생산(백만원)' 필드를 이용하시오.
- ▶ Avg 함수를 사용하시오.
- ▶ 쿼리 실행 결과 표시되는 필드와 필드명은 〈그림〉과 같이 표시되도록 설정하시오.

| 유형명 | 지정면적합계(m²) | 누계생산합계 | 11-1 | 11-2 | 11-3 | 11-4 | 11-5 |
|---|---|---|---|---|---|---|---|
| 국가 | 890,119m² | 770,094,620(백만원) | 141,233 | 21,356 | 15,547 | 679 | 2,748 |
| 농공 | 78,056m² | 55,909,565(백만원) | | 821 | 304 | 429 | 283 |
| 도시첨단 | 141,519m² | 43,711,659(백만원) | | 556 | 6,237 | 334 | 468 |
| 일반 | 721,853m² | 530,200,582(백만원) | 13,462 | 3,534 | 1,231 | 571 | 2,046 |

**03** 유형이 농공이 아닌 값 중 '지정면적'이 상위 1%에 해당하는 값을 조회하는 〈농공아닌유형조회〉 쿼리를 작성하시오. (7점)

- ▶ 〈전국산업단지〉 테이블을 이용하시오.
- ▶ '지정면적' 필드를 기준으로 내림차순 정렬하시오.
- ▶ '고용현황(남)' 필드와 '고용현황(여)' 필드의 형식은 표준, 소수 자릿수는 0으로 설정하시오.
- ▶ 쿼리 실행 결과 표시되는 필드와 필드명은 〈그림〉과 같이 표시되도록 설정하시오.

| 유형 | 시도 | 단지명 | 고용현황(남) | 고용현황(여) |
|---|---|---|---|---|
| 국가 | 경기 | 반월특수지역 (① + ② + ③) | 201960 | 52682 |
| 도시첨단 | 경기 | 시화 (①) | 102375 | 27326 |
| 일반 | 전남 | 광양국가 | 13341 | 778 |
| 국가 | 전북 | 군산2(구 군장지구) (① + ②) | 6555 | 1228 |
| 국가 | 전남 | 여수 | 23178 | 1900 |
| 국가 | 전북 | 군산2국가산업단지(구 군장) ① | 4925 | 853 |
| 국가 | 대전 | 대덕연구개발특구 | 30335 | 9160 |
| 국가 | 울산 | 울산·미포 | 90695 | 6722 |
| 국가 | 경남 | 창원[재생사업지구:부분] | 101245 | 17329 |
| 국가 | 경북 | 포항국가 | 11699 | 479 |

**04** 〈전국산업단지〉 테이블을 이용하여 규모 필드는 유형필드의 개수를 50으로 나눈 값의 몫만큼 "■"로 표시하여 새 테이블로 생성하는 〈유형별분포현황〉 쿼리를 작성하고 실행하시오. (7점)

▶ 쿼리 실행 후 생성되는 테이블의 이름은 '유형별분포'로 설정하시오.
▶ String, Count 함수를 사용하시오.
▶ 쿼리 실행 결과 생성되는 테이블의 필드는 〈그림〉을 참고하여 수험자가 판단하여 설정하시오.

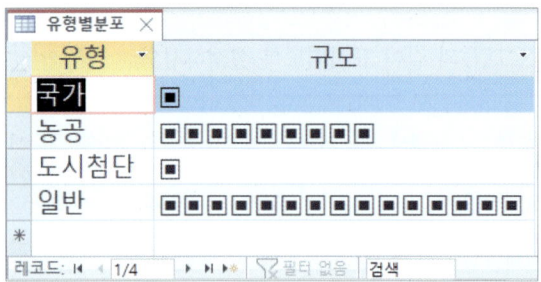

**05** 〈전국산업단지〉 테이블을 이용하여 광역시별 분양면적/지정면적의 평균과 누계생산(백만원)의 처음값을 조회하는 〈광역시별통계〉 쿼리를 작성하시오. (7점)

▶ 광역시는 '시도명' 필드를 이용하시오(대구, 대전, 울산, 인천 값만 조회).
▶ 산업단지코드의 첫 글자를 1, 2, 3으로 시작하시오.
▶ 면적비율은 '분양면적/지정면적'의 평균으로 계산하시오.
▶ Left, Avg, In 함수와 & 연산자를 사용하시오.
▶ 쿼리 실행 결과 생성되는 필드와 필드명은 〈그림〉과 같이 표시되도록 설정하시오.

| 광역시 | 면적비율 | 누계생산 |
|---|---|---|
| 대구광역시 | 63.0% | 6,570 |
| 대전광역시 | 41.2% | 12,350 |
| 울산광역시 | 71.0% | 148,607 |
| 인천광역시 | 68.7% | 32,748 |

# 기출 유형 문제 02회  해설

## 문제 ❶ DB 구축  1. 테이블 필드 설정 및 유효성 검사 지정

**정답**

- 〈전국산업단지〉 테이블
  ① 필드 이름 변경

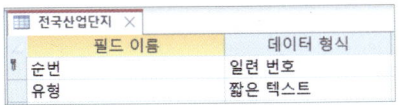

  ② '시도코드' 필드의 '입력 마스크' : 00-0;0;?
  ③ '유형' 필드의 [조회] 속성

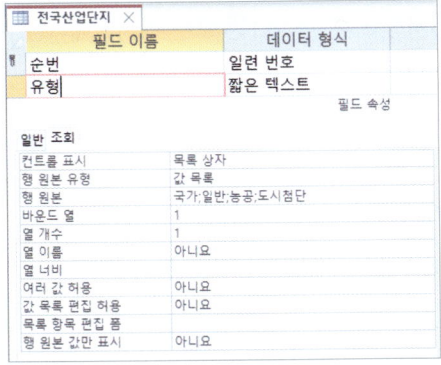

  ④ '산업단지코드' 필드의 '필수' : 예, '인덱스' : 예(중복 불가능)
  ⑤ [속성 시트]

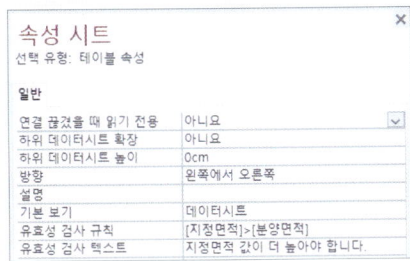

---

① 〈전국산업단지〉 테이블의 '유형' 필드 위에서 마우스 오른쪽 버튼을 눌러 [행 삽입]을 클릭한 후, '필드 이름'에 **순번**을 입력하고 '데이터 형식'을 **일련 번호**로 지정한다. [순번] 필드 위에서 마우스 오른쪽 버튼을 눌러 [기본 키]를 클릭한다.

② '시도코드' 필드를 선택한 후, [속성 시트]의 [일반] 탭에서 '입력 마스크'에 **00-0;0;?**을 입력한다.

| 일반 조회 | |
|---|---|
| 필드 크기 | 255 |
| 형식 | @ |
| 입력 마스크 | 00-0;0;? |

③ '유형' 필드를 선택한 후, [속성 시트]의 [조회] 탭에서 '컨트롤 표시'를 **목록 상자**로, '행 원본 유형'을 **값 목록**으로 변경하고, '행 원본'에 **국가;일반;농공;도시첨단**을 입력한다.

④ '산업단지코드' 필드를 선택한 후, [속성 시트]의 [일반] 탭에서 '필수'를 **예**, '인덱스'를 **예(중복 불가능)**로 설정한다.

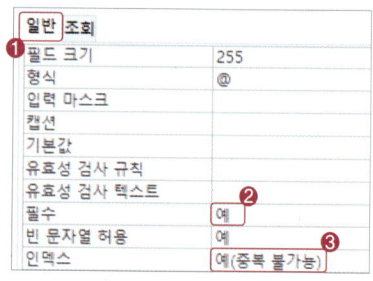

⑤ [속성 시트]의 '유효성 검사 규칙'에 **[지정면적]>[분양면적]**을 입력하고, '유효성 검사 텍스트'에는 **지정면적 값이 더 높아야 합니다.**를 입력한다. 〈전국산업단지〉 테이블을 저장할 때 나타나는 모든 메시지에서는 [예]를 클릭한다.

## 문제 ❶ DB 구축 | 2. 외부 Excel 데이터 가져오기 및 테이블 생성

| 정답 |

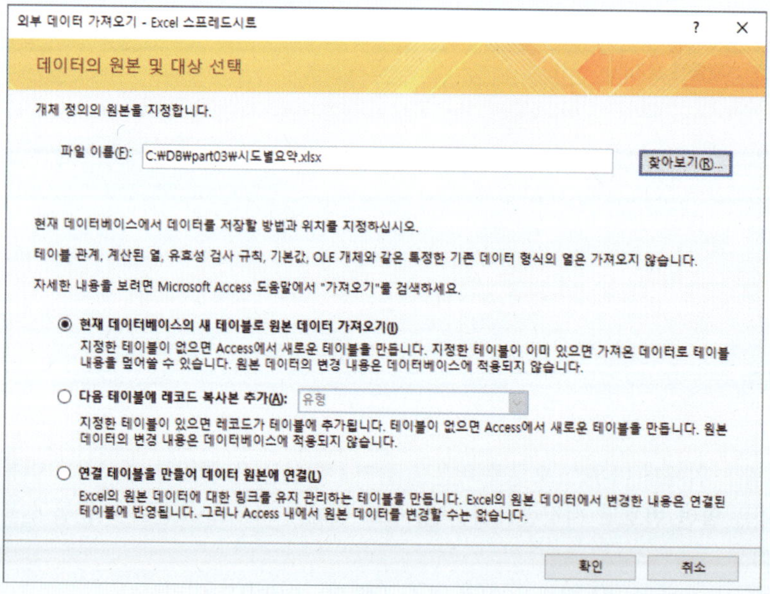

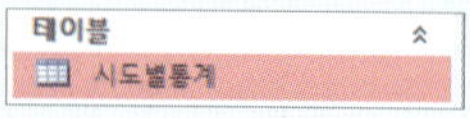

① [외부 데이터] 탭 - [가져오기 및 연결]의 [새 데이터 원본] - [파일에서]에서 [Excel(X)]을 선택하고 경로를 지정한다.

② **시도별요약**.xlsx에서 '시도별통계' 시트의 내용을 가져 온다.
③ **첫 행에 열 머리글 있음**에 체크한다.
④ '분양대상면적', '분양면적', '미분양면적' 필드는 **필드 포함 안 함**으로 설정한다.
⑤ **Access에서 기본 키 추가**를 선택한다.
⑥ 생성될 테이블의 '이름'에 **시도별통계**를 입력한다.
⑦ 마지막 단계에서 가져오기 단계는 저장하지 않는다. [닫기]를 클릭하면 '모든 Access 개체'에 〈시도별통계〉 테이블이 추가된다.

---

### 문제 ❶ DB 구축    3. 테이블 간 관계 설정 및 참조 무결성 유지

|정답|

• 〈전국산업단지〉, 〈전체통합〉 관계 편집

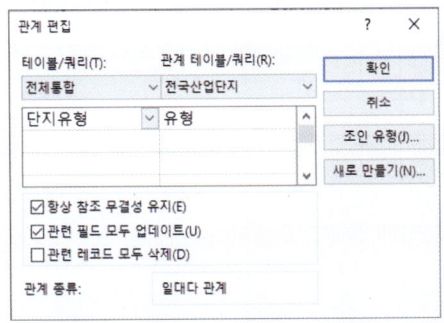

• 〈전국산업단지〉, 〈전체통합〉 관계도

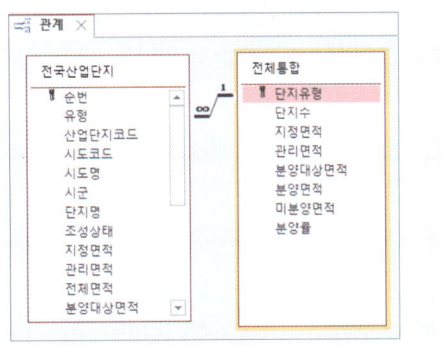

① [데이터베이스 도구] 탭의 [관계]를 클릭한 후, '관계' 창의 빈 화면에서 마우스 오른쪽 버튼을 눌러 [테이블 표시]를 클릭한다.
② [테이블 추가]의 [테이블] 탭에서 〈전국산업단지〉, 〈전체통합〉 테이블을 각각 더블클릭하여 추가한다.
③ 〈전국산업단지〉 테이블의 '유형' 필드를 선택하여 〈전체통합〉 테이블의 '단지유형' 필드로 드래그한 후, [관계 편집]에서 **항상 참조 무결성 유지**와 **관련 필드 모두 업데이트**에 체크한 뒤 [만들기]를 클릭한다.
④ [관계 디자인] 창을 닫고 저장 대화상자에서 [예]를 클릭하여 저장한다.

## 문제 ❷ 입력 및 수정 기능 구현   1. 하위 폼 연결 및 폼 속성 설정

|정답|

① ②

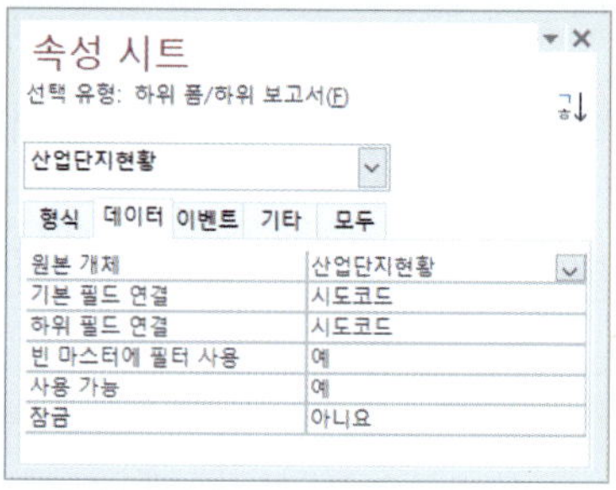

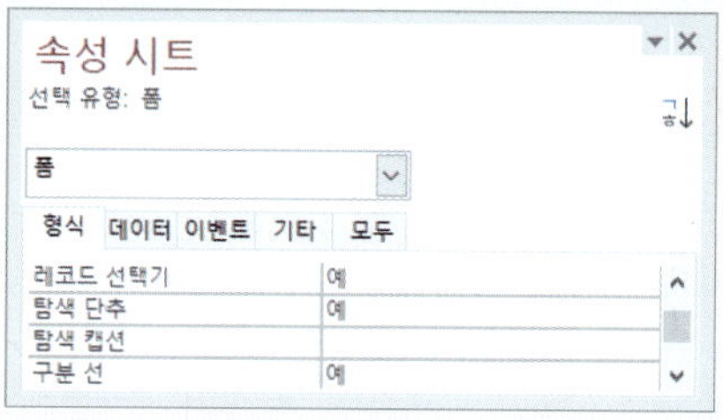

③

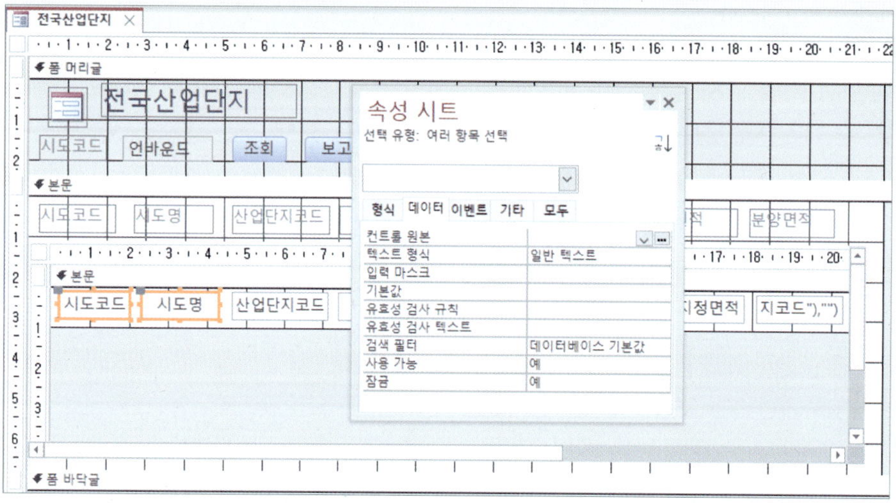

① 〈전국산업단지〉 폼에서 마우스 오른쪽 버튼을 눌러 [디자인 보기]를 클릭한 다음 [하위 폼]의 테두리를 선택한 후, [속성 시트]의 [데이터] 탭 중 '원본 개체'에서 **폼. 산업단지현황**을 선택하고, '기본 필드 연결'의 [확장(⋯)]을 클릭하여 [하위 폼 필드 연결기]에서 '기본 필드'와 '하위 필드'를 모두 **시도코드**로 선택한다.

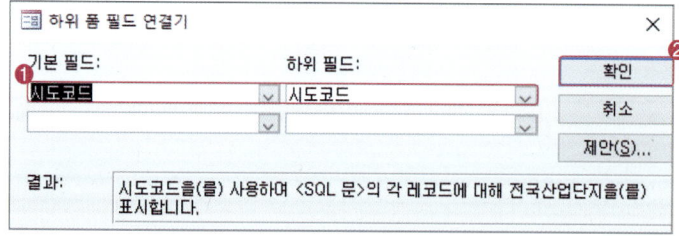

② 〈전국산업단지〉 폼의 속성을 클릭하고, [속성 시트]의 [형식] 탭에서 '레코드 선택기', '탐색 단추', '구분 선'을 모두 **예**로 설정한다.

③ Shift 를 눌러서 [txt시도코드]와 [txt시도명] 컨트롤을 함께 선택한 후, [속성 시트]의 [데이터] 탭에서 '잠금'을 **예**로 설정하고, [기타] 탭의 '탭 정지'가 '아니오'로 되어 있으면 **예**로 변경한다.

## 문제 ❷ 입력 및 수정 기능 구현 — 2. DLookUp 함수로 분양면적 자동 표시 설정

|정답|

**속성 시트**
선택 유형: 텍스트 상자(T)

txt분양

형식 | 데이터 | 이벤트 | 기타 | 모두

| 컨트롤 원본 | =IIf(DLookUp("분양면적","전국산업단지","산업단... |
| 텍스트 형식 | 일반 텍스트 |
| 입력 마스크 | |
| 기본값 | |
| 유효성 검사 규칙 | |
| 유효성 검사 텍스트 | |

**확대/축소**

```
=IIf(DLookUp("분양면적","전국산업단지","산업단지코드=txt산업단지코드")<>"",DLookUp("분양면적","전국산업단지","산업단지코드=txt산업단지코드"),"")
```

① 〈전국산업단지〉 폼에서 마우스 오른쪽 버튼을 눌러 [디자인 보기]를 클릭한 다음 [txt분양] 컨트롤을 선택한다.

② [속성 시트]의 [데이터] 탭에서 '컨트롤 원본'에 =IIf(DLookUp("분양면적","전국산업단지","산업단지코드=txt산업단지코드")<>"",DLookUp("분양면적","전국산업단지","산업단지코드=txt산업단지코드"),"")를 입력한다.

### 💬 함수 설명

**DLOOKUP("필드명", "테이블", "조건식")**
- 필드명 : 분양면적을 찾아야 하므로 "분양면적"
- 테이블 : 분양면적과 산업단지코드가 동시에 존재하는 테이블을 입력해야 하며, 하위쿼리 원본 테이블인 〈전국산업단지〉 테이블에는 '분양면적'과 '산업단지코드' 필드가 동시에 존재함
- 조건식 : '필드명=컨트롤명' 형식으로 작성하며, txt산업단지코드 컨트롤에 바운드된 필드인 산업단지코드를 이용해 조건식 작성

## 문제 ❷ 입력 및 수정 기능 구현    3. 매크로 보고서 인쇄 기능 구현

|정답|

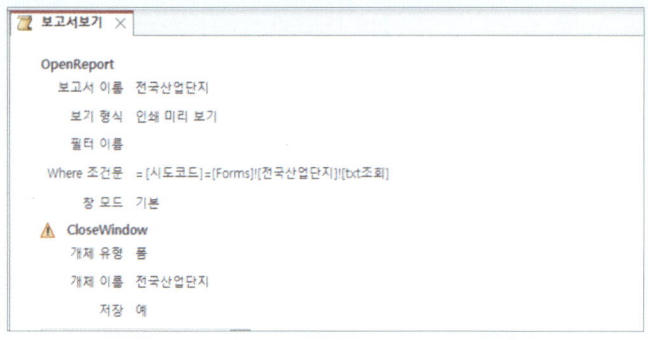

① [만들기] 탭의 [매크로 및 코드]에서 [매크로(🔲)]를 클릭한 후 함수 OpenReport를 설정한다.
② '보고서 이름'에서 **전국산업단지**를 선택하고, '보기 형식'은 **인쇄 미리 보기**로 설정한다. 'Where 조건문'에는 [시도코드]=[Forms]![전국산업단지]![txt조회]를 입력한다.
③ [새 함수 추가]로 CloseWindow를 선택한다.
④ '개체 유형'은 **폼**, '개체 이름'은 **전국산업단지**, '저장'은 **예**로 설정한다. 매크로를 **보고서보기**라는 이름으로 저장한 후 닫는다.
⑤ 〈전국산업단지〉 폼의 [디자인 보기(🔲)] 상태에서 [cmd인쇄] 컨트롤을 선택하고, [속성 시트(🔲)]의 [이벤트] 탭 중 'On Click' 항목에서 매크로 목록 중 **보고서보기**를 선택한다.

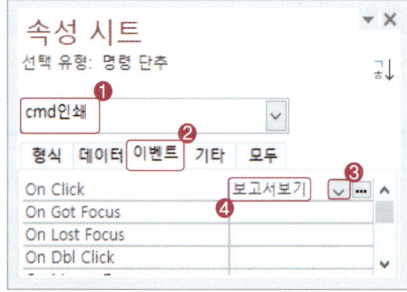

> 📌 **기적의 TIP**
> • 매크로의 조건문(Where문)을 작성할 때 폼의 경로는 [Forms]![폼이름]![컨트롤이름] 형식으로 작성한다.
> • Forms! 형식으로 작성하는 이유는 매크로와 폼은 서로 다른 개체이므로 개체유형을 입력해야 한다.

## 문제 ❸ 조회 및 출력 기능 구현 — 1. 보고서 그룹화 및 요약 정보 출력 설정

**정답**

① 그룹, 정렬 및 요약
- 그룹화 기준 시도코드 ▼ 내림차순 ▼ , 자세히 ▶
  - 정렬 기준 유형
    - 정렬 기준 조성상태
      - 그룹 추가  정렬 추가

② 속성 시트 — 선택 유형: 텍스트 상자 — txt시도코드
- 컨트롤 원본: =[시도코드] & " " & [시도명]
- 텍스트 형식: 일반 텍스트
- 누적 합계: 아니요
- 입력 마스크:
- 사용 가능: 예

③ 속성 시트 — 선택 유형: 구역 — 그룹_머리글0
- 표시: 예
- 높이: 0.707cm
- 배경색: 배경 1
- 다른 배경색: 배경 1, 보다 어둡게 5%
- 특수 효과: 기본
- 자동 높이: 아니요
- 확장 가능: 아니요
- 축소 가능: 아니요
- 표시 시기: 항상
- 같은 페이지에: 예
- 반복 실행 구역: 예
- 페이지 바꿈: 구역 전
- 행 또는 열 바꿈: 없음

④-1 속성 시트 — 텍스트 상자 — txt지정면적합계
- 컨트롤 원본: =Sum([지정면적])

④-2 속성 시트 — 텍스트 상자 — txt지정면적합계
- 형식: #,##0

④-3 속성 시트 — 텍스트 상자 — txt분양면적합계
- 컨트롤 원본: =Sum([분양면적])
- 텍스트 형식: 일반 텍스트
- 누적 합계: 아니요
- 입력 마스크:
- 사용 가능: 예

④-4 속성 시트 — 텍스트 상자 — txt분양면적합계
- 형식: #,##0

④-5 속성 시트 — 텍스트 상자 — txt관리면적합계
- 컨트롤 원본: =Sum([관리면적])

④-6 속성 시트 — 텍스트 상자 — txt관리면적합계
- 형식: #,##0

⑤ 속성 시트 — 텍스트 상자 — txt순번
- 컨트롤 원본: =1
- 텍스트 형식: 일반 텍스트
- 누적 합계: 그룹
- 입력 마스크:
- 사용 가능: 예

---

① **보고서 그룹화 및 정렬 설정**

- 〈전국산업단지〉 보고서에서 마우스 오른쪽 버튼을 눌러 [디자인 보기]를 클릭한다.
- [보고서 디자인] 탭에서 [그룹화 및 요약]의 [그룹화 및 정렬]을 클릭한다.
- '그룹화 기준'은 **시도코드**, '정렬 방식'은 **내림차순**으로 설정한 다음, [정렬 추가]를 클릭한다.
- '정렬 기준'은 **유형**을 선택하고, [정렬 추가]를 클릭한 다음, '정렬 기준'은 **조성상태**를 선택한다.

② 시도코드+시도명 텍스트 병합 설정
- [txt시도코드] 컨트롤을 선택하고, [속성 시트]의 [데이터] 탭에서 '컨트롤 원본'에 =[시도코드] & " " & [시도명]을 입력한다.

③ 그룹_머리글 반복 실행 구역 설정
- [시도코드 머리글] 구역이 [속성 시트]에서는 [그룹_머리글0]으로 표시된다.
- [그룹_머리글0] 구역을 선택한 후, [속성 시트]의 [형식] 탭에서 '반복 실행 구역'을 **예**로 설정한다.

④ 지정/분양/관리면적 합계 및 서식 설정
- [txt지정면적합계] 컨트롤을 선택하고, [속성 시트]의 [데이터] 탭에서 '컨트롤 원본'에 =Sum([지정면적])을 입력한다.
- 같은 방식으로 [txt분양면적합계], [txt관리면적합계] 컨트롤에도 각각 =Sum([분양면적]), =Sum([관리면적])을 입력한다.
- 이 세 컨트롤을 Shift 키를 이용해 함께 선택한 후, [형식] 탭에서 '형식'을 #,##0으로 설정한다.

⑤ 순번 필드 누적 합계 설정
- [txt순번] 컨트롤을 선택하고, [속성 시트]의 [데이터] 탭에서 '컨트롤 원본'에는 =1을 입력한다.
- '누적 합계'는 **그룹**으로 선택한다.

---

### 문제 ❸ 조회 및 출력 기능 구현 | 2. 폼 더블 클릭 이벤트로 코드 실행 연결

|정답|

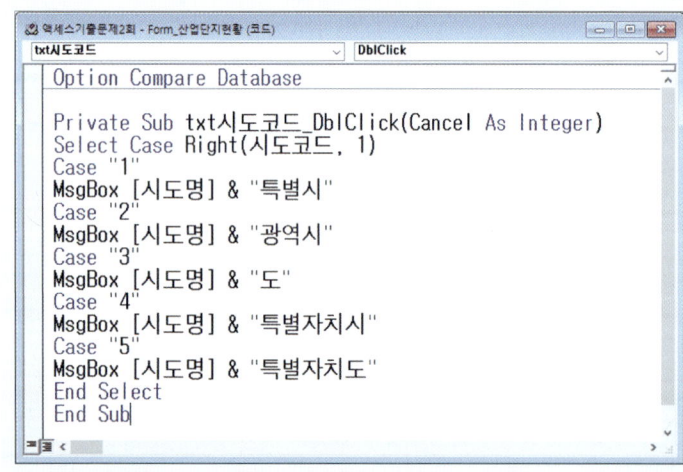

① 〈산업단지현황〉 폼의 [디자인 보기] 모드에서 [txt시도코드] 버튼을 선택한다.
② [속성 시트]의 [이벤트] 탭에서 'On Dbl Click' 항목의 [이벤트 프로시저] 옆 [식 작성기(⋯)]를 클릭한다.

③ VBE 창에 아래의 코드를 입력한다.

| 코드 |

```
Select Case Right(시도코드, 1)
Case "1"
    MsgBox [시도명] & "특별시"
Case "2"
    MsgBox [시도명] & "광역시"
Case "3"
    MsgBox [시도명] & "도"
Case "4"
    MsgBox [시도명] & "특별자치시"
Case "5"
    MsgBox [시도명] & "특별자치도"
End Select
```

💬 코드 설명

- Right(시도코드, 1)
  → 시도코드라는 값의 오른쪽 끝 한 글자를 가져온다.
- Select Case 문
  → 가져온 끝자리 값에 따라 분기 처리를 한다.
  → 각각의 Case는 조건에 맞으면 실행되는 블록이다.
- Case별 동작
  → 끝자리의 숫자 1~5에 따라 지명에 행정구역을 붙여서 메시지 박스로 표시한다.
- MsgBox
  → 해당 문자열을 팝업창으로 띄워 사용자에게 보여 준다.

---

## 문제 ④ 처리 기능 구현  1. 업데이트 쿼리로 비고 필드 일괄 수정

| 정답 |

**분양률변경**

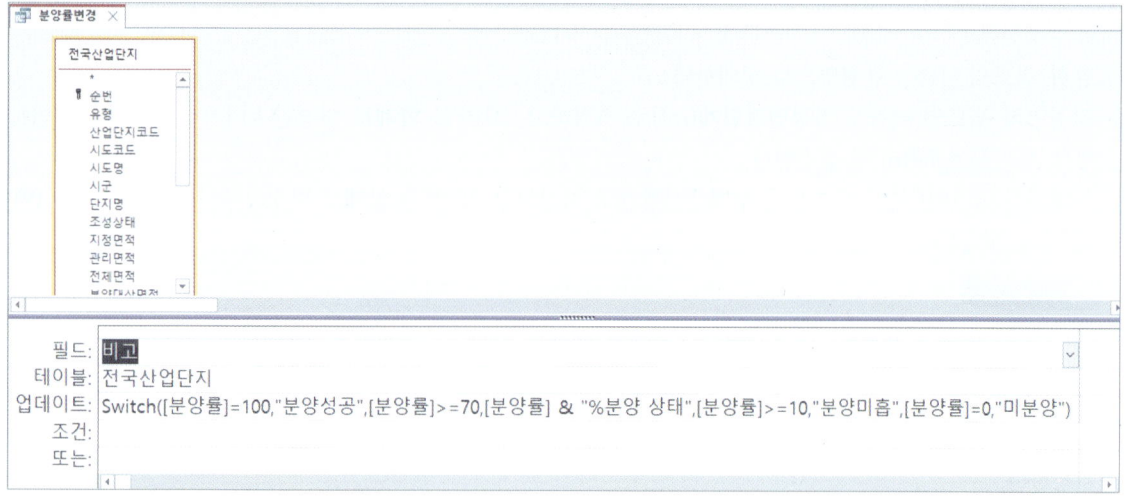

① [만들기] 탭의 [쿼리]에서 [쿼리 디자인]을 클릭하고, [쿼리 디자인] 탭에서 [쿼리 유형]의 [업데이트]를 클릭한다.
② [테이블 추가] 창에서 〈전국산업단지〉 테이블을 더블클릭하고 [닫기] 버튼을 클릭한다.
③ 디자인 눈금에 [비고] 필드를 배치하고, '업데이트'에 Switch([분양률]=100,"분양성공",[분양률]>=70,[분양률] & "%분양 상태",[분양률]>=10,"분양미흡",[분양률]=0,"미분양")을 입력한 후 실행한다.
④ 쿼리를 **분양률변경**이라는 이름으로 저장한다.

📌 기적의 TIP

비어 있는 '비고' 필드를 업데이트하는 경우, 잘못 업데이트했더라도 반복 실행해도 무방하다.

## 문제 ❹ 처리 기능 구현  2. 크로스탭 쿼리로 유형별 통계 요약

|정답|
**총생산량조회**

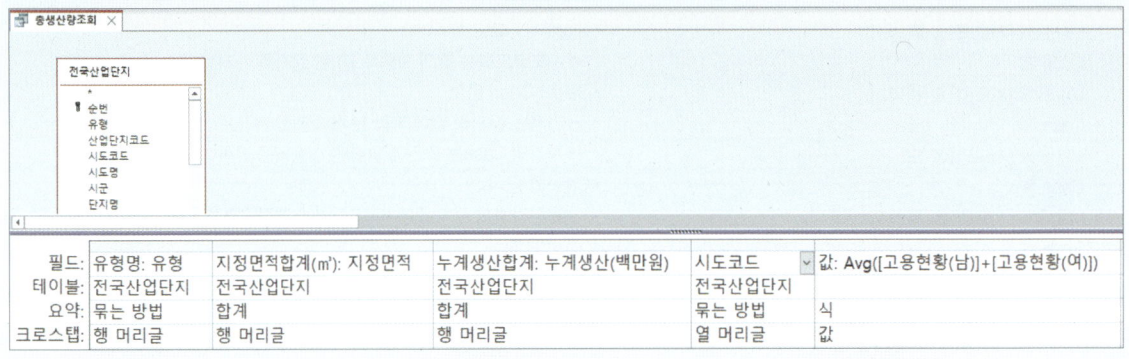

① [만들기] 탭의 [쿼리]에서 [쿼리 디자인]을 클릭하고, [테이블 추가] 창에서 〈전국산업단지〉 테이블을 더블클릭한 후 [닫기] 버튼을 클릭한다.
② [쿼리 디자인] 탭의 [쿼리 유형]에서 [크로스탭]을 클릭한다.
③ '유형', '지정면적', '누계생산(백만원)', '시도코드', '고용현황(남)' 필드를 차례로 배치한다.
④ '유형', '지정면적', '누계생산(백만원)' 필드는 '행 머리글'로, '시도코드'는 '열 머리글'로, '고용현황(남)'은 '값'으로 설정한다.
⑤ '유형' 필드의 이름을 **유형명**으로 정의한다.
⑥ '지정면적' 필드의 이름을 **지정면적합계(m²)**로 지정하고, '요약'을 **합계**로 변경한 뒤 [속성 시트]의 [일반] 탭에서 '형식'을 #,##0m²로 설정한다.
⑦ '누계생산(백만원)' 필드의 이름을 **누계생산합계**로 지정하고, '요약'을 **합계**로 변경한 뒤 [형식]은 #,##0"(백만원)"으로 설정한다.

> 🅑 기적의 TIP
>
> m² 기호는 'ㄹ' 입력 후 [한자]를 눌러 삽입할 수 있다.

⑧ 값 필드에 Avg([고용현황(남)]+[고용현황(여)])를 입력하고, '요약'을 식으로 변경한 후 [형식]을 #,##0으로 지정한다.
⑨ 쿼리를 **총생산량조회**라는 이름으로 저장한다.

## 문제 ④ 처리 기능 구현  3. 특정 유형 제외 후 고용현황 조건 설정

|정답|

농공아닌유형조회

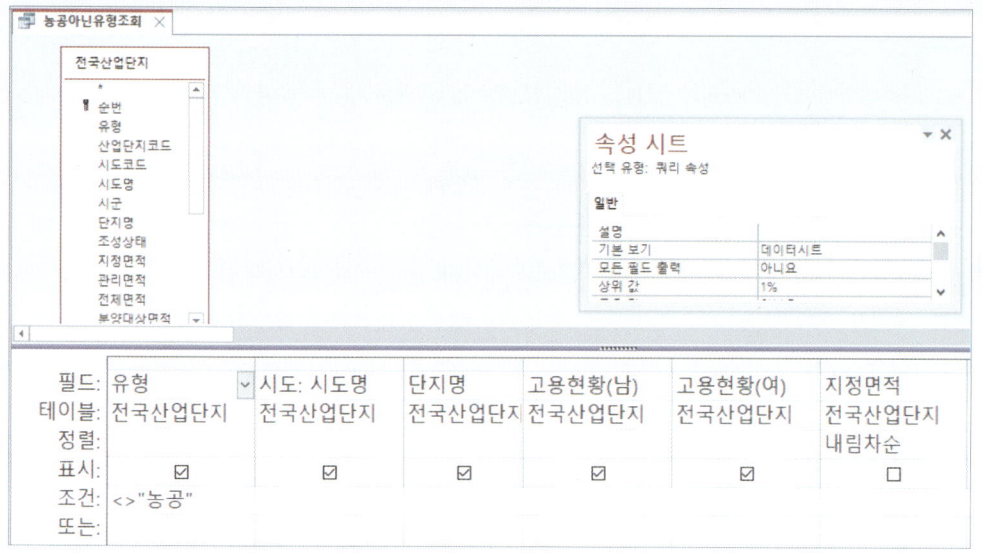

① [만들기] 탭의 [쿼리]에서 [쿼리 디자인]을 클릭하고, [테이블 추가] 창에서 〈전국산업단지〉 테이블을 더블클릭한 후 [닫기] 버튼을 클릭한다.
② '유형', '시도명', '단지명', '고용현황(남)', '고용현황(여)', '지정면적' 필드를 차례로 배치한다.
③ '유형' 필드의 '조건'에 <>"농공"을 입력한다.
④ '단지명' 필드는 오른쪽 맞춤으로 표시되므로, [속성 시트]의 [일반] 탭에서 '형식'을 @으로 설정한다.
⑤ '고용현황(남)' 필드를 선택한 후, [속성 시트]의 [일반] 탭에서 '형식'을 **표준**, '소수 자릿수'를 0으로 지정한다.
⑥ '고용현황(여)' 필드도 동일하게 '형식'을 **표준**, '소수 자릿수'를 0으로 지정한다.
⑦ 상위 값을 표시하기 위해 [지정면적] 필드의 '정렬'에서 **내림차순**을 선택하고 표시는 체크 해제한다.
⑧ 쿼리 창의 빈 곳을 선택한 후, [속성 시트]의 [일반] 탭에서 '상위 값'에 1%를 입력한다.

> **기적의 TIP**
>
> 쿼리 속성의 '상위 값 1%'
> • 쿼리 전체 결과 중 상위 1%만 표시한다.
> • 상위 값을 입력하기 전에 필드의 정렬은 내림차순으로 정렬해야 한다(하위 값은 오름차순 정렬).
> • 상위 값은 '숫자(10, 20)'로 입력하면 상위 n개 레코드, '퍼센트(1%, 10%)'로 입력하면 상위 비율만큼을 보여 준다.

⑨ 쿼리를 **농공아닌유형조회**라는 이름으로 저장한다.

문제 ④ 처리 기능 구현  4. 유형별 건수 시각화용 데이터 생성

|정답|
유형별분포현황

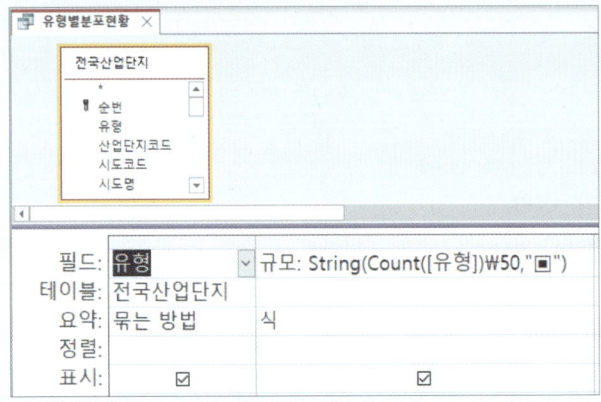

① [만들기] 탭의 [쿼리]에서 [쿼리 디자인]을 클릭하고, [테이블 추가] 창에서 〈전국산업단지〉 테이블을 더블클릭한 후 [닫기] 버튼을 클릭한다.
② [쿼리 디자인] 탭에서 [표시/숨기기]의 [요약]을 클릭한다.
③ '유형' 필드를 첫 번째와 두 번째 필드 칸에 각각 배치한다.
④ 두 번째 필드에 **규모: String(Count([유형])₩50,"■")**를 입력하고, '요약'을 **식**으로 변경한다.
⑤ [쿼리 디자인] 탭의 [쿼리 유형]에서 [테이블 만들기]를 클릭한다. 나타나는 [테이블 만들기] 대화상자의 '테이블 이름'에 유형별분포를 입력 후 [확인]을 클릭한 다음 실행한다. 새로운 〈유형별분포〉 테이블이 생성된다.

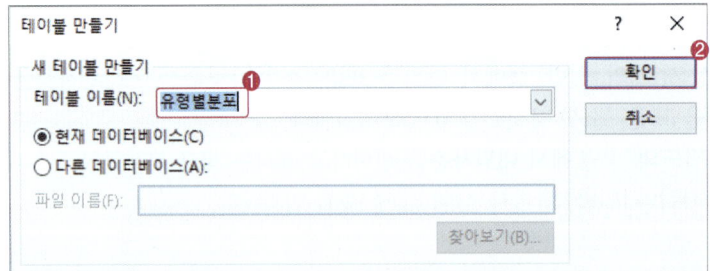

⑥ 쿼리를 **유형별분포현황**이라는 이름으로 저장한다.

🅱 기적의 TIP

**₩ 연산자(내림 또는 버림)**
- /는 몫의 자릿수에서 반올림이 되는 수를 반환한다.
- ₩는 몫의 자릿수에서 내림이 되는 수를 반환한다.
- 두 수의 몫의 결과값이 정답과 다른지를 보고 반올림된 수라면 /, 내림한 수라면 ₩로 나눈다.

**요약 옵션을 '식'으로**
- 요약 행에서 '식'을 선택하면 집계 함수나 수식을 직접 적용할 수 있다.
- '그룹화', '합계' 같은 기본 옵션과 다르다는 걸 구분해야 한다.

## 문제 ❹ 처리 기능 구현   5. 조건별 광역시 통계 요약 쿼리 작성

**|정답|**

**광역시별통계**

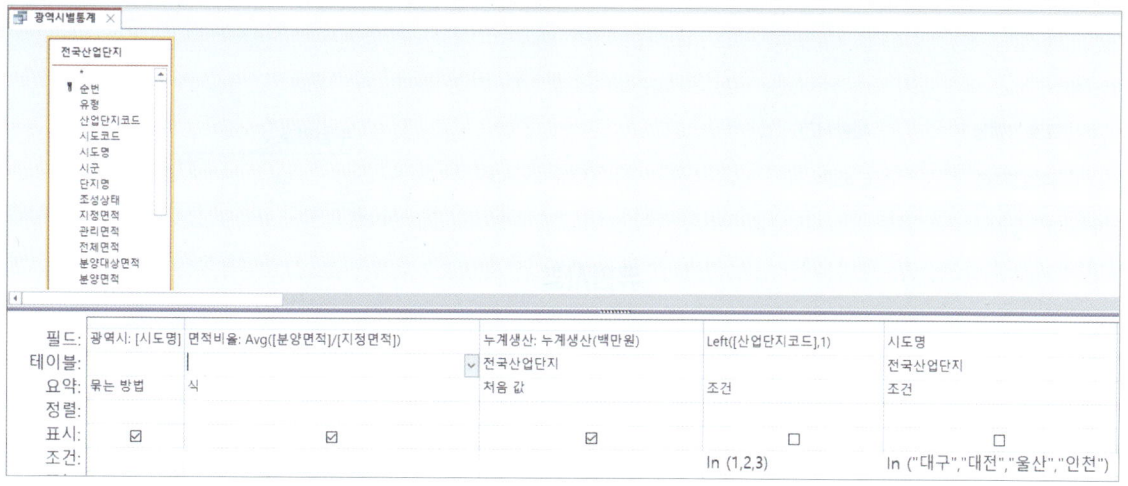

① [만들기] 탭의 [쿼리]에서 [쿼리 디자인]을 클릭하고, [테이블 추가] 창에서 〈전국산업단지〉 테이블을 더블클릭한 후 [닫기] 버튼을 클릭한다.
② [쿼리 디자인] 탭의 [쿼리 유형]에서 [요약]을 클릭한다.
③ '시도명' 필드를 첫 번째 필드에 배치하고, 두 번째 필드에 **광역시: [시도명] & "광역시"**를 입력한다.
④ 세 번째 필드에는 **면적비율: Avg([분양면적]/[지정면적])**을 입력하고, '요약'을 **식**으로, [형식]은 **0.0%**로 설정한다.
⑤ 네 번째 필드에는 **누계생산: [누계생산(백만원)]**을 배치하고, '요약'을 **처음 값**으로 설정한 후 [형식]을 **#,##0,**으로 설정한다.
⑥ 조건1을 위해 **Left([산업단지코드],1)** 필드를 추가하고 조건에 **In(1,2,3)**을 입력한 후 '요약'을 **조건**으로 설정한다. 이때, 필드 이름은 Expr1로 자동 설정된다.
⑦ 조건2를 위해 '시도명' 필드를 추가하고, '조건'에 **In("대구","대전","울산","인천")**을 입력한 후 '요약'을 **조건**으로 변경한다.
⑧ 쿼리를 **광역시별통계**라는 이름으로 저장한다.

### 기적의 TIP

**평균과 형식 지정**
- Avg([분양면적]/[지정면적])는 분양면적 ÷ 지정면적의 평균을 구하는 식이다.
- 형식을 0.0%로 지정하면 소수 첫째 자리까지 백분율로 표시된다.
- 퍼센트 형식은 단순히 숫자를 %로 바꿔주는 게 아니라, 값×100 후 표시한다는 점을 기억해야 한다.

**누계생산 필드 처리**
- '요약'을 처음 값으로 설정하면 집계에서 첫 번째 레코드의 값만 가져온다.
- 보통 합계나 평균과 혼동하기 쉬우니 주의해야 한다.
- 형식 #,##0,는 천 단위 구분 기호를 붙이고 뒤의 ,는 단위 축소(천 단위 제거)한다.
  예) 1,234,000 → 1,234

# 기출 유형 문제 03회

| 프로그램명 | 제한시간 | 수험번호 : |
|---|---|---|
| ACCESS | 45분 | 성 명 : |

## 유의사항

- 인적 사항 누락 및 잘못 작성으로 인한 불이익은 수험자 책임으로 합니다.

- 화면에 암호 입력창이 나타나면 아래의 암호를 입력하여야 합니다.
  ○ 암호 :

- 작성된 답안은 경로 및 파일명을 변경하지 마시고 그대로 저장하여야 합니다. 이를 준수하지 않으면 실격 처리됩니다.
  ○ 답안 파일명의 예 : C:\DB\수험번호 8자리.accdb

- 외부데이터 위치 : C:\DB\파일명

- 별도의 지시사항이 없는 경우, 다음과 같이 처리하면 실격 처리됩니다.
  ○ 제시된 개체의 이름을 임의로 변경한 경우
  ○ 제시된 개체의 속성을 임의로 변경한 경우
  ○ 제시된 개체를 임의로 삭제하거나 추가한 경우

- 별도의 지시사항이 없는 경우, 기능의 구현은 모듈이나 매크로 등을 이용하며, 예외적인 상황에 대해서는 고려하지 않아도 됩니다.

- 제시된 함수가 있을 경우 제시된 함수만을 사용하여야 하며, 그 외 함수를 사용 시 채점 대상에서 제외됩니다.

- 별도의 지시사항이 없는 경우, 주어진 각 개체의 속성은 설정값 또는 기본 설정값(Default)으로 처리하십시오.

- 제시된 화면은 예시이며 나타난 값은 실제와 다를 수 있습니다.

- 저장 시간은 별도로 주어지지 아니하므로 제한된 시간 내에 저장을 완료하여야 합니다.

- 출제된 문제의 용어는 MS Office Professional Plus 2021을 기준으로 작성되었습니다.

대 한 상 공 회 의 소

## 문제 ❶   DB 구축                                                             25점

**01** 세차장의 서비스 유형을 관리하기 위한 데이터베이스를 구축하고자 한다. 다음의 지시사항에 따라 각 테이블을 완성하시오. (각 3점)

■ 〈세차장운영〉 테이블

① '평일운영시작시간' 필드는 "10:00:00"와 같이 첫 번째 숫자는 빈칸도 입력할 수 있도록 하고 나머지 숫자 5자리는 반드시 입력되도록 입력 마스크를 설정하시오.
   ▶ 숫자 입력은 0~9의 숫자만 입력할 수 있도록 설정하시오.
   ▶ 자료 입력 시 화면에는 "#"을 표시하고 ":" 기호도 테이블에 함께 저장되도록 설정하시오.

② '사업장업종명' 필드에 대해 다음과 같이 조회 속성을 설정하시오.
   ▶ '사업장업종명' 테이블의 '사업장코드', '사업장업종명'이 콤보 상자의 형태로 표시되도록 설정하시오.
   ▶ 사업장업종명 순으로 오름차순 정렬되도록 설정하시오.
   ▶ 필드에는 '사업장코드'가 저장되도록 하시오.
   ▶ '사업장업종명' 필드만 표시되도록 열 너비를 설정하고 목록 너비를 5cm로 설정하시오.
   ▶ 목록 값만 입력할 수 있도록 설정하시오.

③ '휴무일' 필드는 입력하지 않아도 반드시 문자 "A"가 입력되도록 설정하시오.
④ '세차장명' 필드는 반드시 입력하게 하고 빈 문자열은 허용하지 않으며 고유한 데이터만 입력할 수 있도록 인덱스를 설정하시오.
⑤ '평일운영종료시각' 필드의 값이 '평일운영시작시간'보다 큰 값이 입력되도록 유효성 검사 규칙을 설정하고 규칙에 위배된 경우 "시간을 다시 한번 확인해주세요."가 표시되게 설정하시오.

**02** 외부 데이터 가져오기 기능을 이용하여 〈서울지역_세차장운영.xlsx〉에서 내용을 가져와 〈서울세차장〉 테이블을 생성하시오. (5점)

▶ 첫 번째 행은 열 머리글이다.
▶ 기본 키는 '일련번호' 필드로 설정하시오.
▶ '사업장업종명코드'는 제외하고 가져오시오.

**03** 〈세차장운영〉 테이블의 '사업장업종명' 필드는 〈사업장업종명〉 테이블의 '사업장코드' 필드를 참조하고 테이블 간의 관계는 M:1이다. 두 테이블에 대해 다음과 같이 관계를 설정하시오. (5점)

⚠ 액세스 파일에 이미 설정되어 있는 관계는 수정하지 말 것
▶ 테이블 간에 항상 참조 무결성이 유지되도록 설정하시오.
▶ 참조 필드의 값이 변경되면 관련 필드의 값도 변경되도록 설정하시오.
▶ 다른 테이블에서 참조하고 있는 레코드는 삭제할 수 없도록 설정하시오.

## 문제 ❷ 입력 및 수정 기능 구현   20점

**01** 〈세차유형별조회〉 폼을 다음의 화면과 지시사항에 따라 완성하시오. (각 3점)

① 폼의 하위 폼과의 필드 연결을 지정하시오.
② 하위 폼 본문 영역의 컨트롤은 배경 스타일과 테두리 스타일을 투명하게 설정하시오.
③ 하위 폼은 '평일운영시작시각' 필드를 기준으로 내림차순 정렬하고 폼이 로드될 때 정렬되도록 설정하시오.

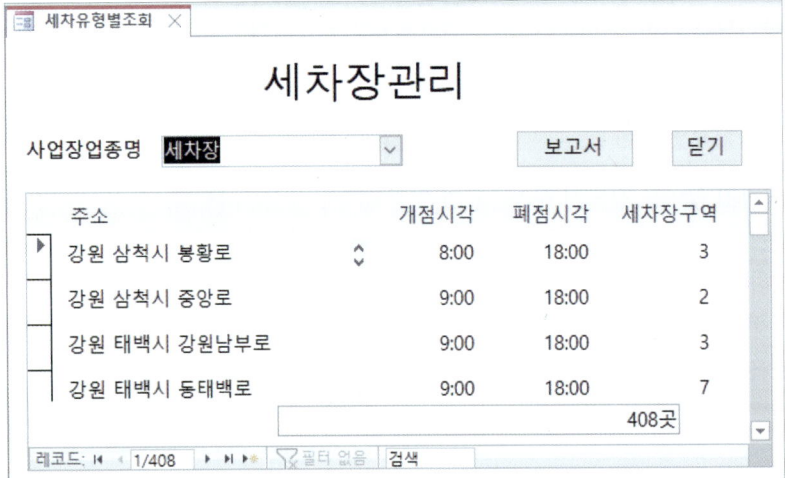

② 〈세차유형별조회〉 폼의 하위 폼 바닥글 영역에서 [txt개수] 컨트롤에는 [cmb업종명]에 해당하는 사업장업종명별 세차창명 개수가 표시되도록 설정하고, 개수가 0이면 "없음"으로 표시하시오. (6점)

▶ 〈세부세차장운영〉 쿼리와 Iif, Dcount, Column 함수를 사용하시오.
▶ '문제 ❷ 입력 및 수정 기능 구현' 01번 문제의 〈그림〉을 참조하시오.

③ 〈세차유형별조회〉 폼의 하위 폼의 'txt세차장구역'을 더블 클릭(On DblClick)하면 아래 〈그림〉과 같은 메시지박스를 표시하는 〈세차장구역표시〉 매크로를 생성하여 지정하시오. (5점)

▶ 매크로 조건 설정 시 세차장구역 값이 '3~7'이면 메시지를 표시하도록 하시오.
▶ 경고음은 '아니요'로 설정하시오.
▶ '문제 ❷ 입력 및 수정 기능 구현' 01번 문제의 〈그림〉을 참조하시오.

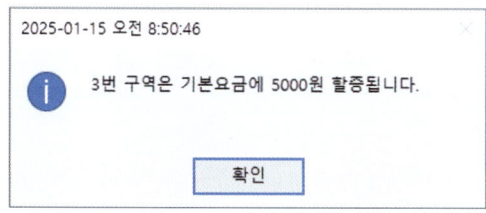

## 문제 ❸ 조회 및 출력 기능 구현 (20점)

① 다음의 지시사항 및 화면을 참조하여 〈세차장운영보고서〉 보고서를 완성하시오. (각 3점)

① 동일한 '시도명' 내에서는 '사업장업종명' 필드를 기준으로 오름차순 정렬되어 표시되도록 정렬을 추가하고 용지 방향을 가로로 설정하시오.
② 페이지 바닥글 영역의 [txt날짜] 컨트롤에는 [표시 예]와 같이 표시되도록 '형식' 속성을 설정하시오.
▶ [표시 예 : 2025-01-03 → 1월 3일 (목)]
③ 시도명 머리글 영역은 페이지마다 표시되게 설정하고 머리글 내용이 변경되기 전에 페이지가 변경될 수도 있도록 설정하시오.
④ 본문 영역의 [txt순번] 컨트롤에는 그룹별로 순번이 표시되도록 관련 속성을 설정하시오.

⑤ 본문 영역의 모든 컨트롤의 배경스타일을 '투명'으로 설정하시오.

02 〈세차유형별조회〉 폼의 [보고서(cmd보고서)] 단추를 클릭(On Click)하면 〈세차장운영보고서〉 보고서를 '인쇄 미리 보기' 형태로 열고 폼은 종료하는 이벤트 프로시저를 작성하시오. (5점)

▶ DoCmd 개체와 Close 메서드를 사용하시오.

## 문제 ❹ 처리 기능 구현　　　　　　　　　　　　　　　　　　　　　　　　　35점

**01** 〈세차장운영〉 테이블을 이용하여 수질평가점수에 따른 수질검사일 필드를 업데이트하는 〈수질검사업데이트〉 업데이트 쿼리를 작성한 후 실행하시오. (7점)

▶ '수질평가점수'가 50 이하이면 '수질검사일'로부터 3년 후 날짜, '수질평가점수'가 70 이하이면 '수질검사일'로부터 5년 후 날짜, '수질평가점수'가 90 이하이면 '수질검사일'로부터 7년 후 날짜, 그 외는 "검사완료"로 표시하시오.

▶ Switch, DateAdd 함수를 사용하시오.

▶ 쿼리 실행 결과 표시되는 필드와 테이블은 〈그림〉과 같이 표시되도록 설정하시오.

| 평일운영시작시각 | 평일운영종료시각 | 휴일운영시작시각 | 휴일운영종료시각 | 수질허가번호 | 수질평가 | 수질검사일 |
|---|---|---|---|---|---|---|
| 오전 9:00:00 | 오후 6:00:00 | 오전 9:00:00 | 오후 6:00:00 | 202201208 | 85 | 2022-01-20 |
| 오전 9:00:00 | 오후 6:00:00 | 오전 9:00:00 | 오후 6:00:00 | 202201102 | 25 | 2022-01-10 |
| 오전 9:00:00 | 오후 6:00:00 | 오전 9:00:00 | 오후 6:00:00 | 202201110 | 25 | 2022-01-11 |
| 오전 8:00:00 | 오후 6:00:00 | 오전 8:00:00 | 오후 6:00:00 | 202201011 | 70 | 2022-01-01 |
| 오전 9:00:00 | 오후 6:00:00 | 오전 9:00:00 | 오후 6:00:00 | 202201210 | 55 | 2022-01-20 |
| 오전 8:00:00 | 오후 6:00:00 | 오전 8:00:00 | 오후 6:00:00 | 202201202 | 78 | 2022-01-20 |
| 오전 9:00:00 | 오후 6:00:00 | 오전 9:00:00 | 오후 6:00:00 | 202201111 | 25 | 2022-01-11 |

▲ 수질검사일 필드를 업데이트하기 전

| 평일운영종료시각 | 휴일운영시작시각 | 휴일운영종료시각 | 수질허가번호 | 수질평가 | 수질검사일 |
|---|---|---|---|---|---|
| 오후 6:00:00 | 오전 8:00:00 | 오후 6:00:00 | 202201212 | 90 | 2029-01-01 |
| 오후 6:00:00 | 오전 9:00:00 | 오후 6:00:00 | 202201102 | 97 | 검사완료 |
| 오후 6:00:00 | 오전 9:00:00 | 오후 6:00:00 | 202201102 | 24 | 2025-01-10 |
| 오후 6:00:00 | 오전 8:00:00 | 오후 6:00:00 | 202201217 | 25 | 2025-01-21 |
| 오후 6:00:00 | 오전 8:00:00 | 오후 6:00:00 | 202201218 | 97 | 검사완료 |
| 오후 6:00:00 | 오전 8:00:00 | 오후 6:00:00 | 202201082 | 25 | 2025-01-08 |

▲ 수질검사일 필드를 업데이트한 후

**02** 사업자업종별 "수도권"과 "비수도권"의 '휴일운영시작시각'이 9시인 세차장의 개수를 조회하는 크로스탭 쿼리를 작성하시오. (7점)

- ▶ 〈세차유형〉, 〈세차장운영〉, 〈사업장업종명〉 테이블을 이용하시오.
- ▶ 시도명이 '서울특별시'이면 "수도권", 나머지는 "비수도권"으로 설정하시오.
- ▶ 세차장수는 '사업장코드' 필드를 이용하시오.
- ▶ Iif 함수를 사용하시오.
- ▶ 쿼리 이름은 〈휴일개점세차장확인〉으로 하시오.
- ▶ 쿼리 실행 결과 표시되는 필드와 필드명은 〈그림〉과 같이 표시되도록 설정하시오.

| 사업장업종명 | 세차장수 | 수도권 | 비수도권 |
|---|---|---|---|
| 세차장 | 178곳 | 38곳 | 140곳 |
| 셀프세차 | 98곳 | 13곳 | 85곳 |
| 주유소 | 23곳 |  | 23곳 |
| 정비업소 | 64곳 | 1곳 | 63곳 |
| 자동식 세차업 | 90곳 | 17곳 | 73곳 |
| 운송업(버스) | 13곳 |  | 13곳 |
| 충전소 | 28곳 | 7곳 | 21곳 |
| 차량용 주유소 운영업 | 13곳 | 9곳 | 4곳 |

**03** 소재지별로 평일 개폐점 시간을 조회하는 〈서울지역의평일영업현황〉 쿼리를 작성하시오. (7점)

- ▶ 〈세차장운영〉 테이블을 이용하시오.
- ▶ '소재지'는 '소재지도로명주소'의 필드를 사용해서 왼쪽에서 세 글자만 표시하고 사업장수는 세차장명을 이용하시오.
- ▶ '개점시간'은 '평일운영시작시각'의 가장 빠른 시간을 표시하고, '폐점시간'은 '평일운영종료시각'의 가장 늦은 시간을 표시하시오.
- ▶ 시도명이 "서울특별시"인 데이터만 조회하시오.
- ▶ 쿼리 실행 결과 표시되는 필드와 필드명은 〈그림〉과 같이 표시되도록 설정하시오.

| 소재지 | 사업장수 | 개점시간 | 폐점시간 |
|---|---|---|---|
| 강서구 | 104 | 오전 12:00:00 | 오후 11:59:00 |
| 구로구 | 13 | 오전 9:00:00 | 오후 11:00:00 |
| 양천구 | 49 | 오전 12:00:00 | 오후 11:59:00 |

**04** 〈휴무일〉, 〈세차장운영〉, 〈사업장업종명〉 테이블을 이용하여 '소재지도로명주소'의 일부를 매개 변수로 입력받고 시도명이 경기도인 레코드를 조회하는 〈소재지별조회〉 쿼리를 작성하시오. (7점)

▶ 사업장코드가 'A' 또는 'C' 또는 'E'로 시작하면서 두 번째 숫자가 '2~5'인 사업장만 조회하시오.
▶ '시작시간'과 '종료시간'은 각각 '평일운영시작시각'과 '평일운영종료시각'을 이용하시오.
▶ Like 연산자를 사용하시오.
▶ 〈휴무일〉 테이블의 '휴무일의코드' 필드와 〈세차장운영〉 테이블의 '휴무일' 필드는 내부조인상태이다.
▶ 쿼리 실행 결과 생성되는 테이블의 필드는 〈그림〉을 참고하여 수험자가 판단하여 설정하시오.

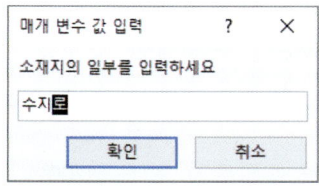

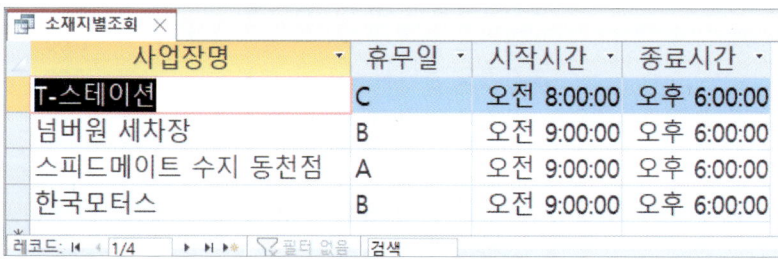

▲ 매개변수에 "수지로"를 입력한 후 조회된 〈소재지별조회〉 쿼리

**05** 〈세차장운영〉 테이블을 이용하여 시도명이 "서울특별시" 또는 "경기도"에 해당하는 휴일 야간 운영하는 세차장 레코드를 〈야간세차장운영〉 테이블에 추가하는 〈휴일야간세차장추가〉 쿼리를 작성하고 실행하시오. (7점)

▶ 야간 운영은 휴일운영종료시각이 오후 8시 이후인 경우에 해당한다.

▶ 야간세차장운영 테이블에는 중복되지 않은 세차장명만 추가하시오.

▶ 사업자명 필드는 세차장명의 앞의 두 글자만 조회하시오.

▶ 소재지도로명주소는 '소재지', 휴일운영시작시각은 '개점시각', '휴일운영종료시각'은 '폐점시각' 필드에 추가하시오.

▶ Not In, Hour 함수와 하위 쿼리로 작성하시오.

▶ 쿼리 실행 결과 생성되는 필드와 필드명은 〈그림〉과 같이 표시되도록 설정하시오.

야간세차장운영

| 번호 | 세차장명 | 세차유형 | 소재지 | 개점시각 | 폐점시각 |
|---|---|---|---|---|---|
| 1 | 현대 | 2 | 경기도 용인시 수지구 수지로 | 0:00 | 23:59 |
| 2 | 삼경 | 3 | 서울특별시 강서구 강서로 | 9:00 | 21:00 |
| 3 | ㈜대 | 7 | 경기도 용인시 수지구 용구대로 | 0:00 | 23:00 |
| 4 | 셀핑 | 3 | 경기도 용인시 수지구 성복2로 | 0:00 | 23:59 |

레코드: 1/4 필터 없음 검색

▲ 추가되기 전 〈야간세차장운영〉 테이블

야간세차장운영

| 번호 | 세차장명 | 세차유형 | 소재지 | 개점시각 | 폐점시각 |
|---|---|---|---|---|---|
| 1 | 현대 | 2 | 경기도 용인시 수지구 수지로 | 0:00 | 23:59 |
| 2 | 삼경 | 3 | 서울특별시 강서구 강서로 | 9:00 | 21:00 |
| 3 | ㈜대 | 7 | 경기도 용인시 수지구 용구대로 | 0:00 | 23:00 |
| 4 | 셀핑 | 3 | 경기도 용인시 수지구 성복2로 | 0:00 | 23:59 |
| 5 | 경마 | 2 | 과천시 중앙로 | 8:00 | 20:00 |
| 6 | ㈜한 | 5 | 성남시 분당구 대왕판교로 | 7:00 | 23:00 |
| 7 | 명진 | 3 | 용인시 수지구 신봉1로 | 9:00 | 23:00 |
| 8 | 상현 | 3 | 용인시 수지구 이현로 | 8:30 | 21:30 |
| 9 | 개화 | 2 | 강서구 개화동 개화동 | 10:00 | 22:00 |
| 10 | 스카 | 2 | 강서구 개화동로 | 10:00 | 22:00 |
| 11 | 가양 | 3 | 강서구 공항대로 공항대로 | 7:00 | 22:00 |
| 12 | 대성 | 2 | 강서구 공항대로 | 7:00 | 22:00 |

레코드: 1/30 필터 없음 검색

▲ 추가된 후 〈야간세차장운영〉 테이블

# 기출 유형 문제 03회 해설

## 문제 ❶ DB 구축   1. 필드 속성 설정 및 유효성 검사 설정

**정답**

- 〈세차장운영〉 테이블
  ① '평일운영시작시간' 필드의 '입력 마스크' : 90:00:00;0;#
  ② '사업장업종명' 필드의 [조회] 속성

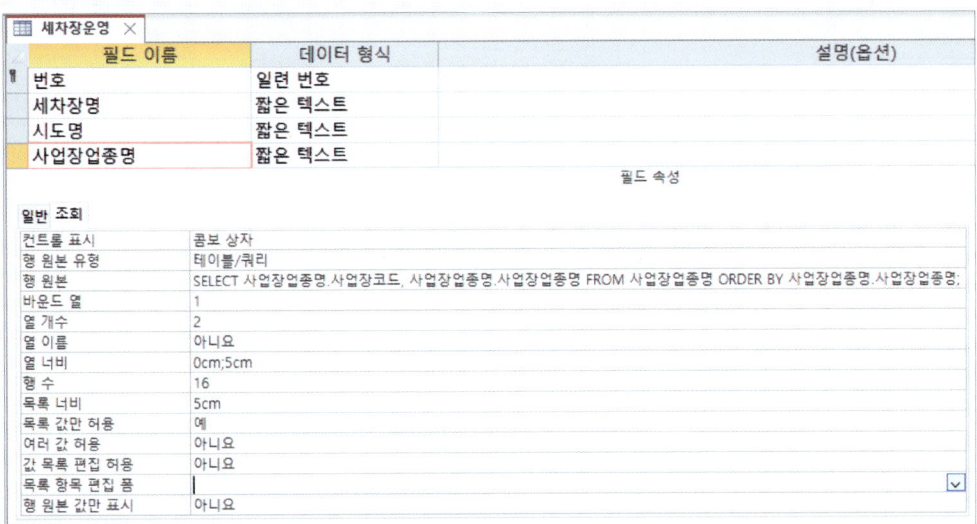

  ③ '휴무일' 필드의 '기본값' : "A"
  ④ '세차장명' 필드의 '필수' : 예, '빈 문자열 허용' : 아니오, '인덱스' : 예(중복 불가능)
  ⑤ [속성 시트]

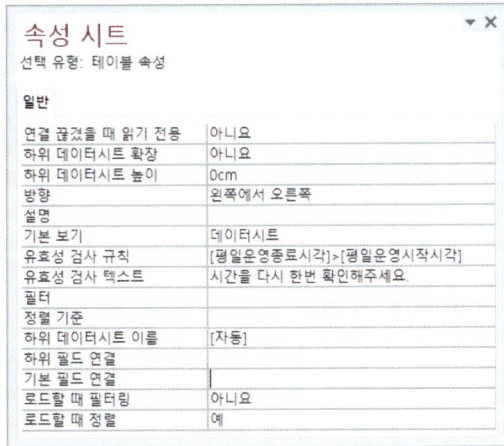

① 〈세차장운영〉 테이블의 '평일운영시작시각' 필드를 선택한 후, [속성 시트]의 [일반] 탭의 '입력 마스크'에 90:00:00;0;#을 입력한다.

② 〈사업장업종명〉 테이블의 콤보 상자 속성 및 행 원본 쿼리를 설정한다.
- '사업장업종명' 필드를 선택한 후, [속성 시트]의 [조회] 탭의 '컨트롤 표시'를 **콤보 상자**로 변경한다.
- '행 원본 유형'을 **테이블/쿼리**로 변경하고, '행 원본'의 자세히 버튼을 클릭하여 [쿼리 작성기]를 연다.

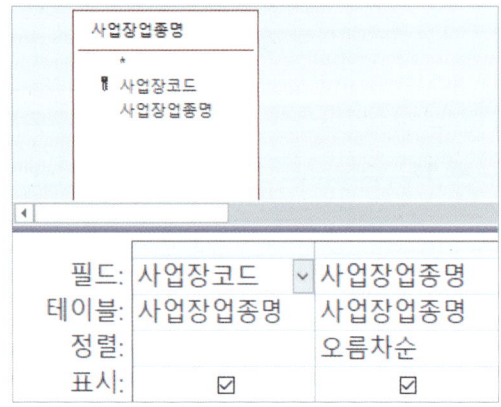

- [테이블 추가]에서 〈사업장업종명〉 테이블을 더블클릭하여 추가한다.
- '사업장코드'와 '사업장업종명' 필드를 차례대로 더블클릭하여 디자인 눈금의 필드에 추가한다.
- '사업장업종명' 필드의 정렬을 오름차순으로 설정한 후, [닫기]를 클릭한다.
- 행 원본이 다음과 같이 자동으로 변경된다.

  SELECT 사업장업종명.사업장코드, 사업장업종명.사업장업종명 FROM 사업장업종명 ORDER BY 사업장업종명.사업장업종명;

- '바운드 열'은 1을 입력한다.
- '열 개수'는 2를 입력한다.
- '열 너비'는 0;5를 입력한다.
- '목록 너비'는 5를 입력한다.
- '목록 값만 허용'은 **예**로 설정한다.

> **기적의 TIP**
> - [사업장코드]를 저장=바운드 열로 지정한다는 의미이고, 첫 번째로 배치되므로 바운드 열은 1이다.
> - [사업장업종명] 필드만 표시되게 하려면 [사업장코드] 필드를 숨겨야 하므로 [사업장코드]의 열 너비를 0으로 지정하고, [사업장업종명]의 열 너비는 목록 너비 내에서 지정해야 하므로 열 너비는 5가 되므로 0;5로 표시한다.
> - 기본 단위는 cm이고 단위 없이 숫자만 입력하면 자동으로 변경된다.

③ 〈세차장운영〉 테이블의 '휴무일' 필드를 선택한 후, [속성 시트]의 [일반] 탭의 '기본값'에 "A"를 입력한다.

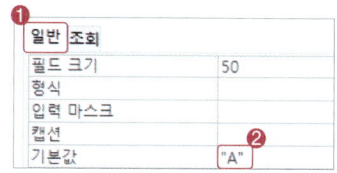

④ 〈세차장운영〉 테이블의 '세차장명' 필드를 선택한 후, [속성 시트]의 [일반] 탭의 '필수'를 **예**로 설정하고, '빈 문자열 허용'을 **아니요**로 설정한 다음, '인덱스'를 **예(중복 불가능)**으로 설정한다.

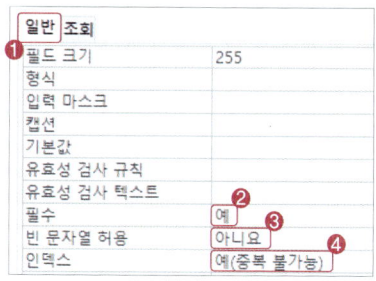

⑤ [속성 시트]의 '유효성 검사 규칙'에 **[평일운영종료시각]>[평일운영시작시각]**을 입력하고, '유효성 검사 텍스트'에 **시간을 다시 한번 확인해주세요.**를 입력한다.

## 문제 ❶ DB 구축  2. 엑셀 파일 가져오기 및 테이블로 저장

|정답|

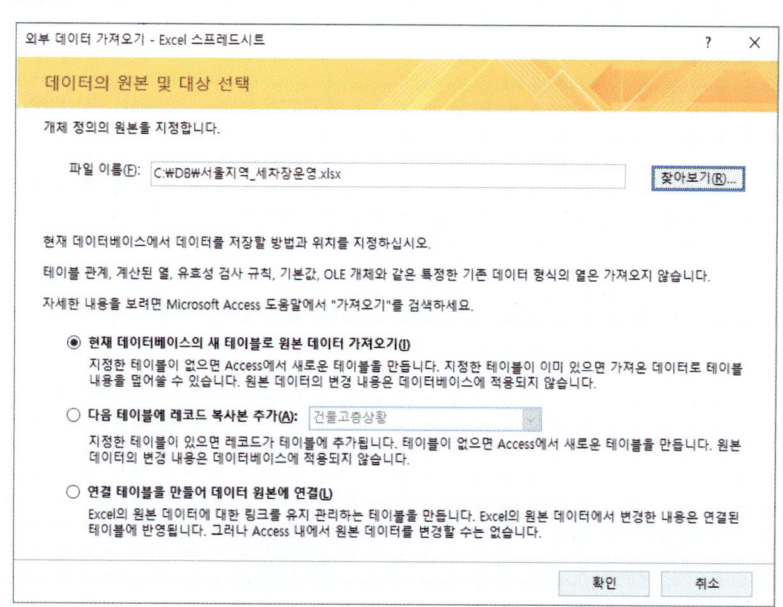

① [외부 데이터]의 [가져오기 및 연결] 중 [새 데이터 원본]의 [파일에서]에서 [Excel(X)]의 경로를 선택한다.
② **서울지역_세차장운영.xlsx**에서 내용을 가져온다.
③ **첫 행에 열 머리글 있음**에 체크한다.
④ '사업장업종명코드' 필드는 **필드 포함 안 함**으로 설정한다.
⑤ '기본 키'는 **일련번호**를 선택한다.
⑥ '테이블로 가져오기'에 **서울세차장**을 입력한다.

### 문제 ❶ DB 구축 | 3. 테이블 간 관계 설정 및 참조 무결성 적용

|정답|

- ⟨세차장운영⟩, ⟨사업장업종명⟩ 관계 편집
- ⟨세차장운영⟩, ⟨사업장업종명⟩ 관계도

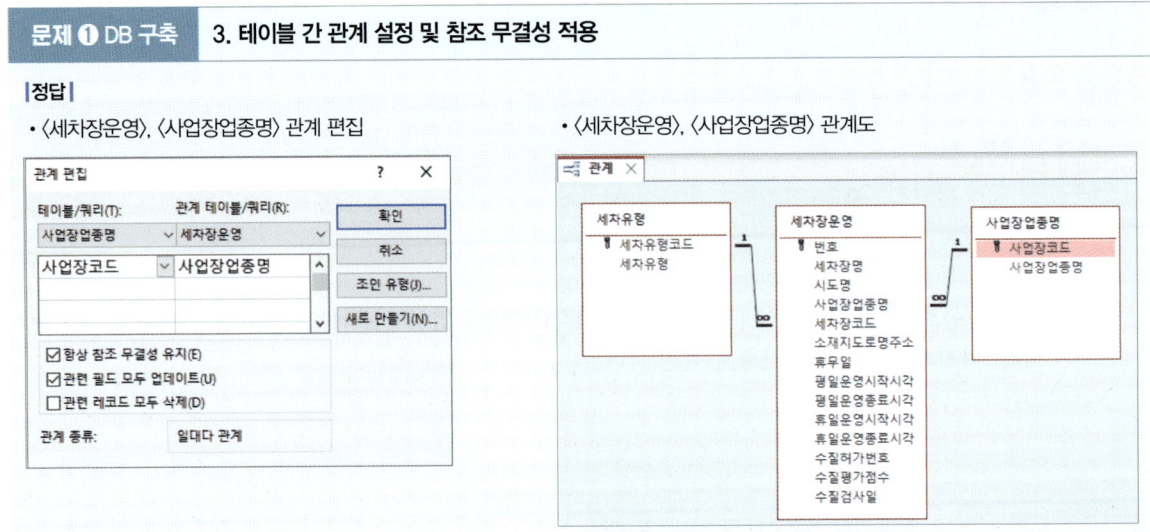

① [데이터베이스 도구] 탭의 [관계]에서 [관계]를 클릭한 후, [관계] 창의 빈 화면에서 마우스 오른쪽 버튼을 눌러 [테이블 표시]를 클릭한다.
② [테이블 추가]의 [테이블] 탭에서 ⟨사업장업종명⟩ 테이블을 더블클릭하여 추가한다(이미 세차장운영 테이블은 추가되어 있으므로 다시 추가하지 않음).
③ ⟨세차장운영⟩ 테이블의 '사업장업종명' 필드를 선택한 후, ⟨사업장업종명⟩ 테이블의 '사업장코드' 필드로 드래그한다. [관계 편집]에서 **항상 참조 무결성 유지**와 **관련 필드 모두 업데이트**에 체크한 후 [만들기]를 클릭한다.
④ [관계 디자인]의 [닫기]를 누른 후, 저장 대화상자에서 [예]를 클릭하여 저장한다.
⑤ 이미 설정되어 있는 관계는 그대로 둔다.

> 🅱 기적의 TIP
>
> **관계 설정 시 주의 사항**
> - 참조 무결성은 반드시 체크해야 정답 처리된다.
> - 관련 필드 모두 업데이트는 체크하고, 관련 레코드 모두 삭제는 체크하지 않는다.
> - 관계선에 1 ↔ ∞ 표시가 나오면 올바른 1대다 관계임을 확인할 수 있다.
> - 문제에서 "이미 설정된 관계는 그대로 둔다"라고 하면, 기존 관계를 절대 삭제하지 않는다.

## 문제 ❷ 입력 및 수정 기능 구현　1. 상 · 하위 폼 연결 및 서식 설정

**|정답|**

①

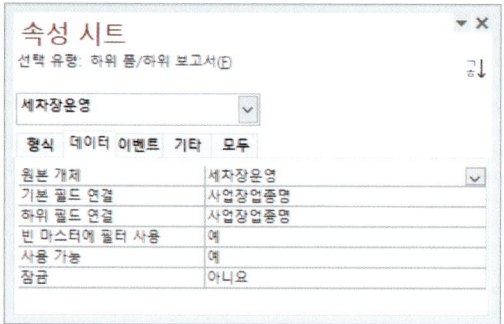

②

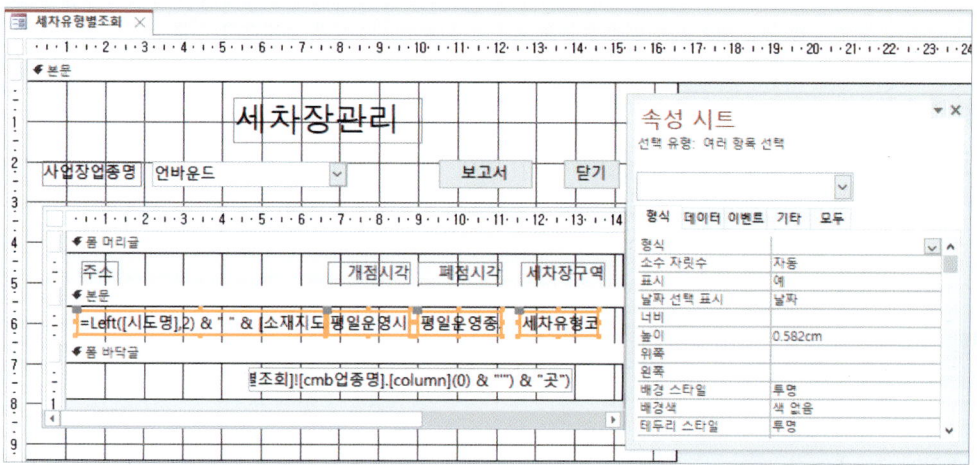

③

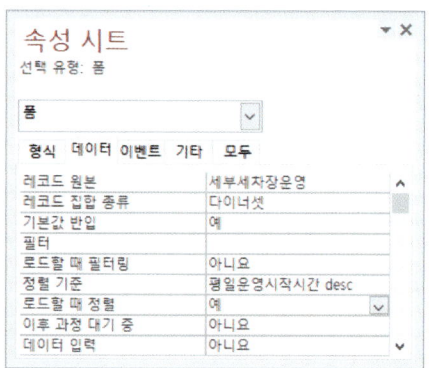

① 상위/하위 폼 연결 설정

- 〈세차유형별조회〉 폼의 [디자인 보기(N)]를 클릭한다.
- 하위 폼 테두리를 선택한 후 [속성 시트]의 [데이터] 탭의 [기본 필드 연결]의 확장버튼(...)을 클릭한다.
- 그림과 같이 설정하고 [확인]을 클릭한다.

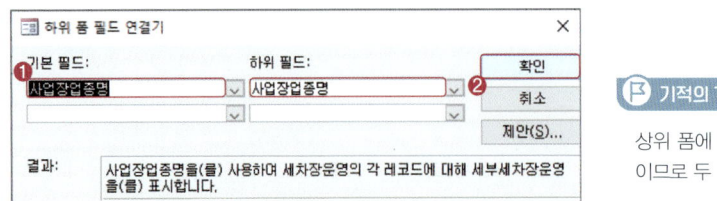

> 🅑 기적의 TIP
>
> 상위 폼에 콤보상자로 표시되어 있는 필드가 [사업장업종명]이므로 두 개의 폼을 [사업장업종명]으로 연결한다.

② 하위 폼 배경 및 테두리 스타일 설정

- [하위 폼] 본문 영역의 가장 왼쪽 구역에서 마우스 포인터가 화살표로 변경될 때 클릭하여 모든 컨트롤을 선택한다.
- [속성 시트]의 [형식] 탭을 클릭하여 '배경 스타일'을 **투명**으로, '테두리 스타일'을 **투명**으로 설정한다.

③ 하위 폼 정렬 기준 설정

- [속성 시트]의 '선택 유형'을 **폼**으로 선택한 다음, [데이터] 탭의 '정렬 기준'에 **평일운영시작시각 desc**를 입력하고, '로드할 때 정렬'을 **예**로 설정한다.

---

| 문제 ❷ 입력 및 수정 기능 구현 | 2. 텍스트 상자의 조건부 개수 계산 함수 입력 |

|정답|

=IIf(DCount("세차장명","세부세차장운영","사업장업종명='" & [Forms]![세차유형별조회]![cmb업종명].[column](0) & "'")=0,"없음",DCount("세차장명","세부세차장운영","사업장업종명='" & [Forms]![세차유형별조회]![cmb업종명].[column](0) & "'") & "곳")

① [txt개수] 컨트롤을 선택하고, [속성시트]의 [데이터] 탭을 선택한다.
② '컨트롤 원본'에 =IIf(DCount("세차장명","세부세차장운영","사업장업종명='" & [Forms]![세차유형별조회]![cmb업종명].[column](0) & "'")=0,"없음",DCount("세차장명","세부세차장운영","사업장업종명='" & [Forms]![세차유형별조회]![cmb업종명].[column](0) & "'") & "곳")을 입력한다.

💬 **함수 설명**

"사업장업종명='" & [Forms]![세차유형별조회]![cmb업종명].[column](0) & "'"

- cmb업종명은 [사업장코드]와 [사업장업종명] 필드를 콤보상자 형식으로 연결된 상태이며 [사업장코드] 필드는 숨김 상태이고 [사업장업종명] 필드만 표시된 상태이다.
- column(0)은 [사업장업종명] 필드만 표시된 상태이고 첫 번째 열번호를 의미한다.
- column(0)의 데이터 형식은 문자 형식이라서 [Forms]![세차유형별조회]![cmb업종명].[column](0)이다.
- 사업장업종명=[Forms]![세차유형별조회]![cmb업종명].[column](0)
  → "사업장업종명='" & [Forms]![세차유형별조회]![cmb업종명].[column](0) & "'"

---

| 문제 ❷ 입력 및 수정 기능 구현 | 3. 매크로 생성 및 이벤트 프로시저 연결 |

|정답|

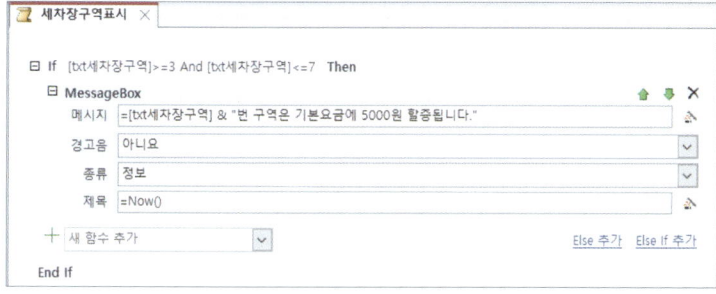

① [만들기]의 [매크로 및 코드]에서 [매크로(□)]의 함수 If를 선택한다.
② 'If'에 [txt세차장구역]>=3 And [txt세차장구역]<=7을 입력한다.
③ If문 조건 구간의 새 함수 추가로 MessageBox를 삽입한다.
④ '메시지'에는 =[txt세차장구역] & "번 구역은 기본요금에 5000원 할증됩니다."를 입력하고, '종류'는 **정보**로 선택하며, '제목'에는 =Now()를 입력한다. **세차장구역표시**로 저장한 후 창을 닫는다.
⑤ 〈세차유형별조회〉 폼의 [디자인 보기(□)]에서 [txt세차장구역]을 선택한다.
⑥ 컨트롤의 [속성 시트(□)] 중 [이벤트]의 [On Dbl Click]의 목록에서 **세차장구역표시**를 선택한다.

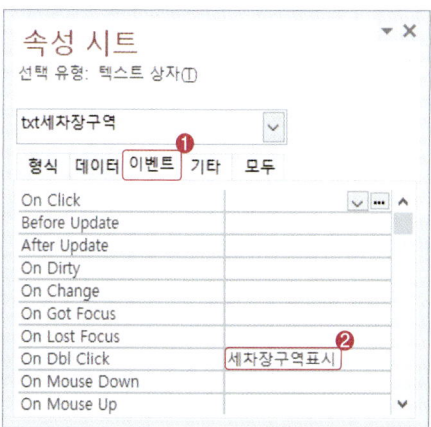

# 문제 ❸ 조회 및 출력 기능 구현 | 1. 보고서 정렬, 날짜 형식, 반복 영역 설정

|정답|

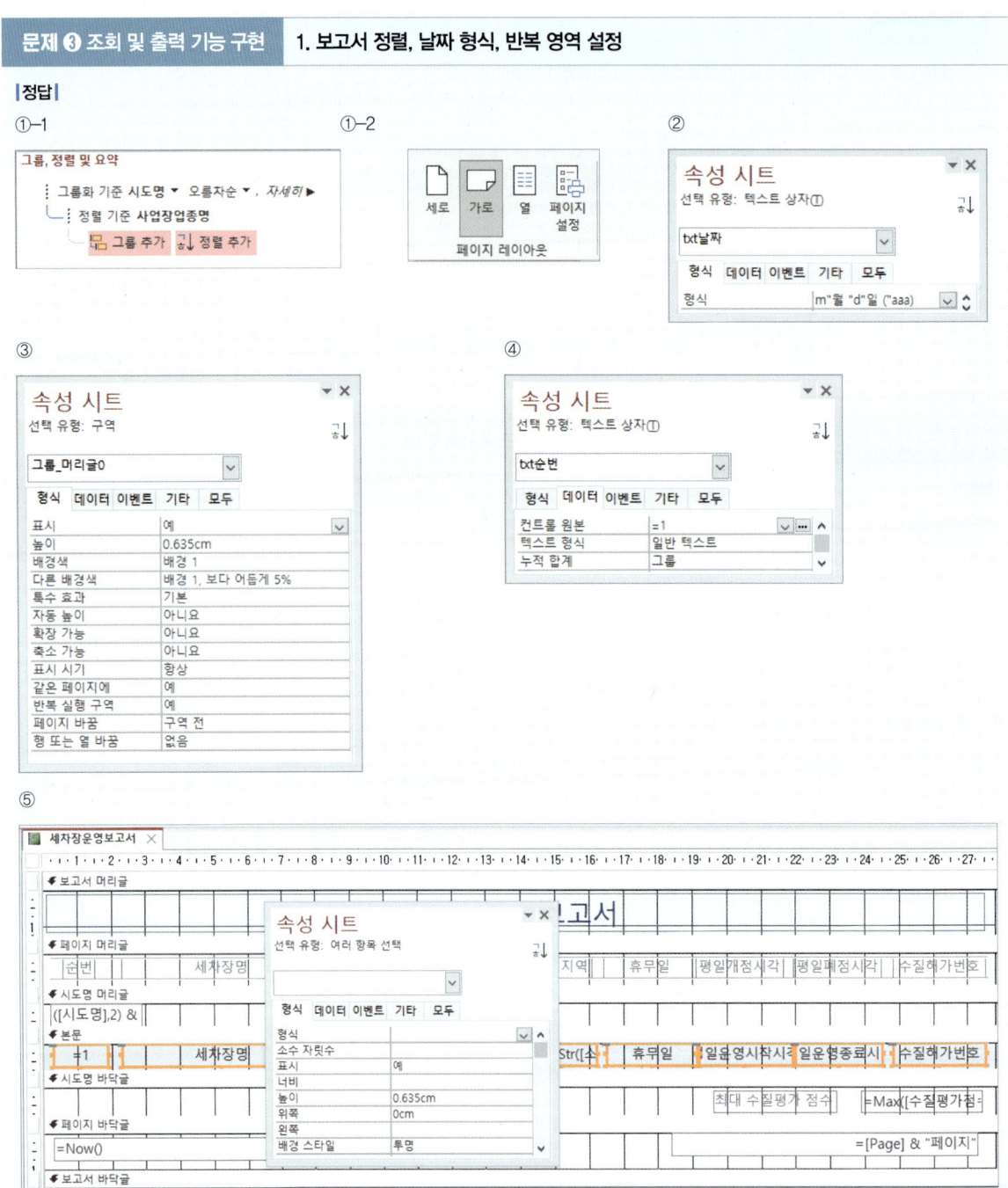

① 보고서 정렬 기준 및 방향 설정

- 〈세차장운영보고서〉 보고서에서 마우스 오른쪽 버튼을 누르고 [디자인 보기]를 클릭한다.
- [보고서 디자인] 탭의 [그룹화 및 요약]에서 [그룹화 및 정렬]을 클릭한 후 [정렬 추가]에서 **사업장업종명**을 선택하고 **오름차순**으로 설정한다.
- [페이지 설정]의 [페이지 레이아웃]에서 [가로]를 클릭한다.

### ② 날짜 형식 지정 설정

- [txt날짜] 컨트롤을 선택하고, [속성 시트]의 [형식] 탭을 클릭한 후 '형식'에 **m월 d일 (aaa)**를 입력한다. 자동으로 m"월 "d"일 ("aaa)로 변경된다.

### ③ 그룹 머리글 반복 및 페이지 나누기 설정

- [시도명 머리글] 영역은 보고서 디자인 보기 상태에서는 **그룹_머리글0**으로 표시되므로 **그룹_머리글0**을 선택한 후 [속성 시트]의 [형식] 탭에서 '반복 실행 구역'을 **예**로 설정하고, '페이지 바꿈'을 **구역 전**으로 선택한다.

### ④ 순번 필드 설정

- [txt순번] 컨트롤을 선택하고, [속성 시트]의 [데이터] 탭을 클릭한다.
- '컨트롤 원본'에 =1을 입력하고, '누적 합계'를 **그룹**으로 설정한다.

### ⑤ 본문 영역 배경 투명화 설정

- 본문 영역의 모든 컨트롤을 선택한 후, [속성 시트]의 [형식] 탭에서 '배경 스타일'을 **투명**으로 설정한다.

---

**문제 ❸ 조회 및 출력 기능 구현**  2. 버튼 클릭 시 보고서 실행 프로시저 작성

|정답|

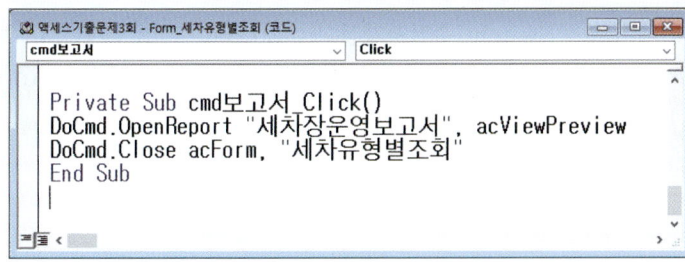

① 〈세차유형별조회〉 폼을 [디자인 보기] 모드로 연 다음, [cmd보고서] 버튼을 선택한다.
② [속성 시트]의 [이벤트] 탭을 클릭하고, 'On Click'의 [이벤트 프로시저] 항목에서 [식 작성기(…)]를 클릭한다.
③ VBE 창에 아래의 코드를 입력한다.

|코드|

DoCmd.OpenReport "세차장운영보고서", acViewPreview
DoCmd.Close acForm, "세차유형별조회"

**코드 설명**

- DoCmd.OpenReport "세차장운영보고서", acViewPreview
  → "세차장운영보고서" 라는 보고서를 연다.
  → acViewPreview 옵션은 인쇄 미리 보기 모드로 실행한다.
- DoCmd.Close acForm, "세차유형별조회"
  → "세차유형별조회" 라는 이름의 폼을 닫는다.
  → acForm 인수는 닫을 개체의 종류가 폼임을 명시한다.

## 문제 ④ 처리 기능 구현 — 1. 업데이트 쿼리를 통한 조건별 날짜 계산

**|정답|**

수질검사업데이트

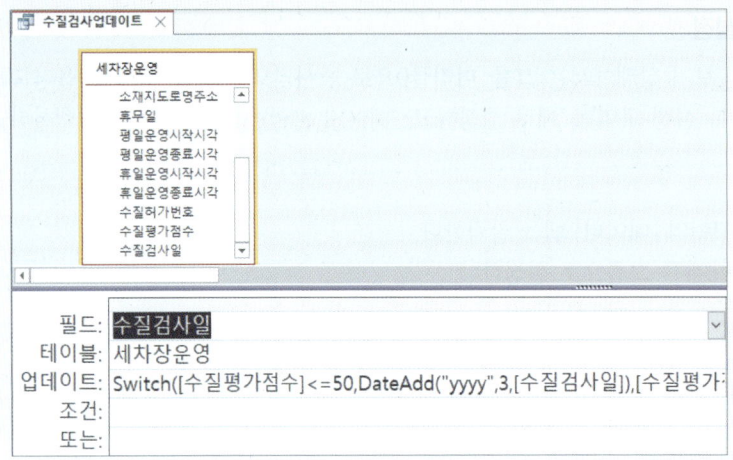

① [만들기] 탭의 [쿼리]에서 [쿼리 디자인]을 클릭하고, [쿼리 디자인] 탭의 [쿼리 유형]에서 [업데이트]를 클릭한다.
② [테이블 추가]의 [테이블] 탭에서 〈세차장운영〉을 더블클릭한 후 [닫기] 버튼을 클릭한다.
③ 디자인 눈금에 '수질검사일'을 배치하고, '업데이트'에 Switch([수질평가점수]<=50,DateAdd("yyyy",3,[수질검사일]),[수질평가점수]<=70,DateAdd("yyyy",5,[수질검사일]),[수질평가점수]<=90,DateAdd("yyyy",7,[수질검사일]),True,"검사완료")를 입력한 후 실행한다.
④ **수질검사업데이트**라는 이름으로 쿼리를 저장한다.

### 🅑 기적의 TIP

**업데이트 쿼리의 주의점**
- 실행하면 원본 데이터를 직접 바꾸므로, 반드시 실행 전에 백업(사본 테이블)을 만들어 두는 게 안전하다.
- 시험에서도 사본으로 먼저 실행해 본 후 원본에 적용하는 걸 추천한다.

**실행 후 확인 방법**
- 실행하면 Access에서 "n개의 행이 업데이트됩니다"라는 메시지가 나온다.
- 이때 너무 많은 행이 잡히면 조건식을 잘못 입력한 경우일 수 있으니, [취소]를 눌러야 한다.

## 문제 ④ 처리 기능 구현  2. 크로스탭 쿼리를 통한 통계 데이터 요약

|정답|

**휴일개점세차장확인**

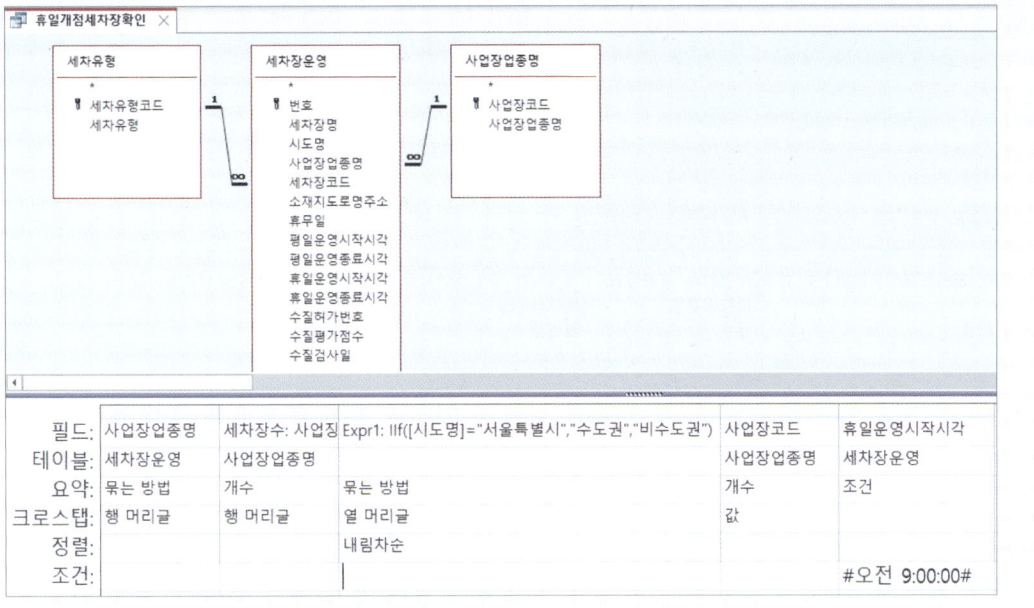

① [만들기] 탭의 [쿼리]에서 [쿼리 디자인]을 클릭한다.
② [테이블 추가]에서 〈세차유형〉, 〈세차장운영〉, 〈사업장업종명〉을 더블클릭한 후 [닫기] 버튼을 클릭한다.
③ 테이블 간에 관계가 설정되어 있지 않은 경우에는 관련 필드를 드래그하여 관계를 설정한다. 이미 연결되어 있는 경우에는 생략한다.
④ [쿼리 디자인]의 [쿼리 유형]에서 [크로스탭]을 클릭한다.
⑤ '사업장업종명', '사업장코드', '시도명', '사업장코드' 필드를 차례대로 배치한 후 '행 머리글', '행 머리글', '열 머리글', '값'으로 순서대로 변경한다.
⑥ 행 머리글인 '사업장코드' 필드는 '사업장코드'의 개수가 표시되어야 하므로 '요약'을 **개수**로 변경하고, '필드 이름'을 **세차장수**로 정의하며, [속성 시트]의 [일반] 탭의 '형식'에는 **0₩곳**을 입력한다.
⑦ 열 머리글에는 IIf([시도명]="서울특별시","수도권","비수도권")을 작성한다. 필드 이름은 자동으로 **Expr1**로 정의되며, 수도권과 비수도권 순서대로 표시하기 위해 '정렬'을 **내림차순**으로 설정한다.
⑧ 값에는 '사업장코드' 필드의 개수가 표시되어야 하므로 '요약'을 **개수**로 변경한다. 자동으로 '필드 이름'은 **사업장코드의개수**로 설정되며, [속성 시트]의 [일반] 탭의 '형식'에는 **0₩곳**을 입력한다.
⑨ 조건1을 작성하기 위해 '휴일운영시작시각' 필드를 배치하고, '조건'에 **#오전 9:00:00#**을 입력한 후 '요약'을 **조건**으로 변경한다.
⑩ **휴일개점세차장확인**이라는 이름으로 쿼리를 저장한다.

## 문제 ❹ 처리 기능 구현   3. 요약 쿼리를 통한 지역별 영업시간 확인

**|정답|**

서울지역의평일영업현황

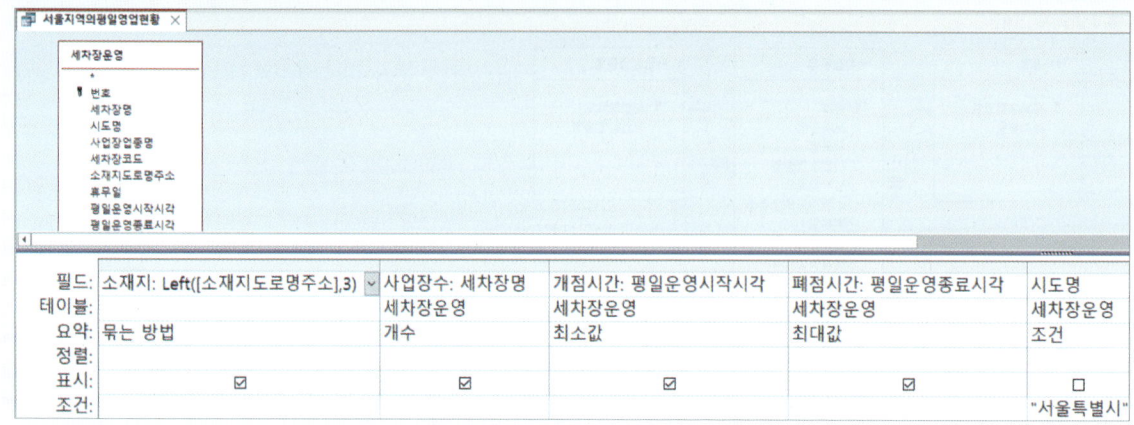

① [만들기] 탭의 [쿼리]에서 [쿼리 디자인]을 클릭하고, [쿼리 디자인] 탭의 [표시/숨기기]에서 [요약]을 클릭한다.
② [테이블 추가]의 [테이블] 탭에서 〈세차장운영〉을 더블클릭한 후 [닫기] 버튼을 클릭한다.
③ 디자인 눈금의 첫 번째 필드에 **소재지: Left([소재지도로명주소],3)**을 입력한다.
④ 두 번째 필드에 **사업장수: 세차장명**을 입력하고, '요약'을 **개수**로 변경한다.
⑤ 세 번째 필드에 **개점시간: 평일운영시작시간**을 입력하고, '요약'을 **최소값**으로 변경한다.
⑥ 네 번째 필드에 **폐점시간: 평일운영종료시간**을 입력하고, '요약'을 **최대값**으로 변경한다.
⑦ 조건1을 작성하기 위해 '시도명' 필드를 배치하고, '조건'에 **서울특별시**를 입력한 후 '요약'을 **조건**으로 변경한다.
⑧ **서울지역의평일영업현황**이라는 이름으로 쿼리를 저장한다.

## 문제 ④ 처리 기능 구현   4. 복합 조건을 활용한 필터링 쿼리 작성

**|정답|**

**소재지별조회**

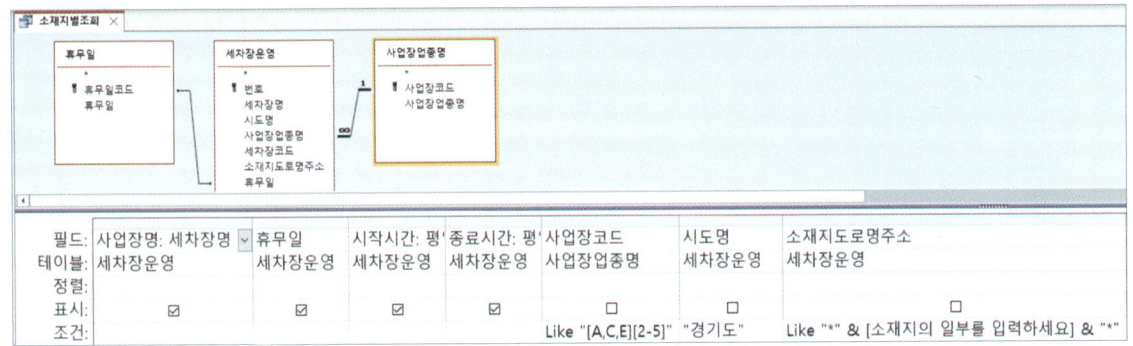

① [만들기] 탭의 [쿼리]에서 [쿼리 디자인]을 클릭한다.
② [테이블 추가]에서 〈휴무일〉, 〈세차장운영〉, 〈사업장업종명〉을 더블클릭한 후 [닫기] 버튼을 클릭한다.
③ 〈휴무일〉 테이블의 '휴무일코드' 필드를 클릭해서 〈세차장운영〉 테이블의 '휴무일' 필드로 마우스로 드래그하여 관계를 설정한다(기본값은 내부조인).
④ 〈세차장운영〉 테이블의 '세차장명', '휴무일', '평일운영시작시각', '평일운영종료시각' 필드를 차례대로 디자인 눈금에 배치한다.
⑤ 첫 번째 필드는 **사업장명: 세차장명**으로 변경한다.
⑥ 세 번째 필드는 **시작시간: 평일운영시작시각**으로 변경한다.
⑦ 네 번째 필드는 **종료시간: 평일운영종료시각**으로 변경한다.
⑧ 조건1을 작성하기 위해 '사업장코드' 필드를 배치하고, '조건'에 Like "[A,C,E][2-5]"를 입력한 후 표시는 체크 해제한다.
⑨ 조건2를 작성하기 위해 '시도명' 필드를 배치하고, '조건'에 **경기도**를 입력한 후 표시는 체크 해제한다.
⑩ 조건3을 작성하기 위해 '소재지도로명주소' 필드를 배치하고, '조건'에 Like "*" & [소재지의 일부를 입력하세요] & "*"를 입력한 후 표시는 체크 해제한다.
⑪ [실행( ! )]을 클릭한 후 매개변수가 나타나면 **수지로**를 입력하여 조회한다.
⑫ **소재지별조회**라는 이름으로 쿼리를 저장한다.

> **기적의 TIP**
> 계산 필드가 없는 선택 쿼리인 경우 결과값이 그룹화되지 않고 중복된 데이터가 표시된다면 [표시/숨기기]의 [요약]을 클릭하면 정상적으로 그룹화된다.

## 문제 ④ 처리 기능 구현    5. 조건 기반 레코드 추가 쿼리 작성 및 주의사항

**|정답|**

**휴일야간세차장추가**

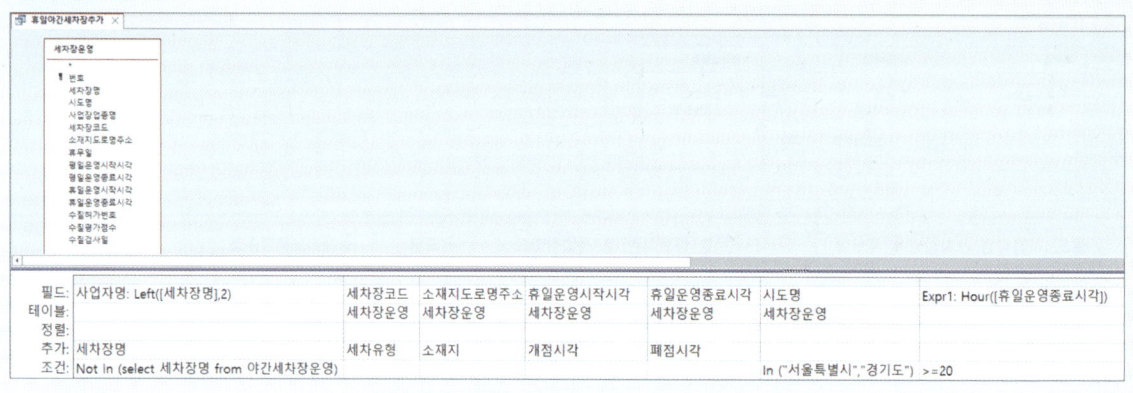

① [만들기] 탭의 [쿼리]에서 [쿼리 디자인]을 클릭하고, [테이블 추가]에서 〈세차장운영〉을 더블클릭한 후 [닫기] 버튼을 클릭한다.
② [쿼리 디자인]의 [쿼리 유형]에서 [추가]를 클릭한다.
③ [추가] 대화상자의 [테이블 이름] 목록에서 〈야간세차장운영〉 테이블을 선택한 후 [확인]을 클릭한다.
④ '세차장명', '세차장코드', '소재지도로명주소', '휴일운영시작시각', '휴일운영종료시각'을 차례대로 배치한다.
⑤ 첫 번째 필드를 **사업자명: Left([세차장명],2)**로 변경한 후 '추가'에서 **세차장명**으로 설정하고, '조건'에는 **Not In (select 세차장명 from 야간세차장운영)**을 입력한다.
⑥ '세차장코드' 필드의 '추가' 항목은 **세차유형**으로 설정한다.
⑦ '소재지도로명주소' 필드의 '추가' 항목은 **소재지**로 설정한다.
⑧ '휴일운영시작시각' 필드의 '추가' 항목은 **개점시각**으로 설정한다.
⑨ '휴일운영종료시각' 필드의 '추가' 항목은 **폐점시각**으로 설정한다.
⑩ 조건1을 작성하기 위해 '시도명' 필드를 배치하고, '조건'에 In("**서울특별시**", "**경기도**")를 입력한다.
⑪ 조건2를 작성하기 위해 '휴일운영종료시각' 필드를 배치하고 필드 이름을 Hour([휴일운영종료시각])로 변경한 후, '조건'에 >=20을 입력한 다음 [실행(!)]을 클릭하여 추가한다.
⑫ **휴일야간세차장추가**라는 이름으로 쿼리를 저장한다.

> **기적의 TIP**
> 일련번호가 있는 테이블에 추가되는 경우 잘못 추가하면 번호가 계속 누적되므로 반드시 한 번만 추가하고 실행해야 한다.

# 기출 유형 문제 04회

| 프로그램명 | 제한시간 | 수험번호 : |
|---|---|---|
| ACCESS | 45분 | 성    명 : |

······················· **유의사항** ·······················

- 인적 사항 누락 및 잘못 작성으로 인한 불이익은 수험자 책임으로 합니다.

- 화면에 암호 입력창이 나타나면 아래의 암호를 입력하여야 합니다.
  ○ 암호 :

- 작성된 답안은 경로 및 파일명을 변경하지 마시고 그대로 저장하여야 합니다. 이를 준수하지 않으면 실격 처리됩니다.
  ○ 답안 파일명의 예 : C:₩DB₩수험번호 8자리.accdb

- 외부데이터 위치 : C:₩DB₩파일명

- 별도의 지시사항이 없는 경우, 다음과 같이 처리하면 실격 처리됩니다.
  ○ 제시된 개체의 이름을 임의로 변경한 경우
  ○ 제시된 개체의 속성을 임의로 변경한 경우
  ○ 제시된 개체를 임의로 삭제하거나 추가한 경우

- 별도의 지시사항이 없는 경우, 기능의 구현은 모듈이나 매크로 등을 이용하며, 예외적인 상황에 대해서는 고려하지 않아도 됩니다.

- 제시된 함수가 있을 경우 제시된 함수만을 사용하여야 하며, 그 외 함수를 사용 시 채점 대상에서 제외됩니다.

- 별도의 지시사항이 없는 경우, 주어진 각 개체의 속성은 설정값 또는 기본 설정값(Default)으로 처리하십시오.

- 제시된 화면은 예시이며 나타난 값은 실제와 다를 수 있습니다.

- 저장 시간은 별도로 주어지지 아니하므로 제한된 시간 내에 저장을 완료하여야 합니다.

- 출제된 문제의 용어는 MS Office Professional Plus 2021을 기준으로 작성되었습니다.

대 한 상 공 회 의 소

## 문제 ❶  DB 구축         25점

**01** 서울 지역의 카페 창업 데이터를 관리하기 위한 데이터베이스를 구축하고자 한다. 다음의 지시사항에 따라 각 테이블을 완성하시오. (각 3점)

※ 아래 항목에 맞게 〈카페창업〉 테이블을 구성하는 사항을 설정하시오.

① 테이블의 '카페코드' 필드는 'CP001'와 같은 형태로 문자 2개, 숫자 3개가 반드시 포함되어 입력되도록 입력 마스크를 설정하시오.
   ▶ "CP"는 항상 표시되도록 설정하시오.
   ▶ 숫자 입력은 0~9의 숫자만 입력할 수 있도록 설정하시오.
   ▶ 자료 입력 시 "*"로 표시되게 설정하시오.
② '카페명' 필드의 값은 반드시 입력하게 하고 빈 문자열은 허용하지 않게 설정하시오.
③ '로스팅날짜' 필드는 새로운 레코드가 추가되는 경우 시간을 포함하지 않는 시스템의 오늘 날짜가 기본으로 입력되도록 설정하시오.
④ '청결', '위생' 필드 값은 필드 크기를 '10'으로 설정하고, 소문자로 입력해도 대문자로 표시될 수 있도록 형식을 설정하시오.
⑤ 테이블이 로드될 때마다 '위생코드' 필드 기준으로 오름차순 정렬, '카페명' 필드 기준으로 내림차순 정렬하도록 설정하시오.

**02** 〈카페창업〉 테이블의 '취급원두' 필드에 대해 다음과 같이 조회 속성을 설정하시오. (5점)

▶ 〈종류별원두〉 테이블의 '원두명', '판매업체명', '원두가격', '등급'이 콤보 상자의 형태로 표시되도록 설정하시오.
▶ 필드에는 '제품코드'가 저장되도록 하시오.
▶ 열 이름이 표시되도록 설정하시오.
▶ '원두명', '원두가격', '등급' 필드만 표시되도록 열 너비를 설정하고 목록 너비를 '12cm'로 설정하시오.
▶ 목록 값만 입력할 수 있도록 설정하시오.

03 〈종류별원두〉 테이블의 '제품코드' 필드는 〈카페창업〉 테이블의 '취급원두' 필드를 참조하며, 테이블 간의 관계는 1:M이다. 두 테이블에 대해 다음과 같이 관계를 설정하시오. (5점)

⚠ 액세스 파일에 이미 설정되어 있는 관계는 수정하지 말 것
▶ 테이블 간에 항상 참조 무결성이 유지되도록 설정하시오.
▶ 참조 필드의 값이 변경되면 관련 필드의 값도 변경되도록 설정하시오.
▶ 다른 테이블에서 참조하고 있는 레코드는 삭제할 수 없도록 설정하시오.

## 문제 ❷  입력 및 수정 기능 구현                                         20점

01 〈카페창업현황〉 폼을 다음의 화면과 지시사항에 따라 완성하시오. (각 3점)

① 하위 폼의 '기본 보기' 속성을 〈그림〉과 같이 설정하고 본문 영역의 모든 컨트롤 상자의 배경 스타일을 '투명'으로 설정하시오.
② 하위 폼의 본문 영역에서 [txt담당자정보] 컨트롤에는 '담당자ID'가 존재하면 담당자ID별로 '담당자명'과 '담당자연락처'가 [표시 예]와 같이 표시되도록 설정하시오.
  ▶ Iif, DLookup 함수를 사용하시오.
  ▶ [표시 예 : 담당자명이 김종헌, 담당자연락처가 010-49**-3151 → 김종헌(010-49**-3151)]
  ▶ '문제 ❷ 입력 및 수정 기능 구현' 01번 문제의 〈그림〉을 참조하시오.
③ 하위 폼의 본문 영역의 [txt총면적] 컨트롤 원본에는 '내부면적'과 '외부면적'의 합계를 계산하고 형식을 '표준', 소수자릿수를 '1'로 설정하시오.

**02** 〈카페창업현황〉 폼의 하위 폼 본문 영역의 모든 컨트롤 상자에 조건부서식을 설정하시오. (6점)

▶ 명시한 순서대로 조건부서식을 지정하시오.
- 조건1은 '위생점수' 필드의 값이 100 이상이고 '할인유무' 필드의 값이 "할인"이면 글꼴 스타일은 '굵게', 글꼴 색은 'RGB(93,213,96)'으로 지정하는 것이다.
- 조건2는 '청결점수' 필드의 값이 200 이하이고 '할인유무' 필드의 값이 비어 있으면 글꼴 스타일은 '기울임', 글꼴 색은 '파랑색'으로 설정하는 것이다.

▶ '문제 ❷ 입력 및 수정 기능 구현' 01번 문제의 〈그림〉을 참조하시오.

**03** 〈카페창업현황〉 폼의 [txt조회] 컨트롤에 '위생코드'를 입력하고 [보고서(cmd보고서)] 단추를 클릭하면 〈그림〉과 같은 메시지박스를 실행한 후에 〈카페창업보고서〉 보고서를 인쇄 미리 보기 형태의 대화 상자 형식으로 여는 〈보고서열기〉 매크로를 생성하여 지정하시오. (5점)

▶ 매크로 조건 작성 시 [txt조회] 컨트롤에 입력한 '위생코드'의 정보만 표시하도록 하시오.

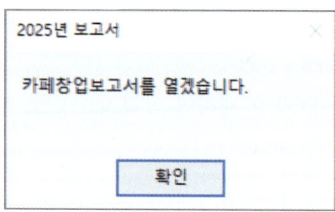

## 문제 ❸  조회 및 출력 기능 구현    20점

**01** 다음의 지시사항 및 그림을 참조하여 〈카페창업보고서〉 보고서를 완성하시오. (각 3점)

① 동일한 '위생코드' 내에서는 '담당자명' 필드를 기준으로 오름차순 정렬한 다음에 '방화시설단계'별로 내림차순으로 표시되도록 정렬을 추가하시오.

② 보고서 머리글 높이를 '0'으로 설정하고 페이지 머리글 영역의 [txt제목] 컨트롤에는 [표시 예]와 같이 표시되도록 '컨트롤 원본' 속성을 설정하시오.

  ▶ [표시 예 : 1월 카페창업보고서]

  ▶ Format, Now 함수를 사용하시오.

③ 위생코드 머리글 영역이 항상 표시되게 설정하고 머리글 내용이 변경되기 전에 페이지가 변경될 수 있도록 설정하시오.

④ 위생코드 머리글 영역의 [txt순번] 컨트롤과 본문 영역의 [txt번호] 컨트롤에는 그룹별로 번호가 매겨지도록 '컨트롤 원본' 속성을 설정하시오.

⑤ 보고서 바닥글 영역의 [txt방화평균] 컨트롤에는 '방화시설단계'의 평균 값을 반올림하여 소수점 첫째 자리까지 표시되도록 '컨트롤 원본' 속성을 설정하시오.

  ▶ Round, Avg 함수를 사용하시오.

❷ 〈카페창업현황〉 폼의 [txt조회] 컨트롤에 값을 입력한 다음, [조회(cmd조회)] 단추를 클릭하면 다음과 같은 기능이 수행하는 이벤트 프로시저를 구현하시오. (5점)

▶ [txt조회] 컨트롤이 빈 상태로 [조회(cmd조회)] 단추를 클릭한 경우 "위생코드를 입력하시오."라는 메시지박스를 실행시키고 [txt조회] 컨트롤에 포커스가 위치하게 하고 [txt조회] 컨트롤에 값을 입력하고, [조회(cmd조회)] 단추를 클릭하면 '위생코드' 필드에 대한 데이터가 보이게 설정하시오.

▶ Filter, If, SetFocus, Is 함수를 사용하시오.

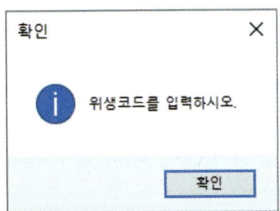

## 문제 ❹ 처리 기능 구현 35점

❶ 〈카페창업〉, 〈카페관리담당자〉, 〈종류별원두〉 테이블을 이용하여 카페명이 "스"를 포함하는 카페명의 일부를 매개 변수로 입력받아 위생단계가 A인 카페를 조회하여 새 테이블로 생성하는 〈청결상급인카페〉 쿼리를 작성하고 실행하시오. (7점)

▶ 쿼리 실행 후 생성되는 테이블의 이름은 〈A급카페〉로 설정하시오.
▶ '위생단계' 필드는 '청결' 필드를 사용하시오.
▶ '지역(구)'는 '지역' 필드의 "서울특별시 강서구"를 제외한 부분을 표시하고 카페코드의 마지막 숫자가 '2~5'인 값을 조회하시오.
▶ Right, Instr, Len, Ltrim 함수를 사용하시오.
▶ 쿼리 실행 결과 생성되는 테이블의 필드는 〈그림〉을 참고하여 수험자가 판단하여 설정하시오.

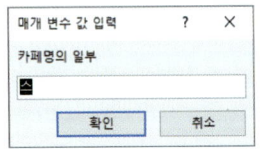 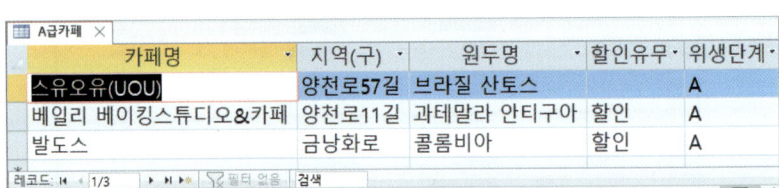

**02** 위생등급이 매우 우수 또는 우수이면서, 인허가일자가 2023년도 이후에 해당하는 카페를 조회하는 〈우수한 카페〉 쿼리를 작성하시오. (7점)

▶ 〈카페창업〉, 〈위생〉 테이블을 이용하시오.
▶ 카페 필드는 '카페명' 필드를 이용하시오.
▶ 등급은 '청결' 필드를 이용하시오.
▶ Left, String, Len 함수와 & 연산자를 사용하시오.
▶ 쿼리 실행 결과 생성되는 테이블의 필드는 〈그림〉을 참고하여 수험자가 판단하여 작성하시오.

| 카페 | 위생등급 | 인허가일자 | 등급 |
|---|---|---|---|
| 브루◆ | 우수 | 2023-01-05 | B등급 |
| 슈가◆◆ | 우수 | 2023-01-06 | C등급 |
| 블랙◆ | 우수 | 2023-01-10 | B등급 |
| 실용◆◆ | 매우 우수 | 2023-02-06 | B등급 |
| 카페◆◆ | 우수 | 2023-02-09 | C등급 |
| 쿠쿠◆◆◆◆ | 우수 | 2023-12-10 | B등급 |

**03** 카페명이 카페 또는 커피로 시작하는 '위생점수'의 평균값을 조회하는 크로스탭 쿼리를 작성하시오. (7점)

▶ 〈카페창업〉 테이블을 이용하시오.
▶ 행머리글의 카페커피는 '카페명' 필드를 이용하시오.
▶ 열머리글은 인허가일자의 연도가 2015년 이전이면 "2015년 이전", 2020년 이전이면 인허가일자의 연도를 나타내고 그 외는 "2021년 이후"로 표시하시오.
▶ 값 영역은 위생점수의 평균값을 구하되 빈칸이면 "*"표시, 빈칸이 아니면 평균값을 소수점 첫째 자리에서 반올림한 값으로 계산하시오.
▶ Switch, Left, Year, Iif, Avg, Is, Round 함수와 Like, & 연산자를 사용하시오.
▶ 쿼리 이름은 〈카페커피의년도별위생점수〉로 지정하시오.
▶ 쿼리 실행 결과 표시되는 필드와 필드명은 〈그림〉과 같이 표시되도록 설정하시오

| 카페커피 | 2015년 이전 | 2017 | 2018 | 2019 | 2020 | 2021년 이후 |
|---|---|---|---|---|---|---|
| 카페* | 141 | 150 | * | 139 | 110 | 135 |
| 커피* | 136 | 90 | 159 | 136 | 119 | 50 |

**04** 지역별 내부면적과 외부면적이 큰 카페를 계산하는 〈상위면적카페〉 쿼리를 작성하시오. (7점)
- ▶ 〈카페창업〉 테이블을 이용하시오.
- ▶ 위생등급은 '위생' 필드를 이용하시오.
- ▶ '총면적 = 내부면적 + 외부면적'으로 계산하고 상위 5위까지 표시하시오.
- ▶ Iif, StrReverse 함수를 사용하시오.
- ▶ 쿼리 실행 결과 표시되는 필드와 필드명은 〈그림〉과 같이 표시되도록 설정하시오.

| 카페 | 지역 | 위생등급 | 내부면적평균 | 최대외부면적 | 총면적 |
|---|---|---|---|---|---|
| 드이사더나어 | 서울특별시 강서구 강서로 | 우수 | 390m² | 103m² | 493m² |
| 젤엔리빌 | 서울특별시 강서구 마곡중앙로 | 좋음 | 319m² | 3m² | 322m² |
| 스우하피커 아시캐 | 서울특별시 강서구 강서로56가길 | 우수 | 284m² | 22m² | 306m² |
| 피커트우바이에 | 서울특별시 강서구 강서로 | 우수 | 265m² | 35m² | 300m² |
| 페카디터스랭 | 서울특별시 강서구 강서로 | 매우 우수 | 230m² | 57m² | 287m² |

**05** 카페명에서 "카페"가 포함된 할인이 가능한 카페의 출고일을 조회하는 〈평균이상면적카페〉 쿼리를 작성하시오. (7점)
- ▶ 〈카페창업〉 테이블을 이용하시오.
- ▶ 내부면적평균과 외부면적평균은 각각의 평균값 이상에 해당하는 값의 평균만을 계산하시오.
- ▶ 출고일은 로스팅날짜의 시간이 오전 8시 전이면 로스팅날짜를 그대로 사용하고, 8시 이후이면 로스팅날짜에 하루를 더한 날짜를 표시하시오.
- ▶ Avg, IIF, Hour 함수와 Like 연산자를 사용하시오.
- ▶ 쿼리 실행 결과 생성되는 필드와 필드명은 〈그림〉과 같이 표시되도록 설정하시오.

| 카페명 | 내부면적평균 | 외부면적평균 | 출고일 |
|---|---|---|---|
| 댓츠카페(That's cafe) | 88.1 | 21.6 | 2024-12-03 |
| 엔카페 | 96.7 | 104.0 | 2024-12-08 |
| 카페 101 | 85.3 | 35.1 | 2024-12-11 |
| 카페 65 | 62.1 | 12.6 | 2024-12-08 |
| 카페 르꼼뚜 | 138.6 | 21.6 | 2024-12-11 |
| 홀론카페(hoLon cafe) | 193.7 | 22.8 | 2024-12-06 |

# 기출 유형 문제 04회  해설

## 문제 ❶ DB 구축  1. 필드 속성 지정 및 테이블 정렬 조건 설정

**|정답|**

- 〈카페창업〉 테이블
  ① '카페코드' 필드의 '입력 마스크' : "CP"000;;*
  ② '카페명' 필드의 '필수' : 예, '빈 문자열 허용' : 아니요
  ③ '로스팅날짜' 필드의 '기본값' : Date()
  ④ '청결' 필드의 '필드 크기' 10, '형식' : 〉
     '위생' 필드의 '필드 크기' 10, '형식' : 〉
  ⑤ [속성 시트]

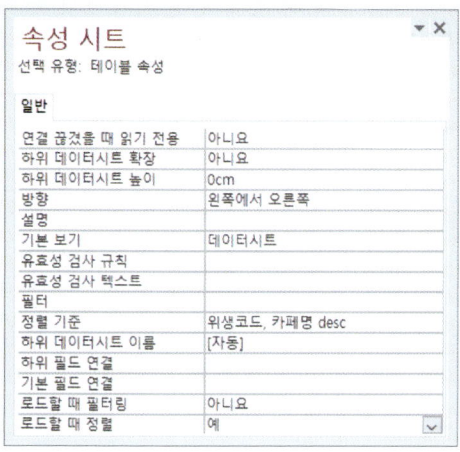

① 〈카페창업〉 테이블을 [디자인 보기] 상태로 연다. '카페코드' 필드를 선택한 후, [속성 시트]의 [일반] 탭의 '입력 마스크'에 "CP"000;;*를 입력한다.

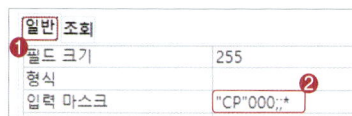

② '카페명' 필드를 선택한 후, [속성 시트]의 [일반] 탭의 '필수'에서 **예**를 선택하고, '빈 문자열 허용'을 **아니요**로 선택한다.

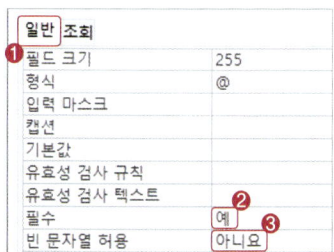

③ '로스팅날짜' 필드를 선택한 후, [속성 시트]의 [일반] 탭의 '기본값'에 Date()를 입력한다.

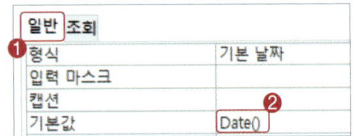

④ '청결' 필드를 선택한 후, [속성 시트]의 [일반] 탭의 '필드 크기'를 10으로, '형식'을 >로 입력한다. 마찬가지로 '위생' 필드도 동일하게 '필드 크기'를 10으로, '형식'을 >로 입력한다.
⑤ [속성 시트]의 '정렬 기준' 칸에 **위생코드, 카페명 desc**를 입력하고, '로드할 때 정렬'을 **예**로 설정한다. [테이블 디자인]의 [닫기]를 누른 후, 나타나는 대화상자에서 [예]를 클릭한다.

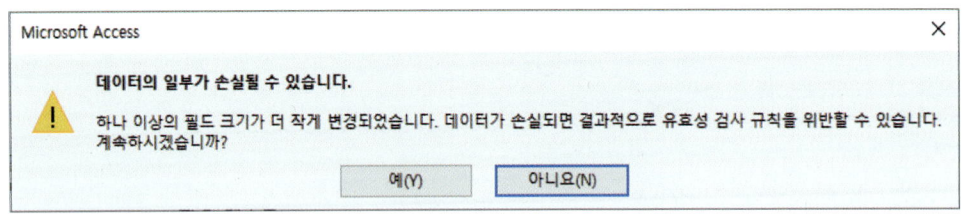

> 🅱 **기적의 TIP**
>
> 테이블을 닫기 또는 저장을 하면 나타나는 대화상자가 표시되므로 [예]를 클릭한다.

---

## 문제 ❶ DB 구축  2. 콤보 상자 컨트롤 설정 및 행 원본 구성

|정답|

〈카페창업〉 테이블에서 '취급원두' 필드의 [조회] 속성

| 일반  조회 | |
|---|---|
| 컨트롤 표시 | 콤보 상자 |
| 행 원본 유형 | 테이블/쿼리 |
| 행 원본 | SELECT 종류별원두.제품코드, 종류별원두.원두명, 종류별원두.판매업체명, 종류별원두.원두가격, 종류별원두.등급 FROM 종류별원두; |
| 바운드 열 | 1 |
| 열 개수 | 5 |
| 열 이름 | 예 |
| 열 너비 | 0cm;4cm;0cm;4cm;4cm |
| 행 수 | 16 |
| 목록 너비 | 12cm |
| 목록 값만 허용 | 예 |
| 여러 값 허용 | 아니요 |
| 값 목록 편집 허용 | 아니요 |
| 목록 항목 편집 폼 | |
| 행 원본 값만 표시 | 아니요 |

① 콤보 상자 행 원본 쿼리 구성 및 필드 추가

- '취급원두' 필드를 선택한 후, [속성 시트]의 [조회] 탭으로 이동한다.
- '컨트롤 표시'를 **콤보 상자**로 변경한다.
- '행 원본 유형'을 **테이블/쿼리**로 변경한다.
- '행 원본' 오른쪽의 [자세히] 버튼을 클릭한다.
- 쿼리 작성기의 [테이블 추가] 창에서 〈종류별원두〉를 더블클릭한다.
- 디자인 눈금에 '제품코드', '원두명', '판매업체명', '원두가격', '등급' 필드를 차례로 더블클릭하여 추가한다.

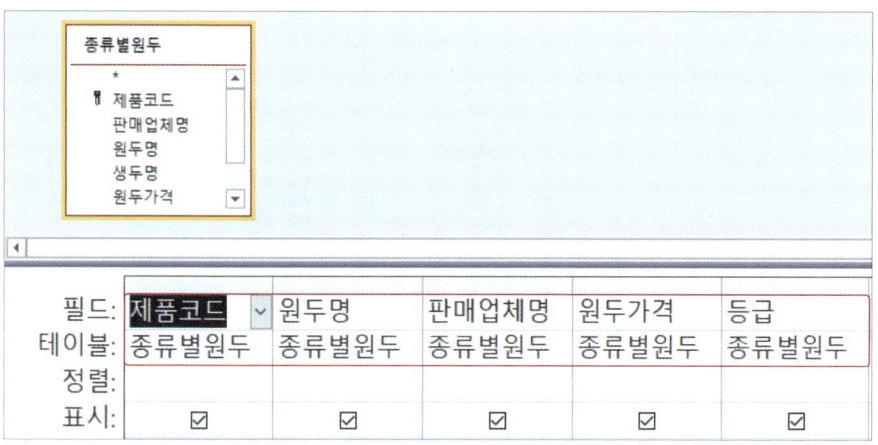

- 추가를 완료한 후 창을 닫는다.
- 이 과정을 거치면 '행 원본'이 다음과 같이 자동 변경된다.

    SELECT 종류별원두.제품코드, 종류별원두.원두명, 종류별원두.판매업체명, 종류별원두.원두가격, 종류별원두.등급 FROM 종류별원두;

② 콤보 상자 열 속성 및 목록 설정

- 선택된 값으로 '제품코드'를 저장할 것이므로 '바운드 열'은 1로 설정한다.
- 콤보 상자에 5개의 필드를 포함했으므로 '열 개수'는 5로 입력한다.
- '열 이름'은 **예**로 설정한다.
- '제품코드'와 '판매업체명' 필드는 숨겨야 하므로 '열 너비'에 이 두 열의 너비를 0으로 설정하는, **0;4;0;4;4**를 입력한다.
- '목록 너비'는 12로 입력한다.
- '목록 값만 허용'은 **예**로 설정한다.

> 🔑 기적의 TIP
>
> 열 너비를 설정할 때 표시되지 않아야 하는 필드의 너비는 0으로 설정한다. 나머지 열 너비는 목록 너비 안에서 배분한다.

## 문제 ❶ DB 구축  3. 테이블 간 관계 설정 및 참조 무결성 적용

**|정답|**

- 〈종류별원두〉, 〈카페창업〉의 관계 편집

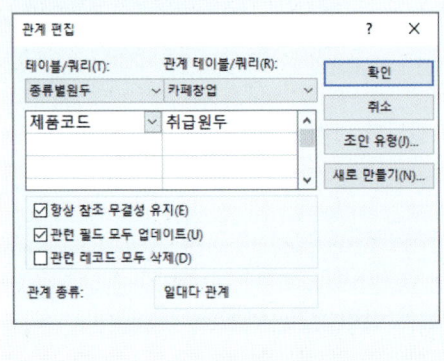

- 〈종류별원두〉, 〈카페창업〉의 관계도

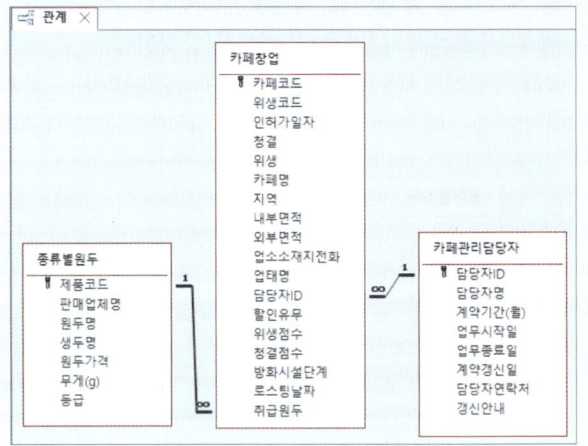

① [데이터베이스 도구] 탭의 [관계]에서 [관계]를 클릭한 후, '관계' 창의 빈 화면에서 마우스 오른쪽 버튼을 눌러 [테이블 표시]를 클릭한다.
② 〈카페창업〉 테이블은 이미 표시되어 있으므로 [테이블 추가]에서 〈종류별원두〉 테이블을 더블클릭하여 추가한다.
③ 〈종류별원두〉 테이블의 '제품코드' 필드를 선택한 후, 〈카페창업〉 테이블의 '취급원두' 필드로 드래그한다. [관계 편집]에서 **항상 참조 무결성 유지**와 **관련 필드 모두 업데이트**에 체크한 후 [만들기]를 클릭한다.
④ 이미 설정되어 있는 관계는 그대로 둔다.
⑤ [관계 디자인]의 [닫기]를 누른 후, 저장 대화상자에서 [예]를 클릭하여 저장한다.

> 🅕 **기적의 TIP**
>
> **관계 설정 시 주의 사항**
> - 관계 선을 드래그해서 작성할 때 위치는 중요하지 않다(문제 순서대로 작성하면 쉬움).
> - 지시사항대로만 작성한다.
> - 관계 설정 시 오류 메시지가 나타나면 관련 테이블의 필드의 기본키 설정이나 인덱스 속성을 체크한다.
> - 이미 설정된 관계는 수정하지 않는다.

# 문제 ② 입력 및 수정 기능 구현   1. 상·하위 폼 속성 연결 및 계산 필드 설정

|정답|

①-1

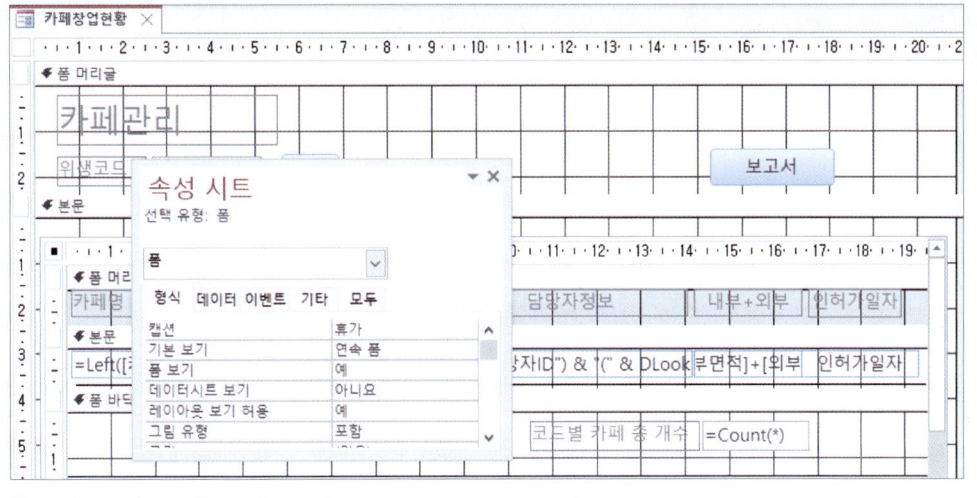

①-2

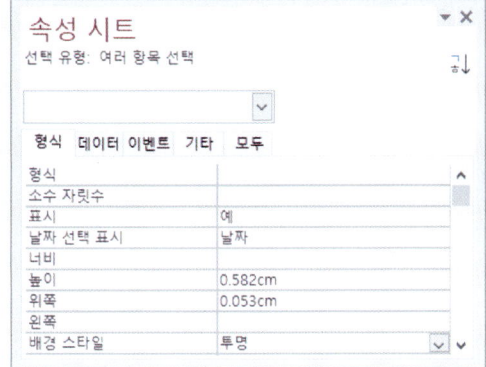

②

③-1

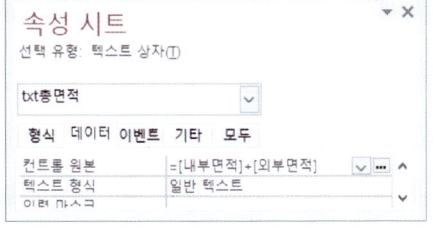

③-2

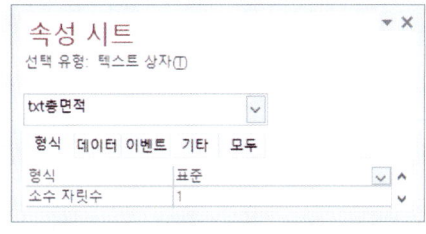

① 폼 보기 설정 및 배경 스타일 적용
- 〈카페창업현황〉 폼의 [디자인 보기(⌨)]를 클릭한다.
- 〈하위 폼〉의 [폼 속성] 단추를 클릭한 후 [속성 시트]의 [형식] 탭의 '기본 보기'를 **연속 폼**으로 설정한다.
- 〈하위 폼〉의 본문 컨트롤을 모두 클릭한 후 [속성 시트]의 [형식] 탭의 '배경 스타일'을 **투명**으로 설정한다.

② 담당자 정보 조회 수식 설정

- [txt담당자정보] 컨트롤을 선택하고, [속성 시트]의 [데이터] 탭을 클릭한 후 '컨트롤 원본'에 아래의 식을 입력한다.

|조건식|

=IIf([담당자ID]<>"",DLookUp("담당자명","카페관리담당자","담당자ID=forms!카페창업현황!세부사항!담당자ID") & "(" & DLookUp("담당자연락처","카페관리담당자","담당자ID=forms!카페창업현황!세부사항!담당자ID") & ")","")

🅿️ 기적의 TIP

- 담당자ID 필드가 폼에 나타나 있지 않기 때문에 원본 테이블에 담당자ID 필드가 있는지를 찾는다(상위 폼의 〈카페창업〉 테이블에는 담당자ID 필드가 존재).
- 담당자ID와 담당자명, 담당자연락처가 동시에 있는 원본 테이블을 찾는다(카페관리담당자 테이블).
- 상위 폼과 하위 폼의 연결된 담당자ID를 찾아야 하므로 **상위폼!하위 폼!필드** 형식으로 입력한다.

③ 총면적 계산식 및 형식 지정

- [txt총면적] 컨트롤을 선택하고, [속성 시트]의 [데이터] 탭을 클릭한 후 '컨트롤 원본'에 **=[내부면적]+[외부면적]**을 입력한다.
- [속성 시트]의 [형식] 탭을 클릭하여 '형식'을 **표준**으로 설정하고, '소수자릿수'에 1을 입력한다.

| 문제 ❷ 입력 및 수정 기능 구현 | 2. 조건부서식을 활용한 서식 자동화 |

|정답|

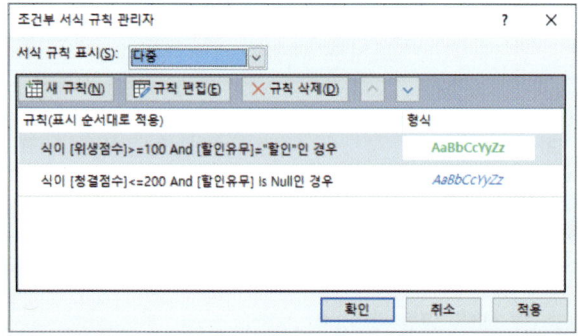

① 〈하위 폼〉 본문 영역의 전체 컨트롤을 선택한 후 [서식] 탭의 [컨트롤 서식]에서 [조건부서식]을 클릭한다.
② [조건부서식 규칙 관리자] 대화상자에서 [새 규칙]을 클릭한 후 '다음과 같은 셀만 서식 설정' 항목에서 **식이**를 선택하고, **[위생점수]>=100 And [할인유무]="할인"**을 입력한다. 글꼴의 '스타일'은 **굵게**, '색'은 RGB(93,213,96)으로 지정한 후 [확인]을 클릭한다.
③ [새 규칙]을 다시 클릭한 후 '다음과 같은 셀만 서식 설정' 항목에서 **식이**를 선택하고, **[청결점수]<=200 And [할인유무] Is Null**을 입력한다. 글꼴의 '스타일'은 **기울임**, '색'은 **파랑**으로 지정한 후 [확인]을 클릭한다.

**문제 ❷ 입력 및 수정 기능 구현**    3. 매크로를 이용한 조건부 보고서 출력 기능 구현

| 정답 |

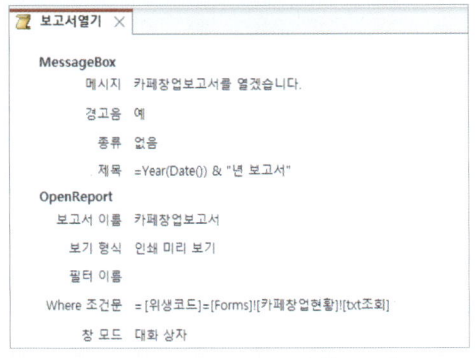

① [만들기]의 [매크로 및 코드]에서 [매크로(□)]를 클릭하여 함수 MessageBox를 추가한다.
② '메시지'에는 **카페창업보고서를 열겠습니다.**를 입력하고, '제목'에는 **=Year(Date()) & "년 보고서"**를 입력한다.
③ 새 함수로 OpenReport를 추가한다.
④ '보고서 이름'은 **카페창업보고서**로 설정하고, '보기 형식'은 **인쇄 미리 보기**로 설정한다. 'Where 조건문'에는 **[위생코드]=[Forms]![카페창업현황]![txt조회]**를 입력하고, '창 모드'는 **대화 상자**로 설정한다. **보고서열기**로 저장한 후 닫는다.
⑤ 〈카페창업현황〉 폼의 [디자인 보기(□)]에서 [cmd보고서] 컨트롤의 [속성 시트(□)] [이벤트]를 클릭한다. [On Click]의 목록에서 '보고서열기'를 선택한다.

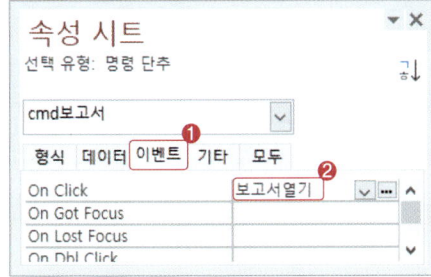

> 🅑 **기적의 TIP**
> • 매크로 확인의 〈카페관리〉폼에서 위생코드(AAA)를 입력한 후 〈조회〉 버튼을 누르고 〈보고서〉 단추를 클릭한다.
> • 매크로에서도 조건을 달 수 있는데, 시험에선 "특정 조건일 때만 보고서 열기" 같은 응용 문제로 나올 수 있다.

## 문제 ❸ 조회 및 출력 기능 구현    1. 보고서 그룹 설정 및 평균값·순번 필드 작성

**|정답|**

①

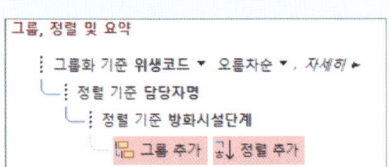

②-1

②-2

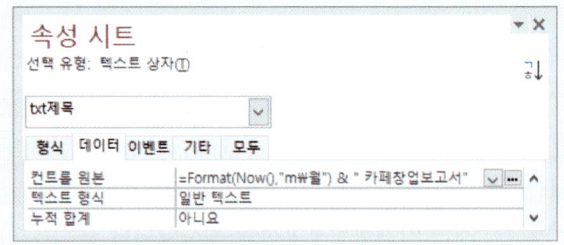

③

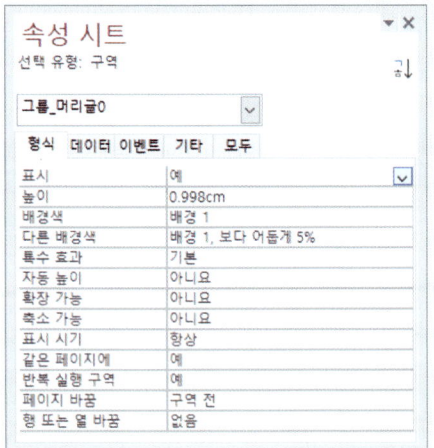

④

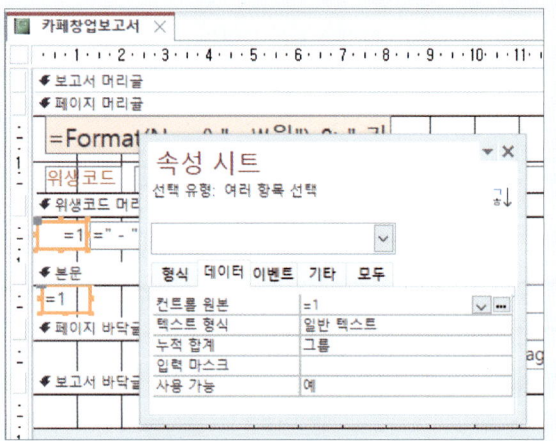

⑤

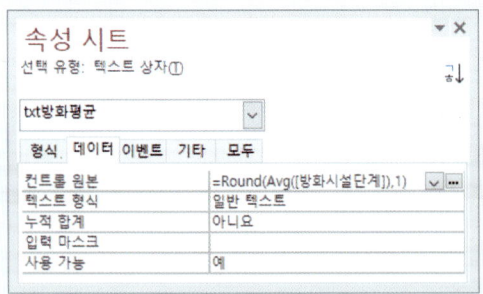

① 보고서 정렬 및 그룹화 설정
- 〈카페창업보고서〉 보고서에서 마우스 오른쪽 버튼을 누르고 [디자인 보기]를 클릭한다.
- [보고서 디자인] 탭의 [그룹화 및 요약]에서 [그룹화 및 정렬]을 클릭한다.
- '그룹화 기준'은 **위생코드**, '정렬방식'은 **오름차순**으로 지정하고 [정렬 추가]를 클릭한다.
- '정렬기준'은 **담당자**로 지정하고 [정렬 추가]를 클릭한다. 이어서 '정렬기준'은 **방화시설단계**로 지정하고 [정렬 추가]를 클릭한다.

② 제목 컨트롤 및 머리글 설정
- [보고서_머리글]을 선택하고, [속성 시트]의 [형식] 탭의 '높이'를 0으로 입력한다.
- [txt제목] 컨트롤을 선택한 후 [속성 시트]의 [데이터] 탭을 클릭하여 '컨트롤 원본'에 =Format(Now(),"m₩월") & " 카페창업보고서"를 입력한다.

③ 그룹 머리글 반복 및 페이지 나눔 설정
- [위생코드 머리글] 영역은 보고서 디자인 보기 상태에서는 **그룹_머리글0**으로 표시되므로 [그룹_머리글0]을 선택한 후 [속성 시트]의 [형식] 탭에서 '반복 실행 구역'을 **예**로 설정하고, '페이지 바꿈'을 **구역 전**으로 설정한다.

④ 순번 필드 설정
- [txt순번] 컨트롤과 [txt번호] 컨트롤을 동시에 선택한 후 [속성 시트]의 [데이터] 탭을 클릭한다.
- '컨트롤 원본'을 =1로 입력하고, '누적 합계'를 **그룹**으로 설정한다.

⑤ 방화시설 평균값 계산식 설정
- [tx방화평균] 컨트롤을 선택하고, [속성 시트]의 [데이터] 탭을 클릭한다.
- '컨트롤 원본'을 =Round(Avg([방화시설단계]),1)로 입력한다.

## 문제 ❸ 조회 및 출력 기능 구현    2. 버튼 클릭 시 조건부 보고서 출력 코드 연결

|정답|

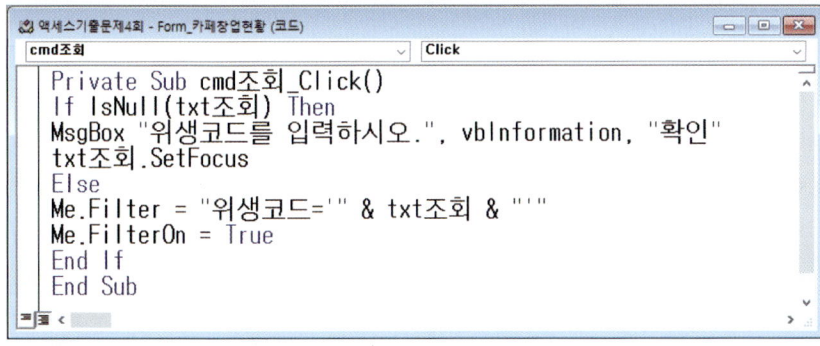

① 〈카페창업현황〉 폼의 [cmd조회] 버튼을 선택한다.
② [속성 시트]의 [이벤트] 탭을 클릭하고, 'On Click'의 [이벤트 프로시저] 항목에서 [식 작성기(...)]를 클릭한다.

③ VBE 창에 아래의 코드를 입력한다.

| 코드

```
If IsNull(txt조회) Then
MsgBox "위생코드를 입력하시오.", vbInformation, "확인"
txt조회.SetFocus
Else
Me.Filter = "위생코드='" & txt조회 & "'"
Me.FilterOn = True
End If
```

### 💬 코드 설명

- If IsNull(txt조회) Then
  → 텍스트박스 txt조회가 비어 있으면(Null) 아래 코드를 실행한다.
- MsgBox "위생코드를 입력하시오.", vbInformation, "확인"
  → 메시지 박스로 안내 문구를 띄운다.
  → vbInformation은 아이콘(정보 아이콘)을 표시하고, "확인"은 메시지창의 제목으로 표시된다.
- txt조회.SetFocus
  → 입력창(txt조회)에 포커스를 다시 돌려 준다.
  → 사용자가 바로 값을 입력할 수 있도록 위치를 지정하는 구문이다.
- Else ~ End If
  → txt조회에 값이 있을 경우 실행되는 부분이다.
  → 현재 폼(Me)의 데이터에서 위생코드가 입력값과 일치하는 레코드만 표시하도록 필터를 설정한다.
  → Me.FilterOn = True로 설정해야 필터가 실제로 적용된다.

## 문제 ❹ 처리 기능 구현  1. 조건 기반 테이블 생성 쿼리 작성

| 정답

**청결상급인카페**

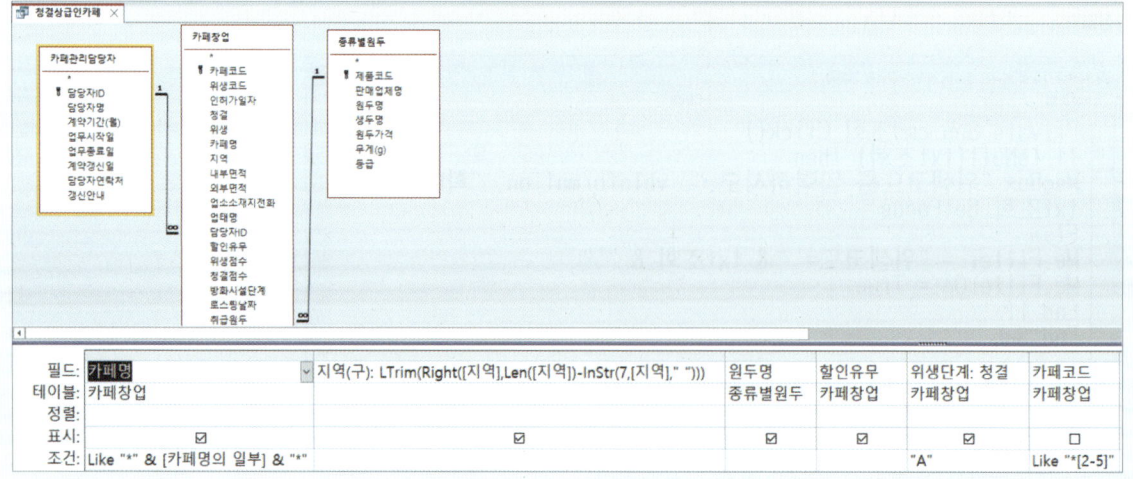

① [만들기] 탭의 [쿼리]에서 [쿼리 디자인]을 클릭하고, [테이블 추가]에서 〈카페관리담당자〉, 〈카페창업〉, 〈종류별원두〉를 더블클릭한 후 [닫기] 버튼을 클릭한다.
② '카페명', '지역', '원두명', '할인유무', '청결' 필드를 차례대로 디자인 눈금에 배치한다.
③ 첫 번째 필드에서 카페명의 '조건'에 Like "*" & [카페명의 일부] & "*"를 입력한다.
④ 두 번째 필드에는 **지역(구): LTrim(Right([지역],Len([지역])-Instr(7,[지역]," ")))**를 입력한다.

> 💬 조건식 설명
> - LTrim([필드]) : 왼쪽의 빈칸을 제거
> - Len([필드]) : 글자의 수
> - Instr(시작위치, [필드], "찾을문자") : 시작위치부터 찾을 문자의 위치

⑤ 다섯 번째 필드의 이름을 **위생단계: 청결**로 변경하고, 조건 칸에 "A"를 입력한다.
⑥ 조건을 작성하기 위해 '카페코드' 필드를 배치하고 '조건'에 Like "*[2-5]"를 입력한 후, 표시는 체크 해제한다.
⑦ [쿼리 디자인] 탭의 [표시/숨기기]에서 [테이블 만들기]를 클릭하고, '테이블 이름'을 **A급카페**로 입력한 후 [확인]을 클릭한다.

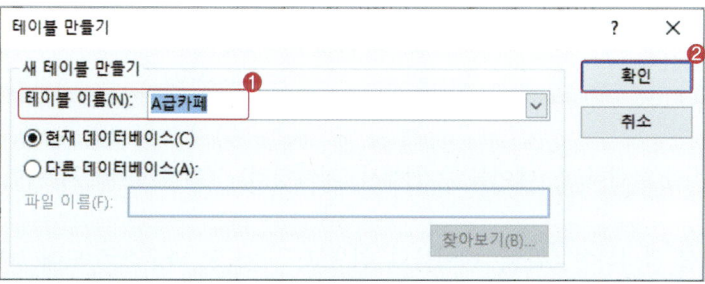

⑧ 실행 버튼을 클릭하고 매개변수가 나타나면 "스"를 입력하여 〈A급카페〉 테이블을 생성한다.
⑨ **청결상급인카페**라는 이름으로 쿼리를 저장한다.

> 🅑 기적의 TIP
> 테이블 만들기 쿼리는 반복해서 실행하면 이미 만들어진 테이블을 제거한 다음 다시 생성된다.

## 문제 ④ 처리 기능 구현 — 2. 조건 필터 및 텍스트 마스킹을 활용한 출력

|정답|

**우수한카페**

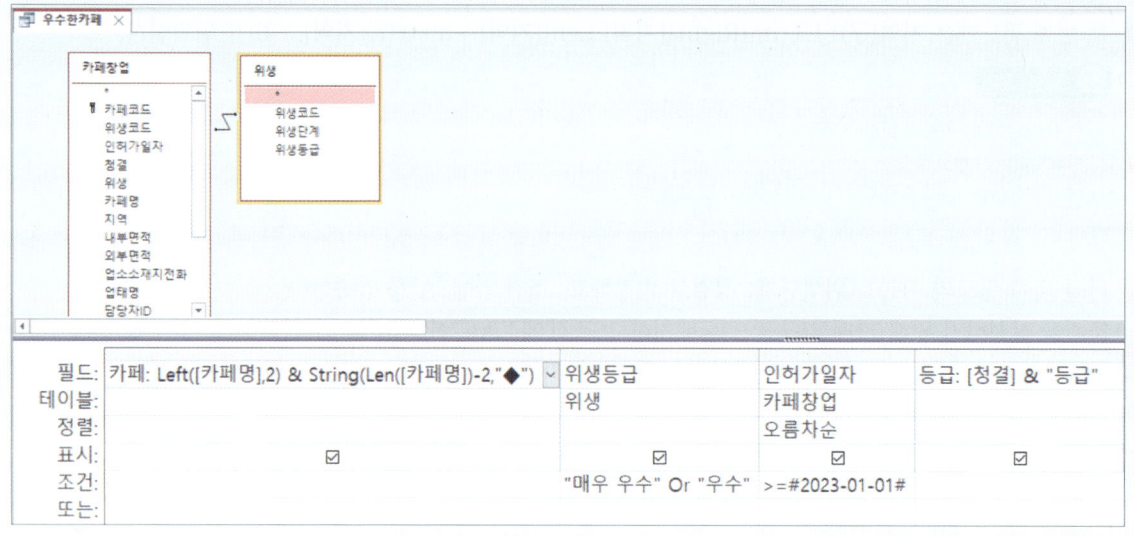

① [만들기] 탭의 [쿼리]에서 [쿼리 디자인]을 클릭하고, [테이블 추가]에서 〈카페창업〉, 〈위생〉을 더블클릭한 후 [닫기] 버튼을 클릭한다.
② 〈카페창업〉 테이블의 '위생코드' 필드를 클릭하여 〈위생〉 테이블의 '위생코드' 필드로 마우스로 드래그해서 관계를 설정한다.
③ '카페명', '위생등급', '인허가일자', '청결' 필드를 차례대로 디자인 눈금에 배치한다.
④ 첫 번째 필드에는 **카페: Left([카페명],2) & String(Len([카페명])-2,"◆")**를 입력한다.

> 🗨 **함수 설명**
>
> 카페 필드는 카페명을 두 글자만 표시하고 나머지는 ◆로 표시하는데, 전체 글자 수에서 2를 뺀 만큼 ◆을 반복 출력한다.

⑤ 두 번째 필드 **위생등급**의 '조건'에 **"매우 우수" Or "우수"**를 입력한다.
⑥ 세 번째 필드 **인허가일자**의 '조건'에 **>=#2023-01-01#**을 입력하고, 정렬을 **오름차순**으로 설정한다.
⑦ 네 번째 필드에는 **등급: [청결] & "등급"**을 입력하고, 오른쪽 맞춤을 하기 위해 [속성 시트]의 [일반] 탭의 '형식'을 0으로 입력한다.
⑧ **우수한카페**라는 이름으로 쿼리를 저장한다.

## 문제 ④ 처리 기능 구현  3. 크로스탭 쿼리를 활용한 위생점수 통계 처리

|정답|

**카페커피의년도별위생점수**

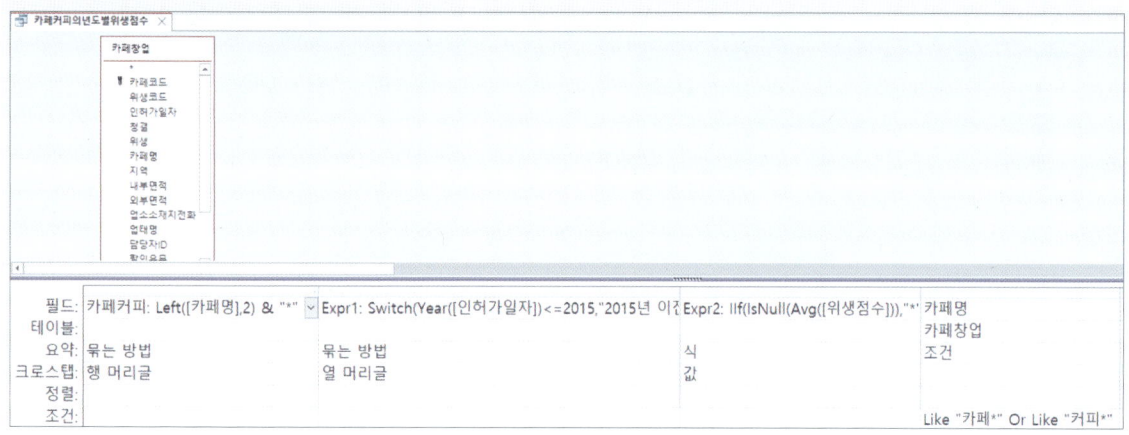

① [만들기] 탭의 [쿼리]에서 [쿼리 디자인]을 클릭하고, [테이블 추가]에서 〈카페창업〉을 더블클릭한 후 [닫기] 버튼을 클릭한다.
② [쿼리 디자인]의 [쿼리 유형]에서 [크로스탭]을 클릭한다.
③ '카페명', '인허가일자', '위생점수' 필드를 차례대로 배치한 후 각각 '행 머리글', '열 머리글', '값'으로 설정한다.
④ 행 머리글 필드에는 **카페커피: Left([카페명],2) & "*"**를 입력한다.
⑤ 열 머리글에는 Switch(Year([인허가일자])<=2015,"2015년 이전",Year([인허가일자])<=2020,Year([인허가일자]),True,"2021년 이후")를 입력한다. 필드 이름은 자동으로 Expr1로 정의된다.
⑥ 값 필드에는 IIf(IsNull(Avg([위생점수])),"*",Round(Avg([위생점수]),0))을 입력한다. 필드 이름은 자동으로 Expr2로 정의된다. '요약'은 **식**으로 설정하고, [속성 시트]의 [일반] 탭의 '형식'에 0을 입력한다.
⑦ 조건을 작성하기 위해 '카페명' 필드를 배치하고 '조건'에 Like **"카페*" Or Like "커피*"**를 입력한 후, '요약'을 **조건**으로 설정한다.
⑧ **카페커피의년도별위생점수**라는 이름으로 쿼리를 저장한다.

## 문제 ❹ 처리 기능 구현   4. 집계 및 가공 필드를 포함한 다단 쿼리 작성

|정답|
상위면적카페

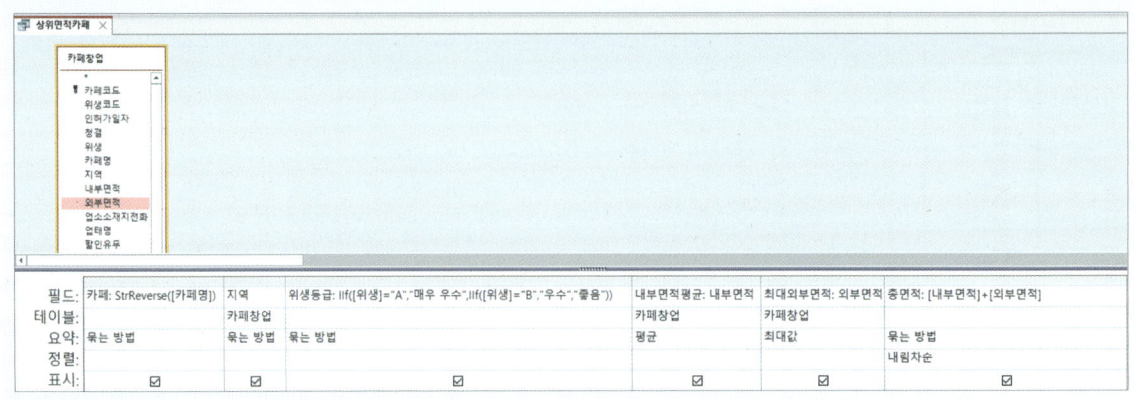

① [만들기] 탭의 [쿼리]에서 [쿼리 디자인]을 클릭하고, [쿼리 디자인] 탭의 [표시/숨기기]에서 [요약]을 클릭한다.
② [테이블 추가]에서 〈카페창업〉을 더블클릭한 후 [닫기] 버튼을 클릭한다.
③ 디자인 눈금의 첫 번째 필드에 **카페: StrReverse([카페명])**을 입력한다.

> 💬 **함수 설명**
> 
> StrReverse([필드])는 값의 순서를 좌우로 반전한다.

④ 두 번째 필드에 '지역' 필드를 배치한다.
⑤ 세 번째 필드에 **위생등급: IIf([위생]="A","매우 우수",IIf([위생]="B","우수","좋음"))**을 입력한다.

> 💬 **함수 설명**
> 
> '위생' 필드를 이용해 "매우 우수", "우수", "좋음"으로 표시하기 위해 규칙을 찾는다.

⑥ 네 번째 필드에 '내부면적' 필드를 배치하고, '필드 이름'을 **내부면적평균**으로 정의한다. '요약'을 **평균**으로 변경하고, [속성 시트]의 [일반] 탭의 '형식'에는 0m²를 입력한다.

⑦ 다섯 번째 필드에 '외부면적' 필드를 배치하고, '필드 이름'을 **최대외부면적**으로 정의한다. '요약'을 **최대값**으로 변경하고, [속성 시트]의 [일반] 탭의 '형식'에는 0m²를 입력한다.

⑧ 여섯 번째 필드에 **총면적: [내부면적]+[외부면적]**을 입력하고, 정렬을 **내림차순**으로 설정한다. [속성 시트]의 [일반] 탭의 '형식'에는 0m²를 입력한다.
⑨ 테이블 [속성 시트]에서 상위 값에 **5**를 입력한다.
⑩ **상위면적카페**라는 이름으로 쿼리를 저장한다.

## 문제 ❹ 처리 기능 구현    5. 평균 이상 조건 및 하위 쿼리를 활용한 필터링

**|정답|**

**평균이상면적카페**

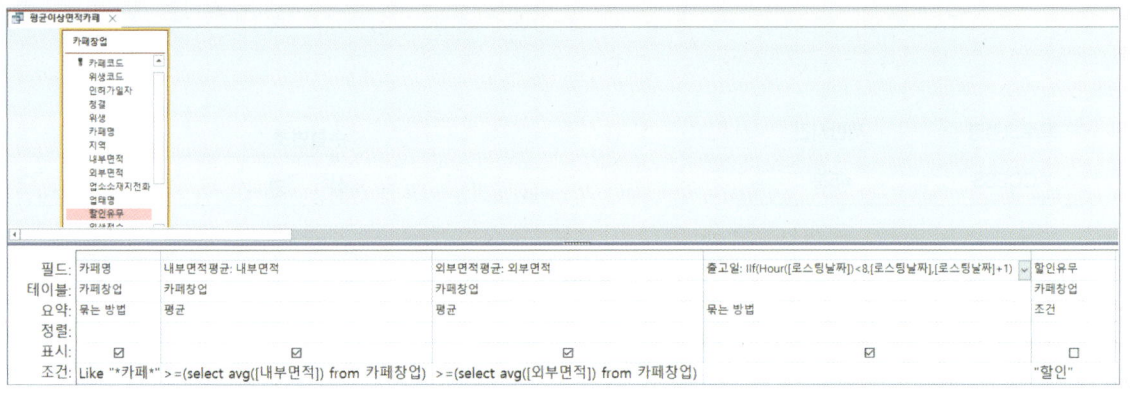

① [만들기] 탭의 [쿼리]에서 [쿼리 디자인]을 클릭하고, [쿼리 디자인] 탭의 [표시/숨기기]에서 [요약]을 클릭한다.
② [테이블 추가]의 [테이블] 탭에서 〈카페창업〉을 더블클릭한 후 [닫기] 버튼을 클릭한다.
③ 디자인 눈금의 첫 번째 필드에 '카페명'을 배치하고, '조건'에 Like "*카페*"를 입력한다.
④ 두 번째 필드에 '내부면적' 필드를 배치한 후, '요약'을 **평균**으로 설정하고, '필드 이름'은 **내부면적평균**으로 변경한다. '조건'에는 **>=(SELECT AVG([내부면적]) FROM 카페창업)**을 입력하고, [속성 시트]의 [일반] 탭의 '형식'에는 0.0을 입력한다.
⑤ 세 번째 필드에 '외부면적' 필드를 배치한 후, '요약'을 **평균**으로 설정하고, '필드 이름'은 **외부면적평균**으로 변경한다. '조건'에는 **>=(SELECT AVG([외부면적]) FROM 카페창업)**을 입력하고, [속성 시트]의 [일반] 탭의 '형식'에는 0.0을 입력한다.

> **기적의 TIP**
> • 내부면적의 값이 내부면적 평균값 이상인 조건식을 작성하려면 하위 쿼리 형식으로 작성한다.
> • 조건에 Avg 같은 집계함수를 직접 사용할 수 없으므로 **(SELECT AVG([필드]) FROM 테이블)** 구조로 작성한다.

⑥ 네 번째 필드에 **출고일: IIf(Hour([로스팅날짜])<8,[로스팅날짜],[로스팅날짜]+1)**을 입력하고, [속성 시트]의 [일반] 탭의 '형식'은 **간단한 날짜**로 설정한다.
⑦ 다섯 번째 필드에 '할인유무' 필드를 배치하고, '조건'에 **"할인"**을 입력한 다음, '요약'은 **조건**으로 설정한다.
⑧ **평균이상면적카페**라는 이름으로 쿼리를 저장한다.

# 기출 유형 문제 05회

| 프로그램명 | 제한시간 | 수험번호 : |
|---|---|---|
| ACCESS | 45분 | 성  명 : |

## 유의사항

- 인적 사항 누락 및 잘못 작성으로 인한 불이익은 수험자 책임으로 합니다.

- 화면에 암호 입력창이 나타나면 아래의 암호를 입력하여야 합니다.
  ○ 암호 :

- 작성된 답안은 경로 및 파일명을 변경하지 마시고 그대로 저장하여야 합니다. 이를 준수하지 않으면 실격 처리됩니다.
  ○ 답안 파일명의 예 : C:₩DB₩수험번호 8자리.accdb

- 외부데이터 위치 : C:₩DB₩파일명

- 별도의 지시사항이 없는 경우, 다음과 같이 처리하면 실격 처리됩니다.
  ○ 제시된 개체의 이름을 임의로 변경한 경우
  ○ 제시된 개체의 속성을 임의로 변경한 경우
  ○ 제시된 개체를 임의로 삭제하거나 추가한 경우

- 별도의 지시사항이 없는 경우, 기능의 구현은 모듈이나 매크로 등을 이용하며, 예외적인 상황에 대해서는 고려하지 않아도 됩니다.

- 제시된 함수가 있을 경우 제시된 함수만을 사용하여야 하며, 그 외 함수를 사용 시 채점 대상에서 제외됩니다.

- 별도의 지시사항이 없는 경우, 주어진 각 개체의 속성은 설정값 또는 기본 설정값(Default)으로 처리하십시오.

- 제시된 화면은 예시이며 나타난 값은 실제와 다를 수 있습니다.

- 저장 시간은 별도로 주어지지 아니하므로 제한된 시간 내에 저장을 완료하여야 합니다.

- 출제된 문제의 용어는 MS Office Professional Plus 2021을 기준으로 작성되었습니다.

대한상공회의소

## 문제 ❶  DB 구축   25점

**01** 대학생의 수강과목을 관리하기 위한 데이터베이스를 구축하고자 한다. 다음의 지시사항에 따라 각 테이블을 완성하시오. (각 3점)

- ■ 〈학생〉 테이블
① '성별' 필드를 텍스트 상자로 변경하고, Yes인 경우 "남", No인 경우 "여"로 표시될 수 있게 형식을 설정하시오.
  ▶ 기본값은 "남"으로 설정하시오.
② '이메일' 필드의 값에서 "@" 앞뒤에는 한 글자가 반드시 오도록 유효성검사규칙을 설정하고, 입력할 때 기본으로 영숫자 반자로 입력되도록 설정하시오.
③ '평점' 필드는 크기를 바이트로 설정하고, 입력하지 않아도 자동으로 0으로 입력되게 설정하시오.

- ■ 〈수강신청〉 테이블
④ '과목코드' 필드는 'CS01' 형식으로 입력되도록 다음과 같이 설정하시오.
  ▶ 대문자 두 글자와 숫자 두 자는 반드시 입력될 수 있도록 설정하시오.
⑤ 로드 시 '수강번호' 필드 기준으로 오름차순 정렬하도록 설정하시오.

**02** 〈수강신청〉 테이블의 '학번' 필드에 대해 다음과 같이 조회 속성을 설정하시오. (5점)
- ▶ 〈학생〉 테이블의 '학번', '성명', '평점'을 콤보 상자의 형태로 표시되도록 설정하시오.
- ▶ 필드에는 '학번'이 저장되도록 하시오.
- ▶ '학번'과 '평점'이 표시되도록 열 너비를 설정하고 목록 너비를 6cm로 설정하시오.

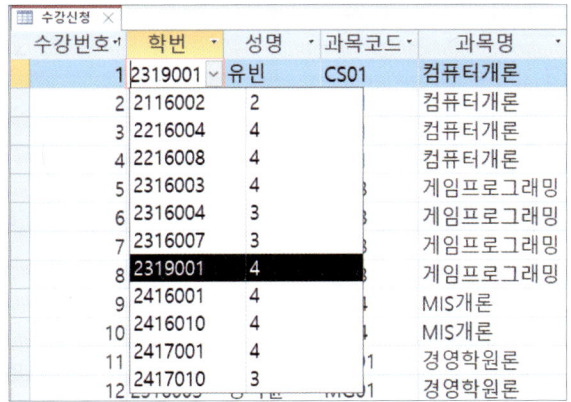

**03** 〈성적〉 테이블의 '과목코드' 필드는 〈과목〉 테이블의 '과목코드' 필드를 참조하고 〈학생〉 테이블의 '학번' 필드는 〈성적〉 테이블의 '학번' 필드를 참조하며, 테이블 간의 관계는 1:M이다. 두 테이블에 대해 다음과 같이 관계를 설정하시오. (5점)

⚠ 액세스 파일에 이미 설정되어 있는 관계는 수정하지 말 것
- ▶ 테이블 간에 항상 참조 무결성이 유지되도록 설정하시오.
- ▶ 참조 필드의 값이 변경되면 관련 필드의 값도 변경되도록 설정하시오.
- ▶ 다른 테이블에서 참조하고 있는 레코드는 삭제할 수 없도록 설정하시오.

## 문제 ❷  입력 및 수정 기능 구현     20점

**01** 〈학생조회〉 폼을 다음의 화면과 지시사항에 따라 완성하시오. (각 3점)

① 하위 폼인 〈수강신청〉 폼의 본문 영역의 탭 순서를 왼쪽에서 오른쪽 순서로 변경하고, 하위 폼 머리글과 하위 폼 본문에 있는 컨트롤을 위쪽 맞춤하고 가로 간격을 모두 같게 설정하시오.

② 폼 머리글에 [txt주소일부] 컨트롤에는 '주소' 필드에서 쉼표 다음 문자를 [표시 예]와 같이 설정하시오.
   ▶ [표시 예 : 서울특별시 강남구,현대 → 현대고등학교]
   ▶ Right, Len, Instr 함수와 & 연산자를 사용하시오.

③ 폼 머리글의 [txt수강] 컨트롤은 포커스는 이동할 수 있지만 편집은 할 수 없도록 설정하시오.

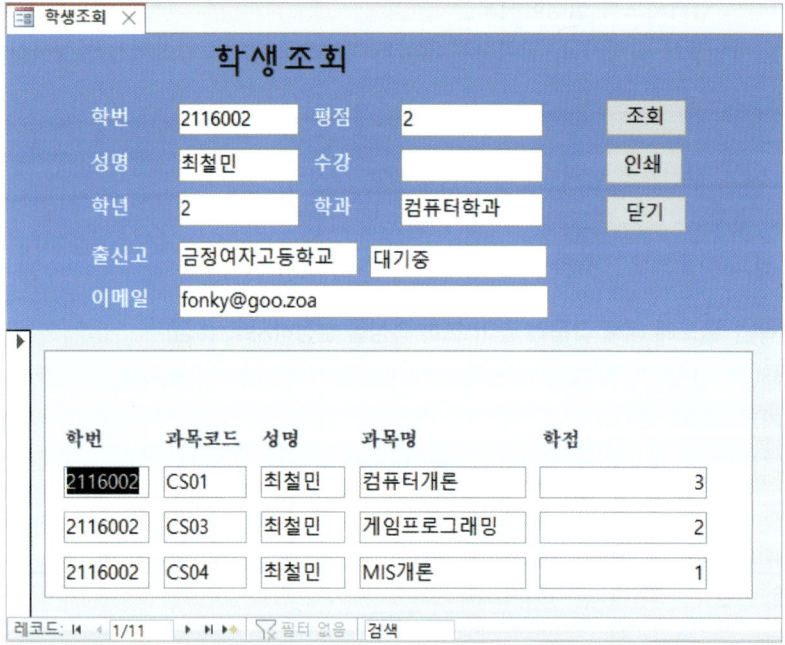

**02** 〈학생조회〉 폼의 [txt신청완료] 컨트롤에는 '신청완료' 필드의 값이 Yes이면 "신청완료", No이면 "대기중"이 표시되도록 계산하시오. (6점)

   ▶ IIf 함수를 사용하시오.

**03** 〈학생조회〉 폼의 [인쇄(cmd인쇄)] 단추를 클릭하면 〈시험성적보고〉 보고서를 '인쇄 미리 보기' 형태로 여는 〈보고서보기〉 매크로를 생성하여 지정하시오. (5점)

   ▶ [txt학번] 컨트롤에 입력된 학번에 해당하는 레코드만 표시하시오.

## 문제 ❸ 조회 및 출력 기능 구현          20점

**01** 다음의 지시사항 및 화면을 참조하여 〈시험성적보고〉 보고서를 완성하시오. (각 3점)

① 동일한 '성명' 필드에서 '성적' 필드 기준으로 내림차순으로 정렬하여 표시하고, 그룹 머리글 구역과 보고서 바닥글 구역은 디자인 보기에서는 표시되지만 보고서가 로드될 때는 표시하지 마시오.

② [txt학과], [txt학년] 컨트롤에는 각각 '학과'와 '학년' 필드를 바운드시키시오.

③ [txt과목명]은 [표시 예]와 같이 [과목명(과목코드)]와 같은 형식으로 표시되도록 설정하시오.
   ▶ [표시 예 : 데이터베이스(CS01)]

④ 'txt순번' 필드의 값은 전체 레코드에 대한 순번이 표시되도록 설정하시오.

⑤ 페이지 바닥글 영역의 [txt페이지] 컨트롤에는 페이지가 [표시 예]와 같이 표시되도록 설정하시오.
   ▶ [표시 예 : (현재1쪽)/(전체2쪽)]

**02** 〈학생조회〉 폼의 [txt평점] 컨트롤에 커서가 위치(On Got Focus)하면 평점에 따라 메시지박스가 실행되도록 이벤트 프로시저를 구현하시오. (5점)

▶ 평점이 4인 경우 "우수", 3인 경우 "보통", 2인 경우 "노력" 그 외의 경우 "재시험"으로 표시하시오.
▶ 제목의 날짜는 현재 날짜의 월로 표시하시오.
▶ Select Case문을 사용하시오.

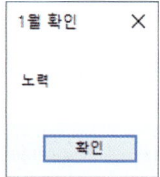

## 문제 ❹  처리 기능 구현                                                                                   35점

**01** 〈학생〉, 〈성적〉 테이블을 이용하여 성적의 최대값이 100인 학생의 〈학생〉 테이블의 '비고' 필드의 값을 '우등생'으로 변경하는 〈우등생확인〉 업데이트 쿼리를 작성한 후 실행하시오. (7점)

▶ In 연산자와 하위 쿼리를 사용하시오.

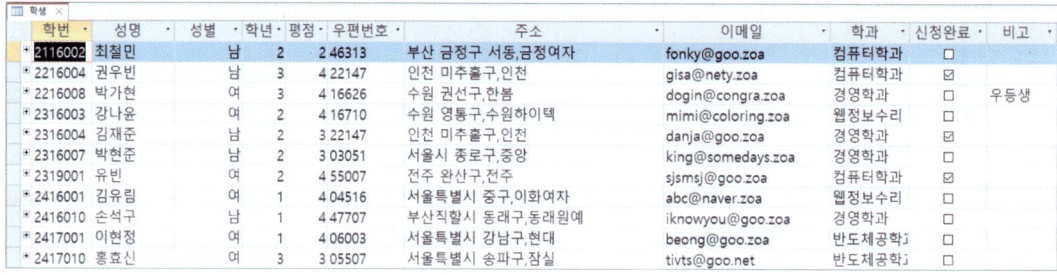

**02** 〈과목〉, 〈수강신청〉 테이블을 이용하여 학점이 1학점인 과목 중 수강신청하지 않은 과목을 조회하는 〈미수강과목〉 쿼리를 작성하시오. (7점)

▶ 〈과목〉 테이블에 없는 〈수강신청〉 테이블의 '과목코드'를 대상으로 하시오.
▶ Not in 연산자와 하위 쿼리를 사용하시오.
▶ 쿼리 실행 결과 표시되는 필드와 필드명은 〈그림〉과 같이 표시되도록 설정하시오.

③ 이메일의 첫 번째 문자는 'a~e'로 시작하고 두번째 문자는 'a 또는 b'인 학생이 수강 신청한 과목명별로 성적의 평균을 조회하는 〈과목명별평균〉 쿼리를 작성하시오. (7점)

▶ 〈성적〉, 〈학생〉, 〈수강신청〉 테이블을 이용하시오.
▶ 성적의 평균 = 성적의 합계/과목명의 개수
▶ Sum, Count 함수와 Like 연산자를 사용하시오.
▶ 쿼리 실행 결과 표시되는 필드와 필드명은 〈그림〉과 같이 표시되도록 설정하시오.

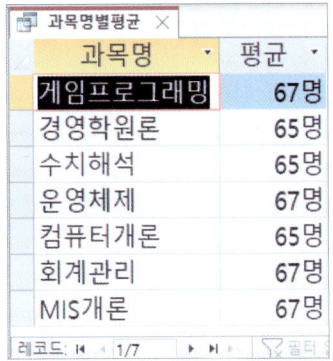

④ 〈학생〉, 〈수강신청〉 테이블을 이용하여 과목명을 매개 변수로 입력받고, 해당 과목명의 데이터를 조회하여 새 테이블로 생성하는 〈수강신청과목조회〉 쿼리를 작성하고 실행하시오. (7점)

▶ 쿼리 실행 후 생성되는 테이블의 이름은 〈조회된수강과목〉으로 설정하시오.
▶ 우편번호가 '1~4'로 시작하고 '3 또는 7'로 끝나는 레코드를 조회하시오.
▶ '지역 필드'는 주소 필드의 앞의 두 글자가 '서울'이면 "서울권", '인천 또는 수원'이면 "경기권", 그 외는 "지방권"으로 표시하시오.
▶ Switch, Left, In 함수를 사용하시오.
▶ 쿼리 실행 결과 생성되는 테이블의 필드는 〈그림〉을 참고하여 수험자가 판단하여 설정하시오.

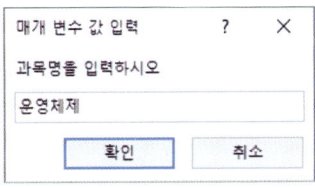

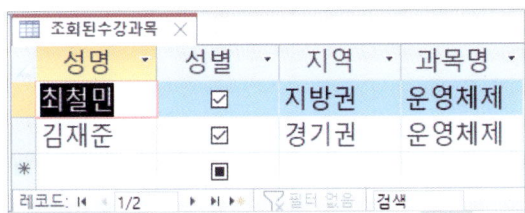

▲ 〈수강과목과목조회〉 쿼리의 매개 변수 값으로 '운영체제'를 입력하여 실행한 후의 〈조회된수강과목〉 테이블

05 학과별, 과목명별 성적의 평균을 조회하는 〈학과별성적현황〉 크로스탭 쿼리를 작성하시오. (7점)
- ▶ 〈과목〉, 〈학생〉, 〈성적〉, 〈학과〉 쿼리를 이용하시오.
- ▶ 〈학과〉 테이블의 '학과이름' 필드와 〈학생〉 테이블의 '학과' 필드는 내부조인 상태이다.
- ▶ 성적의 평균값은 빈 셀이면 "*"로 표시하고 빈 셀이 아니면 성적의 평균을 표시하시오.
- ▶ 응시수는 성명 필드를 사용하고 개수만큼 "◆"로 반복해서 표시하시오.
- ▶ '성별' 필드는 남자인 값만 조회하시오.
- ▶ 시험날짜가 '2024년 12월 6일' 이후인 값을 이용하여 계산하시오(Day 함수를 이용할 것).
- ▶ IIif, IsNull, Avg, Count, String 함수를 이용하시오.
- ▶ 쿼리 실행 결과 생성되는 필드와 필드명은 〈그림〉과 같이 표시되도록 설정하시오.

| 학과 | 응시수 | 컴퓨터개론 | 재무관리 | 게임프로그래밍 | 경영학개론 | 운영체제 |
|---|---|---|---|---|---|---|
| 경영학과 | ◆◆◆◆ | * | * | 77.5 | * | 72 |
| 컴퓨터학과 | ◆◆◆◆◆ | 80 | 85 | 70 | * | 60 |

# 기출 유형 문제 05회 해설

## 문제 ① DB 구축   1. 필드 속성 지정 및 테이블 정렬 조건 설정

|정답|

- 〈학생〉 테이블
  ① '성별' 필드의 [조회] 탭의 '컨트롤 표시'를 텍스트 상자, [일반] 탭의 '형식'에 ;₩남;₩여 입력, '기본값'에 Yes를 입력
  ② '이메일' 필드의 '유효성 검사 규칙' : Like "*?@?*", 'IME 모드' : 영숫자반자
  ③ '평점' 필드의 '필드 크기' : 바이트, '기본값' : 0

- 〈수강신청〉 테이블
  ④ '과목코드' 필드의 '입력 마스크' : >LL00
  ⑤ [속성 시트]

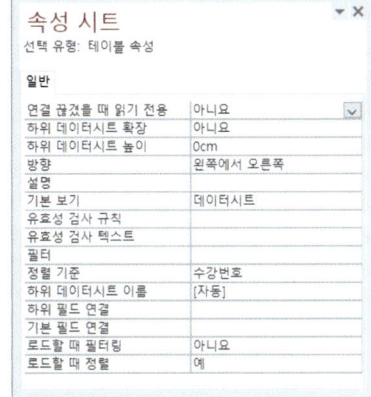

① 〈학생〉 테이블의 '성별' 필드를 선택한 후, [속성 시트]의 [조회] 탭의 '컨트롤 표시'에서 **텍스트 상자**를 설정하고, [일반] 탭의 '형식'에 **;"남";"여"**를 입력하면 자동으로 ;₩남;₩여로 변경된다. '기본 값'에는 **Yes**를 입력한다.

> **기적의 TIP**
> - Yes/No 상태에서는 Yes = -1, No = 0으로 인식되므로, Yes = 남 = -1, No = 여 = 0의 공식이 성립된다.
> - 일반적으로 형식을 지정할 때는 양수;음수;0의 순서대로 입력하는데, 해당 작업에서는 양수 자리는 비워 두고 음수 = 남, 0 = 여 순서가 되므로 ;"남";"여"로 입력한다. 기본값을 남으로 설정하려면 Yes 또는 -1로 입력해야 한다.

② '이메일' 필드를 선택한 후, [속성 시트]에서 '유효성검사규칙'에 Like "*?@?*"를 입력하고 'IME 모드'에서 **영숫자 반자**를 선택한다.

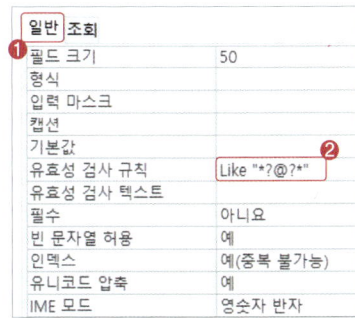

> **기적의 TIP**
> **만능문자(와일드카드)**
> *은 모든 문자를 의미하고, ?는 글자의 수를 의미한다.

③ '평점' 필드를 선택한 후, [속성 시트]에서 '필드 크기'는 **바이트**로 설정하고, '기본값'에는 0을 입력한다.

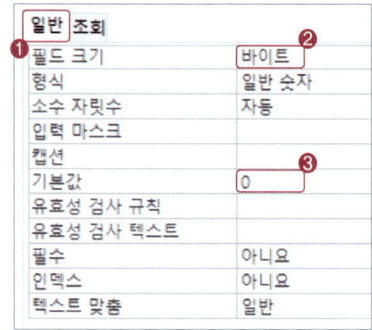

④ 〈수강신청〉 테이블의 '과목코드' 필드를 선택한 후, [속성 시트]에서 '입력 마스크'에 >LL00을 입력한다.

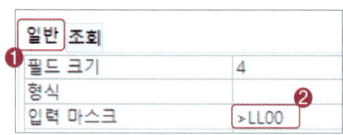

⑤ [속성 시트]의 '정렬 기준'에 **수강번호**를 입력하고, '로드할 때 정렬'은 **예**로 설정한다.

---

### 문제 ❶ DB 구축    2. 콤보 상자 컨트롤 설정 및 행 원본 구성

**|정답|**

〈수강신청〉 테이블의 '학번' 필드의 '조회' 속성

| 필드 이름 | 데이터 형식 |
|---|---|
| 수강번호 | 일련 번호 |
| 학번 | 짧은 텍스트 |
| 성명 | 짧은 텍스트 |

일반 조회

| | |
|---|---|
| 컨트롤 표시 | 콤보 상자 |
| 행 원본 유형 | 테이블/쿼리 |
| 행 원본 | SELECT 학생.학번, 학생.성명, 학생.평점 FROM 학생; |
| 바운드 열 | 1 |
| 열 개수 | 3 |
| 열 이름 | 아니요 |
| 열 너비 | 3cm;0cm;3cm |
| 행 수 | 16 |
| 목록 너비 | 6cm |
| 목록 값만 허용 | 아니요 |
| 여러 값 허용 | 아니요 |
| 값 목록 편집 허용 | 아니요 |
| 목록 항목 편집 폼 | |
| 행 원본 값만 표시 | 아니요 |

① 콤보 상자 설정 및 행 원본 구성

- '학번' 필드를 선택한 후, [속성 시트]의 [조회] 탭으로 이동한다.
- '컨트롤 표시'를 **콤보 상자**로 변경한다.
- '행 원본 유형'을 **테이블/쿼리**로 설정한다.
- '행 원본'의 [자세히] 버튼을 클릭한다.
- 쿼리 작성기에서 [테이블 추가] 창이 열리면 〈학생〉 테이블을 더블 클릭한다.
- '학번', '성명', '평점' 필드를 차례로 더블클릭하여 디자인 눈금에 추가한 후, [닫기]를 클릭한다.

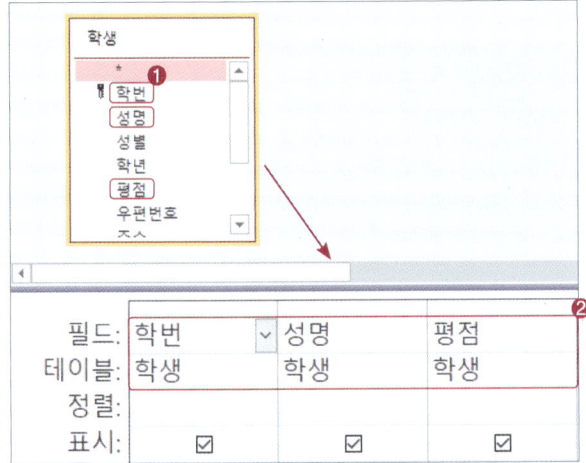

- 행 원본이 SELECT 학생.학번, 학생.성명, 학생.평점 FROM 학생;으로 자동 변경된다.

> 🅱 기적의 TIP
>
> **행 원본(Row Source) 확인**
> - 쿼리 작성기로 필드를 불러오면 자동으로 SQL문이 생성된다.
> - 여기서는 SELECT 학생.학번, 학생.성명, 학생.평점 FROM 학생; 형태다.
> - 시험에서 SQL문을 직접 수정할 수도 있으니, 문법 구조(SELECT ~ FROM ~)를 이해해 두는 게 좋다.
>
> **실무와 관련된 TIP**
> - 폼에서 콤보 상자를 자주 쓰는 이유는 코드 값은 저장하면서 사용자는 이름을 보고 선택할 수 있게 하기 위해서다.

② 열 속성 구성

- '바운드 열'을 **1**로 입력한다.
- '열 개수'를 **3**으로 입력한다.
- '열 너비'를 **3;0;3**으로 설정한다.
- '목록 너비'를 **6**으로 설정한다.

> 🅱 기적의 TIP
>
> - '학번'을 저장한다는 의미는 바운드 열로 지정된다는 뜻이다.
> - 첫 번째로 배치되므로 바운드 열은 1로 설정한다.
> - '학번', '평점' 필드만 표시되게 하려면 '성명' 필드를 숨겨야 하므로 열 너비를 3;0;3으로 설정한다.
> - 단위는 자동으로 변경되므로 단위(cm) 없이 입력한다.

## 문제 ❶ DB 구축  3. 테이블 간 관계 설정 및 참조 무결성 적용

**|정답|**

• 관계 편집

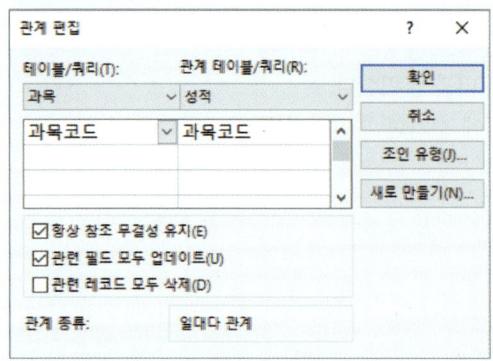 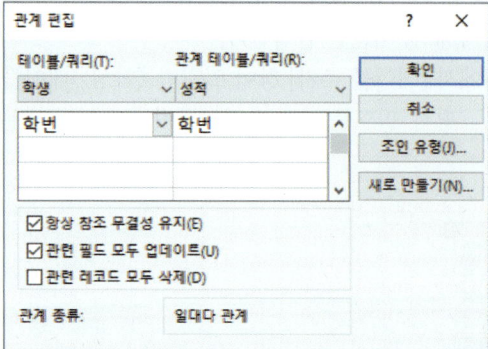

• 관계도

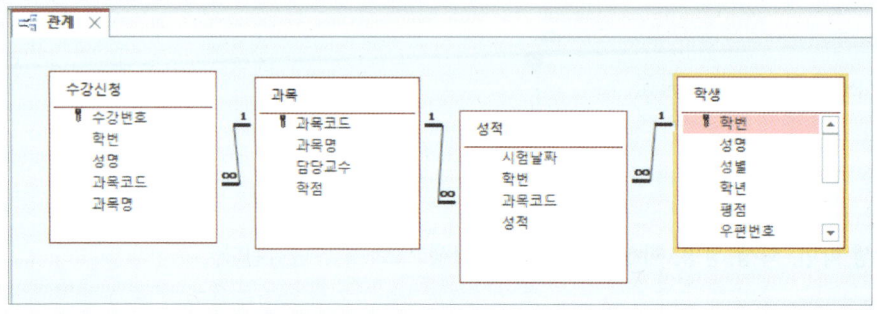

① [데이터베이스 도구] 탭의 [관계]에서 [관계]를 클릭한 후, '관계' 창의 빈 화면에서 마우스 오른쪽 버튼을 눌러 [테이블 표시]를 클릭한다.
② [테이블 추가]에서 〈성적〉, 〈과목〉, 〈학생〉 테이블을 더블클릭하여 추가한다.
③ 〈성적〉 테이블의 '과목코드' 필드를 선택한 후, 〈과목〉 테이블의 '과목코드' 필드로 드래그한다. [관계 편집] 창에서 **항상 참조 무결성 유지**와 **관련 필드 모두 업데이트**에 체크한 후, [만들기]를 클릭한다.
④ 〈학생〉 테이블의 '학번' 필드를 선택한 후, 〈성적〉 테이블의 '학번' 필드로 드래그한다. [관계 편집]에서 **항상 참조 무결성 유지**와 **관련 필드 모두 업데이트**에 체크한 후, [만들기]를 클릭한다.
⑤ [관계 디자인]의 [닫기]를 누른 후, 저장 대화상자에서 [예]를 클릭하여 저장한다.

## 문제 ❷ 입력 및 수정 기능 구현   1. 상·하위 폼 속성 연결 및 계산 필드 설정

**|정답|**

• 〈학생조회〉 폼

①-1

①-2

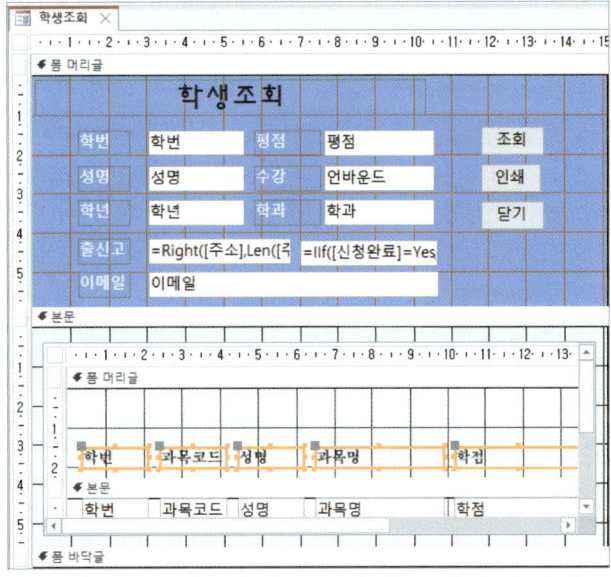

②

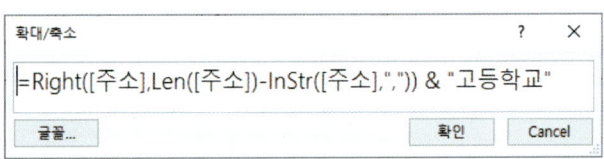

`=Right([주소],Len([주소])-InStr([주소],",")) & "고등학교"`

③-1

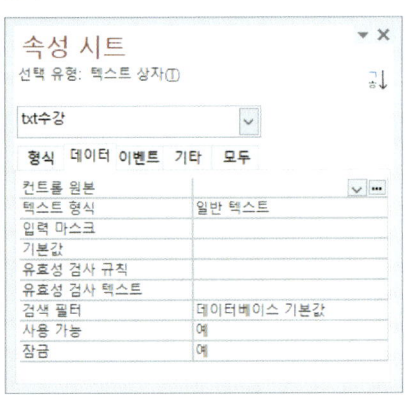

③-2

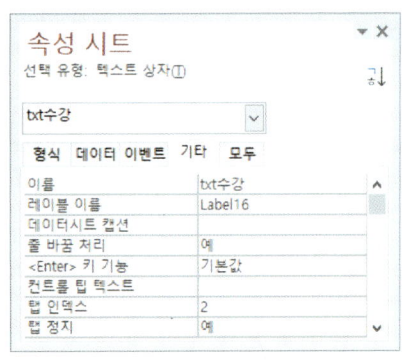

① 폼 디자인 및 수식 처리
- 〈학생조회〉 폼을 [디자인 보기]로 연 다음, 〈하위 폼〉의 본문 영역 컨트롤을 선택한다. [양식 디자인] 탭의 [도구] 그룹에서 [탭 순서]를 클릭한다.
- [탭 순서] 대화상자의 '사용자 지정 순서' 목록에서 컨트롤 머리글을 마우스로 클릭한 상태로 끌어, 본문 영역의 컨트롤 배치 순서대로 탭 순서를 txt학번, txt과목코드, txt성명, txt과목명, txt학점 순서로 변경한다.
- 하위 폼(수강신청 폼)의 머리글 컨트롤에서 [정렬] – [크기 및 순서 조정]의 [크기/공간(🔳)] – [가로 간격 같음]을 선택한다. 다시 [정렬] – [크기 및 순서 조정]의 [맞춤(🔳)] – [위쪽]을 선택한다.
- 하위 폼의 본문 컨트롤에서 [정렬] – [크기 및 순서 조정]의 [크기/공간(🔳)] – [가로 간격 같음]을 선택한다. 다시 [정렬] – [크기 및 순서 조정]의 [맞춤(🔳)] – [위쪽]을 선택한다.

② [txt주소일부] 컨트롤을 선택한 후, [속성 시트]의 [데이터] 탭을 클릭한다. '컨트롤 원본'에 =Right([주소],Len([주소])-InStr([주소],",")) & "고등학교"를 입력한다.

> **기적의 TIP**
> 쉼표 뒤의 문자를 추출하려면 글자 수는 전체 글자 수에서 쉼표의 위치를 뺀 값으로 계산한다.

③ [txt수강] 컨트롤을 선택한 후, [속성 시트]의 [데이터] 탭에서 '잠금'을 **예**로 설정하고, [기타] 탭에서 '탭 정지'를 **예**로 설정한다.

---

**문제 ❷ 입력 및 수정 기능 구현**  **2. 조건부서식을 활용한 텍스트 표시**

|정답|

① [txt신청완료] 컨트롤을 선택한다.
② [속성 시트]의 [데이터] 탭에서 '컨트롤 원본'에 =IIf([신청완료]=Yes,"신청완료","대기중")을 입력한다.

## 문제 ❷ 입력 및 수정 기능 구현    3. 매크로를 이용한 조건부 보고서 출력 기능 구현

|정답|

![보고서보기 매크로 정답 화면: OpenReport 함수, 보고서 이름=시험성적보고, 보기 형식=인쇄 미리 보기, Where 조건문=[학번]=[Forms]![학생조회]![txt학번], 창 모드=기본]

① [만들기]의 [매크로 및 코드]에서 [매크로(□)]를 클릭한 후, 함수 **OpenReport**를 사용한다.
② '보고서 이름'에서 **시험성적보고**를 선택하고, '보기 형식'에서 **인쇄 미리 보기**를 설정한다.
③ 'Where 조건문'에는 **[학번]=[Forms]![학생조회]![txt학번]**을 입력한다. **보고서보기**라는 이름으로 저장하고 닫는다.
④ 〈학생조회〉 폼의 [디자인 보기(□)] 상태에서 [cmd인쇄] 컨트롤의 [속성 시트(□)]의 [이벤트]에서 'On Click' 목록에서 **보고서보기**를 선택한다.

# 문제 ③ 조회 및 출력 기능 구현  1. 보고서 그룹 설정 및 평균값 · 순번 필드 작성

|정답|

① 보고서 정렬 및 머리글 · 바닥글 표시 설정
- 〈시험성적보고〉 보고서에서 마우스 오른쪽 버튼을 눌러 [디자인 보기]를 클릭한다.
- [보고서 디자인] 탭에서 [그룹화 및 요약]의 [그룹화 및 정렬]을 클릭하고, [정렬 추가]를 클릭하여 **성적**을 선택한 뒤 **내림차순**으로 설정한다.
- 성명 머리글 영역은 보고서 디자인 보기 상태에서 **그룹_머리글0**으로 표시되므로 [그룹_머리글0]을 선택하고, [속성 시트]의 [형식] 탭에서 '표시'를 **아니요**로 설정한다.
- [보고서_바닥글]을 선택한 후, [속성 시트]의 [형식] 탭에서 '표시'를 **아니요**로 설정한다.

② 컨트롤 원본 설정(학과 및 학년)
- [txt학과] 컨트롤을 선택한 후, [속성 시트]의 [데이터] 탭에서 '컨트롤 원본'을 **학과**로 설정한다.
- [txt학년] 컨트롤도 같은 방식으로 선택하고, '컨트롤 원본'을 **학년**으로 설정한다.

③ 과목명과 과목코드 연결 표현식 입력

- [txt과목명] 컨트롤을 선택한 후, [속성 시트]의 [데이터] 탭에서 '컨트롤 원본'에 =[과목명] & "(" & [과목코드] & ")"를 입력한다.

④ 순번 필드 컨트롤 원본 및 누적 합계 설정

- [txt순번] 컨트롤을 선택한 후, [속성 시트]의 [데이터] 탭에서 '컨트롤 원본'에 =1을 입력하고, '누적 합계'는 모두로 설정한다.

⑤ 페이지 표시 컨트롤 표현식 구성

- [txt페이지] 컨트롤을 선택한 후, [속성 시트]의 [데이터] 탭에서 '컨트롤 원본'에 ="(현재" & [Page] & "쪽)/(전체" & [Pages] & "쪽)"을 입력한다.

---

**문제 ❸ 조회 및 출력 기능 구현**  2. 버튼 클릭 시 조건부 보고서 출력 코드 연결

|정답|

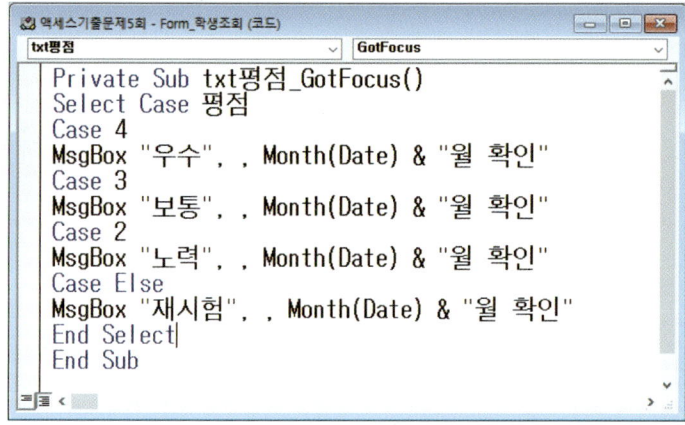

① 〈학생조회〉 폼의 [txt평점] 컨트롤을 선택한다.
② [속성 시트]의 [이벤트] 탭을 클릭한 후, 'On Got Focus'의 [이벤트 프로시저]에서 [식 작성기(🅰)]를 클릭한다.

③ VBA 창에 다음 코드를 입력한다.

|코드|

```
Select Case 평점
Case 4
    MsgBox "우수", , Month(Date) & "월 확인"
Case 3
    MsgBox "보통", , Month(Date) & "월 확인"
Case 2
    MsgBox "노력", , Month(Date) & "월 확인"
Case Else
    MsgBox "재시험", , Month(Date) & "월 확인"
End Select
```

코드 설명

- Select Case 평점
  → Select문은 평점(또는 txt평점) 값으로 지정한다.
- Case 4
  → 4인 경우(Case is=4 로도 표현 가능)
- Msgbox "우수",,Month(date) & "월 확인"
  → 메시지 박스에 우수를 띄운다.
  → 제목에는 오늘 날짜의 월을 표시한다.
- Case Else
  → Select 문에서 사용하는 나머지 구문

## 문제 ④ 처리 기능 구현    1. 폼 보기 설정 및 폼 속성 구성

|정답|

우등생확인

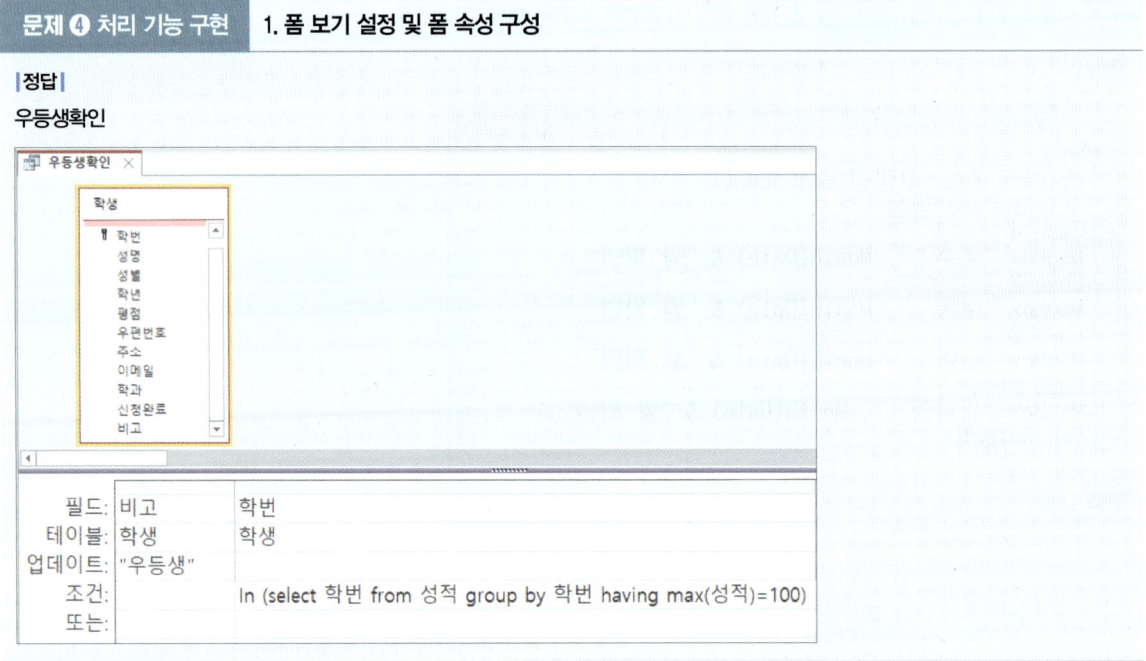

① [만들기] 탭의 [쿼리]에서 [쿼리 디자인]을 클릭하고, [쿼리 디자인] 탭의 [쿼리 유형]에서 [업데이트]를 클릭한다.
② [테이블 추가]에서 〈학생〉을 더블클릭한 후, [닫기] 버튼을 클릭한다.
③ 디자인 눈금에 '비고' 필드를 배치하고, '업데이트'에 **"우등생"**을 입력한다.
④ 디자인 눈금 두 번째 필드에 '학번'을 배치하고, '조건'에 In (select 학번 from 성적 group by 학번 having max(성적)=100)을 입력한 후 실행한다.

⑤ 쿼리는 **우등생확인**이라는 이름으로 저장한다.

> 🅑 기적의 TIP
> - 성적별 최대값이 100에 해당하는 학번인 조건식을 입력하려면 MAX인 집계함수를 사용해야 한다.
> - 이 경우 조건식은 having 절을 사용하며 having 구문은 "**select 필드명 from 테이블명 group by 필드명 having 조건**"의 형식으로 작성한다.
> - 하위 쿼리 형식으로 작성하므로 in 연산자의 괄호 안에 구문을 입력한다.

---

## 문제 ④ 처리 기능 구현 | 2. 하위 폼 디자인 속성 설정

|정답|

**미수강과목**

| 필드 | 과목코드 | 과목명 | 담당교수 | 학점 |
|---|---|---|---|---|
| 테이블 | 과목 | 과목 | 과목 | 과목 |
| 정렬 | | | | |
| 표시 | ☑ | ☑ | ☑ | ☐ |
| 조건 | Not In (select 과목코드 from 수강신청) | | | 1 |

① [만들기] 탭의 [쿼리]에서 [쿼리 디자인]을 클릭하고, [테이블 추가]에서 〈과목〉을 더블클릭한 후, [닫기] 버튼을 클릭한다.
② '과목코드', '과목명', '담당교수' 필드를 차례로 디자인 눈금에 배치한다.
③ '과목코드' 필드의 '조건'에 **Not In (select 과목코드 from 수강신청)**을 입력한다.
④ 조건을 입력하기 위해 '학점' 필드를 디자인 눈금에 배치한다. '조건'에 1을 입력한 후 '표시'는 체크 해제하고 실행한다.
⑤ 쿼리는 **미수강과목**이라는 이름으로 저장한다.

> 🅑 기적의 TIP
> **불일치(중복된 데이터 제외)쿼리를 하위 쿼리 방식으로 입력하는 방법**
> - 두 개의 테이블에서 관계 설정된 필드의 아래 조건 칸에 쿼리를 입력한다.
> - Not In(select 필드명 from 테이블명) 형식으로 작성한다.

| 문제 ❹ 처리 기능 구현 | 3. 하위 폼 정렬 기준 및 정렬 방식 설정

|정답|

과목명별평균

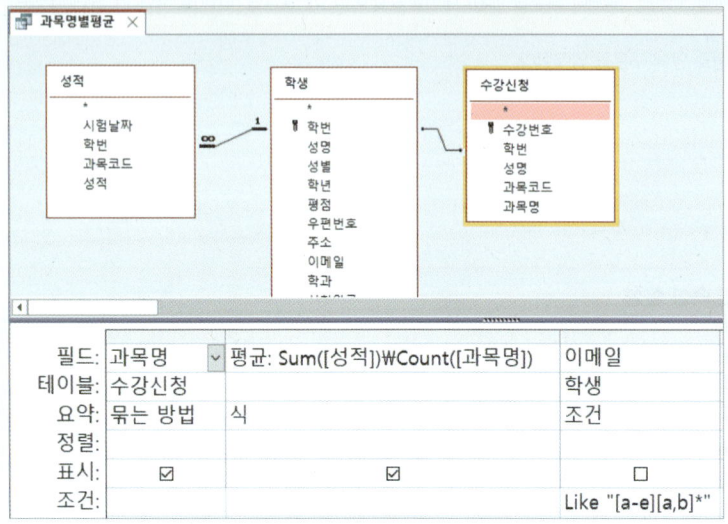

① [만들기] 탭의 [쿼리]에서 [쿼리 디자인]을 클릭하고, [테이블 추가]에서 〈성적〉, 〈학생〉, 〈수강신청〉을 더블 클릭한 후, [닫기] 버튼을 클릭한다.
② [쿼리 디자인]의 [표시/숨기기]에서 [요약]을 클릭한다.
③ 첫 번째 필드에는 '과목명' 필드를 배치한다.
④ 두 번째 필드에는 **평균: Sum([성적])₩Count([과목명])**을 입력한다. '요약'은 **식**으로 변경하고, [속성 시트]의 [일반] 탭에서 '형식'을 **0₩명**으로 설정한다.
⑤ 세 번째 필드의 디자인 눈금의 필드에 '이메일'을 배치하고, '조건'에는 Like "[a-e][a,b]"를 입력한다. '요약'은 **조건**으로 설정한다.
⑥ 쿼리는 **과목명별평균**이라는 이름으로 저장한다.

> 🅑 기적의 TIP
> 
> • Sum([성적])/Count([과목명])처럼 두 필드(또는 수)의 몫을 구할 경우 반올림된 몫이 나올 수 있다.
> • 결과 화면을 확인한 후, 버림된 몫이라면 두 개의 필드를 / 대신 \ (또는 ₩ 연산자)로 나눈다.
> • 조건식 Like "[a-e][a,b]"의 의미는 각각 'a부터 e까지의 문자', 'a 또는 b로 시작하는 문자'들을 의미한다.

## 문제 ❹ 처리 기능 구현    4. 콤보 상자 행 원본 쿼리 설정

|정답|

**수강신청과목조회**

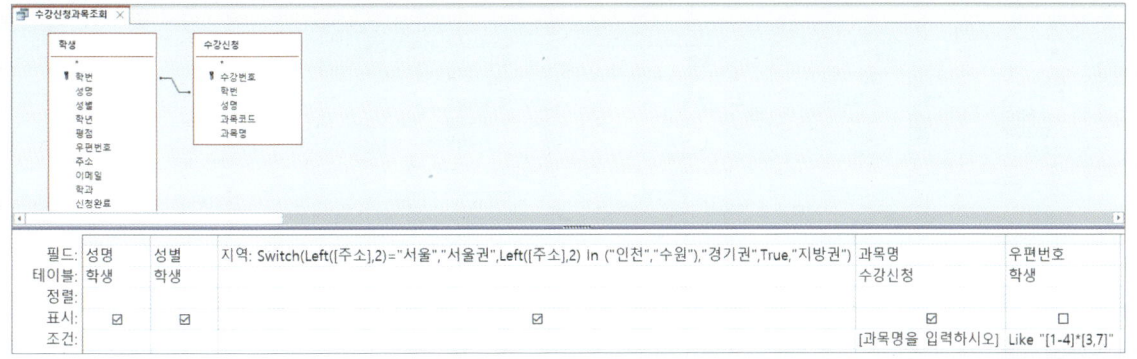

① [만들기] 탭의 [쿼리]에서 [쿼리 디자인]을 클릭하고, [테이블 추가]에서 〈학생〉, 〈수강신청〉을 더블클릭한 후, [닫기] 버튼을 클릭한다.
② '성명', '성별', '주소', '과목명' 필드를 차례로 디자인 눈금에 배치한다.
③ 세 번째 필드에는 **지역: Switch(Left([주소],2)="서울","서울권",Left([주소],2) In ("인천","수원"),"경기권",True,"지방권")**을 입력한다.
④ 네 번째 필드의 '조건'에는 **[과목명을 입력하시오]**를 입력한다.
⑤ 조건을 작성하기 위해 '우편번호' 필드를 추가하고, '조건'에 Like "[1-4]*[3,7]"을 입력한 후, **표시**는 체크 해제한다.
⑥ [쿼리 디자인] 탭의 [표시/숨기기]에서 [테이블 만들기]를 클릭한 후, '테이블 이름'에 **조회된수강과목**을 입력하고 [확인]을 클릭한다.

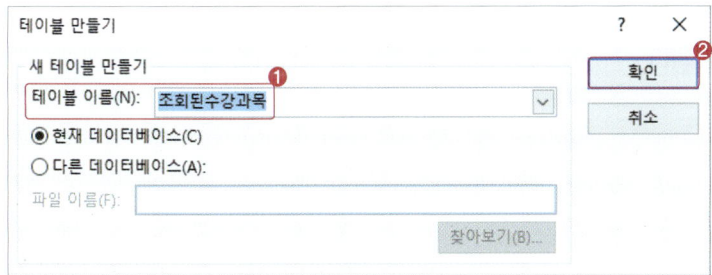

⑦ [실행(!)] 버튼을 클릭한 후, 매개변수가 나타났을 때, **운영체제**를 입력하면 〈조회된수강과목〉 테이블이 생성된다.
⑧ 쿼리는 **수강신청과목조회**라는 이름으로 저장한다.

> 🅱 **기적의 TIP**
>
> 테이블 만들기 쿼리는 반복 실행 시 기존 테이블을 제거한 후 다시 생성된다.

**문제 ④ 처리 기능 구현**    5. 콤보 상자 열 속성 및 표시 필드 설정

|정답|
학과별성적현황

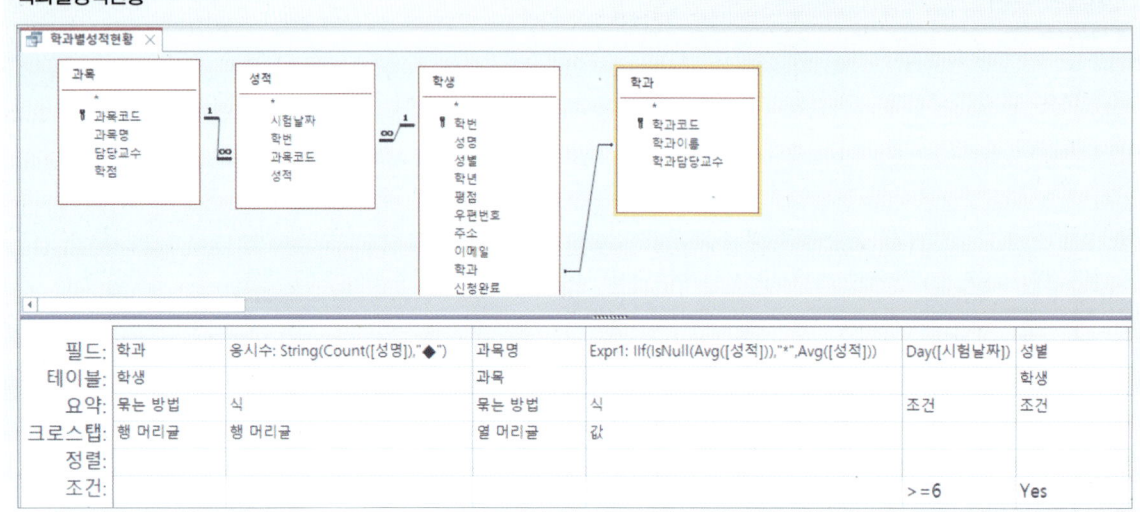

① [만들기] 탭의 [쿼리]에서 [쿼리 디자인]을 클릭하고, [테이블 추가]에서 〈과목〉, 〈성적〉, 〈학생〉, 〈학과〉를 더블클릭한 후, [닫기] 버튼을 클릭한다.
② 〈학생〉 테이블의 '학과' 필드를 클릭해서 〈학과〉 테이블의 '학과이름'으로 드래그하여 관계를 설정한다.
③ [쿼리 디자인]의 [쿼리 유형]에서 [크로스탭]을 클릭한다.
④ '학과', '성명', '과목명', '성적' 필드를 차례로 배치한 후, 각각 '행 머리글', '행 머리글', '열 머리글', '값'으로 설정한다.
⑤ 두 번째 행 머리글 필드에는 **응시수: String(Count([성명]),"◆")**를 입력하고, '요약'은 **식**으로 변경한다.
⑥ 세 번째 열 머리글 필드는 [속성 시트]의 [일반] 탭에서 '열 머리글'에 **컴퓨터개론, 재무관리, 게임프로그래밍, 경영학개론, 운영체제**를 순서대로 입력한다.

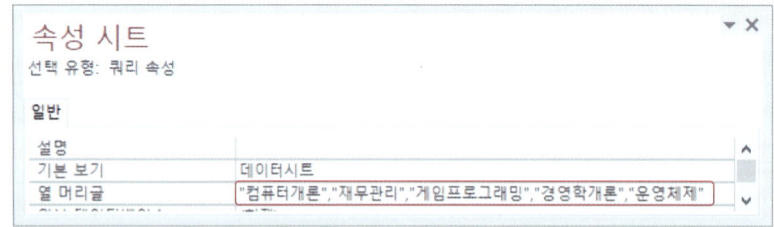

⑦ 값 필드에는 IIf(IsNull(Avg([성적])),"*",Avg([성적]))을 입력하고, '요약'은 **식**으로 설정한다. 필드 이름이 Expr1로 자동 지정되는 것을 확인한 후 [속성 시트]의 [일반] 탭에서 '형식'을 **고정**으로 설정한다.
⑧ 조건1을 작성하기 위해 Day([시험날짜])를 필드에 입력하고, '조건'에 >=6을 입력한 후 '요약'은 **조건**으로 설정한다.
⑨ 조건2를 작성하기 위해 **성별** 필드를 추가하고, '조건'에 Yes를 입력한 후 '요약'을 **조건**으로 설정한다.
⑩ 쿼리는 **학과별성적현황**이라는 이름으로 저장한다.